KB242794

행정
복지론
public administration welfare

행정 복지론

public administration welfare

한 만 봉

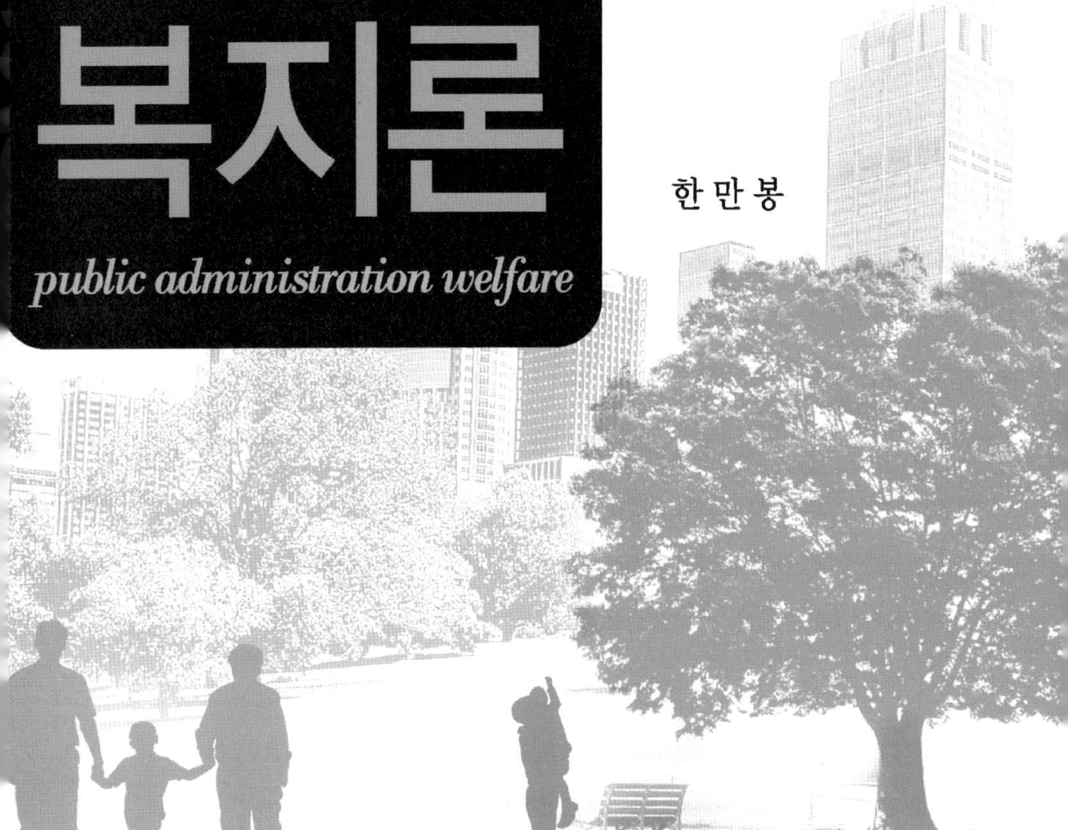

행정은 사회복지 조직의 목표달성을 용이하게 하기 위해 관리자에 의해 수행되는 상호의존적인 과업과 기능 및 관련활동 등의 체계적 개입과정이라 할 수 있으며, 시대가 발전함에 따라 중요도가 더해가는 부분이라고 할 수 있다. 복지의 언어적인 의미는 공동체사회에서 사회 내적인 관계를 기초로 구성원들의 전 생애에 걸쳐 건강하고 안락한 바람직한 삶을 추구하는 사회적 노력이라고 할 수 있다.

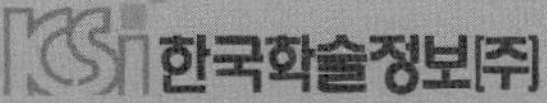

머리말

　이 책은 일반인, 학부모, 대학생 모두가 알아야 할 행정복지에 대해서 알기 쉽게 다루었다. 주지하다시피 시중에는 수십 종의 책들이 즐비하게 출판되었다.

　그러나 행정복지에 대한 구체적인 이론을 다룬 책이 별로 없고 오로지 행정학 또는 사회복지의 일반적 이론에 대한 것을 다룬 책들이 있다. 이에 행정학에 근거한 복지를 저술하게 되었다. 오늘날의 행정복지는 행정학, 경영학, 사회복지학, 교육학, 관리학, 정보학 등 전반적인 분야에서 연구되는 파트이다. 행정학 측면에서는 사회구성원들의 복지를 향상시키기 위한 공공 복지기관의 행정에서부터 사행정에 이르기까지 복지가 연관이 되어 있다. 즉 넓은 의미의 행정복지는 공공기관의 행정복지뿐만 아니라 일선 행정 개인사무까지도 포함된다고 말할 수 있다.

　사회복지 측면에서는 일반적으로 알고 있듯이 더불어 잘살 수 있는 여건을 만들어 주는 것이기에 행정과의 연관성이 있다고 할 수 있다. 이 책에서는 전공 용어를 들어가며 이러한 중요도가 있는 행정복지를 행정과 복지 측면에서 설명하고자 하였다. 때문에 다양한 이론들을 주장하게 되었고 다른 학자 또는 다른 저자들의 새로운 이론들을 적용하거나 이용하기도 하였다.

이 책은 행정학, 사회복지, 케어복지, 경영학, 심리학, 정보학, 사무관리를 두루 넘나드는 포괄적인 책으로 엮었다. 한마디로 희망의 행정복지학이라고 할 수 있다. 비전과 꿈과 소망을 심어 주며 학문으로서만의 책이 아니라 현장, 현실 적용이 살아 있는 책인 것이다.

이 책을 통하여 미래사회를 지도할 훌륭한 행정복지인이 많이 나오길 바란다. 다만 내용을 개괄적으로 다루다 보니 각 학문에서 필히 다루어야 할 부분들을 누락시킨 점이 없진 않다. 내용 및 전개상 국내외 학계, 전문가의 이야기들을 요약 발췌한 부분들이 있다. 그러나 독창적인 아이디어로 예화, 적용을 통해 재미있게 접근함은 필자의 독창성임을 밝혀 둔다.

끝으로 이 책이 출판되기까지 물심양면으로 도움을 주신 분들께 감사를 표한다. 특히 세밀하게 출판관계의 모든 면을 챙겨 주신 한국학술정보 모든 분들께 감사를 표한다. 그리고 여러모로 도움을 주신 선생님들께 감사를 드린다. 행정, 경영, 정보, 사무관리, 정치, 경제, 문화, 산업 다방면에서 두루 읽히고, 사용되고 영향을 주는 길잡이 역할을 하는 책이 되길 바란다. 즉 다원적인 국민교육 책으로서의 역할이 되길 바란다.

2007년 10월 고려대학교 도서관에서
저자 씀

목 차

제 1 장

행정복지의 개념 및 의의

01

행정복지의 개념 및 의의

제 1 장

1. 행정복지의 개념과 역사

1) 행정복지의 개념

행정복지는 여러 가지로 개념정의가 되고 있는데 크게는 협의의 개념과 광의의 개념으로 구분할 수 있다. 협의의 개념에서는 행정을 하나의 기능적이고, 일 처리하는 기계적인 것으로 보는 입장이 있고, 광의의 개념으로는 현실적용의 실천방법으로 보는 입장이 있다. 두 가지를 종합해서 보더라도 행정은 사회복지 조직의 목표달성을 용이하게 하기 위해 관리자에 의해 수행되는 상호의존적인 과업과 기능 및 관련활동 등의 체계적 개입과정이라 할 수 있으며, 시대가 발전함에 따라 중요도가 더해 가는 부분이라고 할 수 있다. 복지의 언어적인 의미는 공동체사회에서 사회 내적인 관계를 기초로 구성원들의 전 생애에 걸쳐 건강하고 안락한 바람직한 삶을 추구하는 사회적 노력이라고 할 수 있다. 이것을 조금 더 구체적으로 살펴보면 복지의 개념(Wilensky – 산업사회의 복지)을 잔여적인 개념과 제도적인 개념으로 나눌 수 있다. 그러나 우리 사회가 산업화로 진행되면서 복지는 제도적 개념으로 이해되고 있다.

잔여적(보충적) 개념: 가족 또는 시장과 같은 정상적인 공급구조가 제 기능을 발휘하지 못하는 경우에 활동을 시작하는 것으로 보충적, 일시적, 대체적인 성격이며, 복지는 비상대책으로서의 기능을 수행하게 되므로 가정이나 시장체계가 그 기능을 회복하였을 때는 개입을 중단한다.(복지의 수혜자 – stigma, 복지 프로그램 – 공공부조)

제도적 개념: 현대 산업사회에서 사람들이 만족할 만한 수준의 삶과 건강을 누릴 수 있도록 하는 기능이며 복지 혜택을 받는 것은 정상적이며 복지는 그 사회의 제일선의 기능이다.(복지프로그램 — 연금제도, 의료보험제도 등과 같은 사회보험제도)

① 복지 서비스는 사회구성원 모두에게 제공된다.
② 일반적으로 서비스 제공에 대한 시기 제한이 없다.
③ 서비스를 받는 것에 대한 낙인이 없다.
④ 서비스대상자가 되는 것에 대한 사회적 압력이 없다.

이와 같이 복지의 개념은 시대에 따라, 사회적 상황에 따라 그리고 이념 및 방법과 기술의 개발에 따라 고정되어 있는 것이 아니라 그 강조점이 변하고 있는 것이다.
이러한 관점에서 최근에 논의되고 있는 행정복지의 이념이나 방법 및 내용 면에서 복지의 패러다임의 변화를 정리해 볼 수 있다.

복지 패러다임의 변화
  ① 기본이념: 보호구제 → 참가, 정상화의 실현 → 행정이 뒷받침
  ② 대상자: 저소득자, 약자의 보호 → 복지욕구가 있는 모든 자
  ③ 공사관계: 공사분리 → 공사협동 → 개인별 복지 지원
  ④ 국가와 지방의 관계: 중앙집권 → 지방분권 → 주민 개개인의 삶
  ⑤ 재원: 공비부담, 무료복지 → 공비부담, 이용자 부담
  ⑥ 서비스 결정: 행정청의 재량 → 이용자의 선택, 자기결정
  ⑦ 공급 주체: 공적 공급, 법인위탁 → 공사믹스(welfare mixed), 복지
     다원주의
  ⑧ 서비스의 질: 최저기준의 보장 → 삶의 질 향상
  ⑨ 서비스 공급의 관점: 공급자 중심 → 이용자 중심(선택, 참가)
  ⑩ 서비스 공급장소: 시설복지 → 재가복지 → 행정의 보조 역할

2) 복지의 목적

생존권보장 :
인간의 생존권을 보장하는 것이며 생존권은 인간이 인간답게 살아
갈 권리. (헌법 제34조 1항 모든 국민은 인간다운 생활을 할 권리
를 갖는다.)

빈곤의 경감 :
복지의 역사는 빈곤을 퇴치하는 노력의 역사이다

사회적 평등의 증진 :
국가가 개입하여 복지제도를 통한 부나 소득의 평등 추진

사회적 배제를 통한 사회통합의 증진 :

현대사회에서 복지는 요보호자를 사회에서 제거시키는 것이 아니라 경제적으로 자립시키거나, 신체적으로 재활시켜 생산적인 인간으로 만들어 사회통합을 이루는 데 목적이 있다.

사회적 안정의 증진 :

복지정책을 통한 사회 안정에 기여한다

자립성의 증진 :

개인이 의존에서 벗어나 자기 스스로의 삶을 영위하도록 한다

3) 복지의 주체

복지의 주체로서 공적인 부문과 민간부문으로 나눌 수 있다.
복지의 공적인 부문 주체는 중앙정부와 지방자치단체이다.
자본주의 확립기에는 사적 영리부문과 가족을 중심으로 하는 비공식부문이 인간에게 필요한 자원을 제공하는 주된 복지의 주체였다. 그러나 급속한 사회변동, 산업화, 도시화, 핵가족화 등으로 공적부문의 기능이 확대되어 왔다. 현대 산업사회에 복지서비스제공의 가장 중요한 주체는 국가와 지방자치단체이다.
복지의 주체로서 민간부문은 비공식부문(가족을 중심으로 한 1차적 집단), 민간비영리부문, 민간영리부문으로 구성된다.

4) 복지의 객체

복지 초기단계에는 소수의 사회적 약자들을 한정해서 복지서비스가 제공되어 왔으나, 현대사회에 들어와서 복지의 대상자에 있어서 일부 소외계층에서 국민 전체로 복지가 확대되는 경향을 보이고 있다.

5) 복지관련용어

(1) 사회사업

① 사회복지: 이상적인 면을 중시하며 '바람직한 사회건설'에 목표를 두고 '전 국민'을 대상으로 하기 때문에 대상 면에서 '일반적'이고 현대적 사회복지를 추구하여 이에 요구되는 광범위한 '제도나 정책'의 기획과 조직화를 강조함으로써 실천 면에서 '고정적'인 성격을 가진다.
② 사회사업: '실천적'인 면을 중시하며 '바람직한 인간화'에 역점을 두고 인간의 존엄성과 독자성을 강조하기 때문에 대상 면에서 '개별적'이며 개인의 사회적 기능수행의 향상에 도움이 될 수 있는 '지식과 기술'을 실천 면에서 '역동적'으로 활용한다.

(2) 케이스워크

'사람이 사회적으로 기능할 때에 당면하게 되는 문제를 효과적으로 처리할 수 있도록 원조하기 위하여 인간복지기관에 의하여 사용되는 하나의 과정(Perlman)', '사람과 환경 간에 개별적이고 의식적

인 조정을 통하여 인격의 발달을 도모하는 과정(Richmond)'

　-개별사회사업(Case Work)의 기본전제

　　① 대상은 개인이다

　　② 조정은 의식적인 것이다

　　③ 목표는 인격의 발달이다

　　④ 여러 과정을 통해 이루어지고 있다

(3) 그룹워크

의도적인 집단경험을 통해서 개인의 사회적으로 기능하는 힘을 높이고 개인, 집단, 지역사회의 문제에 보다 효과적으로 대처할 수 있도록 사람들을 돕는 것이다(Konopoka).

　-집단사회사업(Social Group Work)의 전제

　　① 인간에게는 사랑을 받고 싶어 하는 기본적인 욕구와 남을 사랑하는 역량과 힘도 있다.

　　② 인간은 일생 동안 건전하고 적절한 집단생활을 통하여 건강하게 성장한다.

　　③ 모든 인간은 일생을 통하여 집단생활을 해 나가야 한다.

(4) 복지서비스

공공부조의 적용을 받고 있는 자, 장애인, 아동 및 기타 원호 육성을 요하는 자가 자립하여 그들의 자력을 발휘할 수 있게 하기 위하여 필요한 생활지도, 갱생보호 및 그 밖에 원호 육성을 행하는 것으로 빈곤, 아동, 노령, 장애 및 비행 등에 대한 사회보장제도의 일환으로서 현물급여뿐만 아니라 대상자의 요구에 대하여 사회사업의

제 방법을 통하여 전문적인 처치를 행하는 것을 말한다.

(5) 인간서비스(Human Service)

사회복지보다 포괄적인 개념으로서 사회복지를 포함하여 인간의 복지증진을 위하여 행해지는 포괄적인 활동이라고 할 수 있다.

(6) 사회적 서비스(Social Service)

기본적이며 보편적인 인간의 욕구를 해결하기 위한 서비스를 말한다.

(7) 대인복지서비스(Personal Social Service)

생활상의 문제에 직면한 개인, 가족 및 집단에 대하여 각각의 대면적인 관계를 통해서 개별적, 구체적으로 제공되는 서비스를 말하며 신변의 보살핌이나 상담조언 등을 내사용으로 하는 시설복지 및 재가복지이다.

(8) 사회복지사(Social Worker)

사회복지의 각 분야에서 지도적 종사자로서 전문적으로 클라이언트에게 원조를 행하는 사람이다.(상담자, 충고자, 안내자, 조정자, 행정인 등)

(9) 클라이언트(Client)

상업상의 고객, 법률상의 의뢰인의 의미였는데 복지에서는 복지서비스를 받거나 원조를 받는 사람을 말한다.

(10) 탈상품화

사회보장제도를 통해 소비능력을 사회적으로 보장하고 개인의 노동력에 대한 의존성을 약화시킴으로써 시장에 대한 임금 노동자의 의존성을 약화시키는 것이다.

6) 복지의 가치

가치란 문화, 집단 또는 개인이 바람직하다고 생각하는 관습, 행동규범과 같은 원칙들을 말하는데 복지의 실천은 가치를 기반으로 동기화되거나 실천되기 때문에 복지에 있어서의 가치는 매우 중요하다.

복지의 영역에서 중요시되는 가치에는 인간의 존엄성, 자기결정, 연대성, 평등 등이 있다.

7) 복지의 역사

복지발달에 영향을 미치는 요인과 복지발달이론으로 Jun Axinn, Herman Levin에 의하면 경제수준, 사회 자체에 대한 관점, 인간의 본성에 대한 관점, 역사적 유산은 복지제도의 발달에 영향을 미치기도 한다. 복지의 발달이론으로 사회양심이론, 수렴이론, 정치결정이론, 음모이론, 확산이론이 있다.

(1) 복지실천

복지실천은 일반적으로 심리학적 기능상의 문제를 가진 클라이언트들을 도움에 있어 복지사에 의해 사용되는 지식, 기술 그리고 가치의 집합체로 정의된다. 사회사업 실천은 또한 변화과정에 참여하는 복지사와 클라이언트에 의해 이루어지는 활동으로 개념화할 수 있다.

(2) 지역복지

케이스워크, 그룹워크는 개인과 가족의 복지를 위해서 개인이나 집단 속의 개인에만 초점을 두지만 지역사회는 개인과 개인의 상호작용을 변화시키는 데 중요한 역할을 하므로 산업사회에서 지역사회의 다양한 문제들을 해결하기 위해 지역복지가 필요하다.

지역복지 분야에 있어서 구제와 부조라는 전통적인 범위를 넘어선 보건, 의료, 정신건강, 평생교육, 주택, 도시계획과 지역사회 개발, 공동모금 등에 초점을 두는 사회사업방법이 필요하게 되었는데 이러한 사업을 지역복지라고 한다.

(3) 복지조사

복지학에서 조사방법론 연구가 복지학문의 과학성 제고(복지조사는 복지 실천의 토대가 되는 지식이나 기술을 이론으로 정립시킴으로써 복지학을 보다 학문화 · 체계화 · 과학화하는 기능을 한다.), 복지관련논문의 정확한 이해와 사회사업개입의 책임성 확보(복지사나 기관은 프로그램에 대한 책임을 나타낼 수 있는 것을 증명하여야 한다)를 위해 필요하다.

(4) 복지정책

서비스나 소득을 제공함으로써 시민들의 복지에 영향을 미치는 정부의 정책이며 여기에 해당되는 핵심 프로그램으로는 사회보험, 공공부조, 복지서비스 등이 있다.

좁은 의미: 소득보장, 건강, 주택, 개별 사회서비스
넓은 의미: 소득보장, 건강, 주택, 교육, 개별 사회서비스, 조세정책, 노동시장 정책

(5) 복지행정

복지행정이란 추상적인 복지정책을 구체적인 복지서비스로 전환하여 서비스를 필요로 하는 사람에게 전달하는 과정에 관한 활동(Skidmore, 1990)이다.

복지를 관리경영 또는 행정 해야 할 필요성은 일차적으로는 현대사회의 복잡성과 복지적 기능이 전체 사회로 확산에서 비롯되는 것이다. 확대된 범주의 복지적 기능을 이해하기 위해서는 공식적이고 체계적인 조직들을 통한 실천 활동들이 필요하게 된다. 그 결과 조직적 활동을 기획, 실행, 평가, 수정할 수 있는 체계적인 지식들이 복지의 실천 활동들을 통해 필요하게 되는 것이다. 조직화된 복지는 그 과정과 운영에 대해 고상한 목표와 가치를 설정해 놓았다 해도, 이러한 목표를 실천에 옮기는 조직적 과정들에 대한 지식이 없다면 그것들에 대한 적절한 결과를 기대할 수 없게 된다. 현대사회에서처럼 복

잡한 사회에서는, 사회적 목표가 설정되고 그 목표들이 구체화되어 개인들에게 서비스의 형태로 전달되기까지는 복잡한 과정들이 존재한다. 그리고 그러한 과정들의 대부분은 조직들에 의해 수행되기 때문에 조직적 전달과정에 대한 이해를 필요(김영종, 1998)로 한다.

8) 일반 복지 분야

(1) 사회보장제도

사적소유와 시장경제체제 중심의 자본주의사회에서 개인의 생활보호문제는 자급자족 원칙하에 개인의 책임으로 귀결된다. 그러나 산업화와 도시화에 따른 시장경제구조의 변화로 인해 개인이 일상생활 중에 당면할 수 있는 사회적 위험의 범위가 확대되었다. 또한 인구의 노령화와 핵가족화는 각종 복지수요를 증대시켰고 전통적인 가족 간의 연대감이나 부양의식을 약화시켰다. 이러한 사회, 경제적 변화는 개인의 생활보장문제를 전적으로 개인에게만 의존할 수 없는 상황을 초래하여 국가가 개인의 생활을 보장하는 사회보장제도가 등장하였다.

국가가 국민의 생존권을 보호하기 위해 소득이나 의료보장을 도모하는 총체적인 국가정책을 의미하는 것으로 연금제도, 산업재해보상보험제도, 고용보험제도, 의료보험제도 등 4대 보험과 아동수당(가족수당) 그리고 공공부조로 구성된다. 우리나라에서는 산업재해보상보험제도, 의료보험제도, 연금제도, 고용보험제도 순서로 진행되고 있다.

(2) 빈곤문제

궁핍으로서의 빈곤
빈곤은 음식, 주택, 의복, 의료보호 등 어느 수준의 생활을 영위하는 데 필요한 것의 불충분, 즉 궁핍으로 정의 내릴 수 있다.

궁핍으로서의 빈곤은 절대적 빈곤과 동일한 용어로 사용하고 있으며, 절대적 궁핍으로서의 빈곤은 사회 구성원의 전반적인 생활수준을 고려하지 않은 개념이다.

불평등으로서의 빈곤
빈곤은 불평등으로서의 빈곤으로 정의 내려지기도 하며 상대적 궁핍과 관련된다. 상대적 궁핍으로서의 빈곤은 특정 사회의 전반적인 생활수준을 고려한 상대적 박탈과 불평등의 개념이다.

문화로서의 빈곤
빈곤을 세대 간에 전승되는 하나의 생활방식, 즉 문화로 정의한다.

착취로서의 빈곤
지배계급의 피지배계급에 대한 착취로서 정의한다.

(3) 아동복지

전체 아동을 대상으로 모든 아동들이 가족 및 사회의 일원으로서 신체적, 정신적 및 사회적으로 건전하게 성장하고 발달할 수 있도록 지역사회나 사회복지 분야에 있는 공적단체 혹은 기관들이 협력하여 아동의 권리에 필요한 사업을 계획하고 실행에 옮기는 조직적인 활동이라고 할 수 있다.

아동복지의 대상

18세 미만의 아동, 임신 중이거나 출산 후 6개월 이내의 임산부 등으로 보며 특히 요보호아동 및 요보호임산부에 대한 급여 및 보호가 이루어지고 있다. [민법 —20세 미만, 형법 —14세, 근로기준법 —13세 연소자 / 20세 미만 소년, 아동복지법 —18세 미만, 청소년 기본법 —24세]

아동복지사업의 현황

① 아동상담사업
② 가정보호
③ 시설보호
④ 아동결연사업
⑤ 보육시설지원

(4) 가족복지

전통사회에서는 가족생활을 중심으로 발생하는 문제들은 주로 가족, 이웃, 친척, 종교단체에 의해서 결정되었다. 그러나 산업화됨에 따라 개인주의, 자유경제주의 등이 팽배해진 사회에서는 개인문제들이 원초적인 인간관계 및 가족관계로서는 해결될 수 없을 정도로 점차 사회적인 성격을 띠게 되어 전문적인 서비스를 필요로 하게 되었다.

가족복지사업이란 실제로 가족이 일시적 혹은 장기적으로 당면하고 있는 생활상의 곤란함, 즉 빈곤, 질병, 실업, 가족관계의 붕괴, 행동상의 문제, 신체적 혹은 정신적 장애 등으로 가족의 기능이 상실되어 중대한 위기에 처한 가족을 대상으로 하여 가족의 긴장을 완화하고 문제를 해결하며 가족의 기능을 강화하는 것을 목적으로 하는 사회 조직적 활동을 의미한다.

가족복지사업과 다른 복지 분야 차이점은 가족 전체를 서비스 대상으로 하고 있다는 것이다.

가족복지
목적: 국민의 생활권의 기본이념에 입각하여 가족의 행복을 유지시키고자 하는 것

주체: 가족을 포함한 사회 구성원 전체

대상: 가족구성원 개개인을 포함한 가족 전체

수단: 제도적, 정책적, 기술적 서비스 등 조직적인 복지 분야

(5) 노인복지

노인이 인간다운 생활을 영위하면서 자기가 속한 가족과 사회에 적응하고 통합될 수 있도록 필요한 자원과 서비스를 제공하는 데 관련된 공적 및 사적 차원에서의 조직적 제반 활동이다.

한국에 있어 노인문제의 양상
① 고령화의 추이

② 노인과 관련된 문제의 양상

노인복지정책
① 소득보장

② 의료보장

③ 주거보장

④ 사회적 서비스보장

⑤ 노인복지서비스제도

(6) 장애인복지

장애인을 규정할 때는 원인이나 병명에는 관계가 없다.

장애인이란 선천적이든 후천적이든 간에 신체적, 정신적 능력의 불완전으로 인하여 일상의 개인 혹은 사회생활에 필요한 것을 스스로 완전히 혹은 부분적으로 수행할 수 없는 사람(유엔의 장애인 인권선언)을 말한다. 과거에는 장애인의 기준을 주로 신체적 또는 지적 결함의 정도에 두었으나 근래에 와서는 오히려 일을 할 수 있는 능력과 가정생활 및 사회생활의 불편정도 등으로 장애인을 판정하고 구분하려고 한다.

장애인복지의 이념
① 인권대등성의 원칙

② 장애의 개별화 원칙

③ 발달보장의 원칙

④ 욕구의 공통성 원칙

⑤ 참여와 평등의 원칙

⑥ 기회의 균등화와 정상화의 원칙

장애인복지의 내용
① 소득보장

② 의료보장
③ 주택보장
④ 사회서비스

(7) 의료사회사업

현대사회에서의 의학은 의료의 질적 변화와 공급체계의 불균형 그리고 확대되는 의료의 사회화로 인해 환자와 의사와의 만남은 계약화되고 환자와 접하는 시간이 제약되므로 그 관계가 비인간화되고 있다. 일반적으로 의학 및 의료의 분야에서는 '어떠한 병을 가지고 있는가?'에 관심을 가지고 있으며, 의료사회사업에서는 '치료와 입원을 원하고 있는 사람들은 어떠한 사람들인가?'에 관심을 가지고 있다.

(8) 정신보건사회사업

의료사회사업으로부터 분화하여 전문화된 영역으로서 정신의학에 관련된 여러 가지 원조 활동을 하는데, 특히 정신장애인과 그 가족에 대한 활동에 주안점을 두고 있다. 그 기반은 사회사업에 있지만 정신의학 영역의 제 지식과 기술을 취합하여 상당히 전문화된 영역으로 발전하였다.

정신보건사회사업의 기능
① 병원에 입원하는 클라이언트에 대한 서비스
② 외래환자 서비스
③ 시간제 입원 서비스
④ 비전통적인 서비스

정신보건복지사의 역할
① 치료시설
② 사회복귀시설 및 재활시설
③ 보건소 및 보건지소
④ 요양시설

(9) 산업복지

급격한 기술의 혁신과 이에 따르는 생산체제의 변화와 사회변동에서 파생되는 산업과 인간과의 문제가 사회문제에서 중요한 비중을 차지하게 됨에 따라 새로운 복지의 영역으로 대두되게 되었다.

산업복지의 기능
① 노동력 보호
② 노동력의 안정
③ 노동력 표준화
④ 관심의 표현
⑤ 사회적 책임수행
⑥ 조직의 인간화

산업복지의 주체
① 국　가
② 기　업
③ 노동자
④ 민　간

(10) 학교사회사업

학교사회사업은 학생들의 삶의 질을 향상시켜 학생복지를 실현하는 사업의 전문 분야로서 교육병리현상으로 인해 파생되는 다양한 학생문제와 사회문제를 예방하고 해결할 뿐만 아니라 궁극적으로는 학교가 교육의 본질적인 목적을 달성하여 학생 자신에게 주어진 사회적 기능과 역할을 완수할 수 있도록 도움을 주는 교육기능의 하나라고 할 수 있다.

(11) 교정사회사업

교정적 입장에서 전문적 지식이나 기술을 사용한 재활을 통해 범죄자가 스스로 자신을 도울 수 있게 하여 사회의 건강한 성원이 될 수 있게 하고 편안한 생활을 할 수 있도록 도와주는 것이다.

개별사회사업과 집단사회사업 및 지역사회사업과 같은 주요 사회사업방법론을 활용하여 범죄인이나 비행청소년으로 하여금 심리사회적으로 가장 편안한 상태를 유지하면서 사회에 적응할 수 있도록 원조하는 일이다.

(12) 여성복지

여성이 국가나 사회로부터 남성과 동등하게 인간다운 삶을 누릴 수 있는 권리를 보장받으며 이를 위해 가부장적 가치관과 자본주의의 생산 역할에 기초한 법과 기타 사회제도를 개선하여 양성평등의 사회를 실현하려는 모든 실천적인 노력을 포함한다.

여성복지의 필요성
① 가족형태의 변화
② 취업여성의 증가 및 처우의 열악성
③ 성차별의 현실
④ 이중적 성윤리 및 성개방 풍조의 만연
⑤ 여성의 의식 및 욕구의 변화

여성복지의 대상
① 학대받는 여성
② 모자가정의 모
③ 매매춘여성
④ 미혼모
⑤ 여성노인
⑥ 여성장애인

(13) 자원봉사

자원봉사란 특정한 요구의 인식하에 사회적 책임감의 태도를 가지고 금전적 이득에 대한 관심 없이 또한 기본적인 의무감으로부터 벗어나서 행동할 것을 자발적으로 선택해서 이루어지는 활동이다.(자발성, 복지성 또는 공공성, 무급성, 민간활동)

자원봉사활동은 사회문제의 예방 및 해결 또는 국가의 공익사업을 수행하고 있는 공사의 공식 조직에 자발적으로 참여하여 영리적 반대급부를 받지 않고서도 인간존중의 정신과 민주주의의 원칙에 입각하여 낯선 타인들을 상대로 필요한 공동선을 제공함으로써 사회의 공동선을 고양시킴과 동시에 이타심 구현을 통해 자가 실현을 성취하고자 하는 활동이다.

2. 행정이념

최근에 행정복지, 복지행정, 경영행정, 행정의 경영화, 기업형 행정이라는 용어가 널리 사용되면서 이에 대한 관심이 고조되고 있다. 이러한 현상은 혁신적인 정신을 도입하여 정부부문을 효율화하자는 데 있다. 그 내용은 정부부문에 시장원리와 경쟁원칙을 도입하여 비효율을 제거하고 성과지향적이며 고객지향적인 행정서비스를 제공하는 것이다. 그러나 행정의 경영화, 복지화가 추구하고자 하는 본래의 목적이 달성되기 위해서는 행정과 복지, 경영의 특성을 잘 이해할 필요가 있다. 행정과 복지는 서로 유사한 면이 있지만 다른 한편으로는 상이한 면도 있다. 따라서 행정과 복지의 유사점과 차이점을 인식함으로써 행정의 복지화의 의미와 한계를 분명히 이해할 수 있다.

1) 행정과 복지, 경영의 유사점

(1) 관리기술 면

목표달성을 위해 인적, 물적 자원을 동원하고 활용하는 방법 면에서 유사하다.
- 조직의 기획, 조정, 통제방법, 관리기법 등의 제반 관리기술 차원에서 유사하다.
- 양자 모두 능률주의를 지향

행정의 복지, 경영화란 기업에서 발전된 관리기술을 정부부문에 도입한다는 의미도 가지고 있다. 복지에 키포인트를 주면 서비스부문이고, 경영에 키포인트를 주면 기업적인 사업이 된다.

(2) 조직의 관료제적 성격

* 순기능적 특징: 계층제, 전문화(분화), 비정의성
* 역기능적 특징: 형식주의, 획일주의, 할거주의
- 정부와 기업 모두 이러한 관료제적 성격을 갖는 대규모 조직이라는 점에서 유사하나
- 시장에 노출된 기업보다는 정부조직이 관료제의 역기능적 성격이 강하다.
행정의 경영화란 정부 관료제의 역기능적 성격을 완화하려는 노력이다.

(3) 집단적 협동행위

- 공동목표를 달성하기 위한 합리적이고 집단적인 협동행위(공통)
- 즉 행정은 가능한 한 많은 대안 중에서 최선의 대안을 선택, 결정하는 과정을 따르는데 이 점은 복지도 마찬가지이다.

2) 행정복지, 경영의 차이점

(1) 목 적

행정복지는 공익을 추구(다원적) ― 사회에 봉사하기 위해 존재
경영은 이윤의 극대화를 추구(일원적)
- 이것이 행정복지와 경영을 구분 짓는 가장 핵심적인 차이점이다.

－행정복지는 국가의 생존과 경제사회발전에 대해 책임을 지며, 정의와 형평 등의 사회가치에 대해 더 많은 관심을 기울인다.

따라서 행정복지와 경영화를 논할 때는 목적의 차이를 제약조건으로 인식할 필요가 있다.

(2) 평가기준

공행정－국민에 대한 봉사를 주 목적으로 한다.
사행정－이윤을 주 목적으로 한다.

(3) 정치권력적 성격

－행정은 본질적으로 정치적 성격을 갖고 있으며 공권력을 배경으로 하여 행정기능을 수행하게 된다.
－반면에 경영은 특별한 경우를 제외하고는 정치로부터 분리되며 계약관계에 있을 뿐 강제력과 권력수단을 갖지 않는다.

(4) 법적 규제

－행정은 경영보다 엄격한 법적 규제를 받는다.
－반면에 경영은 법적 테두리 내에서 모든 활동이 이루어지기는 하지만 행정과 같이 직접적인 법적 규제는 받지 않는다.

(5) 평등성

－행정은 모든 국민에 대하여 법 앞에 평등이라는 규범이 강하게

적용되지만 경영은 이윤추구의 목적을 실현하는 과정에서 차별대우가 용인된다.

(6) 독점성

- 행정은 행정서비스를 제공하는 과정에서 경쟁자가 없는 독점성을 갖는다.
- 따라서 행정서비스의 질이 낮아질 가능성이 있다.
- 반면에 기업은 자유로운 시장진입이 보장되는 한 경쟁관계에 있게 되며
- 그 결과 재화 및 서비스의 질이 높아지게 된다.

행정이념: 행정이 지향하는 최고가치, 지도정신, 근본적인 공적인 것을 우선한다. 일 처리하는 것을 행정으로 표현할 수 있다.

3) 행정이 추구하는 가치

(1) 행정가치의 분류

① 가치의 분류: 도구성을 기준으로 살펴보면 다음과 같다.
* 본질적 가치: 가치 자체가 목적이 되는 가치
* 수단적(도구적, 비본질적) 가치: 목적을 실현하는 것을 가능하게 하는 가치

② 행정이 추구하는 사회적 가치: 도구성을 기준으로 보면 다음과
  같다.
* 본질적 행정가치: 행정을 통해 이룩하고자 하는 궁극적인 가치
  로서, 행정활동에서 직면하게 되는 의사결정과정에서 합리적인
  가치판단의 기준으로 작용. (예) 정의, 공익, 복지, 형평, 자유,
  평등 등
 -본질적 가치도 개념을 조작화할 경우 절차적 행정가치나 수단적
  행정가치로 환원할 수 있다. 예를 들면 공익은 정책결정과정과
  관련된 절차적 가치로 이해될 수 있다.
* 수단적 행정가치: 행정이 추구하는 본질적 행정가치를 달성하기
  위한 수단이 되는 가치로서, 실제적인 행정과정에서 구체적 지
  침이 되는 규범적 기준 (예) 합법성, 능률성, 민주성, 효과성, 중
  립성 등이 있다.

(2) 본질적 행정가치

가. 공 익
① 실체설
② 과정설

초점: 누가, 어떠한 과정을 거쳐, 어떤 기준에 입각하여 공익성의
    여부를 결정하느냐에 있다.

나. 형평성
형평성(equity)의 개념은 일반적으로 공정성(fairness) 혹은 사회정
의(social jutice)의 개념과 거의 같은 의미로 쓰인다. 아리스토텔레스

에 의하면 여러 개인들 간의 관계에서 사물의 적절하고 마땅한 분배로 이루어진 공정한 평등을 뜻한다.

행정이념으로서의 사회적 형평성은 신행정론의 등장과 더불어 강조되기 시작하였다. 신행정론자들의 주장에 따르면, 1960년대 이후 미국 사회에 실업, 빈곤, 무지 등의 악순환이 계속되는 것은 기존의 관료제가 비민주적이고 공리주의적인 총체적 효용의 개념에 사로잡혀 정치적, 경제적으로 소외되어 온 소수집단에 대한 무관심 때문이었다고 한다. 따라서 이를 극복하기 위해서는 행정가가 적극적으로 사회적 형평을 실현해야 한다고 주장했다.

프레데릭슨(Frederickson)에 의하면, 사회적 형평성은 일련의 가치 선호를 내포하는 개념으로 공공서비스의 평등성, 의사결정과 사업수행에서의 행정관의 책임성 및 시민의 요구에 대한 대응성의 확보를 의미한다.

행정의 능률성이나 효과성의 개념 속에는 비용이나 산출(혹은 효과)의 총량만을 고려할 뿐 그 비용이나 효과의 구체적인 구성에 대해서는 고려대상으로 보지 않고 있다. 다시 말하면, 능률성이나 효과성의 개념에서는 비용의 부담자와 효과의 향유자가 누구인가에 대해서는 고려하지 않고 있다는 의미이다. 비용의 부담자(혹은 집단이나 계층)는 누구인가 그리고 효과를 향유하는 자(혹은 집단이나 계층)는 누구인가 하는 문제는 정의 내지 형평성 있는 행정의 요청으로서 중요한 의미를 갖는다.

(3) 수단적 행정가치

① 합법성
② 능률성

③ 민주성
④ 효과성
⑤ 중립성
⑥ 가치성
⑦ 만족성

* 행정이념 간의 관계
  행정문화(administrative culture)

(4) 문화의 속성

인간은 정치적, 경제적, 사회적 동물이면서 동시에 문화적 동물임. 인간을 문화적 시각에서 보면, 나라마다 문화적 환경이 다르므로 인간의 행동에는 어떤 절대적이고도 보편적인 기준이 존재하는 것이 아니라 개개의 사회에 내재하는 독특한 질서 또는 구조에 영향을 받게 된다는 것을 알게 된다.

문화란 — 어떤 사회의 성원들이 집단적으로 공유하는 가치관, 유형적인 행동양식, 신념 및 습속 등을 포함하는 복합적인 것이다.

* 인간의 행위를 설명해 주는 개념으로서의 문화의 본질적 속성:
  ① 문화는 집단적(collective)으로 공유되는 것
     - 개인의 특유한 생각, 행동유형은 개인적 습속일 뿐 문화가 아니다.
     - 인류 전체의 보편적인 현상도 문화가 아니다.

　　　-민족, 특정사회의 구성원들이 집합적으로 갖는 현상이다.
　② 문화는 학습되는 것
　　　-사회구성원들이 그들의 사회적·역사적·물질적 환경 속에
　　　　서 생활하면서 학습하고 창조해 가는 것이다.
　③ 문화는 사회적 유산
　　　-문화는 모방되고 계승된다. 그것은 시대에서 시대에로 전
　　　　승되는 사회적·역사적 축적이다.
　④ 문화는 초유기체
　　　-문화는 인간에 의해 창조된 것이다. 그러나 일단 형성된
　　　　문화는 인간으로부터 독립한 자기체계를 가지고 독자성을
　　　　갖는다.
　⑤ 문화는 하나의 일관성 있고 통합된 전체로 이루어져 나간다.

　예컨대, 종교적 신앙이나 의식은 독자적으로 존재하는 것이 아니
라 가족의 조직, 경제적 가치 및 정치적 구조 등과 밀접히 연관되어
있어서 이들 모두가 일관성 있는 하나의 통합된 전체로서의 문화를
이루게 되는 것이다.

(5) 행정문화의 개념과 속성

가. 개　념

백완기: 행정문화란 행정관료들의 의식구조, 사고방식, 가치관, 태
　　　　도와 일반국민의 행정에 대한 가치의식의 총합.

　　　　D. Waldo:

　　　　I. L. Richardson and S. Baldwin:

나. 행정문화 개념에 대한 학자들의 견해를 종합하여 문화의 본질에 유의하면서 행정문화의 본질적 속성을 밝히면 다음과 같다.

　가. 행정문화는 공유되는 것

　　－한 관료의 특유한 생각이나 행동은 행정문화로 간주되지 않는다.

　나. 행정문화는 관료들에 의하여 공유된 특질이 후천적으로 학습된 것이다.

　다. 행정문화는 사회적 유산이다.

　　－행정문화는 모방되고 계승된다.

　라. 행정문화는 초유기체다.

　　－행정문화는 관료 내지 일반국민에 의하여 창조된 것이다. 그러나 일단 형성된 행정문화는 인간으로부터 독립한 자기체계를 가지고 독자성을 갖는다.

　마. 그러므로 일단 형성된 행정문화는 유지의 성향을 띠고 변화에 대하여 저항적이다. 그러나 그 변화가 필연적일 때에는 대부분 사회적 갈등과 긴장을 초래하면서 서서히 행정문화의 내용이 변하게 된다.

　바. 행정문화는 하나의 일관성 있고 통합된 전체로 이루어져 나간다. 즉 행정문화는 전체로서의 일관성 내지 조화를 지향하는 경향을 가지고 있는 것이다. 이러한 행정문화는 전체 사회문화의 하위문화 내지는 부분문화로 존재하고 있다.

(6) 행정문화의 기능

행정문화는 행정체제의 형성과 존속을 가능하게 하며 구성원들이 직면하는 불확실성을 감소한다.

① 행정문화는 행정체제 구성원의 사고방식과 행동양식을 인도하는 기준을 제시한다.
② 행정문화는 행정체제 구성원을 사회화하고 일탈적 행동을 통제하는 기능을 한다.
③ 행정문화는 행정체제 구성원의 일체감 형성에 기여한다.
④ 행정문화는 행정체제의 통합성과 안정성을 유지하는 사회적·규범적 접착제와 같은 구실을 한다.

(7) 우리나라의 행정문화

가. 권위주의

인간관계에서 상하관계와 지배, 복종의 관계를 중시하는 문화로서, 계급의식, 서열의식을 중시하며 관인우선주의를 강조한다.

① 권위주의의 성격:
　　모든 사람을 수직선상에 서열을 매겨 평가하려는 성향
　　강자에 대해서는 복종적 태도, 약자에 대해서는 강압적 위세로 임한다.
② 권위주의 성격을 조장시킨 요인
　　가부장적 가족제도
　　장유유서제
　　관존민비 사상
　　남성지배의 전통
③ 권위주의적 행태의 문제점
　　가) 권한이 상부에 집중되어 있어 대부분의 정책결정이 고위층에서 이루어진다.

　　나) 조직 내 의사소통이 원활하지 못하다.

　　다) 정책결정이나 문제해결에 있어서 점진적 접근방법이 채택
　　　　될 가능성이 적다.

　　라) 행정책임의 부재현상

④ 권위주의 행태의 순기능적 측면

　　가) 권위주의적 행정문화는 전통적 행정조직의 작동에 필요한
　　　　계서적 질서 내지 기강을 강화하고 상급자들의 통솔력과
　　　　지도력을 강화하는 데 기여하였다.

　　나) 상급자들에 의한 가부장적 배려와 하급자들의 순종은 조
　　　　직의 단합력을 향상시키고 비생산적 갈등을 억제하는 데
　　　　기여하였다.

　　다) 권위주의적 문화는 위에서 구상하여 하향적으로 시행하는
　　　　시책의 추진력을 강화하기도 하였다.

　　라) 권위주의는 관료제의 집권적 구조를 지지해 준 문화적 기
　　　　반이었다.

나. 연고주의(가족주의)

　연고주의는 가족·족벌 등의 혈연, 지연, 학연, 업연(업연: 직업관
계) 등 일차집단적 유대를 다른 사회적 관계보다 중요시하고 일차집
단 구성원으로서의 행동양식을 다른 사회적 관계에까지 확장 또는
투사하는 문화적 특성이다. 연고주의의 뿌리는 가족주의에 있다.

　가족주의: 행정이라는 공적 사회도 가족의 일 형태로 생각하려는 의
식구조. 다시 말해서 행정단위를 하나의 가족단위로 생각하려는 경향
(마치 장관-父, 차관-母, 국장-兄과 같이 생각하는 의식). 그러므
로 가족주의는 가족은 물론 출생지, 출신학교 등의 제1차적 집단에 대한
충성심을 말하므로 이러한 특수 관계에 있지 않은 사람은 집단에 대해 배
타적인 태도를 보인다.

① 연고주의적 문화의 특성

연고주의적 문화의 특성은 귀속성, 정의성(情誼性), 특수성이 높은 문화이다. 잘 알고 친한 사람에게 특별배려를 해야 한다는 의리의식, 은혜를 갚아야 한다는 보은의식, 위계질서를 강조하는 서열의식 등은 연고주의에 연관된 문화적 특성이라고 할 수 있다.

② 가족주의와 결부된 행정행태

가) 혈연적 가치나 지방색 또는 동창관계를 강조하는 사회에서는 정치나 행정이 어쩔 수 없이 배타적이고 귀속주의적 성격을 띤다.

나) 조직의 장은 조직운영을 가부장적으로 운영하기 쉬우며 정부관료들은 공직을 사유물로 생각하는 경향이 강하다.

다) 제1차적 집단을 중심으로 뭉치는 사회에서는 조직체 내에서도 혈연, 지연, 학연 등과 같은 제1차적 집단을 중심으로 소집단이 형성되어 갈등과 분열을 조장하고 나아가서는 사회분열을 조장하고 국민형성까지 위협한다.

라) 가족주의를 토대로 한 파벌주의나 분파주의는 개인의 능력이나 가치관을 자주적인 입장에서 발전시킬 기회를 박탈하여 버린다.

③ 긍정적 기능

가) 연고주의는 직장 내에서 가족적, 친화적 분위기를 조성하여 인간관계를 개선하는 데 이바지할 수 있다.

나) 그리고 연고주의가 고객에 대한 애착심으로 전이되는 가능성도 배제할 수 없다.

다) 가족주의적 행태는 법규만능주의에서 오는 결함을 보완한다. 가족주의적 가치관은 법규와 능률 중심의 무표정한 조직체 내에 감정을 불러일으켜 조직의 인간화, 활성화에 크

게 기여한다.

다. 형식주의(儀式주의)

사물의 실질적 내용보다는 형식, 절차, 선례, 법규 등과 같은 형식적인 측면을 더 중시하려는 성향.

발전도상국에서는 실질적 책임보다는 법적 책임이 강조되고 선례를 따르는 형식주의 행정이 일반적이다. 이와 같이 형식과 선례에 집착하다 보니 행정은 보수적이 되어 발전에의 주도적 역할을 해내지 못한다.

① 한국행정이 형식주의적 성격을 띠게 된 원인
   가) 능력(전문지식과 기술)과 자원의 부족
   나) 과욕적(비현실적)인 정책수립이나 사업계획
   다) 지시, 명령 위주의 통제행정
   라) 비현실적인 복무규정, 행정절차의 경직성
   마) 통제기준의 비현실성
   바) 권위주의적 관리체제
② 형식주의 태도의 문제점
   가) 법적 절차가 모든 요소에 우선
   나) 무사안일주의적 태도
   다) 행정은 보수성과 수구성에 빠진 나머지 변화와 혁신에 둔감하다.
   라) 기회주의적 행동성향. 말하자면 회색적인 태도. 이러한 부류의 사람은 특히 적응력이 강하다. 비밀이 보장된다고 판단되지 않는 한 조직의 제 규정을 범하지 않는다. 말하자면 의식적으로 무사안일주의자가 될 수도 있고 과잉동조자가 될 수도 있는 능력의 소유자이다. 동시에 조직의 정세나

상급자의 취미나 관심 등의 감지에 빠르고 또한 민감하게 반응한다. 조직의 업무와 관련된 근무태도 면에서 일관성이나 원칙이 없고 때로는 치밀하고 때로는 조잡하다.

마) 형식(의식)주의는 자기중심적 자아보다는 체면이나 위신 또는 타인의 평가 속에서 외부지향적인 자아를 강조하기 때문에 자기가 본심으로 하고자 하는 방향으로 힘을 동원할 수 없다.

③ 형식주의적 행태의 순기능적 측면

선언과 실천이 괴리되고 외양과 내실이 다른 형식주의의 이점을 찾기는 어렵다. 다만 형식의 중시가 행정의 명분강화, 정당한 절차의 준수, 법적 요건의 준수, 정중한 행정행태 등에 일말의 기여를 할 수도 있을 것이다.

라. 정적 인간주의(溫情主義)

온정주의는 정의성이 높은 문화적 특성이다. 이것은 인정, 우정, 의리 등 감성적 내지 정적 유대관계를 중시하는 성향이다. 온정주의자들은 다른 사람들로부터의 사회적 압력에 민감한 반응을 보인다. 그들은 의지와 지성보다 정에 끌려 행동한다. 온정주의는 연고주의를 강화한다.

정의적인 행동성향은 조직 내의 분위기를 부드럽게 하고 동료 간의 협동적 행동을 촉진할 수 있다. 따라서 작업집단의 응집성을 높이는 데 기여할 것이다. 부드러운 비공식적 관계를 조성하여 관료적 경직성을 완화할 수도 있을 것이다.

그러나 온정주의는 현대행정에 부정적인 영향을 더 많이 미치고 있다.

① 공평치 못하고 비합리적인 행동을 조장한다.

② 국민을 위한 행정목표와 정책에 대한 충성심보다 상관에 대한 개인적 충성심과 조직 내외의 친분관계를 우선시키는 경향을 부추긴다.

③ 비공식적인 연줄, 배경 등이 지배하는 통로가 공식적 업무처리 과정을 장악한다. 공직자나 고객이나 친분관계 등 연줄을 동원하여 자기 목적을 달성하려 한다.

④ 정실인사와 부패를 조장한다.

⑤ 인정에 얽매이다 보면 조직 내의 해로운 갈등이나 문제들을 해결하지 못하고 은폐, 회피, 억압한다.

마. 일반능력자주의(generalist orientation)

- 일반주의는 보편적 상식과 일반적 능력으로 행정에 접하려는 성향을 말한다. 일반주의는 전문가주의(specialist orientation)에 대조되는 것이다. 일반능력자주의는 역할의 분화와 전문화보다 통합과 융통성을 존중한다. 직원의 전문성보다 일반적인 교양과 명석한 두뇌 등 일반적 능력을 존중한다. 그리고 기술직이나 전문직보다 일반 행정을 우대한다.

- 일반능력자주의는 행정이 단순하고 생활관계가 미분화되었던 시대의 유산이며 유교적 전통에서 비롯된 것이라고 한다.

- 일반능력자주의는 인사운영의 융통성 확보와 관리자 양성에 유리하다. 행정이 단순한 곳에서는 일반능력자주의가 바람직하거나 적어도 그것이 행정관리의 원리와 마찰을 빚지는 않는다. 근래에는 전문가주의의 폐단을 시정하는 대안으로 일반능력자주의가 시선을 끌기도 하였다.

- 그러나 행정이 복잡해지고 그 기능분화수준이 높아지면 일반능력자주의의 결함이 크게 부각된다. 이것은 행정전문화의 요청에 배치된다. 아마추어리즘을 조장하여 행정의 효율성을 저해한다.

즉 이러한 일반주의가 지배하고 있는 사회에서는 행정의 전문화
란 기대할 수가 없다.

(8) 선진국의 행정문화

① 합리주의
모든 객관적인 지식을 동원해서 최적 규모의 정책결정을 추구하려
는 태도.

- 모든 의견을 자유스럽게 개진하고 발표하게 함으로써 가장 납득
  성과 보편성을 지닌 의견을 찾으려고 하는 것

합리주의와 결부될 수 있는 것은 인간의 이해타산이지 감정이 아
니다. 따라서 합리주의가 보편화되어 있는 사회에서는 감정이나 편
견이 정책결정에 끼치는 영향은 적다. 이러한 사회에서는 만인이 공
유감을 가질 수 있는 정책이 추구되고 게임의 법칙이 철저히 준수된
다. 문제의 해결은 과학적인 지식이나 인간의 지혜를 통해서 이루어
진다고 생각하지 초자연적인 힘이나 신비적인 힘에 의해서 이루어진
다고 생각하지는 않는다.

② 성취주의
- 성취주의는 인간의 능력을 평가할 때나 관료 임명 시 출신성분
  이나 종교, 출신지역 등의 귀속적인 요소에 의해서 평가할 것이
  아니라 실적이나 자격 등 객관적인 요소로 평가하자는 것이다.
- 성취주의가 보편화되어 있는 사회에서는 출신상의 이유 때문에
  차별대우를 받는 경우가 적기 때문에 채용, 승진, 전보 등의 인

사행정에서 불공평이 일어나는 경우가 적다.

③ **상대주의**
-어떠한 가치도 영원성과 불변성 및 고정성을 띤 가치는 없다는
 것이다.

즉 어떠한 가치나 관계도 상대적이고 유동적이라는 것이다. 이러
한 사회에서는 특정가치에 대한 집착현상이 없기 때문에 변화에 대
한 적응력이 강하고 정책결정도 점증성을 띠게 된다.

④ **모험주의**
-항시 보다 나은 것을 추구하기 위해서 무엇인가를 계속 시도하
 려는 성향. 따라서 모험주의는 시행착오를 두려워하지 않는다.
 시행착오를 통해서 발전이나 개선이 일어난다고 생각하기 때문
 에 시행착오는 생활의 일부를 이루고 있다. 이들은 시행착오 속
 에서 값진 교훈을 얻기 때문에 착오를 힘의 낭비로 생각하지 않
 고 동일한 과오를 여간해서는 밟지 않는다.
-모험주의는 항시 새로운 것을 시도하지만 한 번에 무슨 문제가
 해결된다고 생각하지는 않는다. 시행착오 속에서 문제가 해결된다
 고 생각하기 때문에 서서히 문제가 해결된다고 생각한다.

⑤ **중립주의**
행정이 정치적 세력과 영합해서는 안 된다는 정치적 중립의 태도.
즉 행정은 어떤 정당이나 입후보자를 선호해도 그것은 개인적인 것
이지 공적으로 연장되어서는 안 된다는 것이다.
행정은 어디까지나 그 본래의 성격이 도구성, 관리성, 수단성을

강하게 띠고 있기 때문에 정치 영역에 개입, 간섭해서도 안 되고 정치에 의해서 간섭당해서도 안 된다는 것이다.

(9) 우리나라 행정문화 개혁의 방향

산업화, 정보화 시대의 민주행정에 적합한 행정문화를 발전시키려면 먼저 행정의 임무수행을 저해하고 행정발전을 가로막는 전통문화의 탈락 또는 변용을 유도해야 한다. 그리고 창출, 수용되고 있는 발전지향적 신문화를 강화해 나가야 하며 바람직한 신문화의 전파를 위해 힘써야 한다.

앞으로 강화해 나가야 할 행정문화의 바람직한 특성은 매우 많다. 그러나 중요하다고 생각하는 특성들을 골라 보면 다음과 같다.

① 국민중심주의
② 인간주의
③ 임무중심주의
④ 보편주의
⑤ 적응성과 장기적 안목
⑥ 협동주의
⑦ 정직성과 청렴성
⑧ 과학주의

제 2 장

행정복지의 근거 상황이론

02

행정복지의 근거 상황이론

1. 가족해체와 행정복지

1) 가족해체 家族解體 family disorganization

가족해체와 행정복지는 그 연관성이 있다. 가족해체로 인한 행정복지의 업무량이 증가하고, 상황의 다양화로 인하여 행정시스템이 분화, 복잡해져야 하기 때문이다. 이에 가족해체를 구체적으로 다루지 않을 수 없다. 가족해체란 가족이 그 기능을 다하지 못하게 되는 상태. 가족조성(family organization)의 반대어이다. 둘 다 과정적 개념이므로 번역상으로 각각 가족해체과정 및 가족조성과정이라고 하는 것이 적절하다. 가족해체과정은 가족조성과정의 역과정을 말하므로, 목적의 불통일, 태도의 부적응, 인적 배치의 비조정 등에 의해서 가족기능에 점차로 장애를 발생시켜 가는 현상이라고 할 수 있다.

　가족해체에는 해체의 정도에 따라서 여러 가지 외적 징조가 나타
난다. 즉 해체의 정도가 가장 높은 것은 이혼이며, 이 경우 형식적으
로나 사실적으로나 가족이 완전히 해체된 가족분열 상태이다. 다음
으로는 가출, 별거, 폭행, 폭언, 기아, 소년비행, 만취, 의절(義絶) 등
이 있다.

　가족해체 요인으로서는 여러 가지가 있겠지만, 가장 일반적이고
심각한 것은 가족긴장(family tension)이다. 이는 다양한 차이가 있을
수 있지만 다음과 같은 특징을 지을 수가 있다.

　　① 기질의 차이에 기인하는 것.
　　② 성적(性的) 불일치에 기인하는 것.
　　③ 습성의 불일치에 기인하는 것.
　　④ 병적 성격에 기인하는 것.
　　⑤ 경제적 요인에 기인하는 것.

　등 여러 가지 형태가 있다. 가족 부양자의 사망 혹은 질병 등과
같이 가족긴장이 발생하지는 않더라도 가족기능에 장애를 초래하는
경우가 있을 수 있다. 이것도 가족해체의 한 형태라고 생각할 수 있
으며 결손가족이 그 좋은 예이다. 또 친족 등의 외부로부터의 압박
에 의해서 해체되는 경우도 있다. 가족해체는 근대사회의 특징적 현
상인바, 그 원인은 사회의 분해 일반요인에 귀착시킬 수 있다.

　최근 경제난이 장기화하면서 삶의 의지조차 상실한 '파산가정'이
급증하는 심각한 실정이다. 우리 사회는 지금 술집으로 흘러드는 어
린 소녀, 급증하는 원조교제, 근절되지 않는 학원폭력에다 심지어는
인터넷에 버젓이 자살사이트, 폭탄제조 사이트가 등장해 초등학생이
자살하는 등 극단적인 아노미 현상까지 보이고 있는 것이다.

　한 가정의 기둥을 흔드는 실직 가장, 경제적 사형선고인 신용불량,

막가파 식의 무보험차량, 최소한의 의료혜택조차 상실하는 의료보험료 체납, 이로 인한 파산가정의 증가는 곧바로 가정불화로 이어지고 버려지는 아이들이 늘어나는 등 크나큰 사회 불안 요인으로 표출된다. 더 이상 외면할 수 없는 심각한 상황으로 치닫고 있는 것이 엄연한 현실이다. 가정은 사회를 구성하는 기본단위다. 파산가정에 대해 정부와 우리 사회가 적극적인 처방을 내리지 않는다면 사회불안은 날로 확산될 수밖에 없다는 것이 전문가들의 진단이다. 서울대 손봉호 교수는 "불행한 이웃을 방치하면 결국 자신에게 피해가 돌아오는 '부메랑'의 악순환이 되풀이될 것"이라며 "가정의 붕괴는 작게는 지역사회의 불안, 나아가 국가의 불행으로 연결될 수밖에 없기 때문에 사회 구성원 모두가 인간적 삶을 누릴 수 있는 최소한의 여건을 마련하고 정상적인 가정을 꾸릴 수 있도록 힘을 모으는 것이 우리의 당면과제로 대두되고 있다."고 지적했다. 가족은 인류가 만든 제도들 가운데 가장 오래된 것이며, 역사와 민족, 시대적 변천에 따라 다양한 양상으로 존재해 왔다. 현대의 가족에 대해서는 여러 가지 관점들이 공존하고 있지만, 기본적으로 두 가지 관점들로 구분할 수 있다. 먼저 가족은 자녀양육의 기능을 중심으로 특정한 공간(가정)과 특정한 애정의 유대(사랑)로 연결된 특정한 사람들의 집합체로서 규정될 수 있다. 즉 가족이란 부부와 그들의 자녀로 구성되는 기본적인 사회집단으로서 이들은 이익관계를 초월한 애정적인 혈연집단이며, 같은 장소에서 기거하고 취사하는 집단이다.

가족은 사회변화의 소용돌이 속에서 전통적인 대가족에서 핵가족이라는 형태로 변화하였으며, 편부모 가족, 독신 가족, 노인단독 세대, 소년소녀가장 가족, 미혼부모 가족, 동거가족과 심지어는 동성애자들이 가정을 구성하여 가족을 만드는 경우도 있어서 현대의 가족은 과거 조부모세대, 부모세대, 아이세대로 구성되는 전통적 가족의 개념이 희박해지고 있다. 따라서 현대 가족을 이해하기 위해서는 가족의 구조적 측면보다는 가족구성원들 사이의 상호작용을 중요시하는 기능적 측면에 초점을 맞추어야 한다. 또한, 가족구조의 변화와 더불어 가족의 성격과 기능도 많이 달라지고 있다. 첫째, 전통적 가족제도의 가치관을 부정하는 의식이 가족의 일체성과 연대성을 약화시키고 있다.

즉 전통적 가족은 가부장제 가족이고 불평등과 지배 복종의 이념 원리에 기반하고 있다고 간주함으로써 전통적 가족의 긍정적 요소마저도 부정되고 있다. 둘째, 가장의 권위, 남성의 지위가 저하됨에 따라 부부관계와 친자관계가 대등화되고 있다. 셋째, 가족의 보호기능과 부양기능이 감퇴하고 있다. 국가나 기업, 사회단체 등이 가족을 대신하여 보호, 부양 기능을 많은 부분 대체함에 따라 가족에 대한 귀속감이 줄어들고 있다. 넷째, 산업화 과정에서 부부가족, 즉 핵가족 또는 소가족이 일반화되고, 인위적 출산정책 등으로 인해 가족 규모가 축소되고 있다. 다섯째, 결혼의 결정에 있어서 당사자들의 결정권이 강화됨에 따라 연애결혼이 증가하고 있으며, 부부간 애정이 중요시되고 있다. 여섯째, 이혼율이 증가하는 경향이 있으며 이혼에 이르기까지의 과정에서의 부부간의 갈등과 폭력, 폭언은 자녀에 대한 보호, 교육기능의 약화와 자녀의 비행화의 문제를 야기하고 있다. 가족의 해체란 가족구성원 간의 가치와 규범이 달라서 각자의 역할이나 가족 전체의 기능이 수행되지 못하는 상태를 가리키는 것으로, 별거나 이혼, 가족 분산 등과 같이 가족 조직이 해체되는 현상을 말한다. 가족 해체 현상은 전통적인 확대 가족보다는 부부 중심의 핵가족에서 나타날 가능성이 높다. 또한 이는 여러 가지 사회문제의 원인이 되기도 한다. 가족 내부의 정신적인 유대감 약화에 따른 정서적 불안정의 문제, 가족 부양 체계의 약화에 따른 노인 문제와 자녀 교육 문제, 가정교육의 약화에 따른 청소년 비행 문제 등이 바로 그것이다.

가족 해체는 산업화·도시화 등의 사회 변동과 문화 지체·문화 갈등으로 인한 문화 변동으로, 가족 본래의 기능이 원활하게 수행되지 못할 때 일어난다. 그리하여 가정 규범은 해체되고 가족원에 대한 통제력이 약화되며, 가족원은 자기 자신을 가정과 사회에 적응시키지 못하거나 불균형 상태에 빠지게 된다. 이러한 현상의 예를 들면, 사회 변동에 관련되는 사항으로서 가정주부의 사회 참여로 인한 모성 기능의 상실, 부부 역할 갈등 등이 있으며, 문화 변동에 관련되는 것으로는 가치관의 변화에 따른 부모와 자녀 간의 갈등, 고부(姑婦)간의 갈등, 노인 문제 등을 들 수 있다. 그런데 가족 해체는 한 가족 내에 한정되는 문제가 아니라, 가족원으로 하여금 탈선적·부정적·반가정적·반사회적 행위를 하게 함으로써 청소년 가출 및 비행, 부녀자 가출, 노인 문제 등의 사회 문제로 이어진다는 점에서 심각한 문제가 된다.

전통적으로 가족이라고 하면 혈연에 의해 이루어지는 관계를 의미하였다. 아직까지 우리 사회에서 혈연을 중시하는 것이 사실이지만 입양, 양자 결연 등도 가족으로 받아들이고 있다. 가족이 변화하는 데에는 산업화와 여성지위의 향상, 가치관의 변화가 주된 원인으로 작용하였다. 산업화는 생활양식에 있어서 총체적 변화를 가져왔으며, 가족의 규모가 축소되고 기능이 변화함에 따라 가족관계도 변하게 되었다.

여성의 사회진출이 늘어나면서 전통적인 가정에서의 여성의 역할이 변할 수밖에 없게 되었다. 여성은 가정 내에서 육아, 가사 등의 기능을 수행해 왔다. 그러나 여성의 사회활동으로 육아나 가사가 여성의 전담 분야가 아님을 인식하게 되었다. 여성의 사회활동은 이들의 기존역할을 대행할 수 있는 사회시스템을 요구하게 되어 미취학 아동을 보호하는 어린이집, 저학년 아동을 보호하는 방과 후 교실, 노인을 보호하는 주간보호소 등이 나타나게 되었다. 이처럼 가정 내에서 하던 여성의 역할이 사회가 일정 부분 분담하는 형태로 발전하여 가족의 부담을 사회로 이전시키고 있는 것이 현실이다. 가족기능 중 중요한 기능인 성과 출산에 대한 기능이 약화되고 있다. 성관계는 가정 내에서만 이루어진다는 전통적인 개념이 무너지고 있다. 출산에 대한 생각도 결혼하면 출산한다는 개념에서 출산도 이젠 선택적으로 하게 되었고, 출산을 기피하는 경향까지 나타나고 있다. 자녀양육의 기능도 가정에서 전부 하던 과거의 기능에서 벗어나 2세만 되면 영유아 보육시설 등으로 보내 사회의 전문기관이 부모의 역할을 대신하고 있다. 가족 내에서 노인의 지위 하락과 역할 감소도 가족기능이 변화하고 있는 대표적인 모습 중의 하나이다. 뿐만 아니라 가족의 보장기능이 국가의 사회보장제도와 사회단체의 사회사업에 의해 대체되고 있다. 예를 들어 노인 부양도 가정과 사회가 동시 부양하는 형태로 가고 있어서 가족기능이 점차 축소되고 있는 인상을 주고 있다. 현대사회의 대표적 가족형태인 핵가족에서 부부가족이 차지하는 비율이 점점 높아지고 있으며 부부의 기능이 강화되고 있다. 또 가족관계 내에서도 무게 중심이 종래의 부자(父子) 중심에서 부부(夫婦) 중심으로 전환되고 있다. 여성의 지위향상에 의해 평등한 부부관계가 중요해지고, 애정적 동반자관계가 중요해지면서 정서적, 성적 유대감이 중요한 요소로 등장하였다.

(1) 이 혼

통계청이 발표한 이혼율은 지난 10여 년간 꾸준히 증가해 왔다. 이혼 건수의 증가는 총인구수의 증가율을 앞지르고 있으며, 혼인 건수의 증가율보다 더 빠른 속도로 증가하고 있다. 이혼율 증가의 원인은 첫째, 사회적 요인들이 이혼율에 영향을 미친다. 이혼이 법적으로 용이한 사회와 그렇지 못한 사회 간에는 이혼율에 있어서 차이가 존재하며, 위자료나 재산분할청구권 제도나 이혼 후의 생활에 대한 사회보장제도 역시 이혼을 강화시키는 요인으로 작용한다. 또 산업화, 도시화에 따라 가족이 수행하는 여러 가지 기능들 가운데 많은 부분이 약화되고 정서적 만족의 기능만이 중요한 것으로 남게 되는데 이 기능에 있어서 조금이라도 문제가 발생하게 되면 가족이 해체되게 된 것이다.

과거에는 자녀들이 부부관계의 완충장치와 같은 역할을 수행하였으나 적은 수의 자녀만을 출산하게 됨으로써 가족의 자녀출산 기능이 약화되었고 자녀들 때문에 이혼을 포기하는 경향도 줄어들게 되었다. 그리고 여성의 지위향상 역시 이혼의 증가를 유발한 중요한 사회적 요인으로 작용하고 있다. 근대화 과정에서 여성들은 교육 수준이 향상되고 자신들의 정체성과 권리에 대해 의문을 제기하게 되었으며, 이는 배우자와 존속들의 부당한 행위에 대응하여 이혼을 선택하는 추세를 유발하였다. 둘째, 경제적 요인 역시 이혼에 상당한 역할을 미치고 있다. 특히 가장의 실업은 다양한 문제를 야기하는데 최근 우리나라의 대량실업이 가족에 미치는 여러 영향들을 구체적으로 살펴보면

① 가장을 제외한 배우자 및 성인 가족구성원의 취업을 증가시키고 있다. 가정은 흔히 사랑의 공동체로 이해되어 폭력이 일어나지 않는 것으로 알고 있다. 그러나 폭력의 첫 경험이 가정이며 다양한 유형의 폭력이 가정에서 일어나고 있다. 가정폭력은 배우자에 대한 폭력, 부모의 자녀에 대한 폭력, 형제자매 간의 폭력, 자녀에 의한 부모의 폭력으로 다양하다. 이 중에서 배우자에 대한 폭력행사, 특히 아내에 대한 폭력은 명백한 폭력행위임에도 불구하고 아내구타는 부부싸움이며 충분히 있을 수 있는 일이라는 잘못된 통념이 광범위하게 자리잡고 있다.

가정폭력에 직·간접적으로 영향을 미치는 요인들은 다양할 뿐만 아니라 가족이 처해 있는 여러 가지 특성들에 따라 가정폭력의 양상이나 정도가 달라진다. 부부간의 가정폭력은 크게 남편에 의한 아내 구타, 아내에 의한 남편 구타 그리고 남편과 아내가 모두 폭력을 행사하는 상호폭력으로 나누어진다. 부부간 가정폭력은 가족문제라기보다는 이제 사회의 문제로 인식하는 경향이 있다. 우리나라에서는 가정폭력은 부부간의 문제 혹은 가정 내의 문제로 보는 경향이 강하게 있어서 사회적으로 표출되지 않는 문제가 있다. 이것은 여성들이 폭력을 감수하고 있으며, 가정이 사적 영역이라는 인식이 뿌리 깊기 때문이다. 많은 여성들이 가정폭력을 범죄로 보지 않는 것이 문제이며, 사회 또한 가정폭력 문제를 사적인 영역으로 치부하는 것이 문제라고 볼 수 있다. 가정폭력 방지법 시행 이후 여성피해자들이 법적인 지원을 원하고는 있지만 실제로 경찰에 신고하는 경우는 19%에 불과한 것으로 나타났다.(서울 여성의 전화 통계 결과)

현대사회의 가족 형태는 그 역할과 구성과 관련하여 전통적 가족, 맞벌이 가족, 계부모 가족, 편부모 가족 등으로 구분할 수 있다. 부모 중 한쪽으로만 구성된 편부모 가족은 오늘날 배우자와의 사별뿐만 아니라 이혼의 증가에 따라 그 중요성이 커지고 있다. 일반적으로 편부모 가족은 아버지나 어머니 중 한 사람만이 부모의 역할을 수행하는 가족으로 인식되며 "부모 중 한쪽의 사망, 이혼, 유기, 별거로 인해 편부 혹은 편모와 그 자녀로 구성된 가족"으로 정의할 수 있다.

가족문제는 이제 더 이상 가정 안에 머물 수 있는 문제가 아니다. 가족문제도 이젠 사회문제의 한 영역으로 취급하고 사회적인 대책이 요구되고 있다. 현대사회에 들어 가족을 바라보는 시각이 많이 변하고 있다. 과거 전통적인 가족은 가족질서를 중요시하였다. 그러나 산업화와 더불어 이러한 질서가 무너진 핵가족을 이젠 당연한 현상으로 받아들이고 있다. 또한 구조적인 측면에서뿐만 아니라 남성 위주의 가치관에 대한 변화를 추구하는 움직임이 강하게 대두되고 있다.

이혼에 대한 시각이 변하고 있다는 것이다. 얼마 전까지만 해도 이혼이라는 낙인을 받게 되면 사회적으로 혹은 심리적으로도 상당한 장애를 겪었다. 그러나 이혼이 빈번해지면서 이혼도 하나의 과정으로 인식하는 경향이 있는 듯하다. 가족을 도식적인 묶음으로 보는 것에 하나의 개체로 해체하여 볼 수도 있는 안목이 필요하다고 본다. 이혼의 발생을 예방하는 것도 중요하지만 어쩔 수 없이 이혼하게 된 가정을 유지할 수 있는 대책이 필요하다. 가정폭력에 대한 공감은 가정폭력방지법이 제정된 것을 계기로 폭력에 대한 제도적 방지 장치가 마련되었다. 그러나 대중매체를 통한 폭력의 미화(조폭영화의 신드롬), 음주로 인한 폭력에 대한 지나친 관용 등으로 문제가정 내에서 일어나는 아내에 대한 폭력, 아동에 대한 폭력 혹은 학대에 대하여 우리 사회는 너무 관대한 것이 사실이다. 이를 가정 내의 문제로 제한적으로 보는 우리의 의식이 우선 바뀌는 것이 필요하다. 폭력은 가정 내에서 이루어지든 밖에서 이루어지든 어떠한 상황에서도 정당화될 수 없는 인권유린행위이며 처벌되어야 할 것이다. 앞으로의 가족정책은 가족성원이 평등을 보장하는 정책을 추구해야 하며 편부모 가족, 독거노인 가족, 소년소녀 가족 등 새로운 형태까지도 적극적으로 전체 사회구조적 차원에서 문제의식을 통합적이고 다각적으로 지원되어야 하며 경제적 빈곤문제에 대한 국가적인 지원책도 마련되어야 할 것이다. 이를 위해 행정복지 또한 다양화하고 전문화할 필요가 있다.

2. 국민기초 생활보장 행정제도

일반적으로 국민복지기본선의 한 유형으로 볼 수 있는 '국민생활최저선' (National Minimum)의 사회적 제도화는 복지국가의 핵심적 요소 중의 하나라고 할 수 있다(Wilensky, 1975: 1; Mishra, 1990: 34). 국가에 의한 최저생활의 보장이라는 이념은 영국 구빈법의 철폐를 주장하며 근대적 의미의 생활보호제도의 수립을 주장했던 웹(S. Webb and B. Webb) 부부에 의해 1870년대에 제창되었는데, 이들은 국민생활최저선의 영역으로 최저임금제, 8시간 노동제를 주장하였으며, 아동영양, 주거, 의료 등에 있어서 최저한의 생활수준이 국가에 의해 보장되어야 함을 주장하였다. 그러나 국민생활최저선의 이념이 본격적으로 복지국가의 핵심적 이념으로 수용된 결정적인 계기는 「베버리지 보고서」이다. 베버리지(W. Beveridge)는 보고서에서 영국의 기존 사회복지제도를 재편하거나 제도를 신설하여, '국민생활최저선'의 이념을 제도화할 것을 주장하였다.

이를 위해 정액기여와 정액급여 시스템을 갖춘 사회보험제도를 모든 사회적 위험에 걸쳐 도입할 것과, 사회보험의 틀에서 제외된 빈민층이나 생활무능력자들의 최저생활을 위해 공공부조를 보완적으로 도입할 것을 제안하였다. 잘 알려진 것처럼 영국은 베버리지의 제안을 각종 사회복지제도로 입법화하여 2차대전 이후 소위 복지국가라는 이름을 본격적으로 정착시키게 된다(Fraser, 1979). 한편 국민의 최저생활보장이라는 복지국가의 핵심적 이념은 서유럽 자본주의가 풍요의 시대로 돌입하던 1950년대와 60년대에 사회복지의 적정수준(adequacy) 보장이라는 틀로 변해가게 된다. 즉 50년대와 60년대의 복지국가의 발전과정을 보면, 복지국가가 최저생활보장만을 목표로 삼은 것이 아니라 최저수준 이상의 적정수준(adequate level)을 정책목표를 설정하고, 이를 정책적으로 구체화하려는 경향을 발견할 수 있다. 예를 들어, 스웨덴, 노르웨이 등 북유럽 3개국이 1950년대에 사회보험의 정액급여를 제공하는 시스템의 구축에서 1960년대에는 적정한 급여 수준 보장, 평등, 예방적 사회정책 등을 강화하는 쪽으로 정책의 강조점이 이동한 것이나, ILO에서 1952년에 제정된 '사회보장의 최저기준에 관한 조약'을 대체하는 각종 사회보장의 국제기준이 60년대에 집중적으로 제정된 것이 최저수준에서 적정수준으로 복지정책의 강조점이 이동하는 경향을 반영한 것이다(변재관 외, 1998: 74).

특히 우리나라와 같이 생존에 관한 한 무한 개인책임주의가 팽배해 있는 사회에서 처음으로 시민의 권리와 국가의 의무를 명시하였다는 점에서 획기적인 법이라고 평가할 수 있으며, 무엇보다도 이 법은 우리 사회가 지향해야 하는 국민복지의 기본선을 이룩하는 가장 기초적인 차원에서 제도적 완성을 가져왔다는 점에서 앞으로 우리나라의 사회보장제도의 발전방향에 기여하는 바가 크다고 평가할 수 있다. 현재 우리 사회가 겪고 있는 경제위기와 이에 따른 대량실업의 문제는 우리가 본격적으로 산업화에 매진했던 60년대 이후 최초로 경험하는 미증유의 사태로서 우리 사회의 근간을 위협할 정도로 심각하게 진행되고 있다. 더욱이 남성은 사회적 노동에 종사하고 여성은 가사노동을 하는 전통적인 가구 내 성별 분업구조를 가지고 있고, 세대별로도 가계소득의 책임을 거의 전적으로 장년층에서 맡고 있는 우리 사회에서, 실업에 따른 사회적 충격효과는 유럽과 미국에 비하여 매우 크다고 할 수 있다. 이러한 이유로 조우현(1999)은 우리나라 실업률이 갖고 있는 충격은 유럽과 미국의 약 1.5배의 충격효과를 가진다고 주장하고 있다.[1] 이러한 실업의 증가는 빈곤의

---

1) 조우현은 우리나라의 실업률 8.7%는 유럽과 미국의 13% 수준의 실업률과 유사한 충격효과를 가진다고 밝힌 바 있다. 조우현(1999) 참조.

증가로 이어져, 한국보건사회연구원과 IBRD의 추정에 따르면, 1998년도의 빈곤율은 전년도인 1997년도보다 약 2배 이상 증가하여, 빈곤의 주된 원인이 종전의 질병·노령 등에서 '실업·불완전 취업으로 인한 소득감소'로 바뀌면서 특히 장기실업자의 빈곤화문제는 당분간 지속될 것으로 예상할 수 있다. 그러나 더욱 심각한 문제는 이러한 실업률과 빈곤율의 증가에 따른 생활상의 고통이 주로 저소득계층에게 집중된다는 사실이다.

현 정부는 경제위기가 본격화된 1998년부터 실업대책을 최우선적 과제의 하나로 설정하고, 내각을 '실업대책내각'으로 그리고 여당을 '업대책당'으로 성격을 규정하여, '실업에 대한 전쟁(War on Unemployment)'을 선포하는 등 의욕적으로 다양한 형태의 실업대책을 추진하고 있다. 그러나 대량실업과 이에 따른 저소득층의 궁핍화의 문제와 같은 사회문제에 대한 대책이 효과적으로 수행되기 위해서는 이와 같은 정부의 의지뿐만 아니라, 정부의 능력이 더욱 중요하다. 즉 아무리 정책적 의지를 가지고 사회적 자원을 실업대책사업에 집중한다 하더라도, 정책대상(target population)을 정확하게 선별할 수 있는 능력과 이들에게 효율적으로 전달할 수 있는 행정 인프라 그리고 무엇보다도 정책목표를 극대화할 수 있는 잘 짜여진 프로그램이 완비되어 있지 않다면 정책효과성은 떨어지게 마련이다. 하지만 우리나라 정부는 1960년대 이후 국민총동원적 압축성장을 견인하면서 양적으로는 성장을 거듭하였으나, 대량실업과 이에 따른 저소득계층의 궁핍화와 같은 사회적으로 민감한 문제를 제대로 다룰 수 있는 사회적 기술(social techniques)을 축적할 수 있는 기회가 없었다. 정부가 아무리 정책적 의지를 가지고 종합적으로 실업대책을 실시한다 하더라도, 이 대책에 참여하지 못하고 있는 사각지대에 머무르고 있는 실직자의 수가 광범위하게 존재한다면 정책적 효과성은 기대할 수 없다. 이러한 점에서 사각지대 실업자의 규모는 그 자체로서 실업대책의 효과성을 측정하는 주요 지표가 된다(박능후, 1999: 5).

　사회정책에 대한 평가기준 중의 하나는 정책대상자의 욕구에 얼마나 부응하는 프로그램으로 구성되어 있는가 하는 점이다. 즉 수요자의 욕구에 기초하여 프로그램을 설계하고, 이를 수요자 중심으로 운영하여야 정책의 효과성을 극대화할 수 있다. 이러한 점에서 우리나라 정부의 종합실업대책은 철저하게 공급자 중심으로 짜여 있음을 알 수 있다. 국민기초생활보장법(이하 법)은 우선 시민의 '사회적 권리'라는 측면에서 기존의 생활보호법보다는 한 차원 발전한 매우 개혁적인 법안이라고 평가할 수 있다. 현행 자활보호대상자들에게 단순히 생계급여를 제공하는 것에 그치지 않고, 적극적으로 노동시장으로의 (재)진입을 촉구하기 위해서는 현재의 생활보호사업의 운영방식이 정비될 필요가 있다. 특히 현재와 같이 노동부의 고용안정조직과 전혀 행정적인 연계체계 없이 기초생활보호제도가 시행될 경우, 대상자 수급에만 급급하게 되어 적극적 노동시장정책을 시행하기 어렵게 되리라고 판단된다. 이러한 점에서 기존의 생활보호 업무와 노동부의 직업훈련 및 구직활동지원 업무를 연계하여 수급자에 대한 종합적인 서비스를 실시하여야 한다.

　즉 최저생계비 이하의 저소득자가 읍·면·동사무소에 급여를 신청할 경우, 전문요원은 자산조사와 더불어 근로능력 여부를 판단하여 생계비 지급을 결정하고, 이들 중 근로능력이 있다고 인정되는 사람에 대해서는 개인적 특성과 의사에 따라서 시·군·구 차원에서 실시하고 있는 실업대책 프로그램에 참가하도록 하거나 혹은 노동부의 직업안정기관에 출석의무를 부과함으로써, (재)취업을 위한 각종 정보와 서비스를 제공받을 수 있도록 해야 한다. 또한 사회복지전문요원이 수급자 가구의 특성 및 복지욕구를 파악하여 각 가구에게 필요한 서비스를 정확한 시점에 효율적인 방법으로 전달하기 위해서는 일선행정체계를 이루고 있는 읍·면·동사무소를 '종합복지센터'로 전환하여, 지역정보, 보건, 복지, 고용 등에 관한 주민의 욕구를 해결할 수 있는 one-stop service를 제공할 수 있는 행정체계를 구축하여야 한다. 이를 위해서는 전문요원이 수급자에게 필요한 제반 사회복지 서비스를 통합하여 제공할 수 있는 전산체계의 구축이 필수적이라고 할 수 있는데, 현재 구축 중인 정부의 정부행정전산망을 이용할 경우 효과적인 운영이 기대된다(복지부, 1999).

현재 우리 사회 일각에서는 법이 시행될 경우, 일할 의지와 능력을 갖춘 실업자의 근로의욕 저하는 물론, 복지체계가 제대로 구축된 선진국에서 만연된 이른바 '복지병'이 번질 우려가 짙다는 점을 들어 반대의사를 표명하고 있다. 우리나라는 선진국의 대부분이 갖추고 있는 보편주의적인 아동수당이나 장애수당이 없고, 현금의료급여인 상병수당도 도입되지 않았고, 국민연금이나 고용보험 등이 성숙되지 않은 상황이기 때문에 많은 수의 불완전 취업층이나 저소득층은 가장 기본적인 생활을 영위하는 데 어려움을 겪을 수밖에 없다. 따라서 전반적인 기초 소득보장제도가 전혀 갖추어지지 않는 상태에서 인구학적 배제 규정이 있는 기존의 생활보호제도의 한계점은 너무 분명한 것이다. 국민기초생활보장제도는 이미 선진국에서는 오래 전에 보편적으로 적용하던 제도이고, 또한 보편주의적 수당제도가 거의 존재하지 않으며, 실업과 노령의 위험에 대비한 사회보험제도에서 상당수의 인구가 배제되어 있는 우리나라의 상황에서 기초생활보장제도에 '복지의 과잉'이라는 수사를 붙이는 것은 전혀 어울리지 않는다고 할 수 있다. 영국은 기존의 실업급여와 소득지원이 구직급여로 바뀌면서 개인의 구직노력 조건이 크게 강화되었으며, 특히 올해 전국적으로 실시될 예정인 신고용협정(New Deal)은 어떠한 형태이든 근로를 하여야 급여를 준다는 국가와 시민 간의 쌍무적인 권리와 의무의 관계를 제도화한 것이다. 이러한 영국의 사회보장제도의 변화의 흐름은 무엇보다도 근로할 능력이 있는 사람은 근로를 포함한 사회적 활동을 조건으로 급여를 제공하는 방향으로 복지제도를 재편하였다는 것이다.

이러한 목적은 예산절감이라는 구체적인 이득보다는, 국민들에게 근로하도록 버릇 들이는(discipline) 것에 더욱 큰 정책적 목표가 있다고 할 수 있다. 그러면 현재 대량실업의 위기를 맞고 있는 우리나라의 경우 영국의 경험에서 어떠한 시사점을 얻을 수 있는가를 살펴보자. 이를 위하여 먼저 간과해서는 안 되는 사실은 영국과 우리나라는 실업자를 포함한 저소득자에 대한 사회보호의 수준에서 매우 현격한 차이를 보이고 있다는 점이다. 따라서 현재 영국에서 실업자에 대한 사회보장제도가 개인의 책임을 강화하는 방향으로 추진된다고 해서 우리가 그 방향을 그대로 취할 수는 없다.

따라서 우리의 사회보호의 수준을 정확하게 인식한 이후에 이를 기초로 국가의 보호와 개인의 책임 양자의 균형을 유지할 수 있는 대책을 마련하여야 한다. 이러한 점을 염두에 두고, 영국의 경험이 국민기초생활보장제도의 시행을 앞두고 이를 준비해야 하는 우리에게 어떠한 시사점을 주는가를 살펴보면 다음과 같다. 첫째, 무엇보다도 국가가 공적 사회보장제도를 통해서 기초적인 생계를 보장해 줄 수 있는 급여수준, 즉 국민복지의 기본선을 설정하여야 하는데, 장기적으로는 영국의 경우와 같이 개인의 개별적용액(persoanl allowance) 제도의 도입을 모색하여야 한다. 즉 최저생계비 계측 시 가구특성을 정확하게 반영하여, 예를 들면, 장애인 가구의 추가비용을 산출하여 급여의 형평성을 도모하여야 한다. 둘째, 제도적으로 사회보험인 고용보험과 공공부조인 생활보호사업의 긴밀한 연계성을 구축하여야 한다. 특히 요즈음과 같은 저성장·고실업의 사회에서 가장 큰 고통을 받는 집단인 저소득 실업자를 위한 적극적 노동시장정책(근로유인)과 소극적 노동시장정책(생활안정)을 병행하여 총괄할 수 있는 체계적인 행정서비스 시스템을 구축하여야 한다. 셋째, 근로할 의사와 능력이 있는 저소득 실업자에 대하여는 가능한 한 근로유인 프로그램을 포함한 조건부 생계급여를 제공하되, 아래의 <부록 1: 영국 저소득 실직자의 생계유지방안>에 나타나 있듯이, 소득의 중단이 있어서는 결코 안 된다. 넷째, 현재의 단순업무 위주의 형식적인 직업훈련과 취약한 취업알선 시스템을 선진화할 수 있는 방안을 강구하여야 한다. 따라서 직업훈련을 통해 고기술 사회에서 요구하는 기능인을 양성할 수 있도록 다양하고 전문적인 직업훈련 프로그램을 개발하여야 하고, 고용보험 업무에 대한 실무지식과 대인서비스 수행에 적합한 전문훈련을 받은 인력을 선진국의 수준으로 증가시켜 이들로 하여금 구직자 개인의 사례를 체계적으로 개입·관리할 수 있도록 하여야 한다. 다섯째, 사회적 취약계층에 대한 사회적 보호를 강화하여야 한다. 특히 경제침체기의 가장 큰 피해자라고 할 수 있는 저소득 장애인, 노인, 아동에 대한 생활안정대책을 강구하여야 한다. IMF 구제금융 체제 이후 실업률이 급격히 증가하고 최소한의 인간의 존엄성을 유지할 수 없을 정도로 가난한 사람들이 크게 늘어났다. 현재 정부에서는 이들을 위한 생활보호자 선정기준으로 '94년에 설정된 최저생계비를 그동안의 경제상태의 변화를 감안하여 매년 조정하여 적용하고 있다. 그러나 이 선은 어디까지나 생활보호자 선정기준일 뿐 보호수준은 아니다. 그리고 국민생활최저선 기준 설정의 주요 대상 영역인 의료보장, 고용보장, 주거보장, 교육보장, 복지서비스 보장 등의 영역에 대한 포괄적인 기준으로 활용되는 것은 아니다. 또한 '94년 설정된 최저생계비가 절대빈곤의 개념이 적용된 빈곤선인지 아니면 상대빈곤의 개념에 근거한 빈곤선인지에 대해서도 논란이 제기되고 있어서(류정순, 1996),[2] 우리 사회에서는 아직 어떠한 빈곤개념을 적용하여 어느 정도의 생활수준까지 보호해 주어야만

---

2) 류정순, 한국도시가계의 빈곤선 재정립에 관한 연구, 동국대학교 박사학위논문, 1996.

하는지에 대한 기준에 합의점을 찾지 못하고 있다. 이러한 상황에서 참여연대에서는 '94년 '국민복지기본선' 확보 운동을 전개한다고 선언한 바 있으며, 국민회의에서는 '97년 대통령 선거 때 '국민복지기본선'을 확보하겠다고 공약하였다. 그러나 국민복지기본선의 개념은 명확히 제시되지 않았으며, 학자들 사이에서도 이 용어의 개념을 최저생계비(National Minimum)로 인식하고 있는 사람이 있는가 하면, 국민복지기준들(National Welfare Standards)로 다단계 기준선들로 인식하고 있는 사람도 있고, 어느 특정 지점을 지칭하는 것이 아니라 사회복지제도(social security system) 전체를 지칭하는 용어라고 해석하는 사람도 있다. 이러한 논란에 대응하여 최근에 한국보건사회연구원(보사연, 1998)[3]에서 국민복지기본선을 국민복지최저선(National Minimum Level)과 국민복지적정선(National Adeqyate Level)으로 정의하였다.

그러나 이 연구에서도 국민복지기본선 설정의 근거가 되는 빈곤의 개념은 명확하게 규정되지 않고 논의가 전개되고 있으며, 기준으로 제시된 2단계 빈곤선들이 구체적으로 어느 정도의 생활수준을 의미하는지에 대하여 명확한 기준이 제시되어 있지 않다. 이제까지 한국 사회에서는 주로 마켓바스켓 방법으로 절대빈곤의 개념을 적용하여 빈곤선을 설정하여 왔으며 다른 방법들은 보조지표로 사용되었다. 그러나 절대빈곤의 개념과 설정된 개념에 적합한 생활수준에 관해서 연구자마다 큰 격차를 보이고 있기 때문에 절대빈곤의 개념과 그에 상응하는 생활수준의 합의를 도출하기 위해서는 절대빈곤의 개념의 재정립이 선행되어야 한다. 라운트리는 "가족의 총소득이 순전히 육체적 효율성을 유지하기 위해 필요로 하는 최소한의 필수품을 획득하기에도 불충분한 경우"를 일차적 빈곤(primary poverty)으로 정의

---

3) 한국보건사회연구원, 한국의 사회보장과 국민복지 기본선, 연구보고서 98-03, 1998.

하였다(Rowntree, 1901).[4] 그리고 필수품을 조달하는 데 필요한 비용인 최저생계비(minimum living cost)를 절대적 기준(빈곤선)으로 삼아 소득이 이에 못 미치면 빈곤한 것으로 간주하였다.

다른 연구자들의 절대적 빈곤의 개념은 라운트리의 범주를 크게 벗어나지 않고 있으나 1990년대 한국의 연구에서는 절대빈곤의 개념이 확대 해석되는 경향이 있다. 예컨대 보사연(1994)[5]은 "기본적 욕구가 충분히 충족된 상태 혹은 박탈감을 느끼지 않는 상태"로, 안병근(1991)[6]은 "사회의 지배적 생활양식하에서 마땅히 누려야 된다고 볼 수 있는 최저한의 생활수준" 그리고 보사연(1998, p.16)은 "경제·사회적 발전 수준에 부합하게 제공해야 하는 수준"으로 정의하여 사실상 '박탈감', '사회의 지배적 생활양식', '특정사회에서의 경제수준' 등의 상대적 빈곤의 개념을 포함시켜 확대 해석하고 있다. 이와 같이 절대빈곤의 개념을 확대 해석하면 합의된 절대빈곤선을 찾기는 상대빈곤선에서 합의점을 찾는 것과 마찬가지로 어렵다.[7]

절대빈곤선에 대한 합의점을 얻기 위해서는 절대빈곤의 개념은 라운트리의 1차적 빈곤, 즉 '육체적 효율성 유지를 위한 최소한의 필수품 부족'으로 엄격하게 생물학적 생존수준으로 정의하여야 한다. 그리고 절대빈곤선은 단순히 이론적 개념에 상응하는 수준으로서 정책적 빈곤선과 직접 연계시키지 말고 단지 합의를 도출하기 위한 기

---

4) Rowntree, B. S., Poverty: *A Study of Town Life*, 1901.
5) 韓國保健社會研究院, 最低生計費 計測調査 研究, 94-19, 1994.
6) 안병근, 한국의 都市部門 最低生計費 推定과 그 政策的 含意, 경북대학교 박사학위논문 1991.
7) 절대빈곤의 개념이 확대해석되는 이유는 첫째, 인간생존유지에 필요한 줄일 수 없는 핵심(an irreducible absolute core)의 개념에 대한 애매함, 둘째, 절대성, 즉 고정불변성(fixity)의 시대적 해석 차이, 셋째, 마바 방법을 이용하면 절대빈곤을 설정한 것이라고 인식되는 방법과 개념의 혼란, 넷째, 설정된 빈곤선이 단일빈곤선의 개념 아래에서 정책적 빈곤선이 되어야만 한다는 전제 때문이라고 생각된다.

준선으로 활용하는 것이 타당하고 생각된다.8) 상대적 빈곤은 "어떤 개인과 가족의 자원이 그들이 살고 있는 사회에서 평균적 개인 또는 가족이 향유하는 자원에 현저히 미달한 경우"를 빈곤하다고 해야 한다고 정의하였다(Townsend, 1962, p.225).9) 그러나 이 개념 속에는 절대적 욕구의 의미가 포함되지 않고 있다.

예를 들면, 요즈음의 북한사람들의 평균적인 삶은 인간생존을 위한 절대적 욕구가 충족되지 않은 상태로서 비록 그 사회에서 상대적으로 나은 위치에 있더라도 빈곤하지 않다고 할 수 없다. 즉 아무리 나은 위치에 있더라도 절대적인 욕구가 충족되지 않는 수준이 존재할 수 있으며, 이때 빈곤하지 않다고 할 수는 없다. 따라서 상대적 빈곤은 '생물학적 생존수준의 기본필요가 충족되었다는 전제하에서 어떤 개인과 가족의 자원이 그들이 살고 있는 사회의 평균적 자원에 상대적으로 결핍되어 있는 상태'로 엄밀히 정의함이 타당하다. 이와 같이 절대빈곤을 생물학적 생존수준으로 엄격하게 정의하고, 상대적 빈곤수준을 생물학적 생존수준의 기본욕구가 충족되었다는 전제하에서의 상대적 개념으로 정의하면, 절대적 빈곤과 상대적 빈곤은 연속적인 복지선상의 다른 생활수준의 상호배타적인 개념으로 간주할 수 있다. 그러면 품목별로 최하위층의 생활수준이 생물학적 생존수준 이상이면 상대적 빈곤, 그 이하이면 절대빈곤의 개념을 적용하여 빈곤선을 산출하는 것이 바람직하다. 빈곤선을 단일기준으로 이분법적으로 접근하기보다는 몇 가지 다원화된 빈곤선으로 층화시켜 빈곤을 파악한 학자들이 있다. 이들의 빈곤선의 개념과 기준은 아래와 같다. 부스(Booth, C., 1902, p.33)는 생활수준을 8단계로 나누었는데 그중

---

8) 왜 절대빈곤은 생물학적 생존수준으로 좁게 정의되어야 하는가의 근거는 류 정순(1996)에 자세히 논의되어 있다.

9) Townsend, P., The Meaning of Poverty, The British Journal of Sociology, Sep. 1962, 이정우, 1992, 251에서 재인용.

빈곤자(the poor), 극빈자(the very poor)와 최하층자(the lowest)의 3단계가 빈곤한 상태에 속한다고 했다. 빈곤자는 자기의 노력과 수입으로 겨우 생활해 나가거나 생활상태가 하층에 속하는 사람들이며 극빈자는 경제적으로 독립된 생활을 해 나가기 어려운 상태에 있는 사람들로서 일시적으로 도움을 필요로 하는 상태에 있는 사람들이고 최하층자는 전적으로 외부지원이나 보호 없이는 도저히 생활해 나갈 수 없는 사람들을 뜻한다. 라운트리(1901, pp.117-118)는 1차적 빈곤(Primary Poverty)을 "총소득이 순전히 육체적 효율성을 유지하는 데 필요한 최소한의 필수품을 얻기에도 불충분한 경우"로 정의함으로써 노동의 재생산활동을 전제로 한 육체적 생존을 상정하고 가계소득이 1차적 빈곤선 미만이면 빈곤가계로 간주하였다.

또한 라운트리는 2차적 빈곤(Secondary Poverty)을 설정하고 이 수준을 "총소득이 단순히 육체의 효율성 유지만을 위해서는 충분할 수 있으나, 그중 일부분이 다른 유용한 또는 낭비적인 지출로 흡수되어 육체의 효율성 유지에도 총소득이 불충분한 가계"로 간주하였다. 스트리튼과 버키(Streeten Burkei, 1978)[10]는 인간의 기본필요를 4단계로 정의하였는데, 1단계는 가까스로 생존(bare survival)에 필요한 수요; 2단계는 계속적 생존(continued survival)에 필요한 수요; 3단계는 생산적 생존(productive survival)에 필요한 수요로서 여기에는 생명유지에 필요한 것 이상의 의식주, 질병으로부터의 보호, 교육, 위생, 시설 등을 포함시켰으며; 4단계는 사회적 생존으로서 생산적 생존에 필요한 것에 사회에서의 상대적, 경제적 위치 및 사회참여도 등도 포함시켰다. 오나티(Onarti, 1966, p.11)는 빈곤을 최소한의 생존, 최소한의 충분과 최소한의 쾌적의 3단계로 나누었는데 최소한의 생존은 최소한의 의식주에 교통비 등의 약간의 필요가 충족되는 수준이며 최소한

---

10) Streeten, Paul & Burki, Shahid, Basic Needs: Some Issues, *World Develpment*, Vol.6, 1978.

의 쾌적은 건강과 체면유지를 위한 최소한의 자원수준을 말하며 최소한의 충분은 생존과 쾌적의 중간 지점으로서 생계보조 이외의 다른 복지서비스의 대상이 되는 정도의 생활수준을 의미한다.

죠지(George, 1988, pp.126-167)[11]는 제3세계에서 적용되고 있는 빈곤개념을 대단히 엄격하게 적용하여 기근빈곤(famine poverty), 굶주림빈곤(starvation poverty), 생존빈곤(subsistence poverty)으로 나누었다. 여기서 빈곤은 기본적으로 단순히 굶주리느냐 아니냐, 굶주리더라도 삶을 유지할 수 있는 정도냐, 아니면 굶어 죽을 정도냐의 문제로 접근된 것이다. 竹中勝男(1970)은 빈곤을 생리적 최저생활, 생계적 최저생활, 적극적 또는 문화적 최저생활의 3가지 수준으로 분류하였다(지윤, 1976, p.7에서 재인용). 생리적 최저생활은 인간이 그 생활을 유지해 나가는 데 필요한 의식주와 같은 기본적 필요의 최저한도가 유지되는 생활을 뜻하며, 생계적 최저생활은 인간이 노동하는 것에 의해서 자기의 생계를 지탱하여 나가는 데 필요한 최저임금수준의 소득정도이며 적극적 또는 문화적 최저생활은 건강하고 문화적인 최저의 생활이 유지될 수 있는 정도의 소득수준을 의미한다. 楠田丘(1984, 129-131)[12]는 생활수준을 피규휼수준(Pauper Level), 최저생존수준(Minimum Subsistence Level), 최저생계수준(Minimum Health and Decency Level), 표준생계수준(Normal Level), 유락생계수준(Health and Decency Level)의 5가지로 분류하였는데 4번째 단계인 표준생계수준까지를 빈곤으로 볼 수 있다. 피규휼수준은 구제받지 않으면 생명을 유지할 수 없는 수준을 말하고, 최저생존수준은 단순히 생명을 유지할 수 있는 상태일 뿐 노동력의 재생산은 불가능한 수준을 말하며, 최저생계수준은 일정한 체면과 품격을 유지할 수 있는 정도, 즉 건강하고 문화적인 생활을 할 수 있는 수준으로서 최

---

11) George, V., *Wealth, Poverty and Starvation, NY,* (1988): 83.
12) 남전구, 생계비와 임금, pp.129-131, 산업노동조사소, 1984.

저임금 설정의 기준선이며, 표준생계수준은 건강과 체제에 약간의 선택의 여유가 있는 평균적인 생활수준이며, 유락생계수준은 그 이상을 말한다.

류정순(1995)[13]은 빈곤을 생물학적 생존수준, 최소한의 충분수준, 최소한의 품위유지수준의 3단계로 분류하였다. 생물학적 생존수준은 라운트리의 1차 빈곤에 상응하는 수준이며, 최소한의 충분수준은 절대빈곤선과 상대빈곤선의 사이의 생활수준을 의미하며 최소한의 품위유지수준은 상대빈곤선과 표준생계비 사이의 생활수준을 의미한다. 위에서 살펴본 여러 학자들의 빈곤선들을 생물학적 생존선, 국민복지최저선과 국민복지적정선의 3가지 기준의 개념에 근접한 선들을 찾아보면 아래와 같다. 첫째, 생물학적 생존선 아래의 빈민은 부스의 최하층자, 라운트리의 일차적 빈곤, 스트리튼과 버키의 계속적 생존수준, 오나티의 최소한의 생존수준, 竹中勝男의 생리적 최저생활, 楠田丘의 최저생존수준과 류정순의 생물학적 생존수준과 비슷한 수준이라고 할 수 있다. 둘째, 국민복지최저선 아래의 빈민은 부스의 극빈자, 라운트리의 이차적 빈곤, 스트리튼과 버키의 생산적 생존수준, 오나티의 최소한의 충분수준, 竹中勝男의 생계적 최저생활, 楠田丘의 최저생계수준과 류정순의 최소한의 충분수준과 비슷한 수준이라고 할 수 있다. 셋째, 국민복지적정선 아래의 빈민은 부스의 빈곤자, 스트리튼과 버키의 사회적 생존수준, 오나티의 최소한의 쾌적수준, 竹中勝男의 적극적 또는 문화적 최저생활과 楠田丘의 표준생계수준, 류정순의 최소한의 품위유지수준에 가까운 생활수준이라고 할 수 있다. 국민복지최저선은 하한상대빈곤선과 국민복지적정선 사이의 어느 합당한 지점으로서 스트리튼과 버키의 기본필요 단계 중에서 세 번째 단계인 생산적 생존의 개념에 기초한 생활수준, 즉 생존유지에

---

13) 류정순, 빈곤가계의 복지지원을 위한 빈곤선 설정의 이론적 고찰, 대한가정학회지, 제33권 5호, 1995.

필요한 것에 의식주, 질병으로부터의 보호, 교육, 위생, 시설 등이 포함된 수준으로 규정하고자 한다. 이 선상의 생활수준은 현재 우리 사회에서 가장은 격심한 중노동을 하고 다른 식구들은 가벼운 노동을 하는 것으로 가정할 때 노동력의 재생산이 가능할 정도의 영양섭취를 하고, 최소한의 노동시장에 대한 정보를 얻을 수 있는 정도의 정보원천을 확보할 수 있으며, 대중교통 수단을 이용하여 노동현장까지 출퇴근이 가능하며 공교육비를 부담할 수 있고 필요한의 의료혜택을 받는 정도의 생활수준이다. 우리나라의 경우 공식적인 빈곤의 개념은 생활보호법 제1조에 명시되어 있는 '건강하고 문화적인 최저생활이 유지되지 않는 상태'로서, 이 선은 우리 사회가 보장해 주어야 할 이상적인 생활수준, 즉 국민복지적정선(상대빈곤선)이라고 할 수 있다. 이 선은 국민복지최저선과 표준생계비(ceiling) 사이의 어느 지점이 될 것이다. 민간참여의 확대의 기반이 될 참여복지 정책기조의 핵심은 보편적 복지라고 해도 과언이 아닐 것이다. 일부에서는 '참여복지'보다 '전 국민 복지시대'라는 개념이 더욱 적절하다고 설명한다. 복지의 주 공급대상을 사회적 취약계층에 한정시키는 것이 아니라 전 국민을 위한 복지로 전환한다는 것이 바로 '보편적 복지'이다. 그동안의 복지정책이 저소득층에 집중되어 있다는 것을 계속적으로 강조하며 '저소득층의 복지에서 전 국민의 복지로!'를 제기하고 있는 것이다. 일각에서는 원칙적으로는 환영할 만하나 소외계층에 대한 복지정책 역시 제대로 펴고 있지 못한 현실에서, 전 국민 복지로 전화과정이 오히려 소외계층을 소외시킬 수 있음을 우려한다.

3. 사회복지 정책의 이론 및 내용

1) 사회복지정책의 개념

① 사회복지＋정책
② 상호부조－정책＝행위의 방침
　　　　　　사회복지정책＝행동지침, 행위방침
　　　　　　사회적 할당의 기반
　　　　　　사회적 급여의 형태
　　　　　　전달체계
　　　　　　재정양식
③ 사회연대감
④ 소득재분배

2) 사회적 가치(사회복지정책에 영향을 미치는 가치문제)

⇒ 문화·시대·환경에 따라 다르다.
① 평　등－비례적 평등
　　　　－수적 평등 ex) 베버리지 보고서
② 형평성－비례적 평등 개념
③ 적절성－물질적 적절성
　　　　－정신적 적절성

3) 정책분석의 준거틀(분석틀)의 차원

Gilbert & Specht
① 사회적 할당-보편주의, 선별주의
　　　　　-선별주의-자산조사-경제적 욕구 위해
　　　　　-연령, 인구집단 (시민권)
② 사회적 급여 (6가지)-현물, 현금, 서비스, 기회, 증서, 권력
③ 전달체계-공공부문-국가에서, 지속, 안정적, 관료화 우려
　　　　-민간부문-영리추구. 변화에 빠른 적응, 신속, 탄력
　　　　적, 그러나 불안, 지속적이지 않고, 안정적이지 않은 문
　　　　제점이 있다
　　　　-공공과 민간의 혼합형태-대부분의 형태
　　　　-순수민간형태-거의 없다
④ 재정양식-공공-일반조세, 사회보장세
　　　　-민간-사용자부담, 후원금, 기부금

4) 분　야

① 사회보험-4대 보험: 건강보험, 산재보험, 국민연금, 고용보험
② 공적부조-가난, 빈민, 조세(국가재정으로), 선별적, 자산조사,
　최저수준

5) 사회복지행정: 간접적 개입방법 – 인간봉사관리

(1) 정 의

국가정책의 효율적이고 효과적인 집행을 위한 기관, 시설, 단체의 관리운영에 관련된 지식 및 기술체계. 또한 사회복지정책을 직접적인 사회복지서비스로의 전환 과정

(2) 행정의 특성

① 공공행정과 기업경영의 기술에서 유래.
② 인간을 돕는다.
③ 사회복지 철학과 방법, 사회적 입법에 관한 지식 경험, 사회사업실천에 대한 이해가 필요하다.
　⇒ 철학, 목표, 방법론 다 포함해야 좋은 복지가 될 수 있다.

(3) 행정의 기본구조

가. 조직 환경
　① 일반 환경 – 경제적 조건, 인구학적 조건, 문화적 조건, 정치적·법적 조건, 기술적 조건
　② 과업 환경 – 조직의 직접적 업무 과정에서
　　 – 재정공급자, CT 및 CT 제공자, 합법성과 권위 제공자, 보충적서비스 제공자, 경쟁조직
　③ 사회복지조직의 특성 ⇒ 합리적 배분, 효율적 집행
　　 다양한 환경적 요소(외부환경)에 의존

환경의 역동적 변화-압력으로 작용-대립적, 갈등적 가치 존재
-대립과 갈등 노출

국가보조금
기업후원금, 기부금
개인후원금, 기부금
사용자 이용료

나. 조직구조

① 조직의 구조적 요인

② 조직의 종류

-공식조직: 국가 및 단체가 인정한 공식적인 조직

-비공식조직: 사조직 및 개별적 조직을 말한다.

③ 사회복지조직의 특성

-CT와 직접 접촉, CT의 복지 보호 증진 위임, 도덕적 정당화, 기술과 활동에 제한 많다

목표가 모호 애매, 외부와 갈등, 핵심적 활동: 조직구성원과 CT의 관계, 표준척도 부족

분 업
위계적 과정
구 조
통제의 범위

(4) 사회복지행정의 과정

-기획, 인사, 조정, 예산과 재정, 평가

① 인사관리 - 목적 달성 위해 활용

　　　　　- 충원, 선발, 임용, 오리엔테이션, 승진, 평가 및 해임

　　　　　- 직원의 능력개발

　　　　　- 슈퍼비전

② 재정관리 - 공급자 외부

③ 정보관리

행정에 필요한 정보를 효율적이고 합리적으로 생산하기 위한 관리활동을 말한다.

직무수행에 필요한 정보 제공 조직 목표달성에 기여

CT에 대한 정보 생성, 관리 / 재정자원 관리 / 내부운영의 통제

6) 사회복지조사 - 지원적 개입방법

(1) 사회복지조사의 정의

① 사회복지조사의 발달

　- 영국 18세기 산업혁명, 산업화, 도시화 - 사회문제발생 - 사회복지조사가 필요하다.

　　가. 찰스 부스의 「런던 시민의 생활과 노동」

　　　　1886-1903년 런던 빈곤실태 조사. 1 / 3이 빈곤선

　　나. 시봄 라운트리 「빈곤선 측정의 조사」- 1901, 1 / 3 빈곤선

　　다. 메리 리치몬드 「사회진단」- 1917년 사례기록, 사회사업방법론 정립, 사회복지실천의 전문화에 기여

② 사회복지조사의 정의

　정확한 지식을 얻기 위한 과학적인 방법

　문제 실태 파악 해결 위함-비복지의 실태 분석
③ 사회복지조사의 방법
　가. 양적조사-수치로 측정-편함
　나. 질적조사-인터뷰 통해-내용별 분류
　　-둘 중 하나를 쓸 수도 또는 둘 다 쓸 수도 있다.

(2) 사회복지계획

① 정   의
예측, 체계적인 사고, 조사 및 가치의 적용을 통해 사회문제를
해결하며 일의 진행을 통제하고자 하는 의도적인 시도를 말한다.
② 영   역
사회복지기관이나 조직, 지역 서비스 제공, 주택계획 및 재개발
활동, 문제 중심 또는 사회적 경향 중심, 재정정책이나 공공프
로그램, 사회적 측면 등에 관한 계획
③ 과   제
　-문제 공식화, 목적 설정을 위한 계획에 반영
　-개별적 서비스 체계의 검토, 개선방안의 비교검토, 필요한 서
　　비스 자원의 추산과 비용의 추계
　-구체적인 사회복지활동의 전개 위한 계획 수립
　-사정평가 통해 새로운 계획이나 단계를 고려하여 실체를 갖
　　춘다.

(3) 사회복지 프로그램의 설계

① 사회문제분석

② 프로그램 수혜자의 정의-일반인구, 위험인구, 표적인구, 클라이
   언트 인구
③ 사회복지실천이론과 목적의 정의-목적
   　　　　　　　　　　　　-결과목표
   　　　　　　　　　　　　-서비스에 관한 사회복지사와 클
   　　　　　　　　　　　　 라이언트의 기대를 말한다.
④ 서비스 절차의 구체화
　-사정, 계획, 서비스 제공, 모니터링, 평가 단계마다의 기술, 수행
   내용
⑤ 프로그램 환경과 서비스 내용의 구체화
   -CT에게 급여를 제공하는 주요 인물의 확인
   -서비스 환경의 구체화
   -실제적인 원조활동의 기술
   -정서와 반응의 확인
⑥ 프로그램 예산

(4) 사회복지의 평가

① 평가의 목적
   -책임성 이행
   -프로그램 계획과 운영에 필요한 정보 제공: 중단, 축소, 확대
    여부 결정
   -사회복지실천에 관한 이론형성에 기여
② 사회복지조직의 평가
   -조직의 평가
   -외부 효과성

-내부 효과성
③ 사회복지프로그램의 평가
-과정 평가
-효과성 평가
-효율성 평가

7) 아동 및 청소년복지

(1) 아동 및 청소년복지의 필요성

① 가족구조의 변화
가. 출산율의 감소
나. 핵가족화의 경향
다. 가족해체의 증가
라. 여성의 취업인구의 증가
마. 편부모 가족의 출현
바. 미혼모와 자녀의 문제

② 양육의 가치관 변화
부모의 덜 희생적, 자기 지향적, 국가 또는 사회적 차원의 보호와
책임의 요구가 증대된다.

③ 경제 사회적 위기
외환위기, IMF 관리체제, 여러 사회적 요구 발생, 실직 -가족문제,
가정해체, 저소득의 문제

(2) 아동 및 청소년복지의 개념

잔여적 개념 → 제도적 개념

사회구성원으로서 아동 및 청소년의 기본적인 욕구를 충족시키고 건전한 성장과 발달을 도모하기 위해 여러 가지 활동을 가능케 하는 공공과 민간의 조직, 사회복지전문직과 제도화된 실천 방법 등을 제도적 개념으로 볼 수 있다.

(3) 아동 및 청소년의 발달적 특징

① 아동과 청소년 정의

아동기 - 초등학교까지, 청소년기 - 고등학교까지

아동복지법 18세 이전 / 청소년보호법 19세 미만의 미성년자 / 청소년기본법 9~24세 미만

민법 만 20세 성년

② 아동 및 청소년기의 발달적 특성

가. 의존성과 성숙

　의존 ― 보호, 학습, 훈육

　성숙 ― 신체적, 심리적, 사회적 성숙, 독립 욕구, 자아정체감

　두 욕구는 상충적 그러나 배타적이 아니다.

　－청소년보호법, 다양한 청소년 단체수련기관, 진보적 교육단
　　체들

(4) 아동 및 청소년 문제

① 아동학대
② 소년소녀가장문제 — 경제적 어려움, 교육포기, 열악한 주거환경, 심리적 문제, 가사 관리문제
  -보호지원, 바람직한 성인역할 모형 제시
③ 결식아동문제 — 가구주의 실직, 학습부진, 낮은 자아존중감, 비행
  -중식지원, 푸드 뱅크, 모금
④ 청소년 비행 — 폭력, 절도, 흡연, 음주, 가출, 유해업소에 윤락/범죄, 약물복용
  -상담서비스강화, 조기발견과 예방, 학교사회사업가 배치 통해(학교사회사업)

(5) 아동 및 청소년복지서비스

* 카두신-기능에 따른 분류
  지지적 서비스
  보조적 서비스
  대리적 서비스

① 지지적 서비스
가족 능력을 지원강화서비스, 부모 원조, 보호기능 — 가정에서 이루어지며 외부에서 원조
  -가족서비스기관과 아동상담기관: 개별상담, 집단상담, 부모교육, 가족치료

② 보조적 서비스

부모역할 일부 대행

-유기, 학대아동 보호,

맞벌이 부부 자녀 아동보육서비스,

부모의 질병, 부재 중 아동의 가사노동 도우미 서비스

③ 대리적 서비스

가정의 기능 상실로 제3자가 부모의 역할의 전부를 떠맡는 경우.

-입양, 가정위탁, 시설보호서비스

8) 노인 및 장애인복지

(1) 노인복지

① 노년기의 특성

가. 노화현상 ― 생물학적 노화, 심리적 노화, 사회적 노화

나. 인구의 노령화 ― 60세~65세 이상, 국민연금 60세 이상

　　　　　노령화 사회 ― 65세 이상 7% 이상

　　　　　노령사회 ― 14% 이상

② 사회복지 욕구

가. 소득보장의 욕구

나. 의료보장의 욕구

다. 사회적 역할 참여의 욕구

라. 심리적 지지의 욕구

③ 노인복지의 현황과 노인복지서비스

가. 경제적 지원 — 경로연금제도의 범위확대 급여수준 향상
취업기회제공, 퇴직준비프로그램 개발, 노인공동작업장
고령자교용촉진법, 노인인력은행시행, 고령자고용촉진장려금(고
용보험기금)

나. 의료적 지원 — 예방대책수립, 효율적 질병관리체계 병행, 노인
요양시설 세분화, 노인전문병원설치운영, 보건소, 지역사회복
지관의 재가복지서비스와 보건 및 의료서비스의 유기적 연계

다. 여가활동의 참여 지원 — 노인여가시설: 경로당, 노인복지회관,
노인교실, 노인대학, 노인 휴양소 등의 양적 부족, 프로그램,
인력 부족→설비 보완, 기능 활성화→지역사회노인 위한 노
인복지서비스

　－최근 노인 자원봉사활동 활성화의 필요성 논의 재가노인복
지서비스

　－건강지원서비스 — 노인주간보호센터, 가정건강보호, 가정의
료서비스

　－사회자원서비스 — 가정봉사원파견서비스, 전화확인서비스, 이
동배식서비스, 우호방문서비스, 단기보호서비스

　－접근지원서비스 — 교통편의서비스, 정보제공과 의뢰, 법률서
비스

라. 노인복지시설의 양적 확대 및 재가복지서비스 개선

　－시설노인복지서비스 — 양로시설, 노인복지주택, 노인요양시
설, 노인전문요양시설, 노인전문병원

　－재가노인복지서비스 — 노인교실, 탁아소 등 주간보호시설, 단
기보호시설, 가정봉사원파견, 각종 서비스 전달

(2) 장애인복지

① 장애인의 개념

장애인—신체적, 정신적 장애로 인하여 장기간에 걸쳐 일상생활 또는 사회생활에 상당한 제약을 받는 자
* 신체적 장애 — 주요 외부 신체기능의 장애 내부기관의 장애
  정신적 장애 — 정신지체 또는 정신적 질환으로 발생하는 장애
* 장애인복지 — 장애인들의 재활을 이루기 위한 국가나 사회의 전문적이고 조직적인 활동
* 장애분류용어
  -impairment(신체적, 정신적 손상)
  disability(능력장애)
  handicap(적응장애, 사회적 장애)
  rehabilitation(재활프로그램, 서비스)

② 장애인복지의 이념

가. 정상화
나. 사회통합 — 사회복지가치의 구현

③ 장애인복지서비스의 변화와 재활

가. 재활의 개념 — 인도주의, 사회복귀, 장애인 가족 및 지역사회의 참여 필요
나. 재활의 패러다임 변화 —
  가) 지역사회 중심의 통합적인 서비스: CBR
    시설 중심적, 치료 중심적 서비스→가정, 학교, 직장, 현장 중심
    분리된 치료실 상황→생활현장 중심의 상황으로

세부 영역 전문가들의 분리된 역할 강조 → 전문가들 간 조정된 통합 서비스 강조

나) 재활계획 수립과 결정의 전문가 주도 → 당사자 가족 주도

다) 장애인의 사회적 가치 인정 프로그램 구조 집단화, 기관의 이미지, 기관의 위치 우선 강조, 큰 서비스기관 → 작은 서비스기관으로 전환 요구

다. 재활계의 변화경향

가) 정책의 변화: 고립 → 격리 → 통합

시설화정책 → 탈시설화정책

나) 재활서비스 전달체계의 변화: 기관 중심 → 지역사회 중심 → 포괄적인 연속체

다) 가족 중심의 접근 — 개별 중심 서비스 → 가족 중심 서비스

라) 초영역 팀에 의한 서비스: 전문가 중심 서비스 → 서비스이용자 중심, CT의 자기결정권 강화, 팀워크 강화

마) 정상 환경에서의 접근: 병원, 시설 중심 단기프로그램 → 지역사회에서의 장기프로그램

바) 클라이언트 중심 서비스: 한 기관의 가능서비스 → 욕구 따른 기관 상호협력

④ **장애인복지시설의 구분**

가. 장애인 생활시설: 필요기간 생활, 상담, 치료, 훈련 → 사회복귀 준비, 장기간 요양

나. 장애인 지역사회 재활시설: 전문적 상담, 치료, 훈련, 여가생활, 사회참여활동에의 편의 제공

장애인복지관 / 재활 병, 의원 / 주간보호시설 / 단기보호시설 / 공동생활가정 / 장애인체육관 / 심부름센터 / 수화통역센터

다. 장애인직업재활시설: 직업훈련, 직업생활 영위시설

라. 장애인유료복지시설: 상담, 치료, 훈련의 편의 제공→비용 납부

⑤ **장애인복지의 문제점과 과제**

가. 치료 및 교육 등에 집중된 서비스

　－사회심리재활사업, 직업재활사업, 재가복지사업의 확대 필요

나. 아동에 국한된 서비스 연령층과 일부 장애유형에 집중된 서비스

　장애아동에의 직접서비스 치중－청소년, 성인에의 서비스 부족,

　시각·청각·언어장애인, 정신장애인 대상 서비스 소수

다. 획일화된 서비스 내용 및 운영체계

라. 지역사회 자원의 낮은 활용도와 지역적 특수성 및 프로그램의

　내용 고려한 예산지원

(3) 21세기 사회복지의 전망

① 1883년 독일 비스마르크, 처음 사회보험 도입→질병보험－노
동자 흡수하려 비시장적, 비상품적 사회연대의 기반과 제도의
확대요구

　가. 자본주의 초기단계－길드, 가족, 지역공동체, 교회 등 전통
　　적인 형태의 지지체계

　나. 구빈법, 민간자선조직, 다양한 사회개혁운동, 사회보험

　다. 2차대전 후－복지국가체제의 확립, 민영화의 실험에까지,
　　시장 확대와 변천의 사회적 토대

② 영국의 보편주의적 사회권 목표－국민 최저의 보장

　스칸디나비아 보편주의적 사회권 목표－평등주의적 적정수준
의 보장

　독일－위계적 차등 유지하는 사회연대의 수단－직위, 신분, 연

령별 보험의 차별

③ 탈냉전체제→21세기 정보화, 인구고령화, 생애주기변화, 지식기반경
제의 출현, 단일지구자본주의화, 여성의 사회 참여 증대 등→
복지수요구조 크게 변화시킨다.

(4) 한국사회복지의 발달

60~80년대: 3공~5공, 관련법 무더기 제정, 대부분의 법 선언적,
          형식적
80년대 중반: 경제위기, 복지다원주의, 책임을 국가와 민간에, 신
          자유주의영향→국가기능 축소 경향

연도별 각종 법
① 60년대 13개 법 이상, 경→중공업, 절대빈곤, 신임 방편으로,
                유엔, 선교사, 단체지원 물품, 보호에
                치중
② ~88년: 국가 주도적, 관대적, 형식적민주화 운동→사회복지
        반영 ― 사회복지사 - 사회복지에의 국민요구
        신자유주의, 확대 축소 경향
③ 90년대 사회참여
④ 2000년대 주민복지지원
   협력의 복지에서 광의의 복지로 전환
   복지지원 예산의 확대 및 관공소의 복지센터 전환
   면사무소, 동사무소를 복지센터로 전화하여 실질적인 복지 실현

제 3 장

주제별 행정복지 이론

03

1. 유아 행정복지

유아 행정복지라는 단어는 생소할지 모르나, 아동복지라는 말은 많이 들어 보았을 것이다. 아동복지에 대한 실질적인 행정 지원과 정책 보조가 유아 행정복지인 것이다.

유아 행정복지가 새로운 행정복지로 등장하게 된 요인은 한국사회의 변화에서 찾아볼 수 있다. 과거 어렵던 시기를 거쳐 안정적인 생활이 되고, 생활의 기반이 있다 보니 유아복지에 대한 관심도가 증가하게 되었다. 이를 알기 쉽게 표현하면 다음과 같다.

① **가족형태의 변화**
② 아동인구 감소
③ 취업 모 증가
④ 가치관의 변화

⑤ 도시화

　부모와 자녀 및 가족관계가 일시적 혹은 영구히 해체된 정도의 상황이 발생한 경우 개입하는 아동보호수단으로 입양사업, 가정위탁보호사업 그리고 시설보호사업 등이 있다. 우리나라의 가정위탁보호사업은 「아동복지법」제11조에 근거해 실시되고 있는데 대상아동은 기·미아나 극빈 가정 아동을 주 대상으로 하며 1985년 이후부터 전국적으로 확대, 실시되고 있다. 그러나 실시된 후 많은 문제점들이 부각되었다. 우리나라의 가정위탁보호사업의 문제점으로는 위탁대상기준이 모호해서 실질적으로 보호가 필요한 아동이 누락될 소지가 있으며 위탁가정의 선정기준도 부적절한 경우가 많다 또 위탁가정에 대한 공적지도체계가 거의 전무한 실정이어서 위탁보호의 중단이나 위탁아동에 대한 학대 등의 문제가 발생되어도 조처를 하기 어려운 실정이다. 그리고 위탁가정에서 아동이 어려운 문제에 직면했을 경우 전문가의 개입이나 프로그램의 제공이 매우 미흡한 것이다. 이에 사회적 의식의 전환 및 관심, 정부나 사회단체의 적극적인 프로그램 개발 등이 요구되며 또한 요보호아동을 위한 대리적 서비스 가능한 시설보호를 탈피하여 대리가정보호제도인 가정위탁서비스 형태로 개발되어야 할 것이다. 이러한 행정적인 유아 행정복지가 뒷받침되어야 할 것이다.

　성인에 의하여 아동의 건강, 복지를 해치거나 정상적인 발달을 저해할 수 있는 신체적, 정서적, 성적 폭력 또는 가혹행위 및 아동의 보호자에 의하여 이루어지는 유기와 방임 등 유아를 위한 행정제도가 정착되어야 한다.

　가. 예방사업이 선행되어야 한다
　나. 정의와 범위가 규정되어야 한다
　다. 관련된 법 절차를 강화해야 한다

라. 아동학대 신고제도가 필요하다(외국처럼 구체적인 제도로)
마. 학대받은 아동의 신체적, 심리적 회복 및 국민적 인식 제고

(1) 지지적 서비스

지지적 서비스란 부모와 아동이 그들 각자의 책임을 효율적으로 수행할 수 있도록 그들의 능력을 지원하고 강화시켜 주는 서비스이다. 다른 서비스와는 달리 아동 자신이 가정에 살면서 받을 수 있는 서비스다. 이 서비스는 이미 자녀와 부모로서 가정을 이룬 경우만을 대상으로 하는 것이 아니라 미혼 남녀에게 미리 부모 준비 교육 서비스를 행하여 근본적인 아동복지사업을 하는 것도 포함한다. 이 서비스의 종류로는 개인적인 면접을 통한 케이스워크 서비스, 집단 프로그램, 가족치료, 지역사회 프로그램이 있고 제공하는 기관으로는 아동상담소, 가정상담소, 지역사회 정신건강상담소 등이 있다.

(2) 보완적 서비스

보완적 서비스란 부적절하거나 부족한 부모역할 내지 양육을 보충해 주는 서비스이다. 가정 및 가족의 형태는 그대로 있으나 부모의 역할이 매우 부적절하므로 가정 외부에서 지원해 줌으로 부모의 역할을 대행하거나 도와주는 것이다. 경제적 지원과 가사조력 서비스, 보육사업, 장애아동 복지사업, 보호사업 등이 있다.

(3) 대리적 서비스

대리적 서비스는 아동의 필요에 따라 부모 양육을 일시적 혹은

영구적으로 대행, 대리하여 보호해 주는 서비스이다. 부모, 자녀 관계가 임시적 또는 영구적으로 해체되었을 때 아동을 다른 가정이나 시설에 있게 함으로써 아동을 보호하는 것이다. 위탁 가정보호사업, 입양사업, 시설보호사업 등이 있다. 적극적 개념의 유아 행정복지가 되어야 한다.

국제협약에서 제시하는 아동권리의 일반원칙은
① 무차별의 원칙
② 아동이익 최우선의 원칙
③ 아동의 생명존중 및 발전 보장의 원칙
④ 아동의 의사존중의 원칙이 있다

유아 행정복지의 책임소재는 점차 가정에서 사회와 국가로 이전되고 있으며 최근에는 수혜의 대상자가 아닌 복지에 대한 적극적인 주체로서의 아동 자신에 대한 책임도 강조되고 있다. 그러나 유아 행정복지는 어느 한 주체가 책임을 지는 것이 아니라 각각 독자적인 책임을 짐과 동시에 상호 유기적인 관계하에서 책임을 나누어 진다는 것에 인식이 모아지고 있는데, 이것이 더 활성화되어야 한다는 것이다.

아동의 특성은 의존적이고, 미성숙하며 민감하다. 또한 아동은 자기 스스로의 힘으로는 환경에 잘 적응할 수 없다. 인간은 태어나면서부터 사회집단에 속하게 되며, 점차 큰 집단에 소속함으로 성장하게 된다. 아동이 제대로 성장하기 위해서는 이러한 여러 집단에서의 지속적이고 단계적인 보호와 양육을 절대적으로 필요로 한다. 아동복지의 대상은 아동복지법에서 규정하고 있는 '18세 미만의 자'가 되며, 특수상황에 있는 아동의 경우 20세까지 서비스를 받을 수 있는 권리가 부여되기도 한다. 아동복지의 대상체계는 크게 보호를 필요로 하는 아동과 일반아동으로 나눌 수 있다. 먼저 보호를 필요로 하는 아동은 4가지로 분류한다. 첫째, 양육 환경상 보호를 필요로 하는 아동이며 빈곤가정, 결손가정, 부모부재아동을 들 수 있다. 둘째, 신체, 정신, 정서 장애 아동을 들 수 있다. 셋째, 사회적·법적 보호가 필요한 아동이며 가출아동이나 비행 아동이 이에 속한다. 넷째, 특별보호를 필요로 하는 아동으로는 학대 유기 아동, 미혼모의 아동 등을 들 수 있다. 보호를 필요로 하는 아동 외에 일반아동 중에서는 근로, 농어촌의 아동 등이 아동복지의 대상체계에 속한다.

(1) 권리와 책임의 원칙

아동복지 서비스는 아동－부모－사회의 상호관계를 바탕으로 실시되어야 하며, 이러한 삼자 관계는 항상 권리와 책임을 가져야 한다. 아동은 아동으로서의 권리와 책임을 부여받았고, 부모는 부모로서의 권리와 책임을 감당해야 하며 그리고 사회는 사회로서의 권리와 책임을 충실히 이행할 때 아동복지를 실천하게 된다.

(2) 보편성과 선별성의 원칙

아동복지 서비스에서의 보편성은 전체 아동을 대상으로 하는 포괄적이고 기회 균등적인 제도로 예방적 서비스를 목적으로 하고 있고, 선별성은 요보호 아동·특수아동을 대상으로 하는 보충적인 서비스 제공을 의미한다.

(3) 개발적 기능의 원칙

개발적 기능은 아동이 자기 능력을 최대한 개발할 수 있도록 하는 것이다.

(4) 포괄성의 원칙

아동문제를 대처할 때 여러 가지 유형의 서비스를 함께 고려해야 효과를 거둘 수 있다는 것이다.

(5) 전문성의 원칙

아동복지 사업을 효율적으로 전재하기 위해서는 아동의 욕구를 충족시킬 수 있는 전문적인 지식과 기술을 지닌 전문 인력이 요청되고 있다.

1) 유아 행정복지 개념

현 보건복지부 보육 사업지침에서 보육은 영유아의 건전 육성과 보호자의 경제적·사회적 활동을 효과적으로 지원하여 가정복지 증진에 기여함을 목적으로 한다고 정의하고 있다.

(1) 시간 연장 보육

기준 보육시간(07: 30 ~19: 30) 외에 시간을 연장하여 보육서비스를 제공함을 말한다. 시간 연장 보육에는 야간 보육, 24시간 보육, 휴일 보육 등이 포함된다.

① 야간 보육: 종일반이 끝나는 저녁 7시 30분 이후 3시간 이상, 자정 이전의 연장 보육이 이루어질 때를 말한다.
② 24시간 보육: 야근이나 밤늦게 일하는 부모와 밤에 직장을 가진 부모, 편부 및 편모 가정의 아동, 부모의 뜻하지 않은 사고나 질병의 발병으로 인해 보호받을 수 없는 상황에 방치된 혹은 특별한 도움을 필요로 하는 아동을 위해서 시설이나 가정에서 24시간 개방하는 보육서비스를 말한다.(이재연, 1996; 41)

핵가족화로 인한 특성상 보호자의 예기치 않은 질병, 사고, 출장 등으로 부모 역할을 수행할 수 없는 경우에 양육 문제가 발생한다. 또한 근로형태의 다양화와 경제적 이유에 의해 아동을 주간에만 맡길 수 없는 경우 그리고 별거, 이혼 등의 이유로 자녀 양육에 대한 준비기간이 필요한 경우 등 부모들이 현재의 주간보육에 대해 충분히 만족하지 못하는 경우 연장 보육 시설을 필요로 하게 된다.

주 · 야간 혼합 보육 시

보육시설에서 주 · 야간 혼합하여 보육서비스를 제공할 경우 보육 기준 시간(07: 30~19: 30)을 기준으로 19: 30까지는 주간보육료를, 이후는 야간 보육료를 시간당 비용으로 환산한 금액으로 산정한다.

야간 보육료－상시 24: 00까지 보육은 보육료의 120%를 적용한다.
상시 24시간제 보육은 보육료의 150%를 적용한다.

〈민간시설의 보육료 현황〉

만 2세 미만			만 2세			만 3세 이상		
주 간	야 간	24시간	주 간	야 간	24시간	주 간	야 간	24시간
350,000	450,000	550,000	300,000	350,000	450,000	200,000	250,000	300,000

단, 야간 보육료의 계산은 해당 월의 실제 보육일수를 기준으로 하므로 표에 제시된 것과 다를 수 있다. 지역별 편차 가능성이 있다.

2) 외국의 행정보육 현황

(1) 해외의 야간 및 24시간 보육:

① 일 본

최근 소자녀화 현상의 급속한 진행으로 저하된 출산률에 대응하기 위해 정부는 1994년 <엔젤플랜>(1994-1999)을 발표하고 다양한 시책을 추진하여 왔다. 그럼에도 불구하고 출생률이 계속 떨어지자 1999년 수치목표를 제시하여 구체적 실시 계획을 제시한 것이 <신엔젤플랜>(1999-2004)이다. 일본 보육서비스의 정책과제인 <신엔젤플랜>의 주요 내용은 다음과 같다.

가. 보육서비스 등 자녀양육지원의 충실
나. 취업에 있어서 고정적인 성별역할분업이나 직장 우선의 기업 풍토의 시정
다. 모자보건의료체제의 정비
라. 지역에서 자녀를 양육하는 교육환경정비
마. 자녀의 건전한 성장을 위한 교육환경의 실현

바. 자녀교육에 따른 경제적 부담의 경감

사. 자녀양육지원을 위한 주택 및 생활환경 정비

현재 일본의 보육제도는 보육서비스 대상의 확대, 공급 주체의 다양화, 다양한 특별보육대책의 추진, 보육형태의 다양화를 중심으로 한 종합적인 보육제도의 구축을 목표로 하고 있다. 이러한 종합적인 보육제도의 구축을 목표로 아동복지법이 개정되었다는 것이 현재 일본에 있어서 가장 큰 관심과 논의의 초점이라 할 수 있다. 보육의 다양화가 진행되고 있다는 것을 강조하면서 인가보육소 이외의 보육시설과 서비스를 법체계 안에 적극적으로 위치 지어, 활용하려는 방향으로 나아가고 있다. 일본의 보육행정은 자치제에 따라서 큰 차이가 있다. 1995년부터 5개년 계획으로 추진해 온 엔젤플랜은 문부, 후생, 노동, 건설의 네 장관의 합의에 의한 것이지만, 신엔젤플랜은 여기에 재정당국의 무신과 자치의 양 장관이 추가로 보다 강력한 시책을 가지고 추진해 가고 있다. (출처: 부천보육정보 2001 여름호-강란혜, 일본의 신엔젤플랜보육정책)

현재 동경의 공공보육원의 경우 야간 보육 시 보육료는 가정의 수입과 자녀 수에 따라 산출한 시에서 정해준 표준보육단가에 의해 후생성 산하 복지부에 내고 있다.

② 이스라엘

키부츠가 대표적 사례로 보인다. 키부츠 교육의 목적은 개인과 공동체 간의 연대성에 있다. 생후 4일째 되는 날 신생아는 키부츠의 공동육아원으로 보내져 공동생활을 통한 집단교육체계에 들어가게 된다.(김현원, 1992).

키부츠의 단계별 교육제도는 보육원, 탁아소, 유치원, 초등교육, 중등교육 등으로 나누어지는데, 보육원에서의 공동생활은 전문적 교육과 정식훈련을 이수한 키부츠 출신 여성인 보모에 의해 보살펴진다. 보육교사를 선발하는 가장 중요한 기준은 교육적 배경이 아니라 영유아에 대한 사랑이 우선이다. 영아의 어머니는 하루 5~6회 정도 보육원으로 와서 수유를 하며 6주간은 양육기간으로 일체의 근무가 없다.

영아가 1살이 되면 보육원을 떠나 탁아소로 옮기게 된다. 탁아소의 생활을 통해 친구사귀기, 식사법, 화장실 사용법, 인사하기 등을 배우고 익히게 된다.(이필은, 1989)[14] 최초의 키부츠는 1910년에 갈릴리 호수 남쪽에 세워진 '키부츠 드가니아(Deganiah)'이며 이로부터 현재까지 이스라엘 전역에는 약 269개의 키부츠가 있다. 한 키부츠당 평균적인 주민의 수는 300-600명 정도로 한 키부츠 공동체의 구성원들끼리는 서로를 확대된 대가족의 일원으로 생각한다. 그래서 아이들 양육이나 교육에 있어서도 부모의 책임으로만 돌리지 않고 키부츠 구성원 공동의 책임이라고 여기고 키부츠 공동체 차원에서 세심한 주의를 기울인다.(출처: 이스라엘 키부츠 연합 한국대표부)

3) 국내 현황

(1) 시설 수와 아동 수

1995년 서울에서의 시범사업을 시작으로 야간 및 24시간 보육이 실시된 이래로[15] 1999년 서울특별시 34개소, 부산광역시 19개소 등

---

14) 송미연, 24시간 어린이집 야간 보육 교사의 근무만족도 및 요구도에 관한 연구, 성균관대 교육대학원 석사, 2002, pp.24-25.
15) 송미연, 24시간 어린이집 야간 보육 교사의 근무만족도 및 요구도에 관한 연구, 성균관대 교육대학원 석사, 2002, p.2.

총 74개소였던 야간 및 24시간 보육시설은 2001년 4월 서울에서만
도 46개소로 증가하였고[16) 아래의 표에서 볼 수 있듯 2002년에는
한 해 동안 그 수가 배로 늘었음을 알 수 있다.

시간연장형(야간 및 24시간)[17)

서울특별시 / 2002.12.31

구 분	국공립	민 간	직 장	가 정	계
시설 수	31	47	-	18	96
아동정원	3123	1893	-	308	5324
아동현원	370	376	-	83	829
종사자 수	44	60	-	25	129

(2) 프로그램

야간 및 24시간 보육에 참여하는 아동 대부분이 종일보육에 참여
하고 있기 때문에 무엇보다 정서적 안정과 긴장 완화에 주력한다.
따라서 야간 및 24시간 보육의 일과계획은 구조적이기보다는 비구조
적이며 안전과 영양관리를 중요시하는 경향이 있다.

    저녁   7 : 00-7 : 30 식사
           7 : 30-8 : 00 이닦기, 세면
           8 : 00-9 : 00 프로그램 진행
           9 : 00-9 : 30 정리 및 샤워
           9 : 30-   취침

---

16) 선경석, 야간 및 24시간제 보육시설의 활성화 방안에 관한 연구, 동국대불
    교대학원 석사, 2001, p.6.
17) 서울시보육정보센터 자료.

오전 7 : 30-   기상 및 세면
      8 : 00-   아침 식사

4) 문제점

(1) 교 사

대개 여성 교사가 혼자 남아 보육을 하게 되므로 안전이 항상 걱
정된다. 부모가 귀가시간을 잘 지키지 않아서 자고 있는 아이를 깨
워 보내야 할 때는 다음날 아침까지 근무해야 하는 교사로서 피로도
가 높아진다.[18]

(2) 프로그램

영유아의 귀가시간이 각각 달라 체계적이고 지속적인 프로그램 운
영이 안 되고 한두 명의 교사가 혼합연령을 맡게 됨으로 단순보호
역할만 하게 되는 경우가 많다.[19]

(3) 부 모

보육비를 여러 달 체납하는 경우 아예 소식을 끊거나 아이를 보
육원 등에 맡기는 등[20] 장시간 아이와 떨어짐으로 해서 아이에게 무

---

18) 송원호, 부모의 야간 및 24시간 보육 요구도에 관한 지역 간 비교 연구, 우
    석대학교 대학원 석사, 2002. p.21.
19) 송미연, 24시간 어린이집 야간 보육 교사의 근무만족도 및 요구도에 관한
    연구, 성균관대 교육대학원 석사, 2002, p.75.

관심해지기 쉽다.

(4) 보육료

부모의 입장에서는 주간 보육료의 120%~150%를 지불하는 것이 경제 능력에 따라 부담감에서 크게 달라질 수 있다. 저소득층이 지원을 받는 경우에도 적은 쪽을 부모가 부담하도록 되어 있어 민간 보육시설을 이용하는 경우 부담이 여전할 수 있다.

시설 운영자의 입장에서도 수시로 변동하는 야간 보육 아동과 24시간 운영 시 전출입을 통한 지속적인 보육보장이 이루어지지 않는 등 인건비와 운영비에 대한 부담감에서 놓이지 못하게 된다.

(5) 아 동

혼합연령으로 이루어져 있어 교사의 주의가 매우 필요하나 갑작스러운 안전사고에 항상 노출되어 있다. 그리고 인건비 지원을 받기 위해서는 민간어린이집이 해당 연령의 정원을 채워야 하는데 교사가 원에 혼자 남아서 아이들의 식사와 목욕 등을 담당하게 될 때 아동의 욕구를 즉각 해결해 주기 어렵다.

(6) 시 설

개별난방 시설이 된 야간전용 보육실이 없는 경우 귀가 시 보육교사의 동선거리가 멀고 외부인 출입 등 유사시 대비한 경보장치 시

---

20) 송원호, 부모의 야간 및 24시간 보육 요구도에 관한 지역간 비교 연구, 우석대학교대학원 석사, 2002. p.17.

설이 설치되어 있지 않는 등의 문제가 지적되고 있다. 또한 냉온수를 사용할 수 있는 샤워실이 없는 경우가 많아 영아대소변 후 목욕 시 물을 끓여야 하는 애로가 발생한다.[21]

(7) 운 영

야간 및 24시간제 보육에 따른 인건비, 운영비, 교재교구비 등의 부담이 보육료 수입보다 더 많이 들게 되므로 대부분의 운영자들이 시간연장 보육에 매력을 느끼지 못한다.

5) 개선 방향 및 제언

(1) 보육시설의 확대

민간 어린이집에서 야간 및 24시간 보육의 많은 부분을 담당하고 있는 현실에서는 여러 운영 면에서 어려움이 많을 수밖에 없다. 국공립 어린이집 설립의 취지를 살릴 수 있도록 좀 더 적극적인 지방자치단체의 개입이 필요하다. 저소득층이 많이 거주하는 곳이나 상업지역 주변 어린이집에서 야간 보육을 추가하거나 혹은 50인 이하 중소기업을 대상으로 직장보육시설의 설립을 완화하고 지원해 줄 수 있는 방법의 모색이 있어야 한다.

---

21) 송미연, 24시간 어린이집 야간 보육 교사의 근무만족도 및 요구도에 관한 연구, 성균관대 교육대학원 석사, 2002, p.81.

(2) 보육료의 조정

국공립 보육시설 입소 우선순위에 있어서 저소득층 부모에게 우선권을 주고 민간이나 가정보육시설에서 시간연장형 보육을 하는 경우는 교사 인건비 지원 대신 보육료의 자율적 책정이 가능하도록 이원화함이 더 바람직하다. 왜냐하면 민간 등에서 전담시설로 신청을 하기 위해서는 영아와 유아의 적절한 인원이 등록되어야 하는데 한두 연령을 선별적으로 받기에 꼭 맞는 경우가 적다. 또한 주간 보육료에 비례하여 책정되어 있어 난방비와 시설 유지비 등에 대한 현실적 어려움을 타개하기 위해서 국가가 보조하기 어렵다면 부모의 경제력에 준한 보육료의 조정도 고려할 만한 문제라고 본다.

(3) 시　설

노후한 어린이집의 경우 온수가 나오는 샤워실과 개별난방을 하도록 지원을 해야 한다. 안전문제에 있어서 응급 상황 시에는 한밤에라도 바로 연락이 가능한 지원이 이루어지도록 각 어린이집의 노력은 물론 지역주민과의 연계성을 도모하는 방법이 모색되어야 하겠다. 또한 사고 발생 시에 누가 책임을 얼마나 부담해야 할 것인가에 대해서 좀 더 많은 논의가 있어야 하겠다.

(4) 교　사

부모들이 선호하는 바는 육아경험이 있는 30-40대의 교사이지만 현실적으로 가정을 책임지고 있는 그 연령층이 전담 교사로 일하기에는 어렵다. 차라리 지금의 사회교육원을 통한 대량 교사 배출보다는 한두 곳을 정해 야간 보육 등에 관심을 가진 사람으로 하여금(일정 기간 국내거주 경험이 있는 조선족 등) 단기 교육을 이수하게 하여 전문적이고 지속적인 교사 공급이 이루어지도록 하고 보육료의 조정을 통한 그들의 특수 업무에 대한 보상을 해 주어야 한다.

(5) 부모와의 관계

부모로서의 책임과 의무를 다할 수 있도록 부모와의 교육적 채널이 열려 있어야 한다. 오랜 시간 떨어져 있음으로 인해 무조건 아이에게 보상하려 하거나 반대로 서먹해지는 경우가 생길 수 있기 때문에 동사무소 등의 시설을 이용하여 다른 가정의 부모들과 양육경험을 나누고 고립감을 느끼지 않도록 도움을 주어야 한다. 특히 저소득층이나 이혼 가정의 자녀가 교육적 기회까지 박탈되지 않도록 지역사회 복지사와 어린이집 교사 그리고 상담사, 의사 등과 연계하여 사회복지가 이루어지도록 해야겠다. 안전과 시설기준, 운영자와 교사에 대한 기준은 더 강화하되 우리도 좀 더 다양한 보육 서비스가 제공될 수 있도록 연구와 투자가 필요하다. 영유아기 때에는 부모의 능력에 관계없이 누구나 좋은 시설에서 보호되도록 해야 한다. 현재 시행계획 중인 인증제를 더 보완하고 부처 간 협력을 통해 부모들의 수입을 명확하게 산출할 수 있는 체계가 마련되어야 하며 보육시설 운영이 장차 더 매력 있는 사업으로 자리매김할 수 있도록 제도적 지지가 필요하다. 현행 사회보육원이 난립하고 있는바, 이들의 수를 줄이고 좀 더 세분화된 교사 배출과 훈련소로 탈바꿈시켜야 한다. 그리고 개별적인 어린이집의 존립이 아니라 지역사회와 함께 가는 교육현장으로 변화하려면 어린이집의 문을 좀 더 개방하고 지역주민들과 적극적으로 교류하며 초등교육 현장과도 만남이 이루어지기를 간절히 바라는 바이다. 물론 24시간 보육 등의 무차별적 확대 지원은 결코 바람직하지 않다. 보육서비스의 궁극적인 목표는 건전한 가정의 지지이기 때문에 이러한 시설의 난립이 오히려 쉽게 자녀 양육의 부담에서 벗어나려는 부모를 부추길 수 있기 때문이다.

참고문헌

서재림, 야간 및 24시간 보육 운영실태에 관한 사례연구 ― 서울특별시를 중심으로―, 동국대학교 교육대학원 석사, 2001.

선경석, 야간 및 24시간제 보육시설의 활성화 방안에 관한 연구, 동국대 불교대학원 석사, 2001.

송미연, 24시간 어린이집 야간 보육 교사의 근무만족도 및 요구도에 관한 연구, 성균관대 교육대학원 석사, 2002.

송원호, 부모의 야간 및 24시간 보육 요구도에 관한 지역간 비교 연구, 우석대학교대학원 석사, 2002.

서울시보육정보센터 자료.

이스라엘 키부츠 연합 한국대표부(www.kibbutz.co.kr).

6) 유아 행정복지 제반적인 유아 이론들

(1) 애착이론

아동이 태어나서 자신을 돌보는 사람 특히, 어머니와 강한 정서적 유대를 맺게 되는데 이것으로 인간관계의 기초를 마련한다. 친숙한 사람과의 강력한 정서적 유대를 애착이라고 한다. 애착의 형성은 생리적 요구인 수유에 의한다고 본 것이 *행동주의적 접근*이다. 즉 어머니가 아동의 기본적 욕구를 충족시켜 주기 때문에 아동은 수유행동과 병행하게 되는 어머니의 미소, 다정한 말, 피부접촉을 통해 어머니에게 의존하며 어머니에게 애착을 형성한다고 본 것이다. 그러나 유명한 *Harlow*의 원숭이 실험연구는 지금까지의 애착의 형성요인에 새로운 입장을 제시하였다. (새끼 원숭이가 먹이가 나오는 철사로 된 어미보다, 먹이가 나오지 않는 헝겊 원숭이 모형에 더 애착현상을 나타냄) 애착의 행동주의적 해석은 아동들이 젖을 주지 않는 조부모, 아버지 등과도 애착을 형성한다는 사실로 볼 때도 한계를 알 수 있다

*Bowlby*는 비교행동학적 입장에서 좀 더 구체적으로 설명하였다. 신생아는 선천적으로 성인에게 신호를 보내는 능력을 가지고 태어났으며 신호가 성인으로부터 양육 및 사회적 반응을 이끌어내게 함으로써 애착이 발달된다고 하였다. 애착이 부모와 자녀관계의 기본 특성이라는 Bowlby의 견해를 지지한 *Ainsworth*는 애착을 평가할 수 있는 방법으로 '낯선 상황'을 개발하였다. 낯선 상황은 일련의 간단한 격리와 재결합의 과정을 통해 영아와 애착 대상과의 애착 관계의 안정성을 측정하는 절차이다. 애착대상에 대한 영아의 반응에 따라 애착유형이 분류되는데 안정애착, 회피애착, 저항애착이 그것이다. Ainsworth의 전통적 애착연구에서 영아의 어머니에 대한 안정애착이 66%, 회피애착이 22% 그리고 저항애착이 12%이다.

에피 소드	행동기술	시 간	관찰 전 애착행동
1	실험자가 부 또는 모와 아동에게 놀이실로 안내하고 떠난다.	30초	
2	아동이 장난감을 갖고 노는 동안 부 또는 모가 앉아 있다.	3분	부모는 안전기저가 된다.
3	낯선 사람이 놀이실로 들어가 앉아서 부 또는 모와 대화를 나눈다.	3분	낯선 성인에 반응
4	부 또는 모는 떠나고 아동이 불안해하면 낯선 사람이 달랜다.	3분 (줄일 수 있다)	격리불안
5	부 또는 모가 돌아와서 아동에게 간다. 낯선 사람은 떠난다.	3분 (늘릴 수 있다)	재 회
6	부모가 떠난다.	3분 (줄일 수 있다)	격리불안
7	낯선 사람이 놀이실로 들어가 아동에게 다가간다.	3분	낯선 사람은 아이를 달랠 수 있다.
8	부 또는 모가 돌아오며 아동에게 간다. 아동이 다시 놀 수 있도록 한다.	3분 (줄일 수 있다)	재 회

(2) Ainsworth의 낯선 상황 실험

애착관계의 유형을 결정하는 고전적 요인으로 아동의 기질을 들고 있다. 즉 아동의 기질은 낯선 상황에서 안정적인 애착 또는 불안정적인 애착관계를 이끌어 내는 데 주도적인 역할을 할 수 있다는 것이다. (☞ 기질가설이론)

애착형성과 아동발달과의 관계가 밝혀지고 있다. 아기를 돌보는 사람 특히 어머니가 특별한 주의나 관심을 둘 때 형성될 수 있는 애착은 아동의 지적발달과 관련이 있었다. 어머니와 애착이 잘된 아동은 장난감을 가지고 놀거나 또는 여러 물체를 관찰하면서 그들의 호기심을 충족시키고자 하나, 그렇지 못한 아동은 정서적 불안으로 외부세계를 탐색하고자 하는 욕구가 없는 것으로 관찰되었다. 외부 세계에 대한 무관심은 지적 성장에 기본요인의 상실이다. 애착행동은 아동의 그 후 성격발달에도 중요한 영향을 미친다. 애착관계를 맺지 못하고 자란 아동은 유아기에 정서적으로 불안을 보이는 것으로 보고되고 있다. 그동안 관찰과 실험법으로 행해진 많은 애착연구를 종합하여 다음과 같은 결론을 얻었다. ① 출산과 출산 직후 얼마 동안 어머니와 신생아의 생리적 상태와 행동은 오묘한 조화와 일치를 보인다. ② 근접성과 상호작용은 이들의 유대관계를 형성하는 데 결정적이다. 유대관계는 매우 강해서 서로 떨어지게 되면 불안의 감정이 생리적 현상으로 나타난다. ③ 애착은 다양한 조건하에서도 형성된다. ④ 성숙함에 따라 애착의 질과 성격은 달라진다. 애착은 전형적으로 생후 몇 시간 이내부터 형성되고 시간이 지나면서 애착의 성격이 다르게 발전한다. 그러므로 입양은 어리면 어릴수록 바람직한 것으로 간주된다.

(3) (Main & Solomon, 1990) 애착이론

① 정신분석이론: 프로이드 — 구강만족을 주는 대상에게 애착을 형성
② 접촉이론: 신체 접촉 시 위안을 얻을 수 있는 대상에게서 애정 관계를 갖는다. (Harlow의 원숭이 실험)

애착유형	애착행동특성
안정애착	엄마와 함께 있으면 낯선 상황을 적극적으로 탐색하고 낯선 장난감을 갖고 논다. 엄마가 돌아오면 반갑게 맞이하며 엄마 가까이에서 잘 논다. 모든 상황에서 낯선 사람보다 엄마를 더 좋아한다.
불안정 회피애착	낯선 상황을 탐색하며 잘 놀지 못한다. 엄마가 떠나도 별 동요를 보이지 않는다. 엄마가 돌아와도 반기지 않고 무시한다. 낯선 사람이나 엄마에 대한 애착이 동등하다.

애착유형	애착행동특성
불안정 저항애착	엄마와 함께 있어도 잘 울고 보채며, 엄마가 떠나면 매우 불안해한다. 엄마가 돌아오면 엄마 곁에 머문다. 그러나 엄마의 접촉은 거부한다. 낯선 사람의 접촉도 거부한다.
불안정 혼돈애착	엄마가 돌아오면 처음에는 안겼다가 곧 밀어버리고 떠나는 양극적인 반응을 보인다.

③ 인지발달이론: 피아제 — 인지변별이 갖춰져야 애착도 형성. 애착형성과 인지발달형성과는 관계가 있다.

④ 기지가설이론: 애착형성과 아동 기질과 관계가 있다.

① John Bowlby(1907~1990)

Bowlby는 1907년 런던에서 출생하여 외과의사였던 아버지의 충고에 따라 캠브리지에서 의학을 전공했다. 그는 점차 발달심리학에 흥미를 가졌고 졸업 후 두 진보적인 학교의 지원자로 일하면서 부적응 아들과 매일 생활하였다. 지원자 봉사가 끝날 즈음 John Alford의 설득으로 Bowlby는 Psychanalytic Society에 연구 지망자로 들어가 훈련을 받았다. 훈련이 끝날 즈음 런던 Child Guidance Clinic에서 동료로 만난 사회사업가 Christoph Heinecke와 James Robertson은 건강한 발달을 위한 초기 가족 경험의 중요성에 대해서 그와 생각을 공유했던 중요한 인물들이다. 이 기간을 통해 Bowlby는 정신분석학이 아동의 환상세계에 대해 지나치게 강조하고 실제 사건들에 대해서는 너무 경시한다고 느끼게 되었다. 1940년 '노이로제와 노이로제적 성격 발달에 관한 초기 환경의 영향'이라는 보고서를 통해 이러한 의견을 주장했다. 또 병원에 입원한 아동들을 방문하는 엄마들에게 충고하면서 초기 격리의 불리한 영향에 대해 자세히 기술하였다.

1945년 군복무를 마치고 Bowlby는 Tavistock Clinic에서 아동국 국장이 되었다. 그 당시 대부분의 정신분석학자들과 달리 Bowlby는 건강과 병리 발달 모두에 관련된 가족 상호작용의 실제 패턴을 찾는 데 깊은 관심을 보였다. 1948년 그의 첫 번째 연구자금을 얻은 후 Bowlby는 입원해 있었던 아동, 시설에 수용되었던 아동 또는 부모로부터 분리되었던 아동들에 대한 관찰을 위해 James Robertson을 고용했다. 그는 관찰하고 있던 아이들을 위해 무언가를 해야 한다고 느꼈고 마침내 매우 감동적인 필름을 제작해 내었다. Bowlby와의 협력에서 그 필름 작업은 아무도 그것이 왜곡됐다고 주장할 수 없도록 조심스럽게 계획되었다. 두 사람은 그 필름의 조각들이 특별하게 선택되지 않았다는 것을 입증하기 위해 장면 속 시계에 의해 서류를 입증하는 time-sampling을 사용하기로 결정했다. 이 필름은 애착이론의 발달에서 결정적 역할을 했을 뿐 아니라 영국과 세계의 많은 다른 나라들의 병원에 있는 아동들의 운명을 개선하도록 도와주었다.

또한 그는 자신의 분리에 관한 관점에서 전후 유럽 내 가정을 잃은 아동들의 운명에 대한 보고서를 쓰도록 WHO로부터 의뢰받았다. WHO는 즉시 그 보고서를 1951년 「Maternal Care and Mental Health」라는 제목으로 출간하였다. WHO 보고서의 작성은 Bowlby로 하여금 그가 하고 있던 작업들이 분리의 깊은 영향과 박탈 경험을 설명할 만한 이론을 필요로 한다는 것을 깨닫게 해 주었다. 이 시기 Bowlby는 동물행동학자인 Robert Hinde를 만나게 되었고 Harlow의 실험성과에 대해 듣게 되었다.

Bowlby는 영국 Psychoanalytic Society지에 애착이론에 대한 첫 공식적인 세 편의 모범적인 논문을 발표하게 되었다; 1957. 「The Nature of the Child's Tie to his Mother」, 1959. 「Separation Anxiety」, 1959. 「Grief and Mourning in infancy and early childhood」.[22]

1965년 「Child Care and Growth of Love」를, 1969년 「Attachment」

---

22) http://attachment.edu.ar/bio.html에서 인용.

를 완성하였다. 1972년 영국정부로부터 Commander of the Order of the British Empire훈장을 받았다. 1972년 Tavistock 전임 직을 사임하고[23] 「Separation-Anxiety and Anger」, 「Attachment and Loss」(1973년), 「A Secure Base」, 「Loss」 등의 책을 계속 출간하였다.

② Mary Ainsworth(1913~1999)[24]

Mary Ainsworth는 1913년 오하이오주 글린데일에서 태어났다. 그녀는 토론토 대학에서 1935년 학사학위를, 1936년 문학 석사를, 1939년에는 발달심리학으로 박사학위를 받았다. 그녀는 대학원 시절 우간다에서 동아프리카 협회 일원으로 연구 활동을 하기도 했다. Ainsworth는 캐나다 군대에 입대하여 1945년 소령으로 제대 후 토론토 대학 등에서 교수하였으며 1974년 이후로는 버지니아 대학에서 근무하였다.

 1965년 John Bowlby와 함께 「육아와 애정의 성장」을, 1967년 「Infancy in Uganda」, 1978년 M. Blehar 등과 「Pattern of Attachment」를 출간하는 외에 많은 저서와 논문을 발표하였다.

가. 애착(attachment)이란 무엇인가?

John Bowlby(1969)는 삶에서 특별한 사람에게 느끼는 강력한 정서적 결속(ties)을 나타내는 용어로써 '애착'이라는 용어를 사용하면서 이전 선행 연구자들의 '의존성'이라는 용어와 구별하였다. 또한 '애착'을 인간뿐 아니라 모든 동물에 나타나는 보다 확대된 개념으로 받아들였다. 그는 애착을 종 특유의 적응행동으로 보고 유아가 양육자와 형성하는 애착은 생존을 위해 타고나는 필수적인 것으로

---

23) 장영희(1974). John Bowlby의 Attachment이론 연구. 이화여자대학원 석사논문 pp.17-18.
24) www.psy.pdy.edu/PsiCafe에서 인용.

보았다. 애착은 개체의 종족을 보존하기 위한 필수적인 요인으로 미소, 빨기, 따라가기, 매달리기 등의 생득적 반응을 통해 형성된다고 한다.

Mary Ainsworth(1970)는 무력한 인간의 유아와 엄마를 함께 묶어 놓는 내재적인 선을 애착관계라고 정의하면서 주요 인물에 대한 애착의 불안정성이 높을수록 다른 인물에 애착심을 발달시키는 데 힘들다고 발표하였다.[25] 한편, 애착행동은 양육자에게 접근을 유지하려는 행동 및 접근이 손상되었을 때 회복하려는 행동을 의미한다 **(Bowlby**, 1969). 이것은 단순한 접근 행동만을 의미하는 것이 아니라 애착대상을 심리적 안전기반으로 삼으면서 낯선 환경의 두려움을 견디게 해 주는 마음의 보루로 작용하여 유아가 주위환경을 자유롭게 탐색하도록 한다. 즉 울음, 미소, 소리내기 등의 신호행동이나 애착대상을 쳐다보기, 따라잡기, 접근하기 등의 정향행동과 기어오르기, 껴안기, 매달리기 등의 신체적 접촉 등이 포함된다. 이러한 애착행동들은 상황적 요인에 따라 그 강도가 달라진다. 예를 들면 유아가 배고프거나 아플 때에는 평소보다 강도 높은 애착행동을 할 것이다. 그에 비해 애착은 지속적인 유대이므로 상황적 요인에 의해 거의 영향받지 않는다. 애착행동이 나타나지 않아도 애착은 사라진 것이 아니라 내적으로 표상되어 있는 것이다.[26] **Ainsworth**는 애착행동을 애착이 형성된 사람에게 접근하려 하거나 접촉하게 하는 행동으로 규정하고 애착행동을 신호행동, 지향행동 및 적극적인 신체접촉 행동으로 분류할 수 있다고 밝혔다.[27]

---

25) 장영희. 상게서. p.19.
26) 이희경(2001). 유아교육의 이해. 동문사. pp.155-156.
27) 조희숙(1997). 아동발달심리. 학지사. p.216.

나. 상호적 관계

Bowlby는 부모-영아 애착이 상호적 관계임을 강조했다: 영아는 부모에게 애착되고, 부모는 영아에게 애착된다. **Ainsworth**에 의하면 애착행동발달에 어머니의 감각예민성과 모자간의 상호작용의 질과 양(일상적 양육이 아닌 사회적 상호작용관계)이 관계된다고 지적한 바 있다.[28]

다. 애착이론[29]

가) 정신분석이론: 당신이 나에게 먹을 것을 주기 때문에 나는 당신을 사랑해.

프로이드에 따르면, 어린 영아는 구강적 즐거움을 제공하는 사람에게 애착된다. 영아에게 음식을 줌으로써 '즐거움을 주는' 사람은 대개 엄마이기 때문에, 엄마가 아기의 안전과 애정의 일차적 대상이 된다는 것이다. 에릭 에릭슨은 또한 엄마가 음식을 주는 것이 영아 애착의 강도와 안정성에 영향을 미치나 자녀의 욕구에 대한 엄마의 **전반적인 반응성**은 음식을 주는 것 자체보다 더 중요하다고 하였다.

나) 학습이론: 보상이 사랑으로 이끈다.

Sears는 영아가 음식을 주고 그들의 욕구를 만족시키는 사람에게 애착된다고 가정했다. 음식은 두 가지 이유에서 특히 중요한 것으로 첫째, 음식은 영아의 긍정적 반응(미소와 비둘기소리와 같은 소리를 내는 것)을 유발시킨다. 둘째, 엄마는 영아에게 음식을 주면서 많은 편안함들—부드러운 쓰다듬기, 아기가 보는 경치의 변화, 마른 기저귀 등을 한꺼번에 제공할 수 있다. 시간이 지나면서 영아는 즐거움

---

28) 장영희. 상게서. p.50.
29) David R. Shaffer. 상게서. pp.421-425.

이나 유쾌한 감각들과 엄마를 연합하게 되고 이제 엄마 자체가 가치로운 상품이 된다. 일단 엄마(혹은 다른 양육자)가 이차 강화자로서의 지위를 얻게 되면, 영아는 엄마에게 애착된다.

다) 인지 – 발달이론: 당신을 사랑하기 위해, 나는 당신이 항상 그곳에 있다는 것을 알아야만 한다.

인지 – 발달이론은 애착을 형성하는 능력이 부분적으로 영아의 지적 발달수준에 달려 있다고 본다. 즉 영아가 친숙한 동반자를 낯선 이로부터 구분한 후에야, 애착이 발생할 수 있다. 또한 친숙한 동반자들은 '영속성'을 가져야만 한다(대상영속성). 왜냐하면 눈길을 돌릴 때마다 존재하지 않는 사람과 안정된 관계를 형성하는 것은 어려울 것이기 때문이다(Schaffer, 1971). 그래서 애착이 7~9개월에 처음 나타나는 것은 우연이 아니다 ─ 정확하게 영아가 피아제의 감각운동 4번째 하위단계에 들어가는 시기이며, 그들이 처음으로 누군가가 숨긴 대상을 찾고 발견하는 시점이다.

라) 동물행동학이론: 아마도 나는 사랑하도록 태어났다.

동물행동학적 접근의 주요 가정은 인간을 포함한 모든 종은 진화 과정에서 어떤 식으로든 종의 생존에 기여했던 수많은 타고난 행동 경향성을 갖고 태어난다는 것이다. 사실 **Bowlby**(1969; 1980)는 이런 많은 타고난 행동들은 영아와 양육자 간의 애착을 증진하도록 설계되었다고 믿었다. 애착 관계까지도 적응적 중요성이 있으며, 약탈자나 다른 자연적 재앙들로부터 새끼를 보호하고 그들의 욕구가 충족될 것을 확신하는 데 기여한다.

마) 인간의 애착

Bowlby는 정상적인 환경에서 성인은 아기들과 마찬가지로 아기의 신호에 호의적으로 반응하도록 하는 생물학적 성향을 갖고 있다고 주장한다. 요약하면, 영아와 양육자는 서로에게 호의적으로 반응하거나 밀착된 애착을 형성하는 방식으로 발달한다. 그래서 영아가(궁극적으로는 그 종족) 생존할 수 있게 된다. 이것은 애착이 자동적이라는 의미는 아니다. Bowlby는 안전한 애착은 부모가 아기의 신호를 읽고 적절하게 반응하는 것에 더 능숙하게 되고, 아기가 부모의 생김새와 자신의 행동을 조절하는 방법을 배우면서 점진적으로 발달한다고 하였다. 그렇지만, 만일 우울한 엄마나 혹은 무반응적 동반자로부터 호의적인 반응을 유발하는 데 실패한다면, 영아의 미리 프로그램된 신호는 마침내 쇠퇴한다(**Mary Ainsworth** et al., 1978). 그래서 인간이 밀착된 애착을 형성하기 위해 생물학적으로 준비되었을지라도, 만일 타인의 반응에 대해 적절하게 반응하는 방법을 배우지 못한다면 안전한 정서적 유대는 발달하지 못할 것이라는 점을 Bowlby는 강조했다.

라. 어떻게 애착되는가?(애착의 형성단계)[30]

가) 1단계(0~3개월): 인간에 대한 비변별적 반응성.
생후 첫 몇 달 동안 아기는 사람에 대해 다양한 반응을 보인다. 그러나 이 반응은 비선택적이다.

나) 2단계(3~6개월): 낯익은 사람에게 초점 맞추기.
약 3개월 초부터 아기의 행동은 변한다. 그 하나로 모로 반사, 쥐기 반사, 더듬기 반사를 포함하여 많은 반사들이 사라진다. 그러나 Bowlby에게 있어 보다 중요한 것은 아기의 사회적 반응이 좀더 선택적으로 시작된다는 점이다. 주요 애착인물은 보통 어머니가 되지

---

30) William C Crain. 상게서. pp.76-82.

만, 아버지나 다른 돌보는 이가 될 수도 있다. 아기들의 신호에 가장 잘 반응해 주고, 아기들과 가장 잘 놀아 주는 사람에게 강한 애착을 발달시키는 것 같다(Bowlby, 1969).

다) 3단계(6개월~3세): 능동적 접근추구.

약 6개월경에 아기는 애착인물이 있고 없음에 깊은 관심을 보이는데, 종종 애착인물이 떠나려 하면 울기 시작한다. 그러나 아기는 울거나 무력하게 기다리기만 하지는 않는다. 7개월경에는 보통 기어 다닐 수 있으며, 그 때문에 떠나가는 양친을 능동적으로 뒤따라갈 수 있게 된다. 이때부터 아기의 행동은 목표수정체계를 구축하기 시작한다. 즉 양친이 어디에 있는지를 지켜보다가 만약 떠나려 하면 재빨리 뒤따라가서 양친과 다시 가까이 있게 될 때까지 자신의 움직임을 수정하고 적응한다. 이 단계 동안 애착은 점점 더 강해지고 배타적으로 된다. 격리불안과 낯선 이에 대한 두려움을 보이는 시기이다.

라) 4단계(3세에서 아동기 말까지): 동반자 행동.

아기들은 돌보는 이의 계획을 어느 정도 이해하며, 양친이 없는 동안 양친의 행동을 상상할 수도 있다. 따라서 아동은 양친이 떠나는 것을 보다 기꺼이 허용하게 된다. Bowlby(1969)는 4단계의 애착행동에 대해서는 별로 알려진 것이 없음을 인정하고 있고 아동기 이후의 행동에 대해서도 거의 언급하지 않고 있다. 그러나 애착은 여전히 중요한 역할을 한다고 생각했다.

각 단계에 대한 견해를 Bowlby(1969) 전후 학자들과 비교한 것은 아래 표와 같다.

Schaffer & Emerson, 1964[31]

	Schaffer & Emerson	Bowlby	Ainsworth
1단계	0~6주 (비사회적 단계)	0~3개월 (인간에 대한 비변별적 반응성)	출생~2, 3개월
2단계	6주~6, 7개월 (비변별적 애착단계)	3~6개월 (낯익은 사람에게 초점맞추기)	2, 3~6, 7개월
3단계	약 7~9개월 (특수 애착 단계)	6개월~3세 (능동적 접근추구)	6, 7~3, 4세 (분명한 애착 형성)
4단계	다인수 애착단계	3세에서 아동기 말까지 (동반자 행동)	3, 4세 이후 (협력자 관계)

가) 애착유형

Ainsworth(1978)는 자신이 고안해 낸 '낯선 상황실험'을 통해 애착의 안정도를 측정하였다. 이 상황에서의 유아의 반응을 세 가지 유형으로 분류하고 각각의 행동특성을 표와 같이 제시했다.[32]

type B; 안정된 애착	엄마와 함께 있을 때 금방 장난감에 애착되어 잘 논다. 엄마가 돌아오면 엄마를 반갑게 맞이하고, 유아가 당황해하더라도 금방 달랠 수 있다. 낯선 사람보다는 분명히 엄마를 더 좋아한다.
type A; 불안정 – 회피 경향의 애착	방안을 탐색하며 잘 놀지 못한다. 엄마와 분리되었을 때 별로 고통스러워하지 않는다. 유아는 엄마가 돌아오면 접촉하기를 피한다. 엄마가 접촉을 하려고 노력하면 거부하지는 않으나 안겨 있어도 달라붙지 않는다. 낯선 사람이나 엄마를 동등하게 취급한다.
type C; 불안정 – 저항 경향의 애착	엄마와의 분리 이전에 엄마에게 가까이 있으려 하고 엄마와 분리되었을 때 매우 당황해한다. 그러나 엄마가 다시 돌아왔을 때 화를 내고 저항하며 쉽게 달래지지 않는다. 낯선 사람의 접촉과 위로 둘 다를 거부한다.

---

31) David R. Shaffer. 상게서. p.420-421.
32) 조희숙. 상게서. pp.220-222.

나) 안정애착(secure attachment)

1세 된 북미 영아들 중 거의 65%가 이 유형에 속한다. 안전하게 애착된 영아는 엄마와 혼자 있는 동안 적극적으로 탐색하고 분리가 되면 눈에 띄게 혼란스러워질 수 있다. 영아는 엄마가 돌아왔을 때 엄마를 따뜻하게 맞이하고, 만일 심하게 스트레스를 받았다면 엄마와 물리적 접촉을 하려 하는데, 이것은 스트레스를 완화하는 데 도움을 준다. 영아는 엄마가 있으면 낯선 이들과도 잘 지낸다.

다) 저항애착(resistant attachment)

이 영아들은 엄마 가까이에 머물려고 하지만 엄마가 있을 때 거의 탐색하지 않는다. 그들은 엄마가 떠나면 매우 스트레스를 받는다. 그러나 엄마가 돌아왔을 때, 영아들은 양가감정이다.: 비록 자신을 남겨 둔 것에 대해 화가 난 듯하고 엄마가 시도하는 물리적 접촉에 대해 저항할 가능성이 높다 할지라도, 영아는 엄마 곁에 남아 있는다. 저항적 영아는 엄마가 있을 때조차 낯선 이를 아주 경계한다.

라) 회피애착(avoidant attachment)

그들은 엄마와 분리되었을 때 스트레스를 덜 받고 그리고 엄마가 주의를 끌려고 할 때조차도, 일반적으로 돌아서서 계속해서 엄마를 무시한다. 회피 영아는 자주 낯선 이들에 대해 다소 사회적이지만 때로 그들이 엄마를 회피하거나 무시하는 것과 동일한 방식으로 회피하거나 무시할 수도 있다.

마) 비조직화된 / 혼란한 애착(disorganized / disoriented attachment)

보다 최근에 애착형성이 불안정하면서도 회피와 저항의 어느 쪽에도 속하기 어려운 영아를 위와 같이 정의하고(혹은 불안정 혼돈애착) D형으로 구분하고 있다(Main & Solomon, 1990). 이 유형의 아기는 회피와 저항이 복합된 반응을 보인다. 낯선 상황에서 어머니가 돌아오면 처음에는 다가가서 안겼다가는 이내 화난 듯이 밀어버리거나 어머니에게서 떠나는 양극적인 반응을 보인다.[33] 대단히 활기 없고 우울한 표정으로 부모에게 접근하기도 하고 때로 부모로부터 도망쳐서 벽에 머리를 기대기도 한다.

마. 애착 안정성에 영향을 주는 요인[34]

가) 양육의 질: 양육가설(caregiving hypothesis)

Ainsworth(1979)는 엄마(혹은 다른 밀접한 동반자)에 대한 영아애착의 질은 영아가 받는 주의의 종류에 달려 있다고 믿는다.

저항적 애착패턴을 보이는 아기들의 부모는 양육에서 비일관적이다―기분에 따라 열정적으로 혹은 무관심하게 반응하고 대체로 둔감하다(Ainsworth, 1979; Isabella, 1993; Isabella & Belsky, 1991). 영아는 절망적으로 정서적 지지와 편안함을 얻으려 한다. 즉 매달리고, 울고, 그 밖의 여러 애착행동들을 보인다. 그리고 그 노력이 실패했을 때 슬퍼하고 분개한다.

영아가 회피애착을 발달시킬 위험에 처하게 만드는 적어도 두 가지 양육패턴이 있다. Ainsworth와 다른 연구자들은 어떤 회피적인 영아의 엄마는 아기에 대해 침착하지 못하고 영아의 신호에 둔감하고, 영아에게 부정적인 감정들을 표현할 가능성이 높고, 밀접한 접촉으로부터 거의 즐거움을 끌어내지 못하는 것을 발견했다. Ainsworth(1979)는 이런 엄마들은 자신의 아기를 거부하는 완고하고 자기중심적인 사람들이라고 믿었다. 그러나 다른 회피적 영아의 부모는 원하지 않을 때조차도 끊임없이 떠들어대고 높은 수준의 자극을 제공하고 지

---

33) 송명자. 상게서. p.215.
34) David R. Shaffer. 상게서. p.431, pp.434-435.

나치게 열광적이다(Belsky et al., 1984; Isabella & Belsky, 1991).

마지막으로 Mary Main(1990)은 비조직화된/혼란한 애착을 발달시킨 영아는 무시되거나 물리적으로 학대받았던 과거의 일화들 때문에, 양육자에게 끌리지만 자주 공포스러워한다고 믿는다.

나) 영아 특징: 기질가설(temperament hypothesis)

영아가 보이는 기질적 다양성이 애착의 유형에 영향을 준다고 Jerome Kagan(1984; 1989)은 주장한다. 이런 주장은 안정적, 저항적인 그리고 회피애착을 형성했던 1세 영아들의 비율이 Thomas와 Chess의 순한, 까다로운 그리고 더딘 기질 프로파일로 분류되는 아기들의 비율과 거의 일치하다는 관찰로부터 나온 것이다. Kagan의 기질가설은 양육자가 아닌 영아가 애착 분류의 일차적 구조물임을 의미한다. 아이가 보이는 애착행동들은 자신의 기질을 반영한다.

바. 애착과 관련된 두 가지 공포

가) 낯선 이 불안(stranger anxiety)

대부분 영아들은 최초의 애착을 형성하기 전까지는 낯선 이에게 긍정적으로 반응한다. 그 후 곧 불안하게 된다(Schaffer & Emerson, 1964). 흥미의 신호와 혼합되는 낯선 이에 대한 경계 반응은 8~10개월에 절정에 이르고, 2세가 지나면서 점진적으로 강도가 약해진다(Sroufe, 1977). 그러나 8~10개월 된 영아조차도 그들이 만나게 되는 모든 낯선 이를 두려워하지 않고 자주 낯선 이에게 다소 긍정적으로 반응한다.[35]

Ainsworth(1978) 등은 애착인물이 탐색행동을 위한 안전기지(secu-

---

35) David R. Shaffer. 상게서. p.425.

rity base)의 기능을 한다고 강조한다. 어머니와 함께 이웃집을 방문한 영아는 어머니가 옆에 있으면 마음 놓고 주위환경을 탐색할 수 있다. 그러나 어머니가 눈에 보이지 않으면 심리적 안정을 얻을 수 있는 안전기지가 사라졌으므로 더 이상 편안하게 탐색을 계속할 수 없다. 역설적인 것은 영아가 독립적으로 행동할 수 있기 위해서는 안전기지의 역할을 해 줄 수 있는 애착인물을 필요로 한다는 것이다. 따라서 심한 낯가림은 영아의 탐색활동을 방해하기 때문에 지적, 사회적 발달을 방해한다.[36]

나) 분리불안(separation anxiety)

일차 애착을 형성했던 많은 영아들은 엄마나 다른 애착 대상들로부터 분리되었을 때 분명한 불편함의 신호를 보이기 시작한다. 분리불안은 정상적으로 6~8개월경에 나타난다(이 시기에 영아는 정서적 애착을 형성하고, 14~18개월에 절정에 이르고, 유아기와 학령전기 동안 점진적으로 줄어들고 약해진다).

Bowlby는 다른 정신분석가들과 달리 과도한 분리불안이 대체로 부모에 의한 유기 혹은 거부 같은 반복된 위협이나 또는 아동이 신뢰할 만하다고 느끼는 부모나 형제자매의 병 또는 죽음과 같이 불리한 가족 경험들에 의해 발생된다는 견해를 주장했다. 분리불안은 애착행동이 작동될 때 경험되고 재결합이 회복되지 않고서는 종결될 수 없다고 제안하면서 Robertson과 함께 다음 세 가지를 분리 반응의 단계로 정의했다(Separation Anxiety. 1959).

1단계 저항(분리불안과 관련된), 2단계 좌절(슬픔, 비탄과 관련된), 3단계 탈애착 혹은 거부(방어와 관련된).[37]

---

36) 장휘숙. 상게서. p.294.
37) http://attachment.edu.ar/bio.html에서 인용.

사. 왜 영아는 낯선 이와 분리를 두려워하는가?[38]

가) 동물행동학적 관점

동물행동학자인 Bowlby는 영아가 직면하는 많은 상황들이 위험에 대한 자연적인 단서로서 특징지어진다고 주장했다. 인간진화역사에 걸쳐 그것들은 위험과 빈번하게 연합되어서 공포나 회피반응은 '생물학적으로 프로그램 된' 것이다.

동물행동학적 이론은 또한 낯선 이 불안과 분리불안이 2세가 되면 감소하는 이유를 설명한다. 일단 유아가 걷기 시작하고 애착대상을 안전기지(secure base)로 사용하기 시작하면 영아들은 더 많은 인내를 갖게 되고, 이전에는 걱정이었던 생소한 자극들에 대해 덜 경계하게 되고, 오히려 적극적으로 분리를 주도한다(Ainsworth. 1989; Posads et al., 1995).

나) 인지-발달적 관점

인지이론가들은 낯선 이 불안과 분리불안을 영아의 지각과 인지발달의 자연스런 결과로 보았다. Kagan(1972; 1976)은 6~10개월 된 영아는 (1)친숙한 동반자의 얼굴과 (2) (만일 같은 것이 없다면) 집에서 동반자의 행방에 대한 안정된 도식을 발달시킨다고 제안한다.

아. 애착과 이후 발달[39]

심리분석 이론가들과 동물행동학자들(**Bowlby**, 1969) 모두 영아가 안정애착으로부터 얻는 온정, 신뢰, 안전감은 나중 삶에서 건강한 심리적 발달을 위한 토대가 됨을 믿는다. 물론 불안정애착은 앞으로의 삶에서 최적이 아닌 발달적 결과를 예측할 수도 있음을 시사한다.

---

38) David R. Shaffer. 상게서. pp.427-428.
39) David R. Shaffer. 상게서. pp.435-443.

최근 연구 결과들에서 보이는 바는 아동들이 다가올 수년 동안 초기 애착의 질의 영향을 받는 것 같다. 애착이 시간이 지남에 따라 안정적이라는 것도 한 이유이다.

가) 자기와 타인의 작동모델로서의 애착

동물행동학자 **Bowlby**(1980; 1988)와 Inge Bretherton(1985; 1990)은 초기 애착의 안정성과 지속적 효과에 대해 흥미로운 설명을 하였다. 영아들은 일차 양육자와 계속적으로 상호작용하면서 내적 작동모델(internal working models) ―자기 자신과 타인의 인지적 표상들―을 발달시키게 되는데 민감하고 반응적인 양육이 영아로 하여금 사람들을 의지할 수 있다는 결론에 도달하도록 이끄는 반면, 둔감하고 무관심하고 학대적인 양육은 불안전과 신뢰의 결핍(타인에 대한 부정적인 작동모델)으로 이끌 수 있다. 그뿐 아니라 영아들도 주의와 편안함이 필요할 때 그것을 유발하는 능력에 기초하여 자기에 대한 작동모델을 발달시킨다고 주장한다. 가정에서 형성한 작동모델은 오랜 기간 동안 지속되고, 인지적 도전에 대한 반응과 미래 대인관계의 특성에 영향을 미친다.

나) 부모의 작동모델과 애착

부모 자신의 작동모델이 그들의 아기가 형성하는 애착의 종류에 영향을 주며(Peter Fonagy와 동료들, 1991) 적어도 한 연구는 엄마의 작동모델이 엄마가 보여준 양육의 민감성보다 영아애착 유목에 대한 더 좋은 예측자가 된다는 것을 발견했다(Ward & Carlson, 1995).

실제로 **Bowlby**(1988)는 일단 생의 초기에 작동모델이 형성되면, 작동모델은 안정되고, 생애 내내 친밀한 정서적 결속에 계속해서 영향을 주는 성격의 한 측면이 됨을 제안했다.

다) 애착 역사는 운명인가

비록 초기 작동모델이 안정적이고 오래 지속되기는 하지만 불안정하게 애착된 영아들의 미래가 항상 어두운 것은 아니다. 아버지(혹은 조부모나 보육사)와 같은 다른 사람과의 안전한 관계는 이러한 생의 초기의 관계들을 보충하는 데 도움이 될 수 있다(Clarke-Stewart, 1989).

Bowlby는 자기, 타인 그리고 친밀한 정서적 관계에 대한 아동의 인지표상은 역동적이며, 만일 이후 양육자, 가까운 친구들, 낭만적 상대나 배우자와의 경험을 통해 필요하다면 변할 수 있다(더 좋게 혹은 더 나쁘게)고 제안하였다.

요약하면 안정애착 역사가 이후 삶에서 긍정적 적응을 보장하지는 않는다. 그렇지만 안전한 초기 애착의 적응적 중요성을 평가절하해서는 안 된다. 만일 아동의 초기 애착 역사가 안전하다면, 유아기에는 적절하게 기능했지만 학령전기에는 매우 서투르게 기능하는 아동들이 학령기 동안 회복되고 좋은 사회적 기술과 자부심을 보일 가능성이 더 높다(Sroufe, Egeland & Kreutzer, 1990).

라) 초기 박탈은 왜 해로운가

초기 박탈의 지속적 효과에 대해서는 모든 사람이 동의하지만 왜 그런가에 대해서는 약간의 이견이 있다. **모성 박탈 가설**의 지지자들은(**Bowlby**, 1969; Spitz, 1965) 애착될 수 있는 엄마 같은 인물의 온정적이고 사랑스런 주의가 결핍되었기 때문에 시설 수용 아동들이 비정상적으로 발달한다고 생각했다.

반면 **사회적 자극 가설**의 지지자들은 유아가 정상적으로 발달하기 위해 그들의 신호에 적절히 반응해 줄 반응적 동반자 ― 한 명 혹은 여러 명 ― 와의 접촉이 적기 때문이라고 생각한다. 영아의 행동과 양육자 행동 간의 연합은 영아로 하여금 사회적 통제를 할 수 있다고 믿게 만듦으로 자기와 타인에 대한 긍정적 작동모델을 발달시키게 된다.

그러나 타인의 주의를 끌려는 시도가 소용없다면, 그들은 학습된 무력감을 발달시키고 타인으로부터의 반응을 이끌어 내려는 시도를 중단한다(Finkelstein & Ramey, 1977).

마) 초기 박탈 효과로부터의 회복

생후 2년 이상 사회적, 정서적 박탈을 경험했던 유아들은 그들이 자극적인 가정환경에서 반응적 양육자로부터 개인적 관심을 받았을 때 강한 회복력을 보였다. 그러나 많은 학대받은 피해자들과 늦게 입양된 아이가 지속적인 결핍과 반응성 애착장애를 보인다는 사실은 영아기와 걸음마기가 안전한 애정적 결속과 이런 결속을 육성하는 다른 능력들의 형성을 위한 민감기임을 시사한다.

다행스럽게도 입양부모에게 정서적 결속을 형성하고 타인에 대한 긍정적 작동모델을 육성하는 것을 목적으로 최근에 개발된 애착치료들은 아주 전망이 밝다. 최근의 한 연구는 애착치료를 받는 아이의 85%가 결국 양육자에게 안전한 결속을 형성함을 발견했다.

바) 어머니 취업, 탁아 그리고 정서적 발달

질 높은 탁아는 얼마나 중요한가? 분명히, 아이들이 훌륭한 보살핌을 받았을 때 ─탁아가 매우 일찍 시작한다 할지라도─, 아이가 불안정애착(혹은 어떤 다른 불리한 결과)을 보일 위험은 훨씬 적다.

Lois Hoffman(1989)에 따르면, 일과 자녀 양육에 대한 엄마의 태도는 실질적 취업상태만큼 아이의 사회적, 정서적 안녕에 중요할 수도 있다. 취업상태가 일에 대한 태도와 일치할 때 엄마들은 양육자로서 더 행복하고 더 민감한 경향이 있다(Crockenberg & Litman, 1991; Hock & DeMeis, 1990; Stuckey, McGhee & Bell, 1982). 궁극적으로 아이가 부모로부터 민감하고 반응적인 양육을 받는 한, 엄마의 취업도 그리고 대안적 양육에 대한 아이의 경험도 초기 정서적 발달을 손상할 가능성은 없다(NICHD Early Child Care Research Network, 1997).

③ 업적 및 영향

Bowlby는 당시 가장 보편적이었던 정신분석적 치료법(성인 환자를 대상으로 인터뷰하고 질문하는 방식)을 비판하였을 뿐 아니라 당시 분석학계로부터 강하고 노골적인 반대에도 불구하고 자신의 객관적이고도 직접적인 아동관찰의 연구방법을 실행했던 선구적 의사였다. 그는 자아의 미성숙한 발달로 아이들은 격리불안을 느낄 수 없다던 분석학계의 주장을 뒤집었고 단순한 수유가 아니라 가족 간 특히 모성박탈과 분리가 아동을 감정 없는 성인으로 자라게 할 수 있다는 것을 강조하였다. 비록 그의 연구 도구들이 현대의 연구자들에 의해 몰락하는 경향이 있지만[40] 여전히 그를 추종하는 학자들은 남아 있다.

Ainsworth와 같은 그의 동료들과 그가 영유아 시기에 관한 그리고 성격 발달에 관한 풍부하고 실증적인 연구 성과들을 전달해 줌으로써 오늘날 성인이 양육자로서 담당할 몫이 무엇인가를 생각하게 해 주었고 초기 경험의 형태가 청소년기와 부모세대에까지 이어져 인지능력, 사회성발달에 미치는 영향 등에 대한 연구로의 확장을 가능케 해 주었다.

④ 적용 및 견해

Bowlby의 연구는 양자결연과 입양에 대해서 시사점을 주고 있다. 만약 아기가 이 집에서 저 집으로 옮겨져야 할 경우 가능하다면 아기가 사랑을 어느 한 사람에게 집중하기 전인 생후 첫 몇 개월 사이

---

40) http://attachment.edu.ar/bio.html

에 항구적인 가정으로 보내는 것이 가장 현명할 것이다.[41]

마찬가지로 영아의 탁아 시기와 관련시킨다면 3단계 이전, 주요 인물에 대한 애착을 막 발달시키게 될 때 반응적인 보육자에게 맡겨지는 것이 나을 수 있다는 것이다. 물론 이 시기는 어머니가 취업을 할 수 있는 때이기도 하며 직장으로부터 돌아와서 아이를 집으로 데려갈 때 엄마와의 재결합을 매우 기뻐하도록 엄마는 맞이할 때 하는 인사가 따뜻해야 한다.

어린이집에서의 생활을 시작하게 되는 경우 상담 시부터 엄마는 상담자와 편안하고 부드러운 분위기로 아이의 낯선 이에 대한 경계심을 달래 주고 며칠간만이라도 어린이집을 함께 구경하고 자유롭게 탐색할 기회를 주는 것이 바람직할 것이다. 영아반은 교사 대 영아 비율이 현저히 낮을수록 발달에 좋다. 교사는 애착을 안정적으로 발달시키지 못한 유아가 또래와의 관계나 학습 성취에도 능력을 제대로 발휘하기 힘들다는 것을 이해하고 그런 아동들에게 더욱 성숙한 관심을 표현해 주어야 하겠다. 자신이 경험했던 애착의 기제를 무력화시키기 위해서는 내적 작동 모델을 조정하려는 개인적 노력이 필요할 뿐 아니라 외국에서 행해지는 입양 대상 부모를 위한 경우처럼 장차 부모가 될 수 있는 모든 남녀(10대를 포함한)에게 사회적으로 지원 프로그램이 있어야 하지 않을까? 그것은 자신의 발달과정을 이해하고 좀 더 자신의 삶을 개선하는 데 어떤 교육보다 효과가 있을 것이다.

또한 여러 개인적 문제로 인해 아동을 양육하기에 어려움을 느끼는 부모들이 지역사회 내에서 다른 부모들의 조언을 들을 수 있는 기회를 가지도록 장소와 전문가 등의 지원을 차츰 고려해야 한다. 장시간 그리고 장기간 보육시설(보육원)에서 돌보아지는 아동들일수

---

41) William C Crain. 상게서. p.88.

록 교사의 교체가 적고(한 교사가 같은 반을 다음 해에도 맡는 것도 한 시도가 될 수 있다) 아동 비율이 낮은 보육시설(보육원)을 이용할 권리를 가진다. 비록 그들이 초기에 안정적 애착을 형성했더라도 장기간의 분리를 견디기에는 아직 발달적으로 완성되지 못한 가변적이고 연약한 존재이므로 그들이 장차 청소년기 동안 일탈의 유혹을 견딜 만큼 자신과 타인에 대한 긍정적 모델을 형성하도록 계속적인 관심을 필요로 한다. Bowlby는 다인수 애착에 관해서는 연구한 바가 없는데 이에 대한 연구결과 또한 긍정적인 것으로 나타나 사회적 자극 가설을 지지하고 있다. William C Crain에 의하면 Bowlby가 시사해 준 바는 다음과 같다. 즉 성인이 원하는 방식으로 아동을 바꿀 수 없으며 아동이 적절히 발달하기 위해서는 주의 깊게 보살펴져야 하는 반응과 신호들을 진화에 의해 부여받았으니 이에 관심을 기울여야 한다는 것이다[42].

참고문헌

David R. Shaffer. 송길연 외 역(2001). 발달심리학. 시그마프레스.
송명자(2001). 발달심리학. 학지사.
이희경(2001). 유아교육의 이해. 동문사.
장영희(1974). John Bowlby의 Attachment이론 연구. 이화여자대학원 석사논문.
장휘숙(2001).아동발달. 박영사.
조희숙(1997). 아동발달심리. 학지사.
William C Crain. 서봉연 역(1988). 발달의 이론. 중앙적성출판사.

---

[42] William C Crain. 상게서. p.91.

http://attachment.edu.ar/bio.html
www.psy.pdy.edu/PsiCafe.

7) 페스탈로치 이론

(1) 요한 하인리히 페스탈로치(1746~1827)

코페르니쿠스적인 전환을 일으킨 교육개혁자, 민중교육의 파종자, 근대교육의 아버지, 교육을 실제에 적용한 사람이다. 조상은 이탈리아 북부지역 사벤다에서 신앙을 지키기 위해 16세기 스위스 취리히 지역으로 이주했다. 할아버지는 취리히 시골 횡크마을 목사님. 안과와 외과를 겸한 의사인 요한 밥티스트(Johann Baptist)라는 아버지와 수잔나 호스(Sussanna Hoss)라는 경건한 어머니 사이에서 태어났다.

부친이 일찍 세상을 떠남으로써 페스탈로치의 양육과 교육에 많은 영향을 미친 사람은 그의 집 가정부였던 바벨리였다.

바벨리는 페스탈로치 부친이 임종 시에 그녀에게 부탁한 것을 잘 지켜 30여 년간 결혼도 하지 않은 채 페스탈로치 일가를 위해 충실히 봉사하였다. 페스탈로치가 그 후 『린하르트와 게르트루트』, 『게르트루트는 어떻게 그녀의 자녀를 가르치는가』 등의 교육소설을 저술하면서 모성의 위대한 교육적 힘을 찬양하는데, 그 모델이 바로 바벨리였다는 것이다. 미천한 신분의 한 여인에게서 나타난 위대한 인간의 힘이 페스탈로치에게 인간성에 대한 위대한 체험을 하게 하였으며, 일생에 걸쳐 빈민아동을 위한 교육에 헌신할 수 있게 만들었던 것이다. 페스탈로치 자신은 "한 미천한 여인이 죽음에 이르기까지 빈민에게 사랑의 손길을 뻗치자"는 것이 자기 평생의 교육적 노력의 원천이었다고 술회했다. 페스탈로치에게 큰 영향을 미친 또 한 사람의 인물은 시골 목사였던 그의 조부였다. 방학 때마다 찾아오는 손자 페스탈로치에게 그는 농민들의 생활을 세심하게 살펴보도록 권하였다. 이때 페스탈로치는 편견에 찬 학교교육 때문에 농촌의 아이들이 정신적으로 얼마나 위축되어 있으며 또한 가혹한 노동으로 신체의 건전한 발달이 얼마나 저해되고 있는가도 유심히 관찰하였다. 이런 조부의 세심한 교육적 배려로 페스탈로치는 훗날 '눈에 보이는 형제'를 사랑하는 빈민교육의 길을 통해 '눈에 보이지 않는 하나님'을 사랑하는 길을 택하였던 것이다.

페스탈로치는 라틴학교를 거쳐 취리히 대학에서 고전을 공부하고 카로리아 대학에서 신학을 공부하면서 보드머(Bodmer) 등 여러 교수로부터 감화를 받아 독립정신, 자선, 희생, 사랑 등의 말에 눈을 뜨게 되었다. 그는 보드머가 조직한 애국단체에 가입하여 활약하기도 하였으며, 루소의 『에밀』과 『사회계약론』을 읽고 큰 감동을 받기도 하였다.

16세에 대학에서 신학을 공부했으나 후진국 스위스의 정치 발전에 힘쓰고자 법학을 전공했다.

그 당시 루소의 『에밀』과 『사회계약론』을 통해 학생 사이에 자연주의, 자유주의 사상이 불길처럼 번졌다. 이러한 상황에서 살았다. 이때는 『에밀』을 비기독교적인 저작으로 금서조치하고 모조리 불살랐다. 페스탈로치는 진보적인 학생 단체인 애국단의 열렬한 회원으로 활동하며 행정당국에 대한 항의운동에 참여하다가 체포, 구금당했다. 당시 시국 관련자는 공직에 오르지 못하기 때문에 그의 꿈은 조각났다. 1768년 건강이 나빠 부르크돌프 근처에서 일 년간 있으면서 전원생활에 흥미를 느끼게 되었고, 농장을 경영하면서 빈민들을 교육하는 것이 자신의 천직임을 깨닫게 되었다. 이 일을 위해 그는 비르 근방의 뮐링겐에 농장을 열어 노이호프라고 이름 짓고 1769년에 안나와 결혼하여 농장을 경영하며 빈민아동과 장애아 고아들을 모아 30여 명과 함께 생활하며 공부와 기술을 가르쳤다. 1798년 슈탄츠 고아원을 운영관리하며 전란의 희생이 된 아이들을 돌보고 가르쳤고 브르크도르프에서와 뮌헨 브흐제에서는 민중의 자녀들을 가르쳐서 크게 성공했다. 이때에 교수법과 학교조직을 명료화하여서 『방법론』(1800), 『게르트루트는 그 자녀를 어떻게 가르치는가』(게르트루트 아동교육법)(1801) 대표작을 저술하며 모친을 위한 지침서로 유아에게도 적용했다. 학원을 창설 경영하여 실험교육기관으로서 크게 성공하여 온 유럽 계몽주의 군주들과 지식층들이 순례자로 방문하게 했다. 그러나 그의 명성과 교육성과가 널리 알려지게 되면서 페스탈로치의 학원은 유명학교로 변질되고 말았다. 보금자리같이 아늑하고 좋은 분위기를 가졌던 학원이 유럽의 계몽군주들이 보낸 유학생들과 관람객들이 시끄럽게 다녀가는 소위 말하는 명문교가 되고 말았던 것이다. 페스탈로치는 이런 풍토를 개탄하고 새로운 출발을 위해 자신을 항상 일깨워 나갔다. 말년에 페스탈로치는 노이호프에서 생활하면서 『백조의 노래』를 집필했고 『운명』을 탈고할 무렵 1827년 2월 17일 부르크에서 세상을 떠났다. 그의 유해는 비르에 안장되었다가 탄생 백주년이었던 1846년 지방정부가 그의 묘를 개축하고 단장하면서 그의 삶을 기리는 비도 함께 세워 놓았다.

(2) 교육사상

페스탈로치는 『인류의 발전에 있어서 자연의 과정 탐구』에서 '나는 무엇이며 인류는 누구인가?' '나는 무엇을 해왔으며 인류는 어떻게 발전해 왔는가?'라는 질문을 던지면서 인간에 대한 근본적인 문제를 제기하였다. 여기에서 그는 인간의 본성을 자연적 상태, 사회적 상태 그리고 도덕적이며 종교적인 상태라는 세 가지 단층으로 구성된 복합체임을 주장하고 있다. 인간은 자연적 상태에서 사회적 상태로, 사회적 상태에서 도덕적이고 종교적 상태로 나아가면서 질적인 도약을 거듭하는 존재라고 역설하였다. 먼저 인간의 자연적 상태란, 인간성의 가정 낮은 단계로서 아직 동물과 근본적으로 다르지 않은 상태를 말한다. 이런 존재상은 거칠기는 하지만 사육본능처럼 호의적인 경향성도 함께하고 있다. 페스탈로치에 따르면, 이 두 방행의 충동이 함께 작용되면서 자연의 질서에 따를 때 그것은 선이 된다. 그렇지만 선한 상태는 극히 짧은 시간에 불과하며 대부분의 인간은 과도한 이기심에 사로잡혀 자연성을 파괴하거나 자연에서 이탈하여 타락한다는 것이다. 다음 사회적 상태는 이기심으로 자극된 인간의 폭력적 행위를 법으로 규제하는 상태를 말한다. 인간이 지닌 자연적 욕구를 마음대로 충족시키려는 데서 오는 무질서를 막기 위해 관습으로서의 법을 만들어 이를 지키게 하는 상태를 가리키는 것이다. 그렇지만 법에 의해 이루어지는 사회적 행위는 그것이 아무리 공공복리를 위한 것이라 할지라도 그것만으로는 인간의 내면적 욕구까지 충족시켜 주는 도덕적인 것은 되지 못한다.

그러므로 사회적 상태에서 이루어지는 사회적 정의는 도덕적 정의와는 다른 것이며, 그것은 자연적 욕구의 본능적 충족을 정당화시켜 주는 동물적 정의에 지나지 않는 것이다. 페스탈로치에 따르면, 사회적 상태에서 이루어지는 관습으로서의 법은 강자에게 유리하게 이루어지기 쉽고, 약자의 권리는 함부로 취급되거나 무시되기 십상이다. 세 번째 단계인 도덕적이고 종교적인 상태는 철저하게 개인의 내면에서 나타나는 영혼의 갈구를 충족시키기 위해, 독자적 결단으로 사회적 상태의 수렁에서 벗어나서 개인적 행위를 결단하고 그것에 대해 책임지는 상태를 말한다. 페스탈로치가 말하는 도덕성은 공리주의자가 말하는 공공복리를 위해 동원되는 도덕성이라기보다는 칸트가 추구하는 양심의 명령으로서의 정언명령과 같은 것이다. 따라서 그것은 인간과의 수평적 관계성 속에서 나오는 것이라기보다는 하나님과의 직접적인 관계성 속에서 우러나오는 수직적인 것이다. 이런 페스탈로치의 인간관은 그의 교육사상의 기반이 되는 것이며, 교육에 있어서 우리가 추구해야 할 바는 욕구충족을 위한 교육도 필요하고 원만한 사회생활에 도움을 주는 사회성 개발을 위한 교육도 필요하지만 영혼의 세계를 통해 한 인간으로서의 인격, 주체성, 양심들에 눈을 뜨게 하는 도덕적이고 종교적인 교육이라고 말해 주고 있다.

① 삼육론

가. Head: 지능력, 정신력

나. Heart: 도덕력, 윤리력: 균등하게 하지 않으며 가슴의 교육이 중요.

다. Hand: 신체력, 기능력

3가지 능력의 씨앗이 모든 어린이에게 내재되어 있고 타고난다.

가. 조화의 원리: 3H의 고른 발달

나. 자발성의 원리: 억지로, 강제로가 아닌 내적 동기유발을 시키라

근대교육학의 중심원리가 되었고 활동 중심, 아동 중심 교육의 출발점이 되었다.

다. 직관성의 원리: 직관을 인식의 기초로 5감을 통해서 관찰하고 수, 형, 어 3분야로 나누어 익힌다.

라. 노작의 원리: 일하면서 배우고 배우면서 일한다.

마. 사회화의 원리: 가정에서 사회로 생활 공동체의 확대.

프뢰벨 유치원교육에 큰 영향을 끼쳤다.

(3) 아동유아에 대한 전제

기독교 신앙에 입각하여 아동에 대한 전제에 모든 어린아이를 존중하였다. 신약성경에 있는 예수님의 태도를 본받아 어린이는 신이 내려 준 선물이며 누구도 그의 존재를 부정하거나 소홀히 할 수 없다. 모든 아이를 소중히 여기며 친절하게 대하는 것이 아이를 존중하는 것이라고 믿었으며 사랑이야말로 교육의 목적을 달성할 수 있는 가장 쉬운 길이라고 믿었고 모든 아동에게 하나님이 내재적으로 능력의 씨앗을 주셨으므로 계발하고 발전시켜서 인격체로 성장하도록 교육시킨다.

(4) 페스탈로치의 유아교육학 체계

유아에 내재하고 있는 여러 소질과 능력을 조기에 발견하고 이를 조화적으로 발전시켜, 이로써 인간교육의 기초를 다지는 교육의 이념, 내용, 방법, 체제를 포괄하는 일련의 교육체계다.

(5) 교사론

교사로서의 삶의 자세와 업무

교사로서의 기본적 활동업무는 교과지도, 학생지도, 전문영역연구 교직단체 참여, 학원관리로서 교과지도를 가장 중요하게 여겼다.

교과지도 ― 페스탈로치는 거대한 학원의 관리 책임자로 있으면서도 거의 모든 교과의 실제수업을 담당했고 연구수업의 성과를 공표했으며 교과서를 스스로 편집했다. 현대적 의미로는 교육역사상 최초로 편집, 제작, 보급을 하였다. 저서 및 논문-기초도예의 모든 영역에 걸친 새로운 시도와 방법, 어머니를 위한 수학적 직관의 초보, 학교 및 가정에서의 수업과 교육의 개선점에 관하여, 페스탈로치 방식에 의한 음악교육론, 인간도야와 언어에 대한 청각의 의의에 대하여 관심을 가졌다.

학생지도 ― 시간을 쪼개어 정기적으로 학생과 면담을 했으며 노이호프 시절의 빈민노동학원기록(1775~1978)에는 생도 하나하나에 대한 세밀한 조사기록이 담겨 있다. 현대적 의미로 최초의 생활기록부이다.

전문영역연구 ― 자기가 맡은 교과에 대한 연구의 열의가 몸소 느껴질 때 학생들의 탐구심을 불러일으켜서 교과서 내용 못지않은 큰 교육적 효과를 낳는다. 1978년 총 42권의 미완성 전집을 이루고 있다.

교직단체 참여 ― 교직단체의 참여 활동은 자유이나 존립의의를 높이 평가하고 스위스 교육회(1808) 창설회장으로 취임하고 교직단체의 독자적 존립의의와 기능을 올바르게 정립했다.

(6) 교육방법론

① 기초도야론
　　가. 합자연교육론: 섭리 속에서 자라는 아동에 맞추어서 교육을 하여야 함을 강조하였다.
　　나. 직관교육론
　　다. 전인적체육론
　　라. 가정교육론
　　마. 전인적 직업교육론
　　바. 사회교육론
　　사. 노작교육론

(7) 교육목표

창조주께서 심어주신 모든 기능들을 자유롭고 충분히 사용하게 하고 이 모든 기능들을 전인격의 완성을 향해서 배양하는 것이다.

창조자에게 봉사하고 양심이 명하는 바에 따라 살아가게 하는 것이며 사회에 대해서는 독립적이고 자주적으로 적응함으로 유용한 사람이 되게 하고 개인적으로는 내면적인 행복을 누리게 하는 것이다.

(8) 오늘날 교육의 시사점과 실태비판

오늘날 한국행정복지의 문제점은 경쟁사회에 살면서 살아남는 법을 가르치는 기능주의, 물질 만능주의에 깊이 빠져서 인간성 지향의 전인적 교육이 가정, 학교, 사회의 3교육의 마당에서 도외시되고 오로지 개인의 성공과 안녕만을 추구하는 기능 위주의 교육으로 가고 있다.

또한 흔들리는 가정, 파괴된 가정, 맞벌이 가정이 늘어나면서 가정에서 생활교육을 통해 자연스럽게 배우는 도덕적인 정서가 희박해져서 믿음, 감사, 신뢰, 사랑의 감정의 도야가 어려워지고 있다. 문명의 타락이 도덕적인 감정의 몰락과 함께 가정을 타락시키게 되었는데, 엄마 자녀 사이의 모성적인 깊은 유대와 사랑을 통해서 내적 안정감을 얻고 건강한 가정에서 얻는 심리적 지지기반 위에서 사회화가 이루어져야 한다. 가정의 재건으로 안방의 정화가 되며 어머니와 자녀 사이에 이루어지는 따뜻한 가슴의 교육으로 출발하여 인간의 여러 능력을 고르게 계발하며 인간이 꼭 갖추어야 할 기본능력을 다지는 교육으로 진정한 교육이 되어야겠다. 인간성 지향 교육으로서 인간의 전인격도야를 가정, 학교, 사회의 교육의 세 마당에서 이루어져야 한다. 교육의 주체는 학생이므로 각자의 개성과 적성과 흥미에 맞는 것을 계발하고 격려하여서 개별성과 수준에 초점을 맞춰서 지도하며 무엇보다도 개인의 행복을 추구하는 내면의 행복을 소중히 여기며 성취감을 이루어 갈 수 있는 방법을 깊이 성찰해야 할 것으로 생각한다.

(9) 미래방향과의 접목

단체교육 안에서의 개별성을 최대한 배려하는 교육현장이 되어서 학생과 아동과의 관계가 원만하고 나아가서는 사랑으로 깊이 맺어지는 유대감이 신뢰와 사랑과 존경으로 승화되어야 한다. 개인마다 소외받거나 상처받지 않는 아동이 있어서는 안 되도록 배려하고 각자의 흥미와 소질과 개성에 맞는 것을 살려서 키워 주고 내적 동기를 불러일으키도록 꿈을 주고 가꾸어 나가는 원동력이 이어지도록 격려하고 도와주고 보살피는 교육이 되어야 한다고 생각한다. 특히 유아시절의 모든 경험이 앞으로 인생의 삶의 방향과 행복과 행동을 유발하는 깊고 넓은 잠재의식의 근원이 되므로 가정에서는 주 양육자인 어머니의 역할이 무엇보다도 중요하며 믿음, 감사, 신뢰, 사랑의 감정이 가정생활 안에서 자라도록 배려 깊은 어머니의 사랑이 제일의 조건이다.

(10) 페스탈로치가 어머니들에게 보내는 편지(1818~1819) 34통의 유아교육서한

수신자: 이베르당 학원에서 영어교사로 근무했던 영국인 그리브스 (1777~1842)가 영국에 돌아가 교육을 하겠다고 하자 선

물로 써 준 독일어 서한 총 34편이다.

제1신 어머니에 의한 조기교육

어린이의 조기교육은 대단히 중요한데 지금까지 퍽 소홀히 여겨져 왔다. 자선사업가들이 그간 활동을 하여 왔지만, 실은 그들보다 이에 더 적합한 사람은 모성이다. 왜냐하면 모성에게는 하늘이 준 모성애가 있기 때문이다.

제2신 천성적 교사인 어머니

하느님은 모성에게 신성한 임무를 주셨다. 그것은 그 자녀들을 영원자에게 이끌 교사로서의 임무다. 그러기에 모든 모성은 자녀를 하느님의 아들로 키워내야 할 책임이 있다.

제3신 유아의 발달과정

모든 어린이는 인간본성의 소질들을 지니고 태어난다.

(11) 프로이드, 에릭슨 이론

프로이드 / 에릭슨
*** 프로이드와 에릭슨의 비교**
발달 이론은 아래와 같이 크게 몇 가지로 나눌 수 있다.
-정신분석이론
-에릭슨 이론
-학습이론: 고전적 조건형성 —pavlov-Watson, Rayner의 실험
　　　　　조작적 조건형성 — Skinner
　　　　　사회학습이론 — Bandura

-인지이론-피아제 이론
　　　　-정보처리이론
　　　　-Vygotsky의 사회문화이론
-비교행동학 이론
-생태학적 이론 ― Brenner 둥지구조

정신분석이론가 중에서 프로이드와 에릭슨의 이론에 대해서 정리해 보자면 다음과 같다.

① 프로이드의 이론

프로이드는 인간발달은 원본능, 장, 초자아의 발달로 인해 일련의 단계를 거친다고 보았다. 이 일련의 단계를 심리성적 단계라 하며, 구강기, 항문기, 남근기, 잠복기, 성기기로 나누어진다.

가. <u>구강기</u>: 출생에서 1세 정도까지. 구강기에는 입과 그 주변을 자극하는 데 만족을 느껴 빨고, 깨물고, 삼킴으로써 충동적이고 즉각적인 만족을 얻는다. 구강기에 어머니가 애정적인 분위기에서 유아에게 수유한다면 유아는 본능적 욕구에 대한 만족을 느끼며 행복하고 안정된 시기를 지나게 되어 순조롭게 다음 단계로 옮겨갈 것이다. 그러니 인공유를 수유하게 되어 어머니의 애정을 느끼지 못하고 엄격한 수유 시간 등으로 이 시기에 얻어야 할 만족을 충족시키지 못했다면 다음 단계로 옮겨 가지 못하는 고착현상이 나타난다. 이렇게 구강적 욕구의 충족을 못 했다거나 또는 과잉 충족으로 집착 현상이 나타나 고착되면, 구강적 성격을 지니게 된다. 손가락을 빨거나 손톱을 깨무는 습관 또는 지나친 흡연이나 과음, 과식 등이 그 예이다. 이것은 단계에 따라 충족되어야 할 욕구에 대한 적절한 만족이 정상적인 성격 발달에 필수적임을 말해 준다.

나. <u>항문기</u>: 1~3세. 아동의 성적 에너지가 항문과 그 주위 부분으로 옮겨왔기 때문에 항문기라 부름. 이 시기의 아동은 대소변의 배

출이나 보유에서 만족을 얻는다. 항문기에는 대소변 가리기 훈련이 시작되므로 그 훈련 과정에서 아동의 본능적 충동은 외부에 의해 통제될 수밖에 없다. 항문기 동안 적절한 대소변 가리기 훈련이 행해지지 않는다면 고착현상이 일어나 항문기적 성격을 지니게 된다. 너무 일찍 대소변 가리기 훈련을 시킨다거나 또는 지나치게 청결을 강요한다면 결벽증적인 성격을 갖게 되는데 이것이 항문기적 성격이다. 항문기 연령의 아동은 배설물을 즉각적으로 배설하지 않고 참고, 보유함으로써 오는 쾌감과 배설하고 난 뒤의 근육의 이완으로 오는 쾌감을 아울러 갖게 된다. 이 경험은 아동으로 하여금 가치 있는 물건을 보유하는 만족을 얻게 한다. 이 시기의 적절한 대소변 가리기 훈련이 앞으로의 생산적이고, 창의적인 성격의 성인을 만드는 데 중요한 바탕이 됨을 알 수 있다.

다. <u>남근기</u>: 3세 이후~4, 5세까지. 이 단계에 이르면 주된 성적 에너지가 항문에서 성기로 옮아가서 아동은 성기에 관심을 가지고 가치를 부여한다. 프로이드는 남근기 동안 나타나는 가장 중요한 현상은 오이디푸스 콤플렉스라 하였다. 즉 남아는 어머니를 성적 애착의 대상물로 바라게 되나 아버지가 어머니의 사랑을 얻은 성공적인 경쟁자라는 것을 알게 되어 어머니를 혼자 소유할 수 없다는 것을 깨닫게 된다. 어머니에 대한 애정의 경쟁 대상자인 아버지는 신체적으로 너무나도 월등하기 때문에 적대감을 느낄 뿐 아니라 자신의 제일 중요한 부분인 성기를 제거할 것이라는 거세불안까지 상상한다. 이러한 아버지에 대한 적대감과 어머니에 대한 성적인 욕망 사이에서 느끼는 심리적 갈등은 그 욕망을 억누름으로써 동성의 아버지를 동일시하는 것으로 해결된다. 즉 남아는 자신의 사랑의 경쟁자인 아버지의 도덕률과 가치체계를 내면화함으로써 양심과 남성적 역할을 습득하고 자아 이상을 발달시킨다. 반면, 여아들은 사랑의 짝으로 아버지를 원하나 어머니에 의해 좌절되는 엘렉트라 콤플렉스를 경험하고, 아버지의 사랑을 잃지나 않을까 하는 두려움을 갖는다. 여아 역시 동성의 어머니를 동일시함으로써 이 심리적 갈등을 해결한다. 이 시기의 여아는 남아의 성기를 갖지 않았다는 데서 남근을 부러워하는 남근 선망을 지니고 있다.

라. <u>잠복기</u>: 6세 정도에 시작하여 사춘기에 접어들기까지의 시기. 이때는 성적 욕구에 대한 흥미가 약해지고, 그 욕망을 억누르고 있어 잠복기라 하였다. 아동은 지적 활동인 학업에 열중하고 환경의 탐색도 하며, 앞으로의 사회생활에 필요한 여러 기술도 습득한다. 동성의 친구와 친하게 놀면서 집단을 이루어 몰려다니며 놀이나 게임을 통해 규칙을 알게 되고 사회의 규범에 대해서도 배우나 이성에 대해서는 배타적이다. 따라서 이 시기를 동성기라고도 부른다.

마. <u>성기기</u>: 13세~19세 정도까지. 사춘기에 들어서면서 신체적으로 성 기능이 성숙되면서 성적 관심이 높아진다. 잠복기에서 동성의 또래 집단과 어울렸던 반면 성기기가 되면 아동은 이성과의 접촉에 최대 관심을 둔다. 이성에 대한 성적 욕구는 심미적인 활동을 통하여 승화시킬 수 있다. 독서, 운동, 과외활동, 사회봉사 활동 등은 도덕적 규범이 존재하는 사회에서 청소년들이 승화하는 대체활동이라 하겠다. 이 시기의 청소년들이 그들의 성적 에너지를 잘 처리하지 못한다면 비행으로 표출된다.

② 에릭슨의 이론

에릭슨의 발달이론은 근본적으로 프로이드의 정신분석학적 접근에 기초하고 있으나 프로이드와 달리 아동의 사회적, 문화적 환경의 중요성에 관심을 보였다. 프로이드와 에릭슨의 정신분석학적 이론은 크게 3가지에서 다르다고 본다. <u>첫째</u>, 에릭슨은 문화적 요인을 강조하였기 때문에 아동의 성장 발달에는 부모뿐만 아니라 가족, 친구, 사회, 문화 배경이 중요하게 작용한다고 보았으나, 프로이드는 단지

부모의 중요성만을 강조하였다. <u>둘째</u>, 프로이드는 한 단계에서의 실패를 고착이라는 것으로 설명하여 그 실패는 되돌릴 수 없다고 간주하였는데, 에릭슨은 실패의 수정이 가능한 것으로 보았다. 이런 의미에서 에릭슨은 인간을 낙관적 견해로 보고 있다. <u>셋째</u>, 프로이드의 발달 단계에서의 설명은 20세 이전까지만 언급하였고 그것도 6세 이전이 인간발달에 매우 중요하다고 본 반면에 에릭슨은 평생 발달적인 접근을 하였다.

가. 제1단계: 신뢰감 대 불신감 (발달위기: 수유)

프로이드의 구강기에 해당한 생후 1년간에 형성됨. 어머니나 어머니를 대신하는 사람은 이 시기에 가장 중요한 인물이며, 아동이 궁극적으로 갖게 되는 신뢰감과 불신감은 어머니와 아동 관계의 질에 의해 결정된다. 어머니로부터 따뜻하고 애정적인 보살핌을 받게 되면 아동은 이 사회에 대한 신뢰감을 발달시킬 수 있다. 그러나 춥고, 배고플 때 욕구충족이 되지 않고 기저귀가 젖었을 때도 갈아주지 않는다면 유아는 불신의 감정을 가지고 인생을 시작할 것이다. 이러한 신뢰감 대 불신감의 비율은 앞으로의 인생을 살아가면서 맺게 되는 모든 사회적 관계에서 어떻게 성공적으로 적응하는가에 밀접한 관련이 있다.

나. 제2단계: 자율감 대 수치심 및 회의감 (발달위기: 배변)

프로이드의 항문기에 해당. 1~3세. 이 시기의 아동은 신체 근육의 성숙과 대소변 가리기로 배설물의 방출, 보유에 대한 통제를 훈련받는다. 2세가 되면 아동들은 자신들의 행동의 주체가 자기 자신이라는 것을 서서히 깨닫게 되어 '나', '내거' 등의 말을 하며 지금까지의 반사적 행동에서 반응적인 행동을 보인다. 아동은 이러한 의도적 행동을 통해 자율감을 획득하게 된다. 또한 대소변 가리기 훈련은 아동으로 하여금 자신의 행위에 대한 독립심을 키워 줌으로써 자율감 개발의 기초를 마련해 준다. 만약 아동이 덜 성숙된 상태에서 외부 통제가 너무 빨리 또는 너무 엄격하게 주어진다면 아동은 자신의 통제 능력의 미약함과 더불어 외부 압력자를 조절할 수 없는 무능력에 대해 심한 수치심과 회의감을 갖게 된다. 이러한 아동은 자신의 행동에 대해 책임감을 회피하려는 경향을 보이거나 구강기로 퇴행함으로써 만족을 추구하려 한다. 에릭슨은 엄격한 배변 훈련은 아동을 강박적으로 만들어 사랑, 노력, 시간, 돈에 있어 인색하고 소심해지게 하고 강박적 행위는 회의심, 수치심과 병행된다고 하였다. 반면, 확고하고 친절하며 점진적인 배변훈련을 받은 아동은 자존감을 잃지 않으며 자기통제 감각을 발달시켜 강하면서도 사회적으로 인정받는 자율의 감각을 획득한다고 보았다.

다. 제3단계: 주도성 대 죄책감 (발달위기: 운동성)

아동은 3세가 되면 언어를 사용하고, 신체적 능력이 개발되며, 주변의 여러 가지 물건을 마음대로 다룰 수 있게 된다. 충분한 어휘를 획득한 아동은 그 개념들을 이해하게 되면서 주변 환경을 이해하게 된다. 그리하여 자신의 행동에 목표와 계획을 세우는 주도성을 지니게 된다. 부모의 제재가 일관적이면서도 부드럽지 않다면 아동은 자신의 주도적인 행동에 자신감을 잃을 뿐만 아니라 나쁜 짓을 한다는 죄책감도 갖게 된다. 즉 자신의 행동을 주도하지 못하고 그 행동을 책임질 수 없을 때 죄책감을 경험하게 된다. 또한 이 단계는 오이디푸스 갈등의 시기로, 동성 부모를 동일시함으로써 갈등을 해결하고 그들 자신이 누구인가를 발견하는 시기이다. 이 갈등을 해결하는 과정에서 이성 부모에 대한 성 충동의 두려움 또한 죄의식의 원인이 된다.

라. 제4단계: 근면성 대 열등감 (발달위기: 학교)

프로이드의 잠복기에 해당하는 사춘기 전 단계가 근면성의 발달 단계이다. 이 시기는 가정이라는 울타리를 벗어나 작은 사회를 경험하는 초등학교에 다니는 시기이다. 이때 부모와 주변의 성인 특히 교사는 아동에게 적당한 과업을 주어 그 과업을 수행하면서 그들이 가치 있는 일이라 느낀다면 아동은 건전한 근면성을 개발하는 데 도움이 될 것이다. 반면 친구와 비교하여 아동이 스스로 자신감이 없다고 느끼거나 학교생활에 적응할 준비가 되지 않은 상태에서 입학하여 계속적인 실수를 하여 자신감과 근면성이 개발되지 않으면 열등감을 느끼게 될 것이다. 에릭슨은 이 시기에 아동의 잠재적 능력이 개발되어 키워지지 않는다면 영원히 잠재해 버릴 수도 있다고 하였다.

마. 제5단계: 정체감 대 정체감 혼돈 (발달위기: 동료관계)

에릭슨이 제일 관심을 둔 시기가 제1단계인 신뢰감 형성기와 함께 청년기이다. 이 시기는 신체가 급격히 성장하여 그들에게 지금까지와는 다른 사회적 역할을 요구한다. 따라서 자기 존재에 대한 새로운 인식 '나라는 존재는 무엇인가?'라는 의문과 함께 자신의 능력, 존재의미를 탐색하면서 많은 고민과 갈등을 겪는다. 이 의문에 해답을 얻지 못하면 정체감의 혼돈이 일어난다. 사회에서의 자신의 역할을 정확히 인식하고 목적의식이 뚜렷한 청년은 자아정체감을 확립하여 이 위기에 대처할 수 있다. 에릭슨은 청소년들의 이러한 자신에 대한 실험기간을 심리적 유예기라 하였다. 자신의 개성에 대한 강한 인식을 갖고 사회로부터 인정을 획득한 청년들은 자신에 대한 확고한 정체감을 형성하여 건전한 성인으로 성장하게 된다. 반면, 정체감 혼돈의 위기를 성공적으로 극복하지 못한 청년들은 부정적 자아정체감을 형성하여 건전하지 못한 사회생활을 하게 된다.

바. 제6단계: 친밀감 대 고립감 (발달위기: 애정관계)(발달과업: 사람들과의 친밀감)

청년기에서 성인기로 전이되는 시기로 친밀감을 발달시키지 못하면 고립감의 위기를 갖는다. 이 시기에는 특정 이성과의 친밀한 관계를 유지시키려는 욕구가 생겨나서 궁극적으로 배우자를 선택하게 된다. 이러한 과정에서 획득되는 친밀감은 결혼생활을 성공적으로 수행하는 데 결정적인 역할을 한다. 청년기에 자기 자신에게만 몰두하여 자아정체감을 확립하지 못한다면 타인과의 관계에서도 친밀감을 형성하지 못한다. 이들은 친구나 부모, 심지어는 결혼한 배우자에게도 사회적인 위축을 느끼게 되어 결국은 고립감을 느끼게 된다. 에릭슨에 의한 친밀감이란 반드시 이성과의 결혼과 성적인 친밀만을 의미하는 것이 아니라 어느 정도까지는 사회적 친밀감도 포함하고 있다. 직장에서 동료와의 인간적인 접촉을 통한 친밀감이 그 예이다.

　사. 제7단계: 생산성 대 침체감 (발달위기: 출산, 양육)

　결혼한 부부는 자녀를 낳고 그들이 사회의 한 구성원으로 올바르게 성장하는 것을 도와주는 것이 보편적이다. 다음 세대를 교육시켜 사회적 전통을 전수시키고 가치관을 전달하는 부모로서의 역할이 생산성을 획득하는 것으로 에릭슨은 보았다. 다시 말하면 자녀양육 생산성이란 아동의 발달을 능동적으로 돌보는 물질적 정신적인 자원제공인 것이다. 생산성은 사회적인 활동을 통해서도 획득될 수 있다. 직장에서 젊은 세대를 지도하고 교육시키기도 하며, 창의적인 학문의 성취와 예술적 업적을 통해서도 사회적인 생산성을 발휘한다. 이 시기에 다음 세대에 대한 관심이나 사회에 관심을 두지 않고 자기 자신의 물질적인 또는 신체적인 안녕에만 치중하게 되면 타인에 대한 관대함이 결여되며 침체성이 형성된다.

　아. 제8단계: 자아통합감 대 절망감 (발달위기: 인생에 대한 반성과 수용)

　마지막 단계인 노인기에는 지금까지 지내온 삶을 돌아보게 된다. 자신의 생애를 돌아보면서 보람이 있었고 가치가 있었다는 것을 인식하고 오랜 삶을 통해 노련한 지혜를 획득하게 되면 자아통합감을 얻게 된다. 반면에 젊음을 잃고 직업에서 은퇴한 후 신체적, 경제적 무력감을 느끼며, 지나온 자신의 삶이 무의미했다고 느끼면 절망감을 느끼게 된다. 절망감과 죽음에 대한 공포를 느끼는 노년들은 성취감을 이루지 못한 지금까지의 인생을 다른 방향으로 바꾸기에는 너무 시간이 짧게 남았다는 것을 인식하여 초조해지기 시작한다. 희망이 없고 고독감에 찬 이들은 비참한 절망감에서 인생을 끝내게 되는 것이다.

(12) 발도르프 이론

유아기의 어린이는 각자 누구나 고유한 씨앗(개별성)을 가지고 태어난다. 교육은 바로 어린이들로 하여금 언젠가 자기만의 그 씨앗을 발견해서 삶을 가꾸어갈 수 있게 해 주는 것이다. 교육자의 임무는 그 과정에서 정신과 육체, 영혼이 모두 조화롭게 성장하도록, 특히 유아기의 아이들이 장차 인간으로서의 삶에 신뢰감을 가질 수 있도록 하는 것이다. 중요한 교육원리로 모방과 모범의 원리, 상상력의 원리, 생활교육의 원리 등이 있다. 서남발도르프 어린이집은 가정집을 개조하여 사용하고 있으며 텃밭과 넓은 마당, 놀이집이 있고 교실마다 주방과 계절탁자가 있는 게 특징이다. 들숨과 날숨이 반복되는 리듬생활로 일과가 움직여지며 자유놀이시간은 아이가 자신을 발산하는 날숨의 시간이다. 아침식사를 하는 아이들은 식사를 함께 준비하면서 들숨을 하고 식사를 마친 후 자유놀이 때는 천과 인형, 달팽이끈, 나무, 돌(규격화되지 않은 장난감) 등을 사용하여 놀고 정리정돈과 청소를 할 때도 노래를 부르며 하고 있다. 다음 모으는 시간에는 라이겐을 하고 바깥놀이를 하러 나간다. 마당에서 놀 때는 상자에 있는 여러 도구들을 사용해서 놀기도 하고(새끼줄을 꼬기도 하고) 자유롭게 탐색하거나 선생님의 작업(주로 먹을거리를 준비하는)에 참여할 수도 있다. 비가 오면 우비와 장화를 신고 집단게임을 하며 뒷산으로 나들이를 갈 때도 있다.

식사를 한 후 선생님이 동화를 들려주는데 4주간 같은 이야기를 조금씩 늘려가며 해준다. 그래서 마지막 주에는 테이블 인형극을 준비해서 보여주기도 한다. 낮잠시간에 대부분의 아이들은 어머니가 만들어 준 아기인형을 포대에 싸서 안고 자고 취학 전 아이들만 모아서 발도르프문자교육과 특별활동을 하게 한다.

낮잠이 끝나고 오후 자유활동 시간에는 주로 예술교육을 하며 취학 전 아이들은 긴 나들이나 탐험나들이를 하곤 한다. 나들이 때 풀이나 꽃 등을 따 와서 음식(화전, 꿀 등)을 만들어 먹는다. 오후 간식이 끝나고 또 한 번의 자유놀이를 하면서 서서히 귀가하게 된다.

어린이집의 모든 활동은 생활교육이다. 그리고 선생님은 직업인이기에 앞서 진지하고 의미 있게 삶을 살아감으로써 아이들로 하여금 신뢰감을 가지고 삶에 참여하도록 하는 존재이다. 서남에서는 음식문화가 발달한 우리나라의 특성을 살려 아이들이 자연스럽게 이러한 과정을 경험하도록 발도르프교육을 적용하고 있는 것이다.

부모님세대는 어릴 때 모든 일이 가정 중심, 촌락단위로 이루어졌고 직업과 가사가 분리되지 않아서 노동이 매우 자연스러우며 생활교육이 되었다고 할 수 있다. 재창조된 발도르프교육이 초등교육과정에까지 이어져 효과가 더욱 확장되고 심화되도록 여건 조성이 된다면 매우 바람직할 것으로 전망한다.

(13) 비고츠키 이론

비고츠키(Lev Semionovich Vygotsky)
(1896-1934)

생 애

1) 어린시절~대학시절

가. 출 생 :

1896년 11월 17일 백러시아의 Minsk 북동쪽에 위치한 Orsha 시에서 태어났다. 생후 1년 무렵 비고츠키는 백러시아의 비교적 큰 도시인 Gomel로 이주하여 그 곳에서 아동기와 청년기를 보냈

다. 그의 아버지는 Gomel의 은행지점장이었으며, 어머니는 교사교육을 받은 사람이지만 비고츠키와 여덟 자녀를 양육하는 데 대부분의 시간을 보냈다. 그의 부모는 유태인으로서, 제정 러시아에서의 유태인에 대한 차별로 인해 아버지는 냉소적이고 엄격한 성품이었던 데 비해 어머니는 온화하고 자상한 성품을 지녔다고 한다.

나. 아동기 :

비고츠키는 학교에 가지 않고 가정교사에게 교육을 받았다. 그리고 유태인 학교에서 중등교육을 받았다. 비고츠키는 친구들을 자주 철학, 문학, 역사, 예술과목의 주요 주제들에 대한 지적 토론으로 이끌어 박사꼬마 교수 비고츠키로 불렸다. 그는 이들 분야를 매우 좋아하였고 이것은 그의 전 생애에 걸쳐 지속되었다.

다. 대학시절 :

1913년 비고츠키는 매우 우수한 성적으로 금메달을 받고 김나지

움을 졸업하지만 유태인에 대한 차별 때문에 대학 선택에 어려움을 겪는다. 그 차별은 최상위의 성적임에도 불구하고, 유태인의 자질을 낮추기 위해 채택된 새로운 제도로 말미암아 모스크바대학에 진학하기 위해서는 무작위 추첨에서 뽑혀야만 했다. 하지만 운명은 그의 편이 되어, 그는 입학 추첨에서 선발된 극소수 유태인 가운데 한 사람이 되었다. 유태인이라는 사실은 전공 선택에도 어려움을 주는데, 그는 역사나 철학에 관심이 많았지만, 유태인으로서 제정 러시아 정부의 공무원이 되는 것은 금지되어 있었다. 또한 법학에도 관심이 있었지만 유태인은 변호사를 제외하곤 법률가가 될 수 없었다. 이러한 이유로 인해 비고츠키는 부모들이 원하는 모스크바 대학의 의학부를 진학했다. 하지만 비고츠키는 대학을 다니는 동안 자신의 원래 뜻을 접지 못해 1914년에 비공식학교인 Shanyavskii 시민대학에 출석하며 역사와 철학을 전공하고 문학, 심리학, 예술을 공부하였다. 그리고 모스크바 대학에서도 결국은 법학으로 전과를 하고 1917년 법학사학위를 받고 졸업을 하였다.

2) 대학 졸업 후~1924년

가. 대학 졸업 후 :

1917년 졸업 후 비고츠키는 Gomel로 귀향한다. 이때는 러시아 혁명이 일어난 시기이기도 하다. 그는 그곳 학교에서 문학과 예술사와 미학 등을 강의하였다. 또한 Gomel 사범대학에서 심리학 실험실을 조직하면서 본격적으로 심리학자로서의 경력을 쌓기 시작했으며, 그곳에서 1926년 발간된 「교육심리학」의 기초가 되는 일련의 강의를 하였다. 8개 국어에 능통했던 비고츠키는 미국을 비롯한 유럽 국가들에서 나오고 있던 철학, 심리학, 교육학, 희곡, 문학 등의 주요 연구 업적들에 대해 폭넓은 독서를 할 수 있었다.

나. 투 병 :

1920년에 비고츠키는 이미 건강이 좋지 않았고, 종국에는 그를 죽음으로 몰고 간 결핵이 이때 나타난다. 그는 결핵에서 일시적으로 회복한 후에는 Gomel에서 연구를 계속하였다.

다. 결혼과 새로운 경력 :

1924년에 Rosa Smekhova와 결혼하였고 두 딸을 낳았다. 비고츠키의 가정은 그의 어린시절과 비슷한 분위기로 가족구성원들 간에 애정과 상호존중이 가득했다.

그는 끊임없이 독서하고, 강의하고, 저술활동을 펼쳤다. 이러한 활동들은 그의 인생에 커다란 전환점을 갖게 하는 준비작업이 되었고 1924년 레닌그라드에서 개최된 제2차 심리 신경학회에서 그가 논문발표를 하면서 그 전환점을 갖게 되었다. 여기에서 그는 「조건반사적 조사방법과 심리학적 조사방법」이라는 논문을 발표함으로써 학회에 참석한 많은 사람들에게 큰 감명을 주었다. 그리고 이 일이 계기가 되어 모스크바 심리학연구소 소장이었던 Kornilov가 그를 연구소에 초빙하게 되며 그는 새로운 경력을 갖게 되었다.

3) 1924년~1934년

1934년까지 비고츠키 인생의 마지막 10년은 매우 열정적이고 생산적인 시기였다. 비고츠키 학파의 트로이카로 알려진 Luria와 Leont'ev를 비롯하여 많은 사람들이 그의 연구에 가담하였다.

가. 모스크바에서의 행정적, 강의와 저술활동 :

그는 모스크바 대학의 심리학부에 중견학자로 소속되어 있었는데

모스크바 대학 학장이 마르크스 심리학을 발전시키려는 Kornilov로
바뀌면서 비고츠키도 그 조직에서 자신의 과업을 두 가지로 보게 되
었다. 첫째는 마르크스 심리학이론들을 재구성하는 것이었고, 둘째는
소련이 직면한 대중적이고 실제적인 문제들을 해결할 구체적인 방안
을 마련하는 것이었다. 결국 그 방안은 교육심리학과 치료심리학을
개발하는 것이었다.

　1925년에 그는 정신지체아, 학습장애아, 청각장애아 등에 관심을
갖고 모스크바 대학 내에 비정상 아동을 위한 심리 실험실을 조직하
였고 후에는 교육학술원의 기형학연구소가 되었다. 그리고 그는 2차
전 러시아 심리신경학회에서 1924년에 제시한 원고의 개정판을 출간
하였다. 1925년 11월부터 1926년 봄까지 병원에서 결핵으로 투병하
고 있는 동안, 그는 심리학의 이론적 기초에 대한 중요한 철학적 비
평인 「심리학의 위기에 대한 역사적 의미」를 저술하였고, 1926년
Gomel의 초기 강연내용을 정리, 수정하여 교육심리학을 출간하였다.

나. 1920년 말

　비고츠키는 강연을 하거나, 연구소 설립을 돕기 위해 소련 전역을
여행하곤 하였다. 심리학자들과 교사들을 훈련시키기 위해 Tashkent
로 가는가 하면, 새로운 심리학적 접근에 우호적인 분위기를 제공한
Khar'kov에서는 연구단체의 조직, 강의, 저작 활동들을 강행하였다.
또 Khar'kov에서 이주한 비고츠키학파의 구성원이 소장으로 있는 집
단을 지도하기 위해 정기적으로 Poltova를 방문하기도 하였다. 그런
가 하면, 모스크바와 Khar'kov의 의학부에 입학하여 수강하면서 의
학, 특히 신경학에 연구를 수행하였다. 비고츠키는 이 시기에 새로운
소련을 건설하는 데 도움을 주는 것이 자신의 임무라 생각하며 매우
정력적으로 활동하였다.

다. 비고츠키의 사망 :

비고츠키는 생의 마지막 몇 년을 강의와 저술활동에 광적으로 매달리며 보냈다. 모스크바에서의 그의 일정은 이른 아침부터 저녁 늦게까지 빽빽하게 채워져 있었으며, 새벽 2시 이후에라야 저술활동을 할 수 있었다고 한다. 생을 마감한 마지막 달조차 기사에게 「사고와 언어」의 마지막 장을 받아 적게 하였다. 그는 쉬지 않고 자신이 목표한 바를 달성하려 애를 썼지만, 이런 무리한 일정들은 그의 몸을 마지막까지 소진시키고 있었다. 결핵에 의한 통증과 기침이 계속되었고, 1934년 6월 11일 마침내 숨을 거두었다.

시대적-학문적 배경

1) 아동기

가. 가정으로부터의 영향 :

비고츠키의 부모는 자기의 가정을 그 마을에서 가장 문화적인 가정으로 만들었다.

> 그의 아버지의 배려는 아이들의 뜻에 맡기는 것이었다. 아이들은 많은 모임을 스스로 만들고 잠시 혼자 있을 수도 있고 몇몇의 친구들과 모임을 가질 수도 있었다. 식당은 커다란 의자에 앉아 저녁식사 후 차를 마시는 동안 늘 활기가 넘치고 흥미로운 토론이 이루어지는 장소였다. 차가 끓는 동안의 토론은 모든 어린이들에게 특히 나이 든 어린이에게 정신의 형성에 중요한 역할을 수행하는 가족의 전통이었다. (Levitin, 1982)

나. 가정교사로부터의 영향 :

비고츠키는 공립학교에 가는 대신 몇 년 동안 가정교사로부터 교육을 받았고, 유태인 고등학교에서 중등과정을 마쳤다. 그의 가정교사인 아쉬피즈로부터 여러 가지 깊은 영향을 받았다. 아쉬피즈의 교육적 방법은 특히 비고츠키와 같은 천재적인 소년에게 잘 개발된 직관적인 마음을 열어 주는 탁월한 소크라테스의 문답법에 기초하고 있었다.

다. 문학에 관심이 많은 비고츠키

비고츠키는 연극과 문학에도 깊은 관심을 보였다. 그는 시를 좋아했는데 시는 늘 비고츠키의 인생에 위안을 주고, 그의 삶의 주된 관심사였다. 푸슈킨의 시를 좋아했으며 그 시를 암송했다. 비고츠키의 시 암송은 독특했다고 한다. 비고츠키는 시를 읽을 때 시의 중요한 구절에 줄을 긋고 나머지 부분은 읽지 않고 뛰어넘는 습관을 가지고 있었다. 그는 시의 나머지 부분들도 의미가 있는 것이지만 중요한 구절만으로도 그 시의 본질을 이해하는 데 충분하다고 생각했다. 이런 생각들은 나중에 언어와 정신에 관한 그의 이론에서 중요한 개념의 되었다.

2) 청년기

가. 러시아 혁명(1917)과 마르크스주의적 사고

정상적인 환경 아래에서는 한 학문의 국외자에게 심리학과 같은 학문을 개혁할 수 있는 기회가 제공되지 않는다. 그러나 비고츠키는 정상적인 환경 아래에서 살지 않았다. 비고츠키는 소련이 20세기의 가장 커다란 사회변혁인 러시아혁명의 격변을 치를 때 청년기를 보냈다. 이 사건이 20여 년의 세월에 걸쳐 우리의 시대에서 가장 놀라운 지적, 문화적인 환경을 제공하였다. 비고츠키가 독창적인 사상을 발전시키고, 그의 사상이 커다란 영향력을 갖게 된 것은 이러한 사

회적 배경 때문이다. 비고츠키의 이론 중 가장 중요한 핵심이 무엇
인지를 이해하기 위해서는 그 당시의 공산화된 사회로의 변화를 이
해해야만 한다. 혁명 이후 러시아는 비고츠키와 같은 젊은 마르크스
주의 학자에게는 흥미진진한 곳이었다. 마르크스주의적 원리에 입각
한 사회주의와 변증법적 유물론에 근거하여 처음으로 국가 전체를
조직하려는 도전적인 과정에 참여하고 있다는 것으로 러시아인들은
에너지와 열정이 고조되어 있었다. 비고츠키는 마르크스주의적 사고
를 가치 있는 과학의 토대로 보면서 변증법적 유물론과 역사적 유물
론을 자신의 심리학에 적용하였다. 그는 그를 둘러싼 사회, 문화적
변화와 일치되는 방향으로 러시아의 심리학과 교육학 분야를 재구성
하고자 심리학과 아동 발달에서의 마르크스주의 이론을 창출하는 책
임을 맡았다.

나. Blonsky

심리학 내에서 연장자 동료인 Blonsky는 이미 복잡한 정신 기능들
을 이해하려면 발달적 분석이 필요하다는 입장을 채택했었다. 비고츠
키는 Blonsky로부터 <u>행동은 단지 행동의 역사로서 이해돼야만 한다
는 생각을 받아들였다.</u> Blonsky는 또한 비고츠키가 대단히 상세하게
탐색했던 그 관점, 즉 인간의 기술공학적 활동들이 그들의 심리학적
구성요소의 이해에 중요하다는 것을 주장한 초기의 사람이었다.

다. 신경심리학회를 통한 Kornilov와의 만남

1923년, 제1차 러시아 신경심리학회에서 Kornilov는 「현대 심리학
과 마르크스주의」라는 제목의 연설을 통해 행동반응을 기초 자료로
이용한 마르크스주의 틀 내에 모든 심리학 분파를 포함시키려 하였
다. Kornilov는 모스크바의 심리학연구소 소장으로서 심리학의 행동
주의적이고 마르크스주의적인 이론을 공식화하고 조장하는 데 헌신

적인 젊은 과학자를 끌어 모았다. 1924년, 제2차 러시아 신경심리학회에서 비고츠키는 「조건반사적 조사방법과 심리학적 조사방법」이라는 논문을 발표하였다. 그의 뛰어난 발표는 Moscow의 심리학연구소의 소장인 Kornilov에게 커다란 감명을 주었고, 그는 즉시 이 연구소를 개편하는데 비고츠키를 초청하였다. 이곳에서 독서와 계속적인 교육에 몰입하였다.

라. 과학에 대한 기대

러시아사회는 과학이 사회적, 경제적 문제들을 해결해 줄 수 있다는 믿음을 갖고 과학에 기대하는 바가 컸으며, 과학을 장려하는 분위기가 한껏 고조된 시기였다. 이 시기의 러시아가 안고 있는 실제적인 여러 문제들에 직면하여, 비고츠키는 교육 및 의학의 실제 문제와 관련된 심리학을 형성하려 하였다. 그 방안은 교육 심리학과 치료 심리학을 개발하는 것이었다. 비고츠키가 연구할 당시의 심리학의 실제 문제는 대중들의 문맹과 러시아국민이 되는 우즈백이나 우크라아니안 사람들의 문화적 차이 그리고 새로운 사회에 참여하는데 어려움이 있는 정신적으로 지체된 사람들을 위한 기관이 전혀 없다는 것 등이었다. 비고츠키는 기형학의 문제를 조사함으로써 실질적인 문제로 시야를 확장하였다. 특히 청각장애아, 정신지체아, 학습장애아에게 관심을 가졌다. 그는 이상아동을 위한 심리실험실을 조직화하기 시작하였으며 이것은 기형실험연구소가 되었다. 그는 죽을 때까지 여기서 수많은 연구에 관여하였다. 또 행정적 활동 외에도 강의와 저술 활동을 펼쳤다. 죽기 전 몇 해 동안은 특히 교육문제에 집중적으로 집필하고 강의하였는데 근접 발달지대라는 개념을 제안하여 아동들의 발달을 정확하게 진단하고 그들의 잠재력을 최대한 실현시키는 교육을 주장하였다. 이러한 강의 내용을 정리, 수정하여 「교육심리학」을 출간했다.

마. 동시대 심리학자들에 대한 연구

비고츠키와 같은 해인 1896년에 태어난 피아제나 프로이드 같은 저명한 심리학자들의 연구에 대해 잘 알고 있었다. 그래서 현대 심리학의 객관적인 해설가나 비평가로서의 역할을 수행하기도 했다. 비고츠키는 피아제, 게젤, 프로이드와 같은 현대 심리학자들의 이론을 러시아에 보급하기 위해 자주 이들의 저서를 편집하고, 러시아어로 옮긴 번역판의 사문을 쓰곤 했다. 하지만 심리학자로서 공식적인 교육은 받지 못해 이방인으로 취급당했다. 또 Kohler, Koffka 등의 형태심리학(Gestalt psychology)을 공부하고 그들의 저서를 번역하였으며 특히 그의 이중자극법의 모체가 되었던 Kohler의 실험에도 관심이 많았다. 그러나 형태심리학이 인간행동을 기술(description)은 하지만 설명(explanation)은 하지는 못한다고 거부하였다.

3) 사상 보급에 영향을 끼친 요인

가. 극히 짧은 생 :

그는 자신의 접근법을 완전하게 발전시키거나 또는 다른 학자의 비판을 수용하여 이를 재검증하고 짜임새 있게 조직화되고 잘 구조화된 이론으로 통합할 만한 충분한 시간이 없었다. 이런 의미에서 비고츠키의 연구는 일반적인 이론적 접근법을 내포하고는 있으나 궁극적으로는 아직 미완성으로 남겨진 일련의 소이론들로 보는 것이 가장 적합할 것이다. 이후로 많은 학자들에 의해 확장 발전되었다.

나. 스탈린 정권에서의 동료, 제자 :

비고츠키는 여러 초기 실험에서 Luria와 Leont'ev와 공동 연구를 했으며, 이들이 이론의 틀을 마련하는 데 공헌을 하였다. 비고츠키의 저서 중 몇 권은 그가 죽은 후 곧 발간되었지만, 그의 연구물 가운데 대부분은 출판이 금지되어 1953년 스탈린이 사망한 이후에야 출간되기 시작하였다. 스탈린 정권하에서 어떤 학자의 연구물들이 반체제적인 문서로 분류되어 숙청대상에 오르는 것은 빈번한 일이었다. 스탈린 독재 정부가 본래의 마르크스주의로부터 멀어지기 시작하면서 비고츠키와 같은 마르크스주의 학자들은 위험한 인물들로 간주되었다. 또한 비고츠키의 주장이 스탈린이 1950년에 언어에 관한 평론에서 밝힌 주장과 대립된다는 이유에서 비고츠키의 책들은 출판될 수 없었다.

비고츠키의 책들이 한동안 금서로 지정되고 그의 글들이 더 이상 출판될 수 없었음에도 불구하고 그의 사고는 러시아 심리학계에 계속 이어져 내려왔다. 그의 동요이며 제자였던 Luria는 세계적으로 유명한 신경심리학자가 되며, Leont'ev를 비롯한 많은 제자들이 현대 러시아심리학계의 대표적인 학자들로서 러시아 심리학을 이끌어 발전시켜 옴으로써 러시아 심리학에 깊은 영향을 끼치고 있다.

다. 경제적, 사회적 분위기 :

당시 러시아는 혁명, 시민전쟁, 제1차세계대전, 기근 그리고 공산사회로의 변화를 겪고 있었다. 종이를 포함한 기본 생필품이 부족한 상황에서 과학적인 저술을 보급하는 것은 명백히 어려웠다.

유아 행정복지를 이해하기 위해서는 일반적인 이론들을 이해할 필요가 있다. 창조라든지, 상상이라든지 이러한 개념적 해석이 필요한 것이다. 이를 간단히 설명하여 보도록 하겠다.

우리들은 새로운 것을 만들어 내는 모든 분야의 인간 활동을 창조 활동이라고 부르고 있으며 두 가지 기본적인 종류의 행위를 쉽게 구별할 수 있다고 보았다. 한 가지 종류의 활동은 재현하는 것 혹은 재생하는 것이라고 하며 기억과 매우 밀접한 형태로 결합되어 있다. 즉 인간은 이미 이전에 실현되고 만들어져 있는 것을 재현하고 반복하거나 예전의 인상의 흔적을 재현하고 있는 것이다. 이러한 재현 활동이나 기억의 신체적인 기초는 우리들의 신경형질의 가소성에 있다. 가소성이라는 것은 어떤 형질의 특성이다. 그것은 형질을 변화시키고, 이 변화의 흔적을 보존하기도 하는 능력이다. 그러므로 우리들의 뇌수는 우리들이 이전의 경험을 보존하고 이 경험의 재생을 용이하게 하는 기관이라는 것을 알 수 있다. 뇌수는 이전의 경험을 보존하는 기능과 동시에 또 하나의 중요한 기능을 가지고 있다. 인간의 행동에는 재생 활동 외에 또 다른 종류, 즉 복합 활동 또는 창조 활동도 있다는 것이다. 심리학상 우리들의 뇌수의 복합 능력을 토대로 하고 있는 이 창조적 활동을 상상 또는 공상이라고 부르고 있다. 실제로는 상상은 모든 창조 활동의 기초로서 예술, 과학, 기술의 창조를 가능하게 하고 예외 없이 문화생활의 모든 측면에 한결같이 나타난다. 이러한 의미에서 모든 문화의 세계는 모두 상상에 기초를 둔 인간의 상상과 창조의 성과인 것이다. 창조에 관한 상식은 과학적인 해석과 반드시 일치하고 있지 않다는 사실을 리보(프랑스의 심리학자: 예―조잡한 원시적인 횃불이었던 송진이 많이 묻은 나뭇가지의 어두운 불빛은 장구한 세월의 수많은 발명을 거쳐서 우리들에게 가스와 전기라는 조명을 가져다주고 있다. 가장 소박하고 어디에나 있는 일상생활의 모든 물건은 소위 결정화된 상상인 것이다)의 말을 인용하고 있다. 리보가 아주 정확하게 말하고 있는 것처럼 대다수의 발명은 이름 없는 사람들에 의해 이루어지고 있다. 그리하여 우리들은 이 문제를 창조로 보는 데 있어서 예외로 보기보다는 오히려 '필연'의 법칙이라고 보게 된다. 창조를 이와 같이 이해한다면 창조의 제 과정은 이미 아주 어린 아동 시절에 빈번히 나타난다는 것을 알 수 있다. 아동심리학과 교육학의 매우 중요한 문제 중의 하나는 아동이 가지고 있는 창조에 관한 문제이다. 즉 창조성의 발달과 유아의 일반적 발달과 성숙을 위한 창조적인 작업의 중요성에 관한 문제이다. 우리는 이미 아주 어린 연령의 아동들의 놀이 가운데 나타나는 창조적 과정을 발견한다. 아동은 막대기를 타면서 말을 탄다고 표현하고, 인형을 갖고 놀면서 자기를 엄마라고 생각한다. 이와 같이 놀이하고 있는 아동들은 모두 가장 정직하고 가장 진실한 창조의 실례이다. 물론 그들은 자신들의 놀이 속에서 매우 많은 것을 자신들이 본 것들 중에서 재현하고 있다. 종종 아동의 놀이는 아동들이 보거나 성인들로부터 들은 것의 영향에 의한 것이다. 그러나 그럼에도 불구하고 아동의 이전의 경험의 제 요소는 놀이 속에서 그것이 현실로 나타나는 것과 똑같이 재현되지는 않는다.

아동의 놀이는 체험한 것의 단순한 추억이 아니라 체험한 인상의 창조적인 개작이며 또, 그것들을 복합시켜 그 속에서 새로운 현실을 만들어 내거나 아동 자신의 요구와 흥미에 따른 것이다. 아동이 관찰하거나 볼 기회가 있었던 것을 단지 재현한 것이 아니라 이 제 요소로부터 구상을 창조하거나 옛것을 새롭게 조합하여 복합시키기도 하는 이 능력이 창조의 기초가 되는 것이다. 창조적인 복합 활동은 어떻게 일어나는가라는 의문이 생긴다. 이 활동은 어디에서부터 생기는 것일까? 또, 어떤 것에 의해서 생길까? 그리고 그 과정에서 어떤 원칙을 따를까? 이 활동에 대한 심리적인 분석은 매우 복잡함을 보여주고 있다. 이 활동은 곧바로 일어나지 않고 매우 천천히 점차적으로 일어나며 보다 기본적이고 단순한 형태에서부터 한층 복잡한 형태로 발전한다. 또, 그것은 각 연령 단계마다 그 자체의 표현을 가지고 있으며 유·소년 시대의 각 시기에 그 자체의 특유한 창조 형식을 가지고 있다. 더구나 그것은 인간의 행동상에 분리되어 있지는 않지만 우리들 활동의 서로 다른 형식 특히, 경험의 축적에 직접 의존하고 있다는 것을 알 수 있다. 상상의 심리적 메커니즘과 그것과 결합된 창조를 이해하기 위해서는 인간의 행위에 있어서 공상과 현실 사이에 존재하는 그 결합을 해명하는 것에서부터 시작하는 것이 무엇보다 중요하다.

상상 활동을 현실과 결합시키는 4가지 기본적인 형태를 제시해 본다. 상상과 현실의 결합의 <u>제1형태는 상상의 모든 창조물이 항상 현실 속에서 얻어지는 제 요소, 인간의 이전 경험에 포함되어 있는 제 요소로부터 만들어지고 있는 것</u>에 있다. 즉 아주 공상적인 작품일지라도 결국은 현실로부터 얻어진 것이고, 우리들의 상상력에 의해서 왜곡되거나 다시 만들어지는 그러한 제 요소를 새로 복합한 것에 지나지 않는다는 것이다. 닭의 다리로 된 기둥에 서 있는 오두막은 물론 옛날이야기 속에만 존재하는 것이다. 이 동화의 이미지가 만들어 낸 제 요소는 인간의 실제적인 경험 가운데서 채택된 것이다. 다만 그 구성만이 옛날이야기의 형태, 즉 구상에서 현실과 일치하지 않는 형태를 지니고 있는 것이다. 동화 세계의 이미지에 관한 실례로서 푸슈킨이 묘사하고 있는 것을 인용해 보자. "인공의 강가에 녹색의 떡갈나무에는 황금의 쇠사슬이 걸쳐져 있고 밤낮으로 똑똑하고 영리한 고양이가 계속 거닐고 있다. 오른쪽으로 가면 노래가 시작되고 왼쪽으로 가면 옛날이야기를 한다. 저쪽에는 이상한 이야기가 많다. 그곳에서 숲 속의 요정이 헤매고 있고 숲과 물의 요정이 나뭇가지에 앉아 있다. 거기에는 한 번도 본 적 없는 짐승의 발자국이 있다. 그곳에 있는 닭다리 기둥의 오두막은 창도 없고 문도 없이 서 있다."

이와 같이 상상은 늘 현실에서 주어진 소재에 의해 만들어지고 있다. 위의 인용된 한 절에서 알 수 있듯이 상상은 먼저 현실의 최저의 제 요소(고양이, 쇠사슬, 떡갈나무)를 조합하여 그것으로부터 공상의 제 형상(숲과 물의 요정, 숲의 요정)을 구성하는 등 점차 새로운 구성을 만들어 낼 수 있는 것이다. 여기서 우리들은 상상 활동이 따르고 있는 가장 중요한 법칙을 발견할 수 있다. 즉 상상을 창조하는 활동은 인간이 가진 과거 경험의 풍부함과 다양함에 직접 좌우되고 있다. 인간의 경험이 풍부하면 풍부한 만큼 그 사람의 상상이 자유자재로 사용되는 소재는 많아지는 것이다. 그렇기 때문에 아동이 가지고 있는 상상이 어른이 가지고 있는 상상보다 빈약한 것이다. 모든 상상은 다름 아닌 축적된 경험에서 시작되는 것이다. 이것을 통해서 이끌어 낼 수 있는 교육학적인 결론은 우리들이 만약 아동의 창조 활동을 위해서 확고한 기초를 형성하고 싶다면 아동의 경험을 확대할 필요가 있다는 것이다. 다른 조건이 같을 경우에는 아동들이 많이 보고, 듣고, 경험하면 한 만큼 그 아이는 더 많이 알게 되고 다른 조건이 같은 경우 자신의 경험에서 현실의 제 요소를 많이 가지고 있으면 있는 만큼 상상 활동은 훨씬 뛰어나고 효과적이다. 공상과 현실의 첫 번째 형태의 관련으로부터 이미 알 수 있는 것은 이 양자를 서로 대치시키는 것은 잘못이라는 사실이다. 우리들의 뇌수의 복합 활동은 보존 활동과 비교하여 절대적으로 새로운 것이 아니라 다만 이 첫 번째 형태가 한층 더 복잡화되어 있다는 것을 알 수 있다. 공상은 기억과 대립하지 않겠지만 기억에 의존하여 항상 기억이 가지고 있는 재료를 더 새롭게 결합시키려 하고 있다. 결국 뇌수의 복합 활동은 이전 흥분의 흔적을 뇌수에 보존하는 것을 기초하고 있고, 모든 새로운 기능은 이러한 흥분의 제 흔적을 뇌수가 생각한 대로 실제적인 경험에서는 볼 수 없는 결합에서 복합시키는 것일 뿐이다. 공상과 현실의 <u>두 번째 결합 형태는 첫 번째 결합 형태와는 다른 보다 복잡한 결합이다. 이번에는 공상적인 구상의 제 요소와 현실 사이가 아니라 기성의 공상의 산물과 현실의 복잡한 현상과의 결합</u>이다. 내가 역사가나 여행자의 연구나 이야기에 기초하여 프랑스 대혁명이나 아프리카 사막의 정경을 만들어 내면 그것은 어느 경우에나 상상의 창조적 활동의 결과이다. 그 정경은 내게 이전의 경험에서 파악한 것을 재생한 것이 아니라 경험에서 새로운 복합을 만들어 낸 것이다. 이러한 의미에서 그 정경은 완전히 우리들이 앞에서 말한 바 있는 첫째 법칙에 따르는 것이다. 상상이 이전의 경험에 의존하고 있는 것이 명료하게 밝혀지게 되었다. 그러나 이와 함께 이와 같은 공상의 구상 속에서 우리들이 앞에서 검토했던 푸슈킨의 동화의 한 절과는 본질적으로 매우 다른 새로운 것이 있다. 본질적으로는 아주 영리한 고양이가 있는 강의 정경과 내가 본 적 없는 아프리카 사막의 정경은 모두 현실이 가진 제 요소로부터 공상을 조합해서 만들어 낸 상상의 구성으로서 같은 것이다. 이러한 결합 형태는 타인의 경험 또는 사회적인 경험에 의해서만 가능하게 된다. 만약 누구도 아프리카 사막과 프랑스 혁명을 보지 않았거나 기술하지 않았다면 우리들이 이것에 관한 올바른 표상을 가진다는 것을 전혀 불가능할 것이다. 이것은 곧 나의 상상이 이러한 경우에 구속을 받지 않고 활동하는 것은 아니지만, 타인의 경험에 의해 인도되는 마치 타인의 지시에 의해 행동하고 있는 것은 그 까닭이다. 다만 그 덕택으로 현재의 경우 얻어지는 결과를 얻게 된다. 즉 상상의 산물은 현실과 일치하게 되는 것이다. 이러한 의미에서 상상은 인간의 행위와 발달에 있어서 매우 중요한 역할을 한다. 상상은 인간 경험의 확대 수단이 된다. 상상과 경험 간의 상대적이고 상호적인 의존성이 명백하게 되어가고 있다. 첫 번째의 경우에는 상상이 경험에 의존하고 두 번째의 경우에는 경험 자체가 상상에 의존하고 있다. 상상 활동과 현실성과의 결합인 <u>세 번째 형태는 정서적 결합</u>이다. 이 결합은 이중적인 모습으로 나타난다. 심리학자들은 모든 감정이 외형적, 신체적인 표현뿐만 아니라 사상, 형상 및 인상을 조합하는 경우에 나타나는 내면적이 표현도 가지고 있다는 사실을 오래전부터 알고 있다. 심리학자들은 이 현상을 이중의 감정표현의 법칙이라고 부른다. 예를 들면, 공포의 창백함, 떨림, 목마름, 호흡과 심장 박동의 변화에 의해서 나타날 뿐만 아니라 이때 인간에 의해 지각되는 모든 인상과 머릿속에 떠오르는 모든 생각은 그 사람이 가지고 있는 감정에 둘러싸여 있는 것이 보통이라고 하는 사실에도 나타나 있다. 속담에 '겁이 많은 까마귀는 숲을 두려워한다'고 하는 것은 다름 아닌 우리들 감정의 이러한 영향, 바깥 사물의 윤색된 지각을 고려하고 있는 말이다. 심리학자들은 복잡한 공상에 대한 정서적 요인의 영향을 일반적인 정서적 기호의 법칙이라고 부른다. 이 법칙의 본질은 일반적인 정서적 기호, 즉 우리들을 감동시키는 유사한 정서적인 작용이 이들 형상 사이에서 서로 유사한 점에서 보아도 그리고 서로 근사한 점에서 보아도 아무런 결합이 존재하지 않음에도 불구하고 상호간에 하나가 되는 경향을 가지고 있게 된다. 그러나 상상과 정서의 또 다른 하나의 역(逆)의 연합도 존재한다. 우리들이 서술한 첫 번째 경우에 감정이 상상에 영향을 준다면 또 반대의 경우에는 상상이 감정에 영향을 줄 수 있는 것이다. 이 현상을 상상의 정서적 현실성의 법칙이라고 부를 수 있을 것이다. 리보는 이 법칙의 본질을 간명하게 다음과 같은 형태로 제시하고 있다. *"창조적 상상의 모든 형태는 그 속에 격정적인 제 요소를 포함하고 있다."* 이 말은 역으로 모든 공상 구성은 우리들의 감정에서 영향을 받고 있는 것을 의미한다. 마지막으로 공상과 현실성 결합의 네 번째 형태에 관해서 말해 둘 것이 있다. 이 마지막 형태는 한편으로는 방금 진술한 것과 관련을 갖고 있지만 다른 한편으로는 그것과 본질적으로 다르다. 네 번째 형태의 본질은 공상의 구성이 본질적으로 인간의 경험에는 없었으며 실제로 존재하고 있는 사물에는 상응하지 않는 새로운 것이라는 점에 있다. 그러나 외형적으로는 구상화되어 물질적인 구상화를 취한 '결정화된' 상상력이 사물이 되어 실제로 세계에 존재하고 다른 사물에 영향을 주기 시작하고 있다. 이러한 결정화되고 구상화된 상상의 실례로서 들 수 있는 기술적인 장치나 기계, 도구 등이다.

이러한 것들은 인간의 복합된 상상력의 의해 만들어진다. 그것은 자연에 존재하는 어떤 견본과도 상응하지 않지만 현실과 가장 확실하고 효과적인 실제적인 결합을 보여주고 있다. 이것은 곧 그것들이 구상화하여 다른 사물과 똑같이 현실적인 것이 되고 주변의 현실 세계로 작용을 하기 때문이다. 마지막으로 상상 산물은 구상화되어 다시 현실로 복귀하지만 그것은 이미 현실을 변화시키는 새로운 적극적인 힘이 되어 돌아온다. 상상의 창조적 활동의 완전한 순환이란 바로 이런 것이다. 정서적인 상상, 즉 주관적인 상상의 영역에서도 마찬가지로 이러한 완전한 순환이 가능하다. 문제는 상상에 의해서 그려진 완전한 순환을 자신들 앞에서 우리들이 가진 바로 그때 두 가지 요인, 즉 지적 요인과 정서적 요인이 창조 행위에 있어서 없어서는 안 되는 것이라는 사실을 알게 된다는 점이다. 예술적인 상상의 예로서, 이 점을 확신하는 것은 아주 쉽다. 예술 작품은 무엇을 위해 필요할까? 예술 작품은 우리들의 내적 세계와 우리들의 사상과 감정에 대하여 마치 기술상의 도구가 외적인 세계, 즉 자연계에 대하여 주는 것과 똑같은 영향을 주지 않을 것일까? 우리들이 가장 기본적인 형태로 예술적인 공상의 작용을 쉽게 이해할 수 있는 가장 단순한 실례를 인용해 보자. 이러한 사례를 푸슈킨의 소설 『대위의 딸』에서 보면 푸가쵸프가 말한 옛날이야기는 상상의 산물이며, 이 상상은 현실과는 전혀 관련이 없는 것처럼 생각될지 모른다. 독수리와 학이 서로 말을 주고받는 것은 칼뮈크인 할머니가 지어낸 이야기처럼 생각된다. 그러나 이 공상적인 구조는 어떤 다른 의미에 있어서도 직접 현실에 기초를 두고 현실에 대해 영향을 주고 있다는 것을 쉽게 알 수 있다. 그러나 다만 이 현실은 외면적인 현실이 아니다. 내면적인 현실, 즉 인간 자체의 사상, 개념, 감정의 세계이다. 그래서 옛날이야기를 통한 이 차이는 커다란 감정의 힘을 지니면서 아주 완전하고 명료하게 화자의 의식 속에 명기되었던 것이다. 이 이야기는 복잡한 인생의 관계를 이해하는 데 도움이 된다. 마치 옛날 이야기의 제 형상이 생활상의 문제를 해명이라도 하는 것 같으며, 차가운 산문의 언어로 표현할 수 없던 것을 옛날이야기 형식의 형상적이고 정서적인 언어로 표현했던 것이다. 우리들은 많은 예술가들에게서 이와 똑같은 고백을 들을 수 있다. 이들은 예술적 형상의 구성을 지배하고 있는 내적인 논리를 지적하고 있다. 분트는 공상 논리의 훌륭한 예로서 다음과 같이 말하였다.

"결혼에 대해 생각할 때 신랑 신부의 결합 혹은 이별 같은 것들을 생각하지만 매장을 생각하거나 치통을 앓은 일을 생각하지는 않는다."

이와 같이 우리들은 예술 작품 속에서 나타나는 작은 부분들과 외면적으로 관련이 없는 특색이 종종 결합되어 있는 것을 발견하는 것이다. 그러나 다만 이들 특색은 치통을 생각하는 것과 결혼을 생각하는 것처럼 서로 무관계한 것이 아니라 내면적 논리에 따라 결합되어 있는 것이다. 상상은 그 구성 면에서 매우 복잡한 과정이다. 바로 이 복잡성이 창조의 과정에 대한 연구에 주요한 곤란을 가져다주고 있다. 상상 활동의 복잡함을 파악하기 위해 이 가정 속에 들어 있는 몇 가지 요소에 대해 간단히 논의해 보자. 우리들이 이미 알고 있는 것처럼 이 과정의 제일 처음에 우리 경험의 기초를 이루고 있는 외면적, 내면적 지각이 있다. 그리하여 아동이 보거나 듣는 것은 장차 그 아이가 창조를 하기 위한 최초의 지점이다. 그 아이는 나중에 공상을 만들 소재를 저장하고 있는 것이다. 이 과정의 가장 중요한 구성 부분은 지각한 제 인상의 분해와 연상이다. 분해는 복잡한 전일체가 모두 하나하나로 나누어져 각 부분은 다른 것과 비교하여 강조되어 어떤 것은 남고 다른 것은 잊혀지게 된다. 그러므로 분해는 미래의 공상 활동을 하기 위한 필수 불가결한 조건이며 이 과정은 인간의 지적 발달에 있어서 매우 중요하다. 그것은 추상적 사고의 기초이며, 개념 형성의 기초가 되는 것이다. 분해의 과정에 이어 분해된 제 요소를 수정하는 과정이 계속된다. 이러한 수정과 왜곡의 과정은 우리들의 내면적인 신경의 흥분 상태와 그것들에 대응하는 제 형상의 역동성에 기초하고 있다. 이러한 내면적인 변화의 예로써 인용할 수 있는 것이 일반적인 상상에서 또 특수하게는 아동의 상상에서 큰 의의를 가지고 있는 각 인상의 요소와 과대시와 고소시의 과정이다. 현실 속에 나타나는 인상은 본래의 규모를 증대시키거나 축소시키면서 모습을 바꾸고 있다. 우리들은 자신들이 사물을 과장된 모습으로 보기 원하고 그것이 우리들의 내면적인 상태에 상응하고 있기 때문에 과장하는 것이다. 그로스는 이렇게 말하고 있다. "과장은 뛰어난 것과 비범한 것 모두에 대한 관심에서 생긴다. 이 관심에는 특별한 상상의 소유물과 연결된 과장의 감정이 연결되어 있다. 뷔라는 이 변화의 과정, 이 과장의 과정 속에서 아동이 경험으로는 직접 얻을 수 없었던 양을 조작하는 훈련이 이루어지고 있는 것을 아주 정확하게 지적하고 있다. 상상의 과정 속의 다음 모멘트는 연상, 즉 분해되고 수정된 제 요소의 통일이다. 그리고 상상의 예비적 활동의 결정적인 마지막 모멘트는 각각의 제 형상의 종합이며 그것들을 체계화하는 것이고 복잡한 정경을 조립하는 것이다. 그러나 이것으로 창조적 상상 활동이 끝나는 것은 아니다. 이미 우리들이 지적한 것처럼 이 활동의 완전한 순환은 상상이 외적인 형상으로 형태를 부여받거나 결정화될 때 종료될 것이다. 욕구나 지향의 존재는 상상의 과정을 움직이고 신경의 흥분 상태의 흔적을 소생시켜서 활동을 위한 소재를 주고 있다. 상상 활동과 그 구성에 들어 있는 모든 과정을 이해하기 위해서는 이 두 가지 조건이 필요충분조건이다. 또, 나아가 상상이 좌우되는 제 요인에 대한 문제가 발생하게 된다. 우리들은 이미 상상 활동이 경험의 여하에 의한 것, 욕구에 의한 것 그리고 욕구가 표현된 관심도의 순서에 의한 것임을 말하였다. 상상은 복합의 재능과 그것을 활동시키는 훈련에 좌우되고 또, 상상의 소산은 물질적인 형태에로의 구상화에 좌우되는 것도 쉽게 이해할 수 있다. 나아가 기술적 능력과 전통, 즉 인간에게 영향을 주는 창조의 제 전형에도 좌우되는 것이다. 이와 다른 요인, 즉 환경의 작용은 거의 눈에 띄지 않지만 오히려 그렇기 때문에 중요하다. 와이즈만은 창조의 환경에의 의존 관계를 훌륭하게 해석하고 있다. 모든 발명자는 천재조차도 언제나 그 시대와 환경의 산물이다. 창조는 그 이전에 생겼던 욕구에 기초해서 그가 없어도 여전히 존재하고 있을 가능성에 의존하고 있다. 우리들이 기술과 과학의 역사적 발전에 엄중한 순차성을 관찰할 수 있는 것도 이 때문이다. 창조라는 것은 모두 나중에 나타날 형식이 그 이전에 있는 것에 의해 정해지고 있는 역사적인 계승의 과정인 것이다. 창조적 상상 활동은 매우 복잡하고 다양한 제 요인에 의존하고 있는 것을 알 수 있다. 우리들의 상상은 경험에 의존한다. 아동의 경험은 점차 발달하고 이 경험은 성인의 경험에 비교하여 매우 독특하다는 점에서 서로 다르다는 것을 알았다. 그런데 아동의 경우 이 환경에 대한 관계가 아주 다르다. 아동과 성인의 관심은 다르다. 그리고 그 때문에 아동이 품고 있는 상상은 성인이 가지고 있는 것과 다르게 움직인다. 괴테가 말한 것처럼 아동들은 어떤 것으로부터도 무엇이든 만들 수 있다. 그리고 성인에게 있어서 공상력은 이미 자유롭지 않지만 아동의 공상력은 천의무봉하고 소박하며 그것은 종종 아동의 상상의 자유나 풍부함이 되는 것이다. 이러한 것을 보면 아동기 연령에 있어서 공상은 성인보다 훨씬 풍부하고 다양하게 작용하고 있다고 주장하는 근거가 되고 있지만 과학적으로 검토할 경우 지지할 수 없다. 우리들은 아동의 경험을 성인의 경험보다 훨씬 빈약한 것으로 알고 있다. 즉 아동은 성인의 행위에서 돋보이는 복잡함, 섬세함, 다양성 등을 가지고 있지 않다. 따라서 아동 발달의 과정에서 상상도 성장하여 비로소 성인이 가지는 성숙에 도달하는 것이다. 소년 소녀가 되면 유아기에 발휘된 것과 같은 모습으로 상상력의 활동이 발휘되지 않게 된다. 그것은 이 연령의 아동에게는 집단적이거나 또는 일반적인 현상으로서 그리기엔 강한 관심과 기호가 없어진다는 사실에서도 매우 쉽게 알 수 있다. 또한 문학적인 창작에 대한 흥미는 아주 빠르게 감소한다. 소년 소녀들은 전에 그들이 자신들의 그림에 대해서 비판적인 태도를 취하였던 것과 마찬가지로 문학 작품에 대해서도 비판적인 태도를 취하기 시작한다. 그들은 자신이 쓴 것이 객관성이 불충분함에 만족할 수 없게 되기 시작하고 글쓰기를 포기한다. 결국 상상력의 고양과 그것의 근본적인 변혁―이것이야말로 위기 단계를 특징짓는다. 특히 과도기의 연령은 상상의 이와 같은 위험한 제 측면을 매우 분명히 드러내고 있다. 자기 스스로의 상상 속에서 만족감을 얻는 것은 아주 쉽다. 공상 속으로의 몰두나 상상 세계로의 도피는 종종 소년의 힘과 의지를 현실 세계로부터 이탈시킨다. 상상력의 활동은 타고난 능력이 어떠한가에 의하지 않을까라는 의문이 생긴다. 널리 유포되어 있는 의견에 의하면 창조력은 엘리트들에게만 주어져 있고, 특별한 재능을 가진 사람만이 신장할 수 있으며, 창조의 사명을 가질 수 있다고 한다. 그러나 이러한 입장은 옳지 않다. 새로운 것을 만들어 내는 것으로서의 창조란 무엇인가라는 것을 심리학적인 의미에서 이해하면 창조는 많든 적든 간에 모든 사람들에게 주어져 있다. 그리고 그것은 아동 발달이 가진 불변의 정상적인 동반자라는 결론에 쉽게 도달한다. 창조는 인간에게 큰 기쁨을 가져다준다. 그러나 창조는 그 자체의 고통도 동반한다. 이 말은 곧 널리 사용되고 있는 의미에서의 창조의 고통이라고 한다. 창조의 요구가 반드시 창조의 가능성과 일치하는 것은 아니다. 이 때문에 도스토예프스키가 말한 것처럼 사고가 곧 언어가 되지 않았던 고통과 같은 괴로운 감정이 생긴다. 시인들은 이 고통을 언어의 고통이라고 한다. 우리들의 마음을 사로잡고 있는 감정이나 생각을 언어 속에 전하고 싶은 바람, 이 감정에 다른 사람을 끌어들이고 싶다는 소망과 그것을 이루는 것이 가능하다는 감정 ― 이러한 것들은 청년들의 문학 창작에 매우 잘 나타나고 있다. 이러한 현상이 우리들에게 상상의 가장 중요한 특색을 명백하게 하고, 상상의 그러한 특색이 없이는 우리들이 그린 그림은 가장 본질적인 점에서 불충분하다는 것을 분명히 해 주기 때문이다. 상상력의 구조는 우리들의 의욕과 의향에 대한 반응으로 발생하면서 생활 속으로 구상화되는 경향을 지니고 있는데 그 구조 속에서 상상은 숨겨진 충동에 의해 창조적이 될 수 있는 것이다. 이러한 의미에서 리보(프랑스의 심리학자)는 몽상성과 의지박약을 아주 공정하게 비교·대조하고 있다. 몽상과 창조적인 상상력을 본질적으로 서로 다른 두 개의 극단적인 공상 형태라고 본다면 아동의 교육에 있어서 상상력의 형성은 개개인의 기능 훈련과 발달이라는 부분적인 의의뿐만 아니라 인간의 행위 전체에 반영되는 일반적인 의의를 가지게 된다. 초·중등 학생에게 있어서는 창조의 형식 중에서 문학적인 말로 표현된 작품이 가장 특징적인 것이다. 이 연령의 아동들의 개성과 아동의 그림을 그리는 기호 간에는 어떤 내적 관련이 존재한다는 것이다. 이것은 이 연령의 아동에게는 그림을 그리는 것이야말로 그가 가지고 있는 것을 가장 쉽게 표현할 가능성을 주고 있기 때문이다. 아동이 문학적 창조에 도달하기까지에는 어떤 연령에 도달해 있지 않으면 안 된다는 사실을 매우 분명하게 보여주는 하나의 기본적인 사실이 있다. 경험의 축적이 아주 높은 단계에 있어야 비로소 언어 습득이 높은 단계에 서기 시작한다. 그리고 개인적인 내면세계의 발달이 높은 단계에 이르러서야 아동은 비로소 문학 창조가 가능하게 된다. 이 사실은 아동들이 구어체에 비해서 문어체의 발달이 늦다는 것에 의한다. 아동의 문학적 창조의 발달은 아동들이 아동으로서 내면적으로 이해되고, 가슴이 두근거리며, 더 나아가 중요한 것은 자신의 세계를 말로서 표현하고 싶어지는 주제를 쓰도록 격려될 때이다. 이 까닭에 블론스키는 아동들에게 있어서 가장 적합한 문학적 작품의 종류로서, 수기, 편지, 짧은 옛날이야기를 선택하라고 충고하고 있다. 따라서 목표는 아동들에게 써야 할 필요성을 만들어 주고, 여기에 글 쓰는 사람이 되는 데 필요한 기술을 몸에 익히도록 도와주는 데 있다. 톨스토이는 농민 아이들에게서 문학적 창조를 일깨우는 이 실험을 어떻게 하여 아동이 있는 곳에서 문학 창조의 과정이 발생하는가, 그것은 어떻게 발생하여 어떻게 경과하는가, 이 과정의 올바른 발달로 이끄는 능력을 키우고 싶은 교사는 어떠한 역할을 할 수 있는가를 매우 일목요연하게 제시하고 있다. 아동들은 작품을 만들고 등장인물의 모습을 만들어 내고, 그 외형을 하나하나의 수많은 세부 에피소드로 묘사하여 그 모두가 일정한 말로 표현된 형식으로 정착시켰다. 말로 표현하는 그림의 느낌, 회화적인 섬세함, 리듬감이 모두는 톨스토이의 증언에 의하면 아동들 속에 고도로 표현되어 있다. 이들은 문장을 만들고 있을 때 놀이를 하였다. 이와 같은 성인 작가와의 진정한 협력은 아동이 자신들도 성인들과 동등하게 참가하고 있다고 느낄 수 있는 실제의 공동 작업으로서 아동들이 실감하고, 이해하는 것이었다. 톨스토이가 농민의 아동들을 상대로 해서 실행했던 것은 문학 창조의 교육이라고 하는 이외에는 부를 방법이 없다. 그러나 아동들에게 테마를 주어, 즉 창조의 모든 과정을 기본적으로 지도하고, 여기에 창작의 태도 등을 제시해 보여주었던 것이다. 이것도 올바른 의미에 있어서 교육인 것이다. 문학 창조의 발달과 과도기 연령 사이에 존재하는 관계를 이해하는 것은 매우 쉽다. 이 연령의 주요한 사실은 성적인 성숙이다. 즉 바로 이 사실에 의해 연령 자체가 아동의 생활에 있어서 위기적이라거나 혹은 전환기적이라거나 할 수 있는 것이다. 기제(독일의 심리학자)는 제1차세계대전 전에 다른 연령의 아동들의 문학 창조를 조사했는데 작품을 쓴 사람들의 연령은 다섯 살에서 스무 살까지고 현저하게 차이가 있었다. 그리고 그 성과는 우리들의 시대에 가져올 수 없는 것이었고 실시한 조사가 일괄적이고 집단적이었기 때문에 그는 아동들의 이야기와 시를 가장 일반적이고 대략적인 계산과 여러 다른 연령에서 지배적인 기분과 문학 형식의 해명에만 그쳤다. 그러나 이 데이터는 우리들의 경우에도 여러 형태와 여러 조건 속에서 나타날 수 있는 약간의 연령상의 특색이 반영되고 있는 데이터로서 중요한 관심을 가질 수 있고 우리들의 데이터와 비교하기 위한 재료가 되어 주기 때문에 소년 소녀의 시와 산문 속에서 연령에 따라 기본적인 테마가 어떻게 변화하는가를 제시하고 있다. 부제만은 문학 창조에 아동의 능동성이 어느 정도 나타나고 있는가를 해명하기 위하여 철저한 조사를 하였는데 그는 아동들의 이야기 작품 및 글로 쓰인 작품 속에 나오는 행동과 질적 특징 간의 관계를 나타내고 있는 특별한 비율의 능동성을 결론으로 제출하였다. 부제만은 구어와 문어를 비교함으로써 그 연구의 가장 중요한 다음과 같은 결론에 도달하였다. "구어는 능동적인 것에 마음이 많이 끌리고, 문어는 질적인 문제에 마음이 끌린다." 레베시는 "아동의 작품은 내용이나 기술 면에서 많은 점에 있어 유치하고 모방적이며, 모두가 제 나름대로 뛰어난 것이 없고 점차 더해 가는 긴장성을 찾아볼 수 없다."고 하였다. 아동 작품의 의의는 문학을 위해서라기보다는 오히려 아동 자신을 위해서 중요한 것이다. 아동의 문학 작품은 아동의 발달과 교육을 위해서 지니고 있는 객관적인 중요성의 관점에서 자극이 주어지고, 외부에서 방향이 주어지고, 평가되어야 한다. 아동 창조의 가장 좋은 자극은 아동의 창조적 욕구와 가능성을 만들어 내는 아동의 생활과 환경을 조직하는 것이다. 아동의 창조의 본원적인 형태는 혼합주의적인 창조인데, 즉 거기에서는 각 예술의 종류가 아직 분화되거나 전문화되지 않은 상태이다. 그러나 아동들에게는 훨씬 더 넓은 혼합주의, 예술의 여러 가지 종류를 합쳐서 하나로 뭉친 예술적인 행동으로 바로 결합하는 경우가 있다. 아동 창조의 한 가지의 특징으로서 그것이 유래하고 있는 놀이의 흔적을 찾아낼 수 있는데 놀이와의 관련은 아동의 문학 창조는 놀이와 똑같이 그 기초에서 아직 아동의 개인적인 관심과 개인적인 체험의 결합이 이루어지지 않는 것에 있다. 창조의 의미와 중요성은 이것이 아동의 창조적 상상의 발달상에서 험준한 고개를 넘을 수 있는 것을 완수시키게 되고, 그 아이는 이것에 의해 새로운 것을 부여받아 전 생애에 걸쳐 흔적을 남기는 공상의 방향이 주어진다고 하는 점에 있다. 창조가 가지고 있는 의미는 창조가 아동의 정서적인 생활, 처음으로 눈을 뜨고 싹트는 진지한 자세의 감정을 가지고 생활을 깊고 넓게 하며 깨끗이 하는 것에 있다. 창조의 중요성은 아동이 창조에 의하여 자신의 창조적인 의욕과 습관을 훈련하면서 인간의 내면세계를 형성하고 전하는 섬세하고 복잡한 무기를 몸에 익혀 간다는 점에 있다. 아동의 문학 창조와 가장 가까운 것이 연극 창조 또는 극작이다. 이것이 왜 아동에게 친근함을 알 수 있는데 이것은 2가지 기본적인 요소에 의해서 설명이 가능하다. 첫째는 행동에 기초한, 아동 자신에 의해 행해지는 행동을 토대로 하는 극은 예술적 창조와 개인적 체험을 가장 가깝게 하고, 효과적으로 직접 연결한다. 둘째는 모든 극작과 놀이와의 결합에 있다. 즉 그 속에는 가장 다양한 창조 분야의 제 요소를 내용으로 하고 있다. 이 점에서도 아동의 연극 상연은 최대의 가치가 있는 것이다. 어떤 교육자들은 아동의 연극적인 창조 활동에 대해서 심한 반대 의견을 내고 있다. 즉 타인의 말을 직업적인 배우가 하는 것처럼 암기하는 것은 아동의 창조를 구속하고 아동을 원문에 의해 연결되는 타인의 말을 전달하는 전달자가 되게 한다. 그렇기 때문에 이 경우 미리 준비되고 세세하게 조사된 문학 작품의 원문에서부터 아동이 자신의 놀이 과정에서 새로운 말로 표현한 원문에 즉흥적으로 전개할 수 있는 각각의 역할에 기호를 붙이기까지 매우 다양한 형식과 단계가 가능한 것이다. 이러한 각본은 문학적이지 못하나 그것들은 아동의 창조 과정에서 가지고 있는 우월성을 나타낼 것이다. 아동 창조의 기본적인 법칙은 창조의 가치를 결과나 창조의 산물에서가 아니라 과정 그 자체에서 찾아야 한다는 점에 있다는 사실을 잊어서는 안 된다. 극 놀이는 매우 연극에 근접해 있어서 종종 양자 간의 구별이 완전히 되지 않을 정도로 가까운 것이다. 우리들이 알고 있듯이 몇몇의 교사들은 교수 방법으로서 연극을 실시하고 있는데 그것은 신체에 의한 이러한 표현의 동적인 형태가 아동 상상력의 활동적인 본성에 꼭 들어맞기 때문이다.

아동의 그림은 유년기 아동 창조의 중요한 종류이다. 아동이 성장하여, 아동 후기에 들어감에 따라 보통 묘화에 대한 실망과 냉각이 찾아온다. 아동들이 그린 그림을 조사한 루켄스는 이 냉각을 10세에서 15세 사이 연령의 아동에게 온다고 하였다. 아동들의 그림 그리기에 대한 냉각은 실제로 그림 그리기가 발달의 최고 단계로 이행하는 것을 그 속에 감추고 있는 것이고, 이 단계는 적절한 외부의 자극이 있는 경우 예컨대, 학교에서 묘화에 대한 가르침이 있거나, 자기 집에 예술적인 이미지가 있거나 또는 이 분야의 창조력에 대한 특별한 재능이 있는 경우에 아동들이 받아들이게 된다. 그림이 아동에게 나타나는 때부터 시작한다면 우리들은 아동이 제1단계 혹은 도식화의 단계에 있다는 것을 알 수 있다. 아동은 이 단계에서 사물 자체의 실제 표현과는 매우 다른 도식적인 묘화를 하고 있다. 이것은 소위 머리와 발, 즉 아동이 인간의 모습 대신에 그린 도식상의 존재인 것이다. 이 단계의 본질적인 특징은 있는 대로 그리는 것이 아니라 기억에 의해 그리고 있는 것이다. 아동화 발달의 제2단계에서 우리들은 형체적인 것과 도식적인 묘사의 혼합물이 나타난다는 것을 알게 된다. 우리들은 여기에서 아직 도식화이지만 어느 면에서 보면 현실에 유사한 묘사의 씨앗을 발견하는 것이다. 제3단계는 케르센슈타이나에 의하면 진짜 묘사의 단계이고 이 단계에서 도식은 아동으로부터 완전히 모습을 감춘다. 그림은 실루엣이나 혹은 윤곽의 모습을 가지고 있다. 조형적인 묘사의 제4단계에서는 사물의 개개의 부분이 빛과 그림자의 배열에 의해 부각되도록 그려지고 원근법이 나타나며, 움직임과 다소간 사물로부터의 완전한 조형적 인상이 표현된다. 아동이 묘화의 발달 과정을 통하여 거쳐 가고 있는 뚜렷하게 구별되는 4개의 단계를 관찰할 때 역설적인 결론을 얻을 수 있다. 관찰에 의한 묘사는 기억에 의한 묘사보다도 쉬울 것이라고 예기할 수 있을 것이다. 그런데 이 관찰 실험에 의하면 관찰에 따른 묘사, 즉 사물의 실제적인 묘사는 아동화의 발달에 있어 최고의 단계요, 최후의 단계에 지나지 않으며, 그것도 다만 소수의 아동들에게만 도달할 수 있는 단계라는 것이다. 아동 발달의 가장 주요한 방향은 세계를 아는 일에서 시각이 수행하는 역할이 점점 중대되기 시작하여, 종속적인 입장에서 지배적인 입장으로 바뀌며, 아동 행동의 운동, 촉각기관 자체가 시각기관에 종속하게 된다. 케르센슈타이나는 11세부터, 즉 대다수의 저자가 지적하고 있는 것처럼 아동들의 묘화의 기술이 쇠퇴하기 시작하는 바로 그 연령에서부터 비로소 제4단계를 만나는 것이다. 우리들은 여기에서 한편으로는 특별한 재능을 가진 자를 상대로 하고 또, 다른 한편으로는 학교에서의 교수나 특별한 환경에서 묘화의 발달에 좋은 자극이 만들어지는 아동들을 상대로 하고 있는 것이다. 이것은 이미 대중적이거나 자연발생적이거나 자발적인 것이 아니다. 이것은 자주적으로 일어나고 있는 아동의 창조인 것이며, 이것은 능력, 일정한 창조적인 습관과 숙달, 화재의 수련에 의한 습득 등과 관계를 가진 창조인 것이다. 모든 예술은 형상 이미지를 구체화하는 특별한 방법을 교육할 때 그 고유의 기술을 가지고 있다. 그리고 기술적 원칙과 창조적 훈련을 이렇게 결합하는 것은 다분히 그 연령에서 교사가 계획하는 것 중에서 가장 귀중한 것이 될 것이다. 학교 연령에 있어 창조성을 기르는 것이 특히 중요하다는 것을 지적해야 한다. 인간은 창조적인 상상의 도움을 빌려 모든 미래를 이해한다. 미래의 사태를 아는 것이나 미래에 의거하고 미래에서 출발하고 있는 행동은 상상의 가장 중요한 기능이다. 교육자의 기본적인 교육적 자세가 아동을 미래로 준비하는 교육에 따라 행동을 그 방향으로 향하게 하는 한 상상의 발달과 훈련은 이 목적을 실현하는 과정에서 기본적인 힘 중의 하나가 되는 것이다. 미래를 지향하고 있는 창조적 인격을 만들기 위해 창조적 상상에 의해 준비 교육이 이루어져야 하는 것이다.

(14) 에릭슨 이론 – 에릭슨의 성격발달이론

에릭슨의 생애

1) 에릭 에릭슨(Erik Erikson, 1902~1994)

에릭 에릭슨은 1902년 독일의 프랑크푸르트 근교에서 출생하였다. 그의 부모는 덴마크인으로 코펜하겐에서 자랐으나 에릭슨이 태어나기 전 그의 부모는 헤어지고 어머니는 에릭슨을 데리고 덴마크로 떠났다. 그가 3살 때 그의 어머니는 어릴 때 그를 치료해 준 테오도르 홈부르거라는 유태계 소아과 의사와 재혼했다. 어린 에릭슨은 몇 년 동안 홈부르거 의사가 그의 양부라는 사실을 알지 못했다. 에릭슨은 정신분석에 관한 그의 첫 논문들에도 계부의 성을 사용하였다. 덴마크계의 혈통을 가지면서 유태계 계부 밑에서 성장하게 된 에릭슨은 어쩌면 운명적으로 자아정체감의 문제에 파고들게 되어있었던 것인지도 모른다. 에릭슨은 금발에 푸른 눈과 흰 피부를 가졌기 때문에 유태인 친구들에게 종종 놀림을 당했고 지역사회에서는 유태인으로 살아가야 했기 때문에 이것은 그에 있어서 내적으로 분열되는 체험이었다. 이러한 경험 때문에 소속하지 못한다는 감정이 생겨서 그것이 나중에 정체위기, 혼동 등에 대한 그의 저술에서 반영된 것인지 모른다. 역사와 미술을 좋아했던 그는 인문계 고등학교를 졸업하고 집을 떠나 유럽횡단 여행을 했다. 그는 예술학교에 다니다가 2년 후에는 아무 목적 없이 이태리 전역을 방황하였다. 당시 독일 사회는 청년들이 자아를 찾아 방황하고 노력하는 것을 묵인하는 분위기이었는데 에릭슨은 자신을 찾기 위해 방랑하는 예술가처럼 유랑하였다. 1927년 25세 때 비엔나에 있는 조그마한 미국 유치원의 교사인 그의 고등학교 동창 피터 블로스의 뜻하지 않은 초청을 받고 안나 프로이드가 세운 그곳의 교사가 되는 것을 승낙하고 그의 방황기를 끝내게 되었다. 에릭슨이 정신분석연구를 처음 배우게 된 것은 비엔나 근처의 한 산악온천장에서 가정교사로 프로이드 가족을 처음 알게 되어 결국 비엔나 정신분석원에서 훈련을 받을 우수한 후보자로 뽑히게 되었고 1927년부터 1933년까지 에릭슨은 안나 프로이드와 어그스트 에익혼의 지도 아래 정신분석에 대한 훈련을 계속 받았다. 이것이 그가 비엔나의 마리아 몬테소리 티처스 아소시에이션에서 받은 자격증 외의 유일한 그의 공식적인 교육 훈련이다. 1929년 에릭슨은 그 당시 안나 프로이드가 운영하는 실험학교의 무용 선생님인 캐나다 사람인 조안 세르슨과 결혼했고 1933년 에릭슨 가족은 두 아들과 덴마크 시민권을 다시 얻어서 그 나라의 정신분석 교육기관을 설립을 시도했으나 제2차대전 발발로 불가능하게 되어 미국으로 이민을 가서 보스턴에 정착했다. 1939년 미국 시민으로 귀화했을 때 마침내 그는 자신의 이름을 홈부르거에서 에릭슨이라고 부르기로 했다. 에릭 H. 에릭슨이란 이름은 그가 스스로 만든 것이었고 그런 의미에서 아이덴티티 연구자로서 매우 상징적인 의미를 지니고 있다고 할 수 있다. 그는 보스턴에서 정착한 후 개업을 했고 하버드 의과대학 신경정신과의 심리학연구원으로서 임상 및 학술직을 맡았다. 1936년에서 1939년 동안, 에릭슨은 인간관계 연구소와 예일대학교 의과대학에서 정신과에 재직을 했는데 1938년에는 시옥스 인디언들이 어떻게 그들의 자녀를 양육하는지 관찰하기 위해서 남부 다코타에 있는 파인 리지 부락으로 조사여행을 떠났다. 1939년에 샌프란시스코로 옮겨 그의 아동분석연구를 다시 시작하고 1942년까지 버클리에 있는 캘리포니아대학교 심리학교수로 있었다. 1951년부터 1960년까지 장해된 청소년들의 입원치료센터인 매사추세츠의 오스틴 릭스 센터에 수석 자문위원으로 일하면서 여러 대학의 시간을 맡았다. 1960년 캘리포니아에 있는 고급행동과학연구센터에서 일 년을 보낸 후, 에릭슨은 하버드대학교의 인간발달에 관한 교수로 다시 취임하였다.

2) 그의 저서

1950년 그의 첫 저서 『아동기와 사회(Childhood and society)』가 출판되었는데 10년간 저술과 연구를 통해 심리사회 발달이론을 더욱 확장시켜서 생애 발달의 8단계를 제시했다. 이 책은 그를 미국의 자아심리학의 대변자로 인정하게끔 만들었다.

그는 유명한 호전적 무저항주의의 근원에 관한 심리전기적 연구인 『간디의 진리(Gandhi's Truth; 1969)』를 써서 플리처상과 철학과 종교 분야의 국가저술상을 받았으며 그는 『청년루터, 정신분석과 역사의 연구(Young Man Luther, A Study in Psychoanalysis and History;1958)』과 『통찰력과 책임(Insight and Responsibility; 1964a)』를 냈고 『정체: 청년과 위기(Identity: Youth and Crisis; 1968a)』를 냈고, 그뿐만 아니라 『청

년: 변화와 도전(Youth: Change and Challenge;1963b)』을 출판했다.

그는 또한 연로한 나이에도 불구하고 『장난감과 이성(Toys and Reason; 1977)』, 『성인기(Adulthood; 1978)』 등을 출판했다.

개념정리

* 자 아

일생 동안의 신체·심리·사회적 발달과정에서 외부 환경에 대처, 적응하는 동안에 형성되는 역동적인 힘으로 규정하였다.

자아는 개인과 환경과의 관계를 중재하고 개인을 불안과 갈등으로부터 보호할 수 있는 방어기제로 사용한다.

* 초자아

정신분석이론에서 성격구조의 윤리적, 도덕적 측면, 이것은 개인이 사회의 규범을 내면화한 것과 보상과 처벌을 통해 부모로부터 학습한 행동의 기준을 나타낸다.

* ID(이드)

유전된 모든 것, 즉 출생 시 나타나는 것 그리고 개인을 구성하는 결정체들을 포함하는 성격구조의 한 측면, 이드는 동물적이고 비합리적이며, 억압을 받지 않으려 한다.

* 무의식

받아들일 수 없는 갈등이나 욕망을 포함하는 정신 측면 자유연상이나 꿈의 분석을 통해 이것을 의식상에 떠오르게 할 수 있다

* 자아정체감

-제1측면(내적 측면): 자기 동일성과 자기 연속성의 인식

-제2측면(외적 측면): 문화의 이상과 본질적인 패턴을 인식하며, 그것과 동일시하는 것

* 자아통합

개인이 직업, 성취, 자녀를 포함해 인생을 축적함에 따라 그의 인생주기의 최정상에서 느끼는 만족감

* 점성원칙

성장하는 모든 것은 기초안을 가지며 이 기초안으로부터 부분이 발생하고, 각 부분이 특별히 우세해지는 시기가 있으며, 이 모든 부분이 발생하여 기능하는 전체를 이룬다는 것

* 정체위기

에릭슨이론 중 청소년이 '나는 누구인가?'와 같은 의문과 투쟁하는 시기가 있다. 정체위기에 고민하는 청소년은 자기의 사회적 역할이 무엇인가를 분명히 몰라 어떤 상황에서 아무 역할이나 해도 괜찮다고 잘못 생각하는 것이다.

기본가정

에릭슨은 행동이 기본적으로 생물학적 요인에 의해 발생하며, 성적 및 공격적 충동을 표출하려 함으로써 동기화된다는 프로이드의 관점을 받아들이면서 무의식이 생물학적 요인에 의하여 발생하며 불안을 방어하기 위하여 억압한 정신적 요소들로 구성된다는 프로이드의 무의식에 대한 관점을 수정·확대하였다. 에릭슨은 생활주기상의 각 발달 단계에서 기대들이 억압되어 무의식 상태에 남아 있게 되며, 의식 외부에 존재하는 문화적 요인을 포함한 사회적 무의식이 존재한다고 보았다.

— 에릭슨의 심리사회이론의 기본가정 —

가) 발달은 생리·심리·사회적 속성을 지니며, 전체 생애에 걸쳐 일어난다.

나) 생물학적 요인에 의하여 발달이 추진되긴 하지만, 개인적 정체감은 사회조직과 분리되어 존재할 수 없다.

다) 자아는 환경에 대한 유능성과 지배감을 확보하려고 하기 때문에 발달에 중요한 역할을 한다.

라) 사회제도와 보호자는 개인적 효과성의 발달에 긍정적 지지를 제공한다. 그리고 개인의 발달은 사회를 풍요롭게 한다.

마) 발달은 심리사회적 위기가 일어나는 8단계로 구분될 수 있다. 성격은 각 단계의 위기를 해결한 결과이다. 각 생활단계는 이전 단계의 성공에 기반을 두고 있으며, 새로운 사회적 요구와 새로운 기회를 제공한다.

바) 생활단계에 동반되는 심리사회적 위기는 보편적인 것이며, 모든 문화에서 일어난다. 각각의 문화에 따라 각 생활단계의 해결방안이 서로 다르다.

사) 세대에 걸쳐 욕구와 능력이 상호 연결되어 있다.

아) 심리적 건강은 자아강점과 사회적 지지의 기능에 달려 있다.

자) 위기를 성공적으로 해결하지 못하고, 사회제도로부터 소외될 경우 자아정체감의 혼란이 야기된다.

에릭슨은 개인을 이해하기 위해서는 문화 및 사회적 요인이 행동에 미치는 영향을 파악하여야 한다고 주장하고 있다.

사회적 힘의 영향을 설명하기 위하여 에릭슨은 보다 개방적인 에너지 체계를 선택하였으며, 사회적 체계에 강조점을 둠으로써 자아정체감의 개념을 개인과 사회 사이의 상호관계를 포함하는 개념으로 확대하였다. (정체감은 개인이 그들 자신을 어떻게 보게 되는가에 대한 종합과 그들 인생에서 중요한 다른 사람들이 그들에게 무엇을 기대

하는지에 대한 자각을 포함한다. 「성격심리학」, Walter Mischel)

에릭슨은 자연환경, 역사적 환경 그리고 기술환경이 개인의 자아정체감의 일부분이 되며, 개인에 대한 진정한 평가를 하기 위해서는 이러한 환경적 요인들을 이해하여야 한다고 보았다.

인간은, 범위가 확대되어 가는 사회에서 추진력을 갖고, 그 사회를 인식하고, 사회와 상호작용하는 것이 점차 용이해지는데, 인간의 성격은 원칙적으로 이러한 용이성에 있어서 예정된 단계를 따라 발달하며 사회는 원칙적으로, 이러한 연속적인 상호작용의 잠재력을 실현시키고 이끌어 주도록, 그리고 사회가 안고 있는 것을 적절한 비율과 적절한 순서로 보호하고 북돋아 주도록 구성하는 경향이 있다(Erikson, 1963)고 하였다.

에릭슨은 발달은 전체 생애에 걸쳐 이루어지며 사회적 및 환경적 요인이 사고나 행동의 변화를 일으킨다고 본다.

에릭슨은 일관성 있는 경험을 형성하고, 이전 세대와 이후 세대가 연결되어 있는 개인의 생활의 경향에 초점을 두고 있는데 이를 생활 주기적 접근방법이라고 부른다.

에릭슨은 정체감 형성의 과정을 일생 동안 지속되는 과정이라고 보았다.

심리사회적 정체감은 개인의 생활사가 사회의 역사와 밀접하게 관련되어 있다는 것을 의미하는 심리-역사적 측면이라는 개념까지도 포함한다.

에릭슨의 발달에 대한 관점은 각 단계는 이전 단계의 경험이 어떻게 해결되었는가에 따라 달라진다고 보는 점성설이라는 생물학적 원칙에서 유래된 것이다. 성격발달은 적절한 연쇄과정을 따르며, 결정적인 시간에 일어나며, 시간의 흐름에 따라 진보하며, 일생에 걸쳐 통합되는 과정이다.

에릭슨의 점성적 관점에서는 어머니라는 상에서 시작하여 인류로 끝나는 폭넓은 사회적 범위와 상호작용함에 따라 발달이 이루어지며 성격은 보호자와의 지속적인 상호작용을 통해 신뢰감이 형성되는 유아기에서부터 발달하기 시작한다고 본다.

에릭슨이 강조하는 또 다른 원칙은 심리사회적 위기의 극복과 성격발달에 있어서의 보호자와 사회제도의 역할에 관한 것이다. 발달 과정에 있는 개인이 인생을 통하여 관계의 수를 확대해 가는 것을 설명하기 위하여 주요 관계의 범위라는 개념을 사용하였다. 이러한 관계는 부모, 가족, 이웃과 급우, 또래집단 및 친구나 애인으로 시작되며, 자기가 속한 가구원 그리고 마지막으로는 동료인간들로까지 확대된다. 일련의 심리사회적 위기와 주요 관계의 확대를 통하여 개인은 사회적 상호작용의 범위를 확대해 나간다.

문화에 따라서 사회적 상호작용 유형이 다르다고 할지라도, 발달은 적절하고 사전에 정해진 비율과 과정에 따라 이루어지게 된다. 유아가 사회적 상호작용에 대한 기질을 갖고 인생을 시작하며 사고가 본능적이 아니라 사회적이라는 에릭슨의 관점은 자아발달에 대한 이해를 증진시키는 데 많은 기여를 하였다.

에릭슨의 자아심리이론의 주요 개념

첫째, 프로이드의 정신분석학에서는 자아가 원초아와 초자아의 세력 중간에 위치해 있다고 믿었으나, 에릭슨 이론에서는 이 두 세력과 상관없이 자아는 자율적인 기능을 하는 것으로 간주하며, 인간의 성격은 부모, 형제 또는 다른 사람들을 포함한 사회의 모든 구성원에 의해 영향받는다고 보았으며, 성격은 지속적으로 사회와 관계되어 발달한다고 보았다. 둘째, 자아심리학에서 설명하고 있는 **자아정체감은** 내적, 외적 두 가지 측면을 가지고 있는데, **내적 측면**은 시간의 흐름 속에서도 자기 자신을 이전의 자신과 같은 존재로 지각하고 수용하는 것이다. **외적 측면**은 문화의 이상과 본질적인 패턴을 인식하면서 그것과 동일시하는 것이다. 에릭슨은 자아정체감이 형성되어 가는 과정으로서의 인간발달은 내적, 외적 갈등의 과정이고 인간의 위기를 극복하면서 통합된 판단력, 그 자신과 주위 사람들의 판단기준에 적합한 대처방식을 익히면서 성장하는 과정이라고 설명한다.

셋째, **점성원칙(epigenetic principle)**을 제시한다. 이 원리는 성장하는 모든 것은 생물학에서 부분이 발생하고 각 부분이 특별히 우세해지는 시기가 있으며, 이 모든 부분이 발생하여 기능하는 전체를 이루게 된다는 것인데, 생물학적으로 인간이 형성되어 가듯이 심리적 성장도 이 원리를 따르게 된다는 것이다. 자아심리학 이론은 정신분석학에서 결여된 **적응의 이론**을 제공하고, 또 인간을 심리적 존재로서만이 아니라 사회적 존재로 파악하고 있다. 그리고 정신분석학이 인간의 심리를 폐쇄체계로 다루어 온 데 반해 외부세계와의 적응기제를 설명하는 원리를 제공하여 줌으로써 사회복지 실천에 있어서 필수적인 기초지식이 되었다.

에릭슨의 이론

에릭슨의 이론은 주로 자아의 성장에 관한 것이다.

에릭슨은 인간의 행동과 기능의 기초로서 이드와 자아를 더 강조했다. 그는 자아를 성격의 자율적 구조로 간주하고 자아는 이드와 본능발달을 평행하게 하는 사회적응 발달과정을 따른다고 한다. 자아심리학이라고 불리는 이러한 인간성 개념은 인간이 의사결정과 문제해결에 있어서 보다 더 합리적이고 논리적이라고 묘사함으로써 종전의 정신분석적 사고로부터 급격한 변화를 보였다. 에릭슨은 한 개인과 그 부모와의 관계 그리고 그 가족이 위치한 역사적 상황에 관한 새로운 해석을 소개했다. 에릭슨은 아동의 자아가 형성되는 심리역사적 환경을 강조했다. 또한 그의 자아발달에 대한 이론은 인간의 전 생애를 총망라하고 있다. 에릭슨의 사명은 생활에서 오는 정신사회적 위험을 이겨낼 수 있는 인간능력에 관심을 갖는 것이었다. 이와 같이 에릭슨의 이론은 다양한 발달 단계에서 나타나는 자아자질, 즉 덕성에 치중한다. 프로이드의 숙명론적 경고는 에릭슨의 모든 개인적·사회적 위기는 오히려 외계를 극복하고 성장으로 유도하는 도전감을 갖게 한다는 낙관적 견해에 도전을 받는다. 에릭슨은 인간이 여러 가지 중요한 인생문제를 어떻게 극복해 가는가 그리고 초기 문제를 부적절하게 처리하면 이것이 어떻게 그가 성장한 후 문제를 처리하는 데 어려움을 갖게 하는지를 앎으로써 우리의 삶을 더 잘 이해할 수 있다고 생각했다.

1) 점성원칙과 인간의 여덟 단계

―성숙의 점성원칙(epigenetic principl)

가) 원칙적으로 인간의 성격은 점점 확장되는 사회환경을 지향하고, 이를 인식하며 이와 상호작용하려는 성장하는 인간의 태세(readiness) 속에 미리 결정된 단계에 따라 발달하고, 나) 원래 사회란 그러한 잠재력이 성공적인 상호작용을 하도록 구성되었으며 잠재력이 적당한 속도와 적당한 결과를 가져오는 것을 확실히 해둠과 또한 이를 격려하는 경향이 있다. 발달의 '점성적 개념(epigenetic conception)'이란 인생주기의 각 단계는 이 단계가 우세하게 출현되는 최적의 시간이 있고 모든 단계가 계획대로 전개될 때 완전한 기능을 하는 성격이 형성됨을 암시한다. 에릭슨은 각각의 정신사회적 단계는 생리적 성숙과 그 단계에 있는 개인에게 부과된 사회적 요구로부터 유발된 개인 생애의

전환기(turning point), 즉 위기를 수반한다고 가정했다. 인간 생활주기
의 여덟 단계 각각은 발달과업, 즉 각 특정시기에서 해결되어야 할 사
회발달 문제의 단계적 특수성을 나타낸다. 성격의 상이한 요소는 이러
한 과업이나 위기가 어떤 식으로 해결되는가 하는 그 방법에 의해 결
정된다고 하였다.

-인간의 여덟 단계

단계	나 이	프로이드	심리사회적 위기	중요한 관계	덕 성	심리사회적 강조
1	0-18개월	구강기	신뢰 vs 불신	어머니	희 망	가진다, 준다
2	18개월-3세	항문기	자율성 vs 의심	아버지	의지력	보유한다 내보낸다
3	3세-6세	생식기	주도성 vs 죄의식	가족	목 적	따라 한다-처럼행동 한다 (놀이)
4	6세-12세	잠재기	근면성 vs 열등감	이웃, 학교	능 력	무엇인가(함께) 한다
5	12세-18세	청년기	정체감 vs 역할혼미	동료, 지도자	충성심	누군가가 된다
6	성인전기	성인초기	친밀감 vs 고립감	친구, 연인, 회사 동료	사 랑	다른 사람의 관계에서 자신을 발견, 잃는다
7	성인중기	성인중기	생산성 vs 침체	분화된 노동과 가사의 분담	배 려	돌보아 준다
8	성인후기	성인노인기	자아통합 vs 절망	인 류	지 혜	이제까지 경험을 통해 자신을 돌아본다

① 기본 신뢰감 대 불신감

가) 심리사회단계에 있어 첫 단계는 기본 신뢰감 대 불신감이다.

에릭슨에 의하면 신뢰감이란 건강한 성격의 초석으로 다른 사람들은 이를 자신감으로 간주한다. 에릭슨은 유아기 신뢰감을 형성할 수 있는 능력의 정도는 그가 엄마로부터 받은 양육의 질에 달려 있다고 했다. 그것은 어머니가 아이를 보고 웃어 주는 눈길, 먹여 주기, 어루만져 주기 또는 이름을 부르며 아동을 안아 주는 것과 같은 어머니의 보살핌에 따라 유아는 신뢰감을 얻게 된다.

나) 신뢰의 의미

신뢰란 말의 의미는 다른 사람을 믿을 수 있고 또 그들의 행동을 예측할 수 있다는 사실을 아는 것을 말한다. 이 신뢰는 어머니가 아동에게 친밀감, 일관성, 지속감 그리고 동일성의 경험을 베풀어 주는 능력과 관계가 있으며 유아는 외부세계뿐 아니라 내부세계에도 신뢰해야 한다는 사실을 강조하고 있다.

다) 심리적 위기

믿을 수 없고 적절치 못하고, 거부적이고 그리하여 일반적으로 외부 세계와 사람에 대해 공포와 의심, 우려를 초래하게 하는 것은 엄마의 보살핌 탓으로 돌리고 있다.

라) 불신감

불신감이란 엄마가 관심의 초점이 되어야 할 아기로부터 관심을 돌려 임신 중 혹은 생후 초기에 그가 못 했던 다른 일(예를 들어 직장)에 집중할 때 증가된다고 보았다.

또, 부모로서 자신의 역할에 자신감이 부족하거나 문화의 우세한 생활 방식과 갈등을 갖는 가치관을 가진 부모는 아이에게 모호성을 초래해서 불신감을 가져온다.

마) 성격과의 관계

심리사회 이론에서는 신뢰감 대 불신에 대한 위기는 생후 1-2년 동안에 영구적으로 해결되지 않으며 신뢰감과 불신이 비록 유아기에 집중되기는 하나 후속되는 발달의 각 단계에 계속적으로 나타난다고 본다.

또 신뢰위기에 대한 적절한 해결이 나중의 유아성격 발달에 중요한 영향을 주어 자기 신뢰와 어머니에 대한 신뢰의 확립은 계속되는 발달에서 불가피하게 겪는 좌절에 대해 통제가 된다.

유아의 성장발달은 전적으로 신뢰감에서 오는 것이 아니라 신뢰와 불신의 적절한 비율로부터 오는 것이다.

바) 희 망

신뢰감 대 불신의 갈등이 성공적으로 해결되어 얻어진 심리사회적 능력 혹은 덕성을 에릭슨은 희망이라고 본다. 즉 희망은 정신 사회적 능력으로 일상의 문화적 외부세계가 우리에게 주는 의미와 신뢰로움을 우리가 확신하게 만들어 준다.

② 자율성 대 수치심 그리고 의심

가) 자기 조절(self-control)

기본 신뢰감이 획득되면 자율성과 자기 조절 획득이 가능해진다. 이 자기 조절 단계의 기간 동안 사회생활 양식을 익혀 나가게 된다.

나) 자율성

아동은 2~3세에 신체적으로 발달할 뿐 아니라 지적인 면이 빠르게 발달한다. 즉 말을 하게 되고 앞서 말한 사회생활 능력을 익히고 스스로 주위 환경을 탐색하기 시작한다.

특히 이때 혼자서 먹고 입고하는 것을 하게 되어 '나는 무엇이든 할 수 있다', '내가 하겠다'는 자율성이 발달하게 된다.

이러한 자율성은 내부로부터 생겨나게 되는데 생물학적인 성숙이 스스로 어떤 일을 할 수 있는 능력, 즉 자신의 괄약근 조절, 홀로서기, 손을 사용하기 등을 발달시킨다.

다) 수치와 회의

수치란 아동에게 자율성을 행사하도록 허용하지 않을 때, 즉 쉽게 설명하면, 부모가 아동이 스스로 할 수 있는 일을 할 때 인내하지 못하고 부모가 대신하겠다고 하거나 반대로 부모가 아동이 스스로 할 수 없는 것을 하라고 기대할 때 생기는 것으로 다른 사람이 자신에게 갖는 기대와 관련이 있다.

또 회의는 자신이 결국 그렇게 강력하지 못하여 다른 사람들이 자기를 통제할 수 있으며 자기보다 더 나은 행동을 할 수 있다는 것을 깨닫는 데서 오는 것이다.

라) 자기의심

부모가 과잉보호하거나 무관심하면 아동은 타인에 대해 뚜렷한 수치심을 갖게 되고 외부 세계와 자신을 통제하는 능력에 대해 의구심을 갖게 된다. 이런 아동은 자신의 환경에 효과적으로 대처하려는 능력에 대해 자신감을 느끼지 못하고 오히려 나쁘게 평가받는 것을 의식하거나 무기력하다고 생각하게 되어, 자신의 의지력을 불신하게

된다는 것이다

이렇게 되면 자기의심(selfdoubt)이 생기게 된다.

마) 심리사회적 위기

이 단계의 심리사회적 위기를 만족스럽게 넘기는 것은 아동이 자기 삶에 미치는 영향을 그런 활동을 자유롭게 조절하도록 해주는 부모의 의지에 달려 있다

부모는 아동이 자율성을 행사하도록 하지 않아서 위에서 언급한 수치심, 자기의심과 같은 심리사회적 위기가 나타난다.

바) 의지력

의지력이란 수치심, 의혹, 타인에 의해 지배당하는 데서 오는 어떤 분노와 같은 피할 수 없는 경험에도 불구하고 자기 억제와 자유선택을 행사하는 꺾이지 않는 결정이다.

③ 솔선성 대 죄악감

가) 솔선성 대 죄악감

솔선성 대 죄악감은 에릭슨이 '유희 연령'이라고 부른 학령전 아동이 겪는 심리사회적 갈등의 시기를 말한다. 프로이드로 말하면 남근기라고 할 수 있겠다.

나) 놀 이

이 시기에 주된 활동은 놀이로서 이 시기의 바람직한 성취는 놀이, 탐구, 시도 및 실패, 장난감을 가지고 놀기이다. 이때 아동은 육체적 놀이뿐 아니라 가상의 세계를 설정하고 부모나 다른 성인들의

역할을 가정한 정신적인 놀이도 하게 되는데 이러한 성인상을 모방함으로써 아동은 성인처럼 되는 것이 어떤 것인지 어느 정도는 알 수 있게 된다. 이때 자신이 한 인간으로서 목적이 있다고 느끼게 되기 때문이다.

다) 솔선성

솔선성이란 자율성에다 진보하기 위해 일을 추구하고 계획하고 공격해 가는 자질을 더한 것으로 그전에는 자기의지가 있어도 이것이 반항적 행동을 하게 만들고 독립을 주장하게만 한 것과 차이가 있다. 아동이 죄의식을 바람직하게 극복하고 솔선성을 갖게 되어 이 시기를 지나갈 수 있는 가에 대한 여부는 부모가 아동의 솔선적 행동을 어떻게 반응해 주는가에 따라 다르다. 이 솔선성이 발달하는 것은 부모가 자녀의 호기심을 의식하고 자녀의 환상적 행동을 우스꽝스럽게 여기거나 금지하지 않으므로 해서 이루어진다.

라) 죄의식

죄의식이란 부모가 아동 스스로 그 일을 완수하도록 기다려 주지 못하고 참을성이 없는 데서 기인한다. 이성의 부모로부터 사랑받거나 사랑하려는 자녀의 욕구에 대해서 부모가 너무 심하게 꾸지람하거나 벌을 주기 때문에 발생한다고 본다. 이것은 프로이드의 오이디푸스 콤플렉스 이론을 받아들인 것이다.

마) 심리학적 위기

에릭슨은 죄의식을 일반화된 소극성 - 성적 무기력 - 불감증 - 정신병리 행동 등 성인성 유형의 정신병리로 발전된다고 보고 아동이 이 시기에 얻은 솔선성의 정도는 그 지역사회의 경제 체제에 영향을 준다고 했다. 아동이 생산적으로 일할 수 있고 그가 처한 경제 체제의 맥락 속에서 충분히 자아 성취를 할 수 있는 미래의 잠재력은 이런 심리사회적 위기를 극복하는 데 달려 있다고 보았다.

④ 근면성 대 열등감

가) 근면성 대 열등감

근면성 대 열등감은 6세에서 11세에 일어나는 프로이드 이론의 잠재기에 해당하는 시기로 에릭슨은 이 시기를 자아 성장이 가장 확실하게 발달하는 시기라고 보았다.

이때부터 아동은 처음으로 형식적 교육을 통하여 문화에 대한 기초기능을 배우게 된다.

나) 인지적, 사회적 기술의 숙달

이 시기의 아동들이 성취해야 할 중요한 과업은 인지적, 사회적 기술을 숙달시키는 것이다. 인생에서 이 시기는 이미 정해진 놀이 규칙에 따라 동료와 어울리는 능력뿐 아니라 연역적인 추리 – 자기 수양을 위한 능력을 향상시켜야 하는 때다.

다) 근면성

에릭슨은 아동이 이 시기가 되면 학교생활을 통해 그 문화에 대한 기술을 발달시킬 때 근면성이 발달한다고 본다. 아동은 이 시기에 물건이 만들어지고 조직되는 방법과 과정에 몰두하게 되는데 이 능력은 가정이나 학교의 주변 사람들이 가르치고 함께 일함으로써 강화되고 촉진된다, 이와 같이 일에 몰두하고 주어진 과업을 완수하는 능력이 향상되어 나중에는 근로정신 (workmanship)이 발달한다고 보았다.

라) 열등감

이 시기에 아동은 무능력감이나 열등감이 발달할 수 있다

예를 들어 아동이 자신의 학습 성취가 동료들과 비교하여 열등하다고 느끼면 학습을 하고자 하는 흥미를 잃을 수 있으며 부모나 교사가 아동에게는 과한 일들을 기대할 때 열등감이 발생할 수 있으며 이 단계에서 지나친 열등감을 느끼는 것은 위험하다.

그러나 에릭슨은 훌륭한 교사들은 이 시기의 아동들을 도울 수 있다고 했다. 에릭슨에 의하면 특별한 재능과 영감을 부여받은 사람들의 일생을 살펴볼 때 어느 곳에서든 한 명의 교사가 그들의 숨겨진 재능에 불을 붙여준 경우를 여러 번 보았다고 했다.

⑤ 자아정체감 대 정체감 혼미

가) 자아정체감 대 정체감 혼미

에릭슨의 생애주기이론의 다섯 번째 단계로서 13세에서 21세까지의 어린이도 어른도 아닌 주변인으로서 청소년은 성인기에 요구되는 여러 가지 사회의 요구와 역할 변화를 거치게 된다.

나) 자아정체감 형성

자아정체감 형성을 촉진하기 위해서 자아가 발달해야 한다. 이 단계에서 말하는 자아는 재능, 소질, 기술을 모두 통합하고 선택하는 능력을 말한다.

※ 자아정체감 형성의 세 요소

(가) 청년은 내적 동일감과 일관성을 가진 존재로 자신을 지각해
야 한다는 것이다.
즉 자기 자신이 과거로부터 현재까지 근본적으로 동일한 존
재라는 것을 지각하는 것이다.
(나) 자기와 같은 사회 문화 속에 살고 있는 다른 사람이 나에 대
해서 같은 일관성과 동일성을 지각해야 한다. 즉 청소년은 그
가 갖고 있는 내적 통일성이 다른 사람이 자기를 지각할 때
도 같이 인식될 것이란 확신이 필요하다.
(다) 인간은 일관성의 외적, 내적 신상에서 모두 일치되는 결과적
자신감을 가져야 한다.

다) 성공적인 청소년기를 위하여

에릭슨은 성공적인 청소년기를 위하여 필요한 정체감 획득과 기초
적 요소는 모두 아동기에서 유래한다고 보며, 그러나 그 정체감의
발달은 그들이 서로 동일시하는 사회 집단의 영향을 크게 받는다고
보았다.

예를 들어 매력적으로 여겨지는 배우나 가수들, 지도자나 학자,
혁명가나 깡패까지도 동일시의 대상이 된다. 또 이 시기에는 이성에
대한 매력이 고조되어 동일시를 지향하여 여자 청소년이 늘 청바지
를 입고 다닌다든지 남자 청소년이 머리를 기르거나 화장을 해서 이
성과 같아지려는 노력을 하나 이러한 현상은 일시적이고 곧 남성은
남성다움으로 여성은 여성다움으로 돌아간다고 하였다.

라) 자아정체감 발달을 위태롭게 하는 것들

청소년의 자아정체감 발달을 위태롭게 하는 요소로는 급격한 사회
적 · 정치적 · 기술적 변화에서 스트레스를 받거나 변화에 대한 취약
성이 불확신감이나 불안정감, 단절감 같은 느낌을 만든다고 보았다.

마) 정체감 혼미

이 시기의 청소년은 자신이 중요한 결정을 해야 한다고 생각하지만 그렇게 할 수 없기 때문에 정체감 혼미로 고통을 받게 된다.

그리고 그들의 고민은 신체 발달에 따른 성적 충동, 그 자체가 아니라 다른 사람의 눈에 좋게 보이지 못하거나 기대에 어긋날지도 모른다는 생각 그리고 자신의 앞날에 대한 사회에서의 역할에 의해 생긴다.

⑥ 친밀성 대 고립성

가) 친밀성 대 고립성

생애 주기에서 여섯 번째 단계인 친밀성 대 고립성은 청소년기 후반부터 성인 초기까지 해당된다. 이 시기에 젊은 성인들은 결혼을 하고 또 직장에서 정력적으로 일하며 정착하기 위해 노력한다. 이 시기의 청년들은 자기 자신을 찾기 위해 노력하고 자신이 앞으로 어떤 사람이 될 것인지 혹은 내 모습이 다른 사람의 눈에 어떻게 보이는지 관심이 강하다. 이 시기 프로이드와 마찬가지로 에릭슨은 인간이 정말로 다른 사람과 더불어 성적 친밀감은 물론 사회적 친밀감을 갖게 되는 것은 이 시기라고 하고 있다.

나) 친밀감

에릭슨이 말한 친밀감은 범위가 다양하다.

그는 친밀감이란 우리 모두가 친구, 배우자, 형제자매 혹은 다른 친척들과 나누어 갖는 것으로 생각했으며 자기 자신과의 친밀감을 언급하기도 했다. 곧 이것은 자신의 무엇을 상실할 두려움 없이 당신의 자아정체감을 누군가와 연합시키는 능력이라고 정의하고 있다이 친밀감을 결혼을 성취하는 가장 중요한 요소로 보고 진정한 의미의 친밀감은 통합된 정체감을 미리 획득함에 따라 가질 수 있는 것으로 보았다. 즉 다른 사람이나 자기 자신과 정말로 친밀하게 되기 위해 자기가 누구이며 무엇인가에 대한 확고한 생각이 있어야 한다는 것이다. 또 이때 친밀감은 프로이드의 사랑에 대한 정의와 비슷하다

다) 고 립

이 심리 단계에서 고립은 자기도취나 친밀감, 사회적 관계를 맺는 데 필요한 '관계'를 회피하는 것이다. 자기도취된 사람은 단순히 공식적이고 피상적인 인간관계를 추구하기 때문에 그들은 친밀감을 위험하게 느끼고 진정한 참여를 하지 않는다. 또 자기도취에서 헤어나지 못한 사람은 직업을 쓸모없는 것으로 여길 수 있으며 극심할 경우 타인에게 피해를 주고도 양심의 가책을 느끼지 못할 수도 있다

라) 사 랑

에릭슨은 인간이 우정과 사회적 책무에 관여해야 할 가치를 인정하고 그것이 개인적 희생을 요구하는 한이 있더라도 그 중요성을 인정할 수 있는 윤리의식이 필요하다고 본다.

그러한 윤리의식이 없는 사람은 다음 단계의 심리사회 발달을 맞이할 준비가 되어 있지 않다고 보는 것이다.

⑦ 생산성 대 침체성

가) 인생의 중반기에 해당하는 이 시기는 생식과 정체를 포함하는 시기이다. 즉 두 사람이 결혼하여 어느 정도의 친밀성이 형성되면

다음 세대의 양육에 관심을 갖게 되는 것을 말한다. 그러나 단지 자녀를 낳는 것뿐 아니라 자식을 잘 기르고 양육해야 한다.

나) 생 성

생성이란 개인이 다음 세대에 대한 복지뿐 아니라 다음 세대가 일하며 살아갈 사회의 성격에 대해 관심을 나타냄으로써 생긴다.

또 후세대를 키우고 지도하는 것에 대한 여러 세대의 배려도 포함한다.

다) 침체성

생성의 심리사회적 위기로부터 배려 능력—즉 무엇인가 혹은 누군가 문제가 있다는 느낌—에서 시작된다. 이것은 심리적 무관심의 반대로 생각할 수 있다.

생성의 확립에 실패할 경우 사람은 개인적 욕구나 안위가 주 관심이 되는 자기도취의 상태에 빠지게 되고 이렇게 되면 이들은 자기를 위한 탐닉을 제외하고는 누구에 대한 무엇도 관심을 갖지 않게 되어 인간관계가 황폐하게 된다.

이것이 바로 중년의 위기, 즉 절망과 인생의 무의미를 가져온다.

⑧ 자아통합 대 절망감

가) 자아통합 대 절망감

생애주기의 마지막 단계인 이 단계는 인간이 자신의 거의 완성적 노력과 성취에 대해 반성하는 시기이다

곧 노인기의 시작을 말하며 체력과 건강이 약화되고 퇴직을 하게 됨에 따른 수입의 감소, 배우자나 친한 친구의 죽음 등 이 시기는

개인의 관심이 미래에서 과거로 옮겨간다.

이 단계의 특징은 새로운 심리사회적 위기가 출현하기보다 오히려 지금까지 전 단계들이 통합되어 결과로 나타난다.

나) 자아통합

자아통합은 모든 관점에서 자신의 인생을 돌이켜 보고 겸허하게 그러나 확고하게 나는 만족스럽다고 확신하는 능력에서 생긴다. 이들에게 죽음은 두려운 것이 아니다. 그것은 자신의 존재가 후손이나 일생의 업적을 통해 계속된다는 것을 알기 때문이며 에릭슨은 개인이 가진 천부적 지혜는 진정한 성숙을 통해 '노인의 지혜'로 실현되리라고 생각하고 있다.

다) 절망감

반대로 자신의 인생을 실패의 연속이었다고 생각하는 사람들이 있다. 이들은 황혼기에 이제 다시 시작하기에는 너무 늦었다는 것을 깨닫는다. 자아통합의 결여는 죽음에 대한 두려움, 되돌릴 수 없는 실패, 희망했던 것에 대한 끊임없는 미련으로 나타나는데 이를 절망감이라고 한다. 에릭슨은 인생의 쓴맛과 혐오를 느끼는 노인은 일반적으로 두 가지 뚜렷한 기분을 갖게 된다. 첫 번째는 후회이고 두 번째는 자신의 결함을 외부세계로 투사하여 그것을 부인하는 것이다.

2) 인간본성에 관한 9가지 기본가정에 대한 에릭슨의 입장

	강	중	약	중간	약	중	강	
자유론						■		결정론
합리성		■						비합리성
전체주의	■							요소주의
체질론							■	환경론
가변성	■							불변성
주관성						■		객관성
발생성		■						반응성
평형성						■		불평형성
가지성		■						불가지성

자율론-결정론

에릭슨은 인간행동이 근본적으로 결정되어 있다고 본다. 생물학적 성숙은 개인의 확대되는 사회적 행동반경(social radius)과 상호작용하면서 개인행동의 결정 요인을 더욱 복잡하게 만들고 있다. 부모의 양육방식, 학교에서의 경험, 친구 집단과의 경험, 각기 다른 문화적 기회들은 모두 개인의 생활 방향을 결정하는 데 강력한 역할을 한다. 심리사회적 발달의 첫 네 단계의 결과는 주로 이러한 환경적 요인들에 의해 결정되는 반면, 후반부의 네 단계와 관련된 위기의 해결은 네 가지 발달 단계 동안, 과거와 현재의 위기를 해결할 능력을 갖고 있다고 생각한다. 개개인은 어느 정도는 자신의 성공과 실패에 대해서 책임이 있다. 그는 성격이 순전히 아동기의 경험에 의해서만 결정된다고 생각하지 않지만 성인들의 선택은 항상 아동기의 경험의 영향에 의해 계속 제한을 받는다고 하였다. 에릭슨의 이론에서는 어느 정도, 자유론이 인정되고 있으나 에릭슨의 전체적 이론은 결정론에 더욱 치우친다.

합리성, 비합리성

에릭슨의 이론에서 인간에 대한 합리성과 비합리성의 혼합은 전자가 더 많은 비율을 갖는 것 같다. 에릭슨의 근본적 이론적 관심, 즉 자율적 자아의 심리사회적 발달은 그 자체가 그의 합리성의 중요성에 대한 확신을 나타내고 있는데, 그 이유는 자아 기능의 중심부가 바로 합리적 과정이기 때문이다. 이러한 합리적 과정은 에릭슨의 이론에서 개인이 후반부의 네 가지 심리사회적 위기를 해결하려는 의도에서 매우 명백하게 나타난다. 에릭슨은 프로이드의 인간본성에 대한 설명에 합리성이 강조되지 않았다고 느끼고 정신분석적 바탕을 두고 자아와 합리성을 강조하려고 했다.

전체주의-요소주의

에릭슨의 전체적인 인간관에 대한 강한 신념은 그의 여덟 단계 이론의 핵심에 잘 나타나 있다. 인간을 이해하기 위해서는 인간을 발달하는 총체(totalities)로 보아야 한다. 개인은 여덟 단계의 광범위한 심리사회적 발달을 통하여 이동하는 것으로 묘사되는데 그러는 동안 그들은 가장 심오한 성질인 자아정체감, 자아통합 등의 위기를 해결하려고 시도하고 있는바 이를 항상 매우 복잡한 개인적·문화적·역사적인 세력(forces)의 틀(matrix) 내에서 해결하려고 한다. 에릭슨의 점성개념에 따르면 개인은 복잡하고 상호작용하는 환경 요소의 맥락 속에서 살기 때문에 개인의 성격은 그의 전체적 생활주기를 근거할 때만 이해될 수 있다.

체질론-환경론

에릭슨은 환경론을 지지하는바 이것은 그가 성격 발달에 있어서 부모와 문화 그리고 역사적 요인들을 크게 강조한 데에서 드러난다.

개인은 이러한 환경적 영향의 맥락에서 이해되어야 한다. 개인이 초기의 심리사회적 위기를 해결하는 능력은 부모의 행동이 크게 좌우하며, 부모의 자녀 양육 행동은 반대로 문화적·역사적 요인에 의하여 크게 영향받는다. 그 뒤에 잇달아 일어나는 심리사회적 위기를 개인이 어떻게 해결하는가는 개인이 문화적 기회와 어떻게 상호작용하는가에 달려 있다. 그러나 그는 성격이 생물학적·본능적 기초를 가졌다고 보는 프로이드 이론을 인정하고 있기 때문에 전적으로 환경론적인 입장은 아니라고 할 수 있다.

가변성 – 불변성

에릭슨의 이론은 가변성 가정에 강한 확신을 나타내고 있다. 인간이란 항상 진화하고 그들이 각 발달 단계마다 접하는 도전에 항상 대처하려는 존재로 묘사한다. 에릭슨은 인간생활이란 불가피한 변화의 특징을 갖고 있다고 본다. 인간의 발달에는 끝이 없으며, 또 그의 발달은 전 생활주기를 통하여 계속된다고 주장한다. 아마도 에릭슨과 프로이드 사이에는 어떤 다른 차이보다도 가변성과 불변성에 있어서의 차이가 각각의 이론에 있어서 가장 근본적인 불일치로 나타난다.

주관성 – 객관성

생물학적 성숙은 개인에게 고유한 것은 아니지만, 에릭슨은 이 생물학적 성숙은 객관적이고 외부적인 요소들과 끊임없이 상호작용하는 것으로 간주하는데 이러한 의미에서 심리사회적 단계와 위기는 객관적으로 결정되는 것이라 할 수 있고 에릭슨은 어느 정도의 객관성의 가정이 치우치고 있음을 강력하게 암시한다.

발생성 – 반응성

에릭슨이 그리는 인간은 애초에 반응적인 발달로 시작해서 연속적인 각 심리사회적 단계가 전개됨에 따라, 시간이 흐르면서 점차로 발생적으로 된다. 에릭슨의 모형에서 개인은 전 생활을 통해서 발생적이다. 그러나 생애 단계를 통해 인간 발달 과정은 생물학적·사회적·역사적 현실에 대한 방응 속에서 이해될 수 있으며, 넓은 의미에서 에릭슨의 인간관에는 반응성의 측면도 약간은 인정되고 있다.

평형성 – 불평형성

에릭슨의 불평형성의 확신을 강하게 시사하는 사실은 각 심리사회적 위기를 성공적으로 해결함으로써 개인은 성장과 자아실현을 위한 기회를 더욱 많이 얻게 된다는 점이다. 에릭슨의 체계에서 개인의 성장과 건전한 발달 간에 밀접한 관계가 있음을 반영하는데 에릭슨의 불평형성의 경향은 프로이드가 제기한 성격의 생물학적·본능적 근거를 받아들임으로써 억제된다. 에릭슨적인 인간은 성장을 추구하지만 그의 발달에는 본능적인 뿌리가 있으며 이 뿌리가 부과한 제약의 한계 안에서만 가능한 것이기에 그의 불평형성 가정에 대한 확신은 중간 정도가 된다.

가지성 – 불가지성

에릭슨은 여러 가지 전통적인 정신분석학적 개념으로 성격을 설명하였지만, 그 외에 여러 임상적, 인류학적, 심리 역사적 연구 방법으로 연구할 수 있는 새로운 개념을 개발하였다. 성격연구에 단일하고 엄격한 과학적 수단을 사용하지 않고 오히려 비과학적인 사변적 연구방법에 의존했기 때문에 그는 과학을 통한 인간의 가지성을 충분히 실천하는 입장은 아니었고 과학적 방법이 필요불가결하다고 보지는 않았다. 하지만 에릭슨의 독창성은 본성에 대한 그의 가정에 토

대하고 있다는 것을 지적해 둘 만하다.

프로이드와 에릭슨의 이론 비교

	프로이드	에릭슨
이론의 기초	무의식(id)	자아(ego)
기본 전제	부모가 아동의 성격발달에 주는 영향	아동의 자아가 형성되는 심리 역사적 환경
시 기	초기 아동기(남근기 이후 X) ▶ 성인: 성격형성 종결 　　발달이 완료된 상태	전 생애를 총망라함 ▶ 성인: 발달과정의 한 상태
심리갈등양상	초기 외상이 성인기에 어떤 정신병리를 야기하는가를 설명하려 함	초기 문제를 부적절하게 처리하면 성장 후 어려움을 겪는다는 것 알게 하고, 이해시키려 함
성격형성	단계별로 일어나는 욕구를 만족시켜야만 발달의 다음 단계로의 이행 가능. (실패 시 그 단계에 고착)	단계별로 발달과업이 성취되었을 때와 위기를 극복 못 했을 때를 양극 개념으로 설명.
유사점	성격의 단계가 미리 예정, 순서가 불변할 것으로 봄.	

1) 유사점

가) 동일한 성격구조 모형을 설명했다

　에릭슨은 생물학적, 성적 요소가 나중의 동기적·개인적 성격형성에 기초가 됨을 인정하고 프로이드의 성격구조적 모형(id, ego, superego)을 수긍했다. 인간은 자신의 생존에 필요한 기본적 욕구를 충족시키려는 생득적 경향성을 가지고 있으며, 이러한 내재적 욕구가 아동이 성장함에 따라 그 성격이 달라져 간다는 것을 인정하는 점에서 에릭슨은 프로이드와 같은 발달관을 가지고 있다.

나) 발달은 단계적으로 이루어진다

프로이드는 발달 단계를 5단계로 구분하였으며 에릭슨은 8단계로 구분하여 설명하였는데 단계이론은 질적으로 구별되는 발달의 수준에 초점을 두는 것으로써 각 단계는 새로운 정보, 감정 혹은 행동 등이 이전의 정보나 행동과 통합되는 구조적인 재조직화를 나타낸다.

다) 후기의 생에 대한 초기 경험의 결과를 시험하였다

초기 경험의 중요성을 지지해 주는 강력한 증거로 애착을 들 수 있는데, 애착형성이론에 대해서 프로이드는 애착이 영아가 빨고자 하는 구순욕구를 충족시켜 주는 대상과의 사이에서 형성하는 밀접한 관계이므로 영아에게 편안한 상태에서 젖을 먹여 주고 만족감을 주는 부모의 양육행동이 좋은 애착형성의 중요한 여건이 된다고 하였다. 에릭슨 역시 영아의 수유욕구를 만족시켜 주는 일은 영아기의 안정된 애착관계 형성뿐 아니라 성장 후 아동이 자신이 몸담고 있는 세계에 대해 느끼는 신뢰감의 기초가 된다고 생각했다.

라) 과학적인 정확성이 부족하다

두 이론 모두 과학적인 실험이나 정확한 통계를 기초로 이루어진 것이 아니라 다분히 학자들의 주관적인 견해를 근거로 이론이 완성되었기 때문에 여러 가지 오류가 생길 수 있다.

2) 차이점

가) 주요 관점의 차이

프로이드와 에릭슨은 같은 정신분석학적 접근에 속하면서도 내적 갈등을 설명하는 요인의 어느 측면을 강조하느냐에 따라 관점을 달리하고 있다. 프로이드는 성욕이나 공격욕 등 인간의 보다 본능적이고 무의식적인 욕구의 표출(id)을 강조하는 반면에, 에릭슨은 이들 욕구를 충족시키거나 억압하는 사회적 요인의 역할에 보다 큰 비중을 두고 있다. 이러한 점에서 프로이드의 이론을 심리성적 이론이라 부르는 반면, 에릭슨의 이론은 심리사회적 이론이라 부른다. 이것은 프로이드의 이론이 어린 시절의 꿈이나 사고, 기억의 분석을 통해서 이루어진 것임에 비해, 에릭슨의 이론은 사회적 경험을 통해서 이루어진 자아의 분석을 기반으로 하여 형성된 이론임을 의미하는 것이기도 하다.

나) 단계설정의 차이

프로이드가 출생에서 청년기까지의 다섯 단계에 걸쳐 완성되는 성격발달의 이론을 제시한 것에 반해, 에릭슨은 세 단계를 더 추가하여 출생에서 죽음에 이르기까지 인간의 발달과정을 전 생애에 걸쳐 이론적으로 체계화하였다. 프로이드는 성인이 되면, 개인의 성격형성은 종결되는 것으로 가정하고, 그 이후에는 성격이 변용되기 어려움을 시사하고 있다. 그러나 에릭슨은 전 생애를 계속적인 발달의 단계로 보고, 이를 8단계로 구분하였다. 에릭슨에 따르면, 성인이란 발달이 완료된 상태가 아니라, 발달과정의 한 상태에 해당된다고 하였다.

다) 성격의 수정·변화의 가능성

프로이드는 리비도가 부착되는 성감대의 부위에 따라서 세 단계를 나누고, 그 단계에서 일어나는 욕구를 충분히 만족시키면 발달의 다음 단계로의 이행이 가능하지만, 욕구를 충족시키지 못했을 경우에는 그 단계에 고착(fixation)된 성격이 형성되며 이것은 되돌릴 수 없다고 보았다.

반면에 에릭슨은 각 단계별로 극복해야 할 위기와 성취해야 할 발달과업들이 있다고 보았는데, 이들이 성취되었을 때와 안 되었을 때를 양극 개념으로 설명하고 있다. 역에서 프로이드와의 큰 차이점은 비록 단계마다의 위기를 극복하지 못하고 실패를 경험하였다 할지라도 나중에 적절한 사랑과 보살핌이 주어진다면 충분히 수정이 가능한 것으로 보았다는 것이다.

라) 주요 대상

프로이드는 신경증 환자를 대상으로 이론을 적용시켰지만 이와 달리 에릭슨은 정상인까지도 포함을 시켜서 건강한 자아와 정체감 발달에 관심을 두고 있다.

에릭슨의 이론에 대한 평가

가. 에릭슨은 프로이드 이론을 확장시켰음. 프로이드의 각 단계마다 가장 보편적인 이슈들을 기술했고, 전 생애를 포함하도록 단계들을 확장했으며, 각 단계에서 사회적 요인들이 어떻게 개입되는지를 제시하였다.

나. 프로이드의 성숙의 개념을 긍정적이며 보다 포괄적인 의미로 발전시켰다. 프로이드에서 성숙은 억압이라는 수단을 통해 본능적인 충동의 방향으로 이끌어 나가지만, 에릭슨에 있어서 성숙은 자율성, 주도성과 같은 자아양식 및 보편적인 자아속성의 성장을 촉진시킨다.

다. 에릭슨은 자아발달의 여러 측면들을 프로이드의 성적 신체부위에 너무 무리하게 연결시키려 했다는 비판을 받는다. 에릭슨에 의하면, 각 신체부위마다 자아가 외부세계와 상호작용하는 특징적 양식이 있다고 한다. 그러나 White(1960)에 의하면,

자아성장은 유능성(competence)을 얻으려는 일반적인 성향으로
생각할 수 있다고 한다.

라. 에릭슨의 개념들과 이론은 모호하여 명료한 이해와 경험적 연
구를 어렵게 한다. 그러나 Marcia에서 보듯이 훌륭한 연구들
이 이루어지기도 하였다.

마. 에릭슨은 정신분석이론을 좀더 확대시켜 외적 요인들이 여러
단계를 통하여 인간발달에 어떠한 영향을 미치는가를 이해하
고자 했다. 그러나 에릭슨의 이론에는 애매모호한 개념들이
단계설정에 있어서도 과학적인 근거가 없다는 점에서 비판을
받고 있다.

에릭슨 이론의 비판

첫째 그의 인간에 대한 과도한 정도의 낙관적 견해가 그것이다.

둘째 과연 발달이 고정적인 순서대로 일어나야 하는가이다.

셋째 발달의 결정적 시기에 관한 것을 비판으로 들 수 있다.

넷째 에릭슨은 프로이드의 이드, 무의식과 비합리적인 것 대신 자
아, 의식적이고 합리적인 것을 강화함으로써 프로이드의 이론을 완
화시키고 무리하게 연결시키려 했다고 비난받았다.

마지막으로 그의 이론은 문제점에 대해 너무 모호하다는 것이다.
예컨대 성숙과 관련한 부문에서 자신의 생애를 돌아보게 하는 생물
학적 성향이 있다고만 했지 명확히 그것을 밝히지 못하고 있으며 발
달이 보편적인가에 대한 것도 비판의 대상이 되었다. 또한 성숙이
어떻게 다른 단계에 영향을 미치는가에 대해서도 설명하지 못하고
있다.

8) 피아제의 인지발달

① 감각운동기: 출생~2년. 발달과업 ― 대상 영속성
(사물이 눈에 보이지 않아도 어딘가에 존재한다는 사실을 아는
것) 획득.

* 감각운동기라는 말은 아동의 행동이 자극에 대한 반응에 의하기
때문인 것으로 보았다. 즉 자극은 감각이고, 반응은 운동이라 간
주하였다. 피아제는 그들은 사고의 근거가 되는 어떠한 정보도
없으므로, 생각하지 않고 행동한다고 보았다. 감각운동기의 초기
에는 생득적인 반사활동으로 행동하나 후기에는 꽤 발달된 지적
활동을 한다.

② 전조작기: 2~7세. 자기중심적 사고. 비논리적 가상놀이 이루어
짐(상징적 활동 증가). 보존개념 미숙. 물활론적 사고(모든 것은
살아 있다고 믿음).

* 아동이 2세가 되면 전조작적 사고 단계로 들어간다. 즉 사고의
논리적인 조작이 가능하지 않아 전조작기라 부른다. 이 시기의
아동은 어떤 사건이나 행동을 상징화시키는 능력이 있다. (예: 한
살 된 아이는 열쇠꾸러미를 가지고 다른 장난을 치면서 놀지만,
유아기 아동은 열쇠의 기능을 알기 때문에 문을 여는 흉내를 냄.
이것은 과거에 열쇠로 문을 여는 것을 보았던 것을 기억하였다
가 재생시킨 것. 즉 눈앞에 없는 것을 상징하는 능력이 생긴 것)
언어를 구사할 수 있다는 것은 아동의 상징적 능력을 조직화시
킬 수 있는 수단의 획득이다. 2세경이 되면 언어를 사용해서 사
건이나 행동을 묘사하게 되는데, 이런 능력은 그들의 사고에 근
본적인 변화를 가져오게 한다. 이 시기 사고의 특징은 감각운동
기와 비교할 때 감각운동적 행위에 덜 의존적이라는 것이 차이

점이다. 언어의 급격한 습득과 함께 사물이나 사건을 내재화할 수 있는 능력이 생기고 보이지 않는 것을 기억하는 표상이 나타난다. 뿐만 아니라 상징적으로 사고하는 능력도 증가한다.

③ 구체적 조작기: 6~12세. 자기중심성 탈피. 보존개념 획득. 물체 분류, 유목화, 나열하고 서열화 가능. 가역성의 원리 획득.

* 이 단계에서 아동은 사고를 논리적으로 조작할 수 있는 능력을 획득함. 그러나 이들의 조작적 사고는 관찰이 가능한 구체적 사건이나 사물에 한정되어 있으므로 구체적 조작기라 하였다. 전조작기의 아동은 보존, 분류화, 서열화의 개념을 획득하지 못하나 구체적 조작기의 아동은 이 개념을 얻게 된다.

1. <u>보존</u>: 외형의 변화에도 불구하고 다시 첨가되거나 빼버리지 않는 한 어떤 물체의 질량이 같다는 것을 판단할 수 있는 능력.

2. <u>분류화</u>: 사물을 일정한 속성에 따라 분류할 수 있는 능력. 사물의 분류에서 상위 유목과 하위 유목과의 관계를 이해하는 것을 피아제는 '<u>유목포함</u>'이라고 하였다. 이 시기 아동은 꽃이라는 것은 상위 유목이 되고 빨간 꽃과 노란 꽃은 그 상위 유목 밑에 동등하게 나누어질 수 있다는 것을 이해한다. 8~9세가 되면, 사물의 여러 복합적인 속성의 분류도 가능해진다. 피아제는 한 줄에 초록색의 물건을(예: 모자, 사과, 연필), 반대편 줄에 초록, 빨강 등 색깔이 다른 나무토막을 나열한 뒤, 중간에 무엇이 들어가느냐는 실험을 했다. 이때 초록색 나무토막이라고 대답하면 '복수분류화'의 능력을 지닌 것이다. 이것은 한편에서는 초록색이라는 것과 다른 편에서는 나무토막이라는 공통적인 속성을 인식하기 때문이다.

3. 서열화: 사물과 사물의 관계에서 순서를 이해하는 서열화의 개념
　　도 구체적 조작기에 이르러서야 획득된다. (예: 넘어지는
　　막대기의 그림을 순서대로 맞추는 것은 논리적인 조작능
　　력이 생기지 않는 전조작기에서는 가능하지 않음) 길이,
　　크기, 무게, 부피, 색도에 대한 서열개념의 획득은 사물
　　간의 관계의 이해에서 비롯된다. ‘복수서열화’의 능력은
　　7세경에 얻어진다. 높이와 넓이가 다른, 컵 9개의 배열
　　을 요구했을 때 7세 정도가 되어야 정확하게 나열할 수
　　있었다.

④ 형식적 조작기: 11세경에 시작하여 14, 15세경까지. 추상적이며
　　논리적 사고. 가설을 설정하고 체계적으로 검증할 수 있고, 모
　　든 가능한 해답을 논리적으로 검토할 수 있다. 상징적 추론이
　　가능.

* 이 시기의 아동은 앞의 여러 단계를 거치면서 획득한 지적 축적으
로 논리적 사고가 가능한 인지적 성숙이 이루어진 단계이다. 피아
제는 형식적 조작기의 아동과 나이든 성인의 사고 과정에는 질적
인 변화가 거의 없다고 보았다. 구체적 조작기의 아동은 문제를
사전에 계획해서 해결하고자 하는 것이 아니라, 이것저것 시도해
보는 시행착오적 방법을 택하여 많은 시간적 소모가 필수적인 반
면에, 형식적 조작기 아동은 문제 해결을 위해 가능한 방법을 생
각하여 그 결과를 가정하여 여러 방법 중에서 가장 정확한 것을
시도해 보는 가설설정이 가능하다. 뿐만 아니라 구체적 조작기 아
동은 그들의 사고에서 현실적으로 존재하는 사물, 즉 구체적 세계
에 한정되어 있으나 형식적 조작기의 아동은 추상적인 사고가 가
능하다. 그러므로 구체적 조각기의 아동은 민주주의, 종교, 자비와
같은 추상적인 개념을 이해하지 못한다. 그러나 형식적 조작기에

도달한 청소년들은 추상적인 사고를 할 수 있다. 이들은 자신의 삶의 의미를 음미하고, 사회적인 규범이나 가치관을 이해하며 예술작품의 많은 상징을 터득한다. 이들은 현실과 반대되는 가설적인 상황을 사고할 수 있고 추상적인 개념을 이해하며 문제해결에 많은 방법을 시도할 수 있다.

단 계	연 령	주요특징
감각 운동기	영아기 (출생~2세)	*감각경험과 운동행동을 조절하는 것을 배움 *대상영속성의 획득: 사람이나 사물이 눈에 보이지 않아도 어딘가에 존재한다는 사실을 아는 것 *행위도식의 인식
전조작기	유아기 (2~6세)	*언어와 같은 상징적 기호를 사용하기 시작함에 따라 사고 능력에 큰 진보를 이룸 *자기중심적이고 비논리적이며 개념적 조작능력이 충분히 발달하지 못함 *특성: 상징적 활동의 증가, 직관적 사고와 보존개념의 미숙, 자기중심적 사고, 물활론적 사고.
구체적 조작기	아동기 (6~12세)	*자기중심성 탈피, 보존개념의 획득 *사물들 간의 관계를 이해함으로써 물체를 분류하고, 유목화하고, 나열하고, 서열화 가능, 가역성의 원리 획득(구체적 사물에만 한정될 뿐임)
형식적 조작기	청소년기와 성인기 (12세 이후)	*구체적이고 실제적인 상황을 넘어서 순순한 상징적 추론이 가능(추상적) *가설을 설정하고 체계적으로 검증할 수 있고, 모든 가능한 해답을 논리적으로 검토할 수 있다.

유아들의 자연적 발달을 기본 입장으로 하고 있는 High / Scope 교육과정은 1962년 미시간 주 입실란티에 있는 페리초등학교에서 운영된 3, 4세유아들의 프로그램에서 시작되었다. 1960년대 초 입실란티 공립학교 체제의 특수교육 책임자였던 아이카트의 주도하에 하이스코프 교육연구재단의 연구진에 의해 개발된 이 교육과정은 피아제의

이론을 기저에 두고 있다. 즉 "유아들은 스스로 계획하고 실행하는 활동을 통해서 가장 잘 배우는 능동적인 학습자"라는 것이다. 교사와 유아는 상호 존중하면서 함께 활동한다. 교사는 교실에 흥미 영역들을 배치하고, 유아가 활동하는 동안 교사도 함께 참여하여 유아의 사고를 도와주는 질문을 하기도 한다. 교사는 유아들이 사물들을 유목별로 나누고, 순서대로 놓고 결과를 예측할 수 있도록 여러 가지 핵심경험(Key experience)과 건전한 지적발달을 증진시키는 다른 행위들을 유념하고 조장한다. High / Scope 교육과정을 더욱더 자세히 살펴보면 다음과 같다.

(1) 교육과정 모델의 이론적 기초

High / Scope 인지중심 교육과정은 Dewey의 경험이론, 피아제의 인지발달이론 그리고 Bruner와 Smilansky의 이론 등에 기초한다.

High / Scope 교육과정은 개체의 발달 중 인지적인 면을 강조한다. 인지적 발달에 관한 피아제의 이론에 기초하여 지식은 개인과 주변 환경과의 상호작용을 통해 구성된다고 생각한다. 그리고 적절한 학습을 위해서는 발달 단계에 따라 유아의 능력과 한계를 고려하여 교육 경험을 제공하여야 한다고 하였다.

High / Scope는 발달은 성숙에 의한 생물학적 과정과 능동적 학습, 즉 주변 세계에 직접 행위를 취하고 행위에 대한 피드백을 활용하여 지식을 구성한다는 피아제의 생각을 받아들인다.

High / Scope 프로그램에서는 피아제의 발달이론 및 연구결과를 많이 적용하였으나 피아제의 발달이론을 실제에 직접 동일하게 다루지는 않았다.

① 인지발달 단계

피아제는 유아의 지적 발달을 불연속적 과정으로 보았다. 그리고 각 발달 단계 내에서 아동이 습득하는 개념은 제한되어 있다. 아울러 이러한 단계는 생활 연령과 연결되어 있다. High / Scope에서는 이러한 연령과 인지적 수준의 변화의 관계를 적용하여 정해진 연령 수준의 유아가 할 수 있는 과제의 범위에 몇 가지 제한을 주었다. 그리고 각 발달 단계에서 나타나는 능력 특성에 관한 정보를 유아의 이해 수준에 적절한 교수자료와 활동을 결정하는 데 적용하였다.

② 과학적 · 수학적 개념

High / Scope에서는 분류관계, 양 보존, 공간, 시간 그리고 인과관계와 같은 피아제가 제시한 개념들을 과학과 수학 교육에 적용하였다.

High / Scope 교육과정을 운영하는 교사들은 여러 영역의 개념 발달을 장려하는 실제적인 학습 경험을 제공함으로써 피아제가 설명한 많은 기념의 학습이 이루어지도록 지원한다. 교실에서의 활동은 바느질하기, 목공, 음악 그리고 능동적 추리와 문제 해결력을 위해 유아가 지닌 개념의 레퍼토리를 충분히 사용할 수 있는 기회를 제공할 수 있도록 다양하게 구성한다.

③ 학습 심리과정

피아제는 몇 가지 학습심리과정에 대해 밝혔고 이것은 High / Scope 교육과정 모델 형성에 영향을 주었다. 이러한 학습심리과정은 다음과 같다.

가. 표 상

피아제(1970)는 유아는 표상적 과정을 통해 지식을 습득한다고 주장하였다. Furth(1969), Smilansky(1968) 그리고 Bruner(1966) 등은 유아의 아이디어 물체의 표상을 유아의 계획-작업-표상-평가의 과정으로 표현하였다. 유아는 이해를 습득하고 통합하는 능동적 도구로서 표상을 사용한다. High / Scope 교육과정 모델에서는 지식의 표상을 다음과 같은 과정을 통해 성취한다.

    가) 완성할 활동을 계획하고 계획한 활동을 설명하고 활동결과를 구어 또는 문어로 나타내기

    나) 과거의 경험을 놀이 활동 시 모방하고 블록과 나무를 친근한 물체로 표상하여 쌓기

    다) 환경에서의 상호작용을 표상하기 위하여 그림그리기, 지도그리기, 도표그리기, 차트 만들기, 그래프 만들기

    라) 의사소통과 표현 기술을 형성하기 위하여 글씨를 쓰기

이와 같은 과정을 통해 유아는 경험의 정신적 상상력을 발달시킨다. 표상과정이 High / Scope 모델에서는 개념적 내용으로 경험의 전환을 격려하기 위하여 채택되었다.

나. 물체와의 경험

유아는 학습 시 구체적 자료의 조작이 요구된다. 자료와 물체를 사용한 능동적 문제 해결 경험이 학습의 주된 요인이라고 피아제는 생각하였다. 경험 자체만으로는 학습이 일어나는 것을 확신시켜 주지는 않는다. 왜냐하면, 주의 깊게 선정한 자료에의 접근은 단지 활동을 가능하게만 할 뿐이다. 이러한 활동이 문제의 형성으로 유도되고 문제를 해결하기 위해 사고 깊은 노력을 하게 될 때 학습이 이루어진다. 작업을 통해서 유아 스스로 제기한 문제를 해결하는 데 초점을 두었다.

다. 사회적 기술과 의사소통 기술의 발달

Piaget(1962), Smilansky(1968) 그리고 Bruner(1966) 등에 의해 수

행된 연구결과는 사회적 상호작용의 경험이 인지적 발달의 속도에 영향을 준다고 지적하고 있다. 이렇게 사회적 상호작용이 이루어지려면 교실의 시설이 유아가 그들의 지각과 느낌을 표상할 수 있고 자주 소그룹으로 상호작용할 수 있도록 정리되어야 한다. 그리고 유아-유아, 유아-교사의 상호작용의 기회를 제공해야 한다. 이러한 연구결과에 기초하여 High / Scope에서는 유아 친구와 교사에게 자신의 활동에 대해 언어적으로 의사소통할 기회를 갖는다. 또한 언어교육은 언어가 하나의 사회적 기술이고 구어가 문어의 기초를 제공한다는 믿음에 기초하였다. 그리고 유아의 읽기 기술은 지시사항이나 요리 차림표 일기 그리고 프로젝트를 완성하기 위해 요구되는 정보 습득과정을 통해 증진될 수 있다고 보았다.

(2) 교육과정 모델의 목표

① 유아원 프로그램의 목표

인지 중심의 유아원 교육과정에서는 유아에게 다음의 두 가지 능력의 발달을 도와주는 것이 주된 목표이다. 첫째, 유아가 물체들 간의 연결, 사건들 간의 연결, 물체와 사건들 간의 연결을 시작할 수 있도록 도와준다. 즉 유아는 자신의 주변 사물들의 관계를 구성할 수 있어야 하고, 구성한 관계를 좀 더 조직화된 방법으로 확대할 수 있어야 한다. 둘째, 유아가 자신의 주변 환경의 정신적 표상을 구성하기 시작하고 이러한 표상을 보다 복잡하고 추상적인 방법으로 다룰 수 있도록 도와준다. 상기된 두 가지 목표는 상호보완적이다. 즉 관계를 구성하고 활용할 수 있는 능력은 의미 있는 표상을 구할 수 있는 능력과 함께 진행된다.

② High / Scope의 유아원 연령 아동을 위한 기본목표

가. 유아의 시간과 에너지를 효율적으로 사용하여 무엇을 어떻게 할 것인지 선택과 결정을 할 수 있는 유아의 능력을 길러 준다.

나. 각 유아가 자기 훈련을 하며 책임 있게 스스로 선택한 목표와 과제를 인식하고 수행하여 완성할 수 있는 능력을 길러 준다.

다. 다른 유아와 교사가 함께 계획을 하고, 협력적 노력을 하며, 서로 이끌면서 작업할 수 있는 능력을 길러 준다.

라. 유아의 물체에 관한 지식을 높여 주고, 신체적 움직임에서의 안정감을 가질 수 있도록 돕는다.

마. 유아의 사고, 아이디어, 느낌을 표현할 수 있는 능력을 길러 주고, 다른 사람과 의사소통을 하기 위하여 경험을 말하고, 극화하고, 도식적으로 표상을 이해할 수 있는 능력을 길러 준다.

바. 다른 사람의 말, 글, 극 놀이, 도식적 표상을 이해할 수 있는 능력을 길러 준다.

사. 다양한 자료를 사용하여 여러 상황에 추리 능력을 적용할 수 있는 능력을 길러 준다.

아. 유아의 창작력, 솔선성, 탐구심, 지식이나 다른 사람의 견해에 개방된 마음을 길러 준다.

(3) 교육과정 내용

① 교육내용

High / Scope 교육과정은 주요 경험을 중심으로 구성된다. 주요 경험은 교육내용, 매일의 일과 계획, 개별 유아의 활동 관찰 및 평가, 작업 안내, 교사-부모 상호교환의 지침이 된다.

High / Scope에서는 주요 경험을 능동적 학습, 언어 사용하기, 경험

과 아이디어 표상하기, 분류, 서열화, 수 개념, 공간적 관계, 시간 관계 등의 여덟 개의 카테고리로 조직하였고, 각 카테고리는 다시 세부 카테고리들로 나누어진다. 주요 경험이 High / Scope 교육내용의 핵심이 된다. 중요한 핵심 경험은 주변 세계와의 개인적인 상호작용(사회적 지식), 구체적인 사물들과의 직접적인 경험(물리적 지식), 이러한 경험에 논리적 사고를 적용시켜 보는 응용(논리, 수학적 지식), 감성적인 영역에 초점을 두고 있으며 구체적인 내용은 다음과 같다.

가. 능동적인 학습에 있어서의 핵심경험
가) 모든 감각을 사용하여 능동적으로 탐색하기
나) 직접적인 경험을 통하여 관계를 발견하기
다) 교구를 조작하고, 변형하고, 결합하기
라) 교구, 활동, 목표를 선택하기
마) 도구와 시설을 통해 기술을 습득하기
바) 대근육 사용하기
사) 자기 자신의 욕구를 처리하기

나. 언어사용에 있어서의 핵심경험
가) 자신의 의미 있는 경험에 대해 다른 사람과 이야기하기
나) 사물, 사건 그리고 관계를 묘사하기
다) 단어를 사용하여 감정 표현하기
라) 자신이 한 말을 성인이 받아쓰고 다시 읽어 주기
마) 언어사용에 즐거움을 가지기, 운율 짓기, 이야기 꾸미기, 시와 동화 듣기

다. 경험과 생각을 표현하는 데 있어서의 핵심경험
가) 소리, 촉감, 맛, 냄새로 사물을 인식하기

나) 행동과 소리 모방하기

다) 그림, 사진, 모형을 실제의 장소와 사물에 연결시키기

라) 역할놀이와 가작화

마) 찰흙이나 적목 등으로 모형 만들기

바) 그림 그리기와 색칠하기

사) 말하여진 단어가 글로 쓰이고 다시 읽혀질 수 있다는 것을 관
   찰하기

라. 논리적 사고를 발달시키는 데 있어서 핵심경험

가) 분　류

- 사물의 속성을 탐색하고 이름 붙이기
- 사물 등이 어떻게 같고 다른지를 알고 묘사하기, 나누기와 모으기
- 다른 방법으로 사물을 사용하고 묘사하기
- '조금'과 '모두'를 구별하기
- 동시에 한 가지 이상의 속성을 생각하기
- 어떤 사물이 가질 수 없는 특성은 무엇인지 또는 그것이 속하지
  않는 분류는 무엇인지 묘사하기

나) 서　열

- 한 가지 특성에 따라 비교하기 (더 크다/ 더 작다, 더 무겁다/ 더 가
  볍다, 더 거칠다 더 부드럽다. 등)
- 어떤 특성에 따라 몇 가지 물건을 순서대로 배열하고 그 관계를
  묘사하기(가장 긴 것, 가장 짧은 것 등)
- 시행착오를 통하여 순서화된 한 사물의 세트를 다른 것에 맞추기

다) 수

- 수와 양 비교하기 (보다 더 많은/ 보다 더 작은, 같은 양)
- 두 가지 사물 집단을 1 : 1 대응으로 배열하기
- 사물 세기

마. 시간과 공간이해에 있어서의 핵심경험

가) 공간관계

● 사물을 함께 모으고 그것들을 분리시키기

● 사물들을 재배열하고 재구성하기(접기, 틀기, 펴기, 쌓기, 묶기)

● 서로 다른 공간 지점에서 사물과 장소 관찰하기

● 위치, 방향, 거리를 경험하고 묘사하기

● 자신의 신체를 경험하고 묘사하기

● 교실, 학교, 있는 공간관계의 표현 해석하기

● 모형을 구별하고 묘사하기

나) 시 간

(가) 시간단위와 시간간격을 이해하기

－신호에 따라 행동을 중지하고 시작하기

－서로 다른 속도를 경험하고 묘사하기

－시간간격을 경험하고 비교하기

－계절의 변화 관찰하기

－시계와 달력은 시간경과를 표시하기 위해 사용된다는 것을 관찰하기

(나) 시간에 따라 사건을 순서화하기

－언어로 미래 사건을 예견하고 적절한 준비하기

－계획을 수립하고 계획을 완수하기

－과거와 미래사건에 대해 이야기할 때 일상적인 시간 단위를 사용하기

－사건의 순서를 읽고, 묘사하고, 표현하기

(4) 프로그램 운영

High / Scope 교육과정의 운영에서 중요한 역할을 하는 사람은 교

사이다.

아울러 High / Scope에서는 모든 프로그램에서 부모의 참여를 중요시하였다.

또한 High / Scope 인지중심 교육과정의 평가와 아동의 요구 측정을 위한교수·학습도구로 아동관찰기록이 정기적으로 이루어졌다.

따라서 다음에는 High / Scope 교육과정 운영 면에 대해서 교수의 원리, 교사의 역할, 부모 참여 및 역할, 하루일과, 유아와 아동관찰기록을 중심으로 생각해 보려고 한다.

① 교수원리

가) High / Scope 교육과정에서는 유아 또는 아동의 제반 발달을 도와주고, 지적 능력을 사용하는 능력을 길러주는 데 가장 큰 역할을 하는 것이 유아가 직접 활동을 해보게 하는 것이라고 생각한다. 즉 유아가 스스로 제안한 활동을 완성해 보고 문제에 대한 해결책을 스스로 발견하게 하는 것이 중요하다고 본다. 유아 또는 아동 자신의 주변에 있는 물체나 사건을 자신의 지적 능력에 맞게 다룰 때 유아는 환경 속에 제시된 정보를 동화한다. 유아가 스스로 계획하고 구성하며 아이디어와 자료를 어떤 목적에 맞게 조화시킬 때 유아나 아동은 현재의 상황적 요구에 적합하도록 조절해야 한다. 이때 유아나 아동은 자신이 작업하고 있는 물체나 상황에 관한 지식의 생각과 행동을 통해 새로운 정보를 받아들이고 이해하게 되며, 그 결과 어떤 것을 학습하게 된다.

유아 또는 아동이 구성하지 않고 모든 상황과 활동이 제3자에 의해 구조화되는 환경에서는 유아나 아동의 동화와 조절 학습의 기회는 거의 없게 된다. 유아 또는 아동이 작업할 물체의 선택기회가 없어지며, 일할 목적과 결과적 요인에 대해 생각할 기회가 없게 된다. 그 결과 교사가 가르친 많은 것들이 학습되지 않고 또한 학습된 것도 흔히 쉽게 잊어버리게 된다. 능동적 학습, 즉 물체, 사람 그리고 사건에 관한 직접적 경험이 인지적 구성의 필수적 조건이며, 능동적 학습 결과 발달이 이루어진다. 다시 말하면, 유아는 자기 제안적 활동을 통해 개념을 학습한다. 매일의 계획 세우기, 세운 계획에 의해 작업하기, 표상하기, 작업 평가하기 등의 활동과정에서 유아의 직접적인 행동을 극대화하여 동화와 조절학습이 이루어질 수 있도록 환경을 구성하고 유지하는 것이 위의 문제에 대한 해결책이라고 할 수 있다.

따라서 High / Scope 교육과정에는 매일의 일과 속에서 유아가 친구와 함께 또는 혼자서 수행하기를 원하는 프로젝트와 활동을 계획하고 이 계획을 수행해 나가며 완성하도록 격려한다.

많은 교사들이 유아나 아동이 자료를 직접 다루고 있는 동안에는 능동적 학습에 종사하고 있다고 믿고 있다. 그러나 자료의 조작이 능동적 학습을 위한 본질적 활동이긴 하지만 자료 조작 자체만으로 능동적 학습이 이루어지지는 않는다.

나) High / Scope 인지중심 교육과정에서는 유아 또는 아동이 스스로 자료를 선택할 수 있고 직접 자료로 활동할 수 있는 자극적이면서도 정돈된 환경 속에서 유아 또는 아동의 최적의 학습이 이루어질 수 있다고 본다.

교실이 영역별 작업 영역으로 구분되어 있고, 각 영역에 자료가 논리적으로 구성되어 있고 자료의 이름이 명확히 부착되어 있어, 유아가 교실 환경을 통제해 가면서 독립적으로 활동할 수 있도록 흥미 영역별 구성을 한다. 흥미 영역은 여러 가지 영역을 생각할 수 있겠으나 학기 초에는 기본 흥미 영역만 설치하고 점차적으로 학기가 진행되어 감에 따라 영역을 늘린다.

다) 유아나 아동에게 제공하는 경험 상황은 친근한 요인과 새로운 요인이 병합되도록 한다. 특정한 경험 시 새로운 아이디어나 물체가

제공되지 않고 친근한 사물이나 아이디어를 사용하여 새로운 조작을 허용하지 않았기 때문에 새로운 지식을 얻을 수 없고 상황이 지루하게 될 것이라는 것을 알기 때문에 참여하지 않게 될 것이다. 반면에, 특정한 경험이 너무 새롭기 때문에 현재 갖추고 있는 지식으로 관계를 지을 수 없을 때에도 유아나 아동은 어떠한 방법으로든 경험과 관련시키기를 거부하게 될 것이기 때문이다.

라) 여러 영역의 교육이 활동을 통해 통합적으로 다루어지도록 계획되고 운영된다.

마) 아동의 실수에 대해 벌하기보다는 틀린 해결책도 아동의 문제해결 활동에 자연적 결과로 받아들인다. 아동과 교육에 관하여 이러한 생각을 채택하는 프로그램은 아동이 제안한 행동과 아동의 참여를 확대하고 지지해 주며, 교사가 해결책이나 답만을 제공하지 않으며 대화를 존중한다.

② 교사와 교사지도자의 역할

영아교육 프로그램에는 가정 방문교사와 교사지도자가 프로그램의 운영에 공헌하였다.

이 외에도 심리학자, 언어학자, 연구조원 그리고 때로는 아동발달 전문가가 특정도구를 구성하기 위하여 교사와 함께 작업하였다.

High / Scope 교육과정에서 깔려 있는 가장 중요한 원리는 "교사들이 유아의 능동적인 학습을 고무하고, 유아 스스로 지식을 구성하도록 환경을 마련해 주는 데 전력을 기울여야 한다."는 것이다. 유아의 지식은 주변 세계와의 개인적인 상호작용(사회적 지식), 구체적인 사물들과의 직접적인 경험(물리적 지식) 및 이러한 경험에 논리적 사고를 적용시켜 보는 응용(논리, 수학적 지식)을 통해서 획득한다. 따라서 교사의 역할은 이러한 경험들을 제공하고 유아 스스로 그 경험들을 논리적으로 생각해 보도록 도와주는 데 있다.

High / Scope 교육과정에서는 유아가 능동적인 학습자이듯이 교사도 능동적인 학습자이다. 교사는 일일 평가와 계획을 통해서 유아들과 학급활동에 대한 자신의 경험을 연구하고 각 유아의 독특한 기능과 흥미를 들여다보는 새로운 통찰력을 갖고자 노력한다. 또한 교사는 유아의 진전 상황을 알아보기 위해 전반적인 발달적 이정표를 활용하지만 유아를 가르치기 위한 고정적 교과는 없다. 그 대신 교사는 유아들의 계획을 주의 깊게 듣고 유아들의 활동을 유아 스스로 도전해 볼 만한 수준으로 확장할 수 있도록 그들과 함께 능동적인 작업을 한다. 따라서 성인의 질문형태는 매우 중요하다. 색깔 혹은 크기에 관한 '테스트'식 질문은 거의 하지 않는 대신 "무슨 일이 있었니?, 그것은 어떻게 만드니?, 나에게 보여주겠니?, 친구를 도와주겠니?" 등의 질문을 한다. 질문형태도 유아와 유아 간의 상호작용을 위한 언어도 나타난다. 이 접근방법은 전통적인 학교에서의 능동적 교사의 수동적 역할보다는 교사와 유아가 함께 작업하면서 나누고 배운다.

③ 환경구성과 교구

가. 환경구성 원리

인지중심 교육과정을 운영하는 교실에서는 유아나 아동이 능동적으로 활동할 공간과 다양한 자료와 기구를 갖춘 공간을 구비한다. 아울러 인지 중심의 교실배치는 유아나 아동이 활동 및 자료를 선택할 수 있고 직접행동을 정할 수 있도록 정돈되어 학습을 자극하는 환경에서 유아나 아동이 가장 잘 학습할 수 있다는 생각을 반영하여 다음과 같은 단계에 따라 교실의 환경을 구성한다.

<u>1단계: 방의 영역 구분</u>

교실을 소꿉놀이, 블록 영역, 조작적 놀이, 모래와 물놀이, 동물과 식물 기르는 곳, 음률 영역 등의 필요한 흥미 영역으로 구분되게 나눈다. 각 영역별로 유아가 자료를 사용할 수 있는 충분한 공간을 확보한다. 낮은 선반과 가림대를 사용하여 영역의 경계선을 구분하면서도 다른 영역에 있는 친구를 보고 서로 이야기할 수 있어야 한다. 중앙에 대집단 영역을 남기고 벽을 따라 흥미 영역을 구분하여 활동에 방해됨이 없이 유아들이 다닐 수 있도록 한다. 미술활동 영역은 싱크대 근처에 둔다. 소꿉놀이 영역과 블록 영역은 인접하게 배치하여 유아가 양쪽을 다 활용할 수 있게 한다.

<u>2단계: 자료 및 기구 배치</u>

사용 영역에 자료를 비치하고 선반과 서랍, 바구니에 비치된 자료의 표시를 하여 유아나 아동이 쉽게 자료와 기구를 발견할 수 있도록 한다. 표시는 그림, 사진, 선 그림 등 여러 종류로 사용한다. 글자나 단어를 인식하기 시작한 유아를 위해 표시물의 이름을 글씨로 써 놓기도 한다. 같은 종류의 물건을 함께 둔다. 세트로 된 자료는 크기 차이가 분명하도록 걸거나 비치한다. High / Scope에서는 교실의 정돈된 배치는 유아나 아동이 기구를 돌보도록 장려하는 것 외에 자연적 학습 기회를 제공한다고 본다. 즉 유아나 아동들은 왜 자료가 나뉘어져 있고 다른 방법으로 비치되어 있는지 점차적으로 이해하게 된다는 것이다.

다른 크기의 가위는 크기 순서로 걸어두고, 나무구슬은 같은 쟁반에 위치하고, 작은 것은 앞에 놓고 큰 것은 뒤에 놓으며, 동물원 동물은 한 바구니에 모아놓고 농장동물은 다른 바구니에 모아놓는다. 유아나 아동은 정돈 체계에 관한 의미를 발견하려고 노력하면서 능력도 발달하게 된다. 이것은 사려 깊은 계획에 의해 교실보다 좋은 학습 장소로 만드는 예라고 할 수 있다. 각 영역에 충분하고 다양한 자료를 둔다. 또한 각 영역에는 영역 표시그림과 함께 영역에서 작업을 계획한 유아나 아동의 이름표를 걸어 둘 계획판을 둔다.

<u>3단계: 유아의 작업결과를 전시할 공간을 갖는다.</u>

유아가 만든 작품은 유아나 아동 눈높이에 전시되도록 한다. 교사가 계획한 전시는 유아나 아동이 이해하고 사용할 수 있는 것을 제시한다. 예를 들면, 소꿉놀이 영역에 유아나 아동의 역할극에 포함시킬 사람의 그림 전시, 블록 영역에 건물과 다리의 사진전시 등을 들수 있다.

나. 교 구

High / Scope에서 유아원 유아를 위해 제공하는 자료와 기구는 다음과 같다. 다음에 제시하는 자료와 기구는 대체적인 구비자료와 기구이며 제시된 것에 한정되지 않고 주요 경험을 다루는 다양한 다른 자료들이 포함될 수 있다.

  a. 블록 영역의 쌓기 자료

    •큰 공간 블록, 유닛 블록, 소형 블록, 하드보드지 블록

  b. 끼우기 자료

    •조립형 나무 또는 플라스틱 트럭이나 차, 탱커 토이(tinkertoys), 끼워 맞추는 바퀴와 블록

  c. 채우고 비우기 위한 자료

    •덤프트럭 - 상자 - 돌

    •픽업트럭 - 바구니 - 미니카, 사람, 동물

    •소형 외양간 = 깡통 - 인형집 가구

  d. 가작화 자료

    •여러 종류와 크기의 차와 트럭

    •건설현장과 농장의 기구

    •비행기, 헬리콥터, 배, 기차, 버스

e. 조작적 놀이, 분류, 채우기, 비우기 활동을 위한 부엌가구

- 유아용 스토브·냉장고, 그릇, 요리도구, 프라이팬과 냄비들, 굽는 기구 등

  (기계놀이, 목수놀이, 배관놀이, 우체국놀이, 의사놀이, 농장놀이, 소방서놀이 등을 위해 각각 따로 구분되어 있는 것)

f. 실제 요리 활동할 자료

- 냄비, 소형 튀기는 기구, 믹서

g. 극화놀이 자료

- 딸랑이, 턱받이, 우유병, 옷, 기저귀, 인형
- 작은 테이블과 의자, 낡은 시계

h. 여러 가지 크기의 색과 질감의 종이들

i. 물감 그리기 자료

- 물감(tempera paint), 액체 풀, 스펀지

j. 다양한 사무용품

- 스테플러, 고무줄, 스카치테이프

k. 입체적 표상을 할 수 있는 다양한 자료

점토, 밀가루점토, 상자, 플라스틱 빨대, 달걀상자, 자루, 깃털, 낡은 양말, 폐품 등.

다. 평면적 표상자료

연필, 색연필, 크레용, 파스텔용 분필, 칠판, 수성 매직펜, 잉크패드와 스탬프, 잡지 등.

m. 분류하기와 쌓기 자료

큰 구슬과 끈, 작은 구슬과 끈, 나무 입방체, 소형나무 블록, 소리상자, 속성불럭, 단추 등

n. 순서 짓기 자료

겹끼우기 상자, 겹끼우기 컵, 크고 작은 상자, 쿠세네어 막대, 너

트와 볼트 등

o. 끼우기 자료

팩 보드, 소형 탱커토이, 대형 레고블럭, 플라스틱 사각형 끼우기 자료, 플라스틱 팔각형 끼우기 자료, 퍼즐, 자석 등

p. 그림 또는 기호해석과 가작화를 위한 자료

로토 게임, 카드 짝짓기 게임, 인형, 확대경, 플레이스쿨 마을, 유아들의 사진, 그림책 등

q. 목공놀이 영역 기구

목공놀이, 스크류드라이버, 플라이어, C-죔쇠, 망치, 바이스, 손드린, 못, 나사못, 나무 조각 등.

r. 음률활동 영역 기구

테이프 레코더, 음반, 테이프 등

④ **하루의 일과행동**

High / Scope 인지중심 교육과정의 하루의 일과는 전반적으로 다음과 같은 원리에 기초한다.

가. 활동시간대가 일관성 있게 제공돼야 한다. 일관성 있는 일일 활동시간대 구성은 유아에게 활동방향을 제시하고 내적 통제력을 발달시키도록 돕는다.

나. 매일의 일과는 첫째, 유아의 능동적 참여와 의사 결정에 중점을 두고, 둘째, 교사의 순서적 환경 제시가 가능하도록 구성된다.

다. 매일의 일과가 계획-작업-평가의 단계로 이루어져 유아 자신이 자신의 학습에 책임을 갖게 되도록 한다.

라. 매일의 일과 속에서 유아와 교사 간의 다양한 상호작용 기회가 제공되도록 한다. 즉 유아의 개별적 작업, 교사와의 개별 활동 또는 소그룹·대그룹 활동 그리고 다른 유아와의 작업 기회가 제공되어야

한다. 이러한 원리에 기초하여 High / Scope에서는 유아나 아동이 매일 그들이 원하는 활동을 선택할 기회를 갖도록 일과 활동을 구성한다. 그리고 교사는 개별 유아가 계획하고 그 계획을 몇 가지 세부사항으로 나누고, 일할 단계를 정하고, 필요한 자료를 찾을 수 있도록 도와준다. 유아원시기에는 유아가 단순히 말로 표현함으로써 특정 활동을 수행할 수 있도록 지원해 준다. 시간이 경과함에 따라 유아의 계획은 유아가 행동을 취하기 전에 선택 여지에 관하여 생각하는 능력과 결정하는 능력이 발달함에 따라 범위와 복잡성이 증가된다.

◎ 유아원의 하루일과

3, 4세 유아를 위한 매일의 일과 진행의 예는 다음과 같다.

● 오전 프로그램

8:30 ～ 8:50	계획시간
8:50 ～ 9:45	작업시간
9:45 ～ 10:00	정리·정돈
10:00 ～ 10:30	작업평가(회상시간), 간식 소그룹 활동
10:30 ～ 10:50	실외 활동
10:50 ～ 11:10	대집단 활동 (전체 이야기 나누기·토의)
11:10 ～ 11:20	귀 가

● 종일 프로그램

7:30 ～ 8:50	유아원 도착, 개별 작업 계획 및 작업
8:30 ～ 9:00	아침식사, 식사 후 양치질
9:00 ～ 9:20	작업 계획
9:20 ～ 10:30	작업 및 정리－정돈
10:30 ～ 10:50	작업 평가
10:50 ～ 11:20	실외 활동

11:20 ~11:45 대집단 활동 (전체 이야기 나누기 · 토의)
11:45 ~12:30 점   심
12:30 ~ 1:30 낮잠 또는 휴식
 1:30 ~ 2:15 소집단 활동 및 간식
 2:15 ~ 4:00 귀가 또는 귀가 시까지 작업 계획 및 작업

가. 계획시간

계획시간은 유아들에게 자신들의 생각을 성인들에게 표현하고, 유아 자신들이 결정한 대로 행동할 수 있도록 구조적이고 일관성 있게 기회를 제공해 준다. 유아들은 독립심을 경험하고, 사려 깊은 성인뿐만 아니라 또 노래들과 함께 활동하는 즐거움을 경험하며 교사는 유아의 계획이 성공할 수 있도록 강화해 줄 수 있는 상황을 제공해 준다.

나. 실행시간(작업시간)

작업 계획이 끝나면 유아는 자신이 계획한 작업에 착수하게 된다. 보통 하루의 활동 중 가장 긴 시간이다. 유아가 자신의 계획을 실행할 책임이 있기 때문에 교사가 작업시간 활동을 이끌지 않는다.

작업시간 동안의 교사의 역할은 첫째, 유아가 어떻게 정보를 모으며 친구와 상호작용하고 문제를 해결하는지 관찰하는 것이고, 둘째, 유아의 활동을 장려하고 확장해 주며 문제 해결 상황을 설정해 준다.

다. 정리정돈 시간

작업 후에 이루어지는 이 과정은 유아들이 교구와 비품을 제자리에 갖다 놓고 완성 못 한 작품을 보관해 둔다. 이 시간은 교실의 질서를 회복시키고 유아들이 여러 가지 기본적인 인지기능을 배우고 익힐 기회를 제공해 준다. 교실에서 유아들이 사용할 수 있는 모든 교구는 유아의 손이 닿는 개방된 선반에 라벨을 붙여 보관함으로써

모든 사용교구들을 유아 스스로 제자리에 갖다 놓을 수 있다.

라. 회상시간(평가시간)

평가시간은 계획 - 실행 - 평가의 순서에서 마지막 단계이다. 유아들은 작업시간의 경험을 발달수준에 따라 적절한 방법으로 다양하게 표현한다. 유아들은 자신의 계획에 따라 함께 참여한 친구들의 이름을 회상하고, 그들이 만든 건물의 그림을 그리고 그들이 봉착했던 문제들을 열거해 본다. 회상전략에는 그들이 했던 것을 그림으로 그리거나 모형을 만들거나 자신의 계획을 검토하거나 과거 일들을 말로 회상해 보는 것 등이 포함된다. 회상시간은 유아들의 계획과 작업시간의 활동 등을 마무리하는 시간이다. 교사는 처음의 계획과 실제 활동이 연결되도록 도와주어야 한다.

마. 소집단 시간

소집단 활동은 유아의 문화적 배경, 유아가 경험했던 야외학습, 계절 및 요리·집단미술작업들과 같은 연령에 적합한 집단 활동에서 도출된다. 교사가 활동을 구조화하지만, 유아들은 새로운 생각들을 제시하고 교사가 제시한 문제를 자기 나름대로 해결하도록 격려를 받는다. 활동은 정해진 순서에 따라 이루어지는 것이 아니라 유아들의 욕구, 능력, 흥미 및 인지적 목표에 따라 달라진다. 일단 어떤 유아가 개인적 선택과 문제해결 상황을 설정하면 그 유아의 생각과 행동을 넓혀 가도록 한다. 능동적인 소집단 시간은 유아들에게 자료와 사물을 탐색하고, 성인들 및 다른 또래들과 함께 행동해 보는 기회를 제공해 준다.

바. 대집단 시간

교사와 함께 10-15분 동안 게임, 노래, 손유희, 체조, 악기연주, 극

놀이 활동 등을 하는 시간으로 자신의 생각을 표현하고 타인의 생각을 공감하며 모방할 수 있는 기회를 제공해 준다.

⑤ 부모 참여 및 역할

가. 영아교육 프로그램

High / Scope 영아교육 프로젝트에서 부모의 역할에 대한 입장은 부모와 교사가 효율적 아동양육의 목표와 실제를 결정하는 과정에서 함께 일하며 상호 자원인사가 될 수 있다고 본다.

이 입장에서는 부모가 자신의 아동을 적절히 양육할 능력을 가지고 있으나 사회의 모든 가정에 공통적인 특정 문제를 극복하기 위한 보조가 필요하다고 생각한다.

영아는 자연적으로 호기심이 많고 이 호기심을 가지고 탐색하고 후에 실험함으로써 자신의 신체적, 사회적, 상징적 환경을 발견하고 점차적으로 정복해 가는 기회를 갖는다. 그러나 영아는 이러한 경험의 기회를 어른이 제공해 주지 않으면 갖기가 어렵다. 그러므로 부모는 아동양육자로서 영아의 요구를 정확히 지각하고 영아가 자신의 환경을 경험하고 정복할 정서적 지지와 적절한 기회를 제공해야 한다. 영아는 새로운 개념을 시도해 보고 다양한 상황에서 활동하고 자신의 환경의 새로운 면을 경험할 필요가 있다. 어머니는 이러한 인식을 해야 하고 이러한 행동이 일어날 때 인식하고 지지해 주어야 한다. 영아는 자신의 환경의 새로운 측면을 경험할 필요가 있고 어머니는 이것을 이해하고 새로운 학습을 촉진시켜 줄 수 있어야 한다. 단순히 기회를 제공하는 것만이 아니라 적절할 때에 영아의 활동을 능동적으로 지지하고 확대할 수 있는 기회를 제공해야 한다. 영아를 위한 발달기회는 다른 사람의 요구, 자원의 유무, 안전, 환경에 대처하는 영아의 능력의 제한, 주어진 시간에 영아에게 제시된 요구 등과 균형이 맞아야 한다. 어머니는 영아가 스스로 일반적으로 인식되는 말로 표현하게 되기 이전에 언어능력이 발달하고 있다는 것을 인식해야만 한다. 그리고 어머니가 인지발달에서의 모방적 행동의 역할을 이해하는 것이 중요하다. 적어도 유아기에는 모방은 단순히 흉내 내는 것이 아니고 학습의 중요한 부분이며, 가작화도 이상적 행동이나 단순한 놀이가 아니라 학습의 중요한 부분이다. 영아가 활동을 모방했다고 해서 기초되는 개념적 구조를 습득한 것이 아니다. 이상적으로 어머니는 영아가 이런 모방 활동만 하는 데 그치지 않고 동시 참여자로 참여하도록 안내하는 역할을 한다.

나. 유아원 프로그램

1962년 인지중심 교육과정이 유아원 프로젝트에서 시작될 때 교사는 유아원에 다니는 유아와 부모를 일주일에 한 번씩 이들의 가정을 방문하여 만났다. 이 방문 시 교사는 부모와 유아를 단추를 분류, 동물인형을 서열화하거나, 종이 자르기, 과자 굽기 등에 참여시키면서 교육과정의 일반적 개념을 소개하였다. 교사는 또한 유아원에서의 유아의 성취를 부모와 토의하고 인지중심 교육과정의 목표와 방법을 토의하였다. 교사는 또한 유아의 학습을 장려하는 확산적 질문을 사용하는 교수방법에서의 모델을 보였다. 가정방문 시 부모는 가정 방문교사가 유아의 가족상황과 일반적 사회상황을 이해하도록 도왔다.

다. 유아의 아동관찰기록

High / Scope에서는 인지적 교육과정의 주요 경험과 부합하는 아동관찰 기록표를(ChildObsrtvation Record: COR) 구성하여 교실에서의 아동의 행동을 관찰, 평가하여 기록한다. COR은 정기적으로 사용되면 중요한 관찰사항이 대부분 기록되기 때문에 부모에게 보내는 보고서로서의 역할도 할 수 있고 다음 교사가 내용 영역에 관한 아동의 발달 정도를 파악하는 중요한 자료가 된다.

주요 경험과 아동관찰 기록표는 아동을 관찰하는 도구가 되며 특정 영역에서의 발달순서를 파악하게 해 준다. 아울러 발달순서에 따라 경험을 계획하는 계획도구로 사용될 수 있다.

9) 프뢰벨의 이론

근대 이후 일관되게 교육적으로 관심을 갖는 것은 인간 그 자체에 대한 존중과 도덕적 품성 함양이다. 많은 철학자들과 교육학자들은 이러한 인간을 중심으로 자유시민사회를 발전시킬 수 있다는 자유주의 인간 교육철학을 확실히 정착시키고자 하였다.

프뢰벨은 자유주의 교육관에 입각하여 특히 유아에 초점을 두고 자신의 인간교육철학을 전개했다. 코메니우스, 루소, 페스탈로치로 이어지는 자유주의적이고 자연주의적인 교육사상은 프뢰벨에 이어져 새로운 유아교육철학이 탄생하게 된 것이다.

① 생 애

프뢰벨은 훌륭한 교육학자이자 유아교육의 아버지로 널리 알려져 있다. 그는 1782년 독일 튀링겐주 오버바이스바하에서 태어났다. 일찍이 어머니를 여의고 목사인 아버지의 목사관에 기거하면서 그는 작은 정원의 식물, 튀링겐의 자연의 숲 속에서 사색과 명상에 잠기는 소년기를 보냈다. 10대에는 자연의 세계, 특히 풀, 꽃, 나무의 세계를 관찰하고 사색하는 탐구생활에 익숙했었다. 예나 대학에서는 낭만주의적 사상을 접하고 문학과 예술 등 관련된 서적에 심취하기도 했다.

그는 건축가가 되려는 꿈을 포기하고 친구 그뤼너의 소개로 이페르턴 학교를 운영하고 있는 페스탈로치를 만나게 된다. 2년 동안 페스탈로치의 교육자로서의 인격과 교육을 통해 국가, 인류사회를 개혁하려는 이념에 감명을 받고 삶의 방향을 교육자의 길로 바꾸게 된다. 1835년 한때 프뢰벨은 페스탈로치가 운영하였던 브르크도로프 고아원장직을 수행하면서 어린 고아들을 교육시키기도 했다.

1837년 프뢰벨은 고향으로 돌아와 '자기교수와 자기학습으로 이끄는 직관교육 시설'을 설립했다. 여기에서 그는 놀이 활동을 통한 교육을 시간낭비로 보는 것을 비판하면서 인간의 타고난 자연적 본성은 놀이, 게임, 동식물을 기르고 재배하는 활동을 통해 개화되어 전체적으로 통일된 조화로운 인간을 형성할 수 있다는 자기 확신을 가지고 교육을 실천하였다. '오라, 우리들의 어린이와 함께 살지 않으려는가'라면서 부모와 교육자들에게 어린이에 대한 사랑과 존경에 기초하여 더불어 살아가는 생활공동체를 형성할 것을 호소했다. 그는 나아가서 장난감과 교구를 '하느님으로부터 받은 은혜로운 선물'이라고 하면서 이를 1839년에 남여 유아교사를 양성하는 강습소의 실습을 위해 만들어진 40명의 유아교육 활동에 적극적으로 활용했다.

1840년 봄날 프뢰벨은 튀링겐의 산길을 걸으면서 산에서 햇볕이 내리쪼이고 있는 경치를 보고 매료되어 자신의 유아교육시설을 '킨더가르텐(kindergarten)'으로 불렀다. 이 말은 녹색이 짙은 '어린이의 정원'이란 말로, 프뢰벨은 모든 식물이 건강하게 성장하듯이 인생 초기에 많은 가능성을 내재하고 있는 유아는 자연과 신과 조화하면서 경험이 풍부한 정원사인 유아교사의 돌봄을 받으면서 성장해야 한다고 생각했다. 프뢰벨은 1851년 프로이센정부가 자신의 유치원을 무신론적이고 사회주의적이라고 하여 폐쇄한 것을 되살리기 위해 노력하다가 1852년 70세 나이로 일생을 마쳤다.

② 유아교육사상

프뢰벨은 청소년기부터 자연법칙에 대한 과학적 탐구정신(계몽주의적 정신)과 함께 18세기 말에서부터 19세기 중엽까지 풍미했던 낭만주의의 영향을 동시에 받았다. 18세기부터 나타난 이성주의, 주지주의, 합리주의의 과도한 경향에 대한 반발로 개성·주관·비합리성·상상력·개인·자연스러움·감성·환상·초월성 등을 중시하는 새로운 사상적 흐름은 프뢰벨로 하여금 강제적이고 인위적인 주지적 교육에서 창조적 자기 활동 혹은 놀이의 교육원리를 통한 인간성 교육을 다시 생각하게 하였다. 프뢰벨이 제시한 주요 유아 교육 원리를 요약하면 다음과 같다.

가. 통일의 원리

프뢰벨은 그의 저서 『인간교육』 서문에서 신과 자연과 인간의 통일의 원리가 가장 기본이 되는 것으로 보았다. 그의 말을 인용해 보자.

만물에는 영원한 법칙이 깃들어 있으며 만물을 움직이며, 작용하고 그리고 지배하고 있다. 이 법칙은 내부에 있는 정신이 자연에 의해 외부로 보이고, 외부에 있는 자연이 정신을 통하여 내부로 드러난다. 그러면서도 이 둘은 하나로 일치하고 있다. 또 생명에서도 이 둘이 함께 있다는 것을 명확하게 판명할 수 있다. 모든 법칙의 근저에는 모든 것을 움직이고, 스스로 분명하고 생명력이 있으며 자신에 대해 분명하게 알고 있는 그런 영원이 존재하는 통일자가 있다. 만물에는 신이 깃들어 있으며 신은 만물을 움직이며 그리고 지배하고 있다. 모든 것은 만물 안에 작용하는 신에 의해서만 존재한다. 각각의 사물에 작용하는 신은 만물의 본질인 것이다. 프뢰벨은 자연과 정신이 분리되지 않고 합일된 것으로 믿고 만물의 본질을 신성으로 보고 그 신성은 인간의 교육에 의해 발전되므로 교육은 인간으로 하여금 신성을 인식시켜 자연과의 합일, 신과의 합일에 이르도록 지도하는 것이라고 보았다. 그는 인간을 만물 중의 최고의 존재로 보았으며, 다른 어떤 만물보다 신적인 것을 더 많이 갖고 있다고 하였다. 따라서 교육이란 이성적으로 사고하는 존재인 인간을 지도하여 스스로 자신이 가지고 있는 내적인 법칙, 다시 말해서 신적인 것을 인식하게 하여 스스로 밖으로 완전하게 표현할 수 있는 방법과 수단을 제공해 주는 일이라고 했다.

나. 자기 활동의 원리

인간교육사적으로 볼 때, 프뢰벨의 자기 활동의 원리는 르네상스의 인문주의 교육에서 자기창조의 교육관, 코메니우스의 (자기)관찰을 통한 사물의 본질 인식, 루소의 아동 중심의 소극적 교육관 그리고 페스탈로치의 자기학습의 원리와 맥을 같이한다. 프뢰벨에 있어서 자기 활동이란 아동이 자기 자신의 동기에 의해 사물에 대한 자기의 생각을 표시하고 그 활동 과정에서 얻어지는 지식을 완전히 습득할 수 있는 인간 교육의 방법적 원리이다. 이런 맥락에서 프뢰벨은 교육은 스스로 깨닫고 사유하고 인식하는 자기 활동을 통해 내적 이성, 즉 신을 순수하고 완전하게 실현하도록 격려하고 그러한 방향으로 나아갈 길과 방법을 제시하는 것이라고 말한다. 따라서 교육은 인간의 자기 활동에 의해서 의식적으로 신성을 몸소 체험하고 자신 속에서 움직이는 신성을 자유로이 실현하는 인간을 향상시키지 않으면 안 된다.

그는 인간교육에서 다음과 같이 말한다.

타고난 본성을 버릇 들이고 의무를 강요당하는 아이들과 또 병약하여 부자연스런 모습으로 당신 주위를 배회하던 아이들은 자기 스스로를 키워 나가고 자기를 전인으로 성장시킬 수 있는 존재임을 알아야 한다. 신적인 움직임의 법칙에 따르고 또 인간이 본래 강직하고 완전하다는 입장에서 보면 교수와 훈육은 능동적, 예언적, 명령적, 간섭적인 교육은 분명히 필수적으로 부정적, 방해적, 파괴적인 작용을 할 것임에 틀림없다.

유아가 감각적 기능의 발달과 함께 손발을 움직일 수 있게 되는 것이 최초의 신체적 활동이며 창조적 충동의 싹이다. 여기에서 놀이가 시작되고 물건을 움직이며 형체를 조립하는 자기 활동이 이루어진다. 이러한 자기 활동의 결과 인식 활동이 일어나고 새로운 지식이 생성된다. 만일 이러한 자기 활동을 억압하고 인위적인 강제에 의한 교육은 자기 활동의 창조적인 교육적인 힘을 근본부터 없애버리는 것이 된다. 프뢰벨은 바로 이 점을 염려하여 자기 활동의 인간 교육적 원리를 내세운 것이다.

다. 노작의 원리

페스탈로치의 노작교육사상을 계승하여 프뢰벨은 유아의 손발을 움직이는 노작이 인식 활동을 넓혀 주는 중요한 교육적 작용이라고 보았다. 프뢰벨은 유아의 모든 단순한 생산 활동을 노작으로 설명하고 있다. 그는 갓난아기가 누워서 손발을 움직이고 각종 표정을 짓는 것도 노작으로 고귀한 영혼의 활동이라고 보았다. 이는 신으로부터 인간에게 주어진 영혼의 반사로서 이해하고 받아들여야 한다고 생각했다. 단순한 놀이, 즉 단순히 돌아서고 다시 돌아오는 것, 만지작거림, 옮겨 놓고, 걸치고, 쌓고 던지는 행위 등 그들에게서 일어나는 모든 행위는 행위 이상의 뜻을 포함하고 있다고 한다. 프뢰벨은 생명 그 자체를 활동·노작·창조라고 보고 이를 통해 숨겨져 있는 인간의 신성이 표현된다고 하였다. 따라서 프뢰벨은 노작은 신성의 표현을 위한 인간 생명의 창조적이고 자발적인 활동으로 보고, 이를 중요한 교육원리로 제시했다.

라. 놀이의 원리

프뢰벨은 지식교육에서 항상 문제시해 왔던 놀이를 하나의 중요한 교육원리로 제시했다는 점에서 유아교육에 크게 기여했다. 그는 특히 공, 구슬, 주사위의 유아의 첫 놀이 장난감으로 그의 교육적 의미를 적극적으로 설명했다. 프뢰벨 이후 놀이는 앞에서 설명하였던 통일의 원리와 자기 활동과 노작 활동을 모두 포함한 교육적 개념이 되었다.

프뢰벨은 『인간교육』에서 놀이에 대해 다음과 같이 말하고 있다.

놀이는 아이들의 내적세계를 스스로 표현하는 것이며, 자기의 내적 본질의 필요에 의해 자신의 내면세계를 밖으로 표현한 것이다. 놀이는 아동기의 가장 순수한 정신적 산물이며 인간생활 전체의 모범이라고 할 수 있는 것이다. 그러므로 놀이는 기쁨과 자유와 만족, 자기 내외의 평안함과 세계화의 화합을 만들어 낸다. 모든 선의 원천은 놀이 속에 있고 또 놀이로부터 나온다. 신체가 피로할 때까지 게으르지 않고 침착하게 노는 아이들은 반드시 힘차고 인내성 있는 그리고 타인의 행복과 자신의 행복을 위하여 헌신적으로 노력하는 인간이 될 것이다. 이 시기의 아이들이 생명을 가장 아름답게 표현하는 것은 놀이 속에 몰두하고 있는 아이들이 아닐까! 프뢰벨은 놀이가 단순한 장난이 아니라 인간발달의 가장 유력한 수단이라고 보았다. 그는 유아는 신이 부여한 활동충동, 창조충동, 학업충동 등을 끊임없이 일으키지 않고는 견딜 수 없다. 신적 존재로서 이 세상의 활발한 어린이는 신이 끊임없이 내적인 것을 외적인 것으로 하고 정신적인 것에 형태를 보여주고 그리고 부단한 창조를 통해서 신의 정신을 표현함과 같이 자기가 내적으로 사유하고 있는 것을 외부에 나타내고야 만다. 그리하여 프뢰벨은 무엇보다도 먼저 아동들의 이 같은 활동충동, 창조충동 그리고 작업충동을 순화하고 육성하려고 노력했다. 이런 점에서 놀이는 인간 성장의 근본요소이며, 어린이의 자연스러운 발달의 가장 중요한 조건이다. 프뢰벨은 놀이 그 자체가 바로 교육이라고 인식하였다.

③ 프뢰벨의 교사론

프뢰벨의 저서 『인간교육』에서 교육은 가장 내면적인 것에 대한 고찰에 근거를 두어야 한다. 그리고 교육의 목적은 내면적인 것과 외면적인 것을 연결하는 방법을 가르쳐 주는 데 두었다고 한다. 그리고 프뢰벨은 다음과 같은 교사의 역할을 요구하고 있다. 교육자인 교사의 역할은 개별적이고 구체적인 것은 일반적인 것으로, 일반적인 것은 구체적이고 개별적인 것으로 만들어 그 둘 사이의 관계를 밝혀내야 한다. 다시 한번 교사의 역할을 살펴보면, 첫째, 교사는 외면적인 것을 내면적인 것으로, 내면적인 것을 외면적인 것으로 만들어 그 둘 사이의 관계가 조화로움을 유지하도록 가르쳐 주어야 한다.

둘째, 교사는 유한한 것에는 무한한 것을 비추고, 무한한 것에는 유일한 것을 비추어 삶에서 둘을 조화시켜 나갈 수 있도록 가르쳐야 한다. 셋째, 교사는 인간적인 본질 속에서 신적인 본질을 파악하고, 신에게서는 인간의 본성을 찾아내어 인간의 내면 속에서 인간의 본질과 신적 본질이 서로 조화를 이루어 나타나도록 가르쳐 주어야 한다.

프뢰벨은 교사에게 "인간의 생명으로 표현되는 근원적인 신의 본질을 올바르게 파악하고 인간 개개인을 조화로운 삶을 사는 인간으로 인도하기를 바란다."고 당부하고 있다. 그리고 교사는 무엇보다도 총명한 지식과, 어린이를 사랑하는 마음을 지니고 어린이가 자신들이 발달해 가는 모든 방향을 이해할 수 있도록 도와주어야 한다.

④ 교육사적 의의

프뢰벨은 인간과 어린이의 발달 연구법, 어린이를 다루는 법, 놀이 교구 사용법 등을 말한다. 프뢰벨은 자신이 어린이들과 함께 삶을 나누는 것처럼 교사들 역시 어린이들과 삶을 나누기를 원했다. 교사가 어린이와 함께하면 교사와 어린이 모두에게 유익한 것이 있다고 믿었다. 이를 살펴보면, 첫째, 어린이가 교사와 함께 배우고 놀면 교사와 어린이 사이에는 순수한 결합이 이루어진다. 둘째, 교사 역시 어린이들로부터 배우는 기회를 얻게 된다. 정원사가 식물을 정성스럽게 가꾸듯이 교사는 어린이의 영혼과 흥미를 인내심 있게 관찰하고, 적절한 환경(양분과 햇빛, 공기)을 제공하여야 한다. 그리고 무지하고 왜곡된 것에 빠져 있는 사람들이나 아이의 연령에 적합하지 않은 처방으로 어린이들을 자극하는 사람들로부터 어린이들을 보호해야 한다. 교사는 놀이를 통해서 어린이를 지도할 수 있는 안내자이다. 교사는 자신의 재능과 경험들이 조화로운 결합을 이루도록 노력해야 한다. 왜냐하면 교사는 조화롭고 아름다운 삶을 추구하는 이로서 어린이들에게 모범을 보여주어야 하기 때문이다. 프뢰벨은 그가 교사들에게 요구하는 것들을 그의 교육활동을 통해서 좋은 모범을 보여주고 있다. 위에서 언급한 바와 같이 교사는 교사로서의 모범적인 자질과 태도를 지닌 자여야 한다. 또한 교사는 어린이의 보호자, 지식 제공자, 관찰자, 어린이를 자극하는 자 그리고 교량 역할을 하는 연결자로서 유아교육에 있어 오늘날까지 중요한 자리를 차지한다는 것을 프뢰벨은 말해 준다. 프뢰벨은 유아기의 단계는 주위 사람들과 주변의 세계와 처음으로 관계를 맺고 일치하고 그리고 그들을 이해하고 해명하는 것들을 키우는 단계이며 또 이러한 것들의 내적인 본질을 파악하기 위한 최초의 출발점으로 포함하고 있으므로 지극히 중요한 단계라고 하고 있다. 이렇게 프뢰벨은 아이들의 인격 자체를 높이 샀으며 우리가 잘 보살펴야 할, 잘 키워 나가야 할 존재로 여겼다. 프뢰벨의 유아기의 교육은 두 가지 측면에서 살펴볼 수 있는데 한 가지는 어머니와 함께하는 영역이고 다른 한 가지는 아버지와 함께하는 영역이라고 볼 수 있다. 우선, 어머니와 함

계할 수 있는 영역으로 살펴보도록 하자. 어머니와 한 몸으로 있다
가 두 인격체로 분리되었다고 해도 그 10개월 동안 같이해 온 어머
니와의 애착은 그 누구보다도 끈끈할 것이며, 애착을 요구하는 정도
도 클 것이다. 그래서 어머니가 아이를 위해 해 주어야 하는 교육적
측면이 중요한 것이다.

* 음 식

식사와 식품에 따라서 아이들은 게으르게도, 근면하게도, 고지식하
게도, 쾌활하게도, 우둔하게도 될 수 있다. 그래서 식사와 영양은 어
린이들의 지금 나이와 생활에 있어서도 중요할 뿐만 아니라, 어린이
들의 미래의 생활에 있어서도 매우 중요한 것이다. 그래서 필요 이
상으로 인공적으로 만들어서 많은 종류의 식품을 넣어서는 안 된다.
특히 약재와 향료는 자극이나 흥분을 주는 것이어서 삼가야 하고 많
은 음식도 좋지 않은 것이라고 하였다.

* 옷

아이들이 정신적으로나 신체적으로 자유롭게 구애받지 않고 운동
하고 놀이하기 위해 의복은 몸을 조이게 한다든지 누른다든지 묶는
다든지 하여서는 안 된다. 그리고 의복의 형태나 색채가 목적 자체
가 되어서는 안 된다. 만약 그렇게 되면 어린이는 어릴 때부터 자신
이 아닌 다른 이의 의도에 끌려 다녀서 자신의 속은 비어 있고 다만
표피만 있게 된다고 하였다.

* 아이를 인도하는 방법

아이의 발달 과정에 연속적으로 나타나는 모습을 통찰하고 지각하
기 위해 좀 더 구체적으로 아이에게 말을 하여야 할 것이다. ex)
"팔을 이리 주렴", "손가락을 깨물어 보렴." 이렇게 함으로써 아이들

은 자신을 탐색하고 그 뒤 다른 사람을 인식할 수 있는 힘을 가지게 된다. 어머니의 이러한 행위는 장래 아기에게 모든 것, 즉 자기 스스로 바깥에서 볼 수도 직관할 수도 없는 자기 자신을 인식하도록 하기 위해서 아이들을 인도하고 지도하는 최초의 행위인 것이다. 아이에게 금지하려는 행동을 설명할 때에도 보통 어머니들이 사용하는 '~하지 말라, 하지 마라' 이러한 문제가 아니라 작은 체험을 통해서 그것을 일깨워 주어야 한다는 것이다. ex) "칼에 베인다"라고 하면서 칼의 끝을 살며시 아이의 손에 가져가서 살짝 찔러 본 후 "칼은 뾰족하고 날카로워서 찔리거나 베이니 손대지 말고 그냥 두자"라고 인도하는 것이다.

반면, 아버지와 함께할 수 있는 영역은 어머니의 영역보다는 그다지 많지는 않다. 프뢰벨의 시대에도 그러했듯이 대부분의 아버지가 바깥일을 하시고 어머니가 집안일을 하였기 때문에 아버지는 아이들에게 직업의 영역에서의 교육자가 되기 일쑤였다. 프뢰벨은 아버지가 종사하고 있는 제각기의 분야가 모든 인간적인 지식을 습득하기 위한 출발점을 주는 것이라고 말했다. 그래서 아이들은 궁금한 것에 대해 질문을 하게 되는데 이때 귀찮은 듯 저쪽으로 가라고 아이에게 말하여서는 안 된다. 그리고 아이가 하는 여러 가지 질문, 아니 몇 번이라도 되풀이되는 질문에 화를 내서도 안 되며 답을 한다 하더라도 아이가 당신의 말을 이해하지 못하고 또 스스로 답할 수 없을 정도로 너무 정도를 넘어서 많은 답을 하여서도 안 된다. 왜냐하면 답을 다른 사람으로부터 듣는다는 것은 사고상으로나 정신상으로 게으름을 초래하기 때문이다. 그리고 아버지는 아이의 능력에 맞게 자신의 일을 분담해 줌으로써 아이들이 그 직업에 대해서 아버지에 대해서 느낄 수 있도록 해주어야 한다.

* 놀 이

놀이를 하는 것은 유아 발달의 시기에 있어서 인간 발달의 최고의 단계이다. 왜냐하면 놀이는 안에 있는 것의 자유로운 표현, 즉 안에 있는 것 자체의 필요와 요구에 바탕을 두고 있는 안에 있는 것의 표현에 불과한 것이기 때문에다. 쉽게 말해서 놀이란 아이가 자신의 표현하고자 하는 욕구를 바탕으로 표현의 도구가 되는 것이다. 그래서 놀이 활동을 하는 아이들에게 해주어야 하는 부모의 태도를 프뢰벨은 "어머니들이여, 어린이들의 놀이를 돌보고 키우도록 하시오, 아버지들이여, 그들을 감싸 주고 지켜 주시오, 인간의 일을 진실로 통찰해 보는 사람이 침착하게 투철한 눈으로 이 시기의 아이들이 자유롭게 선택한 놀이를 관통해 줄 때 그 아이들이 장래에 올 그들의 내면의 생활까지도 생생하게 볼 수 있다."라며 설명하고 놀이에 대한 중요성을 일깨워 주었다. 이처럼 놀이는 아이들에게 있어서 단순한 놀이가 아니라 자신을 표현하고 자신이 아닌 다른 세계를 배워 나가는 수단이 되기 때문이다.

이렇게 살펴보면 지금 우리가 아이들을 대하고 있는 태도에 대해서 많은 반성을 하게 된다. 우선, 아이들에게 가장 큰 영향을 주는 어머니의 태도에 대해 살펴보자. 우리나라 부모님들은 특히, 어머니들은 남들에게 자신의 자식이나 남편, 자신을 과시하고픈 욕망이 다른 나라보다 큰 것 같다. 보통 자신의 자식이 남들의 자식보다 우월해야 한다고 생각하는 경향이 크다. 그래서 조기교육, 명품의 아이들과 같은 폐단이 나오고 있는 것이다. 프뢰벨이 옷의 종류와 재료에 대해서 설명하였듯이 아이가 입었을 때, 활동할 때 아이 자신이 편하고 만족하면 그것이 가장 좋은 옷이요, 훌륭한 명품인 것이다. 하지만 이러한 측면에서의 우리나라 어머니들은 나쁜 방향으로만 흘러가는 것이 아닌지 걱정스럽다.

　아버지의 경우를 살펴보자

　우리나라는 전통적으로 가부장적 이데올로기에 속박되어 살아 왔기 때문에 양육이라는 자체를 여성의 전유물인 양 취급해 왔다. 하지만 여러 가지 논문에서도 밝혔듯이 아버지와 자식과의 관계에서 아이의 성격, 지적 능력 등 여러 측면에서 영향을 미친다는 보고가 나타났다. 그래서 양육이라는 것은 이제 더 이상 남성의 의무에서 제외 대상이 아닌 여성과 같이 해결해야 할 과제로 대두되게 된 것이다. 이러한 시대적 흐름에 국가도 아버지의 양육의 참여를 제도화하는 것도 괜찮은 방법인 듯싶다. 예를 들어 일주일에 2시간씩 아이들과 운동하기, 아이들이 유치원에 다닐 경우 유치원 행사에 참여하기 등 아이들과 함께할 수 있는 것들을 생각해 볼 필요가 있을 것이다. 이렇게 의무화함으로써 그 안에서 감정이 돋아 날 수 있기 때문이다. 보통 사람들은 태도는 감정의 표현이라고 한다. 그러면 역으로 태도를 통해서 감정을 만드는 것 또는 표현하는 방법으로 찾아보는 것도 괜찮은 방법인 듯싶다. 이렇게 프뢰벨은 아이들의 입장에서 어떻게 하면 아이들에게 이로운, 올바른 교육을 할 수 있을까에 대하여 연구를 하였다. 그래서 아버지나 어머니의 태도에 대해 교육하였고, 아이들의 자유로운 활동을 존중하였다. 하지만 이것을 잘못 받아들여 모든 것을 아이들에게 맞추어야 한다는 것은 아니다. 아이들의 테두리에는 언제나 성인이 그들을 지켜줘야 하는 울타리의 주체이기 때문이다. 이렇듯 아이들을 위한 교육의 방법의 옳고 그른 것은 아무도 규정지을 수 없는 것이다. 하지만 아이들을 진정으로 사랑하고 그들의 입장에서서 그들의 소리에 귀 기울인다면 그들도 그 사랑에 화답해 줄 것이라 믿는다. 그러기에 교육에 있어서 사랑이라는 것은 늘 바탕이 되어야 되는 것이다.

2. 청소년 행정복지

1) 청소년 비행 문제

청소년은 궁극적으로는 사회문제의 피해자로서 보호, 치료, 선도의 대상으로 인식되기도 하지만 현상학적으로는 사회문제를 일으키는 행위의 주체로서 인식된다. 청소년 관련 입법의 태도를 보면, 과거 미성년자보호법은 사회적 피해자로서 청소년을 요보호대상으로 규정하면서도 동시에 비행의 주체로서 청소년에게 음주, 흡연, 싸움 등 불량행위에 대한 금지행위를 규정하였었다. 그러나 1997년 이 법이 폐지되고 「청소년보호법」이 제정되면서 청소년 보호에 초점을 두게 되었다.

(1) 청소년의 정의―연령

민법―20세 미만 미성년자
아동복지법―18세 미만
청소년기본법―9세 이상 24세 이하
소년법―12세 이상 20세 미만
청소년보호법 포함 청소년 규제에 관련된 모든 법률―만 19세 미만

(2) 청소년기 발달과업

신체적: 키와 몸무게 신장, 성적 기관발달

인지적: 자기중심적 사고에서 벗어남, 비판적 인식 성장, 다양한
　　　　관계와 역할에 대해 사고
사회관계적: 또래집단에 적극적으로 참여, 이성관계 새롭게 인식
가족으로부터 독립, 미래 직업 및 진로에 대해 고민, 성역할과 자
아정체감 확립

(3) 사회화

현대의 청소년들은 청소년기를 학교교육 속에서 보낸다. 여기에서
교육이란 곧 사회화를 말하는 것이며 이 과정을 통해 청소년들은 성
인사회에 근접하는 기능을 소유하게 되지만 성인사회에 참여는 허용
되지 않는다. 그런데 산업화가 고도화되고 지속적으로 변동하면서
교육 연한은 증가하고 있다.

(4) 소년 비행의 유형

약물남용
가출문제
학교폭력
성문제
집단 따돌림

(5) 약물남용의 문제

중요한 임무를 제대로 수행하지 못한다
신체에 고통과 해악이 따름

법적인 문제를 일으킴

대인관계에 문제를 야기하는 상태

(6) 청소년 약물남용이 성인 약물남용과 다른 점

① 성인보다 더 다양한 약물을 사용한다.

② 성인보다 개인의 심리내적인 이유로 약물을 사용한다.

③ 성인들의 증상기준으로는 청소년들의 약물사용 수준을 결정하기 어렵다.

④ 청소년이 약물중독자가 되는 과정이 성인보다 짧다.

⑤ 약물남용으로 인한 감정적인 정체가 더 빠르게 진행된다.

⑥ 성인보다 더 많이 또래집단의 유혹에 노출되어 있다.

(7) 집단 따돌림

두 명 이상이 집단을 이루어 특정인을 그가 속한 집단 속에서 소외시켜 구성원으로서의 역할 수행에 제약을 가하거나 인격적으로 무시 혹은 음해하는 언어적, 신체적 일체의 행위를 말한다. 이러한 현상은 대화거부, 약점 들추기, 모함, 공개적 비난, 시비걸기, 위협, 창피주기, 괴롭히기 등 교묘하고도 다양한 방법들이 구사되고 있다.

(8) 비 행

비행이란 사회 또는 집단에서 규정하는 규범이나 규칙을 위반하는 일체의 행위를 말하거나, 좁게는 소년법정에서 소송대상이 되는 행위를 말한다. 여기에서 규범 또는 규칙이란 법률만을 말하는 것이 아니라 도덕, 윤리, 관습, 에티켓 등 사회적으로 준수해야 바람직한 것으로 규범화된 제반 가치를 말하는 것이다. 그러므로 범죄는 사회규범 중에서 법, 특히 형사법을 위반한 경우에 해당되는 것이다.

(9) 소년범에서의 소년비행

범죄행위: 형사책임이 면제되는 14세 이상 20세 미만의 청소년이 저지른 형벌법령에 위배되는 행위.

촉법행위: 형벌법령에 위배되는 행위이기는 하지만 그 행위 주체가 12세 이상 14세 미만이어서 형사책임이 없는 경우.

우범행위: 보호자의 정당한 감독에 복종하지 않는 성벽이 있거나, 정당한 이유 없이 가정에서 이탈하거나, 범죄성이 있는 부도덕한 자와 교제하거나 금전낭비, 부녀유혹, 불건전한 오락 등을 하는 경우.

(10) 청소년 비행에 대한 관점

절대주의적 관점: 인간의 행동을 선과 악이라는 두 가지 범주로 분류. 비행이란 신성하게 받아들여지는 선한 사회질서를 위반하는 모든 악한 행위.

법적 관점: 도덕이나 관습, 종교적 신념에 어긋나는 행위일지라도 국가기관이 사회통제 목적상 법으로 금지하는 규범에서 일탈한 행동이 아니라면 비행으로 볼 수 없다.

상대주의적 관점: 인간의 모든 행위는 행위자가 속한 문화적 집단의 판단에 따라 달리 평가된다는 점을 강조.

(11) 비행을 보는 패러다임

실증주의적 패러다임: 자연과학적 방법 사용. 비행이란 사회구조가 개인에 대한 통제력이 결핍될 때 발생하는 것으로 본다. 성악설.

해석적 패러다임: 추상적인 사회구조나 체계보다 행위자인 인간을 분석의 중심에 두고 행위자들의 주관과 상호작용이 어떻게 사회를 이루어 나가는가 하는 데 중점을 둔다. 비행은 청소년 개인과 사회적 조건 및 상황들 사이의 상호작용에 의해 형성된다고 봄.

비판적 패러다임: 사회에서 나타나는 갈등현상에 초점을 둠. 비행이란 지배집단이나 계급이 정해 놓은 규범을 어기는 경우를 말한다.

(12) 비행 원인론

아노미 이론
사회해체론
접촉차이 이론
하위문화론

(13) 머튼의 아노미 이론 — 적응양식

① 동조
② 혁신: 문화적 목표가 수용되고 반면에 수단들은 유용하지 못하여 거부되는 상황
③ 의례: 개인이 문화적인 성공목표를 보지 못하고 오히려 두려워하여 정당한 수단들에 동조되어 비굴하게 수용하는 경우
④ 도피: 수단과 목적을 모두 거부하고 사회로부터 탈락하여 다른

　세계에서 냉담하게 살아가는 형태
⑤ 반항: 기존의 목표와 수단을 수용하지 못하고 새로운 목표와
　수단으로 대치하는 경우

(14) 접촉차이 이론

이 이론에 따르면, 사람이 범죄자나 비행자가 되는 것은 법규범
위반에 대해 우호적인 생각이 많기 때문이라는 것이다. 이것은 정상
적인 학습과정에서 배워지는 것이며 그 학습내용은 범죄의 기술과
동기, 태도 등이며 이러한 학습과정은 친밀한 타인과의 접촉에서 발
생한다는 것이다.

(15) 하위문화론

하위문화들이 문제의 원인으로 작용하는 것인지 아니면 문제의 결과
그러한 '하위문화'들이 형성되었는지 그 인과관계의 입증은 어렵다. 오
히려 문제를 가진 집단과 계층에게 열등 낙인을 부과하려는 중산층의
이데올로기가 내포되어 있는 이론이 바로 '하위문화론'이라 할 수 있다.

(16) 하위문화론 — 코헨

그의 주장에 의하면, 사회계급은 실존하는 것이고 각 계급은 하위
문화를 갖는다고 본다. 이 이론은 1950년대에서 1960년대 가장 흔히
발견할 수 있었던 청소년들의 갱을 주목하였다. 하류계급 청소년들
은 중류계급에 의해 지배되는 학교에 적응하지 못하여 갱 조직을 형
성한다는 것이다.

(17) 비행의 형성과정(과정론)

① 낙인이론: 일탈과 비행은 그것을 보는 사람의 관점에 의해 형성
되는 것
② 현상학 또는 민중생활방법론적 이론: 후자는 어떠한 행위가 비
행이라고 규정하는 것보다는 사람들이 어떠한 행위를 비행이라
고 규정하는 과정과 방법을 찾는 데 주력
③ 신갈등이론: 비행 또는 범죄가 사회의 권위자 집단에 의해 규
정된다는 것. 낙인이론을 보다 집단적인 수준으로 확대한 이론
④ 비판범죄론: 일탈이나 비행 또는 범죄를 규정하는 자가 무엇을
대표하며 그들이 옹호하는 권익은 무엇이고, 그들의 행위가 자
본주의 사회의 기존 성격을 어떻게 강화시키는가를 밝히는 데
중점을 둠

(18) 청소년보호법

청소년에게 유해한 매체물과 약물 등이 청소년에게 유통되는 것과
청소년이 유해한 업소에 출입하는 것 등을 규제하고, 청소년을 청소
년 폭력, 학대 등 청소년 유해행위를 포함한 각종 유해한 환경으로
부터 보호, 구제함으로써 청소년이 건전한 인격체로 성장할 수 있도
록 하는 목적을 가지고 있다.

(19) 풍속영업의 규제에 관한 법률

청소년보호법이 청소년의 비행이나 폭력 등에 의한 희생을 막기
위해 국가가 직접적으로 청소년과 청소년의 환경에 대해서 직접적으

로 개입하는 것을 규정한 법이라면, 풍속영업의 규제에 관한 법률이
나 사행행위 등 규제 및 처벌 특례법 등은 성인사회의 각종 풍속영
업이나 사행행위 영업을 규제함으로써 청소년들의 접근과 비행을 예
방하려는 법으로서 청소년보호법에 비해서 간접적인 방법의 예방법
이다.

(20) 사후 대책

소년법
소년원법
보호관찰
갱생보호

(21) 보호관찰

이것은 범죄인에게서 자유를 박탈하지 않고 통상적인 사회생활을
영위하게 하면서 일정한 담당자의 지도, 감독 등을 통하여 그의 갱
생 및 복귀를 기하고 다른 한편 범죄인의 개선교육을 통한 재범의
방지와 사회의 안전을 기하려는 제도로서 보호관찰법에 의해 시행되
고 있다.

(22) 소년법에 의한 보호처분

① 보호자 또는 보호자를 대신하여 소년을 보호할 수 있는
　자에게 감호를 위탁하는 것
② 보호관찰관의 단기 보호관찰을 받게 하는 것

③ 보호관찰관의 보호관찰을 받게 하는 것

④ 아동복지법상의 아동복지시설 기타 소년보호시설에 감호
　를 위탁하는 것

⑤ 병원, 요양소에 위탁하는 것

⑥ 단기로 소년원에 송치하는 것

⑦ 소년원에 송치하는 것

여기에서 2와 3의 경우 사회봉사명령 또는 수강명령을 동시에 명령할 수 있다.

(23) 감　별

이것은 보호소년 등의 신체, 성격, 소질, 환경, 학력 및 경력과 그 상호관계를 규명하여 보호소년 등의 교정에 관한 최선의 방침을 수립하기 위한 과정이다.

(24) 갱생보호

이것은 소년교도소에서 출소하거나 소년원에서 퇴원 또는 가퇴원한 자, 소년법상의 보호처분을 받은 자 등에 대해 그들이 자립, 갱생하여 건전한 사회인으로 복귀할 수 있도록 지도하여 성행을 교정하고, 물질적인 지원을 제공하여 자립기반을 마련하여 주는 제도이다.

(25) 문제해결 및 대안: 사회복지 차원의 전략

실증적 패러다임: 청소년운용 프로그램
해석론적 패러다임: 탈시설화

비판적 패러다임: 급진적 사회개혁

(26) 청소년복지의 개념

① 잔여적 청소년복지: 빈곤청소년, 소년소녀가장, 비행청소년 등 한정적인 집단의 청소년들을 대상으로 일시적이고 보충적으로 이루어지는 것. 사후대책
② 제도적 청소년복지: 모든 청소년들을 대상으로 각종 사회적 위험으로부터 그들을 보호하고 삶의 질을 향상시키기 위한 항상적인 제도로서의 복지. 예방

(27) 제도적 청소년복지

비행청소년의 발생을 예방하기 위한 사회복지적 전략
가정을 강화하는 방향 — 가족복지정책 확립
학교교육에서 인간성의 회복 — 학교사회사업
경제적 불평등의 완화 — 복지국가적 정책

(28) 보완적 청소년복지: 교정복지

전문적으로 이루어져야 한다
교정의 개별화가 필요하다
교정의 사회화가 필요하다 — 탈시설화

2) 청소년 자살문제

그동안 우리나라에서의 자살이란 단지 막연한 관심사 정도였다. 최근에야 비로소 청소년들의 자살에 대한 관심이 생겨났다. 그러나 몇몇 학자들과 의사들이 자살에 대해 관심과 예방을 이야기할 뿐 일반인들의 관심은 단지 문제 자체 중심이 피상적인 것으로만 여겨져 왔다.

자살에 대한 일반인들의 관심이나 태도는 방관자 입장에서 크게 벗어나지 못하고 있다. 자살에 대한 올바른 이해도 부족하고, 어떻게 자살하려는 사람을 도와주어야 하는지도 모른다. 자살을 생각하는 청소년은 의외로 많다. 자살미수로 그친 청소년들도 상당수이다. 이런 현실에서 절실히 필요한 것은 그들이 생명을 보존하여 현실에 적응해 자신의 삶을 뜻있게 보낼 수 있도록 많은 사람들이 도와주는 것이다.

청소년 영화를 보면 성적문제, 친구문제, 이성문제 등으로 인해서 자살하는 청소년들이 많다. 한창 민감한 그들에게는 그러한 것들이 자살을 결심할 만한 심각한 고민거리가 될 수 있기 때문일 것이다. 그렇다면 영화에서처럼 우리 주변의 실생활의 청소년들의 자살이 많이 벌어지고 있는 것은 아닐까, 최근 얼마 전에는 수학능력시험을 치른 재수생이 성적을 비관하여 자살을 하였고, 올해 초 한 여고생이 테스메탈이라는 음악에 심취하여 목을 매어 자살하였다. 이렇듯 우리나라 청소년의 사망 현황을 조사한 최근 자료에 의하면, 자살로 인한 사망률이 불의에 의한 사고 다음으로 높은 2~3위를 차지하고 있는 것으로 나타나 젊은 층의 자살률이 다른 연령층에 비해 높게 나타났다.

청소년의 자살이 점차 증가 추세에 있다. 현재 자살은 한국 청소년 사망 3대 원인 중 하나인데 청소년 자살은 가족들이 죄책감으로 정확히 보고하지 않는다는 점을 고려하면 실제 더 많은 청소년들이 자살하고 있다고 생각할 수 있다.

따라서 이처럼 요즘 청소년 자살이 왜 갑자기 증가하고 있는지 그 이유는 무엇이며 그에 따른 요인들은 무엇인지 살펴보고, 이러한 청소년들의 심리상태는 어떤 것이며 이 문제점을 해결하기 위해서는 어떤 대책이 있는지 생각해 볼 필요가 있을 것이다.

자살이란 주제가 체계적으로 연구되기 시작한 것은 Durkheim에서 부터이다. Durkheim은 그의 저서에서 자살의 원인이 개인보다는 사회에 있다고 생각하여 유럽 각국들과 미국에서의 자살률을 여러 사회학적인 변인들상에서 비교하였는데, 그 결과 자살률은 개인이 속한 사회에 통합된 정도에 반비례한다는 결론에 도달했다.

① 이기적 자살

지나친 개인주의 혹은 사회에 대한 불충분한 통합 결과 야기된 자살.

② 이타적 자살

개인이 사회에 지나치게 통합된 나머지 자신보다도 자신이 속한 사회집단을 중요하게 생각한 결과로 자살하게 되는 것.

③ 가치혼란적 자살

사회가 개인의 삶에 필요한 법규와 질서를 더 이상 제공하지 못한다고 느낄 때 보일 수 있는 것으로 급작스런 사회 변동 기간에 발생할 가능성이 많다.

④ 숙명론적 자살

개인이 선택하거나 통제할 수 없는 강력한 사회적 속박하에 개인의 삶이 종속되어 있어서 자포자기적으로 살아가는 노예나 포로, 원하지 않는 결혼에 얽매인 경우에 보이는 자살을 말한다.

또, 다른 사회학자들의 연구는 인구과밀, 이혼, 경기침체와 같은 열악한 사회적 환경조건, 사회구조의 붕괴, 사회적 고립, 사회병리 등과 같은 사회적 요인들과 자살 간의 관계를 살펴보았다. 이러한 연구는 열악한 사회적, 경제적 조건과 자살행위 간에 관계가 있음을 입증하였다.

사회학적 연구들의 공통적인 문제점은 자살을 외적 요인에 입각해 설명하려 했을 뿐 개인적인 요인을 전혀 고려하지 않은 것이라고 할 수 있다. 단순히 여러 사회적 요인들과 자살률 간의 상관을 살펴본 연구들이 대다수이므로 자살과 관련된 개인내적인 요인들을 심층적으로 이해하는 데 기여하지 못했다고 볼 수 있다.

(1) 정신분석학적 연구

정신 분석가들은 자살행위를 일으키는 개인내적인 갈등과 무의식적인 환상을 이해하는 데 관심이 있었다. 프로이드(1917)는 "사랑하는 대상의 상실로 인해 생기는 견딜 수 없는 고통과 분노로 말미암아 사랑하는 대상을 계속 유지하고자 그와 동일시하게 되고, 동일시 결과 자신의 일부로 내재화된 사랑하는 대상에 대한 강렬한 공격성이 결국 자살로 이끌게 된다."는 가설을 제시하였다. 이런 견해는 자살을 '내부로 향해진 분노(anger turned inward)'로 개념화한 것인 반면, Hendrick(1940)과 Freidlander(1940)는 강한 자살충동을 가진 환자들의 사례연구에서 그들이 이상화된 내적 대상과 재결합하는 환상을 많이 가지고 있음을 관찰하여 자살 행동에서 성욕적인 측면도 중요함을 지적하였다. Menninger(1966)는 『Man against Himself』라는 저서에서 자살행위를 일으키는 기저의 정신역동적 동기를 3가지로 분류했다.

① 죽이고자 하는 소망

공격성, 비난, 규탄, 제거, 파멸, 복수 등으로 기술.

② 죽임을 당하고 싶은 소망

복종, 피학성, 자기비난, 자기규탄으로 기술.

③ 죽고 싶은 소망

절망, 공포, 피곤, 낙망, 고통 등으로 자살하는 것.

또, 위의 3가지 동기가 모든 자살행위에 관여되어 있었음을 강조하였으나, 연구 결과 죽이고자 하는 소망과 죽임을 당하고 싶은 소망의 강도는 연령에 따라 감소하고, 죽고 싶은 소망은 연령에 따라 증가하는 것으로 나타났으며, 이와 같은 동기상에서 성차는 발견되지 않았다.(farberow & Shneidman, 1976). 이러한 결과는 3가지 정신역동적인 동기가 자살행위에 관여되는 정도가 연령에 따라 달라질 수 있고, 모든 자살행위에 분노와 적대감이 개입되어 있음을 함축한다. 그런데 최근의 연구들은 자살에 대한 정신역동적인 가설을 반박하는 증거들을 제시하고 있고 또한 전통적 정신분석적 견해에 입각한 연구들은 모호하고 추상적인 구성 개념을 실증적으로 측정하지 못했으며, 대부분 사례연구에 국한되어 있다는 단점을 갖고 있다.

(2) 인지 이론: 절망(hopelessness) 이론

정신병리를 겪고 있는 집단을 대상으로 한 연구, 특히 우울증 환자를 대상으로 한 연구에서는 우울증이 자실과 관련된 가장 중요한 위험 요인이라는 사실을 입증하였다.(Klerman, 1987) Beck(1967)은 우울증의 정서적인 증상보다는 인지적인 증상인 절망이 자살과 가장 관련이 있을 것이라는 가설을 제시하였다. 절망이란 "미래에 대한 부정적인 생각, 즉 자신이나 어느 누구도 불행이나 고통을 변화시키기 위해 아무것도 할 수 없고 아무것도 이루어지지 않을 것이라는 신념"이다(White, 1989). Beck의 이론이 우울증 환자집단에서 보이는 자살행위를 설명하는 데는 매우 적절하나, 우울증 외의 임상 집단이나 비임상 집단에서 보이는 자살행위를 설명하는 데는 불충분하거나 적절하지 않을 가능성이 여러 연구에서 지적되었다. 자살에 대한 장기적인 스트레스 모델(jacobs, 1971)에서는 자살행위를 오랫동안 지속된 심리적 고통의 결과로 보고 있다. 즉 자살을 "장기간의 가족 갈등 및 부정적인 생활사건, 그에 대해 비효율적인 대처 기술, 점진적인 사회적 고립, 희망의 상실을 초래한 외상적 경험 그리고 자살 시도로 이어지는 장기적이고 연속적인 과정"으로 보고 있다. 반면에 자살에 대한 위기 모델(Sarason, 1984)은 자살을 갑작스런 실패나 좌절, 상실 경험에 대한 급성 반응으로 기슬하고 있다. 따라서 자살에 대한 장기적인 스트레스 모델에 따르면 절망은 우울증과 같은 만성적인 정신병리에 뿌리를 두고 있는 장기적인 위험 요인으로 간주될 수 있지만 비임상 집단에서 급성 위기에 대한 반응으로 보이는 자살행위에는 장기적인 위험 요인보다는 단기적인 위험 요인이 더 개입되어 있을 가능성이 많다. 단기적인 위험 요인으로는 특정한 정신병리에 기인된 것이라기보다는 갑작스런 상실 경험이나 실패와 같은 심리사회적인 스트레스나 충동성을 들 수 있다.

(3) 통합이론: Baumeister의 자기로부터의 도피로서의 자살

Baumeister(1991)는 자살을 '자기로부터의 도피', 즉 '자기와 관련된 고통스런 감정과 생각으로부터 도피하기 위한 수단'으로 개념화하였다. 이러한 개념에 입각하여 그는 자살에 이르는 도피 과정을 다음과 같이 상정하였다.

① 개인이 이루고자 하는 기대 수준은 높은 데 비해 현실적인 상태는 그에 미치지 못할 때, 기대와 현실 간의 괴리가 생기게 되고
② 기대와 현실 간의 괴리가 생긴 이유를 자신의 탓으로 돌려서 자기비난과 부정적인 자기평가를 하게 되며
③ 주의의 초점이 자기에 돌려져서 고통스런 자기 자각이 더욱 첨예화되고 자신에 대해 더욱 부정적으로 평가하게 되며
④ 그러한 결과로 자신에 대한 부정적인 정서 상태가 초래된다.
⑤ 개인은 이런 고통스런 생각과 감정을 없애줄 수 있는 강력한 수단을 갈구하게 되어, '인지적 몰락(cognitive deconstruction)' 상태가 유래된다.

인지적 몰락이란 정신기능의 협소화(mental narrowing)로서 모든 사상에 대해 의미를 부여하기를 거부하고 모든 것을 피상적, 무가치적으로 지각하고 해석하는 정신상태를 말한다. 이러한 상태는 자살을 저지하는 여러 가지 내적 억제력을 약화시키는 기제가 되어, 결

국 부정적으로 인식된 자신과 부정적인 감정으로부터 탈출하려는 수단으로서 자살과 같은 극단적이고 자기 파괴적인 선택을 하게 된다. 자신에 대한 고통스런 생각 및 감정으로부터 벗어나고자 하는 강렬한 충동결과로 초래된 인지적 몰락 상태는 자살행위뿐만 아니라 알코올 및 약물남용, 성적방종, 충동적 과식 등 다양한 자기 파괴적 행위와도 관련되어 있다고 주장하였다.

Baumeister의 이론은 앞서 개관한 자살에 관한 많은 연구결과들을 포괄할 수 있고, Beck의 이론보다 더 일반적인 이론적 모델로 보인다.

Baumeister의 이론에 따르면 절망 요인, 우울감과 같은 정서적 요인, 그 외 여러 가지 단기적 위험 요인과 자살 간의 관계에 대한 비일관적인 연구 결과들이 설명될 수 있을뿐더러 우울증 환자 집단뿐만 아니라 다양한 연령 및 다양한 임상집단에서 보이는 자살의 공통적인 기제를 이해하는 도움을 받을 수 있으리라 생각된다.

특히 우울증상으로서 절망보다는 행동문제가 두드러지는 청소년 집단에서 보이는 자살 생각이나 자살시도를 예측하는 데 Baumeister의 이론이 더 타당할 가능성이 있다.(신민섭, 1992)

자살이란 본인의 의사에 따라 자신의 생명을 끊는 행위라고 말할 수 있다. 세계보건기구(WHO)는 자살을 죽음의 의도와 동기를 인식하면서 자신에게 손상을 입히는 행위라고 하였고, Baumeister(1990)는 자살을 '자기로부터의 도피', 즉 '자기와 관련된 고통스런 감정과 생각으로부터 도피하기 위한 수단'으로 개념화했다. 자살은 인간에게서만 나타난다. 인간을 제외한 어떤 생물도 스스로를 파괴하려 하지 않는다. 세포의 재생이 저절로 중단되거나, 어떤 종류의 화학적인 변화를 일으키거나 혹은 극단적인 형태의 자기보호 수단으로 자해가 행해지는 경우, 또 개체보존의 본능에는 명백히 위배되는 자기파괴 행위가 관찰되기는 하지만, 이러한 것들은 종 특유의 행동으로 볼 수 있다. 청소년기는 신체적 감정적, 지적, 사회적 변화가 급격한 시기로 스트레스가 많고 따라서 문제도 많은 시기이다. 사회가 더욱 유동적이 되면서 전통적 지지가 줄어들고 어른들의 직장이 바뀌어 이직이 잦아지며 가족 이외의 의미 있는 관계를 발달시켜야 할 과제를 안고 있는 청소년들에게는 매우 스트레스가 된다. 변화에 대한 적응능력과 관계를 형성하는 능력이 어떤 청소년들에게는 부분적으로 결여되어 있기에 젊은이에게서 우울증이 증가하는 경향이 있다. 빠른 호르몬의 변화와 이차 성징 발달 등 신체적인 급격한 변화로 인하여 이로 인한 취약점 정신질환에 대한 유전적인 취약점이 있을 수 있다. 학교생활의 변화도 최근 이슈로 떠오른 청소년 자살 이유이다.

청소년의 자살은 또한 특이점을 찾을 수 있다.

① 사전 계획이 없이 충동적이고 자살을 미화하는 경향이 있고 친구와 함께하는 동반자살, 모방자살 등이 흔하다.

② 이전에 자살을 시도했거나 자살을 성공한 청소년은 1 / 3 정도가 이전에 자살을 시도했다.

③ 주요 우울장애, 정신병적 증상을 가졌다.

④ 특별하게 높은 위험률을 갖는 청소년은 기분장애와 물질 남용, 공격적인 행동을 했던 청소년이었다.

⑤ 기분장애가 없이 공격성, 폭력적, 충동적인 청소년은 가족의 갈등 중에 자살하기 쉽다.

⑥ 남자보다 여자에서 우울증이 있는 경우 더욱 심각한 자살의 위험요소이다.

⑦ 남자는 여자에 비해 더욱 심한 정신병리를 가지고 있다.

(4) 자살과 관련된 용어의 정의

청소년 자살을 논하기 위하여 우선 용어에 대한 정의부터 생각해 봐야 한다. 청소년 자살과 관련된 용어로서 자살생각이나 자살충동, 자살시도 그리고 자살 등이 있는데 이 네 가지를 구별하여 사용하여야 할 것으로 보인다.

① 자살생각이나 자살충동

하고 싶다는 생각이나 충동을 애기하며, 물론 이 중에 상당수는 자살시도로 이어질 수 있으나 반드시 그렇다고 볼 수는 없다.

② 자살시도

자살시도는 죽기 위하여 또는 다른 어떤 목적을 위하여 자살행위를 시도하였으나 자살에 성공하지 못한 경우를 애기한다.

③ 자 살

자살행위가 성공하여 그 결과로서 죽음을 초래한 경우를 애기한다.

④ 자 해

자해는 자살에 가까운 형태로서 자기 파괴의 한 형태이다. 흔히 손목을 칼 등으로 긋는 행동이 대표적이다.

손목 이외에도 팔, 허벅지, 다리 등을 긋는다. 얼굴, 복부, 유방은 드물다. 대개 면도날, 칼, 유리조각 등이 사용된다. 대체로 거칠게 자해하기보다 신중하게 상처를 낸다. 이유는 대개 타인에 대한 분노, 긴장의 완화 그리고 죽고 싶은 마음 등이다. 그들의 대다수는 성격 장애자들이며, 보통 사람들에 비해 내성적이고 신경증적이고 적대감이 많다. 알코올이나 약물남용자들은 대부분 자살을 시도한 적이 있다.

자해는 정신과에 입원한 환자의 약 4%에서 일어나며, 여자와 남자의 비율은 3 : 1이다. 정신과 환자들에게서 자해의 빈도는 일반인의 약 50배나 된다.

(5) 청소년 자살의 유형

① 내향형 자살

보통 행동이나 태도가 내향적이고 소심한 편이며 학교나 가정에서 대체적으로 문제가 있다고는 생각하지 않으나 내면으로 고독한 소외감이 강하여 고민이 많고 처리할 수 없는 일도 많이 갖고 있다.

특히 성적이 나빠서 상급학교를 인문계와 실업계로 나누어 진학해야 하는 기로에서 청소년 자신은 인문계로 진학하기 원할 경우 이러한 내면적 갈등이 자살의 계기가 되기도 한다. 또는 어른이 보기에 대수롭지 않게 여기는 단순한 문제로 고민하는 경우 그리고 여러 가지 문제가 복잡하게 얽히거나 겹쳐서 나타나기도 한다.

② 우수성 자살

이러한 경우는 많지 않지만 학교에서 성적도 우수하고 리더의 역할도 하지만 부모나 주변사람들의 기대가 본인에게 강한 부담으로 작용되어 모든 면에서 지위를 유지하기 힘들게 되면 스트레스를 받아 위기감을 갖는다. 이럴 때 성적이 갑자기 나빠지면 비관적으로 생각하지만 자신의 고민을 남에게 이야기하지 않기 때문에 표면적으로는 드러나지 않고 내면적으로 악순환되면서 자살에 이르게 된다.

③ 감정형 자살

감정이 격해서 충동적으로 생명을 끊을 수단으로 자살을 택하게 된다. 이러한 유형의 청소년은 언어와 행동에서 분명히 하는 경우이다. 즉 그 감정은 이성과 의지로 억제할 수 없어서 공격성이 외부로 나타나지 않고 자신으로 향하여 자살하게 된다. 청소년의 자살은 에너지를 정신 내적으로 방향을 바꾸면서 고정시키는 것인데 Bibring(1953)은 극단의 상황에서 살려고 하는 의지는 죽으려고 하는 의지로 다시 배치된다고 했다.

④ 정신장애형 자살

정신장애를 갖는 청소년에게서 자살이 흔하다. 자살은 정신분열증이나 조울증의 초기, 불안이나 강박을 보이는 신경증에서 시작된다. 사춘기는 일반적으로 정서가 불안정한데 여기에 정신장애가 겹쳐서 불안정이 더욱 가속되면서 절망감을 느끼고 위기감을 지속시킨다. 특히, 정신불안증은 환각 증세나 망상 속에서 강한 공포, 불안, 충동성이 자살로 이끈다.

⑤ 신체장애형 자살

신체의 상해나 장애를 고민해서 자살하기도 하는데 사춘기에는 신체의 장애에 민감해서 신체적 이상을 수용하기 힘들고 과민하게 반응하여 열등감을 갖게 된다. 이러한 신체적 열등의식은 다른 청소년과의 경쟁에서 뒤지게 된다는 생각 속에 특히 생활의 빈곤과 겹치게 되면 더욱 스스로를 포기하게 된다.

⑥ 문제행동성 자살

약물남용, 가정폭력과 같은 문제행동을 보이는 경우에서도 자살이 발생한다. 이는 심리적으로 위기 상황으로 인식하기 때문인데 어른

들은 청소년의 행동을 상식적으로나 규율적으로 이해 없이 엄격하게
대응하면 자살로 이어지는 경우가 흔하다. 최근 일본에서는 등교를
거부하는 청소년 가운데 자살이 많이 증가하고 있다.

(6) 청소년 자살의 종류

Durkheim의 자살에 대한 사회학적 연구결과를 보면, 다섯 가지로
자살의 유형을 주장하고 있다.

① 이기적 자살(egoistic)
개인이 그가 속한 사회집단 내에서 지나친 개인주의 혹은 사회에
대한 불충분한 통합결과 야기된 자살.

② 이타적 자살(altruistic)
그가 속한 사회집단에 지나치게 융합되고 결속되어 결국 그 집단
을 위해 희생적으로 죽는 경우(예: 2차대전 종식 전 일본포로의 자
살, 한국의 분신자살……)

③ 가치혼란적 자살(무통제성 anomic)
개인이 그 사회에 대한 적응이 갑자기 차단되거나 와해되어 자살
하는 경우 (예: 경제적 파산, 공황상태 또는 갑작스런 벼락부자가 된
경우)

④ 숙명론적 자살(fatalistic)
개인이 선택하거나 통제할 수 없는 강력한 사회적 속박하에 개인
의 삶이 종속되어 있어 자포자기적으로 살아가는 노예나 포로, 원하

지 않는 결혼에 얽매인 경우

  또한 자살 동기에 따라 분류해 보면 다음과 같다

  합리적(고통으로부터의 해방)

  반응(상실감)

  복 수

  조 작

  정신병적(환각, 망상)

  우발적(충동)

(7) 청소년 자살의 특성

  죽음의 개념이 불명확한 10세 이전의 자살은 주로 사고일 가능성
이 높고, 12세 이하의 경우 자살에 대한 현실적 계획을 세우고 결행
할 만한 능력이 없어 성공적인 자살은 드물다. 청소년기에 들어서
비로소 자살은 급증하게 된다. 청소년기의 자살은 앞서 밝힌 청소년
기의 갈등과 특징을 그대로 반영한다.

① 분명한 동기가 있다

  오래전부터 자살 준비를 해 오면서 직접적인 동기가 방아쇠 역할
을 한다.

② 충동성이 강하게 작용하여 순간적으로 이루어진다

  성인의 경우, 우울 상태가 자살을 결정짓는 가장 큰 요인인 데 반
해 청소년의 경우는 충동성이 매우 큰 결정인자가 된다. 그래서 청
소년 자살의 경우는 예측이 어렵다. 자살계획이나 준비가 안 된 상
태에서 "나가 죽어버려라"는 부모의 한 마디에 잠시 후 "좋아, 죽으

라면 죽지."의 반응과 함께 충동적으로 아파트에서 뛰어내리는 행동을 보인다.

③ 피암시성이 강하여 동반자살이나 모방자살이 흔히 일어난다

청소년의 경우 특히 같은 처지에 있는 여학생들 사이에서 동반자살이 흔히 일어난다. 이는 가정, 학교, 또래집단으로부터 소외된 청소년들에게서 흔히 일어난다. 또한 청소년들 특유의 현상은 모방자살이다. 과거 『젊은 베르테르의 슬픔』이라는 괴테의 소설 작품 주인공을 모방한 권총자살이 한때 유행했던 것처럼, 청소년의 경우 자살역시 친구나 TV 등 매스컴의 영향을 쉽게 받는다. 우리나라에서도 한때 유명 10대 가수들의 연쇄자살이 화제가 되었다. 내면에는 자살을 미화하고 찬미하는 청소년 특유의 경향이 내재되어 있다.

④ 치사도가 높은 자살 수단을 사용한다

미국의 경우 총기, 목매달기, 약물 과다 복용, 일산화탄소 중독, 달리는 차에 뛰어들기가 흔하나 우리나라의 경우 고층아파트에서 뛰어내리는 등 청소년 자신도 죽을 의도가 심각하게 없음에도 불구하고 자살방법이 치명적이어서 희생되는 경우가 많다.

⑤ 특이한 사생관을 가지고 있다

겪고 있는 문제에 대해 외부의 압력이 강할 경우 생과 사의 세계를 혼동하게 되면 도피와 같은 심리적 기제를 적용하여 현실의 고민을 벗어나서 사후세계에서 해결하려는 의존성 때문에 꿈을 이루고자 하는 기대를 사후세계에 강하게 작용시킨다.

(8) 청소년 자살 시기

청소년의 자살 시기는 3월부터 6월까지가 가장 많았고, 계절로는 봄에 가장 많았다.

요일은 일요일(17.4%)에 많기는 하였으나 요일 간에 차이는 크지 않았다. 시간별로는 정오에서 오후 6시까지가 가장 많았고, 장소로는 대부분의 청소년들이 자기 집에서 자살을 하였다.

특히 청소년의 경우는 성탄절 같은 명절에 많이 일어나는데, 우리나라의 경우는 상당수의 청소년들이 대학입시 철이나 학교 시험 기간에 자살을 한다.

① 어떤 방법으로 자살하나?

미국에서는 자살방법으로 남자는 총기자살, 목매어 자살, 투신자살이 많으며, 여자는 정신 활성 물질이나 독극물을 복용한다.

한국의 경우 경찰청 자살자 통계를 보면 1989년부터 1996년까지 자살방범에 있어서 끈 또는 띠를 이용한 의교사와 음독이 54% 이상을 차지하고 있다. 과거에 우리나라에서는 양잿물, 금계랍이 주로 사용되어 왔으나 근년에는 수면제, 향정신성 약물, 농약, 쥐약 등의 사용이 늘고 있다.

② 청소년의 자살방법을 보면

미국의 경우 총기, 목매달기, 약물과다 복용, 일산화탄소 중독, 달리는 차에 뛰어들기가 흔하나 우리나라 청소년의 경우 목매달기와 음독이 많았고 추락사, 흉기 등의 순이었다. 최근에는 아파트에서의 투신자살이 문제가 되고 있다.

③ 청소년 자살 얼마나 많은가?

근래 조사된 바에 의하면 우리나라 청소년들 간에 자살에 대한 충동이 상당히 넓게 경험되고 있는 것으로 나타났다. 15세부터 24세까지 청소년과 젊은 사람에 있어서 자살은 청소년 사망의 30%를 점유하는 두 번째 사인으로 되어 있다. 이상과 같이 자살에 대한 생각은 매우 흔하다고 볼 수가 있고 자살시도율도 상당히 높은 것으로 보이는데 자살시도와 성공적인 자살비율은 10대 1 내지 50대 1로 보고되고 있다. 성공적인 자살은 정신과적으로 심한 우울증이나 술, 약물남용, 정신분열증 등과 밀접히 관련이 있는 반면에 자살시도는 여러 가지 정신과적인 문제들 특히 성격장애나 행동문제, 환경적인 요소들과 관련이 많은 것으로 보인다.

④ 특히 자살시도는 꼭 죽겠다는 의도보다는

가. 도움을 청하거나
나. 문제해결의 방법
다. 다른 사람을 조정하는 방법
라. 심한 고통으로부터의 도피
마. 보복의 수단
사. 죽은 부모와의 결합목적으로 시도되는 수가 있다.

자살시도자들 중에 10~20%는 자살시도를 되풀이할 수가 있으며 이들 중 1~2%가 궁극적으로 자살에 성공하는 것으로 알려지고 있다.

⑤ 청소년 자살의 여러 요인들

가. 청소년 자살, 최근 왜 갑자기 증가하는가?
교육부가 몇 년 전 국회에 제출한 국정감사 자료에 의하면, 전국의 초·중·고등학교에서 모두 94명의 학생(초등학생 4명, 중학생 28명, 고등학생 72명)이 목숨을 끊었다고 한다. 최근 YMCA 청소년 상담실의 조사결과에 다르면 여학생 81.9%, 남학생 62.6%가 자살충동을 느껴본 경험이 있다고 응답하고 있다. 더욱 놀라운 것은 근래 신문지상에 보도되는 10대의 자살 사례들을 보면 많은 경우 자살과 같은 극단적인 행동을 하게 할 만한 상황이 아닌 듯하기 때문에 더욱 충격적이기도 하다. 이처럼 소아청소년 특히 15세 이후의 자살이 증가하는 이유는 무엇일까? 몇 가지 요인들을 살펴보자.

가) 청소년기란 신체적, 정서적 및 지적 변화가 가장 빠른 시기이며 격동의 시기이다. 그래서 그 자체가 스트레스가 되고 있고 어려움의 시기가 된다.

사춘기의 신체변화는 누구에게나 일어나는 보편적 현상이긴 하지만 변화를 경험하는 청소년들은 매우 당황하고 불안해한다. 또한 성호르몬의 급증에 따라 성욕과 공격성이 사춘기에는 절정에 이르고, 감정의 기복이 심하게 나타난다. 지적인 면에서는 나름대로의 논리적 사고가 가능해져 기존의 가치나 규범에 도전하게 된다. 소위 세대 간의 갈등으로 점점 반항적이 되고, 부모 혹은 기성세대가 그들을 이해하지 못한다고 생각한다. 부모로부터의 심리적인 독립은 여러 가지 어려움을 가져온다. 청소년은 아동도 아니고 성인도 아닌 상태에 있으므로 아동과 같이 의존적일 수도 없고 그렇다고 독립적인 생활을 할 수 있는 처지에 있지도 않다. 이들은 부모로부터 독립을 추구하는 반면에 부모나 성인들의 사랑과 관심을 기대하고 또 필요로 하는 존재이다. 매우 갈등적 위치에 있는 청소년은 자신의 정체성을 찾아 헤매고 갈등한다. 청소년의 궁극적인 과업은 새로운 자아정체감을 이루는 것이다. 즉 나는 누구인가, 또 거대한 사회에서 나의 위치는 어디인가에 대한 느낌을 확립하는 것이다. 이 시기의 위기는 정체감을 형성하느냐 아니면 역할 혼미에 빠지느냐에서 온다. 청소년들은 자신이 누구인가에 관한 확신을 갖고 있지 못하기 때문에 또래 집단에 동일시하는 경향이 어느 시기보다도 강하다. 그러므로 또래 집단에 속하지 못할 경우 심한 소외감을 느끼기도 한다. 이상의 청소년 발달과업과 관련되어 생기는 갈등과 스트레스는 15세 이후 청소년의 자살위험률을 높인다.

나) 청소년 자살은 정신장애의 증가와 관계가 깊다

최근 중·고등학생 중 정신장애가 31%라는 보고가 있다. 이들에게 정신장애가 날로 증가하며 특히 우울증의 증가는 자살의 증가를 가져온다.

다) 우리나라 청소년들은 일류 학교에 가기 위하여 치열한 학업 및 입시경쟁에서 오는 이중, 삼중의 고통을 겪고 있다. 중·고등학생의 가장 큰 스트레스와 걱정은 성적이고 장래 문제와 관련된 공부문제이다. 입시 실패는 곧바로 인생실패로 간주된다.

라) 최근 들어 가족 간의 유대가 느슨해지는 사회적 환경의 변화 속에 가정은 청소년에 대한 지지체계로서의 역할을 제대로 하지 못하고 있다.

마) 자살을 보는 태도의 변화가 청소년의 자살을 부추기고 있다.

텔레비전이나 기타 대중매체를 통해 자살이 상세히 보고되거나, 자살이 미화되고, 문제해결방법으로 부각시키는 경향은 자살충동을 높인다.

바) 자살방법(약물, 총기, 고층건물 등)의 용이함이 청소년의 자살을 증가시킨다.

나. 청소년, 왜 자살하는가?

청소년들의 자살의 원인은 뚜렷이 알 수 없는 경우가 대부분이지만, 자살현상에 대한 과학적 연구는 자살위험 요인을 밝히는 데 주력해 왔다. 자살을 일으키는 위험요소를 알아낼 수만 있다면 자살

현상을 미리 예측할 수 있기 때문이다. 청소년 자살의 유발요인을 보면 부모 간의 불화, 부모와 청소년 간의 불화, 부모상실, 부모의 이혼, 진학실패 및 성적부진, 친한 친구로부터 거절당했을 때, 학생 신분으로 성관계를 맺고 임신이 되었을 때, 사귀던 이성친구에게 버림을 받았을 때 등 생활 사건이 많은 청소년들을 자살로 이끈다. 한 가지 주의할 점은 우리가 평소에 생각하는 것과는 달리 성적을 비관해서 자살하는 아이들보다는 가정불화 등 가정 내의 문제 때문에 자살하는 아이들이 더 많다는 것이다. 성적이 떨어질 때도 성적 불량 그 자체보다는 성적 때문에 일어나는 부모와의 갈등이나 무력감 때문에 자살하는 경우가 많다. 또한 외형적으로 성적비관, 입시걱정과 관련되어서 자살한 것으로 보고되나 그 기저에 깔려 있는 정신역동적 측면과 정신과적 진단을 살펴볼 때 이들의 상당수는 이미 우울증에 걸려 있거나 또는 정신분열의 초기 또는 가정으로부터의 정서적 지지의 상실을 심하게 경험한 청소년들임을 알 수가 있다.

가) 정신과적 장애

적어도 60% 이상의 자살시도자와 자살자들은 정신과적인 문제를 가지고 있는 것으로 분석되고 있다. 그중에 가장 흔한 것이 우울증, 약물남용, 정신분열장애 등이다. 청소년기에는 특히 충동성이 문제가 되는데 비행 청소년 군, 약물남용 군, 약물중독 군 등 문제를 가진 청소년들이 충동적으로 자살시도를 하고 이것이 자살로 끝날 수가 있다. 한 보고에 의하면 100명의 자살자 중 64명이 우울증, 15명이 알코올 중독, 7명이 정신분열, 기타 11명, 전혀 정신과 질환이 없는 경우는 7명뿐이었다.

나) 발달 및 성격적인 측면

청소년 자살시도자나 자살에 성공한 청소년들 중에 상당수는 발달과정에 있어서 문제를 갖는다. 예를 들어서 학습장애, 언어장애 등을 보이거나 행동적으로 매우 충동적이고 공격적인 아동이었을 가능성이 많다. 상당수의 자살시도 청소년은 약물남용이나 성격장애를 가지고 있다. 특히 반사회적 성격 또는 성격장애 청소년들이 반복적인 자살시도를 많이 하고 있고 이들에게서 공격성과 충동성 그리고 자살행동은 밀접히 관련이 있는 것으로 보인다. 자살에는 단순히 우울증이나 비관적인 태도 이상의 다른 성격적 특징이 관련되는 것으로 보인다.

자살을 한 청소년들의 성격 유형을 보면
* 남의 비난에 과민하고 민감하게 반응하는 유형
* 충동적이고 정서적으로 불안정하여 예측할 수 없는 유형
* 남에게 자신을 드러내지 않고 조용하여 접근이 어려운 유형
* 높은 기준을 고집하는 완벽주의자로 실수를 두려워하며 자신에게 지나치게 엄격한 유형 등 여러 가지 유형이 있다.

이로 보아 자살을 기도하는 사람들의 성격적 특징도 다양함을 알 수 있다.

다) 생물학적인 요소
자살의 유전적 요인을 암시하는 가계 연구나 쌍생아에 관한 연구보고들이 있다. 자살의 유전적 요인들은 아마도 자살이 흔히 수반되는 양극성 장애, 정신분열증 그리고 중독과 같은 정신장애들이 유전에 연유되는 요인들일 것이다. 그러나 정신장애와 상관없는 독립적인 요인일 수도 있으며 혹은 정신장애에 부과해서 있을 수도 있다. 신경 화학 분야에서 보면 자살행동이나 공격적인 행동, 충동성은 특성 호르몬이나 뇌 전달물질의 양과 관련이 있다는 보고들이 있다.

예를 들면 자살을 기도한 우울증 환자들에게서 세로토닌이라는 뇌 전달물질의 결핍을 발견할 수 있다. 여러 연구에서 중추 세로토닌 체계의 결핍과 충동조절을 잘 하지 못한 것이 관련이 있다고 한다. 많은 학자들은 또한 자살을 충동적 행동의 한 형태로 생각한다.

라) 스트레스

다른 연령 군에도 그렇지만 청소년기에도 특히 자살 당시 스트레스가 높은 생활 사건이 많은 것으로 보인다. 부모 또는 친척의 죽음이나 가족의 병원 입원, 잦은 이사 등이다. 특히 가정의 불화와 잦은 싸움, 별거 및 이혼 등과 관련되어 일어나며 가족 내에 일어나는 아동학대와 가족폭력 등이 자살행동과 밀접한 관련이 있다. 우리나라에서는 특히 성적과 입시 실패와 관련하여 청소년 자살이 일어남은 주지의 사실이다. 사춘기 전 아동에게서는 특히 부모로부터 꾸중이나 정서적 거절, 버림을 받았을 때 자살충동이 증가된다.

마) 사회적 요소

사회적인 적응의 문제 역시 자살행동과 밀접히 관련이 있다. 특히 청소년기에 있어서는 더욱 두드러진다. 충분한 사회적인 지지기반과 환경적인 안정, 부모 친척 간의 원만한 관계 등에 문제가 있을 때, 가까운 친구 등 자기를 이해해 줄 만한 사람이 없을 때는 문제가 생겨도 도움을 청할 사람이 없음으로 자신의 문제에 대하여 무기력하고 또는 희망이 없는 것으로 판단하여 충동적으로 혹은 절망적으로 자살에 이르게 된다.

말하자면 아동기나 청소년기에는 제대로 기능하고 있는 가정이 자살의 예방적, 보조적 역할을 하는 반면 가정이 실제적으로 혹은 정서적으로 가족으로부터 버림받은 경험이 있는 가정에서 자살행동이 증가한다고 할 수 있다.

고등학생에 대한 교육부 조사에서 자살학생들의 원인을 살펴보면 제일 많은 것이 가정불화, 둘째가 부모의 질책, 셋째가 신체적인 결함 및 병으로 나타났으며 그 외에도 가정의 빈곤, 결손가정 부모의 과잉기대 등, 즉 가정적인 요소가 가장 두드러진 원인요소로 나타났다.

⑥ 청소년의 다양한 자살심리

문제해결의 기미가 전혀 안 보이거나 대처할 능력이 없을 때, 세상에 혼자 던져졌다고 느낄 때 자살을 택하게 된다.

가. 어려운 상황을 피하기 위한 도피성 자살

불량청소년의 협박에 못 이겨 학교 가기가 두렵고 학교를 안 가자니 부모의 야단이 두려운 상황 혹은 나쁜 짓 한 것이 부모에게 탄로가 날까 두려운 상황에서 이러지도 저러지도 못하는 소위 딜레마 상황에서 문제해결 방법으로 죽음으로써 도피해 버리는 경우이다. 대개 수동적이고 타인과 의사소통이 단절된 청소년에게서 흔히 볼 수 있다.

나. 보복심리에 의한 자살

"남은 1등을 하는데 너는 왜 이 모양이냐?"는 부모의 꾸중에 대한 반발로 혹은 "돈을 네가 훔쳤지?" 하는 교사의 추궁에 결백을 주장하기 위하여 죽음을 선택하는 경우로, 저변에는 부모나 교사에 대한 복수심, 적개심이 강하게 포함되어 있다. '내가 죽음으로써 너희도 고통을 받아라'는 보복적 내면심리가 있다. 대개 가족 내 갈등이 많은 청소년에게서 볼 수 있다.

다. 자기 처벌로서의 자살

성취욕이 높은 아이가 자신의 기대수준에 현실이 못 미칠 경우, 자신의 능력에 대한 회의로 인한 절망감, 주위 사람에 못 미치는 죄책감으로 '못난 자신'을 응징하기 위해 '못난 나를 용서해 달라'는 유서를 남기고 자살하는 경우이다. 입시 경쟁이 심한 우리나라 청소년의 자살 특징으로서 본래 우울증이 있거나 자식에 대한 과잉기대를 하는 가정에 많다.

라. 욕구좌절에 의한 자살

'생일 파티를 안 해줘서', '청바지를 안 사주어서' 등 어른이 보기에 대수롭지 않은 일로 자살을 하는 경우이다. 청소년기에 접어들었다고는 하지만 소아적 의존적 욕구가 아직 많이 남아 있음을 단적으로 엿볼 수 있다. 이는 욕구좌절 시 마치 새장에 갇힌 새가 자기 성질을 못 이겨 창살에 머리를 부딪치는 행동과 유사하다. 성질이 급하고 욕구 좌절 시 심한 분노 발작을 흔히 보이는 주의력 결핍, 과잉 행동장애, 품행장애 청소년에서 흔히 볼 수 있다.

마. 저승에서의 재결합을 위한 자살

현실생활이 어렵고 불행하여 지친 나머지 차라리 먼저 세상을 떠난 부모, 형제를 따라 고통이 가득 찬 이 세상보다 저 세상으로 가서 죽은 사람과 재회를 하려는 의도로 자살하는 경우이다. 청소년의 경우 친구의 죽음 혹은 유명 연예인의 자살에 영향을 받는다. 대개 정신적으로 의지할 만한 대상을 상실한 소외된 청소년으로서 결손가정 청소년에게서 흔히 볼 수 있다.

⑦ 청소년의 동반자살

중학교 중퇴 후 생애를 비관하여 0000년 1월 2일 서울의 한 아파트에서 중학교 중퇴생 2명과 여고생 1명이 6장의 유서를 남긴 채 아파트 복도에서 투신자살을 하였다. 또한 3월에는 가출 후 환각상태에서 2명의 청소년이 나일론 끈으로 목을 매 동반자살을 하였고 평범한 여중생 4명이 아파트 20층에서 투신한 계획된 동반자살이 신문지상에 보고되었다.

가. 전 염

평소 자살사고와 충동이 만연되어 있는 개인이나 집단이 어떤 개인 또는 동료의 자살제안이나 자살행위가 전염되어 충동적인 집단행동으로 이어지는 경우이다.

나. 모 방

자살 잠재성이 높은 청소년이 TV, 신문, 라디오 보도를 접하거나 자살을 미화하거나 좋은 문제 해결방법이라는 생각 또는 '나도 한번 해볼까?'라고 모방하는 경우이다. 자살의도가 심각하지 않아도 방법이 치명적이면 성공할 수 있다.

다. 집단 최면

사교집단의 교주가 신자들의 절대적 의존성을 이용하여 자살의 궁극적 유용성과 필요성으로 이끄는 집단 최면적 자살행위이다.

라. 동의된 타살

온 가족 또는 사교집단에 가입하여 희생자가 되기도 한다.

마. 자아기능의 결손과 정체감의 결여

아무리 자살 유혹이 외부로부터 오거나 내적으로 일어나도 궁극적으로는 이를 저항할 수 있는 최소한의 자아의 강건성과 자아개념이 존재한다면 개인적 자살이나 집단자살에 가담하지 않을 것이다. 이들이 결여될 때 쉽게 전염되고 모방하며 자살유혹에 굴복하게 된다.

⑧ 자살에 대한 일반적인 편견

우리는 자살행위에 대해 어느 정도나 정확하게 이해하고 있을까? 혹시 자살에 대한 편견을 가지고 있지는 않는지 생각해 보는 것이 중요하다. 자살에 대한 무지와 오해로 인하여 우리의 귀여운 자녀를 잃을 수도 있다.

가. 자살한다고 위협하거나 자살을 시도하는 사람은 자살하지 않는다.

이것은 많은 사람들이 가지고 있는 일반적인 편견이다. 자살한다고 위협하는 사람들은 관심을 얻으려 한다고 오해하는 경우가 많다. 그러나 이러한 사람들 가운데 10% 정도가 실제로 자살에 성공한다.

나. 자살은 아무런 경고 없이 일어난다.

자살하는 사람들의 80% 정도는 자신의 자살의도를 밝힌다. 자살한 청소년들 가운데 83.8%가 자살하기 며칠 전(일주일 안)에 자살의사를 다른 사람에게 알린다는 것을 발견하였다. 이들 중 40%는 대화과정에서 자살의사를 밝히며, 그 외에는 갑작스러운 우울증상이나 태도의 변화 혹은 자신이 아끼던 물건을 남에게 주는 것과 같은 행동을 통해 자살의도를 표현한다.

다. 자살은 특정한 사회 또는 경제적 계층에서만 일어난다.

자살은 경제적 부와는 무관한 현상이다. 많은 연구결과는 경제적 여건이 자살에는 아무런 영향을 미치지 않는다고 보고하고 있다. 또한 사회적 성공이나 능력도 자살을 막는 효과는 없다. 아무런 기득권이 없는 하류계층의 사람들만 자살하는 것은 아니다. 의사나 변호사 등 전문적인 직업을 갖고 있는 사람들도 비슷한 분포로 자살한다.

　라. 자살의 동기와 원인은 쉽게 형성된다.

　메닝거는 많은 사람들이 자살원인을 피상적인 사건에서 찾고 있다고 지적하였다. 예를 들어 경제적 어려움, 애인의 변심, 악화된 건강 등이 결정적인 자살원인이라는 것이다. 그러나 최근 과학적 연구에 의하면 자살원인은 자살자들의 삶의 정황과 개인적소인 등 다양한 조건들을 고려했을 때만 밝혀진다.

　마. 심한 우울증을 보이는 사람은 자살할 에너지가 없다.

　자살자들은 대부분 자살행위 이전에 우울증상을 보인다. 어떤 사람들은 심한 우울증을 앓고 있는 사람은 자살하지 못한다고 생각한다. 그러나 우울증 증상이 나아지기 시작할 때 자살행위가 많이 일어난다.

　바. 자살위험이 있는 사람에게 자살문제에 대해 직접적으로
　　　이야기하는 것은 자살을 부추기는 행위이다.

　자살환자에게 직접적으로 "자살에 대해 어떻게 느끼는가?, 자살을 생각해 본 적이 있는가?"라고 묻는 것은 오히려 자살위험을 줄인다. 환자들은 이러한 질문에 대답하며 자신의 위기상태와 자살충동에 대하여 표출할 수 있는 기회를 갖게 되고 이로써 긴장감을 해소할 수 있다. 또한 이러한 대화는 치료적이며 다음 단계의 개입을 가능하게 만든다.

　사. 증상이 나아진다는 것은 자살위험이 사라진 것을 의미한다.

　한 연구에서 자살시도나 우울증으로 병원에 입원했다가 퇴원한 뒤

90일 안에 자살하는 경우가 많다고 보고하고 있다. 상태가 호전되었다고 해서 자살위험으로부터 완전히 벗어났다고 생각해서는 안 된다. 우울증상이 호전되었을 때 자살을 할 수 있는 에너지가 더 충만하다. 또한 갑작스럽게 증상이 사라진 것은 환자의 자살결심이 확고해 더 이상 갈등의 소지가 없다는 것을 의미하기도 한다.

자. 자살미수는 다른 사람이나 단체를 이용하려는 행위일 뿐이다.

자살미수는 일반인들뿐 아니라 전문가들 눈에도 주변 사람들을 이용하려는 시도로 보인다. 그러나 이들의 자살미수 행위의 배후에는 다음의 네 가지 동기가 있을 수 있다.

가) 자신의 능력 밖에 있는 문제를 해결하려는 시도
나) 도움을 구하는 외침
다) 스스로에게 부과한 처벌
라) 자신의 깊은 곳에 숨겨져 있는 분노와 고통의 표출이다.

치료자들은 자살을 시도한 사람은 자살을 통해서 무엇인가를 해결하고자 한다는 사실을 이해해야 한다.

차. 모호한 자살의지 표명에 관심을 두어서는 안 된다.

이러한 관심은 자살자의 병적 행위를 키우기 때문이다. 이러한 모호한 의사표현은 자살환자들이 가지고 있는 양가적인 감정 때문이다. 그들은 이러한 감정 때문에 매우 혼란된 상태에 있게 된다. 그들은 자살을 생각하는 것 자체를 수치스럽게 느끼며 자신이 자살의도를 가지고 있는 것을 숨기려 한다. 그러면서도 자신의 자살의도를 누군가가 알아주고 구해 주기를 바라고 있다. 따라서 자살의사를 모호하게 표출한다고 가볍게 넘겨서는 안 된다.

⑨ 청소년 자살의 실태와 사고

가. 자살사고의 빈도

죽고 싶은 마음이 든 적이 있느냐는 질문에 대한 응답은 <표 Ⅲ-1>와 같이 나왔는데, 이 자료에 의하면 거의 대부분의 청소년들이 자살에 대한 생각을 해 본 경험이 있다는 것을 알 수 있다.

〈표 Ⅲ-1〉 자살사고의 빈도

문항내용	전 체	성 별		남 자			여 자		
		남	여	초	중	고	초	중	고
한 번도 없다	15.4	16.6	8.9	33.7	26.5	12.0	39.0	24.1	1.7
한두 번 있었다.	65.4	65.4	66.3	53.4	49.0	75.2	51.8	48.3	71.5
한 달에 한두 번 있다	11.3	11.3	15.3	11.0	14.3	5.4	4.5	8.6	18.1
거의 매일 한다	7.9	7.9	9.6	1.9	10.2	7.5	4.8	19.0	8.6

나. 자살사고의 심도

청소년들이 자살사고를 얼마나 깊이 하는지를 알아본 문항에 대한 반응은 <표 Ⅲ-2>과 같았는데, 이 표에 의하면 자살방법을 구체적으로 생각하고 실제 시도해 본 중고생의 수치가 상당하다는 것을 알 수 있다. 신민섭(1992)의 연구에 의하면 정상 청소년의 18.7%가 자살시도를 한 적이 있는 것으로 보고되어 이 자료보다 훨씬 많은 청소년이 자살시도를 해 본 것으로 보고하였다.

<표 Ⅲ-2> 자살사고의 심도

문항내용	전체	성 별		남 자			여 자		
		남	여	초	중	고	초	중	고
자살을 생각해 본 적이 있다	13.1	14.1	7.1	33.7	20.4	9.6	32.5	19.0	1.3
죽고 싶다는 기분이 든 적이 있다	48.5	50.9	46.6	42.7	42.9	53.7	47.0	31.0	49.3
자살방법을 생각해 본 적이 있다	24.6	24.6	31.5	17.1	20.4	20.7	7.2	25.9	36.2
자살을 위한 준비를 해 본 적이 있다.	3.6	3.6	5.2	2.3	2.0	2.5	0.0	6.9	5.6
자살시도를 한 적이 있다	4.9	4.9	5.2	0.0	8.2	5.8	0.0	5.2	6.0
기 타	5.3	5.9	4.4	4.2	6.1	7.9	13.4	12.1	1.6

다. 자살충동 상황

자살하고 싶은 마음이 생기는 상황을 <표 Ⅲ-3>에서 살펴보면, 부모에게 잔소리 들었을 때가 가장 중요한 요인이며 나이가 들수록 자신이 열등한 인간이라는 생각이 들었을 때와 장래에 대한 희망이 없다고 느낄 때 자살의 충동을 느끼는 것으로 나타났다. 또, 학업 성적이 떨어졌을 경우도 역시 중요한 자살충동의 요인으로 작용했다.

<표 Ⅲ-3> 자살하고 싶은 마음이 드는 상황

문항내용	전체	성 별		남 자			여 자		
		남	여	초	중	고	초	중	고
학업성적이 떨어졌을 때	12.25	8.7	14.8	14.9	8.2	7.8	15.2	3.4	16.8
공부하기 지겨울 때	6.5	5.6	7.1	10.7	10.2	4.0	20.6	6.9	5.3
부모에게 잔소리 들었을 때	21.7	20.5	20.4	30.9	28.6	17.2	22.0	25.9	19.2

문항내용	전체	성 별		남 자			여 자		
		남	여	초	중	고	초	중	고
동성친구와 사이가 나빠졌을 때	2.4	0.8	3.0	0.0	0.0	1.0	6.6	1.7	2.6
이성친구와 헤어졌을 때	2.7	4.6	1.0	0.0	6.1	5.1	2.4	0.0	1.0
선생님께 꾸중 들었을 때	0.9	0.8	0.5	1.9	0.1	0.7	2.1	0.0	0.3
열등한 인간이라는 생각이 들었을 때	15.4	14.8	19.5	0.0	0.0	19.9	0.0	10.3	24.1
장래에 희망이 없다는 생각이 들었을 때	11.5	12.0	13.3	2.3	4.1	15.1	2.1	8.6	15.8
부모가 서로 다툴 때	5.3	5.9	3.7	15.4	12.2	3.1	6.9	6.9	2.6
기 타	21.4	26.4	16.7	24.0	30.6	26.1	22.3	36.2	12.2

라. 자살사고에 대한 대처행동

자살하고 싶은 마음이 들었을 때 절반 정도의 청소년은 곧 잊어버렸으나 자살의 방법을 생각하거나 자살을 시도해 본 경우도 적지 않았다. 이에 비해 자살에 대해 효과적인 대처방법으로 생각되는 다른 사람과 의논하는 경우는 불과 4.7%밖에 안 되어 청소년 자살사고에 대해 적절히 대처하지 못하는 것으로 나타났다.

〈표 Ⅲ-4〉 자살사고에 대한 대처행동

문항내용	전체	성 별		남 자			여 자		
		남	여	초	중	고	초	중	고
곧 잊어버렸다	45.7	51.4	38.7	60.0	49.0	50.4	63.7	31.0	36.4
다른 사람과 의논했다	4.7	1.8	6.9	0.0	0.0	2.4	0.0	5.2	8.2
왜 자살하고 싶은지 생각해 보았다	19.8	15.3	23.6	16.1	12.2	15.7	13.4	15.5	26.7

문항내용	전체	성 별		남 자			여 자		
		남	여	초	중	고	초	중	고
어떻게 하면 자살할 수 있을지 생각해 보았다	12.8	11.3	16.3	8.4	8.2	12.2	7.2	8.6	19.1
자살을 시도했다	1.8	2.3	1.5	0.0	6.1	2.0	2.4	3.4	1.0
기 타	15.2	17.9	13.1	15.6	24.5	17.2	13.4	36.2	8.6

마. 자살사고의 의논 대상

자살하고 싶은 생각이 들 때 아무하고도 의논하지 않겠다는 경우가 절반 이상이었으며 그다음으로 친구하고 의논하겠다는 경우가 많았다. 그러나 정작 선생님이나 부모, 상담실을 찾겠다는 경우는 얼마 되지 않아 청소년의 자살을 예방하는 데 기존의 상담체계나 부모가 별 도움이 되지 않는다는 것을 알 수 있다. 그러므로 청소년들에게 친구가 자살하려는 생각을 이야기하였을 때 이를 효과적으로 처리할 수 있는 대처방안을 교육시키는 것이 자살의 예방에 효과적임을 생각해 볼 수 있다.

<표 Ⅲ-5> 자살사고의 의논 대상

문항내용	전체	성 별		남 자			여 자		
		남	여	초	중	고	초	중	고
아무와도 의논하지 않겠다	52.4	58.8	44.8	56.8	63.3	58.5	48.6	53.4	42.6
친구하고 의논하겠다	26.8	21.5	34.5	14.5	10.2	24.8	17.6	17.2	40.2
부모님하고 의논하겠다	5.3	4.6	4.4	6.1	10.2	3.3	8.9	13.8	3.0
선생님하고 의논하겠다	1.6	2.0	1.0	1.9	2.0	2.0	2.4	3.4	0.5
상담실에 찾아가겠다	3.7	3.3	3.7	12.3	0.0	2.3	0.0	6.9	3.6
기 타	10.2	9.7	11.5	8.4	14.3	9.1	22.7	5.2	11.2

바. 입시의 압박감으로 인한 자살에 대한 청소년들의 태도

동료학생이 시험이나 입시 때문에 자살했다는 뉴스를 들었을 때 그 친구에 대해 어떤 마음이 드는지 물어본 문항에 대해서는 공감하거나 동정적인 태도를 보인 학생이 비난하는 학생에 비해 많은 수를 보였다. 이는 입시라는 문제에서 서로 같은 어려움에 처해 있기 때문에 보다 공감적일 수 있을 것으로 생각되며 의외의 문제에 의한 청소년의 자살에 대한 태도를 여기서 추론할 수 있다.

〈표 Ⅲ-6〉 입시의 압박감으로 인한 자살에 대한 청소년들의 태도

문항내용	전체	성 별		남 자			여 자		
		남	여	초	중	고	초	중	고
얼마나 힘들었으면 줄었을까 하는 마음이 생긴다	35.5	26.3	43.3	43.2	30.6	22.9	46.2	37.9	43.9
참 용기 있는 사람 이라는 생각이 든다	5.7	5.4	5.7	3.9	2.0	6.2	2.4	1.7	6.9
죽어서 편안하겠다는 생각이 든다	4.2	4.3	4.7	6.5	2.0	4.4	4.5	5.2	4.7
삶을 포기한 것에 대해 바보 같다는 생각이 든다	32.4	41.4	25.6	31.3	42.9	42.9	15.8	29.3	26.4
나도 죽고 싶다는 생각이 든다	3.0	3.1	2.7	2.3	6.1	2.7	2.4	3.4	2.6
극복 않고 회피했기 때문에 비겁하다는 생각이 든다	11.5	11.0	11.3	8.4	8.2	11.9	8.7	13.8	11.3
기 타	7.8	8.4	6.7	4.6	8.2	9.1	20.3	8.6	4.3

⑩ 청소년 자살 사례

- '성적 스트레스' 초등학생 투신자살(0000.11.16.일. 19 : 10)
  부모 집 비운 새 아파트 11층서 투신

성적을 비관한 초등학생이 아파트에서 몸을 던져 스스로 목숨을 끊었다. 16일 오후 12시 30분쯤 인천 부평구 산곡동 W아파트 106동 앞 인도에 이 아파트 11층에 사는 신 모(11. 인천 B초교 5년) 양이 숨져 있는 것을 경비원 김 모(65) 씨가 발견해 경찰에 신고했다. 경찰에 따르면, 이날 신 양의 집 베란다 창문은 반쯤 열려 있었고 신 양의 것으로 추정되는 유서가 발견됐다. 사건 당시 신 양의 부모는 모두 외출한 상태였다.

반에서 중간 정도의 성적인 신 양은 평소 성적 때문에 고민이 많았으며, 최근에는 기말고사를 앞두고 더욱 심한 스트레스에 시달렸던 것으로 경찰조사 결과 알려졌다. 이 때문에 신 양은 지난 8일에도 자신의 집 베란다에서 뛰어내리려다 아버지에게 제지당했던 것으로 밝혀졌다. 또한 신 양이 최근 남긴 일기장에는 "2학기 시험이 다가오는데 마음이 답답하다. 차라리 산에 들어가고 싶다"고 적혀 있었다.

신 양의 아버지는 경찰에서 "지난 8일 딸이 아파트에서 뛰어내리려 해 '공부가 별거냐, 너무 신경 쓸 필요 없다' 했다며 딸도 고개를 끄덕이기에 괜찮은 줄로만 알고 있었다"며 울먹였다.

- "때리는 아빠 무서워……" 초등학생 투신자살
  (0000.07.21.월. 21 : 12)

아버지의 잦은 폭행을 피해 아동보호시설에서 생활해 오던 초등학생이 아파트에서 뛰어내려 목숨을 끊었다.

지난 20일 오후 10시 40분쯤 광주시 북구 J아파트 경비실 지붕 위에서 이 모(11세 초등교5) 군이 숨져 있는 것을 주민 김 모(43) 씨가 발견, 경찰에 신고했다. 경찰 조사 결과 이 군은 아동학대예방센터 보모가 자신이 숨어 지내던 친구의 아파트로 찾아오자 10층 복도 창문을 통해 지상으로 뛰어내린 것으로 드러났다. 경찰은 이 군이 아버지에게 넘겨질 것을 두려워한 나머지 투신한 것으로 보고 정확한 사고 경위를 조사 중이다. 아동보호시설에서 알선한 보모 김 모(42. 여) 씨 집에서 생활해 오던 이 군은 지난 16일 자원봉사 대학생의 지갑에서 6만 원이 없어진 경위에 대해 추궁을 받게 되자 김 씨 집에서 나와 친구 집에서 머물러 왔다. 이에 김 씨가 "집으로 돌아오지 않으면 아버지에게 연락해 데려가도록 하겠다"는 말을 친구를 통해 전했다는 것이다. 사고 당일 이 군은 친구 심 모(11) 군으로부터 이 말을 듣고 "아버지까지 이 사실을 알게 된 이상 죽어야겠다"고 말한 뒤, 아파트 복도에서 보모 김 씨가 도착하는 장면을 지켜 보다 투신했다는 것이다.

- '왕따 초등학생' 자살 (0000.11.15.금. 11 : 24)

친구들로부터 따돌림을 당한 한 초등학교 여학생이 유서를 써 놓고 숨진 채 발견돼 경찰이 수사에 나섰다. 14일 낮 12시 20분쯤 경기도 파주시 파주읍 연풍리 임 모(43) 씨 집에서 임 씨의 딸(12. Y

초등학교 5학년)이 머플러로 목을 매 숨져 있는 것을 오빠(17)가 발견, 경찰에 신고했다.

임 양은 "학교 친구들로부터 괴롭힘을 당해 더 이상 이 세상에서 살기가 어려울 것 같아 죽는다. 그동안 잘해 준 친구들이 고맙다"는 내용의 유서를 남겼다. 학교 측은 "임 양이 평소 성격도 명랑하고 걸스카우트 활동을 하며 성적도 좋아 자살할 만한 이유가 없다"며 "사춘기를 거치는 과정에서 빚어진 일 같다"고 말했다. 경찰은 그러나 임 양이 친구들로부터 집단 괴롭힘을 당했다는 내용의 유서를 남긴 점을 중시, 학교 친구들과 교직원들을 상대로 정확한 사고원인을 조사 중이다.

평소 인터넷 자살 사이트를 자주 드나들던 초등학생이 아파트 15층에서 떨어져 스스로 목숨을 끊어 충격을 주고 있다.

6일 오후 9시20분께 전남 목포시 상동 B아파트 뒤편 화단에 H초등학교 6년 정 모(13.목포시 상동)군이 떨어져 숨져 있는 것을 이 아파트에 사는 강 모(14)군이 발견, 경찰에 신고했다. 숨진 정 군은 이날 이 아파트에 사는 친구 손 모(13) 군을 만나러 왔다가 만나지 못하고 15층에서 투신한 것으로 밝혀졌다.

경찰 조사결과 정 군은 이날 오전 학교에서 친구 손 군에게 "유서를 써 놓고 죽겠다"는 말을 했으며 실제로 학교 서랍에서 정 군이 쓴 것으로 보이는 유서가 발견됐다. 정 군은 유서에 "죽고 싶다고 느낀 적이 수없이 많았다. 사후세계도 궁금해지고 죽음이 기대된다. 이젠 삶도 질리고 지쳤다. 이젠 원망스런 이 세상과 영원히 안녕이다." 하고 적었다.

친구들에 따르면 정 군은 평소 PC방을 즐겨 드나들면서 인터넷 자살사이트에 자주 접속을 해온 것으로 밝혀졌다. 정 군은 아버지가 교육공무원이며 평소 성격이 다소 내성적이었던 것으로 알려졌다.

● 우리들 아이가 또 자살했다 (0000.6.29. 오후 2 : 30)

　초등학생이 '자살'을 생각하는 것 자체가 끔직한 일인데 실제로 결행하는 일이 자주 일어나 세상을 놀라게 하고 있다. 24일 또 그런 일이 있었다. 경기도 수원에 사는 초등학교 5학년인 11세 여자어린이가 자신의 방에서 자살을 기도, 병원에서 치료를 받았으나 숨졌다. 인터넷 게임요금이 20만 원이나 나왔다고 엄마로부터 꾸중을 듣고 그런 일을 저질렀다고 한다. 지난해 11월에도 두 어린이가 자살했다. 경기도 파주에서 초등학교 여자어린이가 학교에서의 왕따를 원망하는 유서를 남기고 자살했고, 충남 천안시에 사는 한 초등학교 남자어린이는 "내가 왜 학교와 학원을 오가며 어른보다 더 공부를 해야 하는지 이해할 수 없다"는 유서를 남기고 자살했다. 최근 잇따라 일어나고 있는 어린이 자살, 우리 아이들이 죽음으로 내몰린 이유는 세 명의 어린이의 경우가 단적으로 말해 주고 있다. 아이들은 그물처럼 촘촘히 옥죄여 오는 유해 인터넷 망에 속수무책으로 당하고 있으며 학교에서의 갈등 그리고 학부모의 과욕에 희생당하고 있는 것이다. 우리 아이들은 지금 유해 인터넷에 무방비로 노출돼 있다. 어린이들 호주머니까지 노리는 게임은 물론 인터넷에는 폭력과 음란물이 범람, 아직 현실 판단 능력이 부족한 어린이들이 무차별적으로 휩쓸려 가고 있다. 폭력게임, 음란, 욕설 등이 범람하는 유해정보를 접하다 보면 아이들은 정서불안에 빠지게 되고, 이를 흉내 내면서 비도덕적인 행동을 하게 된다. 그러다 보면 그것이 스트레스로 쌓여 죽음의 유혹까지 받게 된다. 진작부터 사회적 문제로 등장한 학교폭력과 왕따 그리고 한 어린이가 유서에 쓴 것처럼 '공부, 공부'를 노래하는 학부모들의 과욕에 의한 희생, 최근에는 어린이 납치사건까지 빈발해 지금 우리 아이들에게는 어디에도 마음 놓고 설 자리가 없다. 우리아이들, 청소년들에게는 마땅한 놀 장소도, 시간도, 그들을 위한 문화도 없다. 이런 현실을 어떻게 개선하고 개혁할 것인가를 심각하게 생각하고 대책을 마련해야 한다. 이것은 우리 사회의 과제며 학교와 가정에서 함께 고민해야 할 문제이지만 무엇보다 교육현장에서의 적절한 대처가 있어야 한다. 날로 피해가 늘어나고 그 도가 심해지고 있는 인터넷에 대한 교육이 우선 시급하다. 인터넷 피해는 심할 경우 유치원 때부터 나타난다고 한다. 이를 막기 위해서는 유해 인터넷의 차단 장치가 시급하고, 또 가정과 학교가 함께 인터넷에 대한 교육을 실시해야 한다. 학교에서는 교과서를 준비해 정규적으로 교육하는 시간을 가져야 하며, 학부모들이 가정에서 활용할 수 있는 교육방법도 보급되어야 한다.

아이들을 구하는 일은 1차적으로 교육현장에서 책임져야 한다. 아이들이 자살하는 사회에 어떤 희망이 있겠는가.

⑪ 성적 · 외모 비관 여중생 자살

나쁜 성적과 뚱뚱한 외모를 비관해 한 여중생이 스스로 목숨을 끊었다. 지난 24일 저녁 7시 20분경 서울 서대문구 현저동 ㄱ아파트 앞 화단에서 이 아파트 20층에 사는 장 아무개(13 · ㄷ여중 1년) 양이 숨겨 있는 것을 경비원 김 아무개(58) 씨가 발견해 경찰에 신고했다. 경찰은 키 144㎝, 몸무게 54㎏의 장양이 "평소 학업성적이 안 좋은데다, 작은 키에 뚱뚱한 외모를 비관해 왔다"는 부모의 진술과 "즐거웠던 시절을 기억해줘, 아름다운 세상에서 다시 만나요"라는 유서를 남긴 점 등으로 미뤄 자신의 처지를 비관해 투신자살한 것으로 보고 있다. 숨진 장 양의 담임교사는 "공부는 그리 잘하지 못했지만, 친구들과도 원만하게 지냈다"며 "성적과 외모가 어린 학생에게 자살을 결심할 정도로 상처가 됐다니, 가슴이 아프다"고 말했다.

- 수능 성적 비관 여자재수생 투신자살(0000.11.07)

수능 시험성적이 예상보다 크게 낮게 나왔다며 20대 여자 재수생이 아파트 옥상에서 투신해 스스로 목숨을 끊었다. 7일 오전 10시 30분께 울산시 남구 신정 2동 H아파트 12층 옥상에서 이 아파트 7층에 사는 정 모(20) 씨가 아파트 화단으로 뛰어내려 숨져 있는 것을 아파트 경비원 전 모(62) 씨가 발견, 경찰에 신고했다. 전 씨는 "아파트를 순찰하고 있는데 갑자기 퍽 하는 소리가 들려 화단으로 가 보니 정 씨가 머리 등에 피를 흘리고 숨져 있었다"고 말했다. 경찰은 "정 씨가 A4용지 4장의 유서를 남겼는데 6일 치른 수능시험에서 생각보다 성적이 나오지 않아 크게 낙심을 했다며 부끄러워 죽고 싶다는 내용이 담겨 있었다"며 "유서는 또 부모님께 미안하고 도망치고 싶다며 성적을 비관하는 내용이 적혀 있었다"고 말했다. 정 씨 유족들은 "정 씨가 약대 진학을 목표로 했고 이번 시험에서 360점 이상 나올 것을 예상했다가 답안을 확인한 결과 예상보다 20점 정도 떨어지자 크게 낙담했다"며 "지난해 다른 대학에 합격하고도 약대에 가고 싶다며 재수를 했다"고 경찰에서 밝혔다.

경찰은 자신이 원하는 대학의 학과에 가기 위해 1년간 재수를 했던 정 씨가 수능점수가 예상보다 낮자 이를 비관해 스스로 목숨을 끊은 것으로 보고 있다.

- 초등생 인터넷채팅 예고 후 자살(0000.11.09.)

한 초등학생이 인터넷 채팅 사이트에 자살을 예고하는 내용의 글을 친구에게 남기고 스스로 목숨을 끊은 사실이 뒤늦게 밝혀졌다. 지난 8일 오전 9시경 충남 천안시 쌍용동 H아파트에서 정 모(11. 초등학교 5학년) 군이 베란다 가스배관에 목을 매 숨져 있는 것을 정

군의 아버지 정(40) 씨가 발견, 경찰에 신고했다. 정 군의 아버지는
"학교에서 아들이 등교를 하지 않았다고 연락이 와 집에 돌아와 확
인해 보니 아들이 숨져 있었다"고 말했다. 경찰 조사 결과, 정 군은
지난달 28일 자신의 집에 있는 컴퓨터로 반 친구인 G(11) 양과 인
터넷 채팅을 하면서 "자살도구가 준비됐다", "소리를 지를 테니 나
와 봐라"는 등 자살을 암시하는 대화를 나눈 것으로 드러났다. 경찰
은 정 군이 '불행'이라는 ID를 사용한 점과 일기장에 '답답한 인생',
'답답한 세상'이라는 글을 남겨 놓은 점으로 미뤄 스스로 목숨을 끊
은 것으로 보고 자살동기 등을 조사 중이다.

⑫ 청소년 자살 방지를 위한 대책

청소년의 자살을 방지하기 위해서는 가정과 학교에서 자살의 징후
를 조기에 발견토록 하는 자살의 예측변인을 파악하고 자살위험도를
판정하여 대처할 수 있어야 한다. 또, 청소년의 자살방지를 위해서는
항상 청소년의 정신건강을 도모하는 것이 기본이며 아울러 환경개선
이 이루어져야 한다. 그리고 가장 중요한 노력으로서 가정, 학교, 사
회에서 청소년이 건전하게 발달하여 성장할 수 있도록 교육적 대책
이 적절히 이루어져야 하며 아울러 이 삼자 간에 연계성 있는 노력
이 충분히 이루어져야 한다.

가. 자살의 징후와 발견

자살의 의사표현은 여러 가지의 형태로 나타나게 되는데 두 가지
차원에서, 즉 언어와 행동으로 보여주기도 하고 때로는 직접적 또는
간접적으로 보여주기도 한다. 이런 징후를 발견하기 위해서는 가정과
학교에서 자살과 관련된 기본적인 문제를 파악하는 것이 중요하다.

자살을 예방하기 위해서는 우선 자살을 시도하는 사람들의 특성을
알아야 한다. 지금까지의 연구에 따르면 다음의 요인들이 자살의 좋

은 예측자로 밝혀졌다.(Ray, 1983)

☞ 자살하겠다고 위협하는 것이 자살의 가장 좋은 예측이다.
☞ 이전의 자살시도 경력도 좋은 예측변인이다.
☞ 심하게 우울했던 사람이 회복되는 과정에서 자살하는 경우가
  종종 있다.
☞ 가족 중에 자살한 사람이 있는 경우 자살률이 높다.

예전에는 자살하는 사람이 자살의도를 드러내지 않는다고 믿었었지만 실제로는 대다수의 자살자들이 자살을 시사하는 단서를 남기고 있음이 밝혀졌다. 다음은 청소년들의 자살 경고 신호에 대해 정리했는데, 자살을 방지하기 위해서는 부모나 교사 그리고 친구들이 이런 단서를 잘 알고 있는 것이 필요하다.

☞ 말
"차라리 태어나지 않았으면 좋았을 걸"
"내가 없어져 버리면 아마 마음 아프겠죠"
"난 자살할 거야"
"더 이상 살고 싶지 않아"
"모든 것을 끝내고 싶어"

☞ 행동변화
'소중하게 여기던 물건을 남에게 주는 것'
'생명에 위험이 되는 행동을 무릅쓰는 것'
'자주 사고를 내는 것'
'심한 외로움이나 단조로움을 호소하는 것'
'지나치게 초조해하고 안절부절못하는 행동'

‘학교에서 문제를 일으키거나 범법행동을 하는 것’
‘우울 증상’
* 식욕과 수면 패턴의 변화
* 갑작스런 성적의 저하
* 주의집중의 어려움
* 친구들을 만나지 않고 좋아하던 행동을 하지 않는 것

☞ 상황적 요인
* 부모와 대화에서의 어려움
* 학교에서의 어려움
* 사랑하는 사람과의 이별
* 약물이나 알코올에 탐닉하기 시작할 때

나. 자살위험도의 판정

자살의 위험도를 판정하기 위해서는 우선 자살할 우려가 있는 위험을 파악해야 하는 것이 대단히 중요하다. 크게 두 가지 방법이 있는데 하나는 본인의 진술이고 다른 하나는 본인이 기록한 글을 분석하는 것이다. 자살의 위험도를 판정하는 것 중에서 한 가지는 자살 징후인데 평가하는 방법에는 몇 가지가 있다. 우선 평가표를 사용할 수 있지만 이러한 평가표는 산술적으로 처리할 수 없고 신뢰할 수도 없으며 잘못할 가능성을 지니므로 다른 판정도구와 조합하여 판단해야 한다. 일반적인 심리검사 도구가 좋긴 하지만 솔직하게 답변하지 않을 가능성이 있으므로 투사법을 활용한 다른 방법으로 상화에 따라 적용하는 것이 좋다. 예를 들어 작문이나 감상문 쓰기, 그림 그리기, 자유스런 대화 등의 방법이 일반적이다. 이 중에서 본인에게 직접 쓰게 하는 방법은 수업 중에 적당한 주제를 작문이나 감상문을 쓰게 하거나 독후감을 작성하여 제출하게 하고, 이로부터 본인의 심

리가 반영된 위험한 징후를 발견하는 것이다.

사실, 문제가 있는 아이가 자살을 하느냐의 여부를 안다는 것은 매우 어려운 일이다. 이에 로스앤젤레스의 자살 방지 센터에서 만들어낸 척도가 자살가능성을 알아내는 데 도움이 될 것이다. 청소년이 자살을 시도할 것이냐의 가능성을 평가하기 위해 다음과 같은 근거를 이용할 수 있다.

가) 나이와 성
남자의 경우 13살과 24살 사이의 자살가능성이 높고 여자는 10살과 16살 사이에 높다.

나) 증 상
우울, 무력감, 고독감, 허무감 같은 정서를 나타내거나 술과 약물을 사용하기 시작하면 이것들이 자살가능성의 증상이 되기도 한다.

다) 스트레스
부모의 이혼이나 별거, 죽음을 통해 느끼는 스트레스와 심한 병 때문에 얻게 된 스트레스 또는 다른 중요한 문제 때문에 스트레스를 겪고 있을 때 자살의 위험성이 높다.

라) 즉각적 자살과 잠재적 자살
즉각적인 자살가능성은 특별한 증상이 갑자기 나타났을 때 높고, 장기적인 자살가능성은 특별한 증상이 다시 나타나거나 우울증 경향이 증가할 때 높다.

마) 자살 계획

자살방법과 계획을 구체적으로 준비하는 정도에 비례하여 자살가능성이 높다(예를 들면, 칼, 수면제, 면도날, 기타 비슷한 물건을 모으기 시작할 때 가능성이 가장 높다)

바) 주위 환경

가족이나 친구가 없거나 도와주려 하지 않을 때 자살을 시도할 확률이 높다.

사) 자살 기도

자살을 시도한 적이 있는 아이는 다시 시도할 확률이 높고 가까운 형제가 자살하였을 경우에도 위험률이 높다.

아) 질 병

만성적이고 회복이 늦은 질병으로 고생하거나 건강과 관련된 고통스런 경험이 많을 때 자살을 생각한다.

자) 대화 형태

아이가 가족이나 친구와 대화가 없거나, 대화하려는 가족과 친구의 노력을 거절할 때 자살가능성이 높다.

차) 중요한 친구의 반응

아이들이 중요하다고 생각하는 사람이나 친구에게 거절을 당했을 때 자살을 시도할 확률이 높다.

카) 가족의 상호작용

따뜻한 사랑을 보여주지 못하는 부모이거나 가정 안에 심각한 갈등이 존재하거나 자녀에게 부정적인 태도를 지니고 있는 가정환경에서 자살률이 높다. 또한 어린이 학대 경력이 있는 가정, 가족구성원 중에 알코올 중독자나 정서적인 문제를 지닌 사람이 있는 가정, 재혼하여 아이를 고독, 손실감, 죄책감, 갈등 속으로 몰아넣는 가정도 위험률이 높다.

청소년에게서 자살의 위험이 발견되면 예방적 차원의 즉각적인 개입과 치료를 위한 접근이 최소한 두 가지, 즉 일차적 수준과 이차적 수준에서 이루어진다.

일차적 예방은 조건의 원인을 이해하고 수정하여 자살빈도를 감소시키는 데 목적이 있으며, 이차적 예방은 자살과정에서 치료하거나 차단함으로써 수정하는 것을 의미한다. 대부분의 잠재적인 자살시도자는 시도에 앞서 일주일이나 한 달 전에 주변사람이나 전문가에게 어느 정도 표현하기 때문에 관심과 주의를 기울여 예방에 노력해야 한다.

다. 자살 징후를 보이는 청소년을 도와주는 방법

가) 가족이 해야 할 일

☞ 가능한 한 아이를 비난하거나 자극적인 언사를 피하고 우선 정서적으로 지지해 준다.

☞ 왜 그런지에 대한 동기를 이해하려는 태도를 취함이 중요하다.

☞ 청소년들은 좌절이나 분노를 느끼는 상황에 대한 반응으로서 "죽고 싶다."는 말을 하는데, 이에 "어린 애가 무슨 소리냐"고 윽박지르거나 혼내지 말고 이같이 말하는 원인을 같이 공감해 준다.

☞ 나름대로 이유가 있는 청소년의 의견을 쉽사리 무시하지 말며,

그들의 입장을 고려하는 범위 내에서 현실적인 해결방안을 찾아 주어야 한다.

☞ 친구를 통해 아이의 변화된 행동의 이유에 대해 알아보아야 한다. 필요하다면 학교를 방문하여 선생님과 상담하여 아이의 고민을 어른의 입장이 아닌 그들의 입장에서 이해하도록 해야 하며, 아이의 단점보다 장점을 찾아 격려해 주어야 한다.

☞ 분위기 쇄신을 위해 아이의 요구조건을 일부 들어 주도록 해야 하고 가족 간의 외식이나 여행을 하는 것도 좋은 처방이다.

☞ 무엇보다도 만약 이런 방법으로도 별 진전이 없을 경우에는 정신과 전문의를 찾아 조언을 구하는 것이 좋다.

나) 친구의 역할

우리나라의 경우 청소년들이 고민과 걱정거리를 상담하는 대상은 친구가 제일 많았다는 점을 고려하면 청소년기에 있어서 친구 집단은 가장 중요한 상담자 역할을 하며 영향력이 있는 집단임을 알 수 있다. 그러므로 자살의 징후를 보인 경우 친구가 도움이 되는 경우가 많을 것이다. 자살위험이 있거나 자살하려는 친구를 발견하면 동료로서 다음과 같이 노력해 보라.

☞ 친구의 이야기에 귀를 기울인다.

자살을 생각하고 있는 사람에게 필요한 것은 주변사람들의 관심과 그들의 이야기에 귀를 기울여 주는 것일 것이다. 친구의 문제를 해결해 주지는 못할 수도 있지만, 친구가 가지고 있는 문제를 이야기하도록 하는 데에는 도움이 된다.

☞ "그것은 중요한 것이 아니야"라는 말을 하지 않는다.

자살하겠다는 아이의 말이 어리석고 순진한 말로 들릴지 모르지만 친구의 입장에서 그 문제는 분명히 삶과 죽음의 문제이다. 친구의 입장에 서서 진지하게 이해하려고 노력해야 한다.

☞ 친구의 긍정적인 측면을 지적해 준다.

- 예를 들어 "너는 건강하며 너에게 많은 관심을 갖고 있는 사랑하는 부모님과 친구들이 있다"고 말해 주라.
- 자살은 그가 찾고 있는 해답이 아니라는 것을 강조해라.
- 자살을 한 후 그의 부모님과 친구들이 겪게 될 큰 아픔에 대하여 친구에게 말해 주라.
- 그러나 자살을 생각하는 친구에게 "자신 있으면 자살을 해 봐라."라는 말을 절대로 하지 말아야 한다. 역설적인 말이 오히려 역효과를 가져올 수도 있다.
- 친구를 화나게 하여 감정을 더 상하게 만들지 말라.
- 논리적으로 말하고 민감하게 대하라.

☞ 신속한 조치를 취한다.

- 만일 어느 시점에서 친구가 자살을 감행하려는 전조를 보이면, 주저하지 말고 도움을 요청하라.
- 친구를 데리고 도움을 줄 수 있는 상담가, 정신과 의사 혹은 다른 성인을 찾아가도록 하라.
- 만일 친구가 가기를 거절한다면 어떻게 해야 할까?
- 이런 경우에는 혼자서 이 일을 처리하려고 하지 마라.

- 친구를 도와줄 수 있는 다른 누군가에게 말하여 도움을 청하라.
- 처음에는 친구가 화를 내겠지만, 언젠가 친구가 행복하고 활동
  적으로 잘 살아가게 되는 어느 날, 그 친구는 고맙다는 말을 하
  게 될 것이다.

라. 정신건강의 증진

일반적인 방법으로서 어른들은 우선 청소년의 정신건강 증진을 위해 이해와 대책을 강구해야 한다. 청소년의 정신건강을 증진시키기 위해서는 일상생활에서 나타나기 쉬운 심리적 스트레스를 해소하고 이를 위해서는 정신건강의 이해를 지녀야 한다. 특히 정신건강의 기준에 대한 이해가 필요하다.

청소년의 정신건강이란 여러 가지 환경에서 청소년이 정상적인 심신의 기능을 잃지 않는 상태를 말하는데 정상적인 기준은 다음과 같이 나열할 수 있다.

☞ 자기 자신에 대한 이해가 필요하다.
☞ 분명한 관점을 갖고 사실에 대한 객관적인 판단을 갖도록 해야
   한다.
☞ 활동성, 유연성, 정서적 안정성, 낙천적 태도를 갖도록 한다.
☞ 특히 신체적으로 건강하여 타인과의 조화를 이루도록 한다.

그리고 여러 가지 생활 사건으로부터 야기되는 스트레스를 해소하도록 지도해야 한다. 청소년의 일상생활은 많은 스트레스를 주기 쉬운데 스트레스에 계속적으로 노출되면 심리적·사회적·행동적 결과를 보여주기 때문에 특정한 스트레스 해소를 위해서 가족이나 친구의 사회적 지지체계를 제공함으로써 해소방안을 찾아야 한다.

마. 가정에서의 대처

청소년들이 여러 가지 자살의 징후를 보일 때 우선 부모나 형제들은 자세하게 그의 기분, 자살 생각을 갖게 된 이유 등에 대해 직접 질문을 하여 솔직한 대답을 듣도록 한다. 자살에 대해 직접 질문을 하는 것이 자살에 대한 생각을 불러일으키지는 않는다. 오히려 그 대답을 심각하게 본인이 고려해 봄으로써 생명을 구하게 될 수도 있다.

많은 경우 이런 대화가 자살을 생각했던 사람으로 하여금 정서적인 안정감을 느끼게 하여 자살기도를 포기하게 되는 경우가 많다. 만약 이런 시도에도 불구하고 자살에 대한 사고가 변화되지 않으면 정신과 의사, 임상심리학자, 상담가 등 전문가에게 도움을 요청하는 것이 필요하다.

바. 학교에서의 대처

청소년의 자살을 예방하는 데 있어서는 교우관계의 활용이 매우 중요한 역할을 할 것으로 생각된다. 청소년들에게 평소에 청소년 자살자들의 특성, 자살 신호, 자살 신호에 대한 대처방법 등을 교육함으로써 주위 친구들의 자살을 예방하는 중요한 사회적 자원으로 이들을 활용할 수 있다. 또한 자살위험이 있는 학생들을 조사하여 적시에 조치를 취할 수 있도록 사전 조사체계가 갖추어져야겠고 자격 있는 상담교사의 유치로 전문적인 대처를 할 수 있도록 한다.

그리고 청소년들이 다양한 활동에 참가하도록 장려하고 격려해야 한다. 청소년의 일상생활의 대부분은 학교에서 이루어지며 여러 면에서 인간관계가 중심이 되는데 폭넓은 인간관계를 유지하도록 하기 위해서는 다양한 활동을 장려한다. 청소년 단체의 활동, 멀리 있는 친구에게 편지 쓰기, 우표나 동전 수집, 음악, 미술, 스포츠, 캠프,

야영활동, 레크리에이션, 사회 참가 중심의 봉사활동 등 청소년이 다양한 활동을 통해 평소에 건전한 인성을 기를 수 있도록 다양한 프로그램을 마련토록 한다.

사. 사회에서의 대처

자살에 대한 사회와 언론의 태도는 청소년의 자살에 민감한 영향을 미친다. 미국의 한 연구에 의하면, 언론이 청소년 자살 사건을 보도한 일주일간 청소년 자살 건수가 유의미하게 증가함을 발견하였다. 이 연구는 '이와 같은 현상이 발생한 원인은 외부의 자극에 쉽게 감염되는 10대들의 모방 심리 때문'이라고 결론을 내렸다. 위와 같은 연구 결과는 대중매체가 청소년의 자살을 어떻게 다루어야 하는지에 관한 중요한 시사점을 제공해 준다. 언론은 청소년의 자살을 보도할 경우, 그 자살이 마치 사회적인 요인 때문에 어쩔 수 없이 이루어진 것, 즉 자살자가 희생자라는 태도나 동정적인 태도는 철저히 배제해야 한다. 즉 자살에 대해 인간 생명 존엄성의 포기라는 가치의 측면 그리고 자살이란 자기 생명에 대해 자기 스스로가 포기하고 책임을 회피하는 짓이라는 측면에서 비판적으로 다루어야만 모방 심리에 의한 충동적인 자살을 예방할 수 있다. 그리고 청소년이 활동성과 창조성을 자유롭게 발휘할 수 있도록 여러 사회 시설을 이용할 기회를 제공해야 하고, 신문, TV, 잡지 등의 대중매체도 청소년을 육성한다는 차원에서 청소년에게 부정적인 영향을 미칠 수 있는 프로그램을 제거하고 보다 긍정적이며 건전한 방향으로 바뀌어야 한다. 대중매체는 청소년이 살아가는 방법에 대해 생명의 존중을 중심으로 한 정보를 제공하고 부적절한 출판물이나 환경의 정화를 위해서도 노력해야 한다.

청소년의 자살은 원인에서 성인의 자살과는 다르다. 그것은 청소년기라는 특정한 시기이기 때문이다. 청소년기의 특징은 자기 자신에 대한 확고한 정체성이 없기 때문에 주변 환경이나 반응에 따라 쉽게 동요되며 대수롭지 않은 문제에 대해서도 감정의 기복이 심해 쉽게 절망감과 허무감에 빠진다. 이런 특징은 청소년의 자살충동을 인지적인 절망감이나 순간적인 소외감에 대한 반사적인 충동으로 쉽게 행동화되기도 한다. 특히 청소년기는 합리적인 판단을 할 수 있는 현실감이 부족하고, 충동 자체를 행동으로 옮기기 쉽다는 점을 고려해야 할 필요가 있다. 치명적인 자살률은 성인기로 갈수록 증가하고 있지만 자살생각과 자살시도율이 가장 높은 시기는 청소년기이므로 심각한 문제이다. 청소년의 자살을 사전에 예방하기 위해서는 청소년기의 특성을 고려하여 대책을 마련하여야 한다. 가정에서 부모와의 대화를 통하여 문제를 해결하거나 해결할 수 있는 상황을 마련해 주는 것이 가장 기본적인 방법이다. 청소년기는 친구의 영향을 많이 받는다는 점에서 함께 어울리는 친구의 역할 또한 중요하다. 우리나라의 교육 특성상 청소년들이 생활의 대부분을 학교에서 보낸다. 학교는 가정에서와 마찬가지로 학생에 대한 관심을 높여야 한다.

학교 내 상담실 운영을 하고 학생들이 참여할 수 있는 동아리 활동을 활성화시키고 적극적인 지원을 하여야 한다.

현실적으로 상담실 운영에는 상담 교사의 능력 부족 등의 문제점이 많기 때문에 긍정적인 사고방식을 유도할 수 있는 동아리 활동의 활성화에 더욱 주력하여야 한다. 사회적으로는 청소년 자살 전문 상담실을 운영하고 공익광고를 통한 자살 예방 홍보 활동을 하여야 한다. 이러한 청소년 자살 전문 상담실이나 청소년 예방 센터를 청소년 인구를 고려하여 각 지방에 설치하여야 한다는 제도적인 방법도 필요하다. 청소년들의 텔레비전 등의 미디어 시청률이 높은 것을 고려하여 방송상 폭력적이거나 자살에 대한 긍정적인 프로그램에 대한 규제를 더욱 강화하여야 한다.

여기에서 제시한 자살 예방 대책을 현실화한다면 청소년 자살 문제는 어느 정도 해결할 수 있을 것이다. 하지만 그에 앞서 일반 사람들의 인식의 개선이 필요하다. 자살에 대한 안일한 태도는 청소년뿐 만아니라 성인들의 자살의 근본적인 원인이 된다. 이러한 사회적인 인식 때문에 자살을 고민하는 사람들에게 생각을 전환시킬 수 있는 상담이 제대로 이루어지지 않고 있다. 우리는 자살을 고민하는 사람에 대하여 보다 진지한 태도를 보이면서 긍정적인 사고를 할 수 있도록 도와주려고 노력하여야 한다. 청소년들의 자살 증가 현상이 우리 사회의 미래의 모습일 수 있다는 생각을 바탕으로 더욱더 적극적으로 해결책을 찾아야 한다.

3) 청소년 기본법

[일부개정 2005.12.29 법률 7799호], 시행일 2006.3.30

청소년기본법	시행령	시행규칙
제1장 총칙	제1장 총칙	
제1조 (목적) 이 법은 청소년의 권리 및 책임과 가정·사회·국가 및 지방자치단체의 청소년에 대한 책임을 정하고 청소년육성정책에 관한 기본적인 사항을 규정함을 목적으로 한다.	제1조(목적) 이 영은 「청소년기본법」에서 위임된 사항과 그 시행에 관하여 필요한 사항을 규정함을 목적으로 한다.	제1조(목적) 이 규칙은 「청소년기본법」 및 동법 시행령에서 위임된 사항과 그 시행에 필요한 사항을 규정함을 목적으로 한다.
제2조 (기본이념) ① 청소년이 사회구성원으로서 정당한 대우와 권익을 보장받음과 아울러 스스로 생각하고 자유롭게 활동할 수 있도록 하며 보다 나은 삶을 누리고 유해한 환경으로부터 보호될 수 있도록 함으로써 국가와 사회가 필요로		제2조(청소년지도자 연수과정 지원) 「청소년기본법 시행령」(이하 '영'이라 한다) 제18조제4항의 규정에 의하여 청소년지도자 연수과정의 운영에 대한 지원을 받고자 하는 청소년관련 단체·기관 및 대학 등의 장은 연수개시 30일 전까지 다음 사항을 기재한 서류를 청소년위원회에 제출하여야 한다. 1. 연수목적 및 과목

하는 건전한 민주시민으로 자랄 수 있도록 함을 이 법의 기본이념으로 한다.
② 제1항의 기본이념을 구현하기 위한 장기적·종합적 청소년육성정책을 추진함에 있어서 다음 각 호의 사항을 그 추진방향으로 한다.
1. 청소년의 참여보장
2. 청소년의 창의성과 자율성에 기초한 능동적 삶의 실현
3. 청소년의 성장여건과 사회환경의 개선
4. 민주·복지·통일조국에 대비하는 청소년의 자질향상

제3조 (정의) 이 법에서 사용하는 용어의 정의는 다음 각 호와 같다.
1. '청소년'이라 함은 9세 이상 24세 이하의 자를 말한다. 다만, 다른 법률에서 청소년에 대한 적용을 달리할 필요가 있는 경우에는 따로 정할 수 있다.
2. '청소년육성'이라 함은 청소년활동을 지원하고 청소년의 복지를 증진하며 사회여건과 환경을 청소년에게 유익하도록 개선하고 청소년을 보호하여 청소년에 대한 교육을 보완함으로써 청소년의 균형 있는 성장을 돕는 것을 말한다.
3. '청소년활동'이라 함은 청소년의 균형 있는 성장을 위하여 필요한 활동과 이러한 활동을 소재로 하는 수련활동·교류활동·문화활동 등 다양한 형태의 활동을 말한다.
4. '청소년복지'라 함은 청소년이 정상적인 삶을 영위할 수 있는 기본적인 여건을 조성하고 조화롭게 성장·발달할 수 있도록 제공되는 사회적·경제적 지원을 말한다.
5. '청소년보호'라 함은 청소년의 건전한 성장에 유해한 물질·물건·장소·행위 등 각종 청소년 유해환경을 규제하거나 청소년의 접촉 또는 접근을 제한하는 것을 말한다.
6. '청소년시설'이라 함은 청소년활동·청소년복지 및 청소년보

2. 교과 과정표 및 그 설명서
3. 연수기간 및 장소
4. 연수인원 및 강사현황
5. 연수에 소요되는 경비에 관한 예산명세서
6. 그밖에 연수에 관한 참고사항

제3조(청소년지도사 자격검정 응시원서) 청소년지도사 자격검정에 응시하고자 하는 자는 별지 제1호서식의 청소년지도사 자격검정 응시원서에 응시자격을 증명할 수 있는 서류를 첨부하여 영 제20조제1항의 규정에 의한 청소년지도사 자격검정을 실시하는 기관(이하 '청소년지도사 자격검정기관'이라 한다)의 장에게 제출하여야 한다.

제4조(청소년지도사 자격검정의 실시 등)
① 청소년지도사 자격검정기관의 장은 청소년지도사 자격검정을 연 1회 이상 실시한다. 다만, 청소년위원회는 청소년지도사의 수급계획상 필요하다고 인정하는 경우에는 이를 조정할 수 있다.
② 청소년지도사 자격검정기관의 장은 제1항의 규정에 의한 자격검정을 실시할 때에는 검정 실시 2월 전에 일시·장소·검정과목·검정방법 그 밖에 자격검정에 관하여 필요한 사항을 일간신문(「정기간행물의 등록 등에 관한 법률」 제7조제1항제8호의 규정에 따라 전국을 보급지역으로 등록한 일간신문으로서 동법 제2조제2호에 해당하는 것을 말한다)과 청소년지도사 자격검정기관의 홈페이지 등에 공고하여야 한다.

제5조(청소년지도사 자격검정 합격결정 등)
① 1급청소년지도사 자격검정은 필기시험에서 매 과목 100점을 만점으로 하여 매 과목 40점 이상, 전 과목 평균 60점 이상 득점한 자를 합격자로 한다.
② 2급·3급청소년지도사 자격검정은 다음 중 어느 하나에 해당하는 자로서 면접시험에 합격한 자를 합격자로 한다.

호에 제공되는 시설을 말한다.

7. '청소년지도자'라 함은 제21조의 규정에 의한 청소년지도사 및 제22조의 규정에 의한 청소년상담사와 청소년시설·청소년단체·청소년관련기관 등에서 청소년육성 및 지도업무에 종사하는 자를 말한다.

8. '청소년단체'라 함은 청소년육성을 주된 목적으로 설립된 법인 또는 대통령령이 정하는 단체를 말한다.

제4조 (다른 법률과의 관계)
① 이 법은 청소년육성에 관하여 다른 법률에 우선하여 적용한다.
② 청소년육성에 관한 법률을 제정하거나 개정하는 때에는 이 법에 부합되도록 하여야 한다.

제5조 (청소년의 권리와 책임)
① 청소년의 기본적 인권은 청소년활동·청소년복지·청소년보호 등 청소년육성의 모든 영역에서 존중되어야 한다.
② 청소년은 안전하고 쾌적한 환경 속에서 자기발전을 추구하고 정신적·신체적 건강을 해치거나 해칠 우려가 있는 모든 형태의 환경으로부터 보호받을 권리를 가진다.
③ 청소년은 자신의 능력개발과 건전한 가치관의 확립에 힘쓰고 가정·사회 및 국가의 구성원으로서의 책임을 다하도록 노력하여야 한다.

제6조 (가정의 책임)
① 가정은 청소년 육성에 관하여 1차적 책임이 있음을 인식하고, 따뜻한 사랑과 관심을 통하여 청소년이 개성과 자질을 바탕으로 자기발전을 실현하고 국가와 사회의 구성원으로서의 책임을 다하는 후계세대로 성장할 수 있도록 노력하여야 한다.
② 가정은 학교 및 청소년 관련 기관 등에서 실시하는 교육프로그램에 청소년과 함께 참여하는 등 청소년을 바르게 육성하기 위하여 적극적으로 노력하여야 한다.

제2조(청소년단체의 범위) 「청소년기본법」(이하 '법'이라 한다) 제3조제8호에서 '대통령령이 정하는 단체'라 함은 법 제3조제3호 내지 제5호의 규정에 의한 청소년활동, 청소년복지 또는 청소년보호를 주요 사업으로 하는 단체로서 국가청소년위원회가 인정하는 단체를 말한다.(2006.3.30. 개정)

---

1. 필기시험에서 매 과목 100점을 만점으로 하여 매 과목 40점 이상, 전 과목 평균 60점 이상 득점한 자
2. 영 제20조제3항의 규정에 의한 필기시험을 면제받은 자
③ 제2항의 면접시험은 다음의 사항에 관하여 평가한다.
   1. 청소년지도자로서의 가치관 및 정신자세
   2. 예의·품행 및 성실성
   3. 의사발표의 정확성 및 논리성
   4. 청소년에 관한 전문지식과 그 응용능력
   5. 창의력·의지력 및 지도력
④ 필기시험에 합격하고 면접시험에 불합격한 자에 대하여는 다음 회의 시험에 한하여 필기시험을 면제한다.
⑤ 그 밖에 시험에 관한 방법·채점기준 등은 청소년위원회가 정하여 고시한다.

제6조(청소년지도사 자격증의 교부 등)
① 영 제21조제4항의 규정에 의한 청소년지도사 자격증은 별지 제2호서식에 의한다.
② 청소년지도사 자격검정기관의 장은 별지 제3호서식에 의한 청소년지도사자격증 교부대장에 청소년지도사 자격증의 교부사실을 기록·관리하여야 한다.
③ 청소년지도사 자격증을 교부받은 자가 그 자격증을 분실하거나 청소년지도사 자격증이 헐어 못 쓰게 된 때에는 별지 제4호서식에 의하여 청소년지도사 자격검정기관의 장에게 재교부를 신청할 수 있다. 이 경우 자격증이 헐어 못 쓰게 된 때에는 그 자격증을 첨부하여야 한다.

제7조(청소년상담사 자격검정 응시자격의 기준) 영 별표 3의 규정에 의한 1급청소년상담사 응시자격 기준 제1호에서 '총리령이 정하는 상담 관련분야'라 함은 상담의 이론과 실제(상담원리·상담기법), 면접원리, 발달이론, 집단상담, 심리측정 및 평가, 이상심리, 성격심리, 사회복지실천(기술)론, 상담교육,

③ 가정은 정보통신망을 이용한 유해매체물의 접촉 등 청소년 유해환경으로부터 청소년을 보호하기 위하여 필요한 노력을 하여야 한다.

④ 가정의 무관심·방치·억압 또는 폭력 등이 원인이 되어 청소년이 가출하거나 비행을 저지르는 경우 친권자 또는 친권자를 대신하여 청소년을 보호하는 자는 보호의무의 책임을 진다.
〔전문개정 2005.12.29〕

제7조 (사회의 책임)

① 모든 국민은 청소년이 일상생활 속에서 즐겁게 활동하고 더불어 사는 기쁨을 누리도록 도와주어야 한다.

② 모든 국민은 청소년의 사고와 행동양식의 특성을 인식하고 사랑과 대화를 통하여 청소년을 이해하고 지도하여야 하며, 청소년의 비행을 방임하지 아니하는 등
그 선도에 최선을 다하여야 한다.

③ 모든 국민은 청소년을 대상으로 하거나 청소년이 쉽게 접할 수 있는 장소에서 청소년의 정신적·신체적 건강에 해를 끼치는 행위를 하여서는 아니되며, 청소년에게 유해한 환경을 정화하고 유익한 환경이 조성되도록 노력하여야 한다.

④ 모든 국민은 경제적·사회적·문화적·정신적으로 어려운 상태에 있는 청소년들에게 특별한 관심을 가지고 이들이 보다 나은 삶을 누릴 수 있도록 노력하여야 한다.

제8조 (국가 및 지방자치단체의 책임)

① 국가 및 지방자치단체는 청소년활동의 지원, 청소년복지의 증진 및 청소년보호의 수행에 필요한 법적·제도적 장치를 마련하여 시행하여야 한다.

② 국가 및 지방자치단체는 제6조 및 제7조의 규정에 의한 국민의 책임수행에 필요한 여건을 조성하여야 한다.

2장 청소년육성정책의 총괄·조정

제3조 (청소년정책 관계기관 협

진로상담, 가족상담, 학업상담, 비행상담, 성상담, 청소년상담 또는 이와 내용이 동일하거나 유사한 과목 중 4과목 이상을 교과과목으로 채택하고 있는 학문분야를 말한다.

제8조(청소년상담사 자격검정 응시원서) 청소년상담사 자격검정에 응시하고자 하는 자는 별지 제5호서식의 청소년상담사 자격검정 응시원서에 응시자격을 증명할 수 있는 서류를 첨부하여 영 제23조제1항의 규정에 의한 청소년상담사 자격검정을 실시하는 기관(이하 '청소년상담사 자격검정기관'이라 한다)의 장에게 제출하여야 한다.

제9조(청소년상담사 자격증의 교부 등)

① 영 제24조제5항의 규정에 의한 청소년상담사 자격증은 별지 제6호서식에 의한다.

② 제10조의 규정에 의하여 청소년상담사 자격검정기관의 장은 별지 제7호서식에 의한 청소년상담사 자격증 교부대장에 청소년상담사 자격증의 교부사실을 기록·관리하여야 한다.

③ 청소년상담사 자격증을 교부받은 자가 그 자격증을 분실하거나 청소년상담사 자격증이 헐어 못 쓰게 된 때에는 별지 제8호서식에 의하여 청소년상담사 자격검정기관의 장에게 재교부를 신청할 수 있다. 이 경우 청소년상담사 자격증이 헐어 못 쓰게 된 때에는 그 청소년상담사 자격증을 첨부하여야 한다.

제10조(청소년상담사 자격검정의 실시·합격결정 등)

① 제4조의 규정은 청소년상담사 자격검정의 실시 등에 관하여 준용한다. 이 경우 '청소년지도사'는 이를 '청소년상담사'로 본다.

② 청소년상담사 자격검정은 필기시험에서 매 과목 100점을 만점으로 하여 매 과목 40점 이상, 전 과목 평균 60점 이상 득점한 자로서 면접시험에 합격한 자를 합격자로 한다.

③ 국가 및 지방자치단체는 제1항 및 제2항의 업무를 수행하는 데 필요한 재원을 안정적으로 확보하기 위한 시책을 수립·실시하여야 한다.

제2장 청소년육성정책의 총괄·조정

제9조 (청소년육성정책의 총괄·조정) 청소년육성정책은 국가청소년위원회가 관계행정기관의 장과 협의하여 이를 총괄·조정한다. 〈개정 2005.3.24, 2005.12.29〉

제10조 (청소년정책 관계기관 협의회)
① 청소년정책에 관한 관계기관 간의 연계·조정과 상호협력을 위하여 국가청소년위원회에 관계기관의 공무원 등으로 구성되는 청소년정책 관계기관 협의회(이하 '협의회'라 한다)를 둔다. 〈개정 2005.12.29〉
② 협의회는 다음의 사항을 협의한다.
  1. 2 이상의 행정기관에 관련되는 청소년정책의 조정에 관한 사항
  2. 여러 부처가 협력하여 추진하여야 하는 청소년정책에 관한 사항
③ 협의회의 구성·조직 그 밖의 운영에 관하여 필요한 사항은 대통령령으로 정한다.
  〔전문개정 2005.3.24〕

제11조 (지방청소년육성위원회의 설치)
① 청소년육성에 관한 지방자치단체의 주요 시책을 심의하기 위하여 특별시장·광역시장·도지사(이하 '시·도지사'라 한다) 및 시장·군수·구청장(자치구의 구청장에 한한다. 이하 같다)의 소속하에 지방청소년육성위원회를 둔다.
② 제10조제3항의 규정은 지방청소년육성위원회에 이를 준용한다.
③ 지방청소년육성위원회의 구성·조직 그 밖의 운영에 관하여 필요한 사항은 조례로 정한다.

의회의 구성 및 운영)
① 법 제10조의 규정에 의한 청소년정책 관계기관 협의회(이하 '협의회'라 한다)는 위원장을 포함한 15인 이내의 위원으로 구성한다.
② 협의회의 위원장은 법 제16조의2제1항의 규정에 의한 국가청소년위원회의 위원장이 되고, 협의회의 위원은 교육인적자원부·법무부·행정자치부·문화관광부·정보통신부·보건복지부·노동부·여성가족부·기획예산처·경찰청 그 밖에 관계중앙행정기관 소속의 3급 이상 공무원 또는 이에 상당하는 특정직공무원 중에서 당해 기관의 장이 지명하는 자로 구성한다. (2006.3.29. 개정)
③ 협의회의 위원장은 협의회를 대표하고 업무를 통할한다.
④ 협의회의 회의는 협의회의 위원장이 소집하고, 재적위원 과반수의 출석과 출석위원 과반수의 찬성으로 의결한다.
⑤ 청소년정책에 관한 전문적인 사항을 조사·연구하기 위하여 협의회에 5인 이내의 전문위원을 둘 수 있다.
⑥ 협의회의 사무를 처리하기 위하여 협의회에 간사 1인을 두며, 간사는 국가청소년위원회 소속 공무원 중에서 협의회의 위원장이 지명한다. (2006.3.30. 개정)

제4조 내지 제11조 삭제 (2005.3.24)

③ 제2항의 면접시험은 다음의 사항에 관하여 평가한다.
  1. 청소년상담자로서의 가치관 및 정신자세
  2. 청소년상담을 위한 전문적 지식 및 수련의 정도
  3. 예의·품행 및 성실성
  4. 의사표현의 정확성과 논리성
  5. 창의력, 판단력 및 지도력
④ 필기시험에 합격하고 면접시험에 불합격한 자에 대하여는 다음 회의 시험에 한하여 필기시험을 면제한다.
⑤ 그 밖에 시험에 관한 방법·채점기준 등은 문화관광부장관이 정하여 고시한다.

제11조(지방청소년종합상담센터 등의 권장 설치기준) 「청소년기본법」(이하 '법'이라 한다) 제46조제1항의 규정에 의하여 특별시·광역시·도에 설치하는 지방청소년종합상담센터 및 시·군·구(자치구를 말한다)에 설치하는 지방청소년상담센터의 권장 설치기준은 별표와 같다.

제12조(검사공무원의 증표) 법 제59조제2항의 규정에 의한 검사공무원의 증표는 별지 제9호서식에 의한다.

제13조(수수료)
① 법 제62조제1항의 규정에 의하여 징수하는 청소년지도사 및 청소년상담사의 자격검정 수수료는 실비 등을 고려하여 청소년위원회가 정하여 고시한다.
② 법 제62조제1항의 규정에 의하여 청소년지도사 및 청소년상담사의 연수과정 수수료는 청소년위원회가 실비 등을 고려하여 법 제21조제1항의 규정에 의한 청소년지도사 연수기관의 장 및 법 제22조제1항의 규정에 의한 청소년상담사 연수기관의 장과 협의하여 정하고 이를 고시한다.
③ 제2항의 규정에 의한 수수료는 청소년지도사 연수기관 및 청소년상담사 연수기관에 납부한다.

제14조(과태료의 징수절차) 영

제12조 (청소년특별회의의 개최)
① 국가는 범정부적 차원의 청소년육성 정책과제의 설정·추진 및 점검을 위하여 청소년분야의 전문가와 청소년이 참여하는 청소년특별회의(이하 '특별회의'라 한다)를 매년 개최하여야 한다.
② 특별회의의 참석대상·운영방법 등 세부적인 사항은 대통령령으로 정한다.

제13조 (청소년육성에 관한 기본계획의 수립)
① 국가는 청소년육성에 관한 기본계획(이하 '기본계획'이라 한다)을 5년마다 수립하여야 한다.
② 기본계획에는 다음 각 호의 사항이 포함되어야 한다.
　1. 이전의 기본계획에 관한 분석평가
　2. 청소년육성에 관한 기본방향
　3. 청소년육성에 관한 추진목표
　4. 청소년육성에 관한 기능의 조정
　5. 청소년육성의 분야별 주요 시책
　6. 청소년육성에 소요되는 재원의 조달방법
　7. 그밖에 청소년육성을 위하여 특히 필요하다고 인정되는 사항

제14조 (연도별 시행계획의 수립)
국가 및 지방자치단체는 기본계획에 의하여 연도별 시행계획을 각각 수립·시행하여야 한다.

제15조 (계획수립의 협조)
① 국가 및 지방자치단체는 제13조 및 제14조의 규정에 의한 기본계획 및 연도별 시행계획의 수립·시행을 위하여 필요한 때에는 공공기관·사회단체 그 밖의 민간기업체의 장에게 협조를 요청할 수 있다.
② 제1항의 규정에 의한 협조요청을 받은 자는 특별한 사정이 없는 한 이에 협조하여야 한다.

제16조 (청소년의 달) 청소년의 능동적이고 자주적인 주인의식을 고취하고 청소년육성을 위한 국민의 참여분위기를 조성하기 위하여 매년 5월을 청소년의 달로 한다.

제12조(청소년특별회의의 참석대상)
① 법 제12조의 규정에 의한 청소년특별회의(이하 '특별회의'라 한다)에 참석하는 자는 다음과 같다.
　1. 특별회의의 지역단위회의에서 추천하는 청소년
　2. 청소년관련 기관·단체가 추천하는 청소년
　3. 청소년관련 단체·시설·학계의 관계자
　4. 국가청소년위원회가 공개모집을 통하여 선정한 청소년
　5. 그 밖에 국가청소년위원회가 필요하다고 인정하는 자 (2006.3.30. 개정)
② 국가청소년위원회는 제1항의 규정에 의한 참석대상을 정함에 있어 성별·연령별·지역별로 각각 전체 청소년을 대표할 수 있도록 노력하여야 한다. (2006.3.30. 개정)

제13조(운영방법 등) 특별회의는 지역단위의 회의를 거쳐 전국단위의 회의를 개최하며, 청소년 관련 토론

회 및 문화예술행사 등과 병행할 수 있다.

제14조(의제의 통보) 국가청소년위원회는 특별회의의 의제를 선정하여 선정된 의제를 특별회의 개최 1월 전까지 관계행정기관의 장에게 통보하여야 한다.(2006.3.30. 개정)

제15조(관계기관 등의 협조)
① 국가청소년위원회는 특별회의의 의제 선정 및 연구 등을 위하여 관계공무원 또는 관계전문가에게 협조를 요청할 수 있다. (2006.3.30. 개정)
② 국가청소년위원회는 특별회의의 의제와 관련된 중앙행정기관의 장 또는 지방자치단체의 장이 회의에 참석하도록 필요한 협조를 요청할 수 있다. (2006.3.30. 개정)

제38조제4항의 규정에 의한 과태료의 징수절차에 관하여는 「국고금관리법 시행규칙」을 준용한다. 이 경우 납입고지서에는 이의신청방법 및 이의신청기간을 함께 적어 넣어야 한다.

제3장 국가청소년위원회
〈신설 2005.3.24,
2005.12.29〉

제16조의2 (국가청소년위원회의 설치〈개정 2005.12.29〉)
① 청소년에 관한 사무를 담당하기 위하여 국무총리 소속하에 국가청소년위원회를 둔다. 〈개정 2005.12.29〉
② 국가청소년위원회는 위원장 1인과 상임위원 1인 및 11인 이내의 비상임위원으로 구성하며, 위원장은 정무직으로 보한다. 〈개정 2005.12.29〉
③ 국가청소년위원회는 「정부조직법」 제2조의 규정에 의한 중앙행정기관으로서 그 소관사무를 수행한다. 〈개정 2005.12.29〉
④ 국가청소년위원회는 소관사무를 전문적으로 수행하기 위하여 일부 위원으로 구성하는 분과회의를 설치·운영할 수 있으며, 분과회의의 구성방법·운영 등 세부적인 사항은 대통령령으로 정한다. 〈개정 2005.12.29〉
⑤ 다음의 사항에 관하여는 국가청소년위원회의 심의·의결을 거쳐야 한다. 〈개정 2005.12.29〉
  1. 청소년정책의 기본방침에 관한 사항
  2. 청소년 관련 법령의 제정·개폐에 관한 사항 및 제도 개선에 관한 사항
  3. 「청소년복지지원법」 제12조의 규정에 의한 특별지원청소년에 대한 지원에 관한 사항
  4. 「청소년보호법」 제8조의 규정에 의한 청소년유해매체물의 심의·결정에 관한 사항
  5. 다른 법률에 의하여 국가청소년위원회의 소관으로 규정된 사항
  6. 그 밖에 위원장이 국가청소년위원회의 심의·의결이 필요하다고 인정하는 사항
  [본조신설 2005.3.24]

제16조의3 (국가청소년위원회 위원장·위원의 자격과 임명 등 〈개정 2005.12.29〉)
① 국가청소년위원회의 위원장은

제16조(기본계획 및 연도별 시행계획의 수립·시행)
① 국가청소년위원회는 청소년업무 관련 중앙행정기관의 장의 의견을 들어 법 제13조의 규정에 의한 청소년육성에 관한 기본계획을 수립하여야 한다. (2006.3.30. 개정)
② 청소년업무 관련 중앙행정기관의 장 및 특별시장·광역시장·도지사(이하 '시·도지사'라 한다)는 법 제14조의 규정에 의하여 매년 다음 연도의 소관 청소년관련 업무에 관한 시행계획안을 수립하여 국가청소년위원회에 제출하여야 한다. (2006.3.30. 개정)

제17조(청소년의 달 행사) 국가청소년위원회는 법 제16조의 규정에 의한 청소년의 달을 기념하기 위하여 국가·지방자치단체·공공단체·청소년단체 등이 다음의 행사를 실시할 수 있도록 노력하여야 한다.(2006.3.30. 개정)
  1. 청소년의 문화·예술·수련·체육에 관한 행사
  2. 청소년의 인권증진 및 육성 등에 관한 연구발표 행사
  3. 모범청소년·청소년지도자 및 우수청소년단체 등에 대한 포상
  4. 대중매체 등을 통한 홍보행사
  5. 그 밖에 청소년육성에 관하여 범국민적인 관심을 높이기 위한 행사

제17조의2(국가청소년위원회 분과회의의 구성 및 운영)
① 법 제16조의2제4항의 규정에 의한 국가청소년위원회 분과회의(이하 '분과회의'라 한다)는 국가청소년위원회의 의결로써 구성하되, 5인 이내의 위원으로 구성한다.(2006.3.30. 개정)
② 분과회의의 의장은 위원 중에서 호선한다.
③ 분과회의의 의장은 분과회의의 회의결과를 국가청소년위원회에 보고하여야 한다.(2006.3.30. 개정)

청소년에 관한 경험과 식견이 풍부한 자 중에서 국무총리의 제청으로 대통령이 임명한다. 〈개정 2005.12.29〉

② 국가청소년위원회의 위원은 다음 각 호의 어느 하나에 해당하는 자 중에서 위원장의 추천을 받아 국무총리의 제청으로 대통령이 임명 또는 위촉한다. 〈개정 2005.12.29〉

1. 3급 이상 공무원 또는 고위공무원단에 속하는 일반직공무원의 직에 있거나 있었던 자로서 청소년 관련 업무에 경험이 있는 자

2. 「초·중등교육법」 제2조의 규정에 의한 학교의 교원으로 15년 이상 근무한 경력이 있는 자로서 청소년 관련 업무에 경험이 있는 자

3. 「고등교육법」 제2조의 규정에 의한 학교나 공인된 연구기관에서 부교수 이상 또는 이에 상당한 직에 10년 이상 있거나 있었던 자로서 청소년 관련 연구 또는 업무에 경험이 있는 자

4. 판사·검사·변호사 또는 언론인으로서 10년 이상 근무한 자

5. 공공기관 또는 청소년·시민단체 등에서 10년 이상 근무한 경력이 있는 자로서 청소년 업무에 관한 전문성이 있는 자

③ 국가청소년위원회의 위원장은 국가청소년위원회를 대표하고 국가청소년위원회의 직무를 통할한다. 〈개정 2005.12.29〉

④ 국가청소년위원회의 위원장이 부득이한 사유로 직무를 수행할 수 없을 때에는 상임위원이 그 직무를 대행하고, 위원장과 상임위원이 모두 부득이한 사유로 직무를 수행할 수 없는 때에는 위원장이 미리 지정한 비상임위원이 그 직무를 대행한다. 〈개정 2005.12.29〉

⑤ 국가청소년위원회의 위원장 및 위원의 임기는 3년으로 하되, 1차에 한하여 연임할 수 있다. 〈개정 2005.12.29〉

3장 청소년지도자

제18조(청소년지도자의 자질향상 등)

① 국가 및 지방자치단체는 청소년 업무를 담당하는 소속 공무원이 청소년업무에 관한 자질을 갖출 수 있도록 조치하여야 한다.

② 국가청소년위원회는 법 제20조의 규정에 의하여 청소년지도자의 자질향상과 전문성 제고를 위하여 청소년관련 단체·기관 및 대학 등에서 운영하는 청소년지도자 연수과정의 경비 일부를 지원할 수 있다.(2006.3.30. 개정)

③ 제2항의 규정에 의한 경비의 일부지원은 연수시간이 40시간 이상인 연수과정을 대상으로 한다.

④ 제2항의 규정에 의한 연수과정 운영의 지원에 관하여 그 밖에 필요한 사항은 청소년위원회 규칙으로 정한다.

제19조(청소년지도사의 등급)

법 제21조제4항의 규정에 의한 청소년지도사의 등급은 1급·2급 및 3급으로 구분한다.

제20조(자격검정)

① 법 제21조제4항의 규정에 의한 청소년지도사의 자격검정은 국가청소년위원회가 실시한다. 다만, 국가청소년위원회가 필요하다고 인정하는 때에는 자격검정을 청소년 관련전문기관에 위탁하여 실시할 수 있다. (2006.3.30. 개정)

② 청소년지도사 자격검정의 등급별 응시자격기준과 과목 및 방법은 각각 별표 1 및 별표 2와 같다.

③ 제2항의 규정에 의한 별표 1의 청소년지도사 자격검정 응시자격기준에서 2급 청소년지도사의 응시자격기준 제1호·제2호 및 3급 청소년지도사의 응시자격기준 제1호에 해당하는 자는 해당 급수의 청소년지도사 자격검정 필기시험을 면제한다.

④ 그 밖에 청소년지도사의 등급별 자격검정에 관하여 필요한 사항은

⑥ 국가청소년위원회의 위원장 또는 위원은 다음 각 호의 어느 하나에 해당하는 경우를 제외하고는 그 의사에 반하여 면직되지 아니한다. 〈개정 2005.12.29〉

1. 금고 이상의 형의 선고를 받은 경우
2. 장기간의 심신쇠약으로 직무를 수행할 수 없게 된 경우

⑦ 국가청소년위원회의 위원장 및 상임위원은 「정부조직법」 제10조(정부위원)의 규정에 불구하고 정부위원이 된다. 〈개정 2005.12.29〉

⑧ 국가청소년위원회의 비상임위원은 「형법」 및 그 밖의 법률에 의한 벌칙의 적용에 있어서는 이를 공무원으로 본다. 〈개정 2005.12.29〉

⑨ 국가청소년위원회는 재적위원 과반수의 출석으로 개회하고, 출석위원 과반수의 찬성으로 의결한다. 〈개정 2005.12.29〉

⑩ 국가청소년위원회의 위원장은 필요한 경우 국무회의에 출석하여 발언할 수 있다. 〈개정 2005.12.29〉 〔본조신설 2005.3.24〕

제16조의4 (사무처의 설치)
① 국가청소년위원회의 사무를 처리하기 위하여 국가청소년위원회에 사무처를 둔다. 〈개정 2005.12.29〉
② 사무처장은 위원장의 명을 받아 사무처의 사무를 처리하고 소속 직원을 지휘·감독한다. 〔본조신설 2005.3.24〕

제16조의5 (조직 및 위임 규정)
① 이 법에 규정한 것 외에 국가청소년위원회의 조직에 관하여 필요한 사항은 대통령령으로 정한다. 〈개정 2005.12.29〉
② 이 법에 규정한 것 외에 국가청소년위원회의 운영 등에 관하여 필요한 사항은 국가청소년위원회규칙으로 정한다. 〈개정 2005.12.29, 2005.12.29〉 〔본조신설 2005.3.24〕

청소년위원회 규칙으로 정한다.

제21조(**청소년지도사 연수 및 자격증 교부**)
① 법 제21조제4항의 규정에 의한 연수과정은 청소년지도사의 등급별 또는 대상특성별로 나누어 실시한다. 다만 등급별 또는 대상특성별 인원과 연수내용 등을 고려하여 통합하여 실시하는 것이 효율적이라고 인정되는 경우에는 이를 통합하여 실시할 수 있다.
② 제1항의 규정에 의한 연수과정은 30시간 이상으로 하며, 연수내용은 청소년지도사로의 자질과 전문성을 함양할 수 있는 내용으로 한다.
③ 청소년지도사 연수실시기관의 장은 연수의 기간·장소·내용·방법 및 그 밖의 연수에 필요한 사항을 연수실시 30일 이전에 공고하여야 한다.
④ 국가청소년위원회는 제1항의 규정에 의한 연수를 마친 자에 대하여 등급별로 청소년지도사 자격증을 교부한다. (2006.3.30 개정)
⑤ 법 제21조제2항의 규정에 의한 청소년지도사 연수기관은 「청소년활동진흥법」 제41조의 규정에 의한 한국청소년수련원으로 한다.
⑥ 국가청소년위원회는 제5항의 규정에 의한 한국청소년수련원이 청소년지도사 자격검정에 합격한 자의 연수를 실시하는 경우 예산의 범위 안에서 연수에 필요한 경비의 일부를 지원할 수 있다. (2006.3.30 개정)

제22조(**청소년상담사의 등급**) 법 제22조제2항의 규정에 의한 청소년상담사의 등급은 1급·2급 및 3급으로 구분한다.

제23조(**청소년상담사의 자격검정**)
① 법 제22조제2항의 규정에 의한 청소년상담사의 자격검정은 국가청소년위원회가 실시한다. 다만, 국가청소년위원회가 필요하

제16조의6 (공무원의 파견)
① 국가청소년위원회의 위원장은 사무처의 효율적 운영을 위하여 필요하다고 인정하는 때에는 관계 행정기관의 장에게 공무원의 파견을 요청할 수 있다.
〈개정 2005.12.29〉
② 제1항의 규정에 의한 요청을 받은 행정기관의 장은 특별한 사유가 없는 한 이에 응하여야 한다.
③ 파견공무원은 그 복무에 관하여 위원장의 지휘·감독을 받는다.
④ 파견공무원의 파견근무기간은 특별한 사유가 없는 한 2년을 원칙으로 한다. 다만, 위원장은 필요하다고 인정하는 때에는 1년의 범위 안에서 그 기간을 연장할 수 있다.
〔본조신설 2005.3.24〕

제16조의7 (계약직 공무원의 채용)
① 국가청소년위원회의 위원장은 청소년업무의 효율적인 운영을 위하여 필요한 때에는 「국가공무원법」 제2조 및 동법 제47조의 규정에 의하여 계약직 공무원을 채용할 수 있다.
〈개정 2005.12.29〉
② 제1항의 규정에 의한 계약직 공무원의 채용인원·채용자격 및 보수 그 밖에 필요한 사항은 관계기관의 장과 협의를 거쳐 위원장이 정한다.
〔본조신설 2005.3.24〕

제16조의8 (관계기관 등에의 협조요청)
① 국가청소년위원회는 소관업무의 수행을 위하여 필요한 경우에는 행정기관·공공단체 그 밖의 관계기관에 대하여 자료·정보의 제공이나 의견제출 등의 협조를 요청할 수 있다.
〈개정 2005.12.29〉
② 제1항의 규정에 의하여 협조를 요청받은 기관은 특별한 사유가 없는 한 이에 응하여야 한다.〔본조신설 2005.3.24〕

다고 인정하는 때에는 자격검정을 법 제42조의 규정에 의한 한국청소년상담원에 위탁하여 실시할 수 있다.(2006.3.30 개정)
② 청소년상담사 자격검정의 등급별 응시자격기준과 과목 및 방법은 각각 별표 3 및 별표 4와 같다.
③ 그밖에 청소년상담사의 등급별 자격검정에 관하여 필요한 사항은 청소년위원회 규칙으로 정한다.

제24조(청소년상담사 연수 및 자격증 교부)
① 제23조의 규정에 의한 자격검정에 합격한 자에 대한 연수과정은 청소년위원회 규칙이 정하는 바에 따라 실시한다.
② 제1항의 규정에 의한 연수는 청소년상담사의 등급별로 나누어 실시한다. 다만 등급별 대상인원과 연수내용 등을 고려하여 통합하여 실시하는 것이 효율적이라고 인정되는 경우에는 이를 통합하여 실시할 수 있다.
③ 제1항의 규정에 의한 연수과정은 100시간 이상으로 하며, 연수내용은 이론강의 및 실습 등으로 한다.
④ 청소년상담사 연수실시기관의 장은 연수의 기간·장소·내용·방법·평가기준 및 그 밖의 연수에 필요한 사항을 연수실시 30일 이전에 공고하여야 한다.
⑤ 국가청소년위원회는 제1항의 규정에 의한 연수를 마친 자에 대하여 등급별로 청소년상담사 자격증을 교부한다.(2006.3.30. 개정)
⑥ 국가청소년위원회는 제1항의 규정에 의한 연수에 관한 업무를 법 제42조의 규정에 의한 한국청소년상담원에 위탁하여 실시한다.(2006.3.30 개정)
⑦ 국가청소년위원회는 제6항의 규정에 의한 한국청소년상담원이 청소년상담사 자격검정에 합격한 자의 연수를 실시하는 경우 예산의 범위 안에서 연수에 필요한 경비의 일부를 지원할 수 있다.(2006.3.30 개정)

<table>
<tr><td>

제4장 청소년시설

제17조 (청소년시설의 종류) 청소년활동에 제공되는 시설(이하 '청소년활동시설'이라 한다), 청소년복지에 제공되는 시설(이하 '청소년복지시설'이라 한다), 청소년보호에 제공되는 시설(이하 '청소년보호시설'이라 한다)에 관한 사항은 따로 법률로 정한다.

제18조 (청소년시설의 설치·운영)
① 국가 및 지방자치단체는 청소년시설을 설치·운영하여야 한다.
② 국가 및 지방자치단체 외의 자는 따로 법률이 정하는 바에 의하여 청소년시설을 설치·운영할 수 있다.
③ 국가 및 지방자치단체는 제1항의 규정에 의하여 설치한 청소년시설을 청소년단체에 위탁하여 운영할 수 있다.

제19조 (청소년시설의 지도·감독) 국가 및 지방자치단체는 청소년시설의 적합성·공공성·안전성에 대한 국민의 신뢰를 확보하고, 그 설치와 운영을 지원하기 위하여 필요한 지도·감독을 할 수 있다.

제5장 청소년지도자

제20조 (청소년지도자의 양성)
① 국가 및 지방자치단체는 청소년지도자의 양성과 자질향상을 위하여 필요한 시책을 강구하여야 한다.
② 제1항의 규정에 의한 청소년지도자의 양성과 자질향상을 위한 연수 등에 관한 기본방향 및 내용은 대통령령으로 정한다.

제21조 (청소년지도사)
① 국가청소년위원회는 청소년지도사 자격검정에 합격하고 청소년지도사 연수기관에서 실시하는 연수과정을 마친 자에게 청소년지도사의 자격을 부여한다. 〈개정 2005.3.24, 2005.12.29〉
② 국가청소년위원회는 청소년지도

</td><td>

제25조(청소년지도사·청소년상담사의 배치 등)
① 청소년시설 및 청소년단체는 청소년지도사 및 청소년상담사가 청소년육성 업무에 종사하도록 하여야 한다.
② 법 제23조제1항의 규정에 의한 청소년지도사·청소년상담사의 배치대상 및 배치기준은 별표 5와 같다.

제26조(청소년지도위원에 대한 지원) 시장·군수·구청장(자치구의 구청장을 말한다. 이하 같다)은 법 제27조제1항의 규정에 의한 청소년지도위원에게 청소년지도위원임을 표시하는 증표를 교부할 수 있으며, 청소년지도위원이 그 임무를 원활하게 수행할 수 있도록 수당·여비·연수기회의 제공 등 필요한 지원을 할 수 있다.

제4장 청소년단체

제27조(청소년단체에 대한 지원 및 보조의 범위) 국가 또는 지방자치단체가 법 제29조의 규정에 의하여 청소년단체에 지원 또는 보조할 수 있는 범위는 다음과 같다.

1. 청소년활동, 청소년복지 및 청소년보호에 관한 사업
2. 국내외 주요 청소년관련 국제행사
3. 「청소년활동진흥법」 제2조제6호의 규정에 의한 청소년수련거리(이하 '청소년수련거리'라 한다)의 개발 및 보급
4. 청소년지도자의 연수 및 국제교류
5. 그 밖에 중앙행정기관의 장 또는 지방자치단체의 장이 청소년단체의 육성 또는 활성화를 위하여 필요하다고 인정하는 사업

제28조(수익사업의 범위 등)
① 법 제30조의 규정에 의한 청소년단체의 수익사업의 범위는 다음과 같다.
  1. 건물·토지 및 시설장비 등의 임대

</td><td>

</td></tr>
</table>

사 자격검정에 합격한 자의 연수를 위하여 필요한 경우에는 대통령령이 정하는 바에 의하여 청소년지도사 연수기관을 지정할 수 있다. 〈개정 2005.3.24, 2005.12.29〉

③ 다음 각 호의 1에 해당하는 자는 청소년지도사가 될 수 없다. 〈개정 2005.3.31〉

1. 미성년자·금치산자 또는 한정치산자
2. 파산선고를 받은 자로서 복권되지 아니한 자
3. 금고 이상의 형을 받고 그 집행이 종료되거나 집행을 받지 아니하기로 확정된 후 2년이 경과되지 아니한 자
4. 금고 이상의 형을 받고 그 집행유예의 기간이 종료되지 아니한 자
5. 법원의 판결 또는 법률에 의하여 자격이 상실되거나 정지된 자

④ 제1항의 규정에 의한 청소년지도사의 등급, 자격검정, 연수, 자격증의 교부절차 등에 관하여 필요한 사항은 대통령령으로 정한다.

제22조 (청소년상담사)
① 국가청소년위원회는 청소년상담사 자격검정에 합격하고 청소년상담사 연수기관에서 실시하는 연수과정을 마친 자에게 청소년상담사의 자격을 부여한다. 〈개정 2005.3.24, 2005.12.29〉
② 제21조제2항 내지 제4항의 규정은 제1항의 규정에 의한 청소년상담사에 대하여 이를 준용한다.

제23조 (청소년지도사·청소년상담사의 배치 등)
① 청소년시설 및 청소년단체는 대통령령이 정하는 바에 따라 청소년육성을 담당하는 청소년지도사 또는 청소년상담사를 배치하여야 한다.
② 국가 및 지방자치단체는 제1항의 규정에 의하여 청소년단체 또는 청소년시설에 배치된 청소년지도사 및 청소년상담사에

2. 청소년관련 정보 및 간행물의 출판 및 판매
3. 청소년육성관련 프로그램의 개발 및 보급
4. 청소년활동관련 장비·기자재·물품의 제작 및 판매
5. 신문·방송 및 인터넷 등을 통한 청소년관련 상품이나 행사에 관한 정보제공 또는 광고
6. 그 밖에 단체설립의 목적을 달성하기 위하여 필요한 사업

② 제1항의 규정에 의한 수익사업의 수익금은 목적사업의 수행을 위하여 사용하여야 한다.
③ 제1항의 규정에 의한 수익사업의 회계는 일반회계와 구분하여 계리하여야 한다.

제29조(임원의 자격)
① 법 제31조의 규정에 의한 한국청소년진흥센터(이하 '진흥센터'라 한다)의 이사장은 청소년육성 전반에 관한 지식과 경험이 풍부한 자이거나 조직경영에 탁월한 능력이 있는 자로 한다.
② 진흥센터의 소장과 이사는 다음 중 어느 하나의 자격이 있는 자로 한다.

1. 청소년단체 또는 청소년시설에서 10년 이상 청소년육성 업무의 경험이 있는 자
2. 「고등교육법」 제2조 각 호의 규정에 의한 학교에서 부교수 이상 또는 이에 상당하는 직에 있거나 있었던 자로서 청소년분야에 학식과 경험이 풍부한 자
3. 「초·중등교육법」 제19조제1항제2호의 규정에 의한 교장의 직에 있거나 있었던 자
4. 3급 이상 공무원이거나 이었던 자로서 청소년업무에 실무경험이 있는 자
5. 그 밖에 청소년분야에 전문지식이 있고, 제1호 내지 제4호의 자격과 동등한 자격이 있다고 진흥센터의 이사회에서 인정하는 자

③ 진흥센터 감사의 자격은 정관으로 정한다.

대하여 예산의 범위 안에서 그 활동비의 전부 또는 일부를 보조할 수 있다.

제24조 (청소년지도사·청소년상담사의 채용 등)
① 「교육기본법」 제9조에 의한 학교는 청소년육성에 관련되는 업무를 수행함에 있어 필요한 경우에 청소년지도사 또는 청소년상담사를 채용할 수 있다. 〈개정 2005.3.24〉
② 국가 및 지방자치단체는 제1항의 규정에 의한 채용에 소요되는 보수 등 필요한 경비의 전부 또는 일부를 보조할 수 있다.

제25조 (청소년육성전담공무원)
① 특별시·광역시·도(이하 '시·도'라 한다), 시·군·구(자치구를 말한다. 이하 같다) 및 읍·면·동 또는 제26조의 규정에 의한 청소년육성전담기구에 청소년육성전담공무원을 둘 수 있다.
② 제1항의 청소년육성전담공무원은 청소년지도사 또는 청소년상담사의 자격을 가진 자로 한다.
③ 청소년육성전담공무원은 그 관할구역 안의 청소년 및 다른 청소년지도자 등에 대하여 그 실태를 파악하고 필요한 지도를 하여야 한다.
④ 관계행정기관, 청소년단체 및 청소년시설의 설치·운영자는 청소년육성전담공무원의 업무수행에 협조하여야 한다.
⑤ 제1항의 규정에 의한 청소년육성전담공무원의 임용 등에 관하여 필요한 사항은 조례로 정한다.

제26조 (청소년육성전담기구의 설치)
① 청소년육성에 관한 업무를 효율적으로 운영하기 위하여 시·도 및 시·군·구에 청소년육성에 관한 업무를 전담하는 기구를 따로 설치할 수 있다.
② 제1항의 규정에 의한 청소년육성전담기구의 사무의 범위·조직 그 밖에 필요한 사항은 조례로 정한다.

제30조(사업계획서의 제출) 법 제37조제1항의 규정에 의하여 제출하는 사업계획서에는 다음 사항을 기재하여야 한다.
1. 목표·방침·주요 사업·소요 예산 및 재원구성 등이 포함된 사업의 개요
2. 교부받고자 하는 보조금액 및 사용내역
3. 사업의 효과 및 그 밖의 참고사항

제31조(세입·세출결산서의 제출) 법 제37조제2항의 규정에 의하여 제출하는 매 사업연도의 세입·세출결산서에는 다음의 서류를 첨부하여야 한다.
1. 당해연도의 사업계획과 집행실적 대비표
2. 진흥센터의 감사와 공인회계사의 감사 의견서
3. 그 밖에 결산의 내용을 확인할 수 있는 참고서류

제32조(준용규정) 제30조 및 제31조의 규정은 한국청소년상담원에 대하여 이를 준용한다.

제33조(시·도 청소년상담 및 긴급구조 등 기관의 기능 등)
① 법 제46조제1항에 따라 설치된 기관은 다음 각 호의 기능을 수행한다.
1. 청소년 및 부모에 대한 상담
2. 상담프로그램의 개발 및 운영
3. 상담자원봉사자 및 청소년지도자에 대한 교육 및 연수
4. 청소년상담 또는 긴급구조를 위한 전화 운영
5. 청소년 폭력·학대 등으로 피해를 당한 청소년의 긴급구조 및 법률·의료 지원
6. 청소년의 자립능력 향상을 위한 자활 및 재활 지원
7. 지역사회 청소년 관련 기관과의 연계협력체제 구축·운영
8. 그 밖에 청소년상담 및 긴급구조 등을 위하여 필요한 사업(2006.3.30. 개정)
② 시·도지사는 법 제46조제1항에 따라 설치된 기관의 효율적인 운영을 위하여 운영협의회

제27조 (청소년지도위원)
① 시장·군수·구청장은 청소년육성을 담당하게 하기 위하여 청소년지도위원을 위촉하여야 한다.
② 제1항의 규정에 의한 청소년지도위원의 자격·위촉절차 등에 관하여 필요한 사항은 조례로 정한다.

제6장 청소년단체

제28조 (청소년단체의 역할)
① 청소년단체는 다음 각 호의 역할을 수행하기 위하여 최선의 노력을 하여야 한다.
　1. 학교교육과 상호보완할 수 있는 청소년활동을 통한 청소년의 기량과 품성 함양
　2. 청소년복지 증진을 통한 청소년의 삶의 질 향상
　3. 유해환경으로부터 청소년을 보호하기 위한 청소년보호업무의 수행
② 청소년단체는 제1항의 역할을 수행함에 있어서 청소년의 의견을 적극 반영하여야 한다.

제29조 (청소년단체에 대한 지원 등)
① 국가 및 지방자치단체는 청소년단체의 조직과 활동에 필요한 행정적인 지원을 할 수 있으며, 예산의 범위 안에서 그 운영·활동 등에 필요한 경비의 일부를 보조할 수 있다.
② 개인·법인 또는 단체는 청소년단체의 시설 및 운영을 지원하기 위하여 금전 그 밖의 재산을 출연할 수 있다.
③ 제1항의 규정에 의한 지원 및 보조범위 등에 관하여는 대통령령으로 정한다.

제30조 (수익사업)
① 청소년단체는 정관이 정하는 바에 의하여 청소년육성과 관련한 수익사업을 할 수 있다.
② 제1항의 규정에 의한 수익사업의 범위, 수익금의 사용 등에 관한 사항은 대통령령으로 정한다.

또는 자문위원회를 설치·운영할 수 있다.
(2006.3.30. 개정)

제33조의2(시·군·구 청소년지원 등 기관의 기능 등)
① 법 제46조의2제1항에 따라 설치된 기관은 제33조제1항에 따른 기능 외에 다음 각 호의 기능을 수행한다.
　1. 청소년활동 및 자원봉사에 대한 교육 및 정보 제공
　2. 인권이 침해된 청소년에 대한 상담 및 교육
　3. 그 밖에 청소년 참여 촉진 등 지역사회 청소년 활동 등을 위하여 필요한 사업
　(2006.3.30. 개정)
② 시장·군수·구청장은 법 제46조의2제1항에 따라 설치된 기관의 효율적인 운영을 위하여 운영협의회 또는 자문위원회를 설치·운영할 수 있다.
(2006.3.30. 개정)

제5장 청소년육성기금

제34조(기금의 관리·운용)
① 청소년육성기금(이하 '기금'이라 한다)은 다음의 방법으로 관리·운용한다.
　1. 금융기관에의 예치
　2. 「증권거래법」 제2조제1항의 규정에 의한 유가증권의 매입
　3. 청소년육성 등을 위한 사업에의 투자 및 융자
　4. 그 밖에 기금조성을 위하여 국가청소년위원회가 필요하다고 인정하는 사업에의 투자
　(2006.3.30. 개정)
② 기금은 기업회계의 원칙에 의하여 계리한다.
③ 기금의 회계연도는 정부의 회계연도에 따른다.
④ 기금을 관리·운용하는 자는 기금의 수입과 지출을 명확히 하기 위하여 한국은행에 청소년육성기금계정을 설치하여야 한다.

제35조(기금의 회계기관)
① 국가청소년위원회는 기금의 수

제31조 (한국청소년진흥센터의 설치)

① 청소년육성을 위한 다음 각 호의 사업을 하기 위하여 한국청소년진흥센터(이하 '진흥센터'라 한다)를 설치한다. 〈개정 2005.3.24, 2005.12.29〉
   1. 청소년활동·청소년복지·청소년보호에 관한 종합적 안내 및 서비스 제공
   2. 청소년육성에 필요한 정보 등의 종합적 관리 및 제공
   3. 다른 법률이 진흥센터에 부여하는 기능의 수행
   4. 그 밖에 국가청소년위원회가 인정하는 사업
② 진흥센터는 법인으로 한다.
③ 진흥센터는 그 주된 사무소의 소재지에서 설립등기를 함으로써 성립한다.

제32조 (자료의 요청 등)
① 진흥센터는 제31조제1항제2호의 사업수행과 관련하여 다음 각 호의 권한과 책임을 가진다.
   1. 공공기관 등에 대한 필요한 간행물·자료의 제공 요청
   2. 제1호의 규정에 의한 간행물·자료제공자가 요구하는 상당한 대가의 지급
   3. 제1호의 규정에 의하여 제공된 간행물이나 자료의 사업목적 외의 사용금지
② 제31조제1항제2호의 사업에 종사하는 임·직원 및 그 직에 있었던 자는 직무상 알게 된 비밀을 누설하여서는 아니 된다.

제33조 (벌칙적용에 있어서의 공무원의제) 제31조제1항제2호의 사업에 종사하는 자는 「형법」 제129조 내지 제132조의 적용에 있어서는 이를 공무원으로 본다.
〈개정 2005.3.24〉

제34조 (정관)
① 진흥센터의 정관에는 다음 각 호의 사항을 기재하여야 한다.
   1. 목적
   2. 명칭
   3. 주된 사무소의 소재지
   4. 사업에 관한 사항

입과 지출에 관한 사무를 수행하게 하기 위하여 소속공무원 중에서 기금수입징수관·기금재무관·기금지출관 및 기금출납공무원을 임명하여야 한다. (2006.3.30 개정)
② 국가청소년위원회는 법 제53조제3항의 규정에 의하여 기금의 관리·운용에 관한 사무를 위탁하는 경우에는 그 위탁받은 기관의 임·직원 중에서 기금수입담당책임자와 기금지출원인행위담당책임자를, 그 직원 중에서 기금지출직원과 기금출납직원을 각각 임명하여야 한다. 이 경우 기금수입담당책임자는 기금수입징수관의 직무를, 기금지출원인행위담당책임자는 기금재무관의 직무를, 기금지출직원은 기금지출관의 직무를, 기금출납직원은 기금출납공무원의 직무를 각각 수행한다.(2006.3.30. 개정)

제36조(그 밖의 수입금) 법 제54조제1항제5호에서 '그 밖에 국가청소년위원회가 정하는 수입금'이라 함은 다음의 수입금을 말한다.
   1. 다른 기금으로부터의 전입금
   2. 국가청소년위원회가 인정하는 수입금
   (2006.3.30. 개정)

제37조(기금의 용도) 법 제55조제1항제9호에서 '대통령령이 정하는 사업'이라 함은 다음의 사업을 말한다.
   1. 청소년육성에 관한 홍보
   2. 청소년의 포상 및 격려
   3. 기금의 운용 및 관리
   4. 그 밖에 국가청소년위원회가 청소년육성 등을 위하여 필요하다고 인정하는 사업
   (2006.3.30. 개정)

제6장 벌 칙

제38조(과태료의 부과)
① 법 제66조제2항의 규정에 의하여 국가청소년위원회 또는 지방

5. 임원 및 직원에 관한 사항
6. 이사회에 관한 사항
7. 재산 및 회계에 관한 사항
8. 정관의 변경에 관한 사항
② 진흥센터의 정관을 변경하고자 하는 때에는 국가청소년위원회의 인가를 받아야 한다. 〈개정 2005.3.24, 2005.12.29〉

제35조 (임원)
① 진흥센터에 이사장 1인 및 소장 1인을 포함한 15인 이내의 이사와 감사 1인을 둔다.
② 임원은 정관이 정하는 바에 의하여 선임한다.
③ 이사장·이사(소장을 제외한다) 및 감사는 비상임으로 한다.
④ 이사장·소장·이사 및 감사의 임기는 각각 3년으로 한다.
⑤ 임원의 자격에 관한 사항은 대통령령으로 정한다.
⑥ 다음 각 호의 1에 해당하는 자는 진흥센터의 임원이 될 수 없다. 〈개정 2005.3.31〉
  1. 미성년자·금치산자 또는 한정치산자
  2. 파산선고를 받은 자로서 복권되지 아니한 자
  3. 금고 이상의 형의 선고를 받고 집행이 종료되거나 집행을 받지 아니하기로 확정된 날부터 3년이 경과되지 아니한 자
  4. 금고 이상의 형을 받고 그 집행유예의 기간이 종료되지 아니한 자
  5. 법원의 판결 또는 법률에 의하여 자격이 상실 또는 정지된 자

제36조 (소장 등)
① 소장은 이사회의 제청으로 국가청소년위원회가 임면한다. 〈개정 2005.3.24, 2005.12.29〉
② 소장은 진흥센터를 대표하고 진흥센터의 사무를 통할한다.
③ 소장이 사고가 있을 때에는 정관이 정하는 순서에 의하여 그 직무를 대행한다.
④ 감사는 진흥센터의 업무와 회계를 감사한다.

자치단체의 장이 과태료를 부과하고자 하는 때에는 당해 위반행위를 조사·확인한 후 위반사실과 과태료의 금액 등을 서면으로 명시하여 이를 납부할 것을 과태료처분대상자에게 통지하여야 한다.(2006.3.30. 개정)
② 국가청소년위원회 또는 지방자치단체의 장은 제1항의 규정에 의하여 과태료를 부과하고자 하는 때에는 10일 이상의 기간을 정하여 과태료처분대상자에게 구술 또는 서면에 의한 의견진술의 기회를 주어야 한다. 이 경우 지정된 기일까지 의견진술이 없는 때에는 의견이 없는 것으로 본다.(2006.3.30. 개정)
③ 위반행위의 종류별 과태료의 금액은 별표 6과 같다. 다만, 국가청소년위원회 또는 지방자치단체의 장은 위반행위의 정도와 횟수 등을 참작하여 그 해당금액의 2분의 1의 범위 안에서 이를 경감하거나 가중할 수 있되, 가중하여 부과하는 때에는 과태료의 총액이 법 제66조제1항에서 정한 상한액을 초과할 수 없다.(2006.3.30. 개정)
④ 과태료의 징수절차는 청소년위원회 규칙으로 정한다.

제37조 (사업계획서의 제출 등) ① 진흥센터는 대통령령이 정하는 바에 의하여 사업계획서 및 예산서를 작성하여 매 사업연도 개시 전까지 국가청소년위원회에 제출하여 승인을 얻어야 한다. 〈개정 2005.3.24, 2005.12.29〉 ② 진흥센터는 사업연도마다 세입·세출결산서를 작성하여 공인회계사의 감사를 받아 다음 사업연도의 3월 20일까지 국가청소년위원회에 제출하여야 한다. 〈개정 2005.3.24, 2005.12.29〉 ③ 국가청소년위원회는 진흥센터에 대하여 사업·회계 및 재산상태에 관한 사항을 보고하게 하거나 소속공무원으로 하여금 장부·서류 그 밖의 물건을 검사하게 할 수 있으며 감독상 필요한 명령을 발할 수 있다. 이 경우 검사를 하는 공무원은 그 권한을 표시하는 증표를 지니고 이를 관계인에게 내보여야 한다. 〈개정 2005.3.24, 2005.12.29〉 제38조 (보조금 등) ① 정부는 예산의 범위 안에서 진흥센터의 사업 및 운영에 소요되는 경비를 보조할 수 있다. ② 개인·법인 또는 단체는 진흥센터의 운영 또는 사업 등을 지원하기 위하여 금전 그 밖의 재산을 출연할 수 있다. 제39조 (「민법」의 준용〈개정 2005.3.24〉) 진흥센터에 관하여 이 법에 규정한 것을 제외하고는 「민법」 중 재단법인에 관한 규정을 준용한다. 〈개정 2005.3.24〉 제40조 (한국청소년단체협의회) ① 청소년단체는 청소년육성을 위한 다음 각 호의 활동을 하기 위하여 국가청소년위원회의 인가를 받아 한국청소년단체협의회(이하 '협의회'라 한다)를 설립할 수 있다. 〈개정 2005.3.24, 2005.12.29〉 1. 회원단체가 행하는 사업과 활동에 대한 협조·지원 2. 청소년지도자의 연수와 권익증진		

3. 청소년관련분야의 국제기구활동
4. 외국 청소년단체와의 교류 및
   지원
5. 남·북청소년 및 해외교포청
   소년과의 교류·지원
6. 청소년활동에 관한 조사·연
   구·지원
7. 청소년관련 도서출판 및 정보
   지원
8. 청소년육성을 위한 홍보 및
   실천운동
9. 지방청소년단체협의회에 대한
   협조 및 지원
10. 그 밖에 청소년육성을 위하
    여 필요한 사업
② 협의회는 법인으로 한다.
③ 협의회는 그 주된 사무소의 소
  재지에서 설립등기를 함으로써
  성립한다.
④ 협의회에 관하여 이 법에 규정
  한 것을 제외하고는 「민법」 중
  사단법인에 관한 규정을 준용
  한다. 〈개정 2005.3.24〉
⑤ 국가는 협의회의 운영 및 활동에
  소요되는 경비를 지원할 수 있다.
⑥ 협의회는 설립목적에 지장이 없
  는 범위에서 수익사업을 할 수
  있으며, 발생한 수익은 협의회
  또는 협의회의 운영시설 외의
  목적에 사용할 수 없다.
⑦ 법인·개인 또는 단체는 협의회
  의 운영 및 사업 등을 지원하
  기 위하여 금전 그 밖의 재산
  을 출연 또는 기부할 수 있다.
⑧ 협의회는 제1항에 의한 활동의
  일부를 정관이 정하는 바에 의하
  여 회원단체에 위탁할 수 있다.

제41조 (지방청소년단체협의회)
① 특정지역을 활동범위로 하는 청
  소년단체는 청소년육성을 위하
  여 그 지역을 관할하는 시·도
  의 조례가 정하는 바에 의하여
  시·도지사의 인가를 받아 지
  방청소년단체협의회를 설립할
  수 있다.
② 지방자치단체는 예산의 범위 안
  에서 해당 지방청소년단체협의
  회의 운영경비의 전부 또는 일
  부를 지원할 수 있다.

제42조 (한국청소년상담원의 설립)

① 청소년의 올바른 인격형성과 조
  화로운 성장을 위한 다음 각
  호의 사업을 하기 위하여 한국
  청소년상담원(이하 '상담원'이라
  한다)을 설립한다. 〈개정
  2005.3.24, 2005.12.29〉
  1. 청소년상담 관련정책의 연
    구개발
  2. 청소년 상담기법의 연구 및
    상담자료의 제작·보급
  3. 청소년 상담사업의 시범운영
  4. 상담인력의 양성 및 연수
  5. 청소년 상담기관 상호간의 연
    계 및 지원
  6. 제46조 및 제46조의2의 규
    정에 의한 시·도 및 시·군
    ·구 기관의 청소년상담·위
    기관련 사항에 대한 지도 및
    지원
  7. 청소년의 건전한 가치관정립
    과 부모교육
  8. 학업중단청소년 관련사업에
    대한 지도 및 지원
  9. 그 밖에 국가청소년위원회가
    지정하거나 상담원의 목적수
    행을 위하여 필요한 사업
② 상담원은 제1항제1호 내지 제4
  호와 관련된 교육·연구를 보
  다 과학적·실증적·체계적으
  로 수행하기 위하여 관련법률
  의 규정에 따라 전문교육기관
  을 설치할 수 있다.
③ 상담원은 필요한 경우에 정관이
  정하는 바에 의하여 분원을 둘
  수 있다.

제43조 (임원)
① 상담원에 이사장 및 원장 각 1
  인을 포함한 15인 이내의 이사
  와 감사 1인을 둔다.
② 이사장은 이사 중에서 이사회의
  의결로 선임하여 국가청소년위원
  회의 승인을 얻어야 한다. 〈개정
  2005.3.24, 2005.12.29〉
③ 이사장·이사(원장을 제외한다.
  이하 이 조에서 같다) 및 감사
  는 비상임으로 한다.
④ 이사는 이사회의 제청으로 국가
  청소년위원회가 임면하고, 그
  임기는 3년으로 한다. 〈개정
  2005.3.24, 2005.12.29〉
⑤ 감사는 국가청소년위원회가 임면

하고, 그 임기는 3년으로 한다. 〈개정 2005.3.24, 2005.12.29〉 제44조 (원장) ① 원장은 이사회의 제청으로 국가청소년위원회가 임면하고, 그 임기는 3년으로 한다. 〈개정 2005.3.24, 2005.12.29〉 ② 원장은 상담원을 대표하고 상담원의 사무를 통할한다. 제45조 (준용규정) 제31조제2항·제3항, 제34조, 제37조 내지 제39조의 규정은 상담원에 대하여 이를 준용한다. 제46조 (시·도의 청소년상담 및 긴급구조 등의 기관 설치) ① 시·도지사는 청소년에 대한 상담·긴급구조·자활·치료 등의 기능을 수행하는 기관을 설치·운영할 수 있다. ② 제1항의 규정에 의하여 설치된 기관이 수행하는 구체적인 기능은 대통령령으로 정한다. ③ 시·도지사는 제1항의 규정에 의하여 설치된 기관을 청소년단체 등에 위탁하여 운영하도록 할 수 있다. ④ 시·도지사는 제1항의 규정에 의한 기관을 법인으로 설치할 수 있다. ⑤ 시·도지사가 제1항의 규정에 의하여 설치·운영하는 기관에 대하여 국가는 예산의 범위 안에서 그 경비의 일부를 보조할 수 있다. 〔전문개정 2005.12.29〕 제46조의2 (시·군·구의 청소년지원 등의 기관 설치) ① 시장·군수·구청장은 제46조제1항의 규정에 따른 기능과 청소년활동·자원봉사·참여·인권 등의 지원기능을 수행하는 기관을 설치·운영할 수 있다. ② 제46조제2항 내지 제5항의 규정은 시·군·구의 청소년지원기관에 대하여 이를 준용한다. 〔본조신설 2005.12.29〕		

제7장 청소년활동 및 복지 등

제47조 (청소년활동의 지원)
① 국가 및 지방자치단체는 청소년
  활동을 지원하여야 한다.
② 제1항의 규정에 의한 청소년활
  동의 지원에 관한 사항은 따로
  법률로 정한다.

제48조 (학교교육 등과의 연계)
① 국가 및 지방자치단체는 청소년
  활동과 학교교육·평생교육을
  연계하여 교육적 효과를 높일
  수 있도록 하는 시책을 수립·
  시행하여야 한다.
② 국가청소년위원회가 제1항의 규
  정에 의한 시책을 수립함에 있
  어서는 미리 관련기관의 협의와
  전문가의 의견을 들어야 한다.
  〈개정 2005.3.24, 2005.12.29〉
③ 제2항의 규정에 의한 협의를 요
  청받은 관련기관은 특별한 사유
  가 없는 한 이에 응하여야 한다.

제49조 (청소년복지의 향상)
① 국가는 청소년들의 의식·태도
  ·생활 등에 관한 사항을 정기
  적으로 조사하고, 이를 개선하
  기 위하여 청소년의 복지향상정
  책을 수립·시행하여야 한다.
② 국가 및 지방자치단체는 기초생
  활의 보장, 직업재활훈련, 청소
  년활동지원 등의 시책을 추진함
  에 있어서 정신적·신체적·경
  제적·사회적으로 특별한 지원
  을 필요로 하는 청소년에 대하
  여 우선적으로 배려하여야 한다.
③ 국가 및 지방자치단체는 청소년의
  삶의 질을 향상하기 위하여 구체
  적인 시책을 마련하여야 한다.
④ 제1항 내지 제3항의 규정에 관
  하여는 따로 법률로 정한다.

제50조 (청소년의 가출 및 비행 예
방)
① 국가 및 지방자치단체는 청소년
  의 가출 및 비행을 예방하고
  이들의 건전한 사회복귀를 돕기
  위하여 필요한 복지적 지원을
  제공하여야 한다.
② 가정은 국가 및 지방자치단체에
  우선하여 청소년의 가출 및 비

행을 예방하기 위하여 노력하여
야 하며, 가출·비행청소년의
건전한 사회복귀를 위한 국가
및 지방자치단체 등의 노력에
적극 협력하여야 한다. 〈신설
2005.12.29〉

제51조 (청소년유익환경의 조성)
① 국가 및 지방자치단체는 청소년
의 정보화 역량을 배양하기 위한
환경조성에 노력하여야 한다.
② 국가 및 지방자치단체는 청소년
에게 유익한 매체물의 제작·
보급 등을 장려하여야 하며 매
체물의 제작·보급 등을 하는
자에 대하여 그 제작·보급 등
에 관한 경비 등을 지원할 수
있다.
③ 국가 및 지방자치단체는 주택단
지의 청소년시설 배치 등 청소
년을 위한 사회환경과 자연환경
의 조성에 노력하여야 한다.

제52조 (청소년유해환경의 규제)
① 국가 및 지방자치단체는 청소년
에게 유해한 매체물과 약물 등
이 유통되지 아니하도록 하여야
한다.
② 국가 및 지방자치단체는 청소년
이 유해한 업소에 출입하거나 고
용되지 아니하도록 하여야 한다.
③ 국가 및 지방자치단체는 청소년
을 폭력·학대·성매매 등 유
해한 행위로부터 보호·구제하
여야 한다.
④ 제1항 내지 제3항의 규정에 의
한 청소년에게 유해한 매체물·
약물·업소·행위 등의 규제에
관하여는 따로 법률로 정한다.

제8장 청소년육성기금

제53조 (기금의 설치 등)
① 청소년육성에 필요한 재원을 확
보하기 위하여 청소년육성기금
(이하 '기금'이라 한다)을 설치
한다.
② 기금은 국가청소년위원회가 관
리·운용한다. 〈개정
2005.3.24, 2005.12.29〉
③ 국가청소년위원회는 기금의 관
리·운용에 관한 사무의 전부

또는 일부를 제31조의 규정에
의한 진흥센터, 제40조의 규정
에 의한 협의회, 「정부출연연구
기관 등의 설립·운영 및 육성
에 관한 법률」에 의하여 설립된
한국청소년개발원(이하 '청소년
개발원'이라 한다) 또는 「국민
체육진흥법」 제24조의 규정에
의한 서울올림픽기념국민체육진
흥공단 중에서 선정하여 위탁할
수 있다. 〈개정 2005.3.24,
2005.12.29〉
④ 기금의 관리·운용에 관하여 필
요한 사항은 대통령령으로 정한다.

제54조 (기금의 조성) ①기금은
다음 각 호의 재원으로 조성한다.
〈개정 2005.3.24〉
  1. 정부의 출연금
  2. 「국민체육진흥법」 제20조제3
     항제1호 및 「경륜·경정법」
     제15조제1항제1호에 의한
     출연금
  3. 개인·법인 또는 단체가 출연
     하는 금전·물품 그 밖의 재산
  4. 기금의 운용으로 생기는 수익금
  5. 그밖에 대통령령이 정하는 수
     입금
② 제1항제3호의 규정에 의하여
   출연하는 자는 용도를 지정하여
   출연할 수 있다. 다만, 특정단체
   또는 개인에 대한 지원을 용도
   로 지정할 수 없다.

제55조 (기금의 사용 등)
① 기금은 다음 각 호의 사업에 사
   용한다.
  1. 청소년활동의 지원
  2. 청소년시설의 설치 및 운영을
     위한 지원
  3. 청소년지도자의 양성을 위한
     지원
  4. 청소년단체의 운영 및 활동을
     위한 지원
  5. 청소년복지증진을 위한 지원
  6. 청소년보호를 위한 지원
  7. 청소년육성정책의 수행과정
     에 관한 과학적 연구의 지원
  8. 기금조성사업을 위한 지원
  9. 그 밖에 청소년육성을 위하여
     대통령령이 정하는 사업
② 국가 또는 지방자치단체는 제

53조제2항 및 제3항의 규정에
의한 기금의 관리기관(이하 '기
금관리기관'이라 한다)의 기금
조성을 지원하기 위하여 기금관
리기관에 국유 또는 공유의 시
설·물품 그 밖의 재산을 그 용
도 또는 목적에 지장을 주지 아
니하는 범위에서 무상으로 사용
·수익하게 하거나 대부할 수
있다.
③ 기금관리기관은 청소년육성 또
는 기금의 조성을 위하여 기금
의 일부 또는 기금관리기관의
시설·물품 그 밖의 재산의 일
부를 청소년단체의 기본재산에
출연 또는 출자할 수 있다.
④ 기금관리기관은 기금조성의 전
망을 고려하여 기금사용을 조절
함으로써 궁극적으로 청소년육
성을 위한 재원확보에 기여할
수 있는 장기계획을 수립하여
시행하여야 한다.

제56조 (지방청소년육성기금의 조성)
① 시·도지사는 관할구역 안의 청
소년활동지원 등 청소년육성을
위한 사업지원에 필요한 재원을
확보하기 위하여 지방청소년육
성기금을 설치할 수 있다.
② 제1항의 규정에 의한 지방청소년
육성기금의 조성·용도 그 밖에
필요한 사항은 조례로 정한다.

제9장 보 칙

제57조 (국·공유재산의 대부 등)
① 국가 또는 지방자치단체는 청소
년시설의 설치, 청소년단체의
육성을 위하여 필요한 경우에는
「국유재산법」 또는 「지방재정법
」의 규정에 불구하고 그 용도에
지장을 주지 아니하는 범위에서
청소년시설이나 청소년단체에
게 국·공유재산을 무상으로 대
부하거나 사용·수익하게 할 수
있다. 〈개정 2005.3.24〉
② 제1항의 규정에 의한 국·공유
재산의 대부·사용·수익의 내
용 및 조건에 관하여는 당해
재산을 사용·수익하고자 하는
자와 당해 재산의 관리청 또는
지방자치단체의 장 간의 계약

에 의한다. 제58조 (조세감면 등) ① 국가는 진흥센터·협의회·지방 청소년단체협의회·상담원·제46 조 및 제46조의2의 규정에 의한 기관·청소년개발원 등 청소년단 체 및 청소년단체가 운영하는 청 소년시설에 대하여 「조세특례제 한법」이 정하는 바에 의하여 조 세를 감면할 수 있고 「부가가치 세법」이 정하는 바에 따라 부가 가치세를 감면할 수 있다. 〈개정 2005.3.24, 2005.12.29〉 ② 국가는 진흥센터·협의회·지방 청소년단체협의회·상담원·제 46조 및 제46조의2의 규정에 의한 기관·청소년개발원 등 청 소년단체 및 청소년단체가 운영 하는 청소년시설에 출연 또는 기부된 재산과 제54조의 규정 에 의하여 기금에 출연된 금전 그 밖의 재산에 대하여는 조세 특례제한법이 정하는 바에 의하 여 소득계산의 특례를 적용할 수 있다. 〈개정 2005.12.29〉 ③ 국가는 진흥센터·협의회·지방 청소년단체협의회·상담원·제 46조 및 제46조의2의 규정에 의한 기관·청소년개발원 등 청 소년단체 및 청소년단체가 운영 하는 청소년시설이 수입하는 청 소년활동에 사용되는 실험·실습 ·시청각기자재 그 밖의 필요한 용품과 고도의 정밀성 등으로 수 입이 불가피한 청소년시설·설비 등에 대하여는 「관세법」이 정하 는 바에 의하여 관세를 감면할 수 있다. 〈개정 2005.3.24, 2005.12.29〉 제59조 (감독 등) ① 국가 및 지방자치단체는 청소년 육성을 위하여 필요한 경우에 청소년시설 및 협의회·지방청 소년단체협의회·제46조 및 제 46조의2의 규정에 의한 기관 등 청소년단체에게 업무·회계 및 재산에 관한 사항을 보고하 게 하거나 소속공무원으로 하여 금 그 장부·서류 그 밖의 물 건을 검사하게 할 수 있다. 〈개		

정 2005.12.29〉
② 제1항의 규정에 의하여 검사를
　하는 공무원은 그 권한을 표시
　하는 증표를 지니고 이를 관계
　인에게 내보여야 한다.

제60조 (포상) 정부는 청소년육성
에 관하여 공로가 현저하거나 다른
청소년의 모범이 되는 자에 대하여
포상을 할 수 있다.

제61조 (유사명칭의 사용금지) 이
법에 의한 진흥센터·상담원·협의
회가 아닌 자는 한국청소년진흥센
터·한국청소년상담원·한국청소년
단체협의회 또는 이와 유사한 명칭
을 사용하지 못한다.

제62조 (수수료 등)
① 다음 각 호의 1에 해당하는 자는
　국가청소년위원회규칙이　정하는
　바에 의하여 수수료를 납부하여
　야　한다.　〈개정　2005.3.24,
　2005.12.29〉
　1. 청소년지도사 자격검정에 응시
　　하거나 연수과정을 이수하는 자
　2. 청소년상담사 자격검정에 응시
　　하거나 연수과정을 이수하는 자
②　청소년시설을　설치·운영하는
　자 및 위탁운영을 하는 단체는
　청소년시설을 이용하는 자로부
　터 이용료를 받을 수 있다.

제63조 (권한의 위임·위탁) 국가
청소년위원회는 이 법에 의한 권한
의 일부를 대통령령이 정하는 바에
의하여 시·도지사에게 위임하거나
청소년단체에 위탁할 수 있다. 〈개
정 2005.3.24, 2005.12.29〉

제10장 벌　칙

제64조 (벌칙) 다음 각 호의 1에
해당하는 자는 2년 이하의 징역 또
는 2천만 원 이하의 벌금에 처한다.
　1. 제30조의 규정에 의하여 정
　　관이 정하는 사업 외의 수익
　　사업을 한 자
　2. 제32조제2항의 규정을 위반
　　하여 직무상 알게 된 비밀을
　　누설한 자

제65조 (양벌규정) 법인의 대표자
또는 법인이나 개인의 대리인·사
용인 그 밖의 종업원이 그 법인 또
는 개인의 업무에 관하여 제64조
의 위반행위를 한 때에는 행위자를
벌하는 외에 그 법인 또는 개인에
대하여도 동조의 벌금형을 과한다.

제66조 (과태료)
① 다음 각 호의 1에 해당하는 자
　는 500만 원 이하의 과태료에
　처한다.
　1. 제37조제3항 또는 제59조제1
　　항의 규정에 의한 보고를 하
　　지 아니하거나 검사·명령을
　　거부·방해 또는 기피한 자
　2. 제61조의 규정을 위반한 자
② 제1항의 규정에 의한 과태료는
　대통령령이 정하는 바에 의하여
　국가청소년위원회 또는 지방자
　치단체의 장(제63조의 규정에
　의하여 권한이 위임된 경우를
　포함한다. 이하 같다)이 부과·
　징수한다. 〈개정 2005.3.24,
　2005.12.29〉
③ 제2항의 규정에 의한 과태료처
　분에 불복이 있는 자는 그 처
　분의 고지를 받은 날부터 30일
　이내에 국가청소년위원회 또는
　지방자치단체의 장에게 이의를
　제기할 수 있다. 〈개정
　2005.3.24, 2005.12.29〉
④ 제2항의 규정에 의하여 과태료
　처분을 받은 자가 제3항의 규
　정에 의하여 이의를 제기한 때
　에는 국가청소년위원회 또는 지
　방자치단체의 장은 지체 없이
　관할법원에 그 사실을 통보하여
　야 하며, 그 통보를 받은 관할
　법원은 「비송사건절차법」에 의
　한 과태료의 재판을 한다. 〈개
　정 2005.3.24, 2005.12.29〉
⑤ 제3항의 규정에 의한 기간 이
　내에 이의를 제기하지 아니하고
　과태료를 납부하지 아니한 때에
　는 국세체납처분 또는 지방세체
　납처분의 예에 의하여 이를 징
　수한다.

4) 청소년보호법

기본법	시행령	시행규칙
제1장 총 칙 **제1조 (목적)** 이 법은 청소년에게 유해한 매체물과 약물 등이 청소년에게 유통되는 것과 청소년이 유해한 업소에 출입하는 것 등을 규제하고, 청소년을 청소년폭력·학대 등 청소년유해행위를 포함한 각종 유해한 환경으로부터 보호·구제함으로써 청소년이 건전한 인격체로 성장할 수 있도록 함을 목적으로 한다.〈개정 1999.2.5〉 **제2조 (정의)** 이 법에서 사용하는 용어의 정의는 다음과 같다.〈개정 1999.2.5, 1999.3.31, 2000.1.12, 2001.4.7, 2001.5.24, 2004.1.29, 2004.12.31, 2005.3.24, 2005.12.29〉 1. '청소년'이라 함은 만 19세 미만의 자를 말한다. 다만, 만 19세에 도달하는 해의 1월 1일을 맞이한 자를 제외한다. 2. '매체물'이라 함은 제7조 각 호의 1에 해당하는 것을 말한다. 3. **'청소년유해매체물'**이라 함은 다음 각 목의 1에 해당하는 것을 말한다. 　가. 제8조 및 제12조의 규정에 의하여 청소년위원회가 청소년에게 유해한 것으로 결정하거나 확인하여 고시한 매체물 　나. 제8조제1항 단서의 규정에 의한 각 심의기관이 청소년에게 유해한 것으로 의결 또는 결정(이하 '결정'이라 한다)하여 청소년위원회가 고시하거나 제12조의 규정에 의하여 청소년에게 유해한 것으로 확인하여 청소년위원회가 고시한 매체물 4. **'청소년유해약물 등'**이라 함은	**제1조 (목적)** 이 영은 「청소년보호법」에서 위임된 사항과 그 시행에 관하여 필요한 사항을 규정함을 목적으로 한다. 〈개정 2005.11.11〉 **제2조 (청소년유해약물의 결정기준)** 「청소년보호법」(이하 '법'이라 한다) 제2조제4호 가목(7)의 '청소년의 사용을 제한하지 아니하면 청소년의 심신을 심각하게 훼손할 우려가 있는 약물로서 대통령령이 정하는 기준'은 다음 각 호의 1과 같다.〈개정 2005.11.11〉 1. 청소년의 정신기능에 영향을 미쳐 판단력장애 등 일시적 또는 영구적 정신장애를 초래할 수 있는 약물일 것 2. 청소년의 신체기능에 영향을 미쳐 정상적인 신체발육에 장애를 초래할 수 있는 약물일 것 3. 습관성, 중독성, 내성, 금단증	**제1조 (목적)** 이 규칙은 청소년보호법 및 동법시행령에서 위임된 사항과 그 시행에 관하여 필요한 사항을 규정함을 목적으로 한다.

청소년에게 유해한 것으로 인정되는 다음 가목 (1) 내지 (7)에 해당하는 약물(이하 '청소년유해약물'이라 한다)과 청소년에게 유해한 것으로 인정되는 다음 나목 (1) 또는 (2)에 해당하는 물건(이하 '청소년유해물건'이라 한다)을 말한다.

가. 청소년유해약물

(1) 「주세법」의 규정에 의한 주류

(2) 「담배사업법」의 규정에 의한 담배

(3) 「마약류관리에 관한 법률」의 규정에 의한 마약류

(4) 삭제 〈2000.1.12〉

(5) 삭제 〈2000.1.12〉

(6) 「유해화학물질 관리법」의 규정에 의한 환각물질

(7) 기타 중추신경에 작용하여 습관성, 중독성, 내성 등을 유발하여 인체에 유해작용을 미칠 수 있는 약물 등 청소년의 사용을 제한하지 아니하면 청소년의 심신을 심각하게 훼손할 우려가 있는 약물로서 대통령령이 정하는 기준에 따라 관계 기관의 의견을 들어 국가청소년위원회가 결정하여 고시한 것

나. 청소년유해물건

(1) 청소년에게 음란한 행위를 조장하는 성기구 등 청소년의 사용을 제한하지 아니하면 청소년의 심신을 심각하게 훼손할 우려가 있는 성관련 물건으로서 대통령령이 정하는 기준에 따라 국가청소년위원회가 결정하여 고시한 것

(2) 청소년에게 음란성·포악성·잔인성·사행성 등을 조장하는 완구류 등 청소년의 사용을 제한하지 아니하면 청소년의 심

상 등을 유발함으로써 청소년의 정상적인 심신발달에 장애를 초래할 수 있는 약물일 것 〔전문개정 1999.6.30〕

제2조의2 (청소년유해물건의 결정기준)

① 법 제2조제4호 나목(1)의 '청소년의 사용을 제한하지 아니하면 청소년의 심신을 심각하게 훼손할 우려가 있는 성관련 물건으로서 대통령령이 정하는 기준'은 다음 각 호의 1과 같다.

1. 청소년이 사용할 경우 성관련 신체부위의 훼손 등 신체적 부작용을 초래할 우려가 있는 성관련 물건일 것

2. 청소년으로 하여금 인격비하·수간 등 비인륜적 성의식을 조장할 우려가 있는 성관련 물건일 것

3. 청소년으로 하여금 음란성이나 비정상적인 성적 호기심을 유발할 우려가 있거나 지나치게 성적 자극에 탐닉하게 할 우려가 있는 성관련 물건일 것

② 법 제2조제4호 나목(2)에서 '청소년의 사용을 제한하지 아니하면 청소년의 심신을 심각하게 훼손할 우려가 있는 물건으로서 대통령령이 정하는 기준'은 다음 각 호의 1과 같다.

1. 물건의 형상·구조·기능 등이 청소년의 사용을 제한하지 아니하면 청소년의 생명·신체·재산에 해를 미칠 우려가 있는 물건일 것

2. 물건의 형상·구조·기능 등이 청소년에게 포악성 또는 범죄의 충동을 일으킬 수 있거나 청소년에게 성적인 욕구를 자극하는 선정적이거나 음란한 것으로서 청소년의 건전한 심신발달에 장애를 유발할 우려가 있는 물건일 것 〔본조신설 1999.6.30〕

제3조 (청소년유해업소의 범위)

① 법 제2조제5호 가목(1)에서 '식품접객업 중 대통령령으로 정하

신을 심각하게 훼손할 우려가 있는 물건으로서 대통령령이 정하는 기준에 따라 국가청소년위원회가 결정하여 고시한 것

5. '**청소년유해업소**'라 함은 청소년의 출입과 고용이 청소년에게 유해한 것으로 인정되는 다음 각 목의 어느 하나에 해당하는 업소(이하 '청소년출입·고용금지업소'라 한다)와 청소년의 출입은 가능하나 고용은 유해한 것으로 인정되는 다음 나목의 어느 하나에 해당하는 업소(이하 '청소년고용금지업소'라 한다)를 말한다. 이 경우 업소의 구분은 그 업소가 영업을 함에 있어서 다른 법령에 의하여 요구되는 허가·인가·등록·신고 등의 여부에 불구하고 실제로 이루어지고 있는 영업행위를 기준으로 한다.

가. 청소년출입·고용금지업소

(1) 「식품위생법」에 의한 식품접객업 중 대통령령으로 정하는 것

(2) 「음반·비디오물 및 게임물에 관한 법률」에 의한 비디오물감상실업 및 동법에 의한 노래연습장업 중 대통령령으로 정하는 것

(3) 「체육시설의 설치·이용에 관한 법률」에 의한 무도학원업, 무도장업

(4) 「사행행위 등 규제 및 처벌특례법」에 의한 사행행위영업

(5) 「유해화학물질 관리법」에 의한 유독물영업. 다만, 유독물 사용과 직접 관련이 없는 영업으로서 대통령령이 정하는 영업을 제외한다.

(6) 청소년유해매체물, 청소년유해약물 및 청소년유해물건을 제작·생산·유통하는 영업 등 청소년의 출입과 고용이 청소년에게 유해하다고 인정되는 영업으로서 대통령령이 정하는 기준에 따

는 것'이라 함은 유흥주점영업 및 단란주점영업을 말한다.

② 법 제2조제5호 가목(2)에서 '노래연습장업 중 대통령령으로 정하는 것'이라 함은 노래연습장업을 말한다. 다만, 청소년실을 갖춘 노래연습장업의 경우에는 당해 청소년실에 한하여 청소년의 출입을 허용한다.

〈개정 2001.8.25, 2001.10.20〉

③ 법 제2조제5호 가목(6)의 '청소년의 출입과 고용이 청소년에게 유해하다고 인정되는 영업으로서 대통령령이 정하는 기준'은 다음 각 호의 1과 같다.

1. 윤락행위, 퇴폐적 안마 등의 신체적 접촉, 성관련 신체부위의 노출 등 성적 접대행위 및 이와 유사한 행위가 이루어질 우려가 있는 영업일 것

2. 영업의 형태나 목적이 주로 성인을 대상으로 한 술·노래·춤의 제공 등 유흥접객행위가 이루어지는 영업일 것

3. 주로 성인용의 매체물을 유통하는 영업일 것

4. 청소년유해매체물·청소년유해약물 등을 제작·생산·유통하는 영업 중 청소년의 출입·고용이 청소년의 심신발달에 장애를 유발할 우려가 있는 영업일 것

④ 법 제2조제5호 나목(1)에서 '식품접객업 중 대통령령으로 정하는 것'이라 함은 다음 각 호의 1의 영업을 말한다.

1. 휴게음식점영업으로서 주로 다류를 조리·판매하는 다방 중 종업원에게 영업장을 벗어나 다류 등을 배달·판매하게 하면서 소요시간에 따라 대가를 수수하게 하거나 이를 조장 또는 묵인하는 형태로 운영되는 영업

2. 일반음식점영업 중 음식류의 조리·판매보다는 주로 주류의 조리·판매를 목적으로 하는 소주방·호프·카페 등의 영업형태로 운영되는 영업

⑤ 법 제2조제5호 나목(2)에서 '숙박업, 이용업, 목욕장업 중 대통령령으로 정하는 것'이라 함은

라 국가청소년위원회가
결정하여 고시한 것
나. 청소년고용금지업소
(1) 「식품위생법」에 의한 식
품접객업 중 대통령령으
로 정하는 것
(2) 「공중위생관리법」에 의한
숙박업, 이용업, 목욕장
업 중 대통령령으로 정
하는 것
(3) 「음반·비디오물 및 게임
물에 관한 법률」에 의한
비디오물 대여업과 동법
에 의한 비디오물 소극
장업, 게임제공업 또는
복합유통·제공업 중 대
통령령으로 정하는 영업
(4) 삭제〈2004.1.29〉
(5) 「유해화학물질 관리법」에
의한 유독물제조업, 유
독물판매업, 유독물보관
·저장업, 유독물운반업
및 유독물사용업
(6) 회비 등을 받거나 유료로
만화를 대여하는 만화대
여업
(7) 청소년유해매체물, 청소년
유해약물 및 청소년유해
물건을 제작·생산·유통
하는 영업 등 청소년의
고용이 청소년에게 유해
하다고 인정되는 영업으
로서 대통령령이 정하는
기준에 따라 국가청소년
위원회가 결정하여 고시
한 것
6. '유통'이라 함은 매체물 또는
약물 등을 판매(가두판매·자
동판매기·통신판매 등을 포
함한다. 이하 같다), 대여, 배
포, 방송(종합유선방송을 포
함한다. 이하 같다), 공연, 상
영, 전시, 진열, 광고하거나
시청 또는 이용에 제공하는
행위와 이러한 목적으로 매체
물 또는 약물 등을 인쇄·복
제 또는 수입하는 행위를 말
한다.
7. '청소년폭력'이라 함은 폭력을
통해 청소년에게 신체적·정
신적 피해를 발생하게 하는
행위를 말한다.

다음 각 호의 어느 하나에 해당
하는 영업을 말한다.
〈개정 2005.11.11〉
1. 숙박업. 다만, 「관광진흥법」의
규정에 의한 휴양콘도미니엄
업과 「농어촌정비법」 또는 「국
제회의산업 육성에 관한 법률」
의 적용을 받는 숙박시설에 의
한 숙박업을 제외한다.
2. 이용업. 다만, 다른 법령에 의
하여 취업이 금지되지 아니한
남자청소년의 경우에는 그러
하지 아니하다.
3. 목욕장업 중 안마실을 설치하
여 영업을 하거나 또는 개실
로 구획하여 하는 영업
⑥ 법 제2조제5호 나목(3)에서 '비
디오물 소극장업, 게임제공업 또
는 복합유통·제공업 중 대통령
령으로 정하는 영업'이라 함은
다음 각 호의 것을 말한다.〈개
정 2001.8.25, 2004.4.24,
2005.11.11〉
1. 「음반·비디오물 및 게임물에
관한 법률」 제2조제8호의 규
정에 의한 비디오물 소극장업
2. 「음반·비디오물 및 게임물에
관한 법률」 제2조제9호의 규
정에 의한 일반게임장업
3. 「음반·비디오물 및 게임물에
관한 법률」 제2조제12호의 규
정에 의한 복합유통·제공업
(동법 제2조제7호, 제8호 가
목 및 나목, 제9호 나목 및
제11호에 해당하는 영업이 포
함된 것에 한한다)
⑦ 법 제2조제5호나목(5)에서 '대통
령령이 정하는 영업'이라 함은
「유해화학물질 관리법」

제20조제1항제5호의 규정에 의한 유
독물사용업 중 유독물을 직접 사용하
지 아니하는 장소에서 이루어지는 영
업을 말한다.〈신설 2006.3.29〉
⑧ 법 제2조제5호 나목(7)의 '청소
년의 고용이 청소년에게 유해하
다고 인정되는 영업으로서 대통
령령이 정하는 기준'은 다음 각
호의 1과 같다.
1. 청소년유해매체물 또는 청소
년유해약물 등을 제작·생산
·유통하는 영업으로서 청소

제3조 (가정의 역할과 책임〈개정 2005.12.29〉)

① 청소년에 대하여 친권을 행사하는 자 또는 친권자를 대신하여 청소년을 보호하는 자(이하 '친권자 등'이라 한다)는 청소년이 청소년유해매체물과 청소년유해약물 등 및 청소년유해업소·청소년폭력·학대 등(이하 '청소년유해환경'이라 한다)에 접촉이나 출입을 못 하도록 필요한 노력을 하여야 하며, 청소년이 유해한 매체물과 유해한 약물 등을 이용하고 있거나 유해한 업소에 출입하고자 하는 때에는 이를 즉시 제지하여야 한다.〈개정 1999.2.5〉

② 친권자 등은 제1항의 규정에 따른 노력이나 제지를 함에 있어 필요한 경우 청소년보호와 관련된 상담기관 및 단체 등에 상담하여야 하고, 해당청소년이 가출 및 비행 등의 우려가 있다고 인정되는 상당한 이유가 있는 때에는 청소년보호와 관련된 지도·단속 기관에 협조를 요청하여야 한다.〈신설 2005.12.29〉

제4조 (사회의 책임)

① 누구든지 청소년이 청소년유해환경에 접할 수 없도록 하거나 출입을 못 하도록 노력하여야 하고, 청소년이 유해한 매체물과 유해한 약물 등을 이용하고 있거나 청소년폭력·학대 등을 행하고 있음을 안 때에는 이를 제지·선도하여야 하며, 청소년에게 유해한 매체물과 약물 등이 유통되고 있거나 청소년유해업소에 청소년이 고용되어 있거나 출입하고 있음을 안 때 또는 청소년폭력·학대 등으로부터 피해를 입고 있음을 안 때에는 제21조제3항의 규정에 의한 관계기관 등에 신고·고발하는 등 청소년보호를 위하여 필요한 노력을 하여야 한다. 〈개정 1999.2.5〉

② 매체물과 약물 등의 유통을 업으로 하거나 청소년유해업소의 경영을 업으로 하는 자와 이들로 구성된 단체와 협회 등은 청소년유해매체물과 청소년유해약물

년이 고용되어 근로할 경우에 청소년유해매체물 또는 청소년유해약물 등에 쉽게 접촉되어 고용청소년의 건전한 심신발달에 장애를 유발할 우려가 있는 영업일 것

2. 외견상 영업행위가 성인·청소년 모두를 대상으로 하지만 성인대상의 영업이 이루어짐으로써 고용청소년에게 유해한 근로행위의 요구가 우려되는 영업일 것

[전문개정 1999.6.30]

제4조 (매체물의 범위)

① 법 제7조제6호에서 '대통령령으로 정하는 기타 간행물'이라 함은 「신문 등의 자유와 기능보장에 관한 법률 시행령」 제2조의 규정에 의한 간행물을 말한다.〈신설 1999.6.30, 2005.11.11〉

② 법 제7조제6호에서 '전자출판물'이라 함은 문자 등의 정보가 전자적 기록매체에 수록되고, 컴퓨터 등의 전자장치의 도움으로 보고 듣거나 읽을 수 있는 물체를 말한다. 다만, 「음반·비디오물 및 게임물에 관한 법률」의 적용을 받는 것을 제외한다.〈개정 1999.6.30, 2005.11.11〉

③ 법 제7조제6호에서 '기타 대통령령이 정하는 것'이라 함은 외국에서 제작·수입된 간행물을 말한다.

제2조 (청소년유해매체물 등의 고시) 청소년보호법(이하 '법'이라 한다) 제2조제3호 내지 제5호 및 제22조의 규정에 의한 청소년유해매체물, 청소년유해약물 등 및 청소년유해업소의 고시는 이를 관보에 하여야 한다.

[전문개정 1999.7.12]

제3조 삭제 〈1999.7.12〉

제4조 (청소년유해매체물 결정신청서) 청소년보호법시행령(이하 '영'이라 한다) 제5조제3항의 규정에

등이 청소년에게 유통되지 아니하도록 하고 청소년유해업소에 청소년을 고용하거나 출입하지 못하도록 하는 등 청소년보호를 위하여 자율적인 노력을 다하여야 한다.

제5조 (국가와 지방자치단체의 책임)
① 국가는 청소년보호를 위하여 청소년유해환경의 정화에 필요한 시책을 강구·시행하여야 하며, 지방자치단체는 해당지역 안의 청소년유해환경으로부터 청소년보호를 위하여 필요한 노력을 하여야 한다.
② 국가 및 지방자치단체는 전자·통신기술 및 의약품 등의 발달에 따라 등장하는 새로운 형태의 매체물과 약물 등이 청소년의 정신적·신체적 건강을 해칠 우려가 있음을 인식하고, 이들 매체물과 약물 등으로부터 청소년을 보호하기 위하여 필요한 기술개발과 연구사업의 지원, 국가간의 협력체제구축 등 필요한 노력을 하여야 한다.
③ 국가 및 지방자치단체는 청소년 관련단체 등 민간의 자율적인 유해환경감시·고발활동을 장려하고 이에 필요한 지원을 할 수 있으며 이들의 건의사항에 대하여는 관련시책에 반영할 수 있다.
④ 국가 및 지방자치단체는 청소년을 보호하기 위하여 청소년유해환경을 규제함에 있어 그 의무를 충실히 수행하여야 한다.〈신설 1999.2.5〉

제6조 (다른 법률과의 관계) 이 법은 청소년유해환경의 규제에 관한 형사처벌에 있어서 다른 법률에 우선하여 적용한다.〈개정 1999.2.5〉

제2장 청소년유해매체물의 청소년대상 유통 규제

제7조 (매체물의 범위) 이 법에서 매체물이라 함은 다음 각 호의 1에 해당하는 것을 말한다.
〈개정 1999.2.5, 2001.5.24, 2004.1.29, 2005.3.24〉

④ 법 제7조제8호에서 '대통령령이 정하는 매체물'이라 함은 다음 각 호의 1의 매체물을 말한다.〈개정 1999.6.30〉
 1. 법 제7조제1호 내지 제6호의 규정에 해당하는 매체물의 성격이 2 이상 혼합된 복합적인 매체물(이하 '복합매체물'이라 한다)
 2. 사무실·가정 등 옥내에 배포되는 광고용의 전단 및 이와 유사한 광고선전물

제5조 (청소년유해매체물의 심의·결정 및 통보)
① 「청소년기본법」 제16조의2의 규정에 의한 국가청소년위원회(이하 '국가청소년위원회'라 한다) 및 법 제8조제1항 단서의 규정에 의한 각 심의기관(이하 '각 심의기관'이라 한다)은 법 제8조제1항·제3항 및 제5항의 규정에 의하여 청소년유해매체물의 결정이 있는 경우에는 지체 없이 그 이유를 명시하여 제13조의 규정에 의한 청소년유해표시의무자와 제15조의 규정에 의한 포장의무자에게 그 사실을 통보하여야 한다. 이 경우 통보방법은 우편에 의한 통보를 원칙으로 하되, 주소불명 등으로 우편에 의한 통보가 불가능한 경우에는 청소년유해매체물의 결정내용을 국가청소년위원회 또는 각 심의기관의 홈페이지에 게시하여야 한다. 〈개정 1999.6.30, 2004.4.24, 2005.4.27, 2005.11.11, 2006.3.29〉
② 국가청소년위원회는 법 제8조제2항의 규정에 의하여 심의를 요청하는 경우에 당해 매체물이 제4조제4항의 규정에 의한 매체물인 경우에는 관계되는 해당 각 심의기관의 의견을 들어 주로 관련되는 심의기관에 심의를 요청하여야 한다.
〈개정 1999.6.30, 2005.4.27, 2006.3.29〉
③ 다음 각 호의 1에 해당하는 자는 청소년에게 유해한 매체물이 유통되고 있는 경우에는 총리령

의하여 청소년유해매체물의 결정을 신청하고자 하는 자는 별지 제1호서식에 다음 각 호의 서류 등을 첨부하여 청소년위원회 또는 법 제8조제1항의 단서의 규정에 의한 각 심의기관(이하 '각 심의기관'이라 한다)에 제출하여야 한다.
〈개정 1999.7.12, 2005.4.27〉
 1. 당해 매체물이 청소년에게 유해하다고 인정되는 사유를 기재한 서류
 2. 당해 매체물
 3. 30인 이상 서명서(서명을 받은 자에 한한다)

제5조 (청소년유해여부 확인신청서 〈개정 1999.7.12〉) 영 제8조제2항의 규정에 의한 자율규제단체 등(이하 '자율규제단체 등'이라 한다)은 청소년위원회 또는 각 심의기관에 매체물에 대한 청소년유해여부의 확인요청을 하고자 하는 경우에는 별지 제2호서식에 다음 각 호의 서류 등을 첨부하여 청소년위원회 또는 각 심의기관에 제출하여야 한다.
〈개정 1999.7.12, 2005.4.27〉
 1. 자율규제단체 등이 심의·결정한 내용을 기재한 서류
 2. 확인요청을 하고자 하는 매체물

제6조 〈삭제〉

제7조 (청소년유해매체물목록표의 작성·통보)
① 청소년위원회는 법 제21조제2항의 규정에 의하여 별지 제5호서식 내지 별지 제9호서식의 청소년유해매체물목록표를 고시할 때마다 작성하여야 한다.
〈개정 2005.4.27〉
② 법 제21조제3항의 규정에 의하여 청소년위원회가 청소년유해매체물목록표를 통보하여야 할 관계기관 등은 별표 1과 같다.
〈개정 2005.4.27〉
③ 제2항의 규정에 의하여 청소년유해매체물목록표를 통보받은 관계기관 등은 필요한 경우 그 소속기관 및 산하단체 등에 이를 통보하여야 한다.
④ 제2항 또는 제3항의 규정에 의한 청소년유해매체물목록표의 통

1. 「음반·비디오물 및 게임물에 관한 법률」의 규정에 의한 음반·비디오물 및 게임물
2. 삭제〈2001.5.24〉
3. 「공연법」 및 「영화진흥법」의 규정에 의한 영화·연극·음악·무용, 기타 오락적 관람물
4. 「전기통신사업법」 및 「전기통신기본법」의 규정에 의한 전기통신을 통한 부호·문언·음향 또는 영상정보
5. 「방송법」의 규정에 의한 방송프로그램. 다만, 보도방송프로그램을 제외한다.
6. 「정기간행물의 등록 등에 관한 법률」의 규정에 의한 일반일간신문(주로 정치·경제·사회에 관한 보도·논평 및 여론을 전파하는 신문을 제외한다), 특수일간신문(경제·산업·과학·종교분야를 제외한다), 일반주간신문(정치·경제 분야를 제외한다), 특수주간신문(경제·산업·과학·시사·종교분야를 제외한다), 잡지(정치·경제·산업·과학·시사·종교분야를 제외한다) 및 대통령령으로 정하는 기타 간행물(이하 '정기간행물 등'이라 한다)과 동법의 규정에 의한 정기간행물 외의 간행물 중 만화·사진첩·화보류·소설 등의 도서류, 전자출판물, 기타 대통령령이 정하는 것
7. 「옥외광고물 등 관리법」의 규정에 의한 간판·입간판·벽보·전단 기타 이와 유사한 상업적 광고선전물과 제1호 내지 제6호의 규정에 의한 각종 매체물에 수록·게재·전시, 기타 방법으로 포함된 상업적 광고선전물
8. 기타 청소년의 정신적·신체적 건강을 해칠 우려가 있다고 인정되는 것으로서 대통령령이 정하는 매체물

제8조 (청소년유해매체물의 심의·결정)
① 「청소년기본법」 제16조의2의 규정에 의한 국가청소년위원회(이하 '국가청소년위원회'라 한다)는

이 정하는 바에 의하여 당해 매체물에 대하여 청소년유해매체물로 결정하여 줄 것을 국가청소년위원회 또는 각 심의기관에 신청할 수 있다. 이 경우 국가청소년위원회는 당해 매체물이 각 심의기관의 소관에 속하는 것인 때에는 각 심의기관에 그 결정을 의뢰하여야 한다. 〈개정 1999.6.30, 2005.4.27, 2006.3.29〉
1. 법 제21조제3항의 규정에 의한 관계기관 등
2. 청소년유해매체물결정에 관하여 30인 이상의 서명을 받은 자
④ 제3항의 규정에 의하여 신청을 받은 국가청소년위원회 또는 각 심의기관은 신청자에게 그 결과를 지체 없이 서면으로 통지하여야 한다. 〈개정 1999.6.30, 2005.4.27, 2006.3.29〉

제6조 (등급구분의 종류·방법)
① 국가청소년위원회와 각 심의기관은 법 제9조의 규정에 의하여 청소년유해매체물로 심의·결정되지 아니한 매체물에 대하여 다음 각 호의 구분에 따라 매체물의 등급을 구분할 수 있다. 다만, 각 심의기관에서 소관매체물에 대하여 별도의 등급구분을 하고 있는 경우에는 그러하지 아니하다. 〈개정 1999.6.30, 2005.4.27, 2006.3.29〉
1. 9세 이상 가: 9세 이상 청소년이 이용할 수 있는 매체물
2. 12세 이상 가: 12세 이상 청소년이 이용할 수 있는 매체물
3. 15세 이상 가: 15세 이상 청소년이 이용할 수 있는 매체물
② 제1항 규정에 의한 등급구분의 기준은 국가청소년위원회 또는 각 심의기관이 정하는 바에 의한다. 〈개정 2005.4.27, 2006.3.29〉

제7조 (청소년유해매체물의 심의기준) 법 제10조제3항의 규정에 의한 청소년유해매체물의 심의기준은 별표 1과〈%생략: 별표1%〉 같다.

제8조 (유해매체물의 자율규제)

보는 우편에 의하거나 컴퓨터통신 등 정보통신기술을 이용한 방법에 의한다. 〈신설 1999.7.12〉

제8조 (청소년유해매체물의 결정취소) 청소년위원회 및 각 심의기관은 법 제23조의 규정에 의하여 청소년유해매체물의 결정을 취소한 경우에는 지체 없이 그 이유를 명시한 서면에 의하여 영 제13조의 규정에 의한 청소년유해표시의무자와 영 제15조의 규정에 의한 포장의무자에게 그 사실을 통보하고, 관보에 고시하여야 한다. 〈개정 2005.4.27〉

제9조 (청소년유해약물목록표의 작성·통보)
① 청소년위원회는 법 제26조의 규정에 의하여 별지 제11호서식의 청소년유해약물목록표를 고시할 때마다 작성하여야 한다. 〈개정 1999.7.12, 2005.4.27〉
② 법 제26조의 규정에 의하여 청소년위원회가 청소년유해약물목록표를 통보하여야 할 기관·단체 등은 별표 2와 같다. 〈개정 2005.4.27〉
③ 제2항의 규정에 의하여 청소년유해약물목록표를 통보받은 관계기관 등은 필요한 경우 그 소속기관 및 산하단체 등에 이를 통보하여야 한다.
④ 제2항 또는 제3항의 규정에 의한 청소년유해약물목록표의 통보는 우편에 의하거나 컴퓨터통신 등 정보통신기술을 이용한 방법에 의한다. 〈신설 1999.7.12〉

제10조 (민간의 감시·고발단체)
① 청소년위원회는 법 제43조제1항 및 영 제32조의 규정에 의하여 청소년유해환경감시단운영기관의 지정을 희망하는 학교 또는 시민단체의 주사무소 소재지를 관할하는 시장·군수·구청장(자치구의 구청장을 말한다)의 추천을 받아 이를 청소년유해환경감시단운영기관으로 지정할 수 있다. 〈개정 2005.4.27〉
② 법 제43조제3항의 규정에 의한

제7조의 규정에 의한 매체물의 청소년에 대한 유해 여부를 심의하여 청소년에게 유해하다고 인정되는 매체물에 대하여는 청소년유해매체물로 결정하여야 한다. 다만, 다른 법령의 규정에 의하여 당해 매체물의 윤리성·건전성의 심의를 할 수 있는 기관(이하 '각 심의기관'이라 한다)이 있는 경우에는 그러하지 아니하다. 〈개정 2004.1.29, 2005.3.24, 2005.12.29〉

② 국가청소년위원회는 각 심의기관이 해당 매체물에 대하여 청소년유해여부의 심의를 하지 아니할 경우 청소년보호를 위하여 필요하다고 인정할 때에는 그 심의를 하도록 요청할 수 있다. 〈개정 2005.3.24, 2005.12.29〉

③ 국가청소년위원회는 제1항 단서의 규정에 불구하고 다음 각 호의 1에 해당하는 매체물에 대하여는 청소년에 대한 유해여부를 심의하여 청소년에게 유해하다고 인정되는 매체물에 대하여는 청소년유해매체물로 결정할 수 있다. 〈개정 2005.3.24, 2005.12.29〉
1. 제1항 단서의 각 심의기관의 요청이 있는 매체물
2. 제1항 단서의 각 심의기관의 청소년유해여부 심의를 받지 아니하고 유통되는 매체물

④ 국가청소년위원회 또는 각 심의기관은 매체물 심의결과 그 매체물의 내용이 형법 등 다른 법령에 의하여 유통이 금지되는 내용이라고 판단되는 경우에는 그 매체물에 대한 청소년유해매체물 결정을 하기 전에 관계기관에 형사처벌 또는 행정처분을 요청하여야 한다. 다만, 각 심의기관별로 해당법령에서 별도의 절차가 있는 경우에는 그 절차에 의한다. 〈신설 1999.2.5, 2005.3.24, 2005.12.29〉

⑤ 국가청소년위원회 또는 각 심의기관은 제작·발행의 목적 등에 비추어 청소년이 아닌 자를 상대로 제작·발행되거나, 매체물 각각에 대하여 청소년유해매체

① 법 제12조제1항·제4항 및 제6항의 규정에 의한 매체물과 관련된 단체는 다음 각 호와 같다.
1. 매체물의 창작·제작 및 유통과 관련된 단체·협회 또는 이들로 구성된 협의체
2. 기타 매체물의 유해여부를 심의할 수 있는 자체심의기구를 두고 있는 법인 또는 단체

② 법 제12조제1항의 규정에 의한 매체물의 제작·발행자, 유통행위자 및 매체물과 관련된 단체(이하 '자율규제단체 등'이라 한다)가 청소년유해여부의 확인요청을 하고자 할 때에는 총리령이 정하는 신청서에 관계서류를 첨부하여 국가청소년위원회 또는 각 심의기관에 제출하여야 한다. 〈개정 2005.4.27, 2006.3.29〉

③ 제2항의 규정에 의하여 매체물에 대한 청소년유해여부 확인요청을 받은 국가청소년위원회 또는 각 심의기관은 당해 매체물에 대하여 청소년유해매체물로 확인한 경우에는 지체 없이 그 이유를 명시하여 제13조의 규정에 의한 청소년유해표시의무자와 제15조의 규정에 의한 포장의무자에게 그 사실을 통보하여야 한다. 제5조제1항 후단의 규정은 이 경우에 이를 준용한다. 〈개정 2005.4.27, 2006.3.29〉

④ 법 제12조제6항에서 '국가청소년위원회 또는 각 심의기관의 최종결정이 있을 때'라 함은 청소년유해매체물로 결정한 경우에 있어서는 당해 매체물에 대하여 국가청소년위원회가 법 제22조의 규정에 의하여 청소년유해매체물로 고시한 날을 말한다. 이 경우 고시의 효력발생시기는 고시일로 한다. 〈개정 2005.4.27, 2006.3.29〉
[전문개정 1999.6.30]

제9조 삭제 〈1999.6.30〉

제10조 (자율규제단체 등의 지원) 국가청소년위원회와 각 심의기관은

민간의 감시·고발단체의 종류는 학교청소년유해환경감시단과 시민단체청소년유해환경감시단으로 한다.
〈전문개정 1999.7.12〉

물로 결정하여서는 당해 매체물이 청소년에게 유통되는 것을 차단할 수 없는 매체물에 대하여는 신청 또는 직권에 의하여 매체물의 종류, 제목, 내용 등을 특정하여 청소년유해매체물로 결정할 수 있다. 〈신설 1999.2.5, 2005.3.24, 2005.12.29〉

⑥ 국가청소년위원회의 심의·결정방법 등 기타 필요한 사항은 대통령령으로 정한다.
〈개정 2005.3.24, 2005.12.29〉

제9조 (등급구분 등)

① 국가청소년위원회와 각 심의기관은 제8조의 규정에 의한 청소년유해매체물의 심의·결정 시에 청소년유해매체물로 심의·결정하지 아니한 매체물에 대하여는 청소년유해의 정도, 이용청소년의 연령, 당해 매체물의 특성, 이용시간과 장소 등을 감안하여 필요한 경우에 당해 매체물의 등급을 구분할 수 있다. 〈개정 2005.3.24, 2005.12.29〉

② 국가청소년위원회는 각 심의기관이 해당 매체물에 대한 청소년유해여부의 심의·결정시 제1항의 규정에 의한 등급구분을 하도록 요청할 수 있다. 〈개정 2005.3.24, 2005.12.29〉

③ 제1항 및 제2항의 규정에 의한 등급구분의 대상·종류·방법 등에 대하여 필요한 사항은 대통령령으로 정한다.

제10조 (청소년유해매체물의 심의기준)

① 국가청소년위원회와 각 심의기관은 제8조의 규정에 의한 심의를 함에 있어서 당해 매체물이 다음 각 호의 1에 해당하는 경우에는 청소년유해매체물로 결정하여야 한다.
〈개정 2005.3.24, 2005.12.29〉

1. 청소년에게 성적인 욕구를 자극하는 선정적인 것이거나 음란한 것

2. 청소년에게 포악성이나 범죄의 충동을 일으킬 수 있는 것

자율규제단체 등의 자율심의를 활성화하고 그 전문성을 높이기 위하여 필요한 경우에는 자율규제단체 등이 적용할 심의기준 및 심의방법 등에 관하여 교육을 실시하는 등 자율규제단체 등에 대하여 필요한 지원을 할 수 있다. 〈개정 1999.6.30, 2005.4.27, 2006.3.29〉

제11조 삭제 〈2004.4.24〉

제12조 삭제 〈2004.4.24〉

제13조 (청소년유해표시의무자)

① 법 제14조의 규정에 의하여 청소년유해표시를 하여야 할 자는 별표 2와 같다. 다만, 다른 법령의 규정에 의하여 청소년유해표시를 하여야 할 자가 정하여진 경우는 당해 법령이 정하는 바에 의한다.

② 삭제 〈1999.6.30〉

③ 삭제 〈1999.6.30〉

제14조 (청소년유해표시의 종류·방법)

① 제13조의 규정에 의한 유해표시의무자는 법제22조의 규정에 의한 청소년유해매체물의 고시가 있는 경우에는 지체 없이 별표 3이 정하는 바에 따라 누구나 쉽게 알아볼 수 있는 방법으로 청소년유해표시를 하여야 한다. 다만, 다른 법령에서 유해표시방법을 정하고 있는 경우에는 당해 법령이 정하는 바에 의한다.

② 청소년유해표시가 되지 아니한 청소년유해매체물을 유통의 목적으로 소지하고 있는 자는 제13조의 규정에 의한 청소년유해표시의무자에게 지체 없이 청소년유해표시를 하여 줄 것을 요구하거나 직접 청소년유해표시를 하여 유통시킬 수 있다.
〔전문개정 1999.6.30〕

제15조 (청소년유해매체물의 포장)

① 법 제15조제2항의 규정에 의하여 포장하여야 할 청소년유해매체물은 법 제7조제6호의 규정에 해당하는 것(법 제7조제7호의 규정에 해당하는 청소년유해매

  3. 성폭력을 포함한 각종 형태의 폭력행사와 약물의 남용을 자극하거나 미화하는 것
  4. 청소년의 건전한 인격과 시민의식의 형성을 저해하는 반사회적·비윤리적인 것
  5. 기타 청소년의 정신적·신체적 건강에 명백히 해를 끼칠 우려가 있는 것
② 제1항의 규정에 의한 기준을 구체적으로 적용함에 있어서는 현재 국내사회에서의 일반적인 통념에 따르며 그 매체물이 가지고 있는 문학적·예술적·교육적·의학적·과학적 측면과 그 매체물의 특성을 동시에 고려하여야 한다.
③ 청소년유해여부에 관한 구체적인 심의기준과 그 적용에 관하여 필요한 사항은 대통령령으로 정한다.

제11조 (심의내용의 조정) 국가청소년위원회는 청소년보호와 관련하여 각 심의기관 간에 동일한 내용의 매체물에 대하여 심의한 내용이 상당한 정도로 차이가 있을 경우 그 심의내용의 조정을 요구할 수 있으며 그 요구를 받은 각 심의기관은 특별한 사유가 없는 한 이에 응하여야 한다. 〈개정 2005.3.24, 2005.12.29〉

제12조 (유해매체물의 자율규제)
① 매체물의 제작·발행자, 유통행위자 또는 매체물과 관련된 단체는 자율적으로 청소년유해여부를 결정하고 국가청소년위원회 또는 각 심의기관에 그 결정한 내용의 확인을 요청할 수 있다. 〈개정 2005.3.24, 2005.12.29〉
② 제1항의 규정에 의한 확인요청을 받은 국가청소년위원회 또는 각 심의기관은 심의결과 그 결정내용이 적합한 경우에는 이의 확인을 하여야 하며, 국가청소년위원회는 필요한 경우 이를 각 심의기관에 위탁하여 처리할 수 있다. 〈개정 2005.3.24, 2005.12.29〉
③ 제2항의 규정에 의하여 국가청소년위원회 또는 각 심의기관이 확

체물을 수록·게재 기타의 방법으로 포함하고 있는 것을 포함한다)으로 한다. 다만, 당해 매체물을 대여하여 반환받는 것에 대하여는 그러하지 아니하다.
② 제1항의 규정에 의한 청소년유해매체물을 포장하여야 할 자는 이를 발행하거나 제작·수입한 자로 한다. 〈개정 1999.6.30〉
③ 제2항의 규정에 의한 포장의무자는 법 제22조의 규정에 의한 청소년유해매체물의 고시가 있는 경우에는 지체 없이 청소년유해매체물을 포장하여야 한다. 〈개정 1999.6.30〉
④ 청소년유해매체물의 포장은 포장에 이용되는 용지 등을 훼손하지 아니하고서는 그 내용물을 열람할 수 없는 방법으로 하여야 한다. 다만, 청소년위원회 및 각 심의기관이 매체물의 겉표지가 법 제10조의 규정에 의한 심의기준에 의하여 청소년에게 유해한 것으로 따로 결정하여 고시하는 매체물에 대하여는 제호를 제외한 겉표지의 내용이 보이지 아니하도록 불투명한 용지를 사용하여 포장하여야 한다. 〈개정 1999.6.30, 2005.4.27〉
⑤ 제14조제2항의 규정은 청소년유해매체물의 포장에 관하여 이를 준용한다. 〈신설 1999.6.30〉

제16조 삭제 〈2001.8.25〉

제16조의2 (판매금지 등) 법 제17조제1항의 규정에 의하여 청소년에게 판매·대여·배포하거나 시청·관람·이용에 제공하는 것(이하 '판매 등'이라 한다)이 금지되는 청소년유해매체물은 법 제7조제1호 내지 제4호 및 제6호 내지 제8호의 규정에 해당하는 청소년유해매체물을 말하며, 법 제19조의 규정이 적용되는 청소년유해매체물은 법 제7조제5호의 규정에 의한 방송프로그램(법 제7조제7호에 해당하는 광고선전물 중 방송을 이용하는 것을 포함한다)에 해당하는 청소년유해매체물을 말한다. 〈개정 2001.8.25〉

인을 한 경우 당해 매체물의 확인을 필한 표시를 부착할 수 있다. 〈개정 2005.3.24, 2005.12.29〉

④ 매체물의 제작·발행자, 유통행위자 또는 매체물과 관련된 단체는 청소년에게 유해하다고 판단되는 매체물에 대하여 국가청소년위원회 또는 각 심의기관의 결정 없이 제14조 및 제15조의 규정에 준하는 청소년유해표시 또는 포장을 할 수 있다. 〈개정 2005.3.24, 2005.12.29〉

⑤ 국가청소년위원회 또는 각 심의기관은 제4항의 규정에 의하여 자율적으로 청소년유해표시 및 포장을 한 매체물을 발견한 때에는 청소년유해여부를 결정하여야 한다. 〈개정 2005.3.24, 2005.12.29〉

⑥ 매체물의 제작·발행자, 유통행위자 또는 매체물과 관련된 단체가 제4항의 규정에 의하여 청소년유해표시 또는 포장을 한 매체물은 국가청소년위원회 또는 각 심의기관의 최종결정이 있을 때까지 이 법의 규정에 의한 청소년유해매체물로 본다. 〈개정 2005.3.24, 2005.12.29〉

⑦ 제1항 내지 제6항의 규정에 의한 청소년유해여부의 결정과 확인의 절차 및 방법 등에 관하여 필요한 사항은 대통령령으로 정한다.

[전문개정 1999.2.5]

제13조 삭제 〈2004.1.29〉

제14조 (표시의무)

① 청소년유해매체물에 대해서는 청소년에게 유해한 매체물임을 나타내는 표시(이하 '청소년유해표시'라 한다)를 하여야 한다.

② 제1항의 규정에 의한 청소년유해표시를 하여야 할 의무자, 청소년유해표시의 종류와 시기·방법 기타 필요한 사항은 대통령령으로 정한다.

제15조 (포장의무)

① 청소년유해매체물에 대해서는 이를 포장하여야 한다. 다만, 매체물의 특성상 포장할 수 없는 것

[본조신설 1999.6.30]

제17조 (구분·격리방법)

① 법 제18조제1항의 규정에 의하여 청소년유해매체물을 구분·격리하여야 할 자는 청소년유해매체물이 구분·격리된 장소 또는 시설에 별표 4의〈% 생략: 별표 4%〉 방법으로 청소년에 대하여 당해 매체물의 판매 등이 금지된 것임을 나타내는 표시를 부착하여야 한다.

② 청소년유해매체물을 구분·격리하여 전시·진열할 장소 또는 시설은 당해 업소에서 영업자가 육안으로 확인할 수 있으면서 청소년의 이용을 통제하기 가장 쉬운 곳이어야 한다. 〈신설 1999.6.30〉

③ 법 제18조제2항 및 법 제26조제1항에서 '자동기계장치'라 함은 자동판매기·자동대여기 등과 같이 유통이 사람의 손에 의하여 일일이 이루어지지 아니하고 기계장치에 의하여 이루어지는 장치를 말하며, '무인판매장치'라 함은 가두판매장치 등과 같이 소유자나 관리자의 유무에 관계없이 유통이 상대방을 일일이 확인하지 아니하고 수요자에 의하여 이루어지는 장치를 말한다. 〈신설 1999.6.30〉

제18조 (청소년시청보호시간대)

① 법 제19조의 규정에 의하여 청소년유해매체물을 방송하여서는 아니될 방송시간(이하 '청소년시청보호시간대'라 한다)은 평일의 경우에는 오후 1시부터 오후 10시까지로 하며, 관공서의 공휴일과 국가청소년위원회가 고시하는 초등학교·중학교·고등학교의 방학기간 동안에는 오전 10시부터 오후 10시까지로 한다. 다만, 「방송법」에 의한 방송 중 유료방송의 경우에는 그 특성을 감안하여 국가청소년위원회가 정하여 고시하는 시간으로 한다. 〈개정 1999.6.30, 2000.3.13, 2005.4.27, 2005.11.11, 2006.3.29〉

② 제1항의 규정에 의한 청소년시

은 그러하지 아니하다.
② 제1항의 규정에 의한 포장을 하여야 할 매체물의 종류, 포장의 무자, 포장방법 기타 포장에 관하여 필요한 사항은 대통령령으로 정한다.

제16조 (표시 · 포장의 훼손금지)
누구든지 제14조의 규정에 의한 청소년유해표시 및 제15조의 규정에 의한 포장을 훼손하여서는 아니 된다.

제17조 (판매금지 등)
① 청소년유해매체물을 판매 · 대여 · 배포하거나 시청 · 관람 · 이용에 제공하고자 하는 자는 그 상대방의 연령을 확인하여야 하고, 청소년에게 이를 판매 · 대여 · 배포하거나 시청 · 관람 · 이용에 제공하여서는 아니 된다. 〈개정 2001.5.24〉
② 제14조의 규정에 의하여 청소년유해표시를 하여야 할 매체물은 청소년유해표시가 되지 아니한 상태에서는 당해 매체물의 판매 또는 대여를 위하여 전시 또는 진열하여서는 아니 된다.
③ 제15조의 규정에 의하여 포장을 하여야 할 매체물은 포장이 되지 아니한 상태에서는 당해 매체물의 판매 또는 대여를 위하여 전시 또는 진열하여서는 아니 된다.
④ 청소년유해매체물의 판매금지 등에 관하여 기타 필요한 사항은 대통령령으로 정한다.

제18조 (구분 · 격리 등)
① 청소년유해매체물은 이를 청소년에게 유통이 허용된 매체물과 구분 · 격리하지　아니하고서는 판매 또는 대여하기 위하여 전시 또는 진열하여서는 아니 된다.
② 청소년유해매체물로서 제7조제1호 또는 제6호에 해당하는 매체물은 자동기계장치 또는 무인판매장치에 의하여 유통할 목적으로 전시 또는 진열하여서는 아니 된다. 다만, 다음 각 호의 1에 해당하는 경우에는 그러하지 아니하다.〈개정 1999.2.5〉
  1. 자동기계장치 또는 무인판매

청보호시간대에 방송되는 청소년유해매체물의 예고편방송에는 청소년의 감수성을 자극하는 장면을 포함하여서는 아니 된다.

장치를 설치하는 자가 이를 이용한 청소년의 청소년유해매체물 구입행위 등을 제지할 수 있는 경우 2. 제2조제5호 가목의 청소년출입·고용금지업소 안에 설치하는 경우 ③ 제1항 및 제2항의 규정에 의한 매체물의 구분·격리 및 판매방법 등에 관하여 필요한 사항은 대통령령으로 정한다. **제19조 (방송시간 제한)** 청소년유해매체물로서 제7조제5호에 해당하는 것과 제7조제7호에 해당하는 광고선전물 중 방송을 이용하는 것은 대통령령이 정하는 방송시간에는 이를 방송하여서는 아니 된다. **제20조 (광고선전 제한)** ① 청소년유해매체물로서 제7조제7호의 규정에 의한 간판, 입간판, 벽보, 전단, 기타 대통령령이 정하는 광고선전물은 이를 다음 각 호의 1에 해당하는 장소 또는 방법으로 공공연히 설치·부착·배포하여서는 아니 된다.〈개정 1999.2.5〉 1. 청소년출입·고용금지업소 외의 업소 2. 공중이 통행하는 장소 3. 청소년의 접근을 제한하는 기능이 없는 컴퓨터통신 ② 청소년유해매체물로서 제7조제7호의 규정에 의한 광고선전물 중 다른 매체물과 기타 물건 등에 수록·게재·전시 기타의 방법으로 포함된 것은 당해 매체물과 기타 물건 등을 청소년을 대상으로 판매·대여·배포하거나 시청·관람 또는 이용에 제공하여서는 아니 된다. ③ 제1항과 제2항의 규정에 의한 광고선전물의 제한방법·장소, 기타 광고제한에 관하여 필요한 사항은 대통령령으로 정한다. **제21조 (청소년유해매체물목록표의 작성·통보)** ① 국가청소년위원회와 각 심의기관은 소관 매체물에 대하여 청소년유해매체물로 결정한 때에는	**제19조 (친권자 등을 동반한 청소년의 출입허용 등)** 〈개정 2004.4.24〉) ① 법 제24조제4항 본문의 규정에 의하여 청소년이 법 제3조제1항에 따른 친권자 등(이하 '친권자 등'이라 한다)을 동반한 때에는 청소년출입·고용금지업소의 업주 및 종사자는 청소년과 친권자 등과의 관계를 확인하여야 한다.〈개정 2004.4.24, 2006.3.29〉 ② 법 제24조제4항 단서에서 '식품접객업 중 대통령령으로 정하는 업소'라 함은 유흥주점영업 및 단란주점영업을 말한다.〈신설 2004.4.24〉 [전문개정 2001.8.25] **제19조의2 (청소년출입·고용제한표시)** 법 제24조제5항의 규정에 의하여 청소년출입·고용금지업소(청소년실을 갖춘 노래연습장업소를 제외한다)의 업주 및 종사자는 당해 업소의	

당해 매체물의 목록을 작성하여야 하며, 각 심의기관이 작성할 경우에는 그 목록을 국가청소년위원회에 제출하여야 한다. 〈개정 2005.3.24, 2005.12.29〉

② 국가청소년위원회는 청소년유해매체물의 목록을 종합한 청소년유해매체물목록표를 작성하여야 한다. 〈개정 2005.3.24, 2005.12.29〉

③ 국가청소년위원회는 각 심의기관, 청소년 또는 매체물과 관련이 있는 중앙행정기관, 청소년보호와 관련된 지도·단속기관, 기타 청소년보호를 위한 관련단체 등(이하 '관계기관 등'이라 한다)에 제2항의 규정에 의한 청소년유해매체물목록표를 통보하여야 하며, 필요한 경우 매체물의 유통을 업으로 하는 개인·법인·단체에게 통보할 수 있으며, 요청이 있는 경우 친권자 등에게 통지할 수 있다. 〈개정 2005.3.24, 2005.12.29〉

④ 제2항의 규정에 의한 청소년유해매체물목록표의 작성방법, 통보시기, 통보대상 기타 필요한 사항은 총리령으로 정한다. 〈개정 1998.2.28〉

제22조 (청소년유해매체물의 고시)

① 국가청소년위원회는 제8조제1항 본문 및 제3항과 제12조의 규정에 의하여 결정 또는 확인한 매체물에 대하여는 이를 청소년유해매체물로 고시하여야 한다. 〈개정 1999.2.5, 2001.5.24, 2005.3.24, 2005.12.29〉

② 각 심의기관은 청소년유해매체물에 대하여 심의의견서를 첨부하여 국가청소년위원회에 당해 매체물의 고시를 요청하여야 한다. 〈개정 1999.2.5, 2005.3.24, 2005.12.29〉

③ 국가청소년위원회가 제1항 및 제2항의 규정에 의한 매체물을 고시할 때에는 고시의 사유와 효력발생시기를 명시하여야 한다. 〈개정 1999.2.5, 2005.3.24, 2005.12.29〉

④ 제1항 내지 제3항의 규정에 의한 고시에 관하여 필요한 사항은 총리령으로 정한다. 〈개정

출입구 중 가장 잘 보이는 곳에 별표 4의2의 방법으로 청소년의 출입·이용과 고용을 제한하는 내용의 표지를 부착하여야 한다. 〈개정 2001.8.25, 2001.10.20, 2004.4.24〉

[본조신설 1999.6.30]

제19조의3 (청소년통행금지구역 등의 설정)

① 법 제25조의 규정에 의한 청소년통행금지구역이라 함은 청소년의 통행을 24시간 금지하는 구역을 말하고, 청소년 통행제한구역이라 함은 청소년의 통행을 일정시간 제한하는 구역을 말한다. 다만, 친권자, 후견인, 교사 기타 당해 청소년을 보호할 수 있는 보호자를 동반하는 때에는 통행할 수 있다.

② 관할 경찰서장은 청소년통행금지구역 또는 청소년통행제한구역에 청소년의 통행이 금지 또는 제한될 수 있도록 경찰상 필요한 조치를 하여야 한다.

③ 법 제25조제4항의 규정에 의하여 청소년통행금지·제한구역을 통행하고자 하는 청소년의 통행을 저지하거나 또는 통행하고 있는 청소년을 해당 구역 밖으로 퇴거시키기 위하여 관계공무원은 외견상 청소년으로 보이는 자에 대하여 신분증의 제시를 요구할 수 있다.

[본조신설 1999.6.30]

제20조 (청소년연령확인)

① 법 제26조제1항의 규정에 의하여 청소년유해약물 등을 판매·대여·배포하고자 하는 자는 그 상대방의 연령을 확인하여야 한다. 〈개정 1999.6.30, 2001.8.25〉

② 법 제26조제1항 단서에서 '학습용·공업용 또는 치료용으로 판매되는 것으로서 대통령령이 정하는 것'이라 함은 다음 각 호의 것을 말한다. 〈개정 2001.8.25, 2005.11.11〉

1. 청소년의 친권자·후견인·교사, 직장의 감독자 그 밖에 당해 청소년을 보호·감독할 만한 실질적인 지위에 있는 자가

1998.2.28〉

제23조 (청소년유해매체물의 결정취소 등)
① 국가청소년위원회는 청소년유해매체물이 더 이상 청소년에게 유해하지 아니하다고 인정할 경우에는 제8조제1항 및 제3항의 규정에 의한 청소년유해매체물의 결정을 취소하고 당해 매체물을 청소년유해매체물목록표에서 삭제하여야 하며 그 사실을 관계기관 등에 통보하여야 한다. 〈개정 2005.3.24, 2005.12.29〉
② 각 심의기관은 청소년유해매체물 결정을 취소한 경우에는 국가청소년위원회에 그 사실을 통보하여야 한다. 이 경우 국가청소년위원회는 당해 매체물을 청소년유해매체물목록표에서 삭제하여야 하며 그 사실을 관계기관 등에 통보하여야 한다. 〈개정 2005.3.24, 2005.12.29〉
③ 국가청소년위원회는 제1항 및 제2항의 규정에 의한 청소년유해매체물의 취소결정이 있는 경우에는 결정이 취소되었다는 사실과 그 사유를 명시하여 고시하여야 한다. 〈개정 1999.2.5, 2005.3.24, 2005.12.29〉
④ 제1항 내지 제3항의 규정에 의한 결정취소 등에 관하여 필요한 사항은 총리령으로 정한다. 〈개정 1998.2.28〉

제23조의2 (외국매체물에 대한 특례) 누구든지 영리를 목적으로 외국에서 제작·발행된 매체물로서 제10조의 심의기준에 해당하는 매체물을 청소년에게 유통(번역, 번안, 편집, 자막삽입 등의 방법으로 유통하게 하는 경우를 포함한다)하게 하거나 이와 같은 목적으로 소지하여서는 아니 된다. 〈개정 2001.5.24〉
[본조신설 1999.2.5]

제3장 청소년유해업소, 청소년유해약물 및 청소년 유해행위 등의 규제
〈개정 1999.2.5〉

학습용 또는 공업용으로 사용할 것임을 전화 등을 통하여 확인한 청소년유해약물 등
2. 「의료법」 제18조의2의 규정에 의한 의사 또는 치과의사의 처방전에 포함되어 있는 청소년유해약물

제21조 삭제 〈1999.6.30〉

제22조 (청소년유해약물 등의 청소년유해표시)
① 법 제26조제4항의 규정에 의하여 청소년유해약물 등의 청소년유해표시를 하여야 할 자는 별표 4의3과 같다. 다만, 다른 법령의 규정에 의하여 청소년유해표시를 하여야 할 자가 정하여진 경우에는 그러하지 아니하다.
② 제1항의 규정에 의한 유해표시 의무자는 별표 4의4가 정하는 바에 따라 누구나 쉽게 알아볼 수 있는 방법으로 청소년유해표시를 하여야 한다. 다만, 다른 법령에서 유해표시방법을 정하고 있는 경우에는 그러하지 아니하다.
③ 제14조제2항의 규정은 제1항 및 제2항의 경우에 이를 준용한다.
[전문개정 1999.6.30]

제22조의2 삭제 〈2005.4.27〉

제23조 삭제 〈1999.6.30〉

제24조 삭제 〈2005.4.27〉

제25조 삭제 〈2005.4.27〉

제26조 삭제 〈1999.6.30〉

제27조 삭제 〈2005.4.27〉

제28조 삭제 〈2005.4.27〉

제24조 (청소년 고용금지 및 출입 제한 등〈개정 1999.2.5, 2001.5.24〉) ① 청소년유해업소의 업주는 종업원을 고용하고자 하는 때에는 그 연령을 확인하여야 하며, 청소년을 고용하여서는 아니 된다.〈개정 2001.5.24〉 ② 청소년출입·고용금지업소의 업주 및 종사자는 출입자의 연령을 확인하여 청소년이 당해 업소에 출입하거나 이용하지 못하게 하여야 한다.〈개정 1999.2.5〉 ③ 청소년유해업소의 업주 및 종사자는 제1항 및 제2항의 규정에 의한 연령확인을 위하여 필요한 경우 주민등록증 그 밖에 연령을 확인할 수 있는 증표(이하 이 항에서 '증표'라 한다)의 제시를 요구할 수 있으며, 증표제시를 요구받은 자가 정당한 사유 없이 증표제시를 거부할 경우에는 당해 업소의 출입을 제한하거나 이용하지 못하게 할 수 있다.〈신설 2004.1.29〉 ④ 제2항의 규정에 불구하고 청소년이 친권자 등을 동반할 때에는 대통령령이 정하는 바에 따라 출입하게 할 수 있다. 다만, 「식품위생법」에 의한 식품접객업 중 대통령령으로 정하는 업소의 경우에는 그러하지 아니하다.〈개정 2004.1.29, 2005.3.24〉 ⑤ 청소년유해업소의 업주 및 종사자는 당해 업소에 대통령령이 정하는 바에 따라 청소년의 출입·이용과 고용을 제한하는 내용의 표시를 하여야 한다.〈신설 1999.2.5〉 **제25조 (청소년통행금지·제한구역의 지정 등**〈개정 1999.2.5〉) ① 지방자치단체는 청소년보호를 위하여 필요하다고 인정할 경우 청소년에게 정신적·신체적 건강을 해칠 우려가 있는 구역을 청소년통행금지구역 또는 청소년통행제한구역으로 지정하여야 한다.〈개정 1999.2.5〉 ② 지방자치단체는 청소년범죄 또는 탈선의 예방 등 특별한 이유가	**제29조 (보고 등)** 시장·군수 또는 구청장(자치구의 구청장을 말한다. 이하 같다)은 법 제34조의 규정에 의하여 보고를 하게 하거나 자료의 제출을 요구할 경우에는 다음	

있는 때에는 대통령령이 정하는
바에 따라 특정시간을 정하여
제1항의 규정에 의해 지정된 구
역에 청소년의 통행을 금지하거
나 또는 제한할 수 있다.〈개정
1999.2.5〉
③ 제1항 및 제2항의 규정에 의한
청소년통행금지·제한구역의 구
체적인 지정기준과 선도 및 단
속방법 등은 조례로 정하여야
하며, 이 경우 관할경찰관서 및
학교 등 해당지역 내의 관계기
관과 지역주민의 의견을 반영하
여야 한다.〈개정 1999.2.5〉
④ 지방자치단체 및 관할경찰서장은
청소년이 제2항의 규정에 위반
하여 청소년통행금지·제한구역
을 통행하고자 하는 때에는 그
통행을 저지할 수 있으며, 통행
하고 있는 청소년에 대하여는
해당구역 밖으로 퇴거시킬 수
있다.〈신설 1999.2.5〉

**제26조 (청소년유해약물 등으로부
터 청소년보호)**
① 누구든지 청소년을 대상으로 하
여 청소년유해약물 등을 판매·
대여·배포하여서는 아니 된다.
이 경우 자동기계장치·무인판매
장치·통신장치에 의하여 판매·
대여·배포한 경우를 포함한다.
다만, 학습용·공업용 또는 치료
용으로 판매되는 것으로서 대통
령령이 정하는 것은 그러하지 아
니하다.〈개정 2001.5.24〉
② 국가청소년위원회는 청소년유해
약물목록표를 작성하여 청소년유
해약물 등과 관련이 있는 중앙
행정기관, 청소년보호와 관련된
지도·단속기관, 기타 청소년보
호를 위한 관련단체 등에 통보
하여야 하며, 필요한 경우 약물
유통을 업으로 하는 개인·법인
·단체에게 통보할 수 있으며,
요청이 있는 경우 친권자 등에
게 통지할 수 있다.
〈개정 2005.3.24, 2005.12.29〉
③ 제2항의 규정에 의한 청소년유
해약물목록표의 작성방법, 통보
시기, 통보대상 기타 필요한 사
항은 총리령으로 정한다.〈개정
1998.2.28〉

각 호의 사항이 기재된 서면으로 하
여야 한다.〈개정 2004.4.24〉
  1. 의무위반 또는 준수사항 불이
     행의 내용
  2. 보고 또는 자료제출의 일시
  3. 보고 또는 제출하여야 할 자료

**제29조의2 (검사 및 조사의 장
소)** 법 제35조제1항에서 '대통령령
이 정하는 바에 따라 지정된 장소'
라 함은 사업자 또는 사업자단체의
사무소나 사업장과 시장·군수 또
는 구청장이 지정한 장소를 말한다.
〈개정 2004.4.24〉
[본조신설 1999.6.30]
제30조 (수거의무자 등)
① 시장·군수 또는 구청장은 법 제
36조제1항의 규정에 의하여 청
소년유해매체물 및 청소년유해약
물 등에 대한 수거를 명할 경우
에는 당해 청소년유해매체물 및
청소년유해약물 등의 소유자에 대
하여 이를 명하여야 하되, 소유
자를 알 수 없는 경우에는 유통
행위자에게 이를 명하여야 한다.
〈개정 2001.8.25, 2004.4.24〉
② 시장·군수 또는 구청장은 제1
항의 규정에 의한 수거명령을 발
할 경우에는 다음 각 호의 사항
을 기재한 서면으로 하여야 한다.
〈개정 1999.6.30, 2004.4.24〉
  1. 위반행위의 내용
  2. 수거를 하여야 할 사유
  3. 수거방법 및 수거기간
  4. 수거하지 아니할 경우에는 시
     장·군수 또는 구청장이 직접
     수거 또는 파기할 수 있다는
     사실
③ 시장·군수 또는 구청장은 법
제36조제2항의 규정에 의하여
청소년유해매체물 및 청소년유
해약물 등을 파기할 경우에는
당해 청소년유해매체물 및 청소
년유해약물 등을 임시로 영치한
후 7일 이상의 공고절차를 거
쳐야 한다.〈개정 1999.6.30,
2001.8.25, 2004.4.24〉

제31조 (시정명령의 종류 등)
① 시장·군수 또는 구청장은 법 제
37조의 규정에 의하여 시정명령
을 발하는 경우에는 다음 각 호

제11조 (증표) 영 제32조의 규정
에 의한 청소년유해환경감시단운영
기관지정서는 별지 제12호서식과
같다.〈전문개정 1999.7.12〉

제11조의2 〈삭제〉

④ 제14조 내지 제16조의 규정은 청소년유해약물 등에 이를 준용한다.

제26조의2 (청소년유해행위의 금지) 누구든지 다음 각 호의 1에 해당하는 행위를 하여서는 아니 된다. 〈개정 2000.2.3, 2004.1.29〉
1. 영리를 목적으로 청소년으로 하여금 신체적인 접촉 또는 은밀한 부분의 노출 등 성적 접대행위를 하게 하거나 이러한 행위를 알선·매개하는 행위
2. 영리를 목적으로 청소년으로 하여금 손님과 함께 술을 마시거나 노래 또는 춤 등으로 손님의 유흥을 돋우는 접객행위를 하게 하거나 이러한 행위를 알선·매개하는 행위
3. 영리 또는 흥행의 목적으로 청소년에게 음란한 행위를 하게 하는 행위
4. 영리 또는 흥행의 목적으로 청소년의 장애기형 등 형상을 공중에게 관람시키는 행위
5. 청소년에게 구걸을 시키거나, 청소년을 이용해서 구걸하는 행위
6. 청소년을 학대하는 행위
7. 영리를 목적으로 청소년으로 하여금 손님을 거리에서 유인하는 행위를 하게 하는 행위
8. 청소년에 대하여 이성혼숙을 하게 하는 등 풍기를 문란하게 하는 영업행위를 하거나 그를 목적으로 장소를 제공하는 행위
9. 주로 다류(茶類)를 조리·판매하는 업소에서 청소년으로 하여금 영업장을 벗어나 다류를 배달하는 행위를 하게 하거나 이를 조장 또는 묵인하는 행위
[본조신설 1999.2.5]

제26조의3 (청소년대상 무효인 채권)
① 제26조의2의 규정에 의한 행위(이하 이 항에서 '유해행위'라 한다)를 한 자가 유해행위와 관련하여 청소년에게 가지는 채권

의 사항을 명시한 서면으로 하여야 한다. 〈개정 2004.4.24〉
1. 위반행위의 내용
2. 시정명령의 내용
3. 시정명령을 발하는 사유
4. 시정기간
② 제1항의 규정에 의한 시정명령의 종류는 별표 5와 같다.

제32조 (증표교부) 국가청소년위원회는 법 제43조의 규정에 의하여 청소년유해환경정화활동을 수행하는 민간의 감시·고발단체에 대하여 청소년유해환경감시활동을 하고 있음을 나타내는 증표로서 총리령이 정하는 청소년유해환경감시단운영기관지정서를 교부할 수 있다. 〈개정 2005.4.27〉
[전문개정 1999.6.30]

제33조 (신고방법)
① 법 제44조의 규정에 의한 신고는 서면·구두 또는 기타의 방법으로 할 수 있으며, 다음 각 호의 사항이 포함되어야 한다. 〈개정 1999.6.30〉
1. 신고인의 성명·주소와 전화번호
2. 피신고인의 주소 또는 업소의 명칭 및 위치
3. 피신고인의 위반행위 내용
4. 기타 위반행위의 내용을 명백히 할 수 있는 사항
② 제1항의 규정에 의하여 신고를 접수한 공무원은 신고접수대장에 신고내용을 기록하여야 하며, 신고내용을 외부에 누설하여서는

은 그 계약의 형식이나 명목에 관계없이 이를 무효로 한다.

② 제2조제5호 가목(1) 및 나목(1) 의 규정에 의한 업소의 업주가 고용과 관련하여 청소년에게 가지는 채권은 그 계약의 형식이나 명목에 관계없이 이를 무효로 한다.

［본조신설 2004.1.29］

제4장 청소년보호센터 등 〈개정 2005.3.24〉

제27조 삭제 〈2005.3.24〉

제28조 삭제 〈2005.3.24〉

제28조의2 삭제 〈2005.3.24〉

제29조 삭제 〈2005.3.24〉

제30조 삭제 〈2005.3.24〉

제31조 삭제 〈2005.3.24〉

제32조 삭제 〈2005.3.24〉

제33조 삭제 〈2005.3.24〉

제33조의2 (청소년보호센터 등)
① 청소년폭력·학대 등 유해환경으로부터 청소년을 임시로 보호하기 위하여 국가청소년위원회에 청소년보호센터를 둘 수 있다. 〈개정 2005.3.24, 2005.12.29〉
② 청소년보호센터에는 피해를 당한 청소년에게 법률상담, 소송업무대행 등의 법률적 지원을 할 수 있도록 전문변호사를 둘수 있다.
③ 청소년폭력·학대 등의 피해·가해청소년 및 약물로부터 고통을 받는 청소년의 재활을 위하여 국가청소년위원회에 청소년재활센터를 둘 수 있다. 〈개정 2005.3.24, 2005.12.29〉
④ 제1항 및 제3항의 규정에 의한 청소년보호센터 및 청소년재활센터에 관한 세부적인 사항은

아니 된다. 〈개정 1999.6.30〉

제33조의2 (선도·보호조치 대상 청소년 등의 통보 등)
① 법 제44조의2 제1항에 따라 시장·군수 또는 구청장이 법 위반사실을 친권자 등에게 통보하여야 하는 청소년은 다음 각 호와 같다.
  1. 청소년유해업소의 업주 또는 종사자 등 법 준수의무자를 강박하는 방법으로 위반행위의 원인을 제공한 청소년
  2. 신분증을 위조·변조하는 등의 방법으로 연령을 속이는 등 적극적인 방법으로 위반행위의 원인을 제공한 청소년
② 시장·군수 또는 구청장은 법 제44조의2제2항에 따라 선도·보호 조치가 필요하다고 인정되는 청소년(이하 '선도·보호조치 대상 청소년'이라 한다)을 결정하는 경우 청소년지도자, 청소년 상담가, 의사, 변호사 등 청소년관련 전문가의 의견을 구할 수 있다.
③ 법 제44조의2에 따라 시장·군수 또는 구청장이 위반행위의 원인을 제공한 청소년 또는 선도·보호조치 대상 청소년(이하 '통보대상 청소년'이라 한다)을 통보하는 경우에는 다음 각 호의 사항을 포함하여야 한다.
  1. 통보대상 청소년의 성명·주소 및 전화번호
  2. 통보대상 청소년이 법 위반행위의 원인을 제공한 사실을 입증할 수 있는 사항
  3. 선도·보호조치 대상 청소년의 경우 선도·보호조치가 필요하다고 인정된 사실
④ 제3항에 따라 통보를 받은 관할 경찰서장·소속 학교장 또는 친권자 등은 통보대상 청소년의 인권을 침해할 수 있는 조치를 하여서는 아니 된다.
⑤ 통보대상 청소년을 통보한 시장·군수 또는 구청장, 통보를 받은 관할 경찰서장·소속 학교장 또는 친권자 등은 통보대상청소년의 인적사항이 외부에 공개되지 아니하도록 하여야 한다.

제12조 (과징금·과태료의 징수절차) 영 제41조제5항의 규정에 의한 과징금의 징수절차 및 영 제42조제4항의 규정에 의한 과태료의 징수절차에 관하여는 국고금관리법 시행규칙을 준용한다. 이 경우 납입고지서에는 이의신청방법 및 기간을 함께 기재하여야 한다.

제13조 (과징금납부기한의 연장 또는 분할납부의 신청 등)
① 영 제41조의2제1항의 규정에 의한 과징금납부기한의 연장 또는 분할납부의 신청은 별지 제15호서식 또는 별지 제16호서식에 의한다.
② 영 제41조의2제2항의 규정에 의한 과징금납부기한의 연장 또는 분할납부의 허용여부에 대한 통지는 별지 제17호서식 또는 별지 제18호서식에 의한다. 〈본조신설 2001.8.30〉

대통령령으로 정한다.
[본조신설 1999.2.5]

제33조의3 삭제 〈2005.3.24〉

제33조의4 삭제 〈2005.3.24〉

제5장 보 칙

제34조 (보고 등) 시장·군수 또는 구청장(자치구의 구청장을 말한다. 이하 같다)은 이 법에서 정하고 있는 사항의 이행 및 위반여부의 확인을 위하여 필요하다고 인정할 때에는 청소년유해매체물과 청소년유해약물 등을 유통하는 자와 청소년유해업소의 업주 등에 대하여 대통령령이 정하는 바에 의하여 필요한 보고와 자료제출을 요구할 수 있다. 〈개정 2004.1.29〉

제35조 (검사 및 조사 등)
① 시장·군수 또는 구청장은 이 법에서 정하고 있는 사항의 이행 및 위반여부의 확인을 위하여 필요하다고 인정할 때에는 소속 공무원으로 하여금 청소년유해매체물과 청소년유해약물 등의 유통 및 청소년의 유해업소 고용과 출입 등에 관련된 장부, 서류, 장소, 기타 필요한 물건을 검사·조사하게 할 수 있으며, 대통령령이 정하는 바에 따라 지정된 장소에서 당사자·이해관계인 또는 참고인의 진술을 듣게 할 수 있다.
〈개정 2004.1.29〉
② 시장·군수 또는 구청장은 필요하다고 인정할 경우에는 특별한 학식·경험이 있는 자에게 감정을 의뢰할 수 있다.
〈개정 2004.1.29〉
③ 제1항의 규정에 의하여 업무를 수행하는 공무원은 그 권한을 표시하는 증표를 관계인에게 내보여야 한다.

제36조 (수거·파기)
① 시장·군수 또는 구청장은 청소년유해매체물로 결정된 매체물 및 청소년유해약물 등이 제14조

[전문개정 2004.4.24,
  2006.3.29]

제34조 삭제 〈2003.2.24〉

제35조 삭제 〈2003.2.24〉

제36조 삭제 〈2003.2.24〉

제37조 삭제 〈2003.2.24〉

제37조의2 삭제 〈2003.2.24〉

제38조 (권한의 위탁) 국가청소년위원회는 법 제46조의 규정에 의하여 법 제12조제2항의 규정에 의한 확인업무를 각 심의기관에 위탁한다. 〈개정 2005.4.27,
2006.3.29〉
[전문개정 2004.4.24]

제39조 (지방청소년사무소의 업무협조) 국가청소년위원회는 법 제47조의 규정에 의한 지방청소년사무소에 대하여 청소년보호사무처리의 기본방침을 통보하여야 하며 업무상 필요한 경우에는 자료제출 기타 필요한 사항의 협조를 요청할 수 있다. 〈개정 2005.4.27,
2006.3.29〉

제40조 (과징금의 부과기준〈개정 2004.4.24〉)
① 법 제49조제1항의 규정에 의하여 청소년유해매체물로 결정·고시되기 전에 청소년유해표시·포장을 하지 아니하고 유통하였거나 유통 중인 법 제7조제6호의 규정에 의한 정기간행물 등(이하 '정기간행물 등'이라 한다)을 발행·수입한 자에 대한 과징금의 금액은 별표 6과 같다. 〈신설 2004.4.24〉
② 법 제49조제2항의 규정에 의한 과징금을 부과하는 위반행위의 종별에 따른 과징금의 금액은 별표 7과 같다.
〈개정 2004.4.24〉
③ 국가청소년위원회 또는 시장·군수·구청장은 위반행위의 내용·정도·기간, 위반행위로 인하여 얻은 이익 등을 참작하여

(제26조제4항에서 준용하는 경우를 포함한다)의 규정에 의하여 청소년유해표시가 되지 아니하거나 제15조(제26조제4항에서 준용하는 경우를 포함한다)의 규정에 의하여 포장되지 아니하고 유통되고 있거나, 각 심의기관의 청소년유해여부 심의를 받지 아니하고 유통되고 있는 매체물로서 청소년유해매체물로 결정된 경우에는 그 소유자, 기타 당해 유통에 종사하는 자에 대하여 그 매체물 및 청소년유해약물 등의 수거를 명할 수 있다. 〈개정 1999.2.5, 2001.5.24, 2004.1.29〉

② 시장·군수 또는 구청장은 제1항의 규정에 의한 수거명령을 받을 자를 알 수 없거나 수거명령을 받은 자가 이에 따르지 아니할 경우에는 대통령령이 정하는 바에 따라 이를 수거 또는 파기하게 할 수 있다. 〈개정 1999.2.5, 2004.1.29〉

③ 제1항 및 제2항의 규정에 의한 수거·파기 등에 관하여 필요한 사항은 대통령령으로 정한다.

④ 시장·군수 또는 구청장 및 경찰서장은 청소년이 소유하거나 소지하는 「주세법」의 규정에 의한 주류, 「담배사업법」의 규정에 의한 담배 및 성기구와 같은 청소년유해약물 등과 청소년유해매체물을 수거하여 폐기 또는 기타 필요한 처분을 할 수 있다. 〈신설 1999.2.5, 2001.5.24, 2004.1.29, 2005.3.24〉

⑤ 시장·군수 또는 구청장 및 경찰서장은 제4항의 규정에 의한 처분을 한 때에는 그 품명·수량·소유자 또는 소지자 및 그 처분내용 등을 관계장부에 기재하여야 한다. 〈신설 1999.2.5, 2004.1.29〉

제37조 (시정명령)

① 시장·군수 또는 구청장은 다음 각 호의 1에 해당하는 자에게 그 시정을 명할 수 있다. 〈개정 1999.2.5, 2004.1.29〉
  1. 제14조 규정에 위반하여 청소

제1항 또는 제2항의 규정에 의한 과징금의 금액의 2분의 1의 범위 안에서 이를 감경할 수 있다. 〈신설 1999.6.30, 2004.4.24, 2005.4.27, 2006.3.29〉

제41조 (과징금의 부과 및 납부)

① 국가청소년위원회 또는 시장·군수·구청장(이하 '과징금부과권자'라 한다)은 법 제49조의 규정에 의한 과징금을 부과하고자 할 때에는 과징금의 부과사유와 해당 과징금의 금액을 명시하여 이를 납부할 것을 서면으로 통지하여야 한다. 〈개정 2004.4.24, 2005.4.27, 2006.3.29〉

② 제1항의 규정에 의하여 통지를 받은 자는 20일 이내에 과징금을 과징금부과권자가 정하는 수납기관에 납부하여야 한다. 다만, 천재지변 기타 부득이한 사유로 인하여 그 기간 내에 과징금을 납부할 수 없는 때에는 그 사유가 없어진 날부터 7일 이내에 납부하여야 한다. 〈개정 2004.4.24〉

③ 제2항의 규정에 의하여 과징금의 납부를 받은 수납기관은 영수증을 납부자에게 교부하여야 한다.

④ 과징금의 수납기관은 제2항의 규정에 의하여 과징금을 수납한 때에는 지체 없이 그 사실을 과징금부과권자에게 통보하여야 한다. 〈개정 2004.4.24〉

⑤ 과징금의 징수절차는 총리령으로 정한다. 〈신설 1999.6.30〉

제41조의2 (과징금납부기한의 연장 또는 분할납부)

① 과징금납부의무자가 법 제49조제4항의 규정에 의한 과징금납부기한의 연장 또는 분할납부를 신청하고자 하는 경우에는 그 납부기한의 10일 전까지 총리령이 정하는 바에 따라 과징금납부기한의 연장 또는 분할납부신청서에 그 사유를 증명하는 서류를 첨부하여 과징금부과권자에

년유해매체물의 청소년유해표시를 하지 아니한 자
2. 제15조의 규정에 위반하여 청소년유해매체물의 포장을 하지 아니한 자
3. 영리를 목적으로 제17조제2항의 규정에 위반하여 청소년유해매체물을 청소년유해표시가 되지 아니한 상태에서 판매 또는 대여를 위하여 전시·진열한 자
4. 영리를 목적으로 제17조제3항의 규정에 위반하여 청소년유해매체물을 포장이 되지 아니한 상태에서 판매 또는 대여를 위하여 전시·진열한 자
5. 영리를 목적으로 제18조제1항의 규정에 위반하여 청소년유해매체물을 구분·격리하지 아니하고 판매 또는 대여를 위하여 전시·진열한 자
6. 영리를 목적으로 제18조제2항의 규정에 위반하여 청소년유해매체물로서 제7조제1호 또는 제6호에 해당하는 것을 자동기계장치 또는 무인판매장치에 의하여 유통할 목적으로 전시·진열한 자
7. 제20조제1항의 규정에 위반하여 청소년유해 광고선전물을 청소년출입·고용금지업소 외의 업소, 공중이 통행하는 장소에 공공연히 설치·부착·배포한 자 또는 청소년의 접근을 제한하는 기능이 없는 컴퓨터 통신에 의한 방법으로 이를 행한 자

② 제1항의 규정에 의한 시정명령의 종류·절차 및 그 이행 등에 관하여 필요한 사항은 대통령령으로 정한다.

제38조 (이유명시) 시장·군수 또는 구청장은 제36조 및 제37조의 규정에 의한 수거·파기와 시정명령의 처분을 할 때에는 대통령령이 정하는 바에 의하여 그 이유를 명시하여야 한다. 〈개정 2004.1.29〉

제39조 삭제 〈2004.1.29〉

제40조 삭제 〈2004.1.29〉

게 제출하여야 한다. 〈개정 2004.4.24〉
② 과징금부과권자는 제1항의 규정에 의한 납부기한의 연장 또는 분할납부를 신청받은 경우에는 신청받은 날부터 10일 이내에 총리령이 정하는 바에 따라 납부기한의 연장 또는 분할납부의 허용여부를 신청인에게 통지하여야 한다. 〈개정 2004.4.24〉
③ 법 제49조제4항의 규정에 의한 과징금납부기한의 연장은 그 납부기한의 다음 날부터 1년을 초과할 수 없다.
④ 법 제49조제4항의 규정에 의하여 분할납부를 하게 되는 경우에 각 분할된 납부기한 간의 간격은 3월을 초과할 수 없으며, 분할횟수는 4회를 초과할 수 없다.
⑤ 과징금부과권자는 법 제49조제4항의 규정에 의하여 납부기한이 연장되거나 분할납부가 허용된 과징금납부의무자가 다음 각 호의 1에 해당하게 된 때에는 그 납부기한의 연장 또는 분할납부 결정을 취소하고 일시에 징수할 수 있다. 〈개정 2004.4.24〉
1. 분할납부가 결정된 과징금을 그 납부기한 내에 납부하지 아니한 때
2. 강제집행, 경매의 개시, 파산선고, 법인의 해산, 국세 또는 지방세의 체납처분을 받은 때 등 과징금을 즉시 징수하지 아니하면 과징금의 전부 또는 잔여분을 징수할 수 없다고 인정되는 때
[본조신설 2001.8.25]
[종전 제41조의2는 제41조의3으로 이동 〈2001.8.25〉]

제41조의3 (과징금의 용도) 법 제49조제5항제4호에서 '대통령령이 정하는 사업'이라 함은 다음 각 호의 사업을 말한다. 〈개정 2001.8.25, 2004.4.24〉
1. 청소년보호센터 및 청소년재활센터의 운영
2. 청소년유해환경 신고자에 대한 포상
3. 그 밖에 과징금부과권자가 인정하는 청소년보호사업

제41조 삭제 〈2001.5.24〉

제42조 (관계행정기관의 장의 협조)
① 국가청소년위원회는 이 법의 시행을 위하여 필요하다고 인정할 때에는 관계행정기관의 장의 의견을 들을 수 있다.
〈개정 2005.3.24, 2005.12.29〉
② 국가청소년위원회는 이 법의 규정에 의한 의무이행을 확보하기 위하여 필요하다고 인정할 때에는 관계행정기관의 장에게 필요한 협조를 의뢰할 수 있다. 〈개정 2005.3.24, 2005.12.29〉

제43조 (증표교부 등)
① 국가청소년위원회는 청소년유해환경정화활동을 수행하고 있는 민간의 감시·고발단체에 대하여 행정·재정상 지원을 할 수 있으며, 필요한 경우 업무수행의 효율을 기하기 위해 대통령령이 정하는 바에 의하여 청소년유해환경감시활동을 하고 있음을 나타내는 증표를 교부할 수 있다.
〈개정 2005.3.24, 2005.12.29〉
② 제1항의 규정에 의한 민간의 감시·고발단체에는 교사를 포함시킬 수 있다.
〈신설 1999.2.5〉
③ 제1항의 규정에 의한 민간의 감시·고발단체의 구체적인 종류와 명칭은 총리령으로 정한다.
〈개정 1998.2.28〉

제44조 (신고)
① 누구든지 청소년에게 유해하다고 생각되는 매체물과 약물 등이 청소년에게 유통되고 있거나 청소년에게 유해한 업소에 청소년이 고용 또는 출입하고 있음을 발견한 때 및 기타 이 법의 규정에 위반되는 사실이 있다고 인정할 때에는 그 사실을 시장·군수 또는 구청장에게 신고하여야 한다. 〈개정 2004.1.29〉
② 시장·군수 또는 구청장은 제1항의 규정에 의한 신고의 활성화를 위하여 필요한 시책을 시행하여야 하며 필요한 경우 신고자에 대한 포상 등을 실시할 수 있다. 〈개정 2004.1.29〉

[본조신설 1999.6.30]
[제41조의2에서 이동 〈2001.8.25〉]

제42조 (과태료의 부과)
① 법 제56조의 규정에 의하여 시장·군수 또는 구청장(이하 '과태료부과권자'라 한다)이 과태료를 부과하고자 하는 때에는 당해 위반행위를 조사·확인한 후 위반사실과 과태료의 금액 등을 서면으로 명시하여 이를 납부할 것을 과태료 처분대상자에게 통지하여야 한다. 〈개정 2004.4.24〉
② 과태료부과권자는 제1항의 규정에 의하여 과태료를 부과하고자 하는 때에는 10일 이상의 기간을 정하여 과태료 처분대상자에게 구술 또는 서면(전자문서를 포함한다)에 의한 의견진술의 기회를 주어야 한다. 이 경우 지정된 기일까지 의견진술이 없는 때에는 의견이 없는 것으로 본다. 〈개정 2004.4.24〉
③ 과태료부과권자는 과태료의 금액을 정함에 있어서는 당해 위반행위의 동기와 그 결과를 참작하여야 한다.
〈개정 2004.4.24〉
④ 과태료의 징수절차는 총리령으로 정한다. 〈개정 1999.6.30〉

제44조의2 (선도·보호조치 대상 청소년의 통보 등) ① 시장·군수 또는 구청장은 제17조제1항, 제24조제1항 및 제2항, 제26조제1항, 제26조의2제1호 내지 제3호 및 제7호 내지 제9호의 규정을 위반하는 행위를 적극적으로 유발하게 하거나 연령을 속이는 등 그 위반행위의 원인을 제공한 청소년에 대하여는 친권자 등에게 그 사실을 통보하여야 한다. ② 시장·군수 또는 구청장은 제1항의 청소년 중 그 내용·정도 등을 고려하여 선도·보호조치가 필요하다고 인정되는 청소년에 대하여는 관할 경찰서장·소속 학교장(학생인 경우에 한한다) 및 친권자 등에게 그 사실을 통보하여야 한다. 〔전문개정 2005.12.29〕 제45조 삭제 〈2002.8.26〉 **제46조 (권한의 위탁)** 국가청소년위원회는 이 법에 의한 권한의 일부를 대통령령이 정하는 바에 의하여 청소년보호 또는 매체물이나 약물 등과 관련된 비영리법인 또는 단체에 위탁할 수 있다. 〈개정 2005.3.24, 2005.12.29〉 〔전문개정 2004.1.29〕 **제47조 (지방청소년사무소의 설치 등)** ① 특별시장·광역시장·도지사(이하 '시·도지사'라 한다)는 그 관할구역 내의 청소년을 보호하기 위하여 조례가 정하는 바에 따라 지방청소년사무소를 설치할 수 있다.〈개정 1999.2.5〉 ② 특별시·광역시·도의 관할구역 내의 청소년보호를 위하여 기타 필요한 사항에 관하여는 해당 지방자치단체의 조례로 정한다. **제48조 (벌칙적용에 있어서의 공무원의제)** ① 국가청소년위원회의 사무에 종사하는 공무원이 아닌 위원 또는 직원은 「형법」 제129조 내지 제132조 및 「특정범죄가중처벌		

등에 관한 법률」제2조의 적용
에 있어서는 이를 공무원으로
본다. 〈개정 2005.3.24,
2005.12.29〉
② 제46조의 규정에 의하여 위탁한
사무 중 심의업무에 종사하는
한국간행물윤리위원회 또는 법인
·단체의 위원, 임원, 직원은「
형법」제129조 내지 제132조
및「특정범죄가중처벌 등에 관한
법률」제2조의 적용에 있어서는
이를 공무원으로 본다.
〈개정 2005.3.24〉

제49조 (과징금)
① 국가청소년위원회는 정기간행물
등을 발행하거나 수입한 자가 제
10조의 심의기준에 저촉된 청소
년유해매체물을 제14조·제15조
의 규정에 의한 청소년유해표시
또는 포장을 하지 아니하고 당
해 청소년유해매체물의 결정·고
시 전에 유통하였거나 유통 중
인 때에는 당해 청소년유해매체
물을 발행하거나 수입한 자에
대하여 2천만 원 이하의 과징금
을 부과·징수할 수 있다.
〈개정 2005.3.24, 2005.12.29〉
② 시장·군수 또는 구청장은 제50
조 또는 제51조 각 호의 1에
해당하는 행위로 인하여 이익을
취득한 자에 대하여 대통령령이
정하는 바에 의하여 1천만 원
이하의 과징금을 부과·징수할
수 있다. 다만, 다른 법률의 규
정에 의한 영업허가취소·영업소
폐쇄·영업정지 또는 과징금부
과 등 행정처분의 대상으로서
행정처분이 이루어진 경우 또는
행정처분이 가능한 경우에는 그
러하지 아니하다.
③ 제1항 또는 제2항의 규정에 의
한 과징금을 기한 이내에 납부
하지 아니한 때에는 국가청소년
위원회 또는 시장·군수·구청
장이 국세 또는 지방세체납처분
의 예에 따라 이를 징수한다.
〈개정 2005.3.24, 2005.12.29〉
④ 국가청소년위원회 또는 시장·
군수·구청장은 다음 각 호의 1
에 해당하는 사유로 과징금의
전액을 일시에 납부하기가 어렵

다고 인정되는 때에는 그 납부
기한을 연장하거나 분할납부하
게 할 수 있다.
〈개정 2005.3.24, 2005.12.29〉
1. 자연재해 또는 화재 등으로
   재산에 현저한 손실을 입은
   경우
2. 영업에 현저한 손실을 입어 중
   대한 위기에 처한 경우
3. 과징금의 일시납부에 따라 생
   계가 곤란할 것으로 예상되는
   경우
4. 그 밖에 제1호 내지 제3호에
   준하는 사유가 있는 경우
⑤ 제1항 내지 제3항의 규정에 의
   하여 과징금으로 징수한 금액은
   징수 주체가 사용하되, 다음 각
   호의 용도로 사용하여야 한다.
1. 청소년유해환경정화를 위한 프
   로그램의 개발·보급
2. 청소년에게 유익한 매체물의
   제작·지원
3. 민간의 청소년선도·보호사업
   및 청소년유해환경정화를 위한
   시민운동의 지원
4. 그 밖에 청소년 선도보호를 위
   한 사업으로서 대통령령이 정
   하는 사업
⑥ 제1항 내지 제4항의 규정에 의
   한 과징금의 부과기준, 과징금
   의 부과 및 납부방법 그 밖에
   과징금의 부과·징수에 관하여
   필요한 사항은 대통령령으로 정
   한다. 〔전문개정 2004.1.29〕

제6장 벌　칙

제49조의2 （벌칙） 제26조의2제1
호의 규정을 위반한 자는 1년 이상
10년 이하의 징역에 처한다.
〔본조신설 1999.2.5〕

제49조의3 （벌칙） 제26조의2제2
호 또는 제3호의 규정을 위반한 자
는 10년 이하의 징역에 처한다.
〔본조신설 1999.2.5〕

제49조의4 （벌칙） 제26조의2제4
호 내지 제6호의 규정을 위반한 자
는 5년 이하의 징역에 처한다.
〔본조신설 1999.2.5〕

제50조 (벌칙) 다음 각 호의 1에 해당하는 자는 3년 이하의 징역 또는 2천만 원 이하의 벌금에 처한다. 〈개정 1999.2.5, 2000.2.3, 2001.5.24, 2004.1.29〉

1. 영리를 목적으로 제17조제1항의 규정에 위반하여 청소년에게 청소년유해매체물을 판매·대여·배포하거나 시청·관람·이용에 제공한 자

1의2. 영리를 목적으로 제23조의2의 규정에 위반하여 청소년으로 하여금 범죄의 충동을 일어나게 하는 매체물 등을 유통하게 한 자

2. 제24조제1항의 규정에 위반하여 청소년을 유해업소에 고용한 자

3. 제26조제1항의 규정에 위반하여 청소년에게 제2조제4호 가목(6) 또는 (7)의 약물 또는 나목의 물건을 판매·대여·배포한 자

4. 제26조의2제7호 내지 제9호의 규정에 위반한 자

5. 제36조제1항의 규정에 위반하여 청소년유해매체물 또는 청소년유해약물 등을 수거하지 아니한 자

제51조 (벌칙) 다음 각 호의 1에 해당하는 자는 2년 이하의 징역 또는 1천만 원 이하의 벌금에 처한다. 〈개정 1999.2.5, 2001.5.24, 2004.1.29, 2005.3.24〉

1. 제14조, 제24조제5항, 제26조제4항의 규정에 위반하여 청소년유해매체물, 청소년유해업소, 청소년유해약물 등의 청소년유해표시를 하지 아니한 자

2. 제15조의 규정에 위반하여 청소년유해매체물의 포장을 하지 아니한 자

3. 삭제 〈2004.1.29〉

4. 삭제 〈2004.1.29〉

5. 제19조의 규정에 위반하여 청소년유해매체물을 방송한 자

6. 제20조제1항의 규정에 위반하여 광고선전물을 설치·부착하거나 배포한 자

7. 제24조제2항의 규정에 위반하

여 청소년을 유해업소에 출입시킨 자 8. 제26조제1항의 규정에 위반하여 청소년에게 「주세법」의 규정에 의한 주류 또는 「담배사업법」의 규정에 의한 담배를 판매한 자 **제52조 (벌칙)** 제16조의 규정에 위반하여 청소년유해매체물의 청소년유해표시 또는 포장을 훼손한 자는 500만 원 이하의 벌금에 처한다. **제53조 (벌칙)** 제35조의 규정에 위반하여 관계공무원의 검사 및 조사를 거부·방해 또는 기피한 자는 300만 원 이하의 벌금에 처한다. **제54조 (양벌규정)** 법인·단체의 대표자, 법인·단체 또는 개인의 대리인, 사용인 기타 종업원이 그 법인·단체 또는 개인의 업무에 관하여 제49조의2 내지 제49조의4 및 제50조 내지 제53조의 죄를 범한 때에는 행위자를 벌하는 외에 그 법인·단체 또는 개인에 대하여도 각 해당 조의 벌금형을 과한다. 〈개정 2004.1.29〉 **제55조 (형의 감경)** 제50조 내지 제52조의 죄를 범한 자가 제37조의 규정에 의한 시정명령을 받고 이를 이행한 경우에는 그 형을 감경할 수 있다. **제56조 (과태료)** ① 제37조제1항제1호·제2호 또는 제7호의 규정에 의한 시정명령을 이행하지 아니한 자는 500만 원 이하의 과태료에 처한다. ② 다음 각 호의 1에 해당하는 자는 100만 원 이하의 과태료에 처한다. 　1. 제34조의 규정에 의한 보고와 자료제출의 요구를 받고도 이에 응하지 아니한 자나 거짓으로 보고 또는 자료를 제출한 자 　2. 제37조제1항제3호 내지 제6호의 규정에 의한 시정명령을 이행하지 아니한 자 ③ 제1항 및 제2항의 규정에 의한		

과태료는 대통령령이 정하는 바에 의하여 시장·군수 또는 구청장(이하 '부과권자'라 한다)이 부과·징수한다. ④ 제3항의 규정에 의한 과태료처분에 불복이 있는 자는 그 처분의 고지를 받은 날부터 30일 이내에 부과권자에게 이의를 제기할 수 있다. ⑤ 제3항의 규정에 의한 과태료처분을 받은 자가 제4항의 규정에 의하여 이의를 제기한 때에는 부과권자는 지체 없이 관할법원에 그 사실을 통보하여야 하며, 그 통보를 받은 관할법원은 「비송사건절차법」에 의한 과태료의 재판을 한다. 〈개정 2005.3.24〉 ⑥ 제4항의 규정에 의한 기간 이내에 이의를 제기하지 아니하고 과태료를 납부하지 아니한 때에는 지방세체납처분의 예에 의하여 이를 징수한다. 〔전문개정 2004.1.29〕		

5) 청소년활동진흥법

청소년기본법	시행령	시행규칙
제1장 총 칙 **제1조(목적)** 이 법은 청소년기본법 제47조제2항의 규정에 따라 다양한 청소년활동을 적극적으로 진흥하기 위하여 필요한 사항을 정함을 목적으로 한다. **제2조(정의)** 이 법에서 사용하는 용어의 정의는 다음 각 호와 같다. 1. '청소년활동'이라 함은 청소년기본법 제3조제3호에 규정된 청소년활동을 말한다. 2. '청소년활동시설'이라 함은 수련활동·교류활동·문화활동 등 청소년활동에 제공되는 제	**제1장 총 칙** 제1조(목적) 이 영은 「청소년활동진흥법」에서 위임된 사항과 그 시행에 관하여 필요한 사항을 규정함을 목적으로 한다. 제2조(지방청소년활동진흥협의회) ① 「청소년활동진흥법」 (이하 '법'이라 한다) 제3조제1항의 규정에 의한 협의를 원활하게 수행하기 위하여 지방자치단체의 장은 특별시·광역시·도교육청 및 지역교육청의 관계 공무원 등이 참석하는 지방청소년활동진흥협의회(이하 '지방협의회'라 한다)	**제1조(목적)** 이 규칙은 「청소년활동진흥법」 및 동법 시행령에서 위임된 사항과 그 시행에 관하여 필요한 사항을 규정함을 목적으로 한다. **제2조(청소년수련시설 설치·운영의 허가서류 등)** ① 「청소년활동진흥법 시행령」(이하 '영'이라 한다) 제5조의 규정에 의한 청소년수련시설(이하 '수련시설'이라 한다)의 허가신청서는 별지 제1호서식에 의하며 다음의 서류를 첨부하여야 한다. 다만, 「전자정부구현을 위한 행정

10조의 규정에 의한 시설을 말한다.

3. '청소년수련활동'(이하 '수련활동'이라 한다)이라 함은 청소년이 청소년활동에 자발적으로 참여하여 청소년 시기에 필요한 기량과 품성을 함양하는 교육적 활동으로서 청소년지도자와 함께 청소년수련거리에 참여하여 배움을 실천하는 체험활동을 말한다.

4. '청소년교류활동'(이하 '교류활동'이라 한다)이라 함은 청소년이 지역 간·남북 간·국가 간의 다양한 교류를 통하여 공동체의식 등을 함양하는 체험활동을 말한다.

5. '청소년문화활동'(이하 '문화활동'이라 한다)이라 함은 청소년이 예술활동·스포츠활동·동아리활동·봉사활동 등을 통하여 문화적 감성과 더불어 살아가는 능력을 함양하는 체험활동을 말한다.

6. '청소년수련거리'(이하 '수련거리'라 한다)라 함은 수련활동에 필요한 프로그램과 이와 관련되는 사업을 말한다.

제3조(관계기관의 협조)

① 청소년위원회 및 지방자치단체의 장은 학생청소년의 청소년활동 진흥을 위하여 청소년기본법 제48조의 규정에 따라 교육인적자원부, 특별시·광역시·도교육청 및 지역교육청(이하 '교육청'이라 한다)에 필요한 협의를 할 수 있다.

② 제1항의 규정에 의한 협의를 요청받은 관계기관은 특별한 사유가 없는 한 이에 응하여야 한다.

제4조(청소년운영위원회)

① 제10조제1호의 청소년수련시설(이하 '수련시설'이라 한다)을 설치·운영하는 개인·법인·단체 및 제16조제2항의 규정에 의한 위탁운영단체(이하 '수련시설운영단체'라 한다)는 청소년활동을 활성화하고 청소년의 참여를 보장하기 위하여 청소년으로 구성되는 청소년운영위원회를 운영

를 구성하여 운영할 수 있다.

② 지방협의회의 구성 및 운영에 관한 구체적인 사항은 조례로 정한다.

제3조(청소년운영위원회의 구성·운영)

① 법 제4조제3항의 규정에 의한 청소년운영위원회(이하 '운영위원회'라 한다)는 10인 이상 20인 이내의 청소년으로 구성하여야 한다.

② 위원의 임기는 1년으로 하되 연임할 수 있다.

③ 위원장은 위원 중에서 호선한다.

④ 위원장은 운영위원회를 대표하고, 운영위원회의 직무를 통할한다.

⑤ 위원장이 부득이한 사유로 직무를 수행할 수 없는 때에는 위원장이 미리 지명한 위원이 그 직무를 대행한다.

⑥ 위원장은 필요시 회의를 소집하며, 그 의장이 된다.

⑦ 이 영에 규정한 것 외에 운영위원회의 운영에 필요한 사항은 위원회의 의결을 거쳐 위원장이 정한다.

⑧ 국가 및 지방자치단체는 예산의 범위 안에서 운영위원회의 운영에 필요한 경비를 지원할 수 있다.

제2장 청소년활동의 보장

제4조(지방청소년활동지원센터) 법 제7조의 규정에 의한 지방청소년활동지원센터의 설치와 운영에 관한 구체적인 사항은 조례로 정한다.

제3장 청소년활동시설

제5조(청소년수련시설의 설치·운영에 관한 허가) 법 제11조제3항의 규정에 의하여 청소년수련시설(이하 '수련시설'이라 한다) 설치·운영의 허가(제6조의 규정에 의한 중요사항 변경의 경우를 포함한다. 이하 같다)를 받고자 하는 자는 허가신청서에 청소년위원회규칙이 정하는 서류를 첨부하여 관할 시장·군수·구청장(자치구의 구청장을 말한다. 이하 같다)에게 제출하여야 한다. 〈개정 2005.4.27〉

업무 등의 전자화촉진에 관한 법률」 제21조제1항의 규정에 의한 행정정보의 공동이용을 통하여 첨부서류에 대한 정보를 확인할 수 있는 경우에는 그 확인으로 첨부서류에 갈음할 수 있다.

1. 설치·운영계획서(이에 포함되어야 할 내용은 별표 1과 같다)

2. 「청소년활동진흥법」(이하 '법'이라 한다) 제33조제3항의 규정에 의한 협의에 필요한 서류

3. 법인등기부등본(법인의 경우에 한한다)

4. 부동산의 소유권 또는 사용권을 증명할 수 있는 서류

② 시장·군수·구청장(자치구의 구청장을 말한다. 이하 같다)은 제1항의 규정에 의한 허가신청서를 받은 때에는 특별한 사유가 없는 한 허가신청서를 접수한 날부터 60일 이내에 이를 처리하여야 하며, 그 기간 내에 처리가 곤란한 경우에는 처리기간 만료 7일 전까지 신청인에게 그 사유를 알려야 한다.

제3조(수련시설의 중요한 변경) 영 제6조제5호에서 '문화관광부령이 정하는 중요사항의 변경'이라 함은 다음 각 호의 어느 하나에 해당하는 경우를 말한다.

1. 별표 2 제1호나목(8) 중 숙박실의 바닥면적 합계 중 100분의 20을 초과하는 면적의 증감

2. 별표 2 제1호나목(9)의 야영지의 면적 중 100분의 20을 초과하는 면적의 증감

3. 별표 2 제2호 각 목에서 정한 기준에 의하여 설치된 시설·설비의 면적 중 100분의 20을 초과하는 면적의 감소

4. 그 밖에 숙박정원의 증감을 초래하는 시설·설비의 변경

제4조(조건부허가) 법 제12조제2항에서 '문화관광부령이 정하는 경미한 사항에 미달하는 경우'라 함은 수련시설의 시설기준 중 시설·설비의 면적이나 수량 등이 일부 미달된 경우로서 수련시설의 등록 전

하여야 한다.
② 수련시설운영단체의 대표자는 청소년운영위원회의 의견을 수련시설 운영에 반영하여야 한다.
③ 제1항의 규정에 의한 청소년운영위원회의 구성·운영 등에 관하여 필요한 사항은 대통령령으로 정한다.

제2장 청소년활동의 보장

제5조(청소년활동의 지원)
① 청소년은 다양한 청소년활동에 주체적이고 자발적으로 참여하여 자신의 꿈과 희망을 실현하는 충분한 기회와 지원을 받아야 한다.
② 국가 및 지방자치단체는 청소년활동을 활성화하는 데 필요한 각종 활동시설·청소년활동프로그램·청소년지도자 등을 위한 시책을 수립·시행하여야 한다.
③ 국가 및 지방자치단체는 개인·법인 또는 단체가 청소년활동을 지원하고자 할 때에는 그에 필요한 행정적·재정적 지원을 할 수 있다.

제6조(청소년활동지원본부의 설치)
① 국가는 제5조의 규정에 따라 청소년활동을 지원하기 위한 다음 각 호의 사업을 하기 위하여 청소년활동지원본부(이하 '활동지원본부'라 한다)를 설치·운영한다.
1. 청소년활동에 필요한 정보의 수집 및 제공
2. 다양한 청소년활동에 대한 체계적인 지원
3. 청소년수련활동인증위원회 등 수련활동에 관한 인증제도의 운영
4. 청소년수련활동의 기록유지 및 확인서 발급 등의 관리
5. 다양한 활동소재를 연계한 통합적 청소년활동운영체제의 개발 및 시행
6. 청소년활동진흥을 위한 학교교육과의 연계 및 협력체제 구축
7. 청소년활동진흥을 위한 지역사회의 다양한 자원과의 연계 및 협력체제 구축
8. 청소년활동프로그램의 개발·

제6조(수련시설의 중요한 변경) 법 제11조제3항 후단에서 '대통령령이 정하는 중요사항'이라 함은 다음과 같다. 〈개정 2005.4.27〉
1. 부지면적의 100분의 20을 초과하는 면적의 증감
2. 건축연면적의 100분의 20을 초과하는 면적의 증감
3. 법 제33조제1항의 규정에 의하여 허가·인가·해제·지정 또는 신고를 받은 것으로 보는 내용의 변경
4. 수련시설 안에 다른 법률의 규정에 의한 허가 등을 받거나, 신고를 하여 운영하는 영업의 신설 또는 폐지
5. 그 밖에 수련시설의 시설기준 중 청소년위원회규칙이 정하는 중요사항의 변경

제7조(수련시설의 등록)
① 법 제13조의 규정에 의하여 수련시설을 등록(변경등록을 포함한다. 이하 같다)하고자 하는 자는 등록신청서에 청소년위원회규칙이 정하는 서류를 첨부하여 관할 시장·군수·구청장에게 제출하여야 한다. 〈개정 2005.4.27〉
② 제1항의 등록신청서를 받은 시장·군수·구청장은 허가된 내용과의 일치여부를 확인하여 그 내용을 등록대장에 기록한 후 등록증을 신청인에게 교부하여야 하며, 교부한 날부터 15일 이내에 특별시·광역시 또는 도의 교육감에게 통지하여야 한다.
③ 법 제11조제1항의 규정에 의하여 수련시설을 설치한 국가 및 지방자치단체는 수련시설이 위치한 지역을 관할하는 시장·군수·구청장에게 소관 수련시설의 관련 사항을 등록대장에 기록하여 줄 것을 요청하고, 이 경우 해당 시장·군수·구청장은 그 요청에 따라 기록하여야 한다.
④ 제3항의 규정에 의한 등록을 할 때 필요한 서류 등록증 및 교육감에 대한 통지는 제1항 및 제2항의 규정을 준용한다.

까지 보완이 가능한 경우를 말한다. 다만, 시설기준 미달사항으로 인하여 수련활동의 실시에 지장을 초래하거나 이용자의 안전 또는 위생 등에 영향을 끼칠 우려가 있는 경우를 제외한다.

제5조(등록신청서류 등)
① 영 제7조제1항의 규정에 의한 청소년수련시설등록신청서는 별지 제2호서식에 의하며 다음의 서류를 첨부하여야 한다. 다만, 「전자정부구현을 위한 행정업무 등의 전자화촉진에 관한 법률」 제21조제1항의 규정에 의한 행정정보의 공동이용을 통하여 첨부서류에 대한 정보를 확인할 수 있는 경우에는 그 확인으로 첨부서류에 갈음할 수 있으며, 제2호·제3호·제6호 및 제7호의 서류는 제2조제1항의 규정에 의하여 제출된 서류와 그 내용이 같은 경우에는 이를 생략한다.
1. 별지 제3호서식에 의한 시설별 일람표
2. 운영계획서
3. 시설의 평면도 및 배치도
4. 청소년지도사 명단 및 자격증 사본
5. 당해 수련시설 안에 다른 법령의 규정에 의하여 허가·인가·승인 등을 받았거나 등록 또는 신고한 시설이 있는 경우에는 그 허가서 등의 사본
6. 법인등기부등본(법인의 경우에 한한다)
7. 부동산의 소유권 또는 사용권을 증명할 수 있는 서류
8. 영 제8조제1항의 규정에 의한 운영대표자의 자격을 증명할 수 있는 서류
② 영 제7조제1항의 규정에 의한 등록을 한 자가 등록사항을 변경하고자 하는 경우에는 별지 제2호서식의 변경등록신청서에 변경사항과 관련된 서류를 첨부하여 시장·군수·구청장에게 제출하여야 한다.
③ 영 제7조제2항의 규정에 의한 청소년수련시설등록증 및 청소년수련시설등록대장은 각각 별지 제

보급
9. 그 밖에 청소년활동진흥에 필요한 각종 사업의 실시
② 활동지원본부는 청소년기본법 제31조의 규정에 의한 한국청소년진흥센터에 설치·운영한다.

제7조(지방청소년활동지원센터의 설치) 특별시·광역시·도(이하 '시·도'라 한다) 및 시·군·구(자치구에 한한다. 이하 같다)는 당해 지역의 청소년활동을 진흥하기 위하여 지방청소년활동지원센터(이하 '지방지원센터'라 한다)를 설치·운영할 수 있다.

제8조(청소년활동정보의 제공 등)
① 활동지원본부 및 지방지원센터는 청소년의 요구를 수용할 수 있도록 청소년의 발달 단계와 여건에 맞는 프로그램과 정보를 상시 안내하고 제공하여야 한다.
② 활동지원본부 및 지방지원센터는 제1항의 규정에 의한 사업을 시행하기 위하여 당해 지역 청소년의 활동요구를 정기적으로 조사하고, 그 결과를 당해 지역의 청소년활동시설에 제공하여야 한다.

제9조(학교와의 협력 등)
① 활동지원본부 및 지방지원센터는 청소년기본법 제48조의 규정에 따라 학교 및 평생교육시설과의 협력체제를 구축하여야 한다.
② 활동지원본부 및 지방지원센터는 당해 지역 각급학교 및 평생교육시설에서 필요로 하는 청소년활동 관련사항을 지원할 수 있다.
③ 활동지원본부 및 지방지원센터는 제2항의 규정에 따라 매년 1회 이상 상호 협의하여 수련거리를 개발하고, 이를 당해 지역의 수련시설에 보급하여야 한다.
④ 활동지원본부 및 지방지원센터는 학생청소년을 위한 수련거리를 개발하는 때에 교육청 및 각급학교에 필요한 관련자료를 요청할 수 있다. 이 경우 관계기관은 특별한 사유가 없는 한 그 요청에 적극 협조하여야 한다.

제8조(수련시설의 운영대표자의 자격)
① 법 제14조제1항 본문에서 '대통령령이 정하는 자격을 갖춘 자'라 함은 다음 중 어느 하나에 해당하는 자를 말한다.
1. 1급청소년지도사자격증 소지자
2. 2급청소년지도사자격증 취득 후 청소년육성업무에 3년 이상 종사한 자
3. 3급청소년지도사자격증 취득 후 청소년육성업무에 5년 이상 종사한 자
4. 「초·중등교육법」 제21조의 규정에 의한 정교사자격증소지자 중 청소년육성업무에 5년 이상 종사한 자
5. 청소년육성업무에 8년 이상 종사한 자
6. 7급 이상의 일반직공무원 또는 이에 상당하는 별정직공무원 중 청소년육성업무에 3년 이상 종사한 자
7. 제6호 외의 공무원 중 청소년육성업무에 5년 이상 종사한 자
② 제1항제2호 내지 제7호의 규정에 의한 청소년육성업무에 종사한 경력에 관하여는 청소년위원회규칙으로 정한다.
〈개정 2005.4.27〉

제9조(시범수련시설의 지정 및 육성)
① 청소년위원회와 지방자치단체의 장은 수련시설 설치·운영의 활성화 및 법 제2조제6호의 규정에 의한 청소년수련거리(이하 '수련거리'라 한다)의 보급·확산을 위하여 관할구역 안에서 다음 중 어느 하나에 해당하는 수련시설을 시범수련시설로 지정하여 육성할 수 있다. 〈개정 2005.4.27〉
1. 시설·설비내용이 우수하고 수련거리의 운영에 모범이 되는 수련시설
2. 국가 및 지방자치단체 등에서 개발·보급하는 수련거리의 시범적용을 담당할 수련시설
3. 그 밖에 특별히 육성할 필요성이 있다고 인정되는 수련시설
② 국가 및 지방자치단체는 제1항

4호서식 및 별지 제5호서식에 의한다.

제6조(등록증의 재교부신청) 영 제7조제2항의 규정에 의하여 등록증을 교부받은 자가 그 등록증을 잃어버리거나 등록증이 헐어 못쓰게 된 때에는 별지 제2호서식에 의하여 관할 시장·군수·구청장에게 재교부를 신청할 수 있다.

제7조(수련시설 운영대표자) 영 제8조제2항의 규정에 의한 청소년육성업무 종사경력은 다음 각 호의 어느 하나에 해당하는 경력을 말한다.
1. 수련시설에서 청소년지도업무에 종사한 경력
2. 청소년단체에서 청소년지도·연구업무에 종사한 경력
3. 국가 또는 지방자치단체의 청소년육성관련부서에서 근무한 경력

제8조(수련시설의 시설기준) 법 제17조제2항의 규정에 의한 수련시설의 시설기준은 별표 2와 같다.

제9조(수련시설의 운영기준) 법 제19조제2항의 규정에 의한 수련시설의 운영기준은 별표 3과 같다.

제10조(행정처분의 기준)
① 시장·군수·구청장은 법 제22조의 규정에 의하여 수련시설의 허가 또는 등록을 취소한 때에는 별지 제6호서식에 의한 수련시설 허가·등록 취소처분 기록대장에 그 처분내용을 기록·유지하여야 한다.
② 시장·군수·구청장이 법 제22조의 규정에 의하여 수련시설의 허가 또는 등록을 취소한 때에는 그 처분내용을 해당 특별시·광역시·도(이하 '시·도'라 한다)의 교육감에게 알려야 한다.

제11조(수련시설 승계) 법 제26조제2항에서 '문화관광부령이 정하는 수련시설의 주요한 부분'이라 함은 수련시설의 토지 및 건물을 말한다.

제3장 청소년활동시설

제10조(청소년활동시설의 종류)
청소년활동시설의 종류는 다음 각 호와 같다.
1. 청소년수련시설
   가. 청소년수련관: 양한 수련거리를 실시할 수 있는 각종 시설 및 설비를 갖춘 종합수련시설
   나. 청소년수련원: 숙박기능을 갖춘 생활관과 다양한 수련거리를 실시할 수 있는 각종 시설과 설비를 갖춘 종합수련시설
   다. 청소년문화의집: 간단한 수련활동을 실시할 수 있는 시설 및 설비를 갖춘 정보·문화·예술 중심의 수련시설
   라. 청소년특화시설: 청소년의 직업체험·문화예술·과학정보·환경 등 특정 목적의 청소년활동을 전문적으로 실시할 수 있는 시설과 설비를 갖춘 수련시설
   마. 청소년야영장: 야영에 적합한 시설 및 설비를 갖추고 수련거리 또는 야영편의를 제공하는 수련시설
   바. 유스호스텔: 청소년의 숙박 및 체재에 적합한 시설·설비와 부대·편익시설을 갖추고 숙식편의제공, 여행청소년의 활동지원 등을 주된 기능으로 하는 시설
2. 청소년이용시설: 수련시설이 아닌 시설로서 그 설치목적의 범위에서 청소년활동의 실시와 청소년의 건전한 이용 등에 제공할 수 있는 시설

제11조(수련시설의 설치·운영 등)
① 국가 및 지방자치단체는 청소년기본법 제18조제1항의 규정에 따라 다음 각 호와 같은 수련시설을 설치·운영하여야 한다.
1. 국가는 2 이상의 시·도 또는 전국의 청소년이 이용할 수 있는 국립청소년수련시설을 설치·운영하여야 한다.

의 규정에 의하여 지정된 시범수련시설(이하 '시범수련시설'이라 한다)에 대하여는 다른 수련시설에 우선하여 수련시설의 설치·운영경비 등을 지원할 수 있다.
③ 청소년위원회와 지방자치단체의 장은 시범수련시설의 지정 및 육성에 관한 업무를 관련 전문기관에 위탁하여 실시할 수 있다. 〈개정 2005.4.27〉
④ 시범수련시설의 지정 및 육성·지원에 관하여 그 밖에 필요한 사항은 청소년위원회가 정한다. 〈개정 2005.4.27〉

제10조(수련시설 안전점검)
① 법 제18조제5항의 규정에 의한 정기·수시 안전점검을 받아야 하는 수련시설의 범위는 법 제10조제1호의 규정에 의한 수련시설을 말한다.
② 법 제18조제5항의 규정에 의한 안전기준은 별표 1과 같다.

제11조(수련시설의 수련활동 실시)
① 법 제19조제3항의 규정에 의하여 수련시설에서는 수련활동을 활성화하기 위하여 인증된 수련거리를 통한 수련활동계획을 수립·시행하여야 한다.
② 국가 및 지방자치단체는 제1항의 규정에 의한 수련활동을 실시할 경우 예산의 범위 안에서 필요한 경비를 지원할 수 있다.

제12조(수련시설의 이용) 법 제21조제2호 단서에서 '대통령령이 정하는 용도'라 함은 수련시설을 청소년활동에 지장이 없는 범위 내에서 법 제31조제2항 각 호의 용도로 사용하는 경우를 말한다.

제13조(보험가입)
① 법 제25조의 규정에 의하여 보험에 가입하여야 하는 수련시설은 법 제10조제1호의 규정에 의한 수련시설을 말한다. 다만, 건축연면적이 1천 제곱미터 이하인 청소년문화의집은 제외한다.
② 법 제25조제2항의 규정에 의한 보험금액은 다음 각 호의 기준

제12조(수련시설의 휴지·폐지 신고)
① 법 제27조의 규정에 의하여 수련시설을 휴지 또는 폐지하고자 하는 자는 별지 제7호서식의 청소년수련시설 휴지·폐지신고서에 청소년수련시설등록증을 첨부하여 휴지·폐지예정일 30일 전까지 관할 시장·군수·구청장에게 제출하여야 한다.
② 시장·군수·구청장은 수련시설의 폐지신고를 받은 때에는 그 내용을 신고인 및 당해 시·도의 교육감에 통지하여야 하며 등록대장에 폐지사실을 기재하여야 한다.

제13조(수련시설의 이용범위)
① 법 제31조제2항제3호에서 '문화관광부령이 정하는 범위'라 함은 개별적인 숙박·야영·편의의 연간이용자 수가 당해 수련시설의 연간이용가능인원의 100분의 40 이내인 범위를 말한다. 다만, 전년도의 외국인 이용실적이 연간 5만 명 이상인 유스호스텔의 경우에는 100분의 60 이내인 범위를 말한다.
② 법 제31조제2항제5호에서 '문화관광부령이 정하는 용도로 이용하는 경우'라 함은 청소년 외의 자에게 다음의 용도로 수련시설을 제공하는 경우를 말한다.
1. 당일에 한하는 일시적인 집회에의 사용
2. 청소년수련원, 청소년야영장 및 유스호스텔에서 생활관 또는 숙박실 외의 부대·편익시설 등의 사용
3. 청소년수련관, 청소년문화의집 및 청소년특화시설에서 청소년의 이용이 적은 시간대의 사용

제14조(청소년이용권장시설의 지정)
① 영 제17조제4항의 규정에 의하여 청소년이용권장시설의 지정을 신청하고자 하는 자는 별지 제8호 서식에 의한 청소년이용권장시설 지정신청서를 시장·군수·구청장에게 제출하여야 한다.

2. 특별시장·광역시장·도지사(이하 '시·도지사'라 한다) 및 시장·군수·구청장(자치구의 구청장을 말한다. 이하 같다)은 각각 제10조제1호 가목의 규정에 의한 청소년수련관을 1개소 이상 설치·운영하여야 한다.
3. 시·도지사 및 시장·군수·구청장은 읍·면·동에 제10조제1호 다목의 규정에 의한 청소년문화의집을 1개소 이상 설치·운영하여야 한다.
4. 시·도지사 및 시장·군수·구청장은 제10조제1호 라목 내지 바목에 의한 청소년특화시설·청소년야영장 및 유스호스텔을 설치·운영할 수 있다.
② 국가는 제1항제2호 내지 제4호의 규정에 의한 수련시설의 설치·운영 경비의 전부 또는 일부를 예산의 범위에서 보조할 수 있다.
③ 개인·법인 또는 단체는 시장·군수·구청장의 허가를 받아 수련시설을 설치·운영할 수 있다. 허가받은 사항 중 대통령령이 정하는 중요사항을 변경하고자 하는 경우에도 또한 같다.
④ 국가 또는 지방자치단체는 제3항의 규정에 의한 허가를 받아 수련시설을 설치·운영하는 자(이하 '수련시설을 설치·운영하는 자'라 한다)에게 예산의 범위에서 그 설치 및 운영에 필요한 경비의 일부를 보조할 수 있다.

제12조(수련시설의 허가요건)
① 제11조제3항의 규정에 의한 수련시설의 허가를 받고자 하는 자는 다음 각 호의 요건을 갖추어야 한다.
1. 제17조 내지 제19조의 규정에 의한 시설기준·안전기준 및 운영기준에 적합할 것
2. 당해 시설의 설치·운영에 필요한 자금을 조달할 능력이 있을 것
3. 당해 시설의 설치에 필요한 부동산을 소유하거나 사용할 수 있는 권한이 있을 것
4. 그 밖에 청소년위원회규칙이 정

에 해당하는 금액 이상의 것이어야 한다. 다만, 지급보험금액은 실손해액으로 하되 사망의 경우 실손해액이 2천만 원 미만인 경우에는 2천만 원으로 한다.
1. 사망의 경우에는 8천만 원
2. 부상의 경우에는 별표 2에서 정하는 금액
3. 부상의 경우 그 치료가 완료된 후 당해 부상이 원인이 되어 신체장해(이하 '후유장해'라 한다)가 생긴 때에는 별표 3에서 정하는 금액
4. 부상자가 치료 중에 당해 부상이 원인이 되어 사망한 경우에는 제1호 및 제2호의 금액을 합산한 금액
5. 부상한 자에게 당해 부상이 원인이 되어 후유장해가 생긴 경우에는 제2호 및 제3호의 금액을 합산한 금액
6. 제3호의 금액을 지급한 후 당해 부상이 원인이 되어 사망한 경우에는 제1호의 금액에서 제3호의 규정에 의하여 지급한 금액을 공제한 금액

제14조(수련시설의 휴지·폐지 제한) 법 제27조제2항에서 '대통령령이 정하는 시설'이라 함은 다음의 수련시설을 말한다.
1. 법 제11조제4항의 규정에 의하여 국가 또는 지방자치단체로부터 경비의 지원을 받아 설치한 수련시설
2. 「청소년기본법」 제53조의 규정에 의한 청소년육성기금의 지원 또는 융자를 받아 설치한 수련시설

제15조(수련시설 건립심의위원회)
① 국가 및 지방자치단체는 법 제28조제2항의 규정에 의하여 심의과정에 청소년관련전문가 및 청소년이 참여할 수 있도록 하기 위하여 소관 수련시설 건립 시 수련시설건립심의위원회(이하 '심의위원회'라 한다)를 구성하여 운영하여야 한다.
② 심의위원회의 위원은 5인 이상 10인 이내로 구성하며, 위원 중

② 시장·군수·구청장은 청소년이용권장시설 지정신청을 한 시설부터 반경 50미터 이내에 「청소년보호법」 제2조제5호의 규정에 의한 청소년유해업소 또는 그 밖에 청소년의 이용에 적합하지 아니한 시설이 있는지 여부를 고려하여 지정 여부를 결정하여야 한다.
③ 시장·군수·구청장은 청소년이용권장시설의 지정신청을 받은 날부터 7일 이내에 그 지정 여부를 결정하고 별지 제9호서식의 청소년이용권장시설지정서를 교부하여야 한다.

제15조(인증심사원의 자격 및 선발 등)
① 법 제35조제2항의 규정에 의한 청소년수련활동인증위원회(이하 '인증위원회'라 한다)는 다음 각 호의 어느 하나에 해당하는 자격요건을 갖춘 자 중에서 영 제22조제1항의 규정에 의한 인증심사원(이하 '인증심사원'이라 한다)을 선발한다.
1. 1급 또는 2급 청소년지도사 자격 소지자
2. 청소년활동분야에서 5년 이상의 실무경력이 있는 자
② 인증심사원이 되고자 하는 자는 인증위원회에서 실시하는 면접 등 절차를 거쳐 선발한다.
③ 인증심사원이 되고자 하는 자는 인증기준, 인증절차 등 인증심사와 관련된 내용을 중심으로 인증위원회가 실시하는 직무연수를 40시간 이상 받아야 한다.
④ 인증심사원은 2년마다 제3항의 규정에 의한 직무연수를 이수하여야 한다.

제16조(청소년수련지구 내 시설)
① 영 제29조제2항제6호 단서에서 '문화관광부령이 정하는 것'이라 함은 청소년 교육용으로 사용하는 시설을 말한다.
② 영 제29조제2항제7호 단서에서 '문화관광부령이 정하는 경우'라 함은 법 제47조제1항의 규정에 의한 청소년수련지구(이하 '수련지구'라 한다) 안에서 발생되는

하는 기준에 적합할 것

② 시장·군수·구청장은 제11조제3항의 규정에 의하여 수련시설을 허가하는 경우 당해 시설이 제1항의 규정에 의한 허가의 요건 중 청소년위원회규칙이 정하는 경미한 사항에 미달하는 경우에는 일정한 기간을 정하여 보완할 것을 조건으로 허가할 수 있다.

제13조(수련시설의 등록)

① 수련시설은 이를 운영하기 전에 당해 시설의 소재지를 관할하는 시장·군수·구청장에게 등록하여야 한다. 등록한 사항 중 청소년위원회가 정하는 중요사항을 변경하고자 하는 때에도 또한 같다.

② 시장·군수·구청장은 다음 각 호의 1에 해당하는 사항을 청소년위원회가 정하는 바에 의하여 청소년위원회에 보고하여야 한다.

1. 지방자치단체가 설치·운영하는 수련시설의 현황

2. 제12조 및 제1항의 규정에 의한 허가 및 등록의 현황

③ 제1항의 규정에 의한 등록 등에 관하여 필요한 사항은 대통령령으로 정한다.

제14조(수련시설의 운영대표자)

① 수련시설을 설치·운영하는 자 또는 제16조의 규정에 의한 위탁운영단체는 대통령령이 정하는 자격을 갖춘 자를 그 수련시설의 운영대표자로 선임하여야 한다. 다만, 대통령령이 정하는 수련시설에 대하여는 운영대표자를 선임하지 아니할 수 있다.

② 제1항의 규정에 불구하고 수련시설을 설치·운영하는 개인·법인 또는 단체의 대표자(이하 '수련시설의 대표자'라 한다) 또는 제16조의 규정에 의한 위탁운영단체의 대표자가 제1항의 규정에 의한 운영대표자의 자격을 갖춘 때에는 수련시설의 대표자가 운영대표자가 될 수 있다.

③ 국가 및 지방자치단체는 제1항 및 제2항의 규정에 의한 운영대표자에 대하여 대통령령이 정하

청소년 및 청소년전문가의 참여 비율은 각각 5분의 1 이상으로 한다.

③ 위원장은 위원 중에서 호선한다.

④ 위원장은 심의위원회를 대표하고, 심의위원회의 직무를 통할한다.

⑤ 위원장이 부득이한 사유로 직무를 수행할 수 없는 때에는 위원장이 미리 지명한 위원이 그 직무를 대행한다.

⑥ 위원장은 필요시 회의를 소집하며, 그 의장이 된다.

⑦ 회의는 재적위원 과반수의 출석으로 개회하고, 출석위원 과반수의 찬성으로 의결한다.

⑧ 수련시설을 설치하는 국가 및 지방자치단체에서는 수요자 요구조사, 운영계획 및 건축물의 설계계획 등을 포함한 기본계획을 심의위원회에 제출하여 심의하도록 하고 심의결과는 수련시설의 설계 및 건축 시 반영하여야 한다.

⑨ 심의위원회는 심의에 필요한 경우 현장 확인을 실시할 수 있다.

⑩ 이 영에 규정한 것 외에 심의위원회의 운영에 필요한 사항은 심의위원회의 의결을 거쳐 위원장이 정한다.

제16조(주택단지 내 수련시설 설치) 법 제29조제1항의 규정에 따라 수련시설을 포함하여야 하는 주택건설사업계획 또는 대지조성사업계획은 주택 3천 호 이상의 경우를 말한다.

제17조(청소년이용시설의 종류 등)

① 법 제32조제4항의 규정에 의한 청소년이용시설의 종류는 다음 각호와 같다.

1. 「문화예술진흥법」 제2조제1항제3호의 규정에 의한 문화시설

2. 「과학관육성법」 제2조제1호의 규정에 의한 과학관

3. 「체육시설의 설치·이용에 관한 법률」 제2조제1호의 규정에 의한 체육시설

4. 「평생교육법」 제2조제3호의 규정에 의한 평생교육시설

5. 「산림법」 제31조의 규정에 의한 자연휴양림

쓰레기 등의 처리를 위한 시설을 설치하는 경우를 말한다.

제17조(법인·단체의 조성계획승인신청) 영 제30조제2항의 수련지구조성계획승인신청서에 포함되어야 할 사항은 다음과 같다.

1. 수련지구의 명칭·위치 및 면적

2. 수련지구 조성의 기본계획

3. 영 제29조제1항의 규정에 의한 시설의 종류에 따라 구분된 토지이용계획

4. 조감도

5. 지번·지목·면적·소유자 및 「국토의 계획 및 이용에 관한 법률」 제2조제15호 내지 제17호의 규정에 의한 용도지역·용도지구 또는 용도구역이 표시된 토지조서

6. 자금조달계획

7. 환경오염의 예방 및 저감대책

8. 다음 사항이 포함된 시설계획

   가. 시설물배치계획(축척 6백분의 1 내지 6천분의 1의 지적도에 시설물의 수량, 건축 연면적 및 건축물의 층수 등을 표시하여야 한다)

   나. 조경계획(식재계획·조경시설 및 조경구조물 설치계획이 포함되어야 한다)

9. 다음 사항이 포함된 운영계획

   가. 시설물관리계획

   나. 수련지구 관리조직에 관한 사항

10. 수련지구조성계획 시행일정

11. 법 제52조제2항의 규정에 의한 협의에 필요한 서류

제18조(지방청소년자원봉사센터의 운영 위탁 기준 등) 특별시장·광역시장·도지사(이하 '시·도지사'라 한다) 및 시장·군수·구청장이 영 제33조제3항의 규정에 의하여 지방청소년자원봉사센터의 운영을 위탁하고자 하는 경우에 다음의 사항을 고려하여야 한다.

1. 청소년자원봉사 관련 사업 실적

2. 청소년지도사 배치 현황

3. 연간 사업운영 계획

4. 지방청소년자원봉사센터 시설 (사무실, 교육실, 집회실 등)

는 바에 따라 연수를 실시할 수 있다.

제15조(결격사유) 다음 각 호의 1에 해당하는 자는 수련시설의 대표자(법인의 경우에는 임원을 포함한다) 또는 운영대표자가 될 수 없다.
1. 미성년자·금치산자 또는 한정치산자
2. 파산자로서 복권되지 아니한 자
3. 금고 이상의 형을 받고 그 집행이 종료되거나 집행을 받지 아니하기로 확정된 후 2년이 경과되지 아니한 자
4. 금고 이상의 형을 받고 그 집행유예의 기간이 종료되지 아니한 자
5. 법원의 판결 또는 법률에 의하여 자격이 상실되거나 정지된 자
6. 제22조의 규정에 의하여 허가 또는 등록의 취소를 받은 수련시설의 대표자로서 허가 또는 등록의 취소를 받은 날부터 2년이 경과되지 아니한 자

제16조(수련시설 운영의 위탁)
① 국가 또는 지방자치단체는 청소년기본법 제18조제3항의 규정에 의하여 수련시설의 효율적 운영을 위하여 동법 제3조제8호의 규정에 의한 청소년단체에 그 운영을 위탁할 수 있다.
② 국가 또는 지방자치단체는 제1항의 규정에 의하여 수련시설의 운영을 위탁받은 청소년단체(이하 '위탁운영단체'라 한다)에 대하여 예산의 범위에서 위탁한 수련시설의 운영에 필요한 경비를 지원할 수 있다.
③ 제14조 및 제15조의 규정은 위탁운영단체 및 그 대표자와 임원에 대하여 이를 준용한다.

제17조(수련시설의 시설기준)
① 수련시설은 청소년이 다양한 활동을 통하여 기량과 품성을 함양하는 데 적합한 시설·설비를 갖추어야 한다.
② 수련시설의 종류별 시설기준에 관하여 필요한 사항은 청소년위원회규칙으로 정한다.

6. 「수목원조성 및 진흥에 관한 법률」제2조제1호의 규정에 의한 수목원
7. 「사회복지사업법」제34조제4항의 규정에 의한 사회복지관
8. 시민회관·어린이회관·공원·광장·고수부지(高水敷地) 그 밖에 이와 유사한 공공용시설로서 수련활동 또는 청소년 여가선용을 위한 이용에 적합한 시설
9. 그 밖에 다른 법령에 의하여 청소년활동과 관련되어 설치된 시설
② 시장·군수·구청장은 제1항의 규정에 의한 청소년이용시설 중 상시 또는 정기적으로 청소년의 이용에 제공할 수 있는 시설로서 청소년지도사를 배치한 시설에 대하여는 그 설치·운영자의 신청을 받아 청소년이용권장시설로 지정할 수 있다.
③ 국가 또는 지방자치단체는 제2항의 규정에 의하여 지정된 청소년이용권장시설에 대하여는 다른 청소년이용시설에 우선하여 법 제32조제3항의 규정에 의한 지원을 할 수 있다.
④ 제2항 및 제3항의 규정에 의한 청소년이용권장시설의 지정신청·지정절차 그 밖에 필요한 사항은 청소년위원회규칙으로 정한다. 〈개정 2005.4.27〉

제18조(협의기간) 법 제33조제3항 및 법 제52조제2항의 규정에 의하여 협의요청을 받은 소관행정기관의 장은 특별한 사유가 없는 한 협의요청을 받은 날부터 30일 이내에 이에 대한 의견을 회신하여야 한다.

제4장 청소년수련활동의 지원

제19조(청소년수련활동인증위원회의 구성·운영 등)
① 법 제35조제2항의 규정에 의한 청소년수련활동인증위원회(이하 '인증위원회'라 한다)는 15인 이내의 위원으로 구성한다.
② 위원은 청소년활동에 관한 지식과 경험이 풍부한 자 중에서 청소년위원회가 위촉하는 자로 한

의 적정성 여부

제19조(검사공무원의 증표) 법 제67조제2항의 규정에 의한 검사공무원의 증표는 별지 제10호서식에 의한다.

제20조(수수료)
① 법 제68조의 규정에 의한 수수료는 별표 4와 같다.
② 제1항의 규정에 의한 수수료 중 수련지구 조성계획 승인에 따른 수수료는 당해 지방자치단체의 수입증지로 납부하여야 한다.

제21조(보고) 시장·군수·구청장은 다음의 사항을 매년 반기별로 종합하여 그 반기의 다음달 15일까지 시·도지사에게 제출하여야 하며, 시·도지사는 이를 반기별로 종합하여 그 반기의 다음달 말일까지 문화관광부장관에게 보고하여야 한다.
1. 수련시설 설치·운영의 허가, 변경허가 및 허가취소에 관한 사항
2. 수련시설 등록 및 변경등록에 관한 사항
3. 수련시설의 휴지·폐지신고에 관한 사항
4. 청소년이용권장시설 지정에 관한 사항
5. 수련지구의 지정 및 수련지구 조성계획의 승인에 관한 사항
6. 지방자치단체가 설치·운영하는 수련시설의 현황

제22조(과태료의 징수절차) 영 제34조제4항의 규정에 의한 과태료의 징수절차에 관하여는 「국고금관리법 시행규칙」을 준용한다. 이 경우 납입고지서에는 이의신청방법 및 이의신청기간을 함께 적어 넣어야 한다.

제18조(수련시설의 안전기준 등)
① 수련시설의 운영대표자는 시설에 대하여 정기 및 수시 안전점검을 실시하여야 한다.
② 수련시설의 운영대표자는 제1항의 규정에 의하여 정기 및 수시 안전점검을 실시한 후 그 결과를 시장·군수·구청장에게 제출하여야 한다.
③ 시장·군수·구청장은 제2항의 규정에 의한 결과를 제출받은 후 필요한 경우 수련시설의 운영대표자로 하여금 시설의 보완 또는 개·보수를 요구할 수 있다. 이 경우 수련시설의 운영대표자는 이에 응하여야 한다.
④ 국가 또는 지방자치단체는 예산의 범위에서 제1항 내지 제3항의 규정에 의한 안전점검 또는 시설의 보완 및 개·보수에 소요되는 비용의 전부 또는 일부를 보조할 수 있다.
⑤ 제1항 및 제2항의 규정에 의한 정기 및 수시 안전점검을 받아야 하는 시설의 범위·시기, 안전점검기관, 안전점검절차 및 안전기준은 대통령령으로 정한다.

제19조(수련시설의 운영기준)
① 수련시설은 그 종사자에 대하여 연 1회 이상 수련시설의 운영·안전·위생 등에 관한 교육을 실시하여야 한다.
② 수련시설의 수련거리운영, 생활지도, 시설의 관리 및 운영, 종사자교육 등 운영기준은 수련시설 종류별로 청소년위원회규칙으로 정한다.
③ 수련시설은 제36조의 규정에 의하여 소정의 절차에 따라 인증된 수련거리를 통한 수련활동을 대통령령이 정하는 바에 따라 실시하여야 한다.

제20조(시정명령) 시장·군수·구청장은 수련시설을 설치·운영하는 자 또는 위탁운영단체가 이 법 또는 이 법에 의한 명령을 위반하거나 당해 수련시설이 제17조의 시설기준, 제18조의 안전기준 및 제19조의 운영기준에 미달한 경우에는

다. 〈개정 2005.4.27〉
③ 위원의 임기는 3년으로 하되, 연임할 수 있다.
④ 인증위원회에는 위원장과 부위원장 각 1인을 두며 위원장과 부위원장은 위원 중에서 호선한다.
⑤ 위원장은 인증위원회를 대표하고, 인증위원회의 직무를 통할한다.
⑥ 위원장이 부득이한 사유로 직무를 수행할 수 없는 때에는 부위원장이 그 직무를 대행하며, 위원장 및 부위원장이 모두 부득이한 사유로 직무를 수행할 수 없는 때에는 위원장이 미리 지명한 위원이 그 직무를 대행한다.
⑦ 위원장은 필요시 회의를 소집하고, 그 의장이 된다.
⑧ 인증위원회의 업무를 효율적으로 수행하기 위하여 필요한 경우에는 소위원회를 둘 수 있으며, 소위원회의 설치·운영 등 인증위원회의 운영에 관하여 필요한 사항은 인증위원회의 의결을 거쳐 위원장이 정한다.

제20조(활동기록 유지·관리 등)
① 국가는 법 제35조제3항의 규정에 의하여 인증받은 수련활동에 참여한 기록을 확인하는 등의 절차를 거쳐 해당 활동이 끝난 후 30일이 경과한 날부터 그 기록을 제공하는 것을 원칙으로 한다.
② 국가는 법 제35조제3항의 규정에 의하여 활동참여 청소년의 기록 자료가 효율적으로 유지·관리·제공될 수 있도록 종합관리체계를 구축하여야 하며 수련활동 참여기록이 청소년 본인의 동의 없이 공개 또는 유출되지 아니하도록 하는 등의 필요한 조치를 하여야 한다.

제21조(인증신청·절차 및 방법 등)
① 법 제36조제6항의 규정에 의하여 수련활동의 인증을 받고자 하는 자는 참가자 모집 또는 활동실시 시작 90일 이전에 인증위원회에 인증을 요청하고 필요한 자료를 제출하여야 한다.
② 인증위원회는 제1항의 규정에 의한 인증을 요청받은 때에는 인

그 시정을 명할 수 있다.

제21조(금지행위) 수련시설을 설치·운영하는 자 또는 위탁운영단체는 다음 각 호의 1에 해당하는 행위를 하여서는 아니 된다.

1. 정당한 사유 없이 청소년의 수련시설이용을 제한하는 행위
2. 청소년활동이 아닌 용도에 수련시설을 이용하는 행위. 다만, 대통령령이 정하는 용도에 이용하는 경우를 제외한다.
3. 수련시설을 이 법에 의한 등록·허가 등을 받지 아니한 자에게 운영하게 하는 행위

제22조(허가 또는 등록의 취소) 시장·군수·구청장은 수련시설을 설치·운영하는 자가 다음 각 호의 1에 해당하는 때에는 그 수련시설의 허가 또는 등록을 취소할 수 있다. 다만, 제1호에 해당하는 경우에는 허가 또는 등록을 취소하여야 한다.

1. 거짓 그 밖의 부정한 방법으로 허가를 받았거나 등록을 한 때
2. 최근 2년 이내에 제72조제2항제3호의 규정에 의한 과태료처분을 2회 이상 받고 동호에 규정된 행위를 한 때
3. 정당한 사유 없이 수련시설의 허가를 받거나 등록한 후 1년 이내에 그 수련시설의 설치에 착수 또는 운영을 개시하지 아니하거나 시장·군수·구청장이 정하는 기간 이내에 수련시설의 등록을 하지 아니한 때

제23조(청문) 시장·군수·구청장은 제22조의 규정에 의한 허가 또는 등록을 취소하고자 하는 경우에는 청문을 실시하여야 한다.

제24조(이용료 및 수련비용)
① 수련시설을 설치·운영하는 자 및 위탁운영단체는 수련시설을 이용하는 자로부터 이용료를 받을 수 있다.
② 제36조제1항 내지 제3항의 규정에 의하여 인증받은 수련활동을 실시하는 자는 그 수련활동에 참여하는 청소년으로부터 수

증위원회에서 정하는 인증기준에 따라 심사하고, 인증을 요청한 자에게 그 결과를 통지하여야 한다.
③ 인증위원회는 제2항의 규정에 의한 심사를 위하여 필요한 경우에 인증을 요청한 자의 의견을 들을 수 있으며, 보완 또는 개선이 필요하다고 판단되는 경우에는 이를 보완 또는 개선하도록 요구할 수 있다.
④ 제3항의 보완 또는 개선의 요구를 받은 자는 10일 이내에 그 보완 또는 개선사항을 제출하여야 한다.
⑤ 인증위원회는 제3항의 규정에 의한 보완 또는 개선을 요구받고도 정당한 사유 없이 이에 응하지 아니하는 경우에는 인증요청서를 반려할 수 있다.

제22조(인증심사의 효율성 제고)
① 인증위원회는 제21조제2항의 규정에 의한 인증심사의 효율성을 제고하기 위하여 청소년활동에 대한 전문적 지식과 경험을 가진 자 중에서 인증심사원을 선발하여 활용할 수 있다.
② 제1항의 규정에 의한 인증심사원의 선발과 활용 그 밖에 필요한 사항은 청소년위원회규칙으로 정한다. 〈개정 2005.4.27〉

제23조(수련활동내용 등의 기록 및 통보)
① 인증받은 수련활동을 실시한 활동시설 및 개인, 법인·단체는 법 제37조제1항의 규정에 의하여 청소년이 참여한 수련활동에 관하여 개별 청소년의 인적사항, 활동참여 일자·시간, 장소, 주관기관, 내용, 참여특성 및 종합의견 등을 기록하여야 한다.
② 인증받은 수련활동을 실시한 활동시설 및 개인, 법인·단체는 제1항의 규정에 의한 개별 청소년의 활동기록을 참여활동이 끝난 후 20일 이내에 인증위원회에 통보하여야 한다.

제24조(지방청소년수련시설협회 위탁사업) 법 제39조제5항의 규정에

련비용을 받을 수 있다.

제25조(보험가입)

① 수련시설을 설치 · 운영하는 자
또는 위탁운영단체는 수련시설
의 설치 · 운영과 관련하여 수련
시설의 이용자에게 발생한 생명
· 신체상의 손해를 배상하기 위
하여 보험에 가입하여야 한다.

② 제1항의 규정에 의한 보험에 가
입하여야 할 수련시설의 종류
및 보험금액 등은 대통령령으로
정한다.

제26조(수련시설의 승계)

① 제11조제3항의 규정에 의하여 허
가받은 수련시설의 양도 · 양수,
상속, 증여 또는 수련시설을 설
치한 법인의 합병이 있는 때에
는 그 양수인, 상속인, 증여를
받은 자, 합병 후 존속하는 법인
또는 합병에 의하여 설립되는 법
인은 수련시설의 허가 및 등록
에 따른 권리 · 의무를 승계한다.

② 민사집행법에 의한 경매, 파산법
에 의한 환가나 국세징수법 · 관
세법 또는 지방세법에 의한 압
류재산의 매각 그 밖에 이에 준
하는 절차에 따라 청소년위원회
규칙이 정하는 수련시설의 주요
한 부분을 인수한 자는 수련시
설의 허가 및 등록에 따른 권리
· 의무를 승계한다.

제27조(수련시설의 휴지 · 폐지)

① 수련시설을 설치 · 운영하는 자가
시설의 운영을 휴지 또는 폐지
하고자 하는 때에는 청소년위원
회규칙이 정하는 바에 따라 시
장 · 군수 · 구청장에게 신고하여
야 한다.

② 시장 · 군수 · 구청장은 국가 또는
지방자치단체의 특별한 지원을
받은 수련시설로서 대통령령이
정하는 시설에 대하여는 시설운
영의 휴지 또는 폐지를 제한할
수 있다.

**제28조(수련시설 건립 시 타당성
의 사전검토)**

① 국가 및 지방자치단체는 제11조
제1항의 규정에 의하여 설치되
는 수련시설이 청소년활동에 적

의하여 지방청소년수련시설협회(이
하 '지방시설협회'라 한다)에 위탁할
수 있는 사업은 다음과 같다.
〈개정 2005.4.27〉

1. 지방시설협회에 소속된 수련
시설이 행하는 사업과 활동에
대한 협력 및 지원

2. 지방시설협회에 소속된 수련
시설에서 종사하는 자의 연
수, 권익증진 및 교류사업

3. 지방시설협회에 소속된 수련
시설의 수련활동의 활성화 및
수련시설의 안전에 관한 홍보
및 실천운동

4. 지방시설협회에 소속된 수련
시설의 수련활동에 대한 조사
· 연구 · 지원사업

5. 그 밖에 수련시설의 운영 · 발
전을 위하여 필요하다고 청소
년위원회가 인정하는 지방시
설협회 소관 사업

제25조(사업계획서 등의 제출) 법
제45조의 규정에 의하여 한국청소
년수련원이 청소년위원회에 제출하
는 사업계획서에는 다음의 사항을
기재하여야 한다.
〈개정 2005.4.27〉

1. 목표 · 방침 · 주요 사업 · 소요
예산 및 재원구성 등이 포함
된 사업의 개요

2. 교부받고자 하는 보조금액 및
그 사용내역

3. 사업의 효과 및 그 밖의 참고
자료

제26조(세입 · 세출결산서의 제출) 법
제45조제2항의 규정에 의하여 한국
청소년수련원이 청소년위원회에 제
출하는 매 사업연도의 세입 · 세출
결산서에는 다음의 서류를 첨부하여
야 한다. 〈개정 2005.4.27〉

1. 당해연도의 사업계획과 집행
실적 대비표

2. 한국청소년수련원 감사와 공
인회계사의 감사의견서

3. 그 밖에 결산의 내용을 확인
할 수 있는 참고서류

제27조(청소년수련지구의 지정절차
등) 특별시장 · 광역시장 · 도지사(이
하 '시 · 도지사'라 한다)가 법 제47

합하도록 하기 위하여 입지조건·내부구조 그 밖에 설계사항 등 건립의 타당성에 관한 사항을 포함한 기본계획을 수립하고 관련 설계사항을 사전에 심의한 후 시행하여야 한다.
② 제1항의 규정에 의한 기본계획 및 관련 설계사항의 심의과정에는 청소년관련전문가 및 청소년이 참여할 수 있다.
③ 제1항 및 제2항의 심의과정에 관하여 필요한 사항은 대통령령으로 정한다.

제29조(주택단지 안의 수련시설 설치)
① 주택건설사업계획 또는 대지조성사업계획의 승인을 얻어 그 사업을 시행하는 자가 주택건설촉진법 제33조제1항의 규정에 의하여 사업계획을 작성하는 때에는 대통령령이 정하는 바에 따라 수련시설을 포함하여야 한다.
② 국가 및 지방자치단체는 제1항의 규정에 의한 수련시설의 설치·운영 경비를 예산의 범위에서 지원할 수 있다.

제30조(민간인의 참여조장)
① 국가 및 지방자치단체는 개인·법인 또는 단체가 수련시설의 설치를 쉽게 할 수 있도록 토지·금융·세제 그 밖의 행정질자상의 지원을 할 수 있다.
② 개인·법인 또는 단체는 국가 및 지방자치단체가 설치하는 수련시설에 대하여 토지·금전 등을 출연할 수 있다. 이 경우 출연자의 성명 등을 그 수련시설의 명칭으로 할 수 있다.

제31조(수련시설의 이용)
① 수련시설을 운영하는 자는 청소년단체가 청소년활동을 위하여 시설이용을 요청하는 때에는 특별한 사유가 없는 한 이에 응하여야 한다.
② 수련시설을 운영하는 자는 청소년활동에 지장이 없는 범위 내에서 다음 각 호의 1에 해당하는 용도로 수련시설을 제공할 수 있다.

조제2항의 규정에 의하여 청소년수련지구(이하 '수련지구'라 한다)를 지정함에 있어 관계행정기관의 장과 협의하고자 하는 경우에는 협의요청서에 다음의 서류를 첨부하여 관계행정기관의 장에게 송부하여야 한다. 이 경우 협의요청서를 받은 관계행정기관의 장은 특별한 사유가 없는 한 협의요청서를 받은 날부터 40일 이내에 이에 대한 의견을 회신하여야 한다.
1. 수련지구의 지정사유 설명서
2. 수련지구로 지정할 구역의 지번 및 지적조서
3. 「국토의 계획 및 이용에 관한 법률」 그 밖의 다른 법률의 규정에 의하여 지역·지구 등으로 지정된 지역에 수련지구를 지정하는 경우 그 법률에서 당해 행정기관의 장과 협의하도록 규정된 때에는 그 협의에 필요한 서류
4. 수련지구로 지정하는 지역의 도면(축척 2만 5천분의 1 이상)

제28조(경미한 사항의 변경) 법 제47조제2항 단서에서 '대통령령이 정하는 경미한 사항의 변경'이라 함은 다음과 같다.
1. 지적조사 또는 지적측량의 결과에 의한 면적의 정정 등으로 인한 면적의 변경
2. 수련지구 지정면적의 100분의 10 이내의 변경. 다만, 제27조제3호의 규정에 의한 지역·지구 등으로 지정된 경우에는 변경협의를 하여야 한다.

제29조(수련지구 내 필수시설 및 금지시설)
① 법 제47조제4항의 규정에 의한 수련지구 안에 설치하여야 하는 시설의 종류·범위 및 면적은 별표 4와 같다.
② 수련지구 안에 설치할 수 없는 시설은 다음과 같다.
〈개정 2005.4.27〉
1. 「식품위생법 시행령」 제7조제8호의 규정에 의한 단란주점영업 및 유흥주점영업을 영위하기 위한 시설
2. 「공중위생관리법」 제2조제3호

1. 법인·단체 또는 직장 등에서 실시하는 단체연수활동 등에 제공하는 경우
2. 평생교육법의 규정에 의한 평생교육의 실시를 위하여 제공하는 경우
3. 유스호스텔 및 청소년야영장에서 청소년위원회규칙이 정하는 범위 안에서 개별적인 숙박·야영 편의 등을 제공하는 경우
4. 당해 수련시설에 설치된 관리실·사무실 등을 청소년단체의 활동공간으로 제공하는 경우
5. 그 밖에 청소년위원회규칙이 정하는 용도로 이용하는 경우
③ 제2항제1호 및 제2호의 규정에 의한 이용은 청소년위원회규칙이 정하는 이용범위를 초과할 수 없다.

제32조(청소년이용시설)
① 제10조제2호의 청소년이용시설을 설치·운영하는 국가 또는 지방자치단체 그 밖의 공공기관 등은 그가 설치·운영하는 시설을 그 시설의 운영에 지장이 없는 범위에서 청소년활동에 제공하도록 하여야 한다.
② 국가 또는 지방자치단체는 청소년이용시설을 설치·운영하는 개인·법인 또는 단체에 대하여 청소년활동프로그램의 제공 그 밖의 필요한 지원을 할 수 있다.
③ 국가 또는 지방자치단체는 예산의 범위 안에서 그 시설의 운영에 필요한 경비의 일부를 보조할 수 있다.
④ 청소년이용시설의 종류 등에 관하여 필요한 사항은 대통령령으로 정한다.

제33조(다른 법률과의 관계)
① 제11조제3항의 규정에 의하여 수련시설의 허가를 받은 때에는 다음 각 호의 허가·인가·해제·지정 또는 신고를 받은 것으로 본다.
1. 국토의계획및이용에관한법률 제56조·제86조 및 제88조의 규정에 의한 개발행위의 허가, 도시계획시설사업 시행자의

의 규정에 의한 목욕장업 중 청소년위원회규칙이 정하는 영업을 영위하기 위한 시설
3. 「사행행위 등 규제 및 처벌특례법」 제2조제1항제1호의 규정에 의한 사행행위영업을 영위하기 위한 시설
4. 「체육시설의 설치·이용에 관한 법률」 제10조제1항제2호의 규정에 의한 무도학원업 및 무도장업을 영위하기 위한 시설
5. 「유해화학물질 관리법」 제15조제1항 각 호의 규정에 의한 유독물영업 및 동법 제20조제1항의 규정에 의한 취급제한유독물영업을 영위하기 위한 시설
6. 「산업집적활성화 및 공장설립에 관한 법률」 제2조제1호의 규정에 의한 공장. 다만, 수련지구의 관리 또는 청소년수련활동을 위하여 필요한 시설로서 청소년위원회규칙이 정하는 것을 제외한다.
7. 「폐기물관리법」 제2조제7호의 규정에 의한 폐기물처리시설. 다만, 수련지구의 관리 또는 청소년수련활동을 위하여 필요한 시설로서 청소년위원회규칙이 정하는 경우를 제외한다.
8. 그 밖에 수련지구조성 목적에 적합하지 아니한 시설로서 시·도 조례에서 정하는 것
③ 수련지구 안에서의 시설의 설치는 법 제48조의 규정에 의하여 수립된 수련지구조성계획(이하 '조성계획'이라 한다)에 의하여 설치하여야 한다.

제30조(법인·단체의 조성계획 승인신청)
① 법 제48조제2항의 규정에 의하여 법인 또는 단체가 수립·시행할 수 있는 조성계획은 수련지구의 면적이 3백만 제곱미터 이하인 경우에 한한다.
② 조성계획의 승인신청을 하고자 하는 법인 또는 단체는 청소년위원회규칙이 정하는 사항이 포함된 조성계획승인신청서 및 제5조의 규정에 의한 설치·운영

지정 및 실시계획의 인가
2. 자연공원법 제20조·제23조
   및 제25조의 규정에 의한 공
   원사업 시행의 허가, 공원구
   역 안에서의 행위의 허가 및
   공원보호구역 안에서의 행위
   의 허가
3. 농지법 제36조의 규정에 의한
   농지전용허가
4. 초지법 제23조제1항의 규정에
   의한 초지전용의 허가 및 신고
5. 산지관리법 제14조·제15조의
   규정에 의한 산지전용허가 및
   산지전용신고, 산림법 제62조
   제1항의 규정에 의한 보안림
   구역 안에서의 행위의 허가
6. 사방사업법 제14조 및 제20
   조의 규정에 의한 사방지안에
   서의 입목·죽의 벌채 등의
   허가 및 사방지지정의 해제
7. 수도법 제36조의 규정에 의한
   전용상수도설치의 인가
8. 사도법 제4조의 규정에 의한
   사도개설의 허가
② 제13조의 규정에 의하여 수련시
   설을 등록한 때에는 당해 수련
   시설에 대한 다음 각 호의 신고
   또는 통보를 한 것으로 본다.
1. 체육시설의설치·이용에관한법
   률 제22조의 규정에 의한 체
   육시설업의 신고
2. 공중위생관리법 제3조의 규정
   에 의한 공중위생영업 중 이용
   업 및 미용업 개설사실의 통보
3. 식품위생법 제22조 및 제69
   조의 규정에 의한 식품접객업
   중 휴게음식점영업 및 일반음
   식점영업의 신고 및 집단급식
   소의 설치·운영의 신고
4. 음반·비디오물및게임물에관한
   법률 제26조제2항의 규정에
   의한 청소년게임장업의 신고
③ 시장·군수·구청장은 제11조제
   3항의 규정에 의하여 수련시설
   의 허가를 하거나 제13조의 규
   정에 의하여 수련시설을 등록하
   는 때에는 제1항 및 제2항 각
   호의 규정에 의한 관계법령에의
   적합여부에 관하여 미리 소관행
   정기관의 장과 협의하여야 한다.
   다만, 제52조제2항의 규정에 의
   하여 협의된 사항에 대하여는

의 허가신청을 하는 때에 첨부
하는 서류를 시·도지사에게 제
출하여야 한다.
〈개정 2005.4.27〉

제31조(조성계획의 고시)
① 법 제48조제4항의 규정에 의하
   여 시·도지사가 고시하는 조성
   계획에는 다음 사항이 포함되어
   야 한다.
1. 수련지구의 명칭
2. 수련지구의 위치 및 면적
3. 수련지구의 조성목적과 그 개요
4. 조성계획의 시행자(법인·단
   체의 경우에는 법인·단체의
   명칭·주소 및 대표자의 성명
   ·주소)
5. 시행기간(착공 및 준공예정일
   을 포함한다)
6. 조성계획의 시행으로 토지 등
   의 수용 또는 사용이 필요한
   경우, 수용 또는 사용할 토지
   등에 대한 소재지·지번·지
   적·면적·소유권 및 소유권
   외의 권리의 명세와 그 소유
   자 및 권리자의 성명·주소
7. 조성계획 및 도면의 비치장소
② 제1항의 규정에 의한 조성계획
   은 고시하여야 하며, 법 제48조
   제1항 또는 제2항의 규정에 의
   하여 수립되거나 승인된 조성계
   획 및 도면을 1월 이상 비치하
   여 일반인이 볼 수 있도록 하여
   야 한다.

제5장 청소년교류활동의 지원

제32조(국제청소년교류활동 추진)
① 국가 및 지방자치단체는 법 제
   54조제1항의 규정에 따라 국제
   청소년교류활동의 지원에 관한
   시행계획의 수립·추진을 위하
   여 필요한 때에는 공공기관, 사
   회단체, 청소년단체 등의 장에
   게 사전 협의와 협조를 요청할
   수 있다.
② 국가 및 지방자치단체는 제1항
   의 규정에 의한 시행계획을 수
   립한 때에는 이를 관계 공공기
   관, 사회단체, 청소년단체 등에
   통보하여야 한다.
③ 청소년위원회는 법 제54조제2항

그러하지 아니한다.

④ 시장·군수·구청장은 제13조의 규정에 의하여 수련시설의 등록증을 교부한 때에는 등록증을 교부한 날부터 15일 이내에 제3항의 규정에 의하여 협의한 행정기관의 장에게 이를 통보하여야 한다.

제4장 청소년수련활동의 지원

제34조(청소년수련거리의 개발·보급)

① 국가 및 지방자치단체는 수련활동에 필요한 수련거리를 그 이용대상·연령·이용장소 등을 종합적으로 고려하여 유형별로 균형 있게 개발·보급하여야 한다.

② 국가 및 지방자치단체는 청소년의 발달원리와 선호도에 근거하여 수련거리를 전문적으로 개발하여야 한다.

제35조(청소년수련활동인증제의 운영)

① 국가는 수련활동이 청소년의 균형 있는 성장에 기여할 수 있도록 그 내용과 수준을 향상시키기 위하여 청소년수련활동인증제도(이하 '수련활동인증제'라 한다)를 운영하여야 한다.

② 국가는 수련활동인증제를 운영하기 위하여 청소년수련활동인증위원회(이하 '인증위원회'라 한다)를 활동지원본부에 설치·운영하여야 한다.

③ 국가는 인증위원회의 인증을 받은 수련활동에 참여한 청소년의 활동기록을 유지·관리하고, 청소년의 요청이 있는 경우에는 이를 제공하여야 한다.

④ 인증위원회의 구성·운영·기록 유지 및 관리 등에 관하여 필요한 사항은 대통령령으로 정한다.

제36조(수련활동의 인증절차)

① 국가 및 지방자치단체는 수련활동에 필요한 수련거리를 개발하여 이를 실시하고자 하는 때에는 인증위원회의 인증을 받아야 한다.

② 제1항의 규정은 수련시설을 설치·운영하는 자 및 위탁운영단

의 규정에 의하여 외교통상부와 협의하여 청소년교류협정의 체결을 연차적으로 확대 및 다변화시켜야 한다.
〈개정 2005.4.27〉

제6장 청소년문화활동의 지원

제33조(청소년자원봉사센터의 설치·운영)

① 국가가 법 제65조제2항의 규정에 의하여 설치한 청소년자원봉사센터는 다음의 사업을 수행한다.〈개정 2005.4.27〉
1. 청소년자원봉사활동의 참여 실태 조사 및 정책연구
2. 청소년자원봉사 프로그램의 개발 및 관리·운영
3. 청소년자원봉사 지도자의 양성·연수
4. 청소년자원봉사활동의 기록관리
5. 청소년자원봉사 종합정보망의 운영
6. 청소년자원봉사 유관기관과의 연계 협력 및 평가의 지원
7. 청소년자원봉사의 대국민 홍보
8. 그 밖에 청소년위원회가 지정하거나 필요하다고 인정하는 사업

② 지방자치단체가 법 제65조제2항의 규정에 의하여 관할지역에 설치하는 청소년자원봉사센터(이하 '지방청소년자원봉사센터'라 한다)는 다음의 사업을 수행한다.
1. 청소년자원봉사활동에 대한 상담 및 안내
2. 청소년자원봉사자의 교육·모집·활동배치
3. 청소년자원봉사 프로그램의 개발 및 관리·운영
4. 청소년자원봉사 지도자의 교육연수
5. 청소년자원봉사 지역정보망의 운영
6. 청소년자원봉사 활동의 기록관리
7. 그 밖에 지역사회 청소년자원봉사활성화를 위하여 필요한 사업

③ 지방자치단체는 제2항의 규정에 의한 지방청소년자원봉사센터를 다음 단체 또는 시설에 위탁하

체에 이를 준용한다.

③ 청소년이용시설 또는 개인·법인·단체 등이 실시하는 청소년활동을 수련활동으로 인정받고자 하는 때에는 당해 청소년이용시설 또는 개인·법인·단체 등은 인증위원회에 그 인증을 요청할 수 있다.

④ 제3항의 규정에 의한 인증을 받고자 하는 자는 청소년활동프로그램을 진행하는 활동의 장소·시기·목적·대상·내용·진행방법·평가·자원조달·청소년지도자 등에 관한 사항을 작성하여 제출하여야 한다.

⑤ 인증위원회가 제1항 내지 제3항의 규정에 의한 인증을 하는 때에는 현장방문 등 필요한 방법에 따라 인증사항의 이행여부를 확인할 수 있다.

⑥ 제1항 내지 제5항의 규정에 의한 수련활동의 인증절차 및 방법 등 필요한 사항은 대통령령으로 정한다.

제37조(수련활동의 결과통보)

① 제36조의 규정에 의하여 인증을 받은 수련활동을 실시한 활동시설 및 개인·법인·단체는 수련활동이 종료된 후 대통령령이 정하는 바에 따라 인증위원회에 그 결과를 통보하여야 한다.

② 제1항의 규정에 의한 통보를 받은 인증위원회는 그 사항을 활동지원본부 및 지방지원센터에서 기록유지·관리될 수 있도록 조치하여야 한다.

③ 제36조제3항 또는 제4항의 규정에 의한 수련활동을 실시하는 청소년이용시설 또는 개인·법인·단체 등이 다음 각 호의 1에 해당하는 경우에는 5년 이내에 수련활동 인증을 인증위원회에 신청할 수 없다.

　1. 수련거리 인증 후 1년 이내에 해당 수련활동을 실시하지 않은 경우

　2. 제36조제5항의 규정에 의한 현장방문 확인결과 인증위원회의 보완지시를 3회 이상 이행하지 아니한 경우

　3. 제1항의 규정에 의한 수련활

여 운영할 수 있다.

　1. 「청소년기본법」 제3조제8호의 규정에 의한 청소년단체

　2. 법 제10조제1호 가목의 청소년수련관과 법 제10조제1호 다목의 청소년문화의집

　3. 청소년자원봉사센터를 운영할 수 있다고 시·도지사 및 시장·군수·구청장이 인정하는 비영리법인 또는 단체

④ 제3항의 규정에 의한 위탁의 기준에 관한 사항은 청소년위원회 규칙으로 정한다. 〈개정 2005.4.27〉

제7장 벌 칙

제34조(과태료의 부과)

① 법 제72조제3항의 규정에 의하여 청소년위원회 또는 시장·군수·구청장(이하 '부과권자'라 한다)이 과태료를 부과하고자 하는 때에는 당해 위반행위를 조사·확인한 후 위반사실과 과태료의 금액 등을 서면으로 명시하여 이를 납부할 것을 과태료처분대상자에게 통지하여야 한다. 〈개정 2005.4.27〉

② 부과권자는 제1항의 규정에 의하여 과태료를 부과하고자 하는 때에는 10일 이상의 기간을 정하여 과태료처분대상자에게 구술 또는 서면에 의한 의견진술의 기회를 주어야 한다. 이 경우 지정된 기일까지 의견진술이 없는 때에는 의견이 없는 것으로 본다.

③ 위반행위의 종류별 과태료의 금액은 별표 5와 같다. 다만, 부과권자는 위반행위의 정도와 횟수를 참작하여 그 해당금액의 2분의 1의 범위 안에서 이를 경감하거나 가중할 수 있되, 가중하여 부과하는 때에는 과태료의 총액이 법 제72조제1항 또는 제2항에서 정한 상한액을 초과할 수 없다.

④ 과태료의 징수절차는 청소년위원회규칙으로 정한다. 〈개정 2005.4.27〉

동 실시결과를 허위로 보고한 경우 4. 그 밖에 인증을 받은 사항과 다른 수련활동을 실시한 경우 **제38조(유사명칭의 사용금지)** 인증위원회의 인증을 받지 아니하고는 수련활동 또는 이와 유사한 명칭을 사용하여서는 아니 된다. **제39조(한국청소년수련시설협회)** ① 수련시설을 설치·운영하는 자 및 위탁운영단체는 수련시설의 운영·발전을 위하여 청소년위원회의 인가를 받아 다음 각 호의 사업을 하는 한국청소년수련시설협회(이하 '시설협회'라 한다)를 설립할 수 있다. 1. 회원 수련시설이 행하는 사업과 활동에 대한 협력 및 지원 2. 청소년지도자의 연수·권익증진 및 교류사업 3. 수련활동의 활성화 및 수련시설의 안전에 관한 홍보 및 실천운동 4. 수련활동에 대한 조사·연구·지원사업 5. 제40조의 규정에 의한 지방청소년수련시설협회에 대한 지원 6. 그 밖에 수련시설의 운영·발전을 위하여 필요하다고 청소년위원회가 인정하는 사업 ② 시설협회는 법인으로 한다. ③ 시설협회는 그 주된 사무소의 소재지에서 설립등기를 함으로써 성립한다. ④ 국가는 예산의 범위에서 시설협회의 운영경비의 전부 또는 일부를 지원할 수 있다. ⑤ 시설협회는 제1항의 규정에 의한 사업의 일부를 대통령령이 정하는 바에 의하여 제40조의 규정에 의한 지방청소년수련시설협회에 위탁할 수 있다. ⑥ 시설협회에 관하여 이 법에 규정한 것을 제외하고는 민법 중 사단법인에 관한 규정을 준용한다. **제40조(지방청소년수련시설협회)** ① 특정 지역을 활동범위로 하는 청소년수련시설은 시설의 효율적인 운영·발전을 위하여 그 지역을		

관할하는 시·도의 조례가 정하
는 바에 의하여 시·도지사의
승인을 얻어 지방청소년수련시
설협회를 구성할 수 있다.
② 지방자치단체는 예산의 범위
안에서 해당 지방청소년수련시
설협회의 운영경비의 일부를 지
원할 수 있다.

제41조(한국청소년수련원의 설립)
① 수련활동의 활성화를 위한 다음
각 호의 사업을 하기 위하여 한
국청소년수련원(이하 '한국수련
원'이라 한다)을 설립한다.
  1. 국가가 설치하는 수련시설의
  유지·관리·운영
  2. 국가 및 지방자치단체가 개발
  한 주요 수련거리의 시범운영
  3. 청소년활동시설이 행하는 국
  제교류 및 협력사업에 대한
  지원
  4. 청소년지도자의 연수
  5. 그 밖에 청소년위원회가 지정
  하거나 법인의 목적달성에 필
  요한 사업
② 한국수련원은 법인으로 한다.
③ 한국수련원은 그 주된 사무소의
소재지에서 설립등기를 함으로
써 성립한다.

제42조(정관)
① 한국수련원의 정관은 다음 각
호의 사항을 기재하여야 한다.
  1. 목적
  2. 명칭
  3. 주된 사무소의 소재지
  4. 사업에 관한 사항
  5. 임원 및 직원에 관한 사항
  6. 이사회에 관한 사항
  7. 재산 및 회계에 관한 사항
  8. 정관의 변경에 관한 사항
② 한국수련원의 정관을 변경하고자
하는 때에는 청소년위원회의 인
가를 받아야 한다.

제43조(임원)
① 한국수련원에 이사장을 포함한
15인 이내의 이사와 감사 1인
을 둔다.
② 이사장은 이사 중에서 이사회
에서 선임하여 청소년위원회의
승인을 얻어야 한다.

③ 이사는 이사회의 제청으로 청소
년위원회가 임면하고, 그 임기
는 3년으로 한다.
④ 감사는 청소년위원회가 임면하고,
그 임기는 3년으로 한다.

제44조(보조금 등)
① 정부는 예산의 범위 안에서 한
국수련원의 사업 및 운영에 소
요되는 경비를 지원할 수 있다.
② 개인·법인 또는 단체는 한국수
련원의 사업 및 운영을 지원하
기 위하여 금전 그 밖의 재산을
출연할 수 있다.

제45조(사업계획서 등의 제출)
① 한국수련원은 대통령령이 정하는
바에 의하여 사업계획서 및 예
산서를 작성하여 사업연도 개시
전까지 청소년위원회에 제출하
여야 한다.
② 한국수련원은 사업연도마다 세
입세출결산서를 작성하여 공인
회계사의 감사를 받아 다음 사
업연도의 3월 20일까지 청소년
위원회에 제출하여야 한다.

제46조(민법의 준용) 한국수련원
에 관하여 이 법에 규정한 것을 제
외하고는 민법 중 재단법인에 관한
규정을 준용한다.

제47조(청소년수련지구의 지정 등)
① 시장·군수·구청장은 청소년활
동을 지원하기 위하여 필요한
경우에 명승고적지, 역사유적지
또는 자연경관이 수려한 지역으
로서 청소년활동에 적합하고 이
용이 편리한 지역을 청소년수련
지구(이하 '수련지구'라 한다)로
지정할 수 있다.
② 시장·군수·구청장은 제1항의
규정에 의하여 수련지구를 지정
하고자 하는 때에는 관계행정기
관의 장과 협의하여야 한다. 이
를 변경하고자 하는 때에도 또
한 같다. 다만, 대통령령이 정
하는 경미한 사항의 변경에 관
하여는 그러하지 아니하다.
③ 시장·군수·구청장은 제1항의
규정에 의하여 수련지구를 지정

한 때에는 구역·면적·지정연
월일 그 밖에 필요한 사항을 고
시하여야 한다.
④ 수련지구의 지정절차, 수련지구
안에 설치하여야 하는 시설의
종류·범위 및 면적, 수련지구
안에 설치할 수 없는 시설 등에
관하여 필요한 사항은 대통령령
으로 정한다.

제48조(수련지구조성계획)
① 시장·군수·구청장은 제47조제
1항의 규정에 의하여 수련지구
를 지정한 경우에는 수련지구조
성계획(이하 '조성계획'이라 한
다)을 수립·시행하여야 한다.
② 법인 또는 단체는 수련지구를 지
정한 시장·군수·구청장의 승
인을 얻어 대통령령이 정하는
규모 이하의 조성계획을 수립·
시행할 수 있다.
③ 제1항 및 제2항의 규정에 의한
조성계획은 자연상태를 최대한
보존할 수 있도록 수립하여야
한다.
④ 시장·군수·구청장은 제1항 및
제2항의 규정에 의하여 조성계획
을 수립하거나 승인한 때에는 그
조성계획을 대통령령이 정하는
바에 의하여 고시하여야 한다.
⑤ 국가는 제1항 및 제2항의 규정
에 의한 조성계획의 시행에 필
요한 비용의 일부를 보조할 수
있다.

**제49조(2 이상의 시·군·구에
걸치는 수련지구의 지정 등)** 시장
·군수·구청장은 관할지역이 아닌
인근지역을 포함하여 수련지구로 지
정하거나 조성계획을 수립 또는 승
인하고자 하는 경우에는 당해 인근
지역을 관할하는 시장·군수·구청
장과 협의하여야 한다.

제50조(수용 및 사용)
① 제11조제1항의 규정에 의하여
수련시설을 설치하는 국가 및
지방자치단체 또는 조성계획의
시행자는 조성계획의 시행에 필
요한 토지·건축물 그 밖의 토
지의 정착물이나 이에 대한 소
유권 외의 권리를 수용 또는 사

용할 수 있다.
② 제1항의 규정에 의한 수용 및
사용에 관하여는 공익사업을위
한토지등의취득및보상에관한법
률을 적용한다.

제51조(조성계획에 의한 시설 설치 등)

① 수련지구 안에서의 수련시설 및
그 밖의 시설의 설치는 제48조
제1항 및 제2항의 규정에 의하
여 조성계획을 수립한 자가 이
를 행한다. 다만, 조성계획을
수립한 자 외의 자는 당해 조성
계획을 수립한 자의 승낙을 받
은 경우에는 수련지구 안에서
수련시설 그 밖의 시설을 설치
할 수 있다.
② 제1항의 규정에 의하여 수련시
설 그 밖의 시설을 설치하는 자
(시장·군수·구청장을 제외한
다)는 제11조제3항의 규정에
의한 수련시설의 허가를 받은
것으로 본다.

제52조(다른 법률과의 관계)
① 제48조제1항 및 제2항의 규정
에 의하여 조성계획을 수립하거
나 조성계획의 승인을 얻은 때
에는 다음 각 호의 허가·인가
·면허·해제·신고 또는 지정
을 받은 것으로 본다.
 1. 국토의계획및이용에관한법률 제
86조 및 제88조의 규정에 의
한 도시계획시설사업 시행자
의 지정 및 실시계획의 인가
 2. 수도법 제36조의 규정에 의한
전용상수도설치의 인가
 3. 하수도법 제13조의 규정에 의
한 공공하수도공사시행 또는
유지의 허가
 4. 공유수면관리법 제5조 및 제8
조의 규정에 의한 공유수면의
점용·사용허가 및 실시계획
의 인가 또는 신고
 5. 공유수면매립법 제9조제1항의
규정에 의한 매립의 면허
 6. 하천법 제30조의 규정에 의한
하천공사시행 또는 유지의 허
가, 동법 제33조의 규정에 의

한 하천점용 등의 허가 7. 도로법 제34조의 규정에 의한 도로공사시행 또는 유지의 허가, 동법 제40조의 규정에 의한 도로점용의 허가 8. 항만법 제9조제2항의 규정에 의한 항만공사시행의 허가 9. 사도법 제4조의 규정에 의한 사도개설의 허가 10. 산지관리법 제14조·제15조의 규정에 의한 산지전용허가 및 산지전용신고, 산림법 제62조제1항의 규정에 의한 보안림구역 안에서의 행위의 허가 11. 농지법 제36조의 규정에 의한 농지전용허가 12. 초지법 제23조제1항의 규정에 의한 초지전용의 허가 및 신고 13. 사방사업법 제14조 및 제20조의 규정에 의한 사방지안에서의 입목·죽의 벌채 등의 허가 및 사방지지정의 해제 14. 자연공원법 제20조·제23조 및 제25조의 규정에 의한 공원사업시행 및 공원시설관리의 허가, 공원구역 안에서의 행위의 허가 및 공원보호구역 안에서의 행위의 허가 ② 시장·군수·구청장은 제48조제1항 및 제2항의 규정에 의하여 조성계획을 수립하거나 승인하는 때에는 제1항 각 호의 규정에 의한 관계법령에의 적합여부에 관하여 미리 소관행정기관의 장과 협의하여야 한다. **제5장 청소년교류활동의 지원** **제53조(청소년교류활동의 진흥)** ① 국가 및 지방자치단체는 교류활동 진흥시책을 개발·시행하여야 한다. ② 국가 및 지방자치단체는 활동시설과 청소년단체 등에 대하여 교류활동을 장려하기 위한 다양한 형태의 교류활동프로그램을 개발하여 운영하게 할 수 있다. ③ 국가 및 지방자치단체는 예산의 범위에서 제2항의 규정에 의한 교류활동프로그램의 개발·운영에 필요한 경비의 전부 또는 일부를 지원할 수 있다.		

제54조(국제청소년 교류활동의 지원) ① 국가 및 지방자치단체는 정부·지방자치단체·국제기구 또는 민간 등이 주관하는 국제청소년 교류활동을 지원하기 위한 시행계획을 수립하고 이를 추진하여야 한다. ② 국가는 다른 국가와 청소년교류협정을 체결하여 국제청소년교류활동이 지속적으로 발전할 수 있는 기반을 조성하여야 한다. ③ 국가 및 지방자치단체는 민간기구가 국제청소년교류활동을 시행할 때에는 이를 지원할 수 있다. **제55조(지방자치단체의 자매도시협정 등)** ① 지방자치단체는 자매도시협정을 체결하는 때에는 청소년의 교류활동에 관한 사항을 포함하도록 노력하여야 한다. ② 지방자치단체는 청소년교류를 위하여 청소년단체 등 민간기구의 활동을 지원할 수 있다. **제56조(교포청소년 교류활동의 지원)** ① 국가 및 지방자치단체는 교포청소년의 모국방문·문화체험 및 국내청소년과의 교류활동을 지원하고 장려하여야 한다. ② 국가는 청소년단체 또는 청소년시설이 주관하는 교포청소년교류활동의 확대·발전을 위하여 행정적·재정적 지원을 할 수 있다. **제57조(청소년교류활동의 사후지원)** 국가 및 지방자치단체는 교류활동을 통한 성과가 지속되고 발전·향상되기 위한 시책을 강구하여야 한다. **제58조(청소년교류센터의 설치·운영)** ① 국가는 제53조 내지 제57조의 업무를 효율적으로 지원하기 위하여 청소년교류센터를 설치·운영할 수 있다. ② 청소년교류센터의 운영은 대통령령이 정하는 바에 따라 청소		

년단체 등에 위탁할 수 있으며,
이 경우 운영에 필요한 경비를
지원할 수 있다.

제59조(남·북청소년교류활동의 제도적 지원)
① 국가는 남·북청소년교류에 관한 기본계획을 수립하고 남·북청소년이 교류할 수 있는 제도적 여건을 조성하여야 한다.
② 국가는 남·북청소년교류를 위한 기반조성을 위하여 필요한 체계적인 통일교육을 실시할 수 있다.

제6장 청소년문화활동의 지원

제60조(청소년문화활동의 진흥)
① 국가 및 지방자치단체는 문화활동프로그램개발, 문화시설 확충 등 문화활동에 대한 청소년의 참여기반을 조성하는 시책을 개발·시행하여야 한다.
② 국가 및 지방자치단체는 제1항의 규정에 의한 시책을 수립·시행함에 있어서 문화예술관련단체·청소년동아리단체·봉사활동단체 등이 청소년문화활동 진흥에 적극적이고 자발적으로 참여할 수 있도록 하여야 한다.
③ 국가 및 지방자치단체는 제2항의 규정에 의한 자발적 참여에 대하여는 예산의 범위에서 그 경비의 전부 또는 일부를 지원할 수 있다.

제61조(청소년문화활동의 기반구축)
① 국가 및 지방자치단체는 다양한 영역에서 청소년의 문화활동이 활성화될 수 있도록 기반을 구축하여야 한다.
② 문화예술관련단체 등 각종 지역사회의 문화기관은 청소년의 문화활동기반 구축을 위해 적극 협력하여야 한다.

제62조(전통문화의 계승) 국가 및 지방자치단체는 전통문화가 청소년의 문화활동에 구현될 수 있도록 필요한 시책을 수립·시행하여야 한다.

제63조(청소년축제의 발굴지원)
국가 및 지방자치단체는 청소년축제
를 장려하는 시책을 수립하여 시행
하여야 한다.

제64조(청소년동아리활동의
활성화)
① 국가 및 지방자치단체는 청소년
  이 자율적으로 참여하여 조직하
  고 운영하는 다양한 형태의 동아
  리활동을 적극 지원하여야 한다.
② 청소년활동시설은 제1항의 규정
  에 의한 동아리활동에 필요한
  장소 및 장비 등을 제공하고 지
  원할 수 있다.

제65조(청소년자원봉사활동의 활
성화 등)
① 국가 및 지방자치단체는 청소년
  자원봉사활동을 활성화할 수 있
  는 기반을 조성하여야 한다.
② 국가 및 지방자치단체는 제1항
  의 규정에 의한 업무의 수행을
  위하여 청소년자원봉사센터를 설
  치·운영할 수 있다.
③ 청소년자원봉사센터의 운영은 대
  통령령이 정하는 바에 따라 청
  소년단체 등에 위탁할 수 있으
  며, 이 경우 운영에 필요한 경
  비의 전부 또는 일부를 지원할
  수 있다.

제7장 보 칙

제66조(조세감면 등)
① 국가는 활동지원본부·지방지원
  센터·청소년활동시설·시설협
  회·지방청소년수련시설협회 및
  한국수련원 등에 대하여 조세특
  례제한법이 정하는 바에 의하여
  조세를 감면할 수 있고 부가가
  치세법이 정하는 바에 따라 부
  가가치세를 감면할 수 있다.
② 국가는 활동지원본부·지방지원
  센터·청소년활동시설·시설협
  회·지방청소년수련시설협회 및
  한국수련원 등에 출연 또는 기
  부된 재산에 대하여는 조세특례
  제한법이 정하는 바에 의하여
  소득계산의 특례를 적용할 수
  있다.
③ 국가는 활동지원본부·지방지원

센터·청소년활동시설·시설협
회·지방청소년수련시설협회 및
한국수련원이 수입하는 청소년
활동에 직접 사용되는 실험·실
습·시청각기자재 그 밖의 필요
한 용품에 대하여는 관세법이
정하는 바에 의하여 관세를 감
면할 수 있다.

제67조(감독)
① 국가 및 지방자치단체는 청소년
활동진흥을 위하여 필요한 경우
활동지원본부·지방지원센터 및
청소년활동시설의 업무·회계
및 재산에 관한 사항을 보고하
게 하거나 소속공무원으로 하여
금 그 장부·서류 그 밖의 물건
을 검사하게 할 수 있다.
② 제1항의 규정에 의하여 검사를
하는 공무원은 그 권한을 표시
하는 증표를 지니고 이를 관계
인에게 내보여야 한다.

제68조(수수료) 다음 각 호의 1
에 해당하는 자는 청소년위원회규칙
이 정하는 바에 의하여 수수료를
납부하여야 한다.
  1. 제11조제3항의 규정에 의하여
    수련시설의 설치허가를 신청
    하는 자
  2. 제13조제1항의 규정에 의하여
    수련시설의 등록을 신청하는
    자(국가 또는 지방자치단체가
    등록하는 경우는 제외한다)
  3. 제48조제2항의 규정에 의하여
    조성계획의 승인을 신청하는 자

제69조(권한의 위임·위탁) 청소
년위원회는 이 법에 의한 권한의
일부를 대통령령이 정하는 바에 의
하여 시·도지사에게 위임하거나
청소년단체에 위탁할 수 있다.

제8장 벌 칙

제70조(벌칙)
① 다음 각 호의 1에 해당하는 자
는 2년 이하의 징역 또는 1천만
원 이하의 벌금에 처한다.
  1. 제11조제3항의 규정에 의한
    허가를 받지 아니하고 수련시

설을 설치·운영하거나 변경
한 자
  2. 제48조제2항의 규정에 의한
     승인을 얻지 아니하고 조성계
     획을 시행한 자
② 제22조의 규정에 의하여 허가
   또는 등록의 취소를 받은 자로
   서 계속하여 당해 수련시설을
   운영한 자는 1년 이하의 징역
   또는 500만 원 이하의 벌금에
   처한다.

제71조(양벌규정) 법인의 대표자
또는 법인이나 개인의 대리인·사
용인 그 밖의 종업원이 그 법인 또
는 개인의 업무에 관하여 제70조의
위반행위를 한 때에는 행위자를 벌
하는 외에 그 법인 또는 개인에 대
하여도 동조의 벌금형을 과한다.

제72조(과태료)
① 제67조제1항의 규정에 의한 보
   고를 하지 아니하거나 검사를 거
   부·방해 또는 기피한 자는 500
   만 원 이하의 과태료에 처한다.
② 다음 각 호의 1에 해당하는 자
   는 300만 원 이하의 과태료에
   처한다.
  1. 제13조제1항의 규정을 위반하
     여 등록을 하지 아니하고 수
     련시설을 운영한 자
  2. 제14조제1항의 규정을 위반하
     여 운영대표자를 선임하지 아
     니한 자(제16조제3항의 규정
     에 의하여 준용되는 경우를
     포함한다)
  3. 제20조의 규정에 의한 시정명
     령을 위반한 자
  4. 제21조의 규정을 위반하여 동
     조 각 호의 1의 행위를 한 자
  5. 제25조의 규정을 위반하여 보
     험에 가입하지 아니한 자
  6. 제27조제1항의 규정에 의한
     신고를 하지 아니하고 수련시
     설을 휴지 또는 폐지한 자
③ 제1항 및 제2항의 규정에 의한
   과태료는 대통령령이 정하는 바
   에 따라 청소년위원회 또는 시
   장·군수·구청장이 이를 부과
   ·징수한다.
④ 제3항의 규정에 의한 과태료처
   분에 불복이 있는 자는 그 처분

의 고지를 받은 날부터 30일 이내에 당해 처분청의 장에게 이의를 제기할 수 있다. ⑤ 제3항의 규정에 의한 과태료처분을 받은 자가 제4항의 규정에 의하여 이의를 제기한 때에는 당해 처분청의 장은 지체 없이 관할법원에 그 사실을 통보하여야 하며, 그 통보를 받은 관할법원은 비송사건절차법에 의한 과태료의 재판을 한다. ⑥ 제4항의 규정에 의한 기간 이내에 이의를 제기하지 아니하고 과태료를 납부하지 아니한 때에는 국세체납처분 또는 지방세체납처분의 예에 의하여 이를 징수한다.		

6) 청소년의 재비행

(1) 청소년 재비행 영향요인

비행을 저지른 청소년들의 재비행에 영향을 미치는 제 요인들에 대한 연구들이 많이 있다. 우선 개인적 특성에 따른 요인들로써 심리적 요인에 따른 낮은 자존감으로 인한 영향이 지배적인데[43] 이는 주로 최초비행 후 범죄자로 낙인되면 이에 대한 주위의 반응에 의해 자아존중감이 낮아져 재비행하게 되는 가능성이 많고 자아통제력과 관련하여 그것이 형성돼야 할 어린시절 여러 가지 조건이 충족되지 않으면 그 정도가 낮은 수준에서 형성되는데 이는 대체로 불변하기 때문에 이러한 소년들이 성인이 되어서도 범죄를 저지를 가능성이 높다고 본다. 또한 우리나라의 경우 분류심사원이나 소년원에 근무

---

43) 윤옥경, 법적낙인이 비행청소년의 자아존중감에 미치는 영향에 관한 연구, 이화여대 석사학위논문, 1987., 강세현, 형사처벌에 따른 사회적 반응에 대한 소년범의 지각형태, 연세대 석사학위논문, 1986.

하는 실무가들에 의해 대다수 이루어져 온 재범예측 연구[44]에서 최초범죄연령, 가출경험, 문신경험 등으로 구성되는 요인들이 공통적으로 재비행과 관련돼 있음을 밝히고 있다.

(2) 가족 및 사회환경적 특성 요인

① 가 족

가족변인과 청소년의 비행과의 관계를 밝히려는 연구들은 상당히 많다. 그러한 연구들은 대체로 두 부류로 구분하여 볼 수 있는데, 하나는, 가족구조로서 결손여부, 형제의 수, 부모의 이혼여부 등과 비행과의 관계에 관한 것이고, 다른 하나는, 가족관계로 부모의 양육태도, 부모자녀 간의 관계와 비행에 관한 것이다. 그러나 청소년의 비행에 관련한 보다 많은 연구들은 가족관계와 비행에 관한 내용에 초점이 맞추어져 있다. 현대에 있어서 가족은 그 구성원 간의 애정에 바탕을 둔 유대에 기초한다. 그러므로 가족의 응집력, 부모와 자녀와의 관계의 질 등이 청소년비행과 밀접한 관련을 가지리라는 것을 가정할 수 있다.[45]

② 사회계층

가정의 사회경제적 지위와 비행과의 관계를 다루고 있는 많은 선행연구들을 살펴볼 때, 그 결과들은 양자 간의 관계가 깊다는 연구

---

44) 광주 소년원, 소년원생의 재비행 예측에 관한 연구, 1976., 김기두, 한국소년범죄연구, 박영사, 1967., 박호찬, 소년원 출원자의 재비행력에 관한 조사연구, 대전소년감별소, 1991., 송흔탁, 보호처분 소년의 재비행에 관한 조사연구, 부산소년감별소, 1990., 이시균, 정용래 노청한, 비행소년 감별의 표준화에 관한 연구, 법무연구 9, 1982., 이병기, 노성호, 소년범의 재범예측에 관한 연구, 한국형사정책연구원, 1994.

45) 유혜경, 청소년비행에 영향을 미치는 제 변인에 관한 연구, 고려대학교 박사학위 논문, 1986. p.14.

결과와 관계가 없다는 연구결과가 팽팽히 맞서면서 매우 상반되는 논의들을 하고 있다. 그러나 최근의 국내 연구결과들을 보면 가정의 사회경제적 지위와 비행과의 유의미한 관계가 없다는 추세로 나타나고 있다.[46]

③ 학　교

학교에서의 좌절이나 실패가 비행을 야기한다는 주장과 더불어 구체적으로 학습부진, 공부압력이 비행을 일으킨다는 연구[47]들이 있다. 이런 연구들에서는 청소년의 비행을 이해하는 중요한 부분으로 학교를 파악하고, 공부와 관련된 요인 중에서는 성적이 비행과 가장 강한 관계를 보이는 것으로 나타남을 보고한다. 이는 학습능력 부진 및 학업성취의 실패가 비행을 유발한다는 가정에서 진전된 것으로 학업실패의 누적과정에서 교사와 친구들로부터 부정적인 반응을 체험하고 이러한 실패로부터 자아존중감이 저하되어 이에 대한 방어기제로 비행을 하게 된다는 주장하고 있다.

④ 또　래

청소년들은 그들의 정서적 불안 및 혼란의 문제를 보통 동년배 집단과의 동일시와 그들과의 관계에서 해결하려고 하기 때문에 동년배 집단을 형성하여 안정감을 느끼고 집단의 가치와 행동양식을 동일시하려는 욕구가 강하다고 볼 수 있는데, 이러한 점은 비행청소년의 대부분이 또래집단을 형성하여 집단적으로 이루어지고 있다는 사실에서도 알 수 있듯이 비행성 또래와의 친밀성이 청소년들의 비행

---

46) 김선남, 청소년 비행 관련 변인 간의 인과적 분석, 전남대학교 박사학위논문, 1994. p.24.
47) 김준호, 노성호, 학교가 청소년 비행에 미치는 영향에 관한 연구, 한국형사정책연구원, 1993.

과 높은 관련이 있음을 시사하고 있다.[48] 즉 비행을 저지르면 유사한 친구들과 만나고 교분을 나눌 수 있는 기회가 많아지며 이 같은 상호작용관계의 변화는 결국 다른 범죄자들로부터 비행이나 범죄를 옹호하는 가치나 의미 등을 학습할 기회를 증대시켜 초범자들이 반복적으로 비행이나 범죄를 하게 되어 더욱 심각한 성인범죄자로 전이하는 계기가 된다는 것이다.

⑤ 사회적 지지

비행청소년으로부터 지각되는 사회적 지지의 결여는 사회적 지지의 원천이 되는 가족, 교사, 친구, 이웃 등의 청소년의 사회적 망에서부터 출발할 수 있다. 비행청소년에 대한 사회적 지지의 효과에 대한 여러 연구들에서는 청소년의 주변 환경으로서 사회적 지지구조는 가족 측면에서 부모, 형제, 확대가족, 학교측면에서 선생님, 또래관계, 지역사회 측면에서 보건 및 인간 서비스, 자원조직 및 클럽, 교회, 기업이 있으며, 각 구조는 직접적으로 청소년들에게 영향을 미치고, 이러한 사회적 지지의 결여는 문제행동을 매개, 유발하게 될 뿐 아니라, 이미 비행행동을 보이고 있는 청소년에 대한 공식적, 비공식적인 지지개입—부모 교사의 지지, 또래관계를 통한 건전한 행동에의 지지, 전문가가 제공하는 전문적 지지—이 후의 청소년의 발달과 적응에 결정적인 영향을 미칠 수 있다고 강조하고 있다.[49] 즉 비행청소년은 생활상황에 따라 사회적 지지가 부족할 수 있으며 혹은 잘못된 적용이 있을 가능성이 높으며, 비행청소년은 자신의 낙인된 지위 때문에 사회적 지지를 구하는 데 있어 스스로 부정적인

---

48) 전병재, 청소년 친구집단과 비행 간의 상관성 연구, 한국형사정책연구원, 1991. p.20.
49) 나동석, 비행청소년의 스트레스 완화를 위한 사회적 지지의 효과에 관한 연구, 중앙대학교 박사학위논문, 1992. pp.41-42.

생각을 갖게 되거나 혹은 활용가능성이 있는 사회적 지지로부터의 차단, 자신의 제한된 자원 때문에 비행을 지속화, 가속화하게 된다는 것이다. 이상에서 살펴본 여러 변인들은 각각 다른 관점에서 청소년의 비행 및 재비행의 원인을 설명하고 있다. 본 연구에서는 위 여러 변인들 중 개인적 변인으로 자아존중감, 조기비행성의 두 가지를 선정하고, 가족 및 사회 환경적 변인으로 가족변인 중 부모의 지도 및 양육, 가족의 정서적 지지, 가족응집성, 학교변인 중 학교분위기, 교사의 지지, 학교로부터 단절, 또래변인 중 비행성 또래와의 친밀도, 지역사회변인 중 전문적-공식적 지지의 열한 가지로 선정하였다. 위의 변인들을 선정한 근거는 다음과 같다.

첫째, 개인적 특성 중 신체적 특성이나 유전적 요인 등 개입을 통한 변화가 어려울 수 있는 내생적 요인들은 제외하였다. 둘째, 청소년의 재비행을 설명함에 있어 상대적으로 연구가 미비한 최초비행 이후의 상황변화요인들을 중심으로 선정하였다. 이는 '상황 속의 개인'을 다루는 사회사업적 관점을 반영하고자 하는 의도에 기인하는 것이다. 또한 이는 재비행을 다루는 기존연구들의 추세로 볼 때, 범죄를 예측하고자 하는 예측연구[50]에서 비행청소년의 이후의 변화양태에 관한 연구들[51]로 발전되는 경향에 부응하는 것이다.

가. 독립변수

가) 개인적 변인

청소년의 재비행을 설명하는 개인적 변인으로써 조기비행성과 함

---

50) 이병기 외, 소년범의 재범예측에 관한 연구, 한국형사정책연구원 1994.; 광주 소년원, 소년원생의 재비행 예측에 관한 연구, 1976.
51) 김준호 외, 소년범죄자의 성인범으로의 전이에 관한 연구, 한국형사정책 연구원 1995.

께 자아존중감이 있다.

나) 가족 특성 변인

청소년의 재비행에 영향을 미치는 부모의 양육태도의 하위변인으로서 부의 합리적 지도, 모의 합리적 지도의 두 변인이 있다. 이때 합리적 지도란 부모의 자녀에 대한 훈육, 감독 생활파악을 포괄하는 개념이다.[52] 현대에 있어서 가족은 그 구성원 간의 애정에 바탕을 둔 유대에 기초한다. 그러므로 가족의 응집력의 개념이 청소년비행과 밀접한 관련을 가지리라는 것을 가정해 볼 수 있을 것이다.[53]

다) 사회환경적 변인

최초비행 이후 학교의 분위기를 청소년의 재비행에 영향을 미치는 독립변수가 있다. 이 척도는 최초비행 이후 학교에 갔을 때 청소년 자신이 느낀 학교의 분위기 혹은 소외감, 낙인받는 것에 대한 기분을 묻는 것을 내용으로 하였으며, 소년이 최초비행 이후 다시 학교생활을 하는 데 있어 학교분위기에 가중치를 두어 적절한 순서에 따라 서열 변수화하였는데 점수가 높을수록 최초비행 이후 학교 분위기가 부적절한 것이다.[54] 최초비행 이후 청소년의 재비행을 설명하는 변수로서 청소년의 학교로부터 단절 여부와 비행성 또래의 영향 그리고 상호작용하는 사람들과의 관계로부터 얻을 수 있는 사회적인 대처 차원을 포함하는 것으로 사회적 지지를 독립변수로 상정하였는데, 학교로부터의 단절을 측정하기 위해서는 대상 청소년의 최초비

---

52) 박성수(1990)가 제안한 부모의 가정교육을 재는 항목에서 문항을 구성하여 부와 모를 따로 측정.

53) 유혜경, 앞의 책, 1986. p.25.

54) 이 변수는 사회환경 변수임에도 불구하고 최초비행 이후 학교 분위기에 대한 개인의 반응을 측정한 것이므로 개인적 특성이 포함된 측정임을 밝혀두는 바이다.

행 이후 다니던 학교에서의 자퇴나 퇴학 여부를 척도로 하여 측정하면 된다. 청소년의 주변환경으로서 사회적 지지구조를 가족, 학교, 지역사회라는 3가지 측면으로 나누어 각 범주별 하위변인으로 살펴보아야 제대로 파악할 수 있다.

나. 종속변수

엄격한 의미에서 재비행은 청소년이 최초비행 이후 다시 저지르는 비행으로서 신분비행과 범법비행 양자 모두를 포함하는 행동으로 정의하는 것이 정확하다.

재비행까지의 기간

청소년들의 최초비행 이후 재비행하기까지의 기간이 된다. 재비행까지 기간은 분류심사원 혹은 법원에서 처분을 받은 날짜로부터 재비행으로 다시 처분을 받은 날짜까지의 기간을 계산하여 종속변수 재비행 기간으로 살펴보면 잘 볼 수 있다.

개인적 특성 요인	개인적 요소
	최초비행 연령 자아존중감

가족 특성 요인	가족환경 요소
	부모의 지도 및 훈육 가족 내 정서적 지지 가족 응집력

사회환경적 특성 요인	학교환경 요소
	학교 분위기 교사의 지지 학교로부터 단절
	또래환경 요소
	또래의 비행성
	지역사회환경 요소
	전문적 – 공식적 지지

3. 노인 행정복지

노인 행정복지는 노인건강, 취업, 휴식시설, 복지시설, 정책 등 모든 면에서 다양하게 중요시되고 있는 부분이다. 다양한 측면에서 다루어 보도록 하겠다.

현재 우리나라는 고령자인력활용을 위한 가정 및 국가, 사회적 노력이나 연구 활동이 매우 미비한 실정이다. 더구나 최근 경제상황이 악화되어 젊은 취업자 수가 줄어듦에 따라 고령자들을 위한 취업실태연구는 그 관심이 저조해지고 있는 실정이다. 우리나라는 아직 사회적·경제적 여건이 미흡하고, 고령자인력 활용의 중요성에 대해서 거의 인식되지 않거나, 거론조차 되지 않고 있는 실정인 데 반해 고령화 사회는 빠르게 진행되어 가고 있어 앞으로 고령자 인력문제는 심각하게 대두될 것이다.

농경사회에서는 토지가 가장 큰 자산이었고 소유권은 일반적으로 고령자에게 있었으며 사망 시 자녀상속이 되곤 하였다. 그러므로 농경사회에서는 고령자가 재산권을 가지고 있었고, 따라서 고령자들은 자녀들과의 교환관계도 지배할 수 있었다. 그러나 산업사회가 될수록 경작토지의 가치는 저하되고 생업수단은 지식과 기술을 기반으로 하는 임금노동 위주로 되고 있으며 특히, 우리 사회는 자녀양육 및 교육뿐만 아니라 심지어는 자녀의 결혼에까지 고령자가 소유하고 있던 자산을 과도하게 투입하는 경향이 있어 노후에 경제적 자원이 결핍되거나 고갈되는 상태에 이르는 수가 많아 고령자의 경제적 빈곤이 큰 문제가 되었다.

종래 우리나라는 전통적 부양으로 고령자 부양문제는 그리 크게 대두되지 않았으나, 급격한 사회변동과 젊은이들의 의식변화 그리고 근대화, 산업화, 도시화가 진행되면서 가족구조가 핵가족화되고 개인주의적 서구문화의 영향으로 인하여 자녀들의 부양의식이 약화되었다. 이러한 부양의식의 변화와 더불어 고령자의 인구증가에 따른 고령자복지제도의 미흡, 특히 제한된 시설보호와 고령자 직업의 감소, 퇴직 후의 생계보장제도(노령연금, 보험 등)의 미비로 고령자빈곤의 문제는 더욱 확산될 것으로 예상된다.

고령자부양의 의무를 직계가족, 사회 또는 국가 중 어느 한쪽이 책임을 지든가, 아니면 3자가 서로 협조체계를 이루어 해결해야 하는데, 우리나라의 현 실정은 셋 중 어느 한쪽도 이의 해결을 위하여 적극적인 자세를 취하지 않았을 뿐만 아니라, 도리어 서로 그 책임을 회피 또는 전가함으로써 문제를 더욱 복잡한 양상으로 몰아넣고 있다. 이에 고령자 자신도 자식에게 의존하기보다는 스스로의 힘으로 생활문제를 해결하려는 경향이 점점 더 강해져 가고 있다.

고령자에게 있어 취업은 부양문제 때문만이 아니라 무엇인가 일거리를 부여한다는 것은 그들을 정신적, 정서적으로 안정시킬 뿐 아니라 생계, 용돈, 건강, 무료함 등을 제거하는 데도 크게 기여한다고 하였는데 결국, 직업적 역할 수행을 제공하고 보상으로 얻는 것은 물질적인 것 외에 자기실현, 자아지지, 자아확인을 통한 사회심리적 만족감을 크게 볼 수 있는 것이다.

우리나라엔 240여만 명의 가용인력 자원이 상존하고 있으며 이 중 55세 이상 고령자의 가용인력도 18만 명으로 추정되고 있다. 그럼에도 불구하고 고령자 취업문제가 발생하는 기본적인 요인은 고령자의 높은 취업 지향에 수요 측이 충분히 대응하지 못하는 데 있다.

이러한 상황 그대로 금후 고령화가 양적으로 확대해 가면 고령자의 고용문제는 일층 확대되는 한편, 노년 인구 비율의 증대에 따른 연금재정 문제도 현재화할 것이다. 개인의 측면에서는 취업을 통한 기능의 유효발휘와 노후생활의 안정이 저해되고, 사회적으로 부양·피부양의 균형을 일층 악화시킬 뿐만 아니라 산업·기업에 있어서도 젊은 노동력의 감소분만큼의 소요 노동력의 확보가 곤란해져 경제성장과 사회 활력의 저하를 초래할 우려가 있다.

<노인인구의 증가 추이>

(단위: 천 명, %)

연 도	2002	2010	2019
전체 인구	47,640	49,594	50,619
65세 이상 인구	3,772	5,302	7,034
(구 성 비)	7.9	10.7	14.4
총부양비	39.8	38.8	40.0
노인부양비[1]	11.1	14.8	19.8
유년부양비[2]	28.7	23.9	20.2

1) 노인부양비＝(65세 이상 인구 / 15~64세 인구) × 100
2) 유년부양비＝(0~14세 인구 / 15~64세 인구) × 100
 * 자료: 통계청, 『장래인구추계』, 2001

〈규모별 고령자 고용현황〉

(단위: %)

구 분	평 균	300-499인	500-999인	1,000인 이상
2000년	3.44 (8.15)	7.53 (14.91)	6.46 (12.65)	2.33 (6.41)
2010년	3.03 (7.88)	4.45 (10.73)	4.94 (11.02)	2.12 (6.27)

주: ( )는 50세 이상의 고용률

그러므로 고령자들에게 고용기회를 제공하는 것은 국가적으로는 사회보장 기금의 절약과 산업 발전에 필요한 노동력을 확보할 수 있게 하므로 사회복지 재원조달의 문제, 노동문제 등을 해결하는 종합적인 방안이 될 수가 있다. 또한 고령자 개인적 측면에서도 노후 소득보장의 여건을 마련해 주는 것 외에도 노령기의 건강 유지 및 여가활동의 기회를 제공해 주는 긍정적인 정책이 될 수가 있다. 이러한 고령자의 취업을 위한 기관의 현황을 살펴보면 첫째, 일할 능력이 있는 자에게 일할 기회를 주기 위해 설립된 기구인 고령자능력은행을 들 수 있다. 이곳은 고령자에게 알맞은 직종의 개발, 인력 수요 정보의 제공 등을 위한 고령인력정책기관인데 목적과 취지는 사회적으로 긍정적인 평가를 받고 있으나 현실적으로 그 성과는 만족할 만한 것이 못 되고 있다. 대부분 고령자들은 평생 동안 종사해 왔던 분야에서 근무하기를 희망하고 있으나 고령자능력은행의 취업알선은 단순노무직이나 단순직으로 이루어지고 있다. 다음으로 고령자 취업알선센터는 고령화 추세에 따라 유휴노동력을 활용하여 인력난에 대비하고 고령자의 적성과 능력에 맞는 일감을 발굴하여 취업을 알선하고 장·단기 취업알선시책을 마련하여 고령자들의 실질적인 소득보장대책을 강구하는 목적하에 설치·운영되고 있는 시설이다. 그러나 이러한 사업은 고령자의 재취업의 욕구가 강하더라도 정부의 예산부족, 취업알선 전담인력의 부족, 사후관리의 부재 등과 같은 여러 가지 불리한 점이 문제로 지적되고 있다.

현재 취업 중인 고령자가 일을 하게 된 경로를 살펴보면 본인 스스로가 취업을 하게 된 경우가 72.2%로 대부분을 차지하고 있으며, 친구의 소개로 인한 경우가 12.5%, 가족의 소개가 5.6%, 취업알선센터의 소개가 2.8%로 나타나고 있는 것을 보아도 고령자의 취업을 위한 기관의 현황을 쉽게 파악할 수가 있다고 본다. 고령자취업에 대해 평생교육의 관점에서 논의하며 그 속에서 통합되어야 할 고령자이력활용을 위한 고령자능력의 개발이 4가지 편견 때문에 방치되어 왔다. 첫째, 고령자는 노화할수록 학습능력이 결여된다는 것이다. 둘째, 고령자에게 있어서 지능은 노화할수록 감퇴하고 소멸된다는 것이다. 셋째, 노화할수록 창의적 능력도 결여된다는 것이다. 넷째, 체력도 노화과정에 있어 급격하게 저하되어 노동능률에 문제가 있다는 선입견 때문이다.

그러나 연구들을 보면 고령자는 학습을 성공적으로 수행할 수 있으며 단지, 학습내용을 아주 빠른 속도로 재생할 수 없다는 것이다.

다음으로 개인의 언어능력의 경우 최고 결정시기가 55세로 그 이후에는 서서히 언어능력이 감소하고 있다. 그러나 결코 70세대의 지능이 25세 때의 지능보다 더 감소되고 있지는 않다. 또한 창의적인 업적이 특정한 연령시기와 더불어 급속하게 소멸하고 있지는 않다는 사실을 보여주고 있다. 오히려 창의적인 업적이 60세 이후에 보다 뚜렷하게 나타나는 경우도 있었다. 그리고 사회적 지도성이나 관리 및 행정적인 두각을 나타내는 것도 고령이 되어서이다. 다음으로 노화와 체력 간의 관계를 연구한 것에 의해 나타나는 결과는 체력의 절대치가 보통 20대를 고비로 해서 감소되는 경향이 있기는 하지만 65세가 지났어도 일상생활에 필요한 체력을 충분히 유지하고 있는 경우가 많았다. 또한 심한 육체노동과 순발력이나 기민한 반응을 필요로 하는 작업에는 고령자가 높은 능률을 보이기는 어렵지만 반복성이 강한 업무에는 오히려 기능적으로 연령이 높은 사람들이 질적인 면에서나 양적인 면에서 더 높은 결과를 보였고, 어떤 면에서는 고령자들이 젊은이들보다 느리지만 정확함을 보여준다. 퇴직한 고령자의 재취업문제는 정부가 해결해야 할 사회·정책적 문제에 해당된다고 보며 이를 위해 취업알선업무의 전문화, 정보라인의 통합을 통한 단일의 정보체계 확립 등이 필요한데, 현재 대체로 하위 직급 퇴직자의 재취업에 관해서는 노동부가 업무를 담당하고 있으나 단순히 취업정보의 수집과 알선의 업무만을 행하고 있는 형편이다. 현재 취업 알선 형태는 사용자와 취업자를 연결하는 데에만 그치고 사후 관리를 하지 않는 데 문제가 있다. 취업 알선 시의 환경 및 조건과 그 이후 취업자가 직접 피부로 느끼는 내용이 다르다는 것은 당연한 것이다. 기업이 고령자의 고용을 기피하는 이유를 대는 것으로는 첫째, 고령자는 생산성이 낮고 둘째, 직장 근무에 있어서 결근이 잦으며 셋째, 취업 훈련비가 많이 드는 데 비해서 이직이나 전직이 낮은 편이고 넷째, 연금이나 보험금 부담이 많아 고용주 측으로서는 경제적으로 손실이 크며 다섯째, 기술능력 면에 있어서도 젊은이들에 비해 못 한 편이라고 한다. 건강한 심신의 장수는 인류역사에 있어서 인간의 가장 큰 소망이며 축복의 대상이기도 했으나 오늘날은 더 이상 장수가 모든 사람에게 행복만을 보장해 주고 있는 것은 아니다. 오히려 장수가 축복이라기보다는 어려움 속에 그 고통을 호소하며 많은 사회적 문제로 야기되고 있다. 스웨덴과 서독, 영국은 1975년경에 고령사회로 진입했고, 프랑스는 1980년, 일본은 1996년에 이미 고령사회로 진입했다. 이들 나라들이 고령화사회에서 고령사회로 접어드는 데 걸린 시간은 프랑스가 115년, 스웨덴 85년, 영국 45년이었던 데 비하여 일본은 상당히 짧은 26년이었으며 한국은 그보다 더 짧은 22년으로 예측하고 있다. 따라서 노령인구의 증가는 가족구조의 변화, 그에 따른 부양문제, 노동구조 등 고령자와 관련된 많은 문제들에 대해서 미리 예측하고 대비해야 하는 중대한 과제로 인식해야 한다.

고령자인구의 수와 비율의 증가는 우선 일차적으로 문제를 가진 고령자의 수를 증가시키고, 생산인구비율을 저하시키는 한편, 고령자들의 문제와 욕구의 해결을 위한 사회적 비용을 증가시켜 사회의 고령자부양부담을 증가시키게 되는데 이러한 고령자 인구의 증가와 더불어 나타나고 있는 사회적 변화로 핵가족화의 확대를 들 수 있다. 핵가족화 현상은 무엇보다도 노부모에 대한 부양책임을 가족에서 사회로 이전시키는 특징을 지닌다. 이에 선진국에서는 오래전부터 '고령노동력의 사회적 활용'이라는 문제에 대해서 관심을 가지게 되었고 이와 같은 배경에는 여러 가지가 있으나 그중에서도 고령인구의 증가에 따른 사회보장비의 증가를 억제해 보고자 하는 사회적 요구가 중요한 배경 요인으로 내포되어 있다. 이것은 곧 고령화에 대한 고용보장이 고령근로자 자신만을 위한 것이 아니라 고령화 사회에 엄청나게 드는 사회적 비용을 줄여보자는 사회적 필요도 중요한 몫을 차지하고 있으며, 양자를 위하여 모두에게 유익일 것이다. 고령자의 문제로는 소득보장, 건강보호 및 의료비, 역할상실 및 여가, 부양, 심리적 고립과 소외감 등으로 다양하지만 무엇보다도 경제적 안정에 대한 문제는 의·식·주라는 생계와 연관되어 있는 만큼 가장 큰 영향을 미치는 게 사실이다.

고령자의 생계에 위협을 주는 요인으로는 사회적 요인과 개인적인 요인으로 나눌 수 있다. 먼저 사회적인 요인으로는 ① 과거세대가 보유한 지식이나 경험이 쓸모없어져 취업 또는 사회참여기회의 상실로 소득과 단절, ② 현대사회가 추구하는 가치는 평등주의, 능률주의, 물질주의 등인데 고령자는 이러한 사회에서의 적응능력이 부족하다는 점, ③ 산업사회에서는 필연적으로 개발되어야 할 사회보장제도가 우리나라의 경우는 아직 미성숙단계에 놓여 있다는 점 등을 들 수 있다.

개인적인 요인으로는 ① 가족해체 등의 심화로 인한 노부모 부양기능의 감퇴현상과 종전까지의 경로효친 사상 또는 가족공동체의식에 입각한 가족규범에 의해서 고령자는 자녀들로부터 부양받는 습관이 일반화되어 있어 노후생계에 별 어려움이 없었으나 오늘의 사회에서는 그러한 전통적 규범이 급격히 붕괴되고 있고 산업회 사회의 맞벌이로 인한 노부모를 보호할 여성의 역할 축소, ② 오늘의 노년세대는 과다한 출산과 자녀의 양육비, 교육비, 결혼비용 등의 과다지출로 자신의 노후생계를 준비할 여유가 없었거나 설사 노후준비를 해 놓았다 하더라도 경제변동의 심화로 그 재산을 올바르게 지탱할 수 없었다는 점, ③ 인간의 평균수명이 연장됨에 따라 정년퇴직 후 무소득 상태에서 노후생활의 기간이 장기화되고 있다는 사실이 부양자와 피부양자 모두에게 경제적, 정신적 부담을 가중시키는 요인이 되었다.

인간은 누구나 행복한 삶을 영위해야 할 권리를 갖는다. 나이가 많다는 이유로 고용기회에서 배제된다면 이는 곧 생존권을 박탈하는 결과로 이어지기 때문에 고령자 빈곤문제로 직결된다. 이에 정부에서는 고령자 취업을 위한 방안으로서 1991년 12월 16일에 고령자 인력활용을 위한 「고령자 고용촉진법」을 제정하였지만 실제적으로 정책이라기보다는 산업화 사회에 따른 산업사회의 노동인력부족 현상을 일시적이나마 타개하기 위한 임시방편으로 입법화되었다고 볼 수 있으며 의무조항이 아닌 권고사항으로 유명무실한 제도로 전락하였으며, 또한 고령자능력은행은 1981년 대한노인회에서 시작되어 고령자에게 알맞은 직종을 개발하여 심리적, 정신적, 육체적으로 적응하여 봉사할 보람을 갖게 하는 데 그 설립의 취지를 두고 있으나 해당지역 기업체의 외면으로 운영에 필요한 지식에 대한 신속한 정보입수 능력의 한계를 드러내고 있어 활성화가 어려운 실정이다. 고령자들이 경제적으로 자립할 수 있도록 고령자들의 취업과 고령자 근로자들의 재취업 및 재배치의 기회를 확대하고 개방하며 고령자들도 사회의 한 구성원으로서 자신들의 몫과 역할을 분명하게 정의하고 인식할 수 있도록 도와주기 위해 고령자들 자신의 고령자 취업에 관한 인식과 요구사항에 대하여 구체적으로 조사하는 과정이 필수적이라 할 수 있다. 무엇보다도 고령자들이 인간답게 살아갈 수 있도록 하기 위해서라도 고령자들로 하여금 종속적 지위나 피부양적 차원에서 벗어나도록 해야 할 것이다.

1) 노인학대 원인 및 개선점

(1) 노인학대의 개요

① 사회문제로서의 노인확대

외국의 노인학대에 대한 연구나 대처를 보면, 노인학대에 대한 연구가 선행된 미국의 경우도 아동학대가 1960년대에, 아내학대가 1970년대에 사회적으로 문제가 크게 부각되고 연구가 되었지만, 노인학대가 알려진 것은 1970년대 후반이고 이에 대한 연구가 본격화된 것은 1980년대에 들어와서라고 할 수 있다. 미국에서 노인학대는 1970년대 초기까지는 사회문제로 인식되지 않다가, 1978년에서야 처음으로 노인학대 문제가 알려지기 시작했다. 1981년에는 노인학대에 대한 최초의 전국조사를 해서 「노인학대 ―숨겨진 문제의 검증―」이라는 보고서가 발행되었으며, 1985년에는 「노인학대: 국가적인 수치」라는 이름의 보고서가 미의회 청문회에 제출되었다. 1990년에는 하원의 고령문제특별위원회의 하부위원회인 「보건과 장기 케어를 위한 소위원회」가 작성한 노인학대에 대한 보고서가 발행되었다. 영국에서도 '구타당하는 할머니'라는 말이 보고된 것은 1975년의 일로 노인학대에 대한 관심은 1970년대부터 시작되었지만, 노인학대가 사회문제로 거론되고 중요한 조사가 실시된 것은 1990년대에 들어와서부터이다.

우리나라에서 가정과 사회에서 노인을 홀대·학대하고 유기하는 것에 대해서 '현대판 고려장'이라고 개탄하면서 비윤리적인 시각에서 바라본 것은 오래전부터 있어 온 일이지만, 이러한 상황을 노인학대로 인식하여 관심을 갖기 시작한 것은 극히 최근의 일이라고 할 수 있다. 1990년대에 들어와서야 노인학대에 대한 관심이 대두되기 시작했다고 할 수 있는데 그것은 노인학대 자체에 대한 관심이라기보다는 가정폭력에 대한 사회적 관심이 증대되면서 가정폭력의 일환으로 관심을 갖기 시작했다고 할 수 있으며, 노인학대에 대한 학문적인 연구가 이루어진 것은 1990년대 중반부터라고 할 수 있다.

지금까지 학문적인 연구는 상당히 이루어졌으나 일반의 노인학대에 대한 인식은 그다지 나아진 게 없다고 할 수 있다. 1997년 11월에 제정되어 1998년 7월 1일부터 시행되고 있는 「가정폭력범죄의 처벌 등에 관한 특례법」과 「가정폭력방지 및 피해자보호 등에 관한 법률」에서, 가정폭력은 "가족구성원 사이의 신체적, 정신적 또는 재산상 피해를 수반하는 행위"라고 정의하고 있으며, 피해자별로 배우자에 대한 폭력, 아동에 대한 폭력, 노인에 대한 폭력을 포함하고 있는데, 이 중 배우자학대와 아동학대에 대한 관심과 대책은 어느 정도 진전되고 있으나, 노인학대는 그다지 관심조차 끌지 못하고 있는 실정이다.

실제로 노인학대의 실태는 심각한데도 불구하고 사회문제로 인식되지 못하고 있는 실정이다. 현재 우리 사회가 안고 있는 노인문제 중 문제의 심각성에 비해서 덜 알려져 있고 문제로조차 인식되지 않는 가장 취약한 부분은 노인학대라고 할 수 있다.

2000년에 보고된 한국보건사회연구원의 조사결과에 의하면, 만 65세 이상 전체 응답노인의 8.2%에 해당하는 노인들이 그들의 자녀 및 가족원으로부터 학대를 받은 경험이 있다고 응답한 것으로 드러났다. 필자(2000)가 사회복지사를 대상으로 조사한 결과에 의하면, 조사대상자의 75.2%가 노인학대를 목격한 경험이 있는 것으로 조사되었다.

이 수치만 하더라도 학대받는 노인들이 적지 않다는 것을 알 수 있으며, 노출되지 않는 숨겨진 학대까지 감안한다면 노인학대는 생각보다 훨씬 많이 일어나고 있다고 할 수 있을 것이다.

노인학대 문제의 실상이 이러한 데도 우리 사회는 경로효친사상 등 효를 중심으로 한 전통윤리사상과 관습 등으로 인해 구조적으로 노인학대가 사회적으로 노출이 잘 안 되기 때문에 그 실상에 비해서 노인학대에 대한 사회의 인지가 부족하고 사회적인 대책이 미흡하다. 가정폭력 중에서 아동학대와 배우자학대는 어느 정도 관심을 모으고 있고 대책도 모색되고 있으나, 상대적으로 노인학대는 여전히 숨겨진 문제로서 잘 노출되지 않고 있어서, 설마 노인을 학대하는 그런 일이 나이 드신 어른에게 일어날 리 있겠는가 하고 문제시하지 않는 시각이 여전하다. 노인학대의 피해자는 피학대노인뿐만 아니라 가해자도 마찬가지로 노인학대의 피해자라고 할 수 있다. 산업화, 인구의 고령화, 핵가족화, 가치관의 변화와 같은 여러 가지 외적인 요인들이 노인학대에 직접·간접적으로 영향을 미치고 있고 더 이상 노인의 부양을 감당할 수 없게 된 가해자에게 노인의 부양을 전담시키고 있기 때문이다. 따라서 노인학대를 개인문제나 가정의 문제만으로 방관하고 방치할 수만은 없으며 노인학대를 사회문제로 인식하고 이에 대한 사회적인 접근과 대책이 마련되어야 한다. 그러기 위해서는 노인학대에 대한 관심을 촉구하고 그에 대한 인지를 높여서 노인학대를 하나의 학대로 인식하고 이를 사회문제로 보아서 그 예방과 해결을 모색하여야 한다.

(2) 노인학대의 원인 및 발생 메커니즘

① 노인학대의 원인

노인학대는 매우 복잡하고 다양한 요인들이 얽혀서 발생하게 되는

데, 여기에는 학대를 가하는 가해자 관련요인, 학대를 유발시키는 노인관련 요인, 가해자와 노인과의 상호작용요인, 가정환경요인, 사회문화적 요인 등이 있으며, 이러한 요인들이 독립적으로 작용을 하는 것이 아니라 서로 복합적이고 역동적으로 영향을 미치고 작용하여 발생하게 된다. 노인학대의 주요 원인들을 들어보면 다음과 같다.

가. 피해자 관련요인
가) 노인의 개인적 특성(성격, 정신장애, 알코올중독, 무기력감 등)
나) 노인의 의존성(장애, 질병, 치매 등)

나. 가해자 관련요인
가) 가해자의 개인적 특성(성격, 정서장애 · 정신장애, 알코올중독, 약물중독 등)

다. 가해자와 피해자와의 상호작용요인
가) 부양자의 부양스트레스
   (신체적 · 정신적 스트레스, 부양미숙, 부양능력의 결여 등)
나) 세대 간의 학대의 전이
다) 피해자와 가해자의 불화

라. 가정환경적 요인(경제적 문제, 가족 간의 불화, 재산문제, 힘의 갈등 등)
마. 사회문화적 요인
(노인차별, 가치관의 변화, 사회보장 및 노인복지서비스의 결여 등)

② 노인학대 발생 메커니즘
노인학대와 관련된 다양한 요인들이 상호 역동적, 복합적으로 노인

학대를 발생시키는 메커니즘을 그림으로 나타내보면 <그림 1>과 같다.

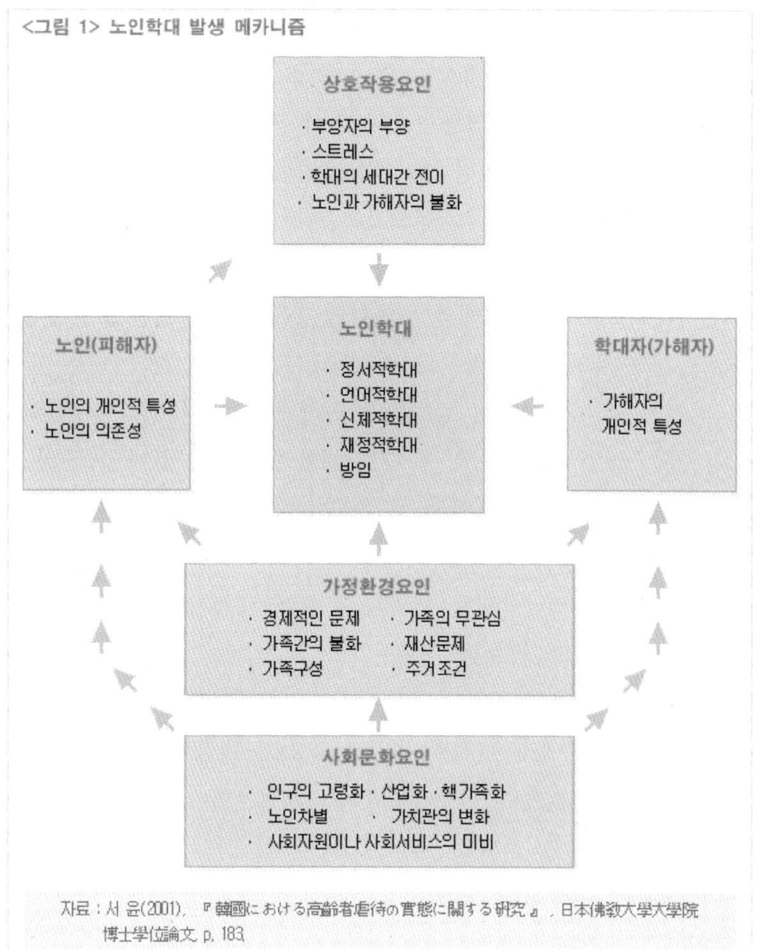

(3) 노인학대의 개념 및 유형

① 가정 내 학대, ② 시설 내 학대, ③ 자기방임 또는 자기학대의

세 가지를 포함시킬 수 있다(미국의 전국노인학대센터). 또한 노인학대의 종류와 관련해서 살펴보면 노인학대에는 신체적, 정신적 손상을 의도적으로 가하는 것뿐만 아니라 비의도적인 손상도 포함되며, 생존에 필요한 재화와 서비스를 본인이 스스로 제공하지 않거나 부양자가 제공하지 않는 방임상태도 포함이 되며, 금전적인 갈취나 착취도 포함된다고 할 수 있다. 미국의 노인법(Older Americans Act)에서는 노인학대에 포함되는 개념으로 '학대 (Abuse)', '방임(Neglect)', '착취(Exploitation)'의 세 가지 개념을 정의하고 있다.

노인학대의 행위와 관련해서 노인학대 유형을 살펴보면 노인학대는 가볍게는 노인에게 말을 함부로 하거나 자존심을 상하게 하는 말을 하는 언어적 학대와 노인의 심기를 불편하게 하는 정서적 학대에서부터 심하게는 노인에게 구타와 폭력을 행하는 신체적 학대, 노인의 재산을 착취하는 재정적 학대까지 포함되며, 좁게는 증거가 명백한 신체적 학대에서부터 넓게는 방임, 자기방임·학대까지 포함되고 있다.

여러 학자들이 노인학대의 개념과 유형에 대해서 여러 가지로 정의를 하고 있다. 노인학대의 개념은 "노인 스스로 자기를 돌보지 않거나, 노인의 부양이나 수발을 담당하고 있는 부양자가 의도적 또는 비의도적으로 노인에게 신체적, 정서적, 성적, 재정적인 손상을 가하거나 부양의무를 소홀히 하는 것"이며, 노인학대의 유형은 "신체적 학대, 언어적 학대를 포함한 정서적 학대, 재정적 학대, 성적 학대, 소극적 방임과 적극적 방임(유기를 포함)을 포함한 방임 및 자기방임 등이다."

노인학대의 각 유형별 개념과 행위에 대해서 살펴보면 <표 Ⅲ-7>과 같다.

<표 Ⅲ-7> 노인학대의 각 유형별 개념과 행위

학대의 유형	개 념	행 위
신체적 학대 physical abuse	신체의 상해, 손상, 장애(결손)를 일으키는 모든 형태의 폭력적 행위	때리기, 치기, 밀기, 차기, 화상, 신체의 구속, 상처나 멍, 타박상, 골절, 탈구 등을 가하는 것.
정서적/심리적 학대 emotional / psychological abuse	정신적 또는 정서적인 고통을 주는 것	모멸, 겁주기, 자존심에 상처 입히기, 위협, 협박, 굴욕, 어린애 취급하기, 의도적인 무시, 멸시, 비웃기, 대답을 안 하기, 고립시키기, 짓궂게 굴기, 감정적으로 상처 입히기 등.
재정적·물질적 학대 financial / material abuse (exploitation)	자금, 재산, 자원의 위법 또는 부당한 착취, 오용 및 필요한 생활비 등을 주지 않는 것	재산이나 돈의 악용, 훔치기, 경제적으로 의존하기, 함부로 사용, 무단으로 사용, 허가 없이 또는 속이고 자기 명의로 변경하는 것, 무단으로 신용카드나 소유물을 사용하는 것, 연금 등의 현금을 주지 않거나 가로채서 사용하거나, 노인 소유의 부동산을 무단으로 처리하는 것, 경제적으로 곤란한 노인에게 생활비, 용돈 등을 주지 않는 것도 포함됨.
성적 학대 sexual abuse	노인과의 합의가 없는 모든 형태의 성적 접촉 또는 강제적 성행위를 하는 것	
언어적 학대 verbal abuse	언어로 정신적인 고통을 주는 것	욕설, 모욕, 협박, 질책, 비난, 놀림, 악의적인 놀림 등
적극적 방임 active neglect	의도적으로 서비스나 수발을 제공하지 않는 것 또는 보호 의무의 거부, 불이행	일상생활에 필요한 것(식사, 약, 접촉, 목욕 등)을 주지 않기, 생활자원을 주지 않기, 신체적인 수발이 필요한 사람을 수발 안 하기, 보호가 필요한 사람을 보호 안 하기, 의도적으로 필요한 보건? 복지? 의료서비스의 이용을 거부하거나, 노인에게 필요한 의치, 안경을 빼앗거나, 복용해야 할 약을 복용시키지 않기.

학대의 유형	개 념	행 위
소극적 방임 passive neglect	비의도적으로 서비스나 수발을 제공하지 않는 것 또는 보호 의무의 거부, 불이행	노인을 혼자 있게 하기, 고립시키기, 존재조차 잊어버리기, 수발자가 비의도적으로 적절한 보호를 하지 않거나 방치한 결과 신체적·정신적 고통이나 건강의 악화가 일어난 것. 예컨대 수발자의 쇠약 또는 체력부족, 역량부족, 지식부족으로 적절한 수발과 보호가 이루어지지 않았거나, 보건·복지·의료서비스에 대한 인식부족으로 서비스를 이용하지 않아서 케어가 제공되지 않은 경우도 여기에 해당됨.
적극적 자기방임 active self-neglect	본래 자기가 해야 할 신변의 청결·건강관리·가사 등을 본인이 할 수 있는 능력이 있어도 스스로 포기하여 하지 않은 결과 심신의 건강상의 문제가 생기는 것	예컨대 스스로 의식적으로 식사와 수분을 섭취하지 않거나, 질병으로 인한 식사 제한을 지키지 않거나, 필요한 치료와 약 복용을 중지한 결과 건강상태가 악화된 경우 등도 여기에 포함됨.
소극적 자기방임 passive self-neglect	자기의 신변의 청결·건강관리·가사 등을 본인의 체력·지식·기능의 부족으로 또는 어떤 사정으로 인해 본인도 모르는 사이에 못 하게 된 결과 심신의 건강상의 문제가 일어나는 것	
기타 학대·홀대	격리·감금·외부와의 교류 차단, 집에서 내쫓기 등, 위의 종류에 포함되지 않는 것	

노인학대의 각 유형별 학대행동

우리의 사회문화적 정서를 고려해 볼 때 일반적으로 활용할 수 있는 노인학대의 유형은 정서적 학대, 언어적 학대, 신체적 학대, 재

정적 학대, 방임의 다섯 가지이며, 각 학대유형별 구체적인 학대행동
은 다음에 제시한 바와 같다.

① 정서적 학대

가. 노인을 부양하는 것이 부담스럽다고 노인 앞에서 노골적으로
   말한다.

나. 집안 의사결정 과정에서 고의로 노인을 소외시킨다.

다. 위협적이고 무례한 태도를 취한다.

라. 거동이 불편한 노인에게 청소나 빨래 등 어려운 일을 강요한다.

마. 노인의 친구나 친지 등이 방문하는 것을 싫어한다.

바. 노인이 보는 앞에서 물건을 던지거나 부수면서 화풀이를 한다.

사. 노인이 가족을 타이르거나 의견을 말하면 간섭한다고 불평하
   거나 화를 낸다.

아. 노인의 일상적 사회활동이나 종교활동 등을 노골적으로 방해
   한다.

자. 노인에게 발을 구르거나 방문을 세게 닫는 등 거친 행동을 한다.

차. 부양자가 노인에게 '없어져 주었으면 하는 느낌을 갖게' 만든다.

② 언어적 학대

가. 노인이 수치심을 느끼게 하는 모욕적인 말을 한다.

나. 노인에게 집을 나가라는 폭언을 한다.

다. 노인에게 욕설을 하거나 고함을 지른다.

라. 노인에게 쓸모없는 늙은이라고 하는 등 자존심을 상하게 하는
   말을 한다.

마. 신체기능의 저하(예: 요실금, 실변)로 인한 노인의 실수를 비난하
   고 꾸짖는다.

바. 노인을 양로원 등의 시설로 보내겠다고 위협한다.

③ 신체적 학대

가. 노인을 강제로 지하실이나 방에 가둔다.

나. 노인을 강제로 의자나 침대에 묶어 둔다.

다. 노인에게 주변의 물건을 집어 던지거나 흉기로 위협한다.

라. 노인을 발로 차거나 주먹으로 때린다.

마. 노인을 밀어서 넘어뜨린다.

바. 노인의 머리채를 잡아당기거나 움켜잡아 뽑는다.

사. 의사의 처방을 받은 약품을 주지 않거나, 의사의 처방을 받지
   않은 약물을 강제로 복용시킨다.

④ 재정적 학대

가. 노인의 유언장을 허위로 작성하거나, 노인이 작성한 유언장을
   노인의 동의 없이 수정한다.

나. 노인의 허락 없이 부양자가 마음대로 노인의 부동산 소유권
   이전 등과 같은 재산권을 행사한다.

다. 연금이나 임대료 등 노인의 소득을 가족이나 친지가 가로챈다.

라. 노인에게서 빌린 돈이나 물건을 돌려주지 않는다.

마. 보석 등 값나가는 노인의 물건을 빼앗는다.

바. 노인의 허락 없이 노인의 재산을 담보로 해서 대출받는다.

사. 생활이 어려운 노인에게 생활을 유지하는 데 필요한 용돈이나
   생활비 등을 주지 않는다.

⑤ 방 임

가. 병원에서 치료를 받아야 할 상황인데도 노인을 병원에 모셔가
   지 않는다.

나. 노인이 사고를 당할 수 있는 위험한 상황에 처하게 한다.

다. 목욕이나 배변 시 도움이 필요한 노인에게 도움을 주지 않는다.

라. 노인에게 음식을 주지 않아 끼니를 거르게 한다.

마. 부양자가 경제적인 능력이 있는데도 불구하고 돋보기, 보청기, 틀니 등 필수적인 보장구를 마련해 주지 않는다.

바. 부양자나 가족들이 노인에게 무관심하거나 냉담하게 대한다.

사. 치매 등으로 인하여 인지기능을 상실한 노인에게 주의를 기울이지 않아 노인을 배회하게 한다.

아. 거동이 불편한 노인을 2~3일 이상 혼자 집에 내버려 둔다.

(4) 노인학대의 실태

① 한국보건사회연구원의 조사 결과

한국보건사회연구원이 전국의 6개 대도시의 12개 노인(종합)복지회관을 이용하는 만 65세 이상 노인 총 865명을 대상으로 1999년에 조사한 노인학대의 실태를 살펴보면 다음과 같다.

가. 노인학대 경험

전체 응답노인의 8.2%에 해당하는 노인들이 그들의 자녀 및 그 가족원으로부터 학대를 받은 경험이 있다고 응답하였다.

나. 학대유형별 경험비율

언어·심리적 학대의 경우는 전체 노인의 7.7%가 경험하여 가장 높은 비율을 보였고, 신체적 학대·폭력의 경우는 0.3%만이 경험하여 학대유형 중 가장 낮은 비율을 보였다. 그 외 경제적 착취는 2.1%, 방임은 2.5% 그리고 기타 학대 경험비율은 0.1%로 나타났다.

학대유형	신체적 학대	언어, 심리적 학대	경제적 착취	방 임	기 타	계
경험비율 (%)	0.3	7.7	2.1	2.5	1.0	8.2

다. 노인학대 빈도 및 이유

가) 노인학대 빈도

전체 노인학대 건수 중 '거의 매일'은 42.7%, '2~3개월에 1회'는 24.7% 그리고 '월 1~2회'는 11.2% 발생하는 것으로 조사됐다.

빈 도	거의 매일	주 1회 이하	월 1-2회	2-3개월 1회	기 타	계
%	42.7	7.9	11.2	24.7	13.5	100.0

나) 노인학대의 이유

노부모를 학대하는 가장 큰 이유는 경제적인 문제(39.5%)였으며, 그다음은 성격 차이(22.1%), 가해자 오해(7.0%), 상호 이해부족(5.8%), 가해자 자격지심 / 피해자 재혼문제 (4.7%)의 순으로 나타났다.

이유	가해자 오해	피해자 및 다른 가족 잘못	성격 차이	가해자 술버릇	경제적 문제	가해자 자격지심	사소한 말다툼	상호이해 부족	피해자 재혼문제	기타
%	7.0	3.5	22.1	2.3	39.5	4.7	3.5	5.8	4.7	7.0

라. 가해자와 학대 피해노인과의 관계

가해자는 주로 아들(42.6%)과 며느리(44.7%)였으며, 평소 관계는 34.0%가 나쁜 것으로 나타났다.

마. 학대 및 폭력의 세대 간의 전이

전체 가해자 중 성장 시 가정폭력을 목격한 비율은 28.6%였으며, 실제 가해자가 가정폭력을 경험한 경우는 20.0%에 달하는 것으로 나타났다.

바. 학대 피해노인의 신체적·정서적 증상 및 의료처치율

가) 신체적 증상

학대를 받은 노인의 8.5%가 신체적 증상을 보였고, 가장 많이 나타난 증상은 두통으로 머리가 띵한 경우였으며, 심각한 신체적 증상은 팔, 다리가 부러지는 등의 골절상 및 정신과치료를 받는 정도의 쇼크 등으로 나타났다.

나) 정서적 증상

학대 피해노인 중 76.6%가 정신적 증상을 갖고 있었는데, 평균 1.3종류의 정신적 증상 수가 나타났다. 가장 많은 증상은 '자신에 대한 실망, 무력감, 자아상실'(30.8%)과 '매사에 불안, 우울함'(29.7%)으로, '죽고 싶다'는 위험스러운 생각을 하는 경우도 22.0%나 되는 것으로 조사됐다.

다) 의료처치율

신체적·정서적으로 증상이 나타난 경우의 19.4%가 의료처치를 한 경험이 있는 것으로 나타났다.

사. 학대 피해노인의 대응행동

학대를 받은 노인 중 과반수인 62.8%가 끝까지 참고 일방적으로 당하여서 상당수의 경우 학대에 매우 수동적으로 대처하는 것으로

나타났다. 그리고 무조건 피하는 경우(7.4%)와 주위의 도움을 요청 (4.3%)하는 등의 능동적인 노인도 있었고 또한 가해자에게 함께 맞 대응하는 경우(24.5%)도 상당수 조사됐다. 또한 학대받은 노인이 경 찰에 신고하는 비율은 1.1%로 상당히 낮게 나타났다.

학대 피해노인이 피하는 장소로는 특정한 장소에 갈 곳이 없어 배회하는 경우가 가장 많았고, 그다음은 따로 사는 자녀나 노인회관 으로 조사됐다.

대응행동	함께 맞대응	무조건 피함	주위도움요청	끝까지 참음	기 타	계
%	24.5	7.4	4.3	62.8	1.1	100.0

가) 정서적 학대

73세 할아버지는 40년 전에 아내가 가출했으며 장남부부와 함께 살고 있는데, 장남은 술만 먹으면 할아버지 들으라는 듯이 할아버지 면전에서 며느리를 구타하고 집안 살림을 집어 던지거나 심한 욕설 을 하며, 그런 이유에선지 며느리 또한 할아버지에게 심한 눈치를 주고 있다.

나) 언어적 학대

5년 전 남편과 사별하고 장남부부와 함께 살고 있는 71세 할머니 는 장남부부가 식당 일을 하고 있어 빨래나 청소 등 집안일을 도맡 아 하고 있는데, 할머니가 피곤하다고 하면 며느리가 "그깟 일로 피 곤하다고 그러냐?", "내가 집안일 할 테니 나가서 식당일 해라."는 등 노인에게 소리를 지르곤 한다. 또한 어쩌다 식당일을 도와주러 나가면 "거치적거리니까 빨리 들어가라"고 고래고래 소리를 지른다.

다) 신체적 학대

노환과 영양결핍으로 건강이 매우 좋지 않은 상태인 89세 할머니는 장남부부와 함께 살고 있는데, 며느리와의 관계가 좋지 않아 자주 싸움이 일어났고, 그 과정에서 며느리로부터 잦은 폭력을 당하여 한때 얼마 동안은 별거하기도 했다.

라) 재정적 학대

남의 도움이 없이는 거동이 불가능한 83세 할머니는 혼자 살고 있는데, 2년 전까지 이종손녀와 함께 살았다. 생활은 정부보조금으로 유지하고 있었는데, 동거하던 이종손녀가 노인에게 입금되는 정부보조금 통장을 갈취하여 사라져 버리는 바람에 경제적으로 많은 어려움에 처해 있다.

마) 방 임

67세 할아버지는 젊어서 노름으로 가산을 탕진했는데 할머니는 힘든 생활고를 견디지 못해 가출한 후 지금까지 연락이 없으며 혼자 살고 있다. 자녀는 두 딸을 두었으나 노름으로 재산을 탕진하고 가정을 분열시킨 할아버지에게 심한 불만과 적대감을 가지고 있으며, 지금도 아무런 연락이나 왕래가 없는 등 노인에게 무관심한 상태이다.

(5) 피학대노인과 가해자의 특성

① 피학대노인의 특성

- 여성노인
- 연령이 높은 노인
- 건강상태가 좋지 않은 노인

●교육수준이 낮은 노인

●직업이 없는 노인

●경제적 형편이 좋지 않은 노인

●배우자가 없는 노인

●부양자에게 의존적인 노인

●알코올 의존증 노인

●사회활동 참여가 없는 노인

② 가해자의 특성

●남성과 여성이 거의 동률

●연령은 30~50대

●대부분 가족이다

　－아들, 며느리, 딸과 사위, 배우자, 손자손녀, 친척, 친구 및 이
　　웃, 기타 부양(수발)제공자

●주 부양자가 가해자가 되기 쉽다

●경제적 형편이 좋지 않은 자

●교육수준은 고졸 이하의 저학력

●무직이거나 직업이 안정되지 못한 자

●알코올의존증 또는 정신적 문제가 있는 자

●이전에 피학대노인으로부터 학대받은 경험이 있는 자

③ 피학대발생장소

●노인의 가정

●양로시설, 노인요양시설, 노인주간보호시설

●노인복지시설, 노인병원

(6) 노인학대 파악지표 및 신체적·행동적 징후

① 노인학대를 파악하는 지표

가. 신체적 학대

가) 타박상, 베인 상처, 찰과상 등의 상처가 어떤 이유로 생겼는가?

나) 물건이나 손가락의 흔적이 남아 있는 듯한 상처는 없는가?

다) 멍은 없는가?

특히 팔의 상부·허벅지와 같은 안쪽이나, 뼈가 돌출되지 않은 부드러운 부위에 보이는가? 또 계속해서 맞은 듯한 자국이 많이 보이는가?

라) 골절된 부위는 없는가? 혹시 있다면 골절은 어디에서 어떤 때 생겼는가?

마) 화상은 없는가? 그것이 담뱃불로 지졌다든지 해서 고의로 생긴 것인가

아닌가? 혹은 상처 부위가 흔히 발생하기 어려운 위치는 아닌가?

바) 움직이지 못하도록 억압당하고 있지는 않은가?

사) 방에 감금되어 있지는 않은가?

아) 노인이 기거하고 있는 곳에 칸막이가 쳐져 있지는 않은가?

나. 정서적 학대

가) 부양자나 가족에 대해 매우 겁내고 있지는 않은가?

나) 부양자나 가족에 대해 극단적으로 복종적이거나 의존적인 태도가 보이지는 않은가?

다) 부양자나 가족이 옆에 있으면 얌전하지는 않은가?

라) 부양자나 가족의 대응에 분노하거나 체념하는 표정이 보이지

는 않은가?

마) 노인으로부터 불면에 대한 강한 호소가 없는가?

바) 노인에게 식욕부진은 보이지 않은가?

사) 노인에게 부자연스런 체중감소는 보이지 않은가?

아) 노인이 눈물을 글썽이고 있지는 않은가?

자) 노인을 무시하고 전혀 말을 하지 않는 등의 태도는 없는가?

다. 언어적 학대

가) 노인이 바보, 빨리 죽어, 냄새난다, 더럽다 등과 같은 폭언을
   듣고 있지는 않은가?

나) 노인에게 언제나 고함치고 있지는 않은가?

다) 노인의 자존심을 상하게 하는 말을 하지는 않은가?

라) 노인에게 모욕감을 주는 말을 하지는 않은가?

라. 재정적 학대

가) 노인의 동의 없이 연금을 빼앗아 사용하고 있지는 않은가?

나) 노인의 동의 없이 통장을 빼앗아 예금을 사용하고 있지는 않
   은가?

다) 노인이 소중하게 여기고 있는 것을 마음대로 처분하지는 않은가?

라) 냉장고나 세탁기의 사용을 금지당하고 있지는 않은가?

마) 경제적으로 곤란하지 않은데 가족들이 유료서비스 이용을 거
   부하는 일은 없는가?

마. 방 임

가) 본채에서 떨어진 창고 같은 곳에 방치되어 있지는 않은가?

나) 식사가 잘 준비되고 있는가?

다) 영양실조의 징후는 없는가?

라) 기저귀 교환과 같은 배설에 대한 수발이 잘 이루어지고 있는가?

마) 목욕이나 세면은 정기적으로 이루어지고 있는가?

바) 의복, 잠옷, 이불과 요의 커버 교환이 정기적으로 이루어지고 있는가?

사) 욕창에 대한 처치가 이루어지지 않은 채로 있지는 않은가?

아) 겨울에 난방도 하지 않은 채로 지내게 하는 등 부적절한 요양 환경에 처해 있지는 않은가?

② 노인학대의 신체적 징후

〈표 Ⅲ-8〉 노인학대가 의심되는 신체적 징후와 확대유형 파악의 실마리

학대가 의심되는 신체적 징후	의심되는 학대유형			
	신체적	심리적	방임	재정적
1. 적절한 처치가 이루어지지 않은 외상이 있다.	○			
2. 원인에 대한 설명과 맞지 않는 외상이 있다.	○			
3. 신체에 닿기만 해도 통증이 있는 부분이 있다	○			
4. 베인 상처, 찢어진 상처, 찔린 상처가 있다.	○			
5. 타박상, 긁힌 자국, 멍이 있다. 　-양쪽 팔의 상부에 있다. 　-몸통에 집중되어 있기는 하나 신체의 어느 부분이나 분명히 있다. 　-어떤 물체의 형태가 몸에 분명하게 박혀 있다. 　-타박상은 신체의 부위에 따라 오래된 것과 새로운 것이 있다.	○			
6. 병적인 원인이 없는데 탈수나 영양부족이 있다. 체중감소가 있다.	○		○	
7. 안색이 나쁘다.	○	○	○	
8. 눈이나 얼굴이 움푹 패어 있다.	○	○	○	
9. 수발이 불충분하다는 것이 분명하다(예를 들면 충분한 처치가 이루어지지 않은 커다란 욕창)	○	○	○	○

학대가 의심되는 신체적 징후	의심되는 학대유형			
	신체적	심리적	방임	재정적
10. 약의 복용방법이 부적절한 것이 분명하다.	○		○	○
11. 눈의 장애, 망막박리가 있다.	○		○	
12. 피부가 불결하다.	○		○	
13. 머리에 머리카락이 빠진 부분이나 두피출혈 부분이 있다.	○			
14. 옷이나 침대가 더럽다.	○	○	○	
15. 덴 자국(담배, 부식제, 산에 의한 것, 끈이나 쇠사슬의 마찰에 의한 것, 감금에 의한 것, 그 밖의 물체와의 접촉에 의한 것)이 있다.	○	○		
16. 감금(가구나 화장실 집기 등에 묶이거나 열쇠가 잠긴 방에 갇히거나)당한 흔적이 보인다.	○	○	○	○
17. 상처나 상처 봉합 부분에 붕대가 감겨 있지 않거나 골절 부분이 이어져 있지 않은 것이 분명하다.	○		○	

③ 노인학대의 행동적 징후

가. 피해자의 행동적 징후

가) 겁에 질려 있다.

나) 적극적이지 못하다.

다) 우울상태이다.

라) 자기 스스로는 어찌할 수 없는 매우 곤란한 상태이다.

마) 체념 상태이다.

바) 분명하게 얘기하는 것을 망설인다.

사) 얘기 내용이 정말인 것 같지 않다.

아) 정신착란 상태 또는 제정신이 아닌 듯한 상태이다.

자) 정신이상이 아닌데 말의 내용에 상반되는 감정이 동시에 존재하고 있거나 모순된 점이 보인다.

차) 화가 나 있다.

카) 거부적이다.

타) 외부 자극에 대해 무반응이다.

파) 안절부절못하거나 불안해하고 있다.

나. 가해가 의심되는 가족 및 수발자의 징후

가) 노인의 상담자가 자기가 생각하는 것을 말하거나 제3자와 만
날 때는 반드시 (학대 의심이 가는) 수발자가 곁에 붙어 있다.

나) 노인이 자기에게 의존하고 있는데도 도와주지 않거나 무시하
거나 화를 내거나 한다.

다) 가족이나 수발자가 상담자를 비난한다.

라) 상담자에게 공격적인 태도를 취한다.

마) 이전에 상담자 이외의 사람에게 학대를 한 적이 있다.

바) 알코올이나 약물에 의존하고 있고 문제를 안고 있다.

사) 가족이 사회적으로 고립되어 있거나 가족 속에서 노인의 행동
이 고립되어 있거나 제한되어 있다.

아) 가족, 수발자, 희생자가 각각 사건의 보고가 엇갈린다.

자) 수발이 제공될 때 서비스 제공자의 개입에 대해 저항하거나
내켜 하지 않는다.

차) 상담자에게 안전을 확보해 주지 않거나 애정을 가지고 대하지
않는다.

④ **조사 시 유의사항**

ⓐ 노인의 인권을 존중해 주어야 한다.

ⓑ 정중하게 대한다.

ⓒ 노인의 의사를 존중한다.

ⓓ 차후 가해자의 보복이 두려워 학대사실을 말하기 두려워하는 피해자를 안심시킨다.

ⓔ 동거하고 있는 가족에 의해 학대받은 노인의 경우, 학대사실을 말했다 하여 가해자로부터 더욱 심한 학대를 받을 수 있으므로 세심한 주의를 필요로 한다.

ⓕ 피해노인을 가해자와 분리시켜서 정보를 수집한다. 가해자와 같이 있는 장소에서는 사실대로 말하지 못할 수도 있기 때문이다.

ⓖ 피학대노인에 대한 비밀보장이 유지되어야 한다.

ⓗ 노인들은 학대에 대해 끝까지 참는 등 수동적, 소극적이므로 조사에 대해서도 소극적일 수 있다는 점을 이해한다.

ⓘ 학대사례 조사가 왜 필요하며, 조사 후 피해노인이나 가해자에게 어떤 개입이 이루어지는가에 대해서 설명한다.

ⓙ 가해자가 가족일 경우 노인들은 학대사실을 축소, 은폐할 우려가 있다는 것을 알아야 한다.

ⓚ 가해자가 가족일 경우 가해자를 비난하지 말고 가해자가 누구인지 확인만 한다.

ⓛ 학대사례의 상황이나 증상에 대해서 감정적이 아닌 객관적인 자료를 수집한다.

ⓜ 학대상황이나 증상에 대한 명확한 증거를 확보한다(사진, 증인).

ⓝ 노인학대사실을 알고 있는 사람은 누구든지 신고를 할 수 있고, 노인복지시설 종사자, 상담시설의 상담원, 의료기관 종사자들은 노인학대 사실을 알게 된 경우 이를 신고할 의무가 있다는 것을 명심하여 신고하는 데 주저함이 없어야 한다.

ⓞ 의심이 가는 노인학대 상황에 대해서도 조사가 이루어져야 한다.

(7) 노인학대 사례 분석

① 가정에서의 노인학대 사례(서윤, 2002)

[애지중지 키운 외딸에게 재산 빼앗기고 폭행당하는 어머니]
가. 학대유형: 재정적 학대, 심리적 학대, 신체적 학대, 언어적 학대
나. 피해자 및 가해자: 피해자(여, 81세), 가해자(여, 54세, 딸)
다. 가족구성원 및 가족관계: 배우자와 사별, 무남독녀, 딸과 동거
⇒ 할머니는 슬하에 무남독녀 외딸을 두었다. 20여 년 전 남편과 사별한 후 갖은 고생을 하며 하나뿐인 딸을 대학까지 교육시키고 집장사를 해 큰돈을 벌었다고 한다. 할머니는 딸이 결혼할 때 집까지 사주는 등 경제적으로 많은 도움을 주었고 직접 손자녀를 키워 주기까지 하였다.
라. 학대내용:

할머니는 전원생활이 그리워 같은 처지에 있는 친구와 함께 시골에서 전원생활을 하던 중 중풍기가 있어, 평소 알고 지내던 한의원에서 치료를 받던 중 의료 사고가 발생하여 하반신이 마비되어 장애를 겪게 되었고, 병원에 있는 동안 딸은 할머니의 재산과 귀중품을 맡게 되었는데, 할머니의 동의 없이 돈과 귀중품을 처분해서 몰래 사용해 왔다.

퇴원 후 할머니는 딸과 함께 생활하게 되었고 할머니는 미안한 마음에 남아 있는 재산마저 딸에게 맡기게 되었는데, 딸은 손자의 대학 학자금과 유학자금으로다 써 버렸으며, 급기야는 할머니와 상의 없이 할머니 소유의 빈집을 처분해 생활비로 충당했다. 할머니의 재산이 바닥이 나고 건강마저 더욱 악화되자 딸과 사위의 무언의 학대가 서서히 시작되었고 할머니는 심한 모멸감과 소외감으로 힘든

시간을 보냈다.

　딸은 보기 싫다는 핑계로 아침에 외출하면서 할머니의 머리맡에 저녁까지 먹을 수 있는 밥을 한꺼번에 담아 놓는 등 수발에 관심을 두지 않았고 "이젠 지겨우니 빨리 죽으라"며 손자가 없는 시간에는 꼬집고 손으로 뺨을 때리는 등 구타와 폭언을 일삼았다고 한다. 할머니는 딸의 학대에 심적인 고초가 컸지만 달리 들어 줄 사람도 없었고 혹 먼 친척이라도 할머니를 보러 오게 되면 딸은 잘해 주는 것처럼 행동해 답답함을 금할 수 없었다고 한다. 딸은 며칠씩 밥을 주지 않는 날도 많았고, 사위 또한 빨리 죽는 길밖에 없다고 학대했으며 한집에 살면서도 좀처럼 얼굴보기가 어려웠다고 한다. 할머니가 조금 남아 있는 자신의 재산으로 간병인을 구해 달라고 간청하여 주회로 간병인을 구했으나 딸이 간병인에게 가사를 맡기는 등 무리한 요구를 해 간병인이 자주 바뀌고 간병서비스를 제대로 받을 수가 없었다고 한다.

② 신문기사에서 접할 수 있는 기사 사례

[반찬투정 꾸짖는 아버지 살해한 20대 긴급체포]
[중풍 7순 노모 살해한 50대 아들 영장]
[꾸중들은 손자 할머니 살해]
[치매걸린 아버지 구타 숨지게 해]
[고부갈등 고민 아들 치매 80대 노모 강변에 고려장]
[용돈 거절당하자 어머니 폭행]
[집팔게 인감달라며 아버지 폭행 30대 영장]
[장가 보내주지 않는다며 아버지 폭행]

③ 시설에서의 노인학대(박준기, 2002)

가. 발생률
- 외국 — 미국의 한 만성질환센터 -9.6%
- 우리나라 — 아직 보고되지 않고 있다.

나. 가해자
- 주로 시설 직원과 시설(시설 운영상의 학대)

다. 학대내용
  가) 굴욕스러운 취급 — 인격을 짓밟힘 당함
  - 엄격한 관리체제
  - 식사예절에 대한 지나친 잔소리
  - 입소자에게 굴욕감을 주는 언행
  나) 짐승 같은 취급
  - 입소자들의 머리를 찬물로 감게 함
  - 벌로 방 밖으로 쫓아냄
  - 다른 입소자 앞에서 창피 주고 굴욕을 줌
  다) 빼앗겨 버린 사생활
  - 개인의 사생활을 고려하지 않음
  라) 묶인 채 사육되는 노인

라. 가장 많이 보고된 시설 직원에 의한 학대
  가) 유아 같은 언어 사용 행동
  — 책임능력이 없는 의지할 수밖에 없는 어린아이같이 취
  급하는 것.
  나) 몰개성화 — 누구에게나 획일적인 서비스를 제공하고, 환자
  개개인의 욕구를 무시하는 것.
  다) 인간성을 잃어버리게 하는 것
  — 노인을 무시할 뿐만 아니라, 노인들의 사생활과 자기생

활을 책임지려는 능력을 제거하는 것.
　⇒ 개인의 사생활을 빼앗김. 짐승 같은 취급. 감금당하거나
　　묶여서 사육됨.
　　인격이 무시됨.
라) 피해자화 — 말에 의한 학대, 협박, 위협, 모독, 공갈, 체벌.

(8) 노인학대의 대처방법

노인학대는 여러 요인들의 복합적이고 역동적인 상호작용으로 발생하므로 피학대노인의 측면, 가해자 측면, 피해자와 가해자와의 상호작용 측면, 가정환경요인 측면, 사회문화요인 측면 등의 다면적인 접근을 통해 문제를 조명하고 원인을 파악해서 다면적인 개입과 대책을 강구하는 시각이 필요하다고 하겠다. 노인 개인에 대한 접근에서는 노인의 의존성을 줄이고 자립력을 증대시키기 위한 지원이 이루어져야 하고 노인 스스로도 의존적인 상태를 줄이기 위한 노력을 해야 하며, 가족에 대한 접근에서는 노인에 대한 가족의 개호 부담을 경감시키기 위한 지원이 이루어져야 하고 가족들은 노인의 특성과 노령에 따르는 심신의 변화를 이해하려고 노력해야 하며, 사회적 접근에서는 개인과 가족을 위한 법적, 제도적, 사회서비스적인 원조체계가 마련되어야 하며, 이러한 원조체계들이 연계성을 갖고 구축되어야 할 것이다. 이런 관점에서 노인학대에 대한 법적, 제도적, 사회적 대처방법, 노인학대 가족을 위한 가족지원서비스, 피학대노인에 대한 대처방법 등을 모색해 보기로 한다.

① 법적 · 제도적 · 사회적 대처방법

가. 노인학대를 사회문제로 인식하는 시각의 필요

무엇보다도 먼저 노인학대를 개인의 문제 또는 가족의 문제로만 방치하지 말고 사회문제로 인식하여 국가 사회적인 대책이 모색되어야 한다는 것이다. 즉 노인과 가족을 위한 법적, 제도적, 사회서비스적인 원조체계가 모색되어야 할 것이다.

현재 노인학대에 대한 직접적인 사회적 대응책은 거의 없는 실정이므로, 노인학대에 대한 정부와 사회의 적극적인 대책이 절실히 요구된다고 할 수 있다.

나. 노인학대 관련법 제정

노인학대에 대한 법적 장치로서 독립된 노인학대방지법의 제정이 필요하다. 현재는 가정폭력방지법에 의한 소극적인 대응으로 이루어지고 있는데, 이것만으로는 충분하지 못하다.

다. 노인방임에 대한 사회적 대책 필요

노인방임에 대한 사회적 대책이 필요하다고 본다. 필자의 연구 결과 노인학대 유형 중 방임이 가장 많은 것으로 나타났고, 원인으로는 가족의 무관심이 가장 많았다. 방임은 노인에게 경제적 곤란, 요보호노인(건강이 좋지 않은 노인, 치매노인, 거동이 불편한 노인 등)의 수발문제 등을 야기하므로 가족에게서 방임된 노인들을 국가 차원에서 보호하는 지원대책이 필요하다고 하겠다. 혼자 사는 노인이나 노부부세대는 일단 방임에 노출된 상태로 보고 이들에 대한 사회적 관심이 필요하다고 본다.

라. 은폐된 노인학대의 발견과 개입에 대한 제도적 장치 필요

　노인학대는 주로 가정이라는 밀폐된 공간에서 일어나며, 동거하는 가족에 의해서 행해지고 있으므로, 가정에서 일어나는 은폐된 노인학대의 발견과 개입에 대한 제도적인 장치가 필요하다고 하겠다.

② 노인학대 가족을 위한 대처방법

가. 노인에 대한 부양부담을 경감시키는 가족지원서비스 실시

　노인학대의 가해자는 주로 직계가족, 특히 주로 아들과 며느리, 딸 등인데, 이 가해자는 노인을 부양하는 가족이므로 부양자가 동시에 가해자가 되기 때문에 노인학대를 예방하고 해결하기 위해서는 피학대노인에 대한 보호서비스뿐만 아니라, 피해자와 가해자가 있는 가족에 접근해서 지원책을 모색하는 가족복지서비스가 실시되어야 할 것이다. 학대의 원인에 있어서 노인에 대한 부양자의 부양 스트레스가 적지 않은 원인으로 나타났듯이 노인학대는 가족이 노인에 대한 부양을 담당하기 어려운 상황에서 발생하고 있기 때문에 노인에 대한 부양을 가족에게만 전담시킬 것이 아니라 그 부양부담을 경감시킬 수 있는 가족지원서비스가 이루어져야 할 것이다. 특히 학대의 가해는 한 사람에 의해서만 행해지는 것이 아니라 복수의 가족들에 의해서 행해지기도 하므로 가족 전체에 대한 지원서비스가 필요하다고 하겠다.

나. 가족원에 대한 노인 이해 교육 실시

　노인학대 가족에 대해서는 노인과 동거하는 가족들이 노년기 특성 및 노인의 심리적 특성에 대해서 이해할 수 있는 교육을 통해서 노인을 이해할 수 있도록 원조하는 것이 필요하다고 할 수 있다.

다. 가해 가족원에 대한 서비스 실시

③ 피학대노인에 대한 대처방법

가. 피학대노인에 대한 대처

피학대노인에 대해서는 적절한 치료나 가족과의 분리와 같은 서비스가 필요하며, 노인 자신의 의존성을 줄이고 자립력을 증대시키기 위한 지원이 필요하다고 본다. 피해자의 특성으로는 남성보다는 여성이 많고, 건강이 좋지 않은 노인, 사회활동 참여가 저조한 노인의 경우가 피학대율이 높으므로 이런 노인들에 대한 특별한 관심과 서비스가 필요하고 사회활동 참여 촉구가 필요하다고 하겠다.

피학대노인에 대한 접근에 있어서 보다 구체적인 대응방법을 생각해 보면, 조사에서 노인학대 유형 중에서 가장 심한 학대로 인지되고 있는 것은 신체적 학대였으며, 상대적으로 가장 가벼운 학대로 인지되고 있는 것은 정서적 학대로 나타났으나, 각 학대유형의 심각성에 대한 인지에 있어서는 정서적 학대를 가장 심각한 것으로 인지했고, 신체적 학대를 가장 심각하지 않은 것으로 인지하고 있는 것으로 나타났다. 여기에서 정서적 학대는 가장 가벼운 학대로 인지되고 있으면서 또한 가장 심각한 것으로 인지되고 있는데, 이는 평소 노인에 대해서 함부로 무례하게 대하는 것을 그다지 학대라고 생각하지 않는 반면 이런 행동들이 가장 많이 행해지고 있다는 것을 의미하는 것으로서 가볍게 지나칠 수 있는 정서적 학대도 노인학대라는 것을 알고 이에 대한 대처가 필요하다고 하겠다. 또 학대를 당하는 노인들은 두세 가지 학대를 중복적으로 받게 되기 쉬우므로 학대의 후유증이라든지 학대의 피해가 훨씬 가중된다고 할 수 있다. 따라서 단일학대에 대한 보호뿐만 아니라 중복학대에 대한 세심한 관심과 서비스가 필요하다고 할 수 있다.

나. 피학대노인에 대한 사회적 지원체계 확립

노인들이 쉽게 접근할 수 있는 외부 지원체계의 확립이 필요하다고 본다.

노인들은 학대를 당하고도 그냥 참고 있거나 수동적, 소극적으로 대응하는 경우가 대부분이다. 이는 피학대노인들이 학대 사실을 남에게 알리는 것을 꺼리는 성향이 있기도 하고 또한 외부 원조기관이 무엇이 있는지, 외부의 원조를 어떻게 구해야 하는지를 몰라서 그럴 수도 있으므로, 노인 스스로도 학대로부터 벗어나려는 노력을 하는 것이 필요하고 또 피학대노인을 돕고 돌볼 수 있는 외부 원조기관 및 서비스 프로그램이 필요하다고 하겠다. 노인들이 쉽게 접근할 수 있는 외부지원체계가 확립되고 그에 대한 홍보가 이루어져야 할 것이다. 학대받는 노인들에 대한 외부지원체계로는 노인학대상담센터, 노인학대신고센터, 노인임시보호시설과 같은 기관이 설치되어야 할 것이다.

④ 법적인 대응(노인복지법)

노인학대는 그동안 1997년에 제정된 가정폭력범죄의 처벌 등에 관한 특례법과 가정폭력방지 및 피해자보호 등에 관한 법률에 의해 가정폭력의 범주 안에서 소극적으로 대처되어 왔으나, 2003년 12월 29일에 국회의 의결을 거쳐 2004년 1월 29일에 법률 제07152호로 공포된 개정 노인복지법에 노인학대에 대한 조항이 신설됨으로써 보다 적극적으로 법적, 사회적 대응을 할 수 있게 되었다.

개정 노인복지법에서 노인학대에 대한 규정을 신설하는 제안 이유 "노인학대를 방지하고 학대받는 노인을 보호할 수 있도록 긴급전화 및 노인보호전문기관을 설치하도록 하고, 노인학대에 대한 신고의무와 조치사항을 규정하는 한편 노인학대행위에 해당하는 일정한 행위를 금지하고 이를 위반하는 자를 처벌하려는 것이다."

개정 노인복지법에 신설된 노인학대 관련 규정의 주요 골자
가. 노인학대 등 이 법에서 사용하는 기본적인 용어에 대한 정의규
　　정을 신설함(제1조의2 신설).
나. 국가와 지방자치단체가 노인학대를 예방하고 수시로 노인학대
　　를 신고받을 수 있도록 긴급전화를 설치하도록 함(제39조의4
　　신설).
다. 국가와 지방자치단체가 노인학대의 예방, 발견, 보호 등을 전
　　담하는 노인보호전문 기관을 설치하도록 함(제39조의5 신설).
라. 누구든지 노인학대를 알게 된 때에는 이를 노인보호전문기관
　　또는 수사기관에 신고할 수 있도록 하고 직무상 노인학대를
　　알게 된 일정한 자에게는 신고를 의무화함(제39조의6 신설).
마. 노인학대신고를 접수한 노인보호전문기관의 직원이나 사법경
　　찰관리는 현장 출동 등 응급조치를 하도록 하고 필요하다고
　　인정할 때에는 관계공무원 등이 조사를 할 수 있도록 함(제39
　　조의7 및 제39조의10 신설).
바. 노인학대행위에 해당하는 일정한 행위를 금지하고 이를 위반
　　하는 경우 그 행위유형에 따라 처벌하도록 함(제39조의9 및
　　제55조의2 내지 제55조의4 신설).
사. 학대노인보호와 관련된 업무에 종사하였거나 종사하는 자는
　　직무상 알게 된 비밀을 누설하지 못하도록 하고 이를 위반하
　　는 자에 대하여는 1년 이하의 징역 또는 300만 원 이하의 벌
　　금에 처하도록 함(제39조의11 및 제57조제2호 신설).
개정 노인복지법의 노인학대에 관한 법조문
제1조의2 (정의)
이 법에서 사용하는 용어의 정의는 다음과 같다.

1. '부양의무자'라 함은 배우자(사실상의 혼인관계에 있는 자를 포함한다)와 직계 비속 및 그 배우자(사실상의 혼인관계에 있는 자를 포함한다)를 말한다.
2. '보호자'라 함은 부양의무자 또는 업무·고용 등의 관계로 사실상 노인을 보호하는 자를 말한다.
3. '노인학대'라 함은 노인에 대하여 신체적·정신적·성적 폭력 및 경제적 착취 또는 가혹행위를 하거나 유기 또는 방임을 하는 것을 말한다.

제39조의4 (긴급전화의 설치 등)

① 국가와 지방자치단체는 노인학대를 예방하고 수시로 신고를 받을 수 있도록 긴급전화를 설치하여야 한다.

② 제1항의 규정에 의한 긴급전화의 설치·운영에 관하여 필요한 사항은 대통령령으로 정한다.

제39조의5 (노인보호전문기관의 설치)

① 국가 및 지방자치단체는 노인학대에 관한 다음 각 호의 업무를 담당하는 노인보호 전문기관을 설치하여야 한다. 다만, 대통령령이 정하는 범위 안에서 다른 노인복지 시설을 노인보호전문기관으로 지정한 경우에는 그러하지 아니하다.

1. 노인학대의 예방 및 방지를 위한 홍보
2. 학대받은 노인의 발견·상담·보호와 의료기관에의 치료의뢰 및 노인복지시설에의 입소의뢰
3. 노인학대행위자, 노인학대행위자로 신고된 자 및 그 가정 또는 업무·고용 등의 관계로 사실상 노인을 보호·감독하는 기관이나 시설 등에 대한 조사
4. 노인학대행위자에 대한 상담 및 교육

5. 그 밖에 학대받은 노인의 보호를 위하여 필요한 사항

② 노인보호전문기관에 두는 상담원 등 직원의 자격은 대통령령으로, 그 설치기준 및 운영에 관하여 필요한 사항은 보건복지부령으로 정한다.

제39조의6 (노인학대 신고의무와 절차)

① 누구든지 노인학대를 알게 된 때에는 노인보호전문기관 또는 수사기관에 신고할 수 있다.

② 다음 각 호의 1에 해당하는 자는 그 직무상 노인학대를 알게 된 때에는 즉시 노인보호전문기관 또는 수사기관에 신고하여야 한다.

　　1. 의료법 제3조제1항의 의료기관에서 의료업을 행하는 의료인

　　2. 노인복지시설의 장 및 그 종사자

　　3. 장애인복지법 제48조의 규정에 의한 장애인복지시설에서 장애노인에 대한 상담·치료·훈련 또는 요양을 행하는 자

　　4. 가정폭력방지및피해자보호등에관한법률 제5조 및 제7조의 규정에 의한 가정폭력관련상담소의 상담원 및 가정폭력피해자보호시설의 종사자

　　5. 노인복지상담원 및 사회복지사업법 제14조의 규정에 의한 사회복지전담공무원

③ 신고인의 신분은 보장되어야 하며 그 의사에 반하여 신분이 노출되어서는 아니 된다.

제39조의7 (응급조치의무 등)

① 제39조의6의 규정에 의하여 노인학대신고를 접수한 노인보호전문기관의 직원이나 사법경찰관리는 지체 없이 노인학대의 현장에 출동하여야 한다.

② 제1항의 규정에 의하여 현장에 출동한 자는 학대받은 노인을 노인학대행위자로부터 분리하거나 치료가 필요하다고 인정할 때에는 노인보호전문기관 또는 의료기관에 인도하여야 한다.

제39조의8 (보조인의 선임 등)

① 학대받은 노인의 법정대리인, 직계친족, 형제자매, 노인보호전문기관의 상담원 변호사는 노인학대사건의 심리에 있어서 보조인이 될 수 있다. 다만, 변호사가 아닌 경우에는 법원의 허가를 받아야 한다.

② 법원은 학대받은 노인을 증인으로 신문하는 경우 본인·검사 또는 노인보호전문 기관의 신청이 있는 때에는 본인과 신뢰관계에 있는 자의 동석을 허가할 수 있다.

③ 수사기관이 학대받은 노인을 조사하는 경우에도 제1항 및 제2항의 절차를 준용한다.

제39조의9 (금지행위)

누구든지 다음 각 호의 1에 해당하는 행위를 하여서는 아니 된다.

　1. 노인의 신체에 폭행을 가하거나 상해를 입히는 행위

　2. 노인에게 성적 수치심을 주는 성폭행·성희롱 등의 행위

　3. 자신의 보호·감독을 받는 노인을 유기하거나 의식주를 포함한 기본적 보호 및 치료를 소홀히 하는 방임행위

　4. 노인에게 구걸을 하게 하거나 노인을 이용하여 구걸하는 행위

　5. 노인을 위하여 증여 또는 급여된 금품을 그 목적 외의 용도에 사용하는 행위

제39조의10 (조사 등)

① 보건복지부 장관, 시·도지사 또는 시장·군수·구청장은 필요

하다고 인정하는 때에는 관계공무원 또는 노인복지상담원으로 하여금 노인복지시설과 노인의 거소, 노인의 고용장소 또는 제39조의9의 금지행위를 위반할 우려가 있는 장소에 출입하여 노인 또는 관계인에 대하여 필요한 조사를 하거나 질문을 하게 할 수 있다.

② 제1항의 경우 관계공무원, 노인복지상담원은 그 권한을 표시하는 증표를 지니고 이를 노인 또는 관계인에게 내보여야 한다.

③ 제2항의 규정에 의한 증표의 내용·형식 등에 관하여 필요한 사항은 보건복지부령으로 정한다.

제39조의11 (비밀누설의 금지)

이 법에 의한 학대노인의 보호와 관련된 업무에 종사하였거나 종사하는 자는 그 직무상 알게 된 비밀을 누설하지 못한다.

제55조의2 (벌칙)

제39조의9제1호(상해에 한한다)의 행위를 한 자는 7년 이하의 징역 또는 2천만 원 이하의 벌금에 처한다.

제55조의3 (벌칙)

제39조의9제1호(폭행에 한한다) 내지 제4호에 해당하는 행위를 한 자는 5년 이하의 징역 또는 1천500만 원 이하의 벌금에 처한다.

제55조의4 (벌칙)

제39조의9제5호에 해당하는 행위를 한 자는 3년 이하의 징역 또는 1천만 원 이하의 벌금에 처한다.

제57조 (벌칙)

다음 각 호의 1에 해당하는 자는 1년 이하의 징역 또는 300만 원 이하의 벌금에 처한다.

1. (생략)

2. 제39조의11의 규정을 위반하여 직무상 알게 된 비밀을 누설한 자 노인 부양의 부담은 개인의 몫이 아닌 사회와 국가가 함께 역할을 분담해야 할 시점에 와 있다고 생각한다. 앞에서 나타나고 있는 이러한 심각한 실상에도 불구하고 노인학대는 아직도 숨겨진 문제로서 은폐되고 있으며 노인학대를 사회문제로 인식하는 시각이 매우 부족하다. 더욱이 학대받는 노인들 대부분 자신과 자식의 체면 때문에 학대받는 사실을 숨기고 있어서 학대 사실이 노출되지 않는다.

요사이 가정폭력에 대한 관심이 증대되고 있고 그에 대한 법적인 대응도 이루어지고 있지만, 그중 노인학대는 아동학대나 배우자학대에 비하면 관심이 매우 미약하다.

이제는 더 이상 노인학대를 개인의 문제나 가정의 문제로 방관하거나 방치해 둘 수 없다.

노인학대를 중대한 사회적인 문제로 인식하고 그에 대한 사회적인 대책 마련이 시급하다고 하겠다.

2) 노인의 성문제 해결 위한 행정복지

노인문제를 사회문제로 바라보는 시각은 개인이나 가족이 스스로 노후생활을 안정적으로 유지하기 어려울 때, 생존권의 유지, 확보를 위해 국가와 사회가 개입하는 이념적 법적 근거를 제공해 준다. 일반적으로 어떤 현상을 사회문제로 개념규정하는 데에는 몇 가지의 의미가 내포되어 있다. 첫 번째로 노인문제는 인간이 만든 사회적 환경이나 구조적인 배경에서 그 원인이 발생되었고, 두 번째로 노인문제에 대해 많은 사람들이 영향을 받고 있으며, 세 번째로 개인이나 사회적으로 부정적인 영향을 미치며. 네 번째로 이런 사회적 현상이 사회문제로 규정되어 문제해결을 위해 사회적 행동이 요청된다. 노인문제를 사회문제로 인식하고 수용하는 사실은 이러한 4가지 측면에서 볼 때 어느 정도 타당한 것으로 보이며 그중에 나는 노인의 성에 대하여 논하려 한다. 성은 인간에게 가장 중요한 문제의 하나이다. 왜냐하면 성을 매개로 해서 남성과 여성은 서로 의존하며 기쁨을 함께할 뿐만 아니라 고독이나 생활의 부자유를 해결하고 삶의 보람이 되기도 한다. 산업화는 가족문화가 핵가족 위주로 변하였고 노령화로 인한 노인문제도 여러 가지 생기게 되었다. 우리나라의 전통적 생활 관념은 노인을 성적 존재로 여기지 않고 노인의 성생활을 인정한다 할지라도 그것에 대한 중요성을 흘려버리거나 아예 무시해 버리는 것이 우리 사회의 지배적인 풍조이다. 하지만 영화 <죽어도 좋아>에서는 노부부의 성생활에 대한 삶의 욕구를 그렸고 영화 <바람난 가족>에서는 시어머니(윤여정)가 바람난 역으로 남편에게 느끼지 못한 오르가즘을 다른 남자에게서 느껴 남편이 지병으로 죽자마자 다른 남자에게 시집가는 장면이 나온다. 이렇듯 노인의 성은 인간의 기본적 욕구의 하나로 노인생활의 질적 향상을 도모하고 인간의 본능적인 차원에서 성적인 조화가 기본적인 요소가 되고 있다. 오늘날 의학의 발달과 다양한 건강정보 등으로 인해 건강한 노인인구의 증가와 함께 노인당사자는 물론 사회 전반적으로 '노인의 성'생활에 대한 관심도가 높아졌고 '성기능 장애'에 대한 치유법이나 약품 등이 개발되어 성기능 회복으로 인해 '노인의 성'문제를 방치할 수 없는 현실문제로 대두되고 있고, 노인 성범죄도 심심치 않게 신문 사회면을 장식하고 있다. 이에 노령사회에서 일어날 수 있는 노인에 의한 성폭력을 예방하고, 노인 분들이 가지고 있는 성적인 문제와 실태 그리고 바람직한 노인의 성생활을 위한 방법을 사회복지적인 면에서 다양한 서비스를 연구하여 향상된 삶의 질과 만족스런 삶으로 넓혀 나가야 할 것이다. 노인의 개념을 여러 학자들은 다양한 정의를 나타내고 있는데 개인의 신체적, 심리적, 사회적 측면에서 그 나라의 역사적, 문화적인 영향을 받아 노인의 개념이 변하기 때문에 정확히 정의를 내리기는 어렵다. 하지만 공통적인 것은 인간의 발달과정의 최종단계에서 신체적, 정신적, 사회적으로 그 능력이나 적응력이 퇴화하여 사회적 기능수행에 장애를 초래하는 시기를 노년기라 하고, 그 노년기에 있는 사람을 노인이라고 한다. 1951년 국제노년학회에서는 "노인이란 인간의 노령화 과정에서 나타나는 생리적, 육체적, 심리적, 환경적 및 행동의 변화가 상호작용하는 복합형태의 과정에 있는 사람"이라고 정의를 내리고, 노인을 ① 환경의 변화에 적절히 적응할 수 있는 조직기능이 감퇴되고 있는 사람, ② 생체의 자체통합 능력이 감퇴되고 있는 사람, ③ 인체의 기관, 조직, 기능에 쇠퇴현상이 일어나는 시기에 있는 사람, ④ 생체의 적응 능력이 점차로 결손되고 있는 사람, ⑤ 조직의 예비 능력이 감퇴하여 환경 변화에 적응이 제대로 되지 않다가 급격한 환경 변화 시에 인체를 보호하기 위해 발휘되는 인체 기관과 조직의 잉여기능을 말한다고 규정하였다.(류종훈 외, 2002 재인용) 비스마르크가 세계 최초로 연금 지급나이를 65세로 정하였는데 이를 계기로 국제연합에서는 노인의 기준을 65세로 규정하고 있다. 우리나라 또한 노인복지법에서 65세 이상을 노인으로 하고 있고 정부의 기초생활보장법에서도 65세 이상을 노인으로 규정하고 있으며 무의무탁 노인이 노인보호시설에 입소할 수 있는 나이도 65세로 정하고 있다.

성(性)이란 한자로 마음심(心)과 날생(生)의 합성어로 마음과 몸을 합쳐 인간 전체를 이룬다는 의미로 성행동이나 육체적인 성의 결합만을 의미하는 것이 아니다. 접촉, 따듯함, 부드러움 그리고 사랑에 대한 욕망 등으로 광범위하게 정의될 수 있으며 여성, 남성과 같은 성별의 본질뿐만 아니라 인간의 특성을 모두 포함한다. 또한 성은 외모, 대화, 정서, 입맞춤 등 다양한 수단을 통해 상호 극치감에 도달할 수 있도록 하는 자신의 모든 감각을 내포한다.(한국성문화 연구소, 생활 속의 성이야기 중) 성의 개념은 크게 3가지로 대별할 수 있는데

① **생물학적 성(sex)**

일반적으로 남성과 여성의 성기를 비롯한 성관계와 생식에 관한 모든 것을 포괄하는 개념이지만 일부 사람들은 성(sex)을 주로 성기적이고 성기 결합적인 것으로만 생각하여 성을 쑥스럽고 어색한 것으로 간주하는 잘못된 관념을 가지고 있다.

② **행동과학적 성(gender)**

인간은 성장과정에서 그가 태어난 사회적, 문화적, 심리적 환경에 따라 자신의 역할을 학습하게 되는 이렇듯 후천적으로 여성은 여성스럽게, 남자는 남성답게 결정되는 것을 말한다.

③ **인격적 성(sexuality)**

생물학적 성(sex)과 후천적 성(gender)을 포괄하는 개념으로 선천적, 생물학적으로 결정된 남녀의 특성과 후천적으로 학습된 행동과 성역할과 성정체성을 통합시킨 개념이다.

(1) 사회학적 관점에서 노인의 성문제

① 기능주의 관점 ─ 기능주의 이론은 1920년대 유기체론개념을 도입하고 있는데 이는 유기체의 모든 부분이 함께 힘을 합쳐서

생명을 유지하는 것과 마찬가지로 사회의 모든 기관도 사회를 유지하기 위해 서로 힘을 합치고 균형 잡힌 전체를 구성한다고 보는데 한 기관이 일탈적인 상태가 되면 사회문제가 발생한다고 보는 것이다. 이런 관점에서 보았을 때 노인의 성문제는 전통적으로 내려오는 노인의 성적 가치관이 급속도로 빠른 사회 변화를 따라잡지 못하여 사회에 긴장을 초래하여 사회문제를 발생시킬 수 있고, 또한 이런 변화 속에서 사회의 기능이 노인들의 새로운 욕구에 적절히 대응하지 못하여 노인 개인보다는 사회의 기능이나 구조 또는 제도에 문제가 있다고 볼 수 있다.

② 갈등주의 관점 ─ 갈등주의는 1950년대 나타났으며 희소자원의 불균등한 소유로 인해 갈등현상이 발생하는 것으로 노인의 성문제도 노인의 퇴직으로 인하여 심리적, 경제적으로 성생활에 문제가 생기는데 이는 경제력과 권위를 가지지 못하여 갈등구조에서 우위를 차지하지 못하여 발생한다고 할 수 있다.

③ 상호작용주의 관점 ─ 상호작용주의는 60~70년대에 나타났으며 그 초점은 개인 간의 상호작용과정을 통해 학습하여 따라 하는 것을 말하며 이 상호작용이 개인과 사회에 미치는 결과에 사회문제가 발생하는 것이다. 노인의 성문제는 노인의 성을 비도덕적이고 비정상적으로 받아들이는 데 있어 그 원인을 노인 개인에게 전가하기보다는 그 원인이 노인의 성에 대해 사회의 잘못된 인식에 있다고 할 수 있다.

(2) 노화에 따른 성기능 저하

① 생리적 요인

가. 남성 ─ 남성에게 있어 나이와 관련된 생식력에 있어서의 변화

는 첫째, 테스토스테론(testosterone)의 수준이 감소하고, 둘째, 정자 생산이 감소하며, 셋째, 정액의 일관성과 양에 있어서의 변화를 경험하며, 넷째, 사정력(force of ejaculation)이 약화되고, 다섯째, 전립선 크기가 증가되며, 여섯째, 흥분과 발기가 서서히 진행되고, 일곱째, 사정 전에 보다 오랜 기간 동안 발기가 유지되며, 여덟째, 사정횟수가 줄어들게 되고, 아홉째, 재발기를 위한 기간이 길어지는 것을 포함하고 있다. 나이든 남성은 테스토스테론의 감소 때문에 리비도의 감소를 경험하게 되고, 음경의 발기기능도 나이를 먹어감에 따라 감소하게 된다. 따라서 나이든 노인은 발기가 되기 위하여 보다 많은 자극을 필요로 한다. 이러한 변화들이 시사하는 바는 정상적으로 건강한 남성 노인들은 전희와 성교 동안에 발기를 해서 지속시킬 수 있는 능력을 유지하고 있는 반면, 그들이 완전한 발기를 달성하기 위해서는 보다 많은 시간을 필요로 하고, 생리적인 발기부전이 점차적으로 확대되어 간다는 것이다. 결과적으로 남성의 오르가즘의 도달은 점점 더 어려워지고, 사정은 보다 힘을 잃게 되지만 불가능한 것은 아니다.

나. 여성─폐경기 이후에 일어나는 성적인 변화는 첫째, 감소된 양의 에스트로겐과 난소들에 의해 생산되는 프로게스테론, 둘째, 외음부의 수축과 리비도의 감소, 셋째, 음모의 감소, 넷째, 생식체계의 변화이다. 여성의 생리적인 장애는 우선 질벽이 얇고 좁아지면서 짧아지고, 질염이 잘 생기며, 질 내 윤활액의 분비가 감소한다. 이런 변화는 성 고통을 유발한다. 요도점막이 퇴행성 변화를 일으켜 방광의 적응력이 감소하며, 골반근육의 약화로 요도염이나 방광염이 잦아지고 끝내 요실금을 초래한다. 배뇨장애와 성 고통은 성관계 시 불안한 마음을 갖게 한다. 에스트로겐의 감소로 성욕이 줄고 폐경이 되면 우울증

을 동반하는 경우가 많아 성생활의 큰 적이 된다. 이런 성기
능 장애는 얼마든지 치료가 가능하다. 사실 폐경기 이후 규칙
적인 성생활만 해도 성기 조직의 위축을 막고 성감을 유지할
수 있다. 성 고통이나 질 건조증이 성생활을 방해할 때는 여
성호르몬 보충요법을 고려해 볼 수 있고 간단한 윤활제만으로
도 큰 도움이 된다.

② **질병적 요인**

건강이 좋지 않은 노인들이 성생활에 대해 낮은 욕구를 가지고
있음을 보여준 반면, 건강이 좋은 노인들은 성생활에 대해 높은 관
심과 욕구를 가지고 있다.

가. 심장질환과 관련된 질병, 뇌졸중과 관련된 발작으로 고통을
　　겪고 있는 대부분의 사람들에게 있어 성적 활동에 대한 관심
　　은 사소한 정도만큼 일시적으로 감소한다. 발작으로 생긴 불
　　구는 성적 표현에 영향을 미칠 수 있다. 신경과 관련된 손상
　　은 성적인 흥분을 방해할 수 있고 그에 따른 발작은 언어적
　　인 표현이 이루어지지 않을 수 있고 발작의 결과로 신체적인
　　불구는 포옹이나 애무를 통한 성적 표현을 어렵게 만들 수
　　있고, 성교가 허약과 마비 때문에 어려워질 수도 있다.

나. 당뇨병 — 노인들이 흔히 걸리는 병으로서 가장 흔한 발기부전
　　의 원인이 되기도 한다. 남성의 사정과 발기와 관련된 기능장
　　애는 발기의 반응을 책임지고 있는 자율신경계에 영향을 미치
　　는 당뇨적 신경장애 때문일 수 있다. 당뇨에 걸린 여성에 있
　　어서는 자궁과 난소의 신경조직에 있어 위축이 증가되는 변화
　　를 보일 수 있으나 성적 활동에는 거의 영향을 미치지 않는
　　것처럼 보인다.

다. 치매 — 성생활과 치매에 관한 문헌은 거의 존재하지 않으나

치매가 광범위한 성적 문제로 이끌 수 있다는 것이 인식돼 왔다. 성적 문제는 종종 부부 중 한 사람이 치매에 걸렸을 때 발생한다. 치매로 고통받는 사람은 성생활에 관심을 잃을 수 있고, 파트너에게 좌절감을 야기하거나 그 반대로 적절하지 못한 성적인 요구를 할 수도 있다. 치매로 인한 인지적인 결함은 부적절한 성적 행위를 결과할 수도 있다. 또한 문제는 치매에 걸리지 않은 파트너가 더 이상 자신의 배우자가 성적으로 매력적이지 못하다고 생각하게 될 때 발생할 수도 있다. 이는 배우자가 위생 관념에 대한 관심을 잃어버리거나 성격이 파괴되어 가기 때문이다. 파트너는 자신을 보호자의 입장에서 보게 되고 계속적인 성생활이 적절하지 못한 것으로 간주하게 될 수도 있다. 치매로 고통받는 배우자가 적절한 프라이버시가 제공되지 않는 생활보호시설에 수용될 때 부부간의 성적 표현은 더욱 악화될 수 있다.

라. 관절염―노인들에게 흔한 관절염도 성생활에 영향을 미칠 수 있는 요인으로 관절염에 의한 장애는 성적 테크닉에 있어서의 조정 또는 진통제의 사용을 필요로 할 수도 있지만 성적인 기능수행을 방해하지는 않는다.

마. 수술―광범위한 신체적인 변화를 야기하는 심한 수술은 노인 여성들의 자아 이미지와 성적 정체성에 해로운 영향을 미칠 수 있다. 어떠한 수술도 부교감신경에 손상을 입혀 생리적인 흥분을 방해할 수도 있다. 사정량은 전립선 절제 후에 상당히 감소하고 직장암 수술은 남성들에게 발기부전을 일으킬 수 있다.

③ 약물적 요인

자율신경계에 영향을 미치는 약물들은 성적인 기능을 방해할 수도 있다. 고혈압 치료약, 수면제와 같은 많은 노인들이 사용하는 약

물들은 발기기능과 리비도에 부정적으로 영향을 미칠 수 있다. 성적
인 기능에 대한 약물의 영향은 개인에 따라서 광범위한 차이가 있
다. 많은 의학적으로 처방된 약물의 해로운 영향에도 불구하고, 성적
인 장애의 가장 일반적인 약물적 원인은 술과 담배이다. 흡연은 심
장병을 발생시키고 에탄올의 중독은 발기 장애를 가져올 수 있고,
그것은 다시 불안과 같은 이차적인 심리작용에 의한 발기부전을 일
으킬 수 있다. 많은 약물이 성적인 기능에 부정적으로 영향을 미치
기도 하지만 다른 것들은 성적 기능을 향상시킬 수도 있다. 예를 들
면 호르몬대체요법은 생리적인 성적 기능수행과 성적인 관심을 향상
시킬 수 있다. 또한 우울증 치료제는 성에 대한 관심을 돌리는 데
기여할 수 있다.

④ 사회적 인식

우리나라 전통사회에서의 즐기고 음란한 것보다는 자식을 낳기 위
한 수단으로 많이 받아들여졌다. 더욱이 노년기의 성적 문제가 생기
면 점잖지 못하고 주책스러운 노인으로 여겼고 노인의 성을 부정적
으로 편견을 갖는데 이 편견이 노인의 생활에 미치는 영향을 살펴보
면 첫째, 어느 연령층이든 사회가 부과하는 부정적 사회심리에 의해
자신의 역할을 적극적으로 수행하려는 동기를 상실할 가능성이 존재
하며, 둘째, 이로 인해 노인이 지니고 있는 성적 능력이 쇠퇴되고,
셋째, 노인 자신의 성적 능력에 대한 자신감 상실이 심화됨에 따라
노인의 성적 욕구나 능력에 대한 사회적 고정관념이 생겨 결국은 노
인의 성생활 수행능력을 약화시킨다.

⑤ 성 파트너의 부재

성적 태도는 성적인 행위의 발생이 감소할지라도 성에 대한 만족
은 똑같이 유지되거나 나이가 듦에 따라 증가된다는 것을 발견하였

고 성생활의 감소에 대한 가장 일반적인 이유는 성적인 파트너의 부재 또는 배우자의 질병 때문이며, 배우자의 부재와 관련하여 노인들이 성적 욕구를 억제하려고 하며 더불어 사별로 인해 성관계의 대상이 없어 성생활에 소극적으로 변해 간다.

⑥ 정신적 건강

자신의 성적 기능수행에 있어서 변화를 경험하게 됨으로써 남성 노인들에게 어느 정도 자아존중감을 상실하게 되는 고통을 야기할 수 있다. 많은 남성들은 노화의 정상적인 생리적 변화를 알지 못한 채, 성적 수행에 대한 불안 때문에 고통받고, 이러한 불안은 스스로 자기 예언적으로 작용하여 발기부전문제를 낳기도 한다.

가. 신체적 — 섹스는 고환 음경의 위축과 퇴화를 막고 뇌전두엽을 자극해 뇌의 노화, 치매, 건망증 등의 진행을 억제한다. 또한 세포의 산소 이용률을 증가시켜 심호흡의 효과를 얻을 수도 있고 여성의 경우는 에스트로겐의 증가로 골다공증 예방에도 도움이 된다. 그리고 무엇보다 뇌에서 엔도르핀을 분비함으로써 행복감을 주며 몸에 이로운 여러 가지 체내물질을 증가시킨다. 따라서 적절한 건강관리로 성생활을 유도하는 것이 바람직하다. 미국의 피츠버그대에서 유방암 환자를 대상으로 조사한 결과 섹스를 하면 치료효과가 훨씬 좋은 것으로 나타났다. 오르가즘 때 백혈구 속에서 암세포를 죽이는 T임파구가 순식간에 증가하면서 면역력을 향상시키기 때문이다. 1주일에 1, 2회 정기적인 섹스는 신체의 면역력을 증가시켜 감기, 독감 등 호흡기질환에 대한 저항력을 강화시켜 준다는 연구결과도 있다. 또한 섹스는 요통환자에게도 좋다. 성적 쾌감은 굵은 신경섬유로 전달되는데 가는 신경섬유로 전달되는 요통감각보다 먼저 전달되기 때문이다. 뇌에서 엔도르핀 등 '천연 진통제'가

다량 분비돼 통증을 잊게 한다. 뿐만 아니라 성행위 시 특히 오르가즘 때 골반의 움직임은 복근과 척추배근을 단련시켜 척추를 튼튼하게 만든다. 성적 흥분은 여성 호르몬 에스트로겐의 분비를 늘려 골밀도를 높이고 혈액순환을 원활히 해 피부의 탄력을 유지시키고 머리카락의 신진대사도 증가시킨다.

나. 정신적 ― 노인들은 고령화됨에 따라 배우자를 잃어야 하는 큰 고통이 따르게 마련인데 이로 인해 고독하고 외로워하면서 이성과의 만남이나 친교에도 적극적이지 못하다. 이에 많은 장애를 극복하고 새로운 배우자나 교분의 대상을 찾았을 때 자신을 가꾸고 이성과 만남에 설레는 마음으로 정서적 안정과, 성의 교합이 아닐지라도, 손을 맞잡음으로써 느끼는 피부의 감촉과 교감, 대화에서 느끼는 이성에 대한 정의와 인간애의 따뜻함에 대한 정서, 자식이나 형제, 친구와도 나눌 수 없었던 가슴속 깊이 쌓인 사연에 대한 답답함을 의논할 수 있는 심도 있는 대화로 우울에 대한 해소와 정신적, 심리적 위로가 된다.

다. 신체적 ― 노년기의 성활동이 신체적인 건강을 약화시키고 인간의 신체의 연령과 비례하여 쇠퇴해 가는 것은 자연적인 현상으로서 노인의 성활동은 신체에 무리를 가져와서 노화를 재촉하는 결과를 낳아 결국 죽음을 재촉하는 행위라고 보는 견해도 있다. 부정적인 측면이다.

라. 정신적 ― 노혼의 경우 세인의 전통적인 관념에 대한 체면과 유산배당의 감소에 대한 불만으로 자식들의 반대와 부모를 모셔야 할 경우 정서적, 경제적인 부담으로 노인의 성생활을 영유하기 어렵게 만든다.

(3) 노인의 사회적 문제

① 무배우자노인의 성생활

홀로 사는 노인에게 '이성과의 사랑이 그리울 때 어떻게 해결하는 가'에 대한 조사(조광환, 1996)에서 노인들은 참고 넘기거나 다른 일에 몰두한다고 응답한 비율이 60%가 넘게 나타났다. 이는 노인들이 성적 욕구를 해결할 만한 특별한 수단을 갖지 못하거나 가정과 사회적 분위기 때문에 기인한 것으로 생각된다. 같은 질문에 대하여 55.3%가 무응답으로 대답을 회피하였다. 응답자 중 적당히 해결한다가 11.6%, 적극적으로 이성을 찾자 나선다가 4.3%, 직업여성과 접촉 0.7%, 기타 22.9% 등으로 나타났다. 해결방법에 대하여 남성노인들은 적극적으로 상대를 구하거나 해결방법을 찾는 경향이 많은 것으로 나타났다.(조광환, 1996). 또한 독일의 필 박사가 50~90세의 독일 여성 91명을 상대로 조사한 설문 조사 통계보고에 따르면, 독신 여성의 8%가 기혼 남성과 성적 관계를 갖고 있는 것으로 드러났으며 기혼 노년 여성의 혼외 성관계를 합하면 13%에 이르고 누적된 경험을 보면 30%에 이른다. 그뿐만 아니라 노년 여성의 자위행위는 남성에 비해 훨씬 빈도가 높은 것으로 나타났다.

② 노인의 사회적 성문제들

사회문제가 된 노인들의 성문제는 다음과 같은 일련의 사건들로 확인할 수 있다. 두 명의 동네 노인에게 성폭행당한 초등학교 3학년 어린이, 한 동네에 사는 60대 노인에게 성폭행당한 후 이틀 만에 산에서 발견된 어린이, 이웃에 사는 초등학생을 여관에서 세 차례 성폭행한 65세 안 모 씨, 16세 의붓딸을 상습적으로 범한 65세 아버지 이 모 씨, 손녀 친구인 6세 아이를 범한 72세 노인 임 모 씨 사건…… 또 윤락녀들에게 용돈을 털리는 노인들의 이야기는 방송을 통해 알려졌다. 서울의 탑골공원에서는 매춘부들이 노인들의 쌈짓돈을 노리고 접근한다. 이 외에도 티켓다방의 여 종업원을 상대하는 노인들이 적지 않고, 심지어 보건에서 비아그라와 같은 약을 달라는 노인들도 있었는데 이러한 사건들을 전부 이상 성격의 노인이 저지른 사건으로만 볼 수는 없다. 신경 정신과 신승철 박사는 "사람들은 나이가 들수록 고독감과 소외감에 시달린다. 더구나 배우자와 사별한 노인들이 늘면서 외로움을 타는 사람들이 점점 많아지는데, 사람은 고립되고 고독감을 느낄수록 더욱 강한 성충동의 지배를 받는다."고 하였다.

③ 노인의 성생활이 사라져가는 이유

노년기의 성행위는 주책스럽고, 귀찮은 행위가 아니라 대단히 중요하다. 왜냐하면 평생을 사랑해 온 부부가 황혼기를 맞으며 성기능을 최대한 유지한다는 것은 더욱 즐거운 인생을 만끽할 수 있는 한 부분이 충분히 될 수 있기 때문이다. 그리고 건전하고 원만한 성생활은 생활의 질을 더욱 알차게 해 주는 활력소가 될 수도 있기 때문에 중요한 것이다. 그러나 노년기의 성생활을 부끄러운 일로 생각한다는 인식이 지배적이고 남편의 성교 횟수의 감소가 자신이 매력 없는 탓이라고 생각하는 부인과 여자들의 질 건조에 의한 불쾌감 때문에 성을 회피하는 부인을 자신의 성 능력 부족 때문이라고 생각하는 남편의 생각이 거의 대부분의 노인 분들이 공통적으로 느끼는 감정이다. 이러한 잘못된 인식과 오해는 노부부를 서로 적극적이지 못하게 하여 성생활이 점점 시들해져 사라져가게 하며 그렇게 된 것을 일반적으로 정상적인 상태로 인색해 버리는 것이다. 이로 인해 중년 이후의 성기능은 점차 악화되며 남자의 발기력은 더욱 쇠퇴해 버리며 자신감을 잃게 되는 악순환을 되풀이하게 되는 것이다.

④ 노인의 성에 대한 편견

우리는 노인의 성에 대해 노인들은 성교가 없고, 노인들의 성생활은 비도덕적이고, 비정상적이며 더러운 것이고, 섹스를 위한 성적인 욕구와 신체적인 능력이 나이에 따라 쇠퇴하며, 발기부전이 노화의 한 부분이고, 성교는 오직 젊은 사람들만을 위한 것이라는 편견을 가지고 있으며, 사회적 편견의 영향 속에서 노인생활시설의 직원들이 종종 성적 관심을 자연 발생적인 것으로 간주하기보다는 행태상의 문제로 간주하고 있다고 지적하고 있다. 직원들은 거주 노인들의 성적 행동에 대해 매우 불편하게 느끼고, 사적 공간을 제공하지 않음으로써 노인들의 성생활을 공개적인 것으로 만들고 있다는 것이다.

고령화 사회에 접어든 오늘날 노인은 전체 인구의 7%를 초월했고 앞으로 더 많은 노인이 생기므로 '노인의 성'문제에 대한 젊은 사람이나 노인을 모시고 있는 가족 그리고 사회가 보수적인 사고에서 벗어나 노인 개개인의 정황을 이해하고 존중할 수 있는 현실로 전환되어야 한다. 따라서 노인에게 있어서의 '성'은 부적절하고 비도덕적이고 이미 상실되고 없는 젊음을 되찾으려는 발버둥으로만 치부해 왔던 오랜 관습에서 벗어나 노인의 성이란 감추어져 있는 삶에 대한 활력소로서 성이 인정되고 보장받을 수 있는 생동적인 요소로 재인식되어야 한다.

(4) 노인의 성문제 해결방향

① 이성교제

우리나라의 경우 노인의 이성교제의 실태를 살핌에 있어서 한국노인의 전화상담사례집에 의하면 1996년 1월에서 12월까지의 사례에서 고독과 소외의 극복을 위한 대안책으로 문의된 이성교제에 대한 상담은 총 218건으로 전체 상담의 8.5%를 차지하였다. 이성교제를 희망하는 상담은 212건이었으며 6건은 노인의 이성교제에 대한 자료나 정보문의였다. 다음은 실제 상담을 해온 212건에 대한 분석이다. 이성교제와 관련된 상담은 노인 본인이 전화를 해온 경우가 80.1%로 대부분을 차지하였고, 다음으로 딸 7.1%, 친구, 친지 3.8%, 며느리 3.3%, 아들 2.4%의 분포를 보였다. 내담자가 노인 본인인 경우 이성교제를 원하는 이유로는 '노인의 외로움과 고독 때문에', '활기찬 노후, 보람된 생활을 영위하고 싶어서'가 각각 45.3%로 높은 비율을 차지하고 있었고 그 밖에 '결혼생활을 유지하고 싶어서' 5.2%, '수양, 부양을 위한 보조자를 얻기 위해' 2.8% 등으로 나타났다.

노인의 이성교제 및 재혼을 색안경을 끼고 은밀하고 폐쇄적으로만 볼 것이 아니라 홀로 되신 분들의 모임이나 그분들이 이용할 수 있는 문화 공간 마련 등 구체적이고 실제적인 대안책이 마련되어야 할 것이다.

(5) 재 혼

① 재혼의 필요성

홀로된 노인들의 재혼문제를 고려해야 하는 이유는 고령화 사회로 접어든 우리나라에서 2000년 평균수명이 75세 정도로 배우자를 잃은 사람이 홀로 살아야 하는 기간이 너무나도 길 수밖에 없으므로 긴 시간을 혼자 외롭게 지낼 이유는 없고 자신의 남은 삶을 행복하게 할 권리가 있기 때문이며, 노인들에게도 성적 욕구가 있고 또한 말벗이 필요하다. 요즘 세대 간 문화 차이가 핵가족을 선호하는 젊은 자식층은 내심 자기들만의 핵가족을 유지하고 싶어 하여 노인끼리 살아가는 가구가 점점 증가하므로 홀로 사는 노인은 자신의 외로움을 달래 줄 수 있는 동반자가 필요하며 독립해서 살 수 있는 경제력을 지닌 노인층이 차츰 많아지는 상황에서 재혼은 인생의 폭을 넓히고, 두 사람의 합침으로 삶의 질이 높아지며, 의학의 발전으로 노인들의 심신건강이 나날이 좋아지고 있다. 실제 성인병 예방과 치료법이 향상되고 있으며, 비아그라까지 나오는 실정이다. 노인의 재혼을 해괴망측하다고 보았던 우리 사회에도 서구문화의 영향으로 남녀노인이 손을 잡고 다니는 모습이 어색하지만은 않다.

② 재혼의 장애요인

노인들은 재혼에 대해 적극적으로 의사를 표시하지 못하고 재혼에 따른 재산분배나 가족행사에서 자식들과 갈등이 빚어질 것이 두려워 재혼의 결단에 어려움이 있게 되며 여성노인의 경우 자신의 수발만을 들게 하기 위해 구혼해 오는 사람을 알지 못하기 때문에 재혼을 하였다고 하여도 행복한 재혼 생활을 할지는 의문이다.

(6) 사회복지 대책

① 성적 권리 확보

사회적으로 노인의 건전하고 활발한 성활동을 격려한다면 노인들의 잠재되어 있는 성적욕구나 성행위는 활발히 증가되어 노년을 비관적으로 생각하게 하는 인식의 한 부분이 줄어들게 되며 삶의 질을 높이게 되는 데 기여할 것이다. 하지만 사회가 노인에게 성적능력과 흥미를 증가시키는 것을 소홀히 하고 그릇된 편견을 계속 갖게 한다면 그 반대현상이 나타날 것이다. 따라서 노인의 성교육이라는 하나의 과정을 통해 올바른 성에 대한 지식을 고취시켜 성에 대한 태도 및 의식 그리고 전통적으로 그릇된 성의 개념, 성의 본질관 등을 올바르게 유도하여 개선하는 것이 필요하다. 특히 노인인구가 점점 늘어가는 현 실정에서 홀로된 노인들의 배우자 관계를 생각하여 볼 때 중요한 문제임에도 불구하고, 우리나라에서는 아직도 노년기의 결혼생활에 대하여 부정적인 견해를 가지고 있으며 이와 더불어 노년기에 성에 대한 관심을 표명하는 것도 금기시되고 있다. 노년기의 성이라는 것은 단순한 성관계만을 의미하는 것이 아니라 서로간의 애정과 친밀감을 표명할 수 있는 폭넓은 차원에서 인식되어야 한다. 일반적으로 노년기의 성활동은 서로의 삶에 대한 자신감을 주며, 연대감을 부여하는 등 정신적 만족감을 얻는 데 기여한다.

② 사회복지 측면의 대책

첫째, 노인들의 성에 대한 지식과 정보제공이 이루어져야 한다. 체면과 자녀들 때문이라는 도덕적인 면에 숨어 있는 자신의 성을 찾아야 한다는 것이다. 노인들 스스로가 성에 대한 편견을 없애야 하며 특히 여성노인들은 성을 생리적이고 생산적인 기능의 도구로만 생각하지 말고 이제는 자신의 성을 찾아 건전하고 올바른 성생활을 유지할 수 있도록 노인들 스스로가 성에 대한 올바른 지식을 가져야 하며, 정부나 사회단체에서는 그에 따른 정보를 제공해야 한다.

둘째, 가족이나 자녀들을 대상으로 하는 노인의 성 프로그램의 개발이 필요하다. 노인들은 자신에 관한 문제에 대해서는 가장 가까운 가족이나 자녀들에게조차도 의논상대로 기피하는 것을 볼 수 있다. 이러한 이유 중 하나는 가족이나 자녀들이 노인들의 성을 올바로 이해하려고 하지 않고 오히려 창피하고 부끄럽게 생각하며 노망난 행위로 일축해 버리기 때문이다. 따라서 이러한 문제점을 해결하기 위해서는 노인복지관이나 지역사회복지관에서는 가족프로그램을 개발하여 가족 간의 유대를 강화시켜 주고 가족 구조로 인한 가족문제를 자연스럽게 해결하도록 해야 한다.

셋째, 노인의 성을 위한 노인복지 프로그램의 활성화가 필요하다. 노인의 성생활은 노후 삶에 직접적인 영향을 미칠 수 있으므로 노인들의 성을 활성화할 수 있는 다양한 프로그램이 필요하다. 각 기관에서는 다른 시설과의 연계를 통하여 타 지역에 거주하는 노인들과도 교류를 나눌 수 있는 미팅이나 재혼의 모임과 같은 이벤트적 프로그램을 기획해 보는 것도 프로그램을 활성화시킬 수 있는 하나의 방안이라고 본다.

넷째, 전문상담기관과 전문 인력의 양성이 필요하다. 노인문제를 전문적으로 다룰 수 있는 상담기관이나 노인을 이해하고 노인들의 정신건강을 체크할 수 있는 전문 인력의 양성이 필요하다. 인간이라면 누구에게나 중요한 성문제가 단순히 노인에게만 극한된 것은 아니고, 점차 노인이 되면 누구에게나 다가올 우리의 문제이므로 노인의 성문제에 관해 보다 큰 관심을 갖지 않으면 안 될 것이다. 따라서 이 문제에 관해서는 언제라도 상담할 수 있고 의논할 수 있는 전문적인 기관의 활성화나 전문 인력의 양성이 필요하다고 본다. 특히, 기존의 상담기관들은 건물 내에 자리하고 있어 찾아오길 기다리기보다는 복지기관이나 시설을 이용하지 않는 노인들을 위해 이동 상담이나 가정방문, 노인정의 기본 시설물들을 통하여 일상생활 속에서 자연스럽게 유지될 수 있도록 찾아가는 서비스를 제공해야만 한다.

다섯째, 사회적 인식의 변화이다. 노인문제 중 민감한 부분인 성과 결혼이라는 부분을 지역사회에 이슈화시켜 어르신에게 성과 결혼은 참고 감내해야 하는 문제가 아니라 인간으로서 요구할 수 있는 당연한 권리라는 새로운 인식을 지역사회에 정책적으로 알려야 한다. 노인들에게 마지막 순각까지 행복하게 살아갈 권리가 있고 그들이 재혼이나 이성교제를 통해 좀 더 만족한 삶을 살 수 있다는 측면에서 사회복지적 개입이 필요한 것이다.

여섯째, 노인 스스로 변해야 한다. 현대사회에서 결혼유지가 힘들고 만족스런 결혼생활을 위해서는 서로를 위한 배려와 이해가 필요하다. 노인재혼의 경우 이미 거의 한평생을 각자의 삶을 살다가 만나는 경우이므로 서로의 가치관이나 생활습관이 확고해져서 서로의 조화를 위해서는 더 많이 양보하고, 이해해야 한다는 것이다.

인간은 사회적 존재이기에 성행동에 사회, 문화적인 환경에 좌우됨을 감안할 때, 앞으로 한국노인의 성의식이나 성행동에 대한 올바른 지식과 이해를 증진하면서 노인들의 긍정적인 성생활을 새롭게 조명하는 것은 필수불가결한 일임을 알 수 있다. 사실 노인들의 성생활에는 신체뿐 아니라 심리, 사회적인 요인도 크게 작용한다. 규칙적인 성생활은 노인에게 정신적이거나 심리적으로 좋은 영향을 줄 수 있다. 노년기 성은 단순한 성관계만을 의미하는 것이 아니라 서로간의 애정과 친밀감을 표현할 수 있는 폭넓은 차원에서 인식되어야 하며 노년기의 성생활은 서로의 삶에 대한 자신감을 주고 정신적 만족감을 얻어 삶의 대한 보람과 질을 높여 주는 윤활제 역할을 한다고 할 수 있다.

참고문헌

강영실 외(2005), 사회문제론<대왕출판사>
장세철 외(2004. 11), 현대노인복지론<홍익출판사>
김상원 (2000), 성교육 / 성상담의 이론과 실제<교육출판사>
대한가족보건복지협회(2000. 12), 생애주기별 성교육
대한가족보건복지협회(2004. 7), 성교육 / 성상담 전문가 양성연수
함께 풀어가는 성 이야기<교육인적자원부>

생활 속의 성이야기<한국 성문화연구소>
서혜경, 이영진(1997), 노년기의 성에 관한 다각적 고찰
이창은(1999) 한양대학원 석사논문(노인의 성생활 인식도와 삶의 만족도와의
    관계)
김현철(2001) 서강대학교 석사논문(노인의 성)
신성례 (1996) 삼육대학교 (노인의 성에 대한 고찰) - 논문집
1999. 동아일보
http://www.healthccn.or.kr/index.asp(기독간호대 여성)
http://www.koreawa.or.kr/(한국노인복지회)
http://www.naver.com/(네이버 검색)
http://www.yahoo.co.kr/(야후 검색)

4. 자활사업과 행정복지

1997년 IMF 경제 위기 이후 대량실업으로 인한 빈곤 인구가 증가하고, 이혼, 아동·노인유기, 가출, 자살 등의 각종 사회병리현상이 증가되자 사회안전망의 미비가 중요한 문제로 인식되었다. 또한 우리나라의 사회복지가 지닌 특성과 한계성을 노출시키는 한편, 사회복지정책의 근원적인 변화를 촉구하는 계기가 되었다. 특히, 생활보호법에서는 근로능력이 있는 사람을 대상자에서 배제함으로 인해 고실업상태에 따른 근로능력 빈곤자에 대하여 실효성 있게 대처할 수 없었다. 이에 따라 근로능력자에 대해 기초생활을 보장하는 새로운 법 제정이 학계와 시민단체를 통해 주장되었으며, 이러한 결과로 국민기초생활보장법이 1999년 8월 12일 국회를 통과하여 2000년 10월

1일 국민기초생활보장제도가 시행되었다. 이러한 국민기초생활보장제도는 기존 시혜적 성격의 생활보호제도를 시민의 '사회적 권리' 차원으로 격상한 것으로 평가된다. 이 제도는 국민의 기본 권리라는 이념을 바탕으로, 모든 국민에게 기본 욕구를 포괄적으로 보장함으로써 인간다운 삶을 보장하고 사회통합을 공고히 하는 것을 목적으로 출발하였다. 즉 내용 면에 있어서 인구학적 구분의 철폐, 소득인정액의 도입, 자활프로그램의 강화, 주거급여의 신설 및 분리 등을 이루어냄으로써 한 차원 높은 공공부조제도로 발전시켰다는 점과 특히 그동안 복지의 사각지대에 놓여 있었던 근로능력이 있는 저소득층에 대한 생계급여를 포괄함으로써 전 국민에게 최소한의 인간다운 생활을 보장하는 커다란 진전을 이루었다는 점에서 높이 평가되고 있는 것이다. 특히 자활사업은 근로능력을 상실한 절대빈곤층에 대한 소득보장을 넘어서 근로능력이 있는 빈곤층(실직과 취업을 반복하는 일용직 근로자와 실업자가 대다수를 차지하는)을 위한 적극적인 탈빈곤 정책의 하나로 도입되었다. 즉 국민기초생활수급자들을 근로능력자와 근로무능력자로 나누어, 근로능력자로 일할 수 있는 여건이 조성된 '조건부수급자'들에게는 일을 할 수 있도록 정부가 강제함으로써 근로연계복지(workfare)적 성격을 갖게 하였으며, 자활사업 참여를 조건으로 생계비를 받도록 함으로써 국가의 보호에 안주하는 도덕적 해이를 방지하고자 하였다. 노동능력이 있는 수급자들을 대상으로 시행된 자활근로사업은 서구사회에서와 같이 빈곤층에게 '노동자'로서의 기회를 제공함으로써 그들 스스로 자활하도록 돕기 위한 정책적 대안이라고 할 수 있다. 또한 자활사업이 시행된 후 특히 근로빈곤계층이라고 볼 수 있는 조건부수급자 중 자활사업 참여자의 가구소득은 비참여자가구소득에 비해 상대적으로 큰 폭의 증가를 보이고 있다.

하지만 자활사업의 시행 초기부터 연구자들은 현 자활사업의 부족한 공급, 부적절한 대상자 선정, 근로유인효과 없는 보충급여방식 등의 문제를 지적하고 있으며 행정실무자들은 조건불이행자에 대한 미미한 규제조치와 인센티브 없는 보충급여방식이 자활사업 참여자의 복지의존을 심화시키고 있다고 지적하고 있다. 또한 민간 실무자들은 자활사업이 이원화된 전달체계와 부족한 인력, 경직된 지침으로 인해 소극적으로 운영되고 있다고 지적하고 있다. 또한, 현행 국민기초생활보장제도는 근로의욕 감퇴, 부정 수급자 양산, 예산 낭비 등이 문제점으로 지적되고 있는 상황이다. 이에 현행 제도에 대하여 정부의 정책입안자, 관련연구자 그리고 온 국민의 지지를 얻음과 동시에 성공적인 제도의 정착을 위해서는 제도 시행과정상의 문제점과 부작용 등에 대해 충분히 검토하고 미비한 점을 보완해야 할 필요성이 제기되었다. 따라서 향후 국민기초생활보장제도 자활지원사업의 개선이나 지속적인 추진을 위해서는 무엇보다도 이 사업의 효과성에 대한 분석 작업이 선행되어야 할 것이다. 또한 이 사업의 추진과정에서 나타나는 문제점들과 그에 대한 개선 방안도 모색되어야 할 것이다.

연구질문

<연구 질문 1> 자활사업참여자가 프로그램에 대하여 느끼는 탈빈곤은 어떠한가?

<연구 질문2> 개인특성 변수들은 탈빈곤에 어떠한 영향을 줄 것인가?

<연구 질문3> 근로특성 변수들은 탈빈곤에 어떠한 영향을 줄 것인가?

<연구 질문4> 프로그램만족 변수는 탈빈곤에 어떠한 영향을 줄 것인가?

자활사업에 참여하는 조건부수급자의 빈곤 정도를 파악하고 자활사업 참여자의 탈빈곤에 영향을 미치는 요인들을 살펴보면서 자활사업의 탈빈곤 효율을 높이는 제도적 개선방안을 모색하기 위한 기초자료를 제공하는 것을 목적으로 한다. 이와 같은 연구 목적을 달성하기 위한 구체적인 연구 내용은 다음과 같다.

첫째, 자활사업참여자의 사업참여 현황을 파악한다.

둘째, 자활사업참여자의 빈곤 정도와 근로특성과의 관계를 알아본다.

셋째, 자활사업참여자의 탈빈곤에 영향을 미치는 요인들을 알아본다.

넷째, 자활사업의 효율을 높이기 위하여 제도의 어떤 부분이 개선되어야 할지 알아본다.

1) 자활사업의 이해

(1) 자활사업의 개념 및 정의

자활사업이란 2000년도부터 우리나라에서 시행한 국민기초생활법에서 말하는 '조건부수급자'들을 대상으로 하여 실시하고 있는 공공부조제도를 말한다. 1990년대 초반부터 지역운동, 빈민운동의 일각에서 시도되어 온 '탈빈곤, 생산자공동체 운동'은 긍정적인 평가 이래 점차 정책적인 검토를 하게 되었다(권순원, 1999). 자활정책은 실업과 빈곤의 정책이며 빈곤탈출을 그 목적으로 하고 있다. 대상은 실직빈곤계층으로 주요 지원사항은 일자리제공, 소득지원, 복지서비스 제공 등이다(노대명, 2001).

(2) 자활지원센터와 자활후견기관의 성립과 자활사업

정부의 '삶의 질 세계화' 선언 이후 창설된 국민복지기획단에서는 새로운 복지정책의 기조로서 생산적 복지의 실현을 위하여 민관의 협력하에 저소득층의 자립자활을 지원하기 위한 '자활지원센터'를 시범적으로 설치하기로 하였다. 그 후 '자활지원센터'는 1997년 생활보호법을 개정함으로써 그 법적인 근거를 마련하게 되었고 2000년 10월 국민기초생활보장법이 시행됨에 따라서 전국적으로 확산되면서 그 명칭이 '자활후견기관'으로 변경되었다. 자활지원센터는 1차적인 목표집단을 생활보장 대상시설이 아닌 실질적인 자립지원이 필요한 차상위계층과 비정규직근로자로 설정하였으며, 그 사업 또한 시장진입형 위주의 사업이 대부분이었다. 그러나 자활후견기관으로 명칭이 변경되면서 1차적인 목표집단을 국민기초생활보장법의 조건부수급자 중 비취업대상자로 전환하였다. 이와 같은 우선대상집단의 변화는 사업내용에 변화를 가져왔으며 조건부수급자들에게는 새로운 형태의 자활사업이 요구되는 계기가 되었다.

2) 탈빈곤

빈곤이란 넓은 의미에서 인간의 기본적 요구가 충족되지 않은 상태를 말하며 크게 절대적 빈곤, 상대적 빈곤, 주관적 빈곤으로 나눌 수 있다. 국민기초생활보장제도와 같은 공공부조를 포함한 사회복지제도의 일반적이고도 궁극적인 목표 중의 하나는 빈곤의 제거라고 할 수 있다(김기덕, 1999). 그런 맥락에서 빈곤층을 대상으로 하는 국민기초생활보장제도가 궁극적으로 지향하는 바는 우리 사회의 완전한 빈곤 제거이며, 단기적이고 직접적인 목표는 국민기초생활보장 수급자들의 빈곤 탈피라고 할 수 있다(이현주 외, 2002).

탈빈곤에 영향을 미치는 요인들은 개인특성 변수, 근로특성 변수, 프로그램만족 변수 세 가지로 구성되었다. 개인특성 변수에는 성별, 연령, 결혼유무, 부양자 수, 종교, 학력, 자격증유무가 포함된다. 근로특성 변수는 업종, 근무시간, 업무량, 소득, 휴일 수, 편안함을 말하며, 프로그램만족 변수는 선정, 상담, 사후관리이다.

국민기초생활보장수급자 선정은 소득인정액(소득평가액＋재산의 소득환산액)이 보건복지부 장관이 매년 공표하는 최저생계비이고, 부양의무자가 없거나 부양의무자가 있어도 부양을 받을 수 없는 상황으로 기본적인 생계유지를 위해 국가의 보호가 필요하다고 시·군·구청장이 인정할 때 가능하다(보건복지부, 2003).

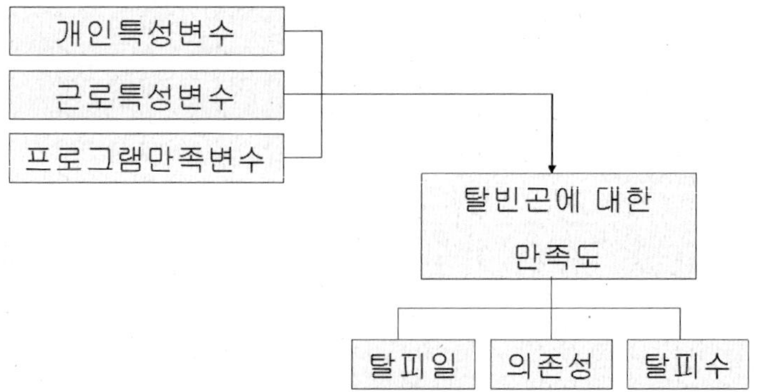

설 문 지

안녕하세요?

　이 설문지는 고구려대학교에서 행정복지를 전공하는 대학생들이 자활사업 참여자의 탈빈곤에 미치는 영향을 조사하기 위하여 만들었습니다.
　이 설문지의 주된 내용은 자활사업 참여자 본인과 근로환경 그리고 자활프로그램에 대한 만족도에 관한 것입니다. 각 문장을 천천히 읽고 객관적으로 답하여 주시기 바랍니다. 여러분이 답해 주신 결과는 자활사업 참여자의 탈빈곤에 관한 연구의 중요한 기초 자료로써 활용될 것입니다. 감사합니다.

2006년 11월

고구려대학교 행정복지학 전공
지도교수 한만봉

연구진:
전　화:
주　소:

※ 다음 사항을 기입해 주십시오.

성　　별: 여자______ 남자______
나　　이: 20대______ 30대______ 40대______ 50대______ 60대______
결　　혼: 미혼______ 기혼______
종　　교: 없음______ 불교______ 기독교______ 가톨릭______ 기타______
학　　력: 초졸______ 중졸______ 고졸______ 대졸______
자 격 증: 없음______ 1개______ 2개 이상______
부양가족: 없음______ 1-2명______ 3-4명______ 5-6명______ 7명 이상______

주거형태: 자택______ 전세______ 월세______ 기타______

※ 다음은 자활사업 참여자의 탈빈곤에 영향을 주는 것에 관한 것입니다. 각 영역별로 본인이 느끼는 정도를 모두 표시(√)해 주세요.

(1) 참가자 본인에 관한 질문입니다

● 지금 나에게 자활사업은 꼭 필요하다

전혀 그렇지 않다(   ) 거의 그렇지 않다(   )

약간 그렇다(   )   매우 그렇다(   )

● 나는 자활사업에 적극적으로 참여하고 있다

전혀 그렇지 않다(   ) 거의 그렇지 않다(   )

약간 그렇다(   )   매우 그렇다(   )

● 나는 자활사업 참여 시 학력은 중요하지 않다고 생각한다

전혀 그렇지 않다(   ) 거의 그렇지 않다(   )

약간 그렇다(   )   매우 그렇다(   )

● 나는 자활사업 참여 시 성별은 중요하지 않다고 생각한다

전혀 그렇지 않다(   ) 거의 그렇지 않다(   )

약간 그렇다(   )   매우 그렇다(   )

● 나는 자활사업 참여 시 나이는 중요하지 않다고 생각한다

전혀 그렇지 않다(   ) 거의 그렇지 않다(   )

약간 그렇다(   )   매우 그렇다(   )

● 나는 자활사업이 부양가족 수는 중요하지 않다고 생각한다

전혀 그렇지 않다(   ) 거의 그렇지 않다(   )

약간 그렇다(   )   매우 그렇다(   )

● 나는 자활사업장에서 인간관계가 좋은 편이다

전혀 그렇지 않다(   ) 거의 그렇지 않다(   )

약간 그렇다(   )   매우 그렇다(   )

(2) 참여 사업의 근로 환경에 관한 내용입니다

- 나는 자활사업에서 선택한 업종에 만족하고 있다

  전혀 그렇지 않다(   ) 거의 그렇지 않다(   )

  약간 그렇다(   )   매우 그렇다(   )

- 나는 자활사업에서의 근로시간에 만족하고 있다

  전혀 그렇지 않다(   ) 거의 그렇지 않다(   )

  약간 그렇다(   )   매우 그렇다(   )

- 나는 자활사업에서의 업무량은 적정하다고 생각한다

  전혀 그렇지 않다(   ) 거의 그렇지 않다(   )

  약간 그렇다(   )   매우 그렇다(   )

- 나는 자활사업을 통해 시작하기 전보다 소득이 향상되었다

  전혀 그렇지 않다(   ) 거의 그렇지 않다(   )

  약간 그렇다(   )   매우 그렇다(   )

- 자활사업장까지의 통근거리는 적당하다

  전혀 그렇지 않다(   ) 거의 그렇지 않다(   )

  약간 그렇다(   )   매우 그렇다(   )

- 자활사업장의 후생시설은 좋은 편이다

  전혀 그렇지 않다(   ) 거의 그렇지 않다(   )

  약간 그렇다(   )   매우 그렇다(   )

(3) 자활사업의 만족도에 관한 내용입니다

- 나는 자활사업이라는 프로그램이 좋다고 생각한다

  전혀 그렇지 않다(   ) 거의 그렇지 않다(   )

  약간 그렇다(   )   매우 그렇다(   )

- 자활사업은 현재 잘 운영되고 있다고 생각한다

  전혀 그렇지 않다(   )   거의 그렇지 않다(   )

  약간 그렇다(   )   매우 그렇다(   )

- 나는 정부가 자활사업에 더 많은 지원을 하여야 한다고 생각한다

  전혀 그렇지 않다(   )   거의 그렇지 않다(   )

  약간 그렇다(   )   매우 그렇다(   )

- 나는 계속해서 자활사업에 참여하고 싶다

  전혀 그렇지 않다(   )   거의 그렇지 않다(   )

  약간 그렇다(   )   매우 그렇다(   )

- 나는 자활사업 대상자 선정방법에 만족하고 있다

  전혀 그렇지 않다(   )   거의 그렇지 않다(   )

  약간 그렇다(   )   매우 그렇다(   )

- 자활후견기관에서는 프로그램 참여자에게 많은 정보를 제공하고 있다

  전혀 그렇지 않다(   )   거의 그렇지 않다(   )

  약간 그렇다(   )   매우 그렇다(   )

- 자활후견기관의 직원의 태도는 친절하다

  전혀 그렇지 않다(   )   거의 그렇지 않다(   )

  약간 그렇다(   )   매우 그렇다(   )

- 자활후견기관 직원과의 상담은 나에게 도움이 되고 있다

  전혀 그렇지 않다(   )   거의 그렇지 않다(   )

  약간 그렇다(   )   매우 그렇다(   )

—감사합니다—

5. 사회문제 해결과 행정복지

1) 빈곤문제

사회문제 중 중요하게 자리하고 있는 것은 빈곤문제이다. 빈곤문제를 제대로 해결해야 할 의무가 있는 것이 행정복지이다.

　　　　문제의 원인
　　　　문제에 대한 현행 사회정책 및 프로그램
　　　　문제에 대한 해결책 및 대안
　　　　문제해결을 위한 사회복지적 차원에서의 전략

　　빈곤문제의 중요성

우리나라에서 근대적 의미의 사회복지입법으로서 최초로 제정된 것이 빈민을 구호하기 위한 생활보호법이었다는 사실이 사회복지에서 빈곤문제의 중요성을 나타낸 것이라고 할 수 있다.

　　복지제도의 기능

인간사회의 주요 제도로서 사회복지는 상부상조를 그 일차적 기능으로 삼으며, 이 기능은 바로 물질적인 결핍상태인 빈곤과 가장 밀접한 관계를 갖는다.

　　빈곤에 대한 이론적 관점
　　　　기능주의적 관점
　　　　갈등론적 관점
　　　　상호작용이론적 관점

기능주의적 관점

기능주의적 관점에서 빈곤은 하나의 일탈행동이며, 빈민은 사회에 적응하지 못하고 공헌하지 못하는 행동을 한다고 본다.

빈곤문화론

갠스라는 학자는 빈민들은 그들의 상황에 보다 잘 적응하기 위해 특유한 가치와 태도를 갖게 되는 이른바 '빈곤문화'를 갖게 된다고 주장하였다.

갈등론적 관점

갈등이론가들은 어떤 집단이 사회의 다른 집단과 비교하여 보다 적은 '이것'을 갖게 됨으로써 빈곤이 존재한다고 본다.

갈등론적 관점에서 빈곤

갈등이론가들은 절대적인 빈곤선을 설정하는 것보다는 '이것'으로 빈곤을 규정한다.

상호작용이론적 관점

상호작용이론가들에 의하면, 빈민들은 흔히 일반인들이 그들에게 갖는 부정적인 생각들을 그대로 지니게 되어, 빈민들은 '이것'의 대상이 되고 또 그러한 기대에 맞는 행동을 하게 될 수도 있다고 한다.

빈곤에 대한 관점의 차이

빈곤에 관해, 기능주의자들은 절대적 빈곤을, 갈등주의자들은 상대적 빈곤을, 상호작용주의자들은 '이러한' 빈곤을 강조한다.

절대적 빈곤

절대적 빈곤은 한 개인이나 가구의 소득 또는 지출이 최저생활을 하는 데 필요한 생계비에 미달될 때에 이들을 빈민 혹은 빈민가구로 보는 것이다.

상대적 빈곤

상대적 빈곤은 하위의 일정비율을 빈곤층으로 정의하기도 하고, 전체 가구의 평균소득의 일정비율에 미달하는 소득을 얻는 층을 빈곤층으로 정의하기도 한다.

빈곤선을 중심으로 한 빈곤의 정의의 문제
1. 현물소득을 계측하고 다른 소득과 비교하기 힘들다.
2. 일반적으로 소득조사에서 '이것'은 과소 보고하고 '이것'은 과대 보고하는 경향이 있어 정확한 소득을 파악하기 힘들다.
3. 경제적인 빈곤은 빈곤가구의 특수한 욕구를 반영하지 못한다.

빈곤문화론

빈곤문화론의 창시자인 오스카 루이스는 가난한 사람들은 사회의 지배문화와 질적으로 다른 하위문화에서 살기 때문에 그들의 태도, 가치, 행동 등에서 다르고 이러한 형태는 사회화 과정을 통해 세대 간에 세습한다고 주장하였다.

빈곤문화의 특징
① 빈곤문화는 사회의 주된 제도들에 참여 혹은 동화하는 것을 막아 사회에 지배적인 가치의 수용을 거부한다.
② 빈곤문화에서의 가족관계는 특이하여 모 중심적인 가족이 선호되거나 아동으로서의 기간이 짧아 어린 나이에 성관계를 경험

하거나 합법적인 결혼 없이 동거형태의 혼인생활이 흔하고 또
한 쉽게 헤어진다.
③ 빈곤문화는 또한 절망감, 의존심, 열등감 등을 배양하여 쉽게
체념하고 운명주의자가 되며 출세에 대한 동기가 매우 약하고,
충동을 억제하지 못하여 현재 중심적인 생활을 영위하게 한다.
④ 빈곤문화론에서 빈곤의 원인으로 가장 근원적인 것은 빈곤가정
의 '아동양육형태'이다.

빈곤문화론에서 빈곤의 대책
−부적절한 부모에 대한 심리치료, 교육, 상담 등을 통하여 부적절
한 아동양육방법을 고치는 것
−아동들에 대한 조기교육, 예를 들면 미국의 헤드 스타트 프로그
램 같은 것을 통하여 부모의 나쁜 양육으로부터 분리시키는 것
−정규학교교육을 통하여 빈곤아동들이 그들 부모의 아동양육방법
을 배우지 않도록 훈련시키는 것

기능주의적 관점에서 빈곤의 원인
기능주의자인 데이비스와 무어에 따르면, 한 사회의 계급구조에서
한 개인의 위치는 그가 전체 사회의 기능에 얼마나 중요한 공헌을
하느냐에 달려 있다고 한다. 자기가 수행하는 특정 과업에 주어지는
보상의 양은 일의 중요성, 그 과업을 수행할 재능을 가진 사람의 희
소성, 그 과업의 '난이성'의 정도와 수련기간 등에 의해 결정된다고
한다.

빈민들이 수행하는 기능적인 면
① 빈민들은 다른 사람이 원하지 않는 불쾌한 일들을 한다.
② 그들의 활동을 통해 보다 잘 사는 사람들을 돕는다.

③ 빈민들에게 서비스를 제공하는 사회복지사 같은 직업인들에게 일거리를 준다.

④ 그들에게 판매될 수 있는 저질의 상품을 산다.

⑤ 그들은 사회의 다수집단에 의해 지탄받는 일탈의 본보기가 되어 주고, 그럼으로써 지배적인 규범을 지지하게 된다.

⑥ 그들은 보다 불행한 사람을 도와주어야 한다는 '기독교인의 의무'를 실천할 기회를 다른 사람들에게 제공한다.

⑦ 그들은 좋은 교육과 좋은 일에 대한 경쟁에서 배제되기 때문에 다른 사람들의 진출을 용이하게 한다.

⑧ 그들은 기념비의 건설, 예술품의 제작에 싼 노동력을 제공함으로써 문화적인 활동에 공헌을 한다.

⑨ 그들은 흔히 부유한 사람들이 즐기는 문화활동 같은 것을 창조한다.

⑩ 그들은 어떤 정치집단에게 상징적인 적대세력이 되고 또 다른 집단에게는 지지세력이 되기도 한다.

⑪ 그들은 종종 변화에 따른 비용을 감수(예를 들면, 기술적인 발전으로부터 오는 높은 수준의 실업상태의 희생자가 됨)한다.

상호작용주의 관점

상호작용주의 관점은 가난한 사람들이 가난한 하위문화권에서 외부와의 유대가 강하지 않은 상태에서 장기간 살게 되면, 외부와 하위문화권이 자신을 바라보는 시각을 내면화하여 가난한 사람의 태도와 행동을 하게 되고 가난에서 벗어나지 못하게 된다고 주장한다.

농촌 빈곤의 원인

① 부양의무자의 사망, 노령, 불구, 질병 등과 같은 비자발적인 개인적 원인

② 경작규모의 영세성

도시빈곤의 원인
1. 생활능력이 없거나 생계에 미치지 못하는 저소득을 갖는 생활
   보호가구들
2. 1960-70년대에 도시로 이입해 온 영세농민 출신 이입민들
3. 영호남 지역격차 및 경제적 편중
4. 낮은 중산층에 속해 있던 가구가 가구주의 사망, 가구원의 질
   병, 사업의 실패, 실직 등 불의의 사고로 인해 빚을 지게 되거
   나 가세가 기울어 살고 있던 집을 팔거나 전세금을 빼내 영세
   민으로 전락한 가구들.

빈곤인구를 계측하는 방법
① 빈곤선에 의한 규모
② 공공부조 대상자 규모
③ 계급, 계층론적 관점에서의 규모
④ 빈민운동론적인 접근에 의한 규모

빈곤인구의 현황 — 공공부조
우리나라는 외환위기 이후 기존의 생활보호법을 국민기초생활보장
법으로 개정하고 범주적 공공부조가 아닌 '일반적 공공부조' 제도로
서의 틀을 갖추었다. 국민기초생활보장법에서 대상자의 책정기준은
수급권자의 연령, 가구규모, 거주지역, 기타 생활여건 등을 근거로
하고 있다.

빈민운동론적 접근
운동권에서는 노동자, 농민, 도시빈민 등을 '기층민중'이라 하여

이들을 사회변혁의 주체세력으로 부각시키고 있다. 그러나 이들 전부를 빈곤인구라고 규정하기에는 어려움이 있다.

빈곤대책의 유형
  기회의 평등을 위한 대책
  노동능력이 있는 빈민을 위한 노동시장정책
  조세정책
  소득보장정책

기회의 평등을 위한 대책

기회의 평등을 위한 대책은 미래의 빈곤을 예방하고 시기적으로는 노동시장에 참여하기 이전에 주로 이루어지며, 구체적인 급여형태는 주로 현물, 서비스 그리고 기회를 제공하는 데 초점을 맞춘다. 이러한 대책은 기본적으로 가난한 가정의 아동들에게 초점을 맞추어 빈곤의 악순환을 끊기 위한 방법이다.

가족계획사업

① 가난한 사람들의 아이들 숫자를 줄임으로써 아동양육에 필요한 경비를 줄여서 빈곤으로부터 벗어날 가능성을 높이는 것
② 자녀의 수가 적음으로 해서 보호자들의 근로소득을 높이는 것
③ 적은 수의 자녀에게 교육, 건강, 애정 등의 기회를 줌으로써 아동의 장래의 빈곤가능성을 줄이는 것
④ 모자보건을 통해 가족의 건강을 높일 수 있음

노동시장정책의 유형
  훈련과 재훈련 프로그램
  고용을 위한 프로그램

> 피고용자에 대한 임금보조 프로그램
> 최저임금제도

조세정책

일반적으로 공공부조가 빈곤층의 소득을 빈곤선 위로 끌어올리는 능동적인 정책이라면, 조세정책은 빈곤선 이하의 소득은 면세가 되도록 하고 또한 빈곤선 바로 위에 있는 빈곤층의 소득에 대해서는 그것이 과세 후 빈곤선 이하로 떨어지지 않도록 하는 수동적 정책이라고 할 수 있다.

조세정책의 유형

> 소득세의 면세점을 조정하는 방법
> 사회보장세의 최저소득한도를 조정하는 방법
> 간접세의 면세

소득보장정책

> 사회보험 — 빈곤을 예방하려는 대책
> 공공부조 — 빈곤에 대한 사후대책
> 사회복지서비스 — 빈곤으로 인한 심리사회적 측면에 대한 대책

비행문제

청소년은 궁극적으로는 사회문제의 피해자로서 보호, 치료, 선도의 대상으로 인식되기도 하지만 현상학적으로는 사회문제를 일으키는 행위의 주체로서 인식된다.

청소년 관련 입법의 태도를 보면, 과거 미성년자보호법은 사회적

피해자로서 청소년을 요보호대상으로 규정하면서도 동시에 비행의 주체로서 청소년에게 음주, 흡연, 싸움 등 불량행위에 대한 금지행위를 규정하였었다. 그러나 1997년 이 법이 폐지되고 청소년보호법이 제정되면서 청소년 보호에 초점을 두게 되었다.

  청소년의 정의 — 연령
       민법 — 20세 미만 미성년자
       아동복지법 — 18세 미만
       청소년기본법 — 9세 이상 24세 이하
       소년법 — 12세 이상 20세 미만
       청소년보호법 포함 청소년 규제에 관련된 모든 법률 — 만
       19세 미만

청소년기 발달과업
  -신체적: 키와 몸무게 신장, 성적 기관발달
  -인지적: 자기중심적 사고에서 벗어남, 비판적 인식 성장, 다양
    한 관계와 역할에 대해 사고
  -사회관계적: 또래집단에 적극적으로 참여, 이성관계 새롭게 인식
  -가족으로부터 독립, 미래 직업 및 진로에 대해 고민, 성역할과
    자아정체감 확립

사회화
  현대의 청소년들은 청소년기를 학교교육 속에서 보낸다. 여기에서 교육이란 곧 '사회화'를 말하는 것이며 이 과정을 통해 청소년들은 성인사회에 근접하는 기능을 소유하게 되지만 성인사회에 참여는 허용되지 않는다. 그런데 산업화가 고도화되고 지속적으로 변동하면서 교육 연한은 증가하고 있다.

청소년 비행의 유형
    약물남용
    가출문제
    학교폭력
    성문제
    집단 따돌림

약물남용의 문제
    중요한 임무를 제대로 수행하지 못함
    신체에 고통과 해악이 따름
    법적인 문제를 일으킴
    대인관계에 문제를 야기하는 상태
청소년 약물남용이 성인 약물남용과 다른 점
① 성인보다 더 다양한 약물을 사용한다.
② 성인보다 개인의 심리내적인 이유로 약물을 사용한다.
③ 성인들의 증상기준으로는 청소년들의 약물사용 수준을 결정하
   기 어렵다.
④ 청소년이 약물중독자가 되는 과정이 성인보다 짧다.
⑤ 약물남용으로 인한 감정적인 정체가 더 빠르게 진행된다.
⑥ 성인보다 더 많이 또래집단의 유혹에 노출되어 있다.

집단 따돌림
두 명 이상이 집단을 이루어 특정인을 그가 속한 집단 속에서 소
외시켜 구성원으로서의 역할 수행에 제약을 가하거나 인격적으로 무
시 혹은 음해하는 언어적, 신체적 일체의 행위를 말한다. 이러한 현
상은 대화거부, 약점 들추기, 모함, 공개적 비난, 시비걸기, 위협, 창
피주기, 괴롭히기 등 교묘하고도 다양한 방법들이 구사되고 있다.

비　행

　비행이란 사회 또는 집단에서 규정하는 규범이나 규칙을 위반하는 일체의 행위를 말하거나, 좁게는 소년법정에서 소송대상이 되는 행위를 말한다. 여기에서 규범 또는 규칙이란 법률만을 말하는 것이 아니라 도덕, 윤리, 관습, 에티켓 등 사회적으로 준수해야 바람직한 것으로 규범화된 제반 가치를 말하는 것이다. 그러므로 범죄는 사회규범 중에서 법, 특히 형사법을 위반한 경우에 해당되는 것이다.

　소년범에서의 소년비행
　-범죄행위: 형사책임이 면제되는 14세 이상 20세 미만의 청소년이 저지른 형벌법령에 위배되는 행위
　-촉법행위: 형벌법령에 위배되는 행위이기는 하지만 그 행위 주체가 12세 이상 14세 미만이어서 형사책임이 없는 경우
　-우범행위: 보호자의 정당한 감독에 복종하지 않는 성벽이 있거나, 정당한 이유 없이 가정에서 이탈하거나, 범죄성이 있는 부도덕한 자와 교제하거나 금전낭비, 부녀유혹, 불건전한 오락 등을 하는 경우

　청소년 비행에 대한 관점
　-절대주의적 관점: 인간의 행동을 선과 악이라는 두 가지 범주로 분류. 비행이란 신성하게 받아들여지는 선한 사회질서를 위반하는 모든 악한 행위
　-법적 관점: 도덕이나 관습, 종교적 신념에 어긋나는 행위일지라도 국가기관이 사회통제 목적상 법으로 금지하는 규범에서 일탈한 행동이 아니라면 비행으로 볼 수 없다
　-상대주의적 관점: 인간의 모든 행위는 행위자가 속한 문화적 집단의 판단에 따라 달리 평가된다는 점을 강조

비행을 보는 패러다임

–실증주의적 패러다임: 자연과학적 방법 사용. 비행이란 사회구조가 개인에 대한 통제력이 결핍될 때 발생하는 것으로 본다. 성악설.

–해석적 패러다임: 추상적인 사회구조나 체계보다 행위자인 인간을 분석의 중심에 두고 행위자들의 주관과 상호작용이 어떻게 사회를 이루어 나가는가 하는 데 중점을 둔다. 비행은 청소년 개인과 사회적 조건 및 상황들 사이의 상호작용에 의해 형성된다고 봄.

–비판적 패러다임: 사회에서 나타나는 갈등현상에 초점을 둠. 비행이란 지배집단이나 계급이 정해 놓은 규범을 어기는 경우를 말한다.

비행 원인론

아노미 이론

사회해체론

접촉차이 이론

하위문화론

머튼의 아노미 이론 — 적응양식

① 동조

② 혁신: 문화적 목표가 수용되고 반면에 수단들은 유용하지 못하여 거부되는 상황

③ 의례: 개인이 문화적인 성공목표를 보지 못하고 오히려 두려워하여 정당한 수단들에 동조되어 비굴하게 수용하는 경우

④ 도피: 수단과 목적을 모두 거부하고 사회로부터 탈락하여 다른 세계에서 냉담하게 살아가는 형태

⑤ 반항: 기존의 목표와 수단을 수용하지 못하고 새로운 목표와
　　수단으로 대치하는 경우

접촉차이 이론

이 이론에 따르면, 사람이 범죄자나 비행자가 되는 것은 법규범
위반에 대해 우호적인 생각이 많기 때문이라는 것이다. 이것은 정상
적인 학습과정에서 배워지는 것이며 그 학습내용은 범죄의 기술과
동기, 태도 등이며 이러한 학습과정은 친밀한 타인과의 접촉에서 발
생한다는 것이다.

하위문화론

하위문화들이 문제의 원인으로 작용하는 것인지 아니면 문제의 결
과 그러한 '하위문화'들이 형성되었는지 그 인과관계의 입증은 어렵
다. 오히려 문제를 가진 집단과 계층에게 열등 낙인을 부과하려는
중산층의 이데올로기가 내포되어 있는 이론이 바로 '하위문화론'이
라 할 수 있다.

하위문화론 ― 코헨

그의 주장에 의하면, 사회계급을 실존하는 것이고 각 계급은 하위
문화를 갖는다고 본다. 이 이론은 1950년대에서 1960년대 가장 흔히
발견할 수 있었던 청소년들의 '갱'을 주목하였다. 하류계급 청소년들
은 중류계급에 의해 지배되는 학교에 적응하지 못하여 '갱' 조직을
형성한다는 것이다.

비행의 형성과정(과정론)

① 낙인이론 : 일탈과 비행은 그것을 보는 사람의 관점에 의해 형
　　성되는 것

② 현상학 또는 민중생활방법론적 이론: 후자는 어떠한 행위가 비행이라고 규정하는 것보다는 사람들이 어떠한 행위를 비행이라고 규정하는 과정과 방법을 찾는데 주력

③ 신갈등이론 : 비행 또는 범죄가 사회의 권위자 집단에 의해 규정된다는 것. 낙인이론을 보다 집단적인 수준으로 확대한 이론

④ 비판범죄론 : 일탈이나 비행 또는 범죄를 규정하는 자가 무엇을 대표하며 그들이 옹호하는 권익은 무엇이고, 그들의 행위가 자본주의 사회의 기존 성격을 어떻게 강화시키는가를 밝히는데 중점을 둠.

청소년보호법

청소년에게 유해한 매체물과 약물 등이 청소년에게 유통되는 것과 청소년이 유해한 업소에 출입하는 것 등을 규제하고, 청소년을 청소년 폭력, 학대 등 청소년 유해행위를 포함한 각종 유해한 환경으로부터 보호, 구제함으로써 청소년이 건전한 인격체로 성장할 수 있도록 하는 목적을 가지고 있다.

풍속영업의 규제에 관한 법률

청소년보호법이 청소년의 비행이나 폭력 등에 의한 희생을 막기 위해 국가가 직접적으로 청소년과 청소년의 환경에 대해서 직접적으로 개입하는 것을 규정한 법이라면, 「풍속영업의 규제에 관한 법률」이나 사행행위 등 규제 및 처벌 특례법 등은 성인사회의 각종 풍속영업이나 사행행위 영업을 규제함으로써 청소년들의 접근과 비행을 예방하려는 법으로서 청소년보호법에 비해서 간접적인 방법의 예방법이다.

사후 대책
　　소년법
　　소년원법
　　보호관찰
　　갱생보호

보호관찰

이것은 범죄인에게 자유를 박탈하지 않고 통상적인 사회생활을 영위하게 하면서 일정한 담당자의 지도, 감독 등을 통하여 그의 갱생 및 복귀를 기하고 다른 한편 범죄인의 개선교육을 통한 재범의 방지와 사회의 안전을 기하려는 제도로서 「보호관찰법」에 의해 시행되고 있다.

소년법에 의한 보호처분

1. 보호자 또는 보호자를 대신하여 소년을 보호할 수 있는 자에게 감호를 위탁하는 것
2. 보호관찰관의 단기 보호관찰을 받게 하는 것
3. 보호관찰관의 보호관찰을 받게 하는 것
4. 아동복지법상의 아동복지시설 기타 소년보호시설에 감호를 위탁하는 것
5. 병원, 요양소에 위탁하는 것
6. 단기로 소년원에 송치하는 것
7. 소년원에 송치하는 것

여기에서 2와 3의 경우 사회봉사명령 또는 수강명령을 동시에 명령할 수 있다.

감　별

이것은 보호소년 등이 신체, 성격, 소질, 환경, 학력 및 경력과 그

상호관계를 규명하여 보호소년 등의 교정에 관한 최선의 방침을 수립하기 위한 과정이다.

갱생보호

이것은 소년교도소에서 출소하거나 소년원에서 퇴원 또는 가퇴원한 자, 소년법상의 보호처분을 받은 자 등에 대해 그들이 자립, 갱생하여 건전한 사회인으로 복귀할 수 있도록 지도하여 성행을 교정하고, 물질적인 지원을 제공하여 자립기반을 마련하여 주는 제도이다.

문제해결 및 대안: 사회복지차원의 전략
     실증적 패러다임: 청소년운용 프로그램
     해석론적 패러다임: '탈시설화'
     비판적 패러다임: 급진적 사회개혁
청소년복지의 개념
① 잔여적 청소년복지: 빈곤청소년, 소년소녀가장, 비행청소년 등 한정적인 집단의 청소년들을 대상으로 일시적이고 보충적으로 이루어지는 것. 사후대책
② 제도적 청소년복지: 모든 청소년들을 대상으로 각종 사회적 위험으로부터 그들을 보호하고 삶의 질을 향상시키기 위한 항상적인 제도로서의 복지. 예방

제도적 청소년복지
     비행청소년의 발생을 예방하기 위한 사회복지적 전략
     가정을 강화하는 방향 ― 가족복지정책 확립
     학교교육에서 인간성의 회복 ― 학교사회사업
     경제적 불평등의 완화 ― 복지국가적 정책

보완적 청소년복지: 교정복지
　전문적으로 이루어져야 한다.
　교정의 개별화가 필요하다.
　교정의 사회화가 필요하다 ― 탈시설화.
성폭력 문제

O, X 퀴즈
－현행 성폭력특별법에는 아내에 대한 성폭력도 포함되어 있다.
－공식통계에 의하면, 우리나라의 강간 발생률은 미국, 스웨덴에
　이어 세계 3위로 나타나고 있다.
－성폭력의 가해자는 주로 모르는 사람인 경우가 많다.
성폭력의 정의
성폭력이란 '이것' 없이 강제적으로 성적 행위를 하거나 성적 행위를 하도록 강요, 위압하는 행위 및 성행위를 유발시키는 선정적 언어로 유인하는 행위라고 정의할 수 있다.
'이 사람들'은 성폭력에 사회적, 신체적으로 우월한 지위를 이용한 남성이 여성에 대한 성적 자기결정권을 침해하는 행위뿐만 아니라 동성 간에 이루어지는 어느 일방의 성적 자기결정권의 침해 그리고 양성의 교섭관계가 상시적으로 있는 가정 내에서의 어느 일방에 대하여 행해지는 가정 내 폭력현상도 포함하고 있다.

성폭력의 유형(한국여성개발원)
　　'이것'(가슴, 엉덩이, 성기부위를 접촉하거나 집적거리기, 키
　　스, 음란한 행위)
　　성기 노출(피해자 또는 가해자의 성기를 노출시킴)
　　강간 미수(강간을 시도하였거나 성립이 안 된 경우)
　　강간(윤간, 강도강간, 근친강간 포함)

성적 가혹행위(가해자의 성적 만족을 위해 상대방에게 신체
적 상해를 입힘)
음란물 보이기 및 음란물 제작에 이용
음란 전화

대상에 따른 성폭력 유형
아동 성학대: 만 14세 미만의 아동에 대한 성폭행.
이들에 대한 성폭력
상시 성관계에 있는 자에 대한 성폭력: 아내에 대한 성적
학대와 아내 강간
직장 내 성폭력
성폭력 피해 경험률은 57.3%만 단 1회의 성폭력을 당한 것으로
응답한 반면, 나머지는 2회 이상의 성폭력 피해를 경험하였다고 답
변하여 '이것'을 반증하고 있다. 이것은 성폭력 피해아동이나 여성이
계속적인 자기혐오와 낮은 존중감으로 인해 차후의 성폭력에 대해서
도 방어능력을 상실하였기 때문이라고 볼 수 있다.

성폭력 피해의 영향
-심리적 영향: 공포와 남자 기피증, 심한 우울과 좌절 불안, 가해
 자에 대한 적개심, 복수심
-'이러한' 영향: 임신, 상해, 성병감염의 위험에 노출
-사회경제적 영향: 주위에 알리겠다는 가해자의 협박과 돈 요구
 에 의해 연속적인 성폭력. 직장 내 성폭력일 경우 가해자의 협
 박이나 사내의 소문에 의해 피해 여성이 오히려 직장을 잃게 되
 기도 한다.

성폭력에 대한 이론

매닝은 강간에 대한 태도를 전통적 견해와 비전통적 견해로 구분하여, 전통적 견해란 강간을 이들의 책임으로 돌리는 태도라고 하였다.

성폭력 이론의 발전

　　1960년대까지 미시적 수준에서 사회심리학 ― 정신병리론
　　1960년대 이후 중간수준에서 사회구조적 이론 ― '이 이론'
　　1970년대 거시적 차원 ― 여성주의적 관점

사회심리적 접근

사회학습이론, 인성이론, 정신병리론 등 사회심리적 접근에서는 성폭력 행위를 설명하는 데 있어 이것에 초점을 둔다.

사회병리론

사회병리론에서는 성폭력의 동기나, 가해자의 성적 충동 혹은 공격적 충동에 기반을 두어 가해자의 유형을 분류하고 있다. 이러한 입장은 성폭력의 사회성을 중시하지 않고 개별 가해자의 일탈적 행동에 초점을 두어 성폭력의 원인을 설명하는 경향이 있다. 사회병리론에서는 강간범의 인성적 특성에 따라 분노형, 가학형으로 분류하고 있다.

사회구조적 접근

사회구조적 접근에는 생태학적 이론, 아노미이론, 폭력하위문화론, 차별적 기회론 등이 있는데, 이 이론들은 사회구조와 조직 또는 폭력을 저지르게 되는 사회과정에 역점을 두는 접근이다. 이 중에서 이 이론은 성폭력 문제에 대한 연구를 진전시켰는데, 성폭력 가해자의 대부분이 흑인이며 빈민이라는 사회적 특성을 나타낸다는 것을

발견하고 이에 근거하여 이 이론을 주장하였다.

　여성주의적 접근

　여성주의적 관점에서는 성폭력 문제를 가해자보다는 피해자에게 관심을 가지고 보며, 성폭력을 이러한 사회에서 여성에 대한 남성의 지배와 통제를 유지하기 위한 수단으로 파악하고 있다. 여성주의는 그 이념적 경향에 따라 개인주의, 급진주의, 마르크스주의, 사회주의 등 여러 이론적 입장을 보이고 있다.

　급진주의의 쟁점

　'이것'은 남성성의 주요 구성요소라고 간주되는 폭력성과 밀접하게 상호 관련되어 있다. 강간과 정상적인 이성 간의 성관계에는 질적인 측면에서는 공통성이 존재하고 단지 양적인 차이만 존재한다. 남성은 여성에게 보호자인 동시에 약탈자인 모순을 내포하고 있다.

　남성성의 보완으로써 사회적으로 구축된 여성성은 여성의 자기결정 능력을 저하시킬 뿐만 아니라 실제로 남성의 공격에 대해 육체적, 심리적 취약성을 증가시키고 있다. 강간은 성적 행위라기보다는 정치적 행위, 즉 여성에 대한 남성의 집단적 지배를 상징하는 테러리즘에 가까운 행위이며 현행법이나 사법체계가 여성을 지지, 보호해 주지 못하고 있다.

　'이것'은 여성의 이성애적 경험은 동의 아니면 강간 둘 중의 하나가 아니라 선택에서 압력, 강제, 힘으로 나아가는 연속선상에 존재한다는 것이다. 즉 성과 관련된 서로 다른 사건들의 기저에는 기본적인 공통성이 있다는 것이다. 따라서 이들 급진적 여성주의자들은 정상적인 이성애도 역시 가부장제적인 남성지배의 일환이라고 간주하고 있다.

급진주의 여성주의자에 따르면

성폭력을 포함한 모든 여성억압 문제를 해결하기 위한 근본적인 방법은 남녀분리를 통한 여성만의 공동체를 형성하고 임신과 출산이라는 모성의 거부, 애정에서 '이것'으로 나아가는 것이다.

사회주의 여성주의

사회주의 여성주의는 마르크스주의 여성주의에서 급진주의의 '성에 기초한 가부장제'라는 개념을 부분적으로 수용하여 수정한 형태라고 할 수 있다. 즉 사회주의 여성주의는 마르크스주의의 '이것'에 관한 분석과 급진주의의 가부장제 개념을 결합한 형태라고 볼 수 있다.

성폭력에 대한 대책 — 성교육

성교육은 성생리에 관한 내용뿐만 아니라 성도덕이나 남녀 간의 평등한 상호관계에 대한 교육도 포함되어야 한다. 그러나 우리나라 성교육은 그 내용도 미비할 뿐만 아니라 기본적으로 '이것'에 대한 의식이 부족하다.

해결책 및 대안 — 왜곡된 성의식의 변화
- 성과 관련된 세 가지 차별적 편견
- 성욕에 관한 차별적 편견: 전통적으로 남성의 성욕은 억제하기 힘들고 발산적이라는 의식이 성폭력을 정당화하고, 오히려 성폭력 피해자인 여성의 몸가짐이나 태도를 비난하게 한다.
- 성역할에 관한 차별적 편견: 여성은 수동적이고 순종적이며, 남성은 공격적이고 능동적이라는 남녀에 대한 통념적인 이분법적 성역할 의식 — 남성의 성적 공격성이 '자연스러운 것'으로 간주된다.
- '이것'에 관한 차별적 편견: 여성에게는 정절을 강조, 남성에게는 많은 처를 거느리는 것이 인정됨.

성폭력 문제에 대한 정책적 접근

성폭력상담소와 보호시설의 확충 및 재정적 지원이 필요하다.

아동 성폭력 피해아동을 위한 '이것'이 필요하다.

성폭력 서비스 관련 전문가를 위한 훈련 프로그램의 확충이 필요하다.

의료, 사법, 사회복지 서비스 간의 연계 및 조정이 필요하다.

성폭력 문제에 대한 임상적 접근

- 성폭력 피해자: '이러한' 성격을 띠며 각 단계별로 구체적 서비스와 연계하여 개인 혹은 집단상황에서 다양한 치료적 접근을 하게 된다.
- 성폭력 피해자의 가족: 가족 치료적 접근. 가능한 한 모든 가족구성원이 치료과정에 참여할 수 있도록 유도해야 하며, 성폭력으로 받은 정신적 충격에 대한 치료내용과 성폭력 및 성폭력 피해자에 대한 올바른 인식을 하도록 하여 피해자가 가족 내에서 재적응하는 데에 적극적 도움이 되어야 한다.
- 가해자: 성폭력 재발 방지, 성폭력 가해자가 정상적인 사회생활을 할 수 있게 하기 위해 치료적 접근이 필요하며 이를 가능하게 하는 제도적 지원이 요청된다.

범죄 문제

최근에 관심을 끌고 있는 세 가지 유형의 범죄

강력범죄

'이들'의 범죄

피해자 없는 범죄

오늘날 범죄는 날이 갈수록 일반적으로

      흉포화

      '이것'

      조직화

      저연령화

의 양상을 띠고 있다.

범죄의 유형

경찰통계

-강력범: 살인, 강도, 강간, 방화

-폭력범: 상해, 폭행, 체포, 감금, 협박, 약취, 유인, 손괴, 폭력행
위 등 처벌에 관한 법률위반

-절도범

검찰통계

-강력범죄: 살인, 강도, 방화, 강간, 폭행, 상해, 협박, 공갈, 약취, 유인

-'이런' 범죄: 절도, 장물, 사기횡령, 배임, 손괴

범죄란 다른 사회문제와는 달리 법과 밀접히 관련될 수밖에 없다.
법과 관련하여 범죄를 정의하면, 범죄란 법을 어기는 행위이다. 더욱
엄격하게는 처벌조항이 있는 법규를 위반하는 행위로 정의할 수 있
다. 이른바 '이것'에 따른 범죄의 정의이다.

범죄 개념의 변화

-실증주의: 범죄개념의 과학화를 위하여 보편적 기준을 제시. 범
죄를 규정하는 보편적 기준은 '이것'이다. 즉 집단의 이것을 어
기는 행위가 바로 범죄인 것이다.

-개혁주의: 사회적 해악 및 법적 제재라는 추상적 개념에 근거하

여 범죄를 규정할 것을 주장. 화이트칼라 범죄 등이 속하게 됨.
-전통적 법적: 형벌만이 정당한 범죄의 개념을 제공한다고 주장.
-인간주의: 도덕적 기준을 인정하는 실재적 정의를 대안으로 제시.

범죄 문제에 대한 사회학적 접근
-기능주의: 모든 사회는 특유한 유형의 범죄를 낳고, 이에 대응하
 는 독특한 방법을 갖는다. 범죄는 사회의 질서에 위협이 되는
 행위라 주장한다. 사회해체론, 제도형성이론
-갈등주의: 범죄는 계급 또는 집단 간의 힘의 차이에서 비롯되는
 것. 가치갈등주의—범죄를 특정집단의 가치와 양립될 수 없는
 특정행동으로 규정
-상호작용주의: 범죄를 일으키는 원인보다는 범죄에 대한 사회적
 반응에 초점을 둔다. 낙인이론

우리나라 범죄의 특성
-인구 10만 명당 범죄발생률은 서구 산업국가의 그것에 비하여
 약 1 / 5에 불과하다.
-1965년 이래 총 범죄는 약 2.5배 증가하였고 폭력범죄는 약 4배
 증가한 반면 재산범죄는 거의 비슷한 수준을 보이고 있다.
-전체 범죄 중 '이 범죄'가 차지하는 비율이 매우 높다.
-폭력범죄 중 특히 강도, 강간, 폭행 등의 강력범죄가 급증하였으
 며 강도 중에서도 강도강간, 강도살인 등의 흉악범이 급증하였
 고 인신매매사범도 급증하였다.
-강간을 제외한 살인과 강도는 다른 나라에 비해 매우 적은 발생
 률을 보이고 있다.
-청소년 비행의 경우 성인범죄에 비하여 범죄율은 감소하였으나
 강력범죄 중 청소년 범죄가 차지하는 비중은 매우 높다.

-마약류 범죄의 경우 히로뽕 사범이 최근에 급증하였으며 청소년
에게까지 확산되고 있다.

소홀히 다룬 범죄유형
-화이트칼라 범죄: 존경받는 높은 지위에 있는 사람들이 그들의
직업과 관련하여 저지르는 범죄.
-피해자 없는 범죄: 행위의 당사자 이외에는 아무에게도 영향을
미치지 않는 범죄. 도박, 약물중독, 알코올 중독, 매춘, 도박, 동
성애 등.
화이트칼라 범죄가 진짜 범죄라고 주장하는 이유(서덜랜드)
-국가와 국민에게 막대한 재정적 손실을 끼친다.
-사회성원들 간에 불신감을 조장하여 '이' 현상을 유발한다.
-특히 기업가들의 불법행위는 정부 공무원들과 결탁하여 이루어
지는 범죄이므로 국가의 행정기관을 부패시켜 오염된 관료문화
를 만연시킨다.

화이트칼라 범죄의 특징
　　'이러한' 성격
　　엄격한 형사처벌의 한계
　　피해자의 피해의식 부족
　　범죄인의 죄의식 결여
　　사회구조의 해체 등

피해자 없는 범죄
-특징: 피해자들이 고도의 수요가 있지만 불법적인 상품이나 서
비스의 소비에 기꺼이 참여한다는 점
-당사자 이외에는 아무도 피해를 입지 않는데, 사회는 왜 이를

범죄로 규정할까? 답은?

- 피해자 없는 범죄를 금지하는 법은 빈번하지 않게, 일관되지 않게 집행되어 왔기 때문에 이 법에 의하여 차별을 받는다고 느끼는 사람들은 이 법을 덜 존중하게 된다. 따라서 이러한 법을 어기는 사람들은 스스로 범죄자로 생각하지 않는다.

컴퓨터 범죄

개념: 광의─컴퓨터 자체를 행위의 객체로 하는 모든 유형의 범죄. 협의─컴퓨터의 기능적 취약성을 이용하여 컴퓨터와 관련한 정보처리과정에 컴퓨터의 부정한 사용형태로 인간이 불법적으로 개입하는 범죄행위.

특징: 범죄자가 대개 젊은 층이며 고도의 전문기술을 이용하여 범죄가 이루어짐. 초범의 '이것'이 비교적 약하고 범행의 계속성, 자동성, 폐쇄성, 익명성, 불가시성 등으로 인하여 범행에 상당하는 컴퓨터의 전문기술이 없이는 범죄의 발견 및 입증이 어렵다.

범죄문제의 원인

- 초창기 범죄원인론: 악령론, 고전파 / 신고전파 이론, 마르크스레닌주의 이론
- 생리학적, 정신특질적 범죄원인론: 골상학, 생물학적 / 구조적 이론, 정신결함론, 형태학적 이론
- 심리학적 범죄원인론: 정신분석학, 정신역동 문제해결 이론, 욕구좌절 ─ 공격 이론, 자백 이론
- 사회학적 범죄원인론: 접촉차이론, 아노미론, 일탈 하위문화론, 통제론, 낙인론, 비판범죄론

초창기 범죄원인론

- 악령론: 범죄를 저지르는 사람은 악령에 사로잡힌 사람이라는 주장
- 고전파 / 신고전파 이론: 쾌락주의 심리학에 기반. 고전파 ― 사람들은 예상되는 쾌락과 고통을 저울질하여 범죄행동을 할지 여부를 결정한다. 신고전파 ― 아이들과 미친 사람들은 쾌락과 고통을 계산하지 못하므로 처벌하지 말아야 한다는 주장.
- 마르크스레닌주의 이론: 모든 범죄는 '이것'과 사람들 사이의 심각한 경쟁에서 비롯된다고 가정. 신마르크스주의자에 따르면 계급 없는 사회에 도달하면 범죄는 사라진다고 한다.

생리학적, 정신특질적 범죄원인론

- 골상학: 범죄는 두개골의 크기와 모양에 관련되어 있다는 주장. 두개골의 외형에 영향을 받는 뇌의 모양은 범죄행동을 예측하는 데 충분하다는 주장.
- 생물학적 / 구조적 이론: 범인은 생리학적 신체구조에 있어, 현대인이 아닌 원시인이나 하등동물에 가까운, 현대인으로의 진화과정에서 퇴화된 인간이라는 주장.
- '이' 이론: 범죄행동은 도덕성이나 자기통제 능력을 획득하거나 법의 의미를 인식하는 데 충분하지 못하다고 단정된 정신박약의 결과라는 주장.
- 형태학적 이론: 심리학적 구조와 신체적인 구조 사이에는 근본적인 관계가 있다고 주장하는 이론. 셸던 ― 외배엽성, 내배엽성, 중배엽성으로 사람을 분류하고 중배엽성은 보통 이상의 범죄성향을 가진다고 주장.

심리학적 범죄원인론

- 정신분석학: 초자아와 자아의 제지력이 너무 약해 '이것'의 본능
  적이고 반사회적인 압력을 저지하지 못할 때 범죄행동이 발생한
  다고 주장.
- 정신역동 문제해결 이론: 퍼스낼리티의 적응문제에 대처하는 한
  방편으로서 범죄행동이 나타난다는 주장. 문제는 일반적으로 퍼
  스낼리티의 다양한 구성요소(소원, 추동, 공포, 갈망, 윤리강령
  등)들 사이의 갈등으로 보인다.
- 욕구좌절-공격 이론: 욕구좌절이 공격을 유발한다는 주장. 폭력
  은 욕구좌절 상황에서 비롯된 긴장을 이완하기 위한 방편이다.
- 자백 이론: 범죄행위의 원인은 범죄를 저지르기 전이나 저지르
  는 동안에 범죄자가 하는 말을 검토함으로써 밝혀질 수 있다는
  주장.

사회학적 범죄원인론

접촉차이론

아노미론

일탈 하위문화론

통제론: '사람들은 왜 범죄를 저지르지 않는가?'라는 질문
에 대한 답을 제시. 모든 사람들은 자연스럽게 범죄를 저지르게 되
므로 사회로부터 법을 어기지 않도록 통제받는다는 것. 범죄를 막는
세 가지 통제요소는 사회화 과정에서 비롯된 내적 통제, 가족 등 소
집단에의 강한 유착, 체포와 구금에 대한 두려움이다.

낙인론

'이' 이론: 범죄의 원인은 사유재산제, 자유경쟁, 이윤추구 등 자본
주의 체제 자체의 모순에서 찾을 수 있다는 주장.

범죄문제에 대한 대책 및 프로그램
　　　정부의 범죄 대책: 교정시설, 수용자 처우, 사회 내 처우,
　　범죄피해자의 구제
　　　민간 차원의 범죄 대책
　　　적극적 대책: 조심하기
　　적극적 대책: 자발적 방범조직을 결성하여 범죄에 대항하는 것

현행 프로그램의 효과성
　　　현행 정책과 프로그램의 문제점

교정 시설
범죄자를 수용하여 교정, 교화하는 시설
　교도소, 소년교도소, 구치소, '이곳', 치료감호소, 소년원 등
　교도소, 소년교도소 및 구치소: 징역형, 금고형, 노역장 유치 및
구류형을 받은 자와 미결 구금자를 주로 수용
　수용자 처우
　　분류처우제도, 누진처우제도, 개방처우제도 등의 각종 처우제도
　　생활지도교육, 재소자 정신교육, 학과교육 등 각종 교육활동
　　교화위원 및 종교위원제도, 교도작업 및 직업훈련 등

　수형자의 자율성과 책임성에 대한 신뢰를 기초로 구금을 확보하기
위한 물리적, 유형적 시설의 조치를 완화하는 제도. 좁게는 개방시설
에서의 처우만을 의미하지만 넓게는 외부 통근제나 귀휴제 등의 이
른바 중간처우를 포함하는 의미로 사용된다.

　각 수형자가 지니고 있는 문제점을 명백히 밝히기 위하여 분류심
사를 하고 이 결과에 따라 분류된 수형자 집단별로 개별적인 처우계

획을 수립하여 시행하는 제도. 수형자를 A(개선 가능자), B(개선곤란자), C(개선극난자), D(기타 심사대상 제외) 급으로 분류하고 이를 다시 각급별로 가, 나, 다, 라의 4개 유형으로 세분한다.

누진처우

수형자의 개선 정도에 따라 처우를 개선해 나감으로써 수형자의 자기개선 노력을 유도해 내고자 하는 제도로서 1, 2, 3, 4급으로 분류한다.

사회 내 처우

- '이것': 형기만료 전에 석방하여 사회복귀의 기회를 부여하는 제도. 이렇게 된 소년수형자, 가퇴원한 소년원 수용자 및 가출소 된 피보호 감호자에 대하여서는 보호관찰이 실시된다.
- 가출소
- 보호관찰: 유죄가 인정된 범죄자에 대하여 교정시설에 수용하는 대신 일정한 기간을 정하여 사회 내에서 정상적인 자유활동을 허용한 상태에서 보호관찰관의 지도감독과 원호를 받게 하는 제도.
- 갱생보호: 형의 선고유예, 집행유예, 가석방 또는 형기만료 등으로 출소한 자에 대하여 자립의지를 고취하고, 경제적 자립기반을 조성하여 건전한 사회복귀를 촉진함으로써 재범을 방지하기 위하여 실시한다. 한국갱생보호공단에서 담당.

범죄피해자의 구제

상해, 중상해, 상해치사, 폭행치사상, 과실치사상, 절도와 강도, 사기와 공갈, 횡령과 배임의 죄에 관하여 유죄판결을 선고할 경우, 법원은 직권 또는 피해자의 신청에 의하여 피고사건의 범죄행위로 인하여 발생한 직접적인 물적 피해 및 치료비 배상을 명할 수 있고, 위의 특정 범죄 및 그 밖의 죄에 대한 피고사건에 있어 피고인과 피해자 사이의 합의된 손해배상액에 대하여서도 그 지급을 명할 수 있다.

범죄문제에 대한 해결책 및 대안
 거시적 차원의 대안
      절대 빈곤의 해결과 사회의 불평등 감소
      행형제도의 개선: 인간 중심의 교정 ─ 전환, 비시설 수용,
      사회재통합
      형사법체계의 개선
      미시적 차원의 대안
      범죄 예방 교육
      범죄 피해자에 대한 서비스
      사회복지사의 개입
      교정시설에서의 교육과 직업훈련의 강화
행형제도의 개선: 인간 중심의 교정
 ─전환: 어떠한 형태로든지 범죄자를 형사사법체계의 공식적인 절차를 피해서 처리하는 것으로 경찰단계에서부터 교정단계에 이르기까지 모든 형사사법기관에서 가능한 대안이다. 재범 예방 목적
 ─비시설 수용: 재판단계에서 가능한 한 비시설수용적 처분을 하거나 교정단계에서 이미 시설에 수용된 재소자에게 각종 전환제도를 이용하여 비시설 수용적 처분을 하는 방법으로 범죄자의 시설수용을 제한하는 것. 제지와 예방효과.
 ─'이것': 단순히 범죄자를 교화, 개선하여 사회에 복귀시킨다는 교정의 목표를 넘어서 범죄자와 사회가 다시 통합될 수 있게 해주려는 교정단계에서의 노력을 말한다. 가석방 등.

구체적 방안

> 재판 전 단계: 제3자 중재, 선도조건부 또는 선행조건부 기소유예
>
> 재판단계: 배상 명령 / 벌금형, 지역사회봉사 명령, 수강명령, 반구금
>
> 재판 후 교정단계: 사회와 교도소와의 중간형태 시설

형사법체계의 개선

- 권위주의 체제를 유지 강화시키는 데 기여했던 각종 악법의 청산작업
- 특별형법 규정의 지나친 확대와 남용현상을 막아야 한다.
- 우리 형법은 매우 중형주의적 입장을 취하고 있는데 그에 대한 근본적인 재검토가 요구된다.

가족 문제

가족문제의 유형 — 조흥식

- 가족의 경제적 부양문제: 빈곤문제, 가족구조상 취업여성의 증가, 가족 간의 빈부 차이에 의한 '이것' 등에 의한 문제
- 가족의 보호기능과 가족공동체로서의 사회화와 정서적 지지의 기능수행이 약화되는 데서 오는 문제
- 가족의 통제기능이 약화되거나 상실되는 데서 오는 가족관계와 가치관의 문제. 부부불화, 고부관계, 배우자 부정, 아내학대와 아동학대 등의 가정폭력 문제 등
- 결손가정의 문제: 가족구성원의 심리적, 경제적 소외문제와 아동과 청소년의 정서적 장애, 가출, 비행 등의 문제

가족문제의 정의와 현황
　　　가족 규모와 유형의 변화
　　　여성 취업률의 증가
　　　이혼율의 증가
　　　가정 내 '이러한' 현상의 증가

가족 규모와 유형의 변화
－가족 규모의 축소: 원인은 '이것'과 핵가족화, 출산력 저하, 가족
　계획사업의 영향, 단독가구의 증가
－가족 형태의 다양화: 1세대 가족은 증가, 2세대 가족은 감소하지
　만 과반수, 3세대와 4세대 가족은 감소, '이러한' 가족 증가. 단
　독가구의 증가.

여성 취업률의 증가
－여성의 취업률 증가 → 아동양육과 노인, 장애인 간호와 보호를
　맡아온 여성 역할의 변화.
가족에게 전적인 책임을 기대할 수 없는 보육대상 영유아와 보호
대상 노인과 장애인의 인구가 증가하는 것으로 이해할 수 있음.
－여성 역할의 변화에도 불구하고, 가족성원들은 여성에게 아내로
　서 혹은 어머니로서의 전통적인 역할을 기대함으로써 '이것'이
　일어날 수 있다. → 자녀양육, 가사분담, 집안의 주요 문제에 대
　한 결정권 등.

이혼율 증가
－이혼율 변화(표 7-4, p.205)
－이혼의 원인: 여성 － 성격 차이, 배우자의 외도, 애정 없음, 경제
　파탄, 신체적 폭력, 시부모와 시댁 가족의 간섭 및 학대 등. 남

성 ─ 아내역할 불충실, 성격 차이, 낭비, 배우자의 외도, 배우자의 가출
- 이혼의 영향: 정서적 혹은 자존감의 타격. 자녀양육과 가사 과업을 혼자 수행하는 데서 오는 실제적 어려움. 여성이 자녀를 양육하는 경우 '이러한' 어려움. 자녀들은 가사 결정에 적극적으로 참여하거나 부모 과업의 일부를 수행함으로써 책임감을 갖게 되지만, 때로는 학업수행에 뒤떨어지거나 정서장애나 비행의 문제를 나타내기도 한다.

가정 내 사회병리적 현상의 증가
- 가정폭력: 배우자학대, 아동학대, 노인과 장애인에 대한 학대.
- 빈곤가정에서 더 비율이 높음. 배우자 폭력은 성역할에 대한 전통적이고 비평등적인 견해를 가진 배우자가 상대 배우자에게 폭력을 사용할 확률이 훨씬 높은 것으로 지적됨.
- 가족성원들의 '이것' ─ 청소년 비행, 범죄, 약물중독 등.

가족문제의 원인
- 기능주의: 가족의 전통적인 기능이 약화됨에 따라 가족 성원들의 결속이 약화되고 가족의 원활한 기능이 위협되었기 때문에 가족 성원들은 대안적으로 일탈행동 혹은 비행을 보이거나 가족해체로 나타나는 가족문제가 일어난다고 주장.
- 갈등주의: 가족 내의 갈등은 가족관계에서 생겨나는 자연스러운 부산물이며, 가족문제는 가족 내의 갈등이 표출된 것으로 이해한다.
- 상호작용주의: 변화하는 가족에 대한 해석 혹은 '이것'에 가족문제의 원인이 있다고 설명. 정상가족과 비정상가족.

기능주의 보충

      설리반과 탐슨: 가족의 전통적 기능

      성행동과 자녀 생산의 규제

      사회화와 교육: 전문기관에 의해 대행

      사회적 지위부여

      경제활동: 소비기능 강화

      '이것'

      애정과 교제

가족문제에 대한 이론별 대처방법

－기능주의: 가족의 기능을 강화시키는 사회정책과 프로그램

－갈등주의: 가족 내의 갈등을 비정상적으로 보거나 회피하기보다
는 갈등을 해결하는 방법으로 접근. 이혼은 부부간의 갈등을 해
결하는 하나의 방법이며, 갈등을 해결하는 다른 방법으로는 설
득과 협상에 의하여 상호수용에 도달하는 것.

－상호작용주의: '이러한' 가족 혹은 일탈행동에 대한 정의를 변화
시켜야 한다.

가족문제에 대한 현행 사회정책 및 프로그램

현행 가족정책과 프로그램, 서비스의 문제점

－가족 전체를 통합적으로 지원하는 포괄적이고 종합적인 가족정
책이 없다.

－'이 원칙': 예방적 제도적 방법이 아닌 가족의 자생적 능력에 크
게 의존하거나 문제가 심각해진 뒤 소극적으로 대처

－저소득층 가족의 경제적 부양기능에 대한 지원이 현실적이지 못함.

－다양한 가족형태를 적극적으로 인정하려는 태도가 매우 약함.

－가족문제에 개입하는 가족상담 혹은 치료 서비스에 대한 사회적 욕구에 비해 서비스의 수준이 체계적이거나 전문적이지 못하다.

가족문제에 대한 해결책 및 대안
    가족복지법의 제정
    대통령 직속의 가족정책심의기구 설치
    가족 기능의 와해 전 보완적 서비스 제공
    금전적 서비스는 국가가, 비금전적 서비스는 가족과 국가가 상호보완적으로 책임
    가족 기능을 보완하는 서비스의 제공
    가족은 '이것'이라는 전제의 도입
    가족정책 프로그램의 급여대상의 확대와 급여수준의 향상

한부모 가족에 대한 지원
    경제적: 생계비 보조, 교육비 보조, 의료비 보조, 직업훈련 및 취업알선, 저리대출
    상담 서비스
    가정봉사원 서비스 등 '이것'
    탁아 등 아동보호 서비스
    자녀교육을 위한 교육, 한부모 교육 등의 교육 프로그램 제공

성차별 문제

성차별은 이러한 사회를 지탱해 나가는 장치로서 사회화 과정을 통해 남녀 모두에게 내면화되었고 남성 위주의 사회, 문화체제를 유지시키고 여성을 종속시키고 억압하는 체제를 형성해 왔다.
    1960년대 여성해방운동 이후 사회문제로 인식되어 본격적으로 거론됨.

성차별의 정의 및 현황

성차별의 현황
　　　문화적 차별
　　　교육적 차별
　　　경제활동 및 고용의 측면에서 성차별
　　　법적, 정치적 차별

성차별의 정의
－남녀의 생물학적 성을 기초로 하여 특정성에 대해 사회적으로
　부과된 편견이나 차별을 의미한다.
　원시 농경사회에서 성립되기 시작하여 그 자체로서 독립적인 구조
로 존재해 왔으며, 남성이 여성의 삶에 대해 통제와 권위를 유지하
려는 통합적 체계라고 할 수 있다.
　－가부장제 이데올로기는 남녀의 성별분업을 공고하게 하고, 여성
　　의 성을 통제하기 위한 순결을 강조하고, 여성을 열등화하고, 연
　　장자의 권력을 합리화하며, 부계혈통을 전제로 하는 특성을 나
　　타내고 있다.

성차별의 정의 (2)
－생물학적 성(sex): 염색체 배합형태, 생리적, 신체적 특징 등 태
　어날 때 가지고 태어나는 이러한 지위
－사회적 성(gender): 후천적인 것으로, 태어난 이후에 사회문화적
　환경요인에 의해 획득되는 남성적 혹은 여성적이라는 개념

성차별의 정의 (3)
－성차별이란 남녀 간의 불평등한 제도를 정당화하고 지지하는 이

데올로기 체계라고 규정할 수 있고 성차별은 이론과 주장을 갖춘 하나의 이데올로기로서, 남성과 여성의 사회적 행동과 정치적 활동을 조정하는 동시에 방향을 제시해 주는 기능을 한다.
- 결과적으로 성차별 현상은 사회 내에서의 성 이것으로 연결된다. 남성은 여성에 비해 경제적으로나 사회적으로 더 낮은 지위를 점하고 있음으로 남성과 여성 사이에 위계질서가 형성되고 여성이 받고 있는 차별적 대우가 제도화되어 나타난다.

성차별의 현황
- 문화적 차별: 출생 시 성을 선택, 성역할의 사회화 ― 여아는 온순하고 의존적으로, 남아는 공격적이고 독립적으로(성 고정관념)
- 교육적 차별: 교육기회의 불평등(대학 취학률)
- 경제활동 및 고용의 측면에서의 성차별: 경제활동 참가율, 노동시장에의 차별적 참여, 남녀 간의 현격한 임금격차
- 법적, 정치적 차별: '이 제도', 여성들의 정치참여

성차별에 관한 이론
- 기능주의: 전통적 성역할이 사회에 기능적으로 작용하고 '이것'이 기존 사회질서의 유지에 위협이 될 때 사회문제화한다고 본다. 따라서 전통적인 성역할의 붕괴는 가족의 기능에 위협적일 때 사회문제화한다는 것.
- 갈등주의: 특정 집단(여성)이 공정한 몫을 받지 못한다고 느끼고 이들 여성집단이 성차별 문제를 공적인 쟁점으로 부각할 힘을 가질 때 사회문제화한다.
- 상호작용주의: 남녀 간에 성역할에 관한 합의가 부족할 때 성역할 문제가 사회문제화한다.

성차별에 관한 이론－여성주의 이론

　　자유주의 여성주의

　　급진주의 여성주의

　　마르크스주의 여성주의

　　사회주의 여성주의

　　‘이러한’ 여성주의(제3세계 여성들의 경험을 중심으로)

　　포스트모더니즘 입장에서 본 여성주의(기존 가치체계의 해체를 주장)

여성에게 불이익을 초래하거나 여성의 가치를 낮게 평가하는 현존의 사고에 도전하여 여성의 정치적, 경제적, 사회적 평등을 달성하는데 관심을 갖는 규범적 이론

자유주의 여성주의

－자유주의 사상에 기반

－남녀 간의 본성을 동일하다고 가정하며, 남녀 모두 합리적, 이기적, 경쟁적인 존재라고 주장.

－사회구조에 대한 인식: 자유시장체제가 사회질서의 기반이 되며, 능력에 따른 불평등은 자연스러운 것으로 간주.

－성차별의 원인: 이것. 참정권의 쟁취와 교육 및 취업에서의 기회평등의 달성 등을 성평등을 위한 전략으로 주장.

－국가에 대한 견해: 국가가 성차별적 제도개선을 위해 긍정적인 역할을 수행한다고 보나, 개인의 가정생활과 사적 영역에까지 개입하는 것에는 반대한다.

급진주의 여성주의

－성불평등의 원인: 남녀 간의 기본적인 생물학적 차이, 즉 여성의 임신과 출산 그리고 이에 따른 남성에 대한 여성의 의존. 즉 남녀 간의 근본적인 차이가 있다는 것을 인정하나, 여성이 사랑,

보호 등의 '가치 있는' 본성을 더욱 가지고 있다고 본다.
- 성불평등의 기원: 제도화된 가부장제.
- 여성적 가치에 기반을 둔 사회질서의 재조직화를 통해 사회는 바람직한 방향으로 나아갈 수 있다고 보고 '이것'을 달성하기 위한 실제 전략으로서 임신과 출산이라는 모성의 거부, 애정에서 레즈비어니즘 등을 주장.

마르크스주의 여성주의
- 사회주의 여성주의와의 경계가 모호함.
- 가정: 인간본성이 욕구에 따라, 또한 이 욕구가 어떻게 충족되느냐에 따라 변한다고 가정.
- 여성문제를 이것의 결과로 봄. 즉 성차별의 문제를 남녀 간의 문제가 아니라 자본가 계급과 노동자 계급 간의 기본적 모순의 결과로서 파악.
- 여성해방을 위해서는 사적 소유의 폐지와 여성의 생산에의 참여가 전제되어야만 하며, 궁극적으로 자본주의 체제가 타파되어야 여성을 포함한 모든 노동자가 해방될 수 있다고 주장.
- 국가가 자본과 결합하여 여성의 저임금 노동을 강요하는 여성억압의 장으로 기능하고 있다고 주장.

사회주의 여성주의
- 마르크스주의의 계급에 관한 분석과 '이 주의'의 가부장제 개념을 결합한 형태.
- 남녀 간의 차이는 가부장제에 뿌리를 둔 성체계의 산물이며, 여성억압의 원인이 자본주의와 가부장제의 결합에 있는 것으로 간주한다.
- 공통점: 첫째, 성불평등을 야기하는 남녀 간의 제도화된 권력관

계의 중요성에 초점을 두었다는 점, 둘째, 자본주의 사회에서 각기 다른 계급의 여성들이 겪는 억압의 차이를 인정

−자본주의 국가를 남성의 이익을 대변하는 가부장제 국가로 규정하고 있어, 여성문제에 관한 국가의 역할에 대해 부정적이다.

현행 사회복지정책의 성차별적 성격

'이러한' 여성을 대상으로 하는 정책

근로여성을 대상으로 하는 정책

일반여성에게 차별적 영향을 주는 기타 사회복지정책

여성복지정책의 유형

성차별 문제의 해결을 위한 사회복지적 차원에서의 전략

현행 사회복지정책의 확대 실시

−사회보험

−공공부조

−사회복지서비스의 확충

−여성이 가족 내에서 아동, 남성, 노인, 환자, 장애인 등을 돌보는 역할을 근본적으로 변화시킬 수 있는 장치가 필요하다.

−노인 및 장애인에 대한 보호업무의 '이것'

−와병노인 보호 등의 사회복지 서비스 확충

약물남용

약물남용의 정의 및 약물남용 현황

약물남용의 정의

약물의 속성과 종류

약물의 속성

약물의 종류와 그 특성

우리나라 약물남용의 현황과 양상

우리나라 약물남용 문제의 전개 과정

최근의 약물남용 양상

사회문제로서의 약물남용

1) 사회문제로서 약물남용에 대한 3가지 관점: 기능주의, 갈등주의, 상호작용주의

약물남용의 정의

-약물남용: 일정기간 동안 의사의 처방 없이 자신의 정신적 쾌락을 추구하기 위해 약물을 사용하는 것.

-약물중독: 약물에 대한 신체적인 반응을 지칭.

-약물의존: 약물에 대한 신체적, 정신적 의존상태를 나타내는 용어. 최근 많이 사용됨.

-물질남용: 약물이 아닌 이것(예: 신나, 부탄가스 등)의 남용현상을 지칭할 때 적합한 용어

약물남용

-헤로인과 같은 불법약물이나 신경안정제와 같은 합법약물을 의학적 지도감독 없이 사용하는 행위.

-'이것': 합법약물에 대한 지식이 없이 약물을 사용하는 것.

-의학적 정의: 특정 물질을 규칙적으로 그리고 과다하게 사용함으로써 개인의 건강이 손상되고, 대인관계가 위협받으며, 그 과정에서 사회 자체가 마비되는 상태로 간주된다. 이 정의의 단점 — 실제 규칙적으로 과다하게 약물을 사용하면서도 건강에 손상

을 입지 않고 대인관계도 원만하게 유지하는 복용자의 경우 약
물남용으로 정의할 수 없다.

약물중독
　　　−아편이나 신경안정제 또는 알코올과 같은 약물에 대한
　　　　신체적인 반응을 지칭.
　　　−세 가지 차원을 갖는다: ‘첫째’, ‘둘째’, ‘셋째’
　　　‘첫째’: 해당 약물의 복용량을 증가시키고 싶어 하는 신체
　　　　　　의 욕구
　　　‘둘째’: 특정 약물의 사용이 여의치 않을 때 예측가능한 신
　　　　　　체적 반응.
　　　‘셋째’: 특정 약물에 대한 심리적 욕구.
　　　−약물중독은 이러한 세 가지 차원을 갖고 있는 상태를 지
　　　　칭하는데, 때로는 약물의 사용으로 인한 통제력의 상실을
　　　　의미하기도 한다.

약물의 속성과 종류
−‘이러한’ 약물의 정의: 약물이란 뇌 또는 신경계에 직접 영향을
　주는 어떤 습관성 물질을 의미한다. 약물이란 인간의 생리적 기
　능, 기분, 지각 또는 의식에 영향을 주며, 오용가능성을 지니고,
　복용자나 사회에 유해한 결과를 가져올 수 있는 어떤 화학물질
　로 정의된다.
−여기에는 ‘마약’뿐만 아니라 많은 사회에서 문화적으로 허용되
　는 약물인 니코틴이나 알코올까지도 포함된다.

약물의 속성
−완전히 그리고 본질적으로 ‘나쁜’ 약물은 없다.

-향정신성 약물은 모두 복합적 효과를 지니고 있다.

-특정 약물의 효과는 사용자가 복용하는 양에 따라 달라진다.

-향정신성 약물의 효과는 사용자의 '이것', 기대, 그리고 복용 시 정신상태에 따라 영향을 받게 된다.

사회문제로서 약물남용을 가져올 수 있는 약물

마약

신경안정제

흥분제

환각제

대마초

술

담배

기타 흡입제(톨루엔, 아세톤, 헥산, 가솔린, 신나, 부탄 등)

우리나라 약물남용 문제의 전개 과정

-항상 특정 약물남용 문제가 발생한 이후에 약물남용을 규제하기 위한 법률이 제정되거나 보완됨으로써 약물남용에 관한 법적 통제가 예방에 있다기보다는 사후통제에 있음을 보여주고 있다.

-다양한 약물 및 '이것'이 존재하면서 이들 간에 대체효과를 보여주고 있다.

-우리나라의 약물남용 문제는 국제적인 약물유통구조 속에서 고찰하지 않으면 그 내막을 파악할 수 없을 만큼 국제적인 차원의 시각을 요구한다.

-약물사용자층이 과거의 소수 중독자 집단으로부터 거의 전 국민으로 확산되어 가고 있다.

최근의 약물남용 양상

　　약물사용자의 증가

　　'이들' 약물남용자의 증가

　　병의원과 약국을 통한 대용약물의 사용증가

사회문제로서의 약물남용

　　약물남용은 개인의 건강과 사회의 안녕을 저해한다.

　　약물남용은 '이것'을 위태롭게 하고, 직장에서의 근로활동에 지장을 초래할 위험이 많다.

　　약물의 유통을 둘러싸고 범죄와 탈세 등 사회와 경제에 미치는 악영향이 적지 않다.

　　약물남용은 종종 사회구성원의 안전에 위협을 가하기 때문에 사회문제로 정의된다.

사회문제로서 약물남용에 대한 3가지 관점

－기능주의: 단순히 어떤 약물의 존재 자체가 사회문제는 아니며, 사회의 순조로운 기능에 곤란을 가져오는 특정 물질의 선택적 이용과 그 물질의 이용을 둘러싼 조건들이 사회문제. 따라서 특정 조건에서 약물의 이용은 사회 내에서의 균형을 교란한다. 약물의 사용으로 사회의 유지에 필수적인 과업의 달성과 바람직한 목표의 성취에 기여할 수 있는 사람들의 능력에 지장을 초래한다면 그것이 사회문제를 형성한다.

－갈등주의: 약물사용은 일부 집단에서 약물의 사용이 한정된 자원을 둘러싸고 경쟁하고, 그 목적을 달성하는 능력에 지장을 초래한다고 느낄 때 사회문제가 된다. 약물사용이 사회문제로 정의되는 정도는 어떤 집단이 영향을 받는가에 달려 있다.

－상호작용주의: 약물이 사용되는 '이것'과 약물사용에 연계된 공유된

의미들이 특정 물질의 사용에 대한 매우 상이한 태도와 반응을 가져
온다.

약물남용의 원인

-기능주의-사회해체론: 급격한 사회변동의 과정에서 나타나는 사
회해체가 약물남용의 원인. 사회는 일련의 기대 또는 규칙에 의
해 조직된 것인데, 이러한 기대나 규칙이 기능하지 못할 때 사회
의 해체가 나타난다. 사회해체 방식-무규범 상태, '이것', 붕괴.
-갈등주의: 지배집단의 이해관계를 중심으로 설명.
-상호작용주의: 사회적인 의미와 공유된 가치들에 대한 사회적인
합의에 도전을 제기하는 상황의 출현이 약물남용 문제의 원인.
약물남용을 부정적으로 바라보는 사회구성원 다수의 상황정의와
어긋나는 약물남용자의 출현이 사회문제의 출발이 된다.

미시이론의 관점에서 약물남용의 원인 — 알코올

유전학적 설명: 인간의 기질과 행위를 통제하는 인자가 유전된다
고 주장.

심리학: 약물남용은 정신적, 정서적 문제나 욕구에 대처하는 하나
의 증상으로 설명된다. 알코올 중독은 긴장과 불안에 대한 하나의
대처방법이다.

'이 이론': 긴장, 불안 또는 우울한 상태의 개인이 어떤 계기로 음
주를 하게 되고, 음주의 결과 긴장과 불안을 완화하였거나 쾌락을
경험하게 되면, 유사한 문제상황에서 다시 술에 손대게 된다. 이러한
과정을 반복함으로써 개인생활의 일부로서 음주가 자리잡게 되는데
그것이 바로 알코올중독이다.

규범이론: 특정한 약물의 사용에 대해 사회 전체 또는 일부 사회
집단으로부터 지지받거나 용인되거나 심지어 격려되는 상황이 약물

남용의 원인이 된다.

약물남용의 원인 설명에 있어 고려사항
- 특정의 약물을 상습적으로 사용한 결과 약물사용을 중단(통제)할 수 없게 되는 생리적인 과정을 수반하는 약물 자체의 끄는 요인이 약물남용 원인을 설명하는 데 반드시 고려되어야 한다는 점. 대다수의 약물들은 내성과 금단증상을 지니고 있다.
- 개인 또는 집단을 약물남용으로 몰아가는 요인들이 고려되어야 한다. 청소년 - 빈민지역문화, 빈곤가정, '이것', 건전한 여가선용시설의 미비 등.

문제에 대한 현행 사회정책 및 프로그램
- 법적 통제: 약물남용자를 사회질서의 파괴자로 보고 엄벌에 처한다든가 격리수용하는 등의 대책으로 주로 검찰을 비롯한 사법기관에서 이루어진다.
- '이것'
공공정책과 프로그램: 보건복지부 정책
민간정책과 프로그램: 예방교육과 홍보

약물남용문제에 대한 해결방안
　　　　약물 공급 측면에서의 대책
　　　　'이러한' 측면에서의 대책
　　　　치료, 재활 또는 사회생활유지 대책
　　　　마약류 중독자 치료관련 법령의 개정
　　　　약물중독자 입원치료 프로그램 확대
　　　　교정시설 내에서의 중독자의 치료와 재활
　　　　정신보건정책으로서의 치료, 재활 대책

약물남용자 치료모델 개발

약물 공급 측면에서의 대책
- 기존 통제관리기관의 인력과 장비를 보강하는 것
- 마약류 관계입법의 정비
- '이것'을 규제하는 입법을 통해 약물유통 관련 범죄자금을 통제해야 한다.
- 마약류의 불법거래와 관련된 이동수단 등의 재산과 불법거래의 이익금을 국가가 몰수하여 마약수사 활동비로 활용하는 것.
- 의료기관을 통해 유출되는 약물에 대한 지도관리를 엄격히 하여 약물남용자들이 의료기관에서 약물을 조달하지 못하도록 해야 한다.

약물남용자 치료모델 개발

* 의학적 모델
가. 영양요법: 약물남용자의 영양학적 불균형을 치료하기 위해 결핍된 신진대사 등 영양학적 욕구를 충족시켜 주는 것.
나. '이것' 유지: 대용약물인 '이것'을 제공함으로써 약물중독자의 생존을 도모하는 요법.
다. 영국 모델: 영국에서는 약물중독자는 치료받아야 할 환자로서 정부의 유관 사무소에 등록하여 의사의 치료서비스를 받는다. 이들이 사용했던 마약을 의사로부터 처방 받아 복용한다. 의사는 처방하는 마약의 양을 점차 줄여간다.

* 약물남용자 치료모델 개발

사회적 모델: 사회와 환경이 변화주도체. 약물남용자의 사회적 역기능이 치료될 문제. 재활과 대결이 주요한 치료과정.

　가. 지역사회 자원활용: AA 등.

　나. '이것': 집단지도방법론을 활용하여 집단과정을 통해 약물남용자의 사고방식과 행동상의 변화를 도모하는 것.

심리적 모델: 변화 주체는 자아. 이상행동을 치료하고, 자아를 인식하며, 특정의 행동을 수정함으로써 약물남용자의 행동을 정상화하고, 긍정적인 자아상을 갖도록 하는 것 — 행동수정요법(혐오요법), 역할극 등.

국 민 기 초 생 활 보 장 법

제 1 장 총 칙

제1조(목적) 이 법은 생활이 어려운 자에게 필요한 급여를 행하여 이들의 최저생활을 보장하고 자활을 조성하는 것을 목적으로 한다.

제2조(정의) 이 법에서 사용하는 용어의 정의는 다음과 같다.

1. '수급권자'라 함은 이 법에 의한 급여를 받을 수 있는 자격을 가진 자를 말한다.
2. '수급자'라 함은 이 법에 의한 급여를 받는 자를 말한다.
3. '수급품'이라 함은 이 법에 의하여 수급자에게 급여하거나 대여하는 금전 또는 물품을 말한다.
4. '보장기관'이라 함은 이 법에 의한 급여를 행하는 국가 또는 지방자치단체를 말한다.
5. '부양의무자'라 함은 제5조의 규정에 의한 수급권자를 부양할 책임이 있는 자로서 수급권자의 직계혈족 및 그 배우자, 생계를 같이하는 2촌 이내의 혈족을 말한다.
6. '최저생계비'라 함은 국민이 건강하고 문화적인 생활을 유지하기 위하여 소요되는 최소한의 비용으로서 제6조의 규정에 의하여 보건복지부 장관이 공표하는 금액을 말한다.
7. '소득인정액'이라 함은 개별가구의 소득평가액과 재산의 소득환산액을 합산한 금액을 말한다.
8. '개별가구의 소득평가액'이라 함은 개별가구의 실제소득에도 불구하고 보장기관이 급여의 결정 및 실시 등에 사용하기 위하여

산출한 금액을 말한다. 이 경우 소득평가액의 구체적인 산정방식은 보건복지부령으로 정하되, 가구특성에 따른 지출요인과 근로를 유인하기 위한 요소 등을 반영하여야 한다.

9. '재산의 소득환산액'이라 함은 보장기관이 급여의 결정 및 실시 등에 사용하기 위하여 개별가구의 재산가액에 소득환산율을 곱하여 산출한 금액을 말한다. 이 경우 개별가구의 재산범위ㆍ재산가액의 산정기준 및 소득환산율 기타 필요한 사항에 관하여는 보건복지부령으로 정한다.

제3조(급여의 기본원칙)

① 이 법에 의한 급여는 수급자가 자신의 생활의 유지ㆍ향상을 위하여 그 소득ㆍ재산ㆍ근로능력 등을 활용하여 최대한 노력하는 것을 전제로 이를 보충발전시키는 것을 기본원칙으로 한다.

② 부양의무자의 부양과 기타 법령에 의한 보호는 이 법에 의한 급여에 우선하여 행하여지는 것으로 한다. 다만, 다른 법령에 의한 보호의 수준이 이 법에서 정하는 수준에 이르지 아니하는 경우에는 나머지 부분에 관하여 이 법에 의한 급여를 받을 권리를 잃지 아니한다.

제4조(급여의 기준 등)

① 이 법에 의한 급여는 건강하고 문화적인 최저생활을 유지할 수 있는 것이어야 한다.

② 이 법에 의한 급여의 기준은 보건복지부 장관이 수급자의 연령ㆍ가구규모ㆍ거주지역 기타 생활여건 등을 고려하여 급여의 종류별로 정한다.

③ 보장기관은 이 법에 의한 급여를 세대를 단위로 하여 행하되, 특히 필요하다고 인정하는 경우에는 개인을 단위로 하여 행할 수 있다.

제5조(수급권자의 범위)

① 수급권자는 부양의무자가 없거나 부양의무자가 있어도 부양능력이 없거나 또는 부양을 받을 수 없는 자로서 소득인정액이 최저생계비 이하인 자로 한다.

② 제1항의 규정에 의한 수급권자에 해당하지 아니하여도 생활이 어려운 자로서 일정 기간 동안 이 법이 정하는 급여의 전부 또는 일부가 필요하다고 보건복지부 장관이 정하는 자는 수급권자로 본다.

③ 제1항의 부양의무자가 있어도 부양능력이 없거나 부양을 받을 수 없는 경우는 대통령령으로 정한다.

제6조(최저생계비의 결정)

① 보건복지부 장관은 국민의 소득·지출수준과 수급권자의 생활실태, 물가상승률 등을 고려하여 최저생계비를 결정하여야 한다.

② 보건복지부 장관은 매년 12월 1일까지 제20조제2항의 규정에 의한 중앙생활보장위원회의 심의·의결을 거쳐 다음 연도의 최저생계비를 공표하여야 한다.

③ 보건복지부 장관은 최저생계비를 결정하기 위하여 필요한 계측조사를 5년마다 실시하며, 이에 필요한 사항은 보건복지부령으로 정한다.

제 2 장 급여의 종류와 방법

제7조(급여의 종류)

① 이 법에 의한 급여의 종류는 다음과 같다.

1. 생계급여

2. 주거급여

3. 의료급여

4. 교육급여

5. 해산급여

6. 장제급여

7. 자활급여

② 이 법에 의한 급여는 제1항제1호의 규정에 의한 생계급여와 수급자의 필요에 따라 동항제2호 내지 제7호의 급여를 함께 행하는 것으로 한다. 이 경우 급여의 수준은 제1항제1호 내지 제4호 및 제7호의 급여와 수급자의 소득인정액을 포함하여 최저생계비 이상이 되도록 하여야 한다.

③ 제1항제3호의 의료급여는 따로 법률이 정하는 바에 의한다.

제8조(생계급여의 내용)

생계급여는 수급자에게 의복·음식물 및 연료비와 기타 일상생활에 기본적으로 필요한 금품을 지급하여 그 생계를 유지하게 하는 것으로 한다.

제9조(생계급여의 방법)

① 생계급여는 금전을 지급함으로써 행한다. 다만, 이에 의할 수 없거나 이에 의하는 것이 적당하지 아니하다고 인정하는 경우에는 물품을 지급함으로써 행할 수 있다.

② 제1항의 수급품은 대통령령이 정하는 바에 따라 매월 정기적으로 지급하여야 한다. 다만, 특별한 사정이 있는 경우에는 그 지급방법을 다르게 정하여 지급할 수 있다.

③ 제1항의 수급품은 수급자에게 직접 지급한다. 다만, 제10조제1항 단서의 규정에 의하여 제32조의 보장시설이나 타인의 가정에 위탁하여 생계급여를 행하는 경우에는 그 위탁받은 자에게 이를 지급할 수 있다. 이 경우 보장기관은 보건복지부 장관이

정하는 바에 따라 정기적으로 수급자의 수급여부를 확인하여야
한다.

④ 생계급여는 보건복지부 장관이 정하는 바에 따라 수급자의 소
득인정액 등을 감안하여 차등지급할 수 있다.

⑤ 보장기관은 대통령령이 정하는 바에 따라 근로능력이 있는 수
급자에게 자활에 필요한 사업에 참가할 것을 조건으로 하여 생
계급여를 지급할 수 있다. 이 경우 보장기관은 제28조의 규정
에 의한 자활지원계획을 감안하여 조건을 제시하여야 한다.

제10조(생계급여를 행할 장소)

① 생계급여는 수급자의 주거에서 행한다. 다만, 수급자가 그 주거
가 없거나 주거가 있어도 그곳에서는 급여의 목적을 달성할 수
없는 경우 또는 수급자가 희망하는 경우에는 수급자를 제32조
의 보장시설이나 타인의 가정에 위탁하여 급여를 행할 수 있다.

② 제1항의 규정에 의하여 수급자에 대한 급여를 타인의 가정에
위탁하여 행하는 경우에는 거실의 임차료 기타 거실의 유지에
필요한 비용은 이를 수급품에 가산하여 지급한다. 이 경우 제7
조제1항제2호의 주거급여는 실시된 것으로 본다.

제11조(주거급여)

① 주거급여는 수급자에게 주거안정에 필요한 임차료, 유지수선비
기타 대통령령이 정하는 수급품을 지급하는 것으로 한다.

② 주거급여의 기준 및 지급절차 등에 관하여 필요한 사항은 보건
복지부령으로 정한다.

제12조(교육급여)

① 교육급여는 수급자에게 입학금·수업료·학용품비 기타 수급품
을 지원하는 것으로 하되, 학교의 종류, 범위 등에 관하여 필
요한 사항은 대통령령으로 정한다.

② 교육급여는 금전 또는 물품을 수급자 또는 수급자의 친권자나

후견인에게 지급함으로써 행한다. 다만, 보장기관이 필요하다고 인정하는 경우에는 수급자가 재학하는 학교의 장에게 수급품을 지급할 수 있다.

제13조(해산급여)

① 해산급여는 수급자에게 다음 각 호의 급여를 행하는 것으로 한다.

1. 조산

2. 분만 전과 분만 후의 필요한 조치와 보호

② 해산급여는 보건복지부령이 정하는 바에 따라 보장기관이 지정하는 의료기관에 위탁하여 행할 수 있다.

③ 해산급여에 필요한 수급품은 보건복지부령이 정하는 바에 따라 수급자나 그 세대주 또는 세대주에 준하는 자에게 지급한다. 다만, 제2항의 규정에 의하여 그 급여를 의료기관에 위탁하는 경우에는 수급품을 그 의료기관에 지급할 수 있다.

제14조(장제급여)

① 장제급여는 수급자가 사망한 경우 사체의 검안·운반·화장 또는 매장 기타 장제조치를 행하는 것으로 한다.

② 장제급여는 보건복지부령이 정하는 바에 따라 실제로 장제를 행하는 자에게 장제에 필요한 비용을 지급함으로써 행한다. 다만, 이에 의할 수 없거나 이에 의하는 것이 적당하지 아니하다고 인정하는 경우에는 물품을 지급함으로써 행할 수 있다.

제15조(자활급여)

① 자활급여는 수급자의 자활을 조성하기 위하여 다음 각 호의 급여를 행하는 것으로 한다.

1. 자활에 필요한 금품의 지급 또는 대여

2. 자활에 필요한 기능습득의 지원

3. 취업알선 등 정보의 제공

4. 공공근로 등 자활을 위한 근로기회의 제공

5. 자활에 필요한 시설 및 장비의 대여

6. 기타 대통령령이 정하는 자활조성을 위한 각종 지원

② 제1항의 자활급여는 관련 공공 또는 민간기관·시설에 위탁하여 이를 행할 수 있다. 이 경우 그에 소요되는 비용은 보장기관이 이를 부담한다.

제16조(자활후견기관)

① 보장기관은 수급자와 이와 생활수준이 유사한 자의 자활의 촉진에 필요한 다음 각 호의 사업을 수행하게 하기 위하여 사회복지법인 등 비영리법인과 단체 또는 개인(이하 '법인 등'이라 한다. 이하 이 조에서 같다)을 법인 등의 신청을 받아 자활후견기관으로 지정할 수 있다. 이 경우 보장기관은 법인 등의 지역사회복지사업 및 자활지원사업의 수행능력·경험 등을 고려하여야 한다.

1. 자활의욕 고취를 위한 교육

2. 자활을 위한 정보제공·상담·직업교육 및 취업알선

3. 생업을 위한 자금융자 알선

4. 자영창업 지원 및 기술·경영지도

5. 자활공동체의 설립·운영지원

6. 기타 자활을 위한 각종 사업

② 보장기관은 제1항의 규정에 의하여 지정을 받은 자활후견기관에 대하여 다음 각 호의 지원을 행할 수 있다.

1. 자활후견기관의 설립·운영비용 또는 제1항 각 호의 사업수행비용의 전부 또는 일부

2. 국공유재산의 무상임대

3. 보장기관이 실시하는 사업의 우선위탁

③ 보장기관은 자활후견기관에 대하여 정기적으로 사업실적 및 운영실태를 평가하고 수급자의 자활촉진을 달성하지 못하는

자활후견기관에 대하여는 그 지정을 취소할 수 있다.

④ 자활후견기관의 신청·지정 및 취소절차와 평가 기타 운영 등에 관하여 필요한 사항은 보건복지부령으로 정한다.

제17조(자활후견기관협회)

① 자활후견기관은 자활지원을 위한 다음 각 호의 사업을 공동으로 수행하기 위하여 자활후견기관협회(이하 '협회'라 한다)를 설립할 수 있다.

 1. 조사·연구·홍보사업

 2. 자활지원을 위한 사업의 개발

 3. 자활후견기관 및 자활공동체의 기술·경영지도

 4. 자활후견기관 및 자활공동체가 위탁한 사업

 5. 자활후견기관 및 자활공동체 운영자 등에 대한 교육

 6. 기타 자활후견기관 또는 자활공동체의 지원에 필요한 사업

② 협회는 법인으로 한다.

③ 국가 또는 지방자치단체는 협회의 운영에 필요한 비용의 전부 또는 일부를 보조할 수 있다.

④ 협회의 설립 및 운영에 필요한 사항은 대통령령으로 정한다.

⑤ 협회에 관하여 이 법에 규정된 것을 제외하고는 민법 중 사단법인에 관한 규정을 준용한다.

제18조(자활공동체)

① 수급자와 이와 생활수준이 유사한 자는 상호 협력하여 자활공동체(이하 '공동체'라 한다)를 설립·운영할 수 있다.

② 공동체는 조합 또는 부가가치세법상의 2인 이상의 사업자로 설립한다.

③ 보장기관은 공동체에게 직접 또는 자활후견기관을 통하여 다음 각 호의 지원을 할 수 있다.

 1. 자활을 위한 사업자금 융자

2. 국공유지 우선 임대
3. 국가 또는 지방자치단체가 실시하는 사업의 우선 위탁
4. 국가 또는 지방자치단체의 조달구매 시 공동체 생산품의 우선 구매
5. 기타 수급자의 자활 촉진을 위한 각종 사업

④ 공동체의 설립·운영 및 지원에 관하여 필요한 사항은 보건복지부령으로 정한다.

제 3 장 보장기관

제19조(보장기관)

① 이 법에 의한 급여는 수급권자 또는 수급자의 거주지를 관할하는 특별시장·광역시장·도지사(이하 '시·도지사'라 한다)와 시장·군수·구청장(자치구의 구청장을 말한다. 이하 같다)이 행한다. 다만, 주거가 일정하지 아니한 경우에는 수급권자 또는 수급자가 실제 거주하는 지역을 관할하는 시장·군수·구청장이 행한다.

② 제1항의 규정에 불구하고 보건복지부 장관과 시·도지사는 수급자를 각각 국가 또는 당해 지방자치단체가 경영하는 보장시설에 입소하게 하거나 다른 보장시설에 위탁하여 급여를 행할 수 있다.

③ 수급권자 또는 수급자가 거주지를 변경하는 경우의 처리방법과 보장기관 상호간의 협조 기타 업무처리에 관하여 필요한 사항은 보건복지부령으로 정한다.

④ 보장기관은 수급권자·수급자·차상위계층에 대한 조사와 수급

자 결정 및 급여의 실시 등 이 법에 의한 보장업무를 수행하게 하기 위하여 사회복지사업법 제14조의 규정에 의한 사회복지전담공무원을 배치하여야 한다.

제20조(생활보장위원회)

① 이 법에 의한 생활보장사업의 기획·조사·실시 등에 관한 사항을 심의·의결하기 위하여 보건복지부와 특별시·광역시·도(이하 '시·도'라 한다) 및 시·군·구(자치구를 말한다. 이하 같다)에 각각 생활보장위원회를 둔다. 다만, 시·도 및 시·군·구에 두는 생활보장위원회의 경우에는 그 기능을 담당하기에 적합한 다른 위원회가 있고 그 위원회의 위원이 제4항에 규정된 자격을 갖춘 경우 시·도 또는 시·군·구의 조례로 각각 정하는 바에 따라 그 위원회가 생활보장위원회의 기능을 대신할 수 있다.

② 보건복지부에 두는 생활보장위원회(이하 '중앙생활보장위원회'라 한다)는 다음 각 호의 사항을 심의·의결한다.

1. 생활보장사업의 기본방향 및 대책 수립

2. 소득인정액 산정방식의 결정

3. 급여기준의 결정

4. 최저생계비의 결정

5. 제44조의 규정에 의한 보장기금의 적립·관리 및 사용에 관한 지침의 수립

6. 기타 위원장이 부의하는 사항

③ 중앙생활보장위원회는 위원장을 포함하여 10인 이내의 위원으로 구성하고 위원은 보건복지부 장관이 다음 각 호의 1에 해당하는 자 중에서 위촉·지명하며 위원장은 보건복지부 장관으로 한다.

1. 공공부조 또는 사회복지와 관련된 학문을 전공한 전문가로

서 대학의 조교수 이상인 자 또는 연구기관의 연구원으로
재직 중인 자

2. 공익을 대표하는 자

3. 관계행정기관소속의 3급 이상 공무원

④ 제1항의 규정에 의한 시·도 및 시·군·구 생활보장위원회의
위원은 시·도지사 또는 시·군·구청장이 다음 각 호의 1에
해당하는 자 중에서 위촉·지명하며 위원장은 당해 시·도지사
또는 시·군·구청장으로 한다. 다만, 제1항 단서의 규정에 의
하여 다른 위원회가 생활보장위원회의 기능을 대신하는 경우
위원장은 조례로 정한다.

1. 사회보장에 관한 학식과 경험이 있는 자

2. 공익을 대표하는 자

3. 관계행정기관소속의 공무원

⑤ 제1항의 규정에 의한 생활보장위원회는 심의·의결과 관련하여
필요한 경우 보장기관에 대하여 그 소속공무원의 출석이나 자
료의 제출을 요청할 수 있다. 이 경우 당해 보장기관은 정당한
사유가 없는 한 이에 응하여야 한다.

⑥ 시·도 및 시·군·구 생활보장위원회의 기능과 각 생활보장위
원회의 구성·운영 등에 관하여 필요한 사항은 대통령령으로
정한다.

제4장 급여의 실시

제21조(급여의 신청)

① 제5조에 규정된 수급권자와 그 친족, 기타 관계인은 관할 시장

· 군수 · 구청장에게 수급권자에 대한 급여를 신청할 수 있다.

② 사회복지전담공무원은 이 법의 의한 급여를 필요로 하는 자가 누락되지 아니하도록 하기 위하여 관할 지역 내에 거주하는 수급권자에 대한 급여를 직권으로 신청할 수 있다. 이 경우 수급권자의 동의를 구하여야 하며 이를 수급권자의 신청으로 볼 수 있다.

③ 제1항 및 제2항의 규정에 의한 급여의 신청방법 및 절차 등에 관하여 필요한 사항은 보건복지부령으로 정한다.

제22조(신청에 의한 조사)

① 시장 · 군수 · 구청장은 제21조의 규정에 의한 급여신청이 있는 경우에는 사회복지전담공무원으로 하여금 급여의 결정 및 실시 등에 필요한 다음 각 호의 사항을 조사하게 하거나 수급권자에게 보장기관이 지정하는 의료기관에서 검진을 받게 할 수 있다.

1. 부양의무자의 유무 및 부양능력 등 부양의무자와 관련된 사항
2. 수급권자 및 부양의무자의 소득 · 재산에 관한 사항
3. 수급권자의 근로능력 · 취업상태 · 자활욕구 등 자활지원계획 수립에 필요한 사항
4. 기타 수급권자의 건강상태 · 가구특성 등 생활실태에 관한 사항

② 시장 · 군수 · 구청장은 제1항의 수급권자 또는 부양의무자의 소득 · 재산 및 건강상태 등을 확인하기 위하여 필요한 자료의 확보가 곤란한 경우 보건복지부령이 정하는 바에 따라 수급권자 또는 부양의무자에게 필요한 자료의 제출을 요구할 수 있다.

③ 보장기관은 급여의 결정 또는 실시 등을 위하여 필요한 경우에는 제1항 각 호의 조사를 관계기관에 위촉하거나 수급권자 또는 는 그 부양의무자의 고용주 기타 관계인에게 이에 관한 자료의

제출을 요청할 수 있다.

④ 보장기관이 제1항 각 호의 조사를 실시하기 위하여 금융·국세·지방세·토지·건물·의료보험·국민연금 및 고용보험 등 관련 전산망을 이용하고자 할 경우에는 관계기관의 장에게 협조를 요청할 수 있다. 이 경우 관계기관의 장은 정당한 사유가 없는 한 이에 응하여야 한다.

⑤ 제1항의 규정에 의하여 조사를 실시하는 사회복지전담 공무원은 그 권한을 표시하는 증표를 휴대하고 이를 관계인에게 제시하여야 한다.

⑥ 보장기관의 공무원 또는 공무원이었던 자는 제1항 내지 제4항의 규정에 의하여 얻은 정보와 자료를 이 법이 정한 보장목적 외에 다른 용도로 사용하거나 다른 사람 또는 기관에 제공하여서는 아니 된다.

⑦ 보장기관은 제1항 내지 제4항의 규정에 의한 조사결과를 대장으로 작성·비치하여야 하며 조사에 관하여 기타 필요한 사항은 보건복지부 장관이 정한다. 다만, 전산 정보처리 조직에 의해 관리되는 경우 전산화일로 대체할 수 있다.

⑧ 보장기관은 수급권자 또는 부양의무자가 제1항의 규정에 의한 조사를 거부·방해 또는 기피하거나 검진지시에 따르지 아니한 때에는 급여신청을 각하할 수 있다. 이 경우 제29조제2항의 규정을 준용한다.

제23조(확인조사)

① 시장·군수·구청장은 수급자 및 수급자에 대한 급여의 적정성을 확인하기 위하여 매년 연간조사계획을 수립하고 관할구역 내의 수급자를 대상으로 제22조 제1항 각 호의 사항을 매년 1회 이상 정기적으로 조사를 실시하여야 하며, 특히 필요하다고 인정하는 경우에는 보장기관이 지정하는 의료기관에서 검진을

받게 할 수 있다. 다만, 보건복지부 장관이 정하는 사항은 매 분기마다 조사를 실시하여야 한다.

② 수급자의 자료제출, 조사의 위촉, 관련전산망의 이용 등 기타 확인조사를 위하여 필요한 사항에 관하여는 제22조제2항 내지 제7항의 규정을 준용한다.

③ 보장기관은 수급자 또는 부양의무자가 제1항의 규정에 의한 조사를 거부·방해 또는 기피하거나 검진지시에 따르지 아니한 때에는 수급자의 급여결정을 취소하거나 급여를 정지 또는 중지할 수 있다. 이 경우 제29조제2항의 규정을 준용한다.

제24조(차상위 계층에 대한 조사)

① 시장·군수·구청장은 최저생계비의 변경 등에 의하여 수급권자의 범위가 변동함에 따라 다음연도에 이 법에 의한 급여가 필요할 것으로 예측되는 수급권자의 규모를 조사하기 위하여 보건복지부령이 정하는 바에 따라 제5조에 규정된 수급권자의 차상위 계층에 대하여 조사를 실시할 수 있다.

② 시장·군수·구청장은 제1항의 규정에 의한 조사를 실시하고자 하는 경우 조사대상자의 동의를 얻어야 한다. 이 경우 조사대상자의 동의는 다음 연도의 급여신청으로 본다.

③ 조사대상자의 자료제출, 조사의 위촉, 관련전산망의 이용 등 기타 차상위 계층에 대한 조사를 위하여 필요한 사항에 관하여는 제22조제2항 내지 제7항의 규정을 준용한다.

제25조(조사결과의 보고 등)

제22조 내지 제24조의 규정에 의하여 시장·군수·구청장이 수급권자·수급자·부양의무자 및 차상위 계층을 조사한 때에는 보건복지부령이 정하는 바에 따라 관할 시·도지사에게 보고하여야 하며 보고를 받은 시·도지사는 이를 보건복지부 장관에게 보고하여야 한다. 시·도지사가 조사한 때에도 이와 같다.

제26조(급여의 결정 등)

① 시장·군수·구청장은 제22조의 규정에 의하여 조사를 한 때에는
지체 없이 급여실시의 여부와 급여의 내용을 결정하여야 한다.

② 제24조의 규정에 의하여 차상위계층을 조사한 시장·군수·구
청장은 제27조제1항 단서에 규정된 급여개시일이 속하는 월에
급여실시 여부와 급여내용을 결정하여야 한다.

③ 시장·군수·구청장은 제1항 및 제2항의 규정에 의하여 급여실
시의 여부와 급여내용을 결정한 때에는 그 결정의 요지, 급여
의 종류·방법 및 급여의 개시시기 등을 서면으로 수급권자 또
는 신청인에게 통지하여야 한다.

④ 제1항의 신청인에 대한 제3항의 통지는 신청일부터 14일 이내
에 하여야 한다. 다만, 부양의무자의 소득·재산 등의 조사에
시일을 요하는 특별한 사유가 있는 경우에는 신청일부터 30일
이내에 통지할 수 있다. 이 경우 통지서에 그 사유를 명시하여
야 한다.

제27조(급여의 실시 등)

① 제26조제1항의 규정에 의하여 급여실시 및 내용이 결정된 수급
자에 대한 급여는 제21조의 규정에 의한 급여의 신청일부터 개
시한다. 다만, 제6조의 규정에 의하여 보건복지부 장관이 매년
결정·공표하는 최저생계비의 변경으로 인하여 매년 1월에 새
로이 수급자로 결정되는 자에 대한 급여는 해당 연도의 1월 1
일을 그 급여개시일로 한다.

② 시장·군수·구청장은 제26조제1항의 규정에 의한 급여실시 여
부의 결정전이라도 수급권자에게 급여를 하여야 할 긴급한 필
요가 있다고 인정될 때에는 제7조제1항 각 호에 규정된 급여
의 일부를 행할 수 있다.

제28조(자활지원계획의 수립)

① 시장·군수·구청장은 수급자의 자활을 체계적으로 지원하기 위하여 보건복지부 장관이 정하는 바에 따라 제22조 내지 제24조의 규정에 의한 조사결과를 감안하여 수급자 가구별로 자활지원계획을 수립하고 그에 따라 이 법에 의한 급여를 실시하여야 한다.

② 보장기관은 수급자의 자활을 위하여 필요한 경우에는 다른 법률에 의하여 보장기관이 제공할 수 있는 급여가 있거나 민간기관 등이 후원을 제공하는 경우 제1항의 자활지원계획에 따라 급여를 지급하거나 후원을 연계할 수 있다.

③ 시장·군수·구청장은 수급자의 자활여건변화와 급여실시결과를 정기적으로 평가하고 필요한 경우 자활지원계획을 변경할 수 있다.

제29조(급여의 변경)

① 보장기관은 수급자의 소득·재산·근로능력 등에 변동이 있는 경우에는 직권 또는 수급자나 그 친족 기타 관계인의 신청에 의하여 그에 대한 급여의 종류·방법 등을 변경할 수 있다.

② 제1항의 규정에 의한 급여의 변경은 서면으로 그 이유를 명시하여 수급자에게 통지하여야 한다.

제30조(급여의 중지 등)

① 보장기관은 수급자가 다음 각 호의 1에 해당하는 경우에는 급여의 전부 또는 일부를 중지하여야 한다.

1. 수급자에 대한 급여의 전부 또는 일부가 필요없게 된 때

2. 수급자가 급여의 전부 또는 일부를 거부한 때

② 근로능력이 있는 수급자가 제9조제5항의 조건을 이행하지 않는 경우 조건을 이행할 때까지 제7조제2항의 규정에도 불구하고 근로능력이 있는 수급자 본인의 생계급여의 일부 또는 전부를

지급하지 아니할 수 있다.

③ 제29조제2항의 규정은 제1항 및 제2항의 경우에 이를 준용한다.

제31조(청문) 보장기관은 제16조제3항의 규정에 의하여 자활후견기관의 지정을 취소하고자 하는 경우와 제23조제3항의 규정에 의하여 급여실시의 결정을 취소하고자 하는 경우에는 청문을 실시하여야 한다.

제 5 장 보장시설

제32조(보장시설)

이 법에서 보장시설이라 함은 제7조에 규정된 급여를 행하는 사회복지사업법에 의한 사회복지시설로서 대통령령이 정하는 시설을 말한다.

제33조(보장시설의 장의 의무)

① 보장시설의 장은 보장기관으로부터 수급자에 대한 급여를 위탁받은 때에는 정당한 사유 없이 이를 거부하여서는 아니 된다.

② 보장시설의 장은 위탁받은 수급자에게 보건복지부 장관이 정하는 최저기준 이상의 급여를 행하여야 한다.

③ 보장시설의 장은 위탁받은 수급자에게 급여를 행함에 있어서 성별·신앙 또는 사회적 신분 등을 이유로 차별대우를 하여서는 아니 된다.

④ 보장시설의 장은 위탁받은 수급자에게 급여를 행함에 있어서 수급자의 자유로운 생활을 보장하여야 한다.

⑤ 보장시설의 장은 위탁받은 수급자에게 종교상의 행위를 강제하여서는 아니 된다.

제6장 수급자의 권리와 의무

제34조(급여변경의 금지)

수급자에 대한 급여는 정당한 사유 없이 이를 불리하게 변경할 수 없다.

제35조(압류금지)

수급자에게 지급된 수급품과 이를 받을 권리는 압류할 수 없다.

제36조(양도금지)

수급자는 급여를 받을 권리를 타인에게 양도할 수 없다.

제37조(신고의 의무)

수급자는 거주지역·세대의 구성에 변동이 있거나 제22조제1항 각 호의 사항에 현저한 변동이 있는 때에는 지체 없이 관할 보장기관에 이를 신고하여야 한다.

제7장 이의신청

제38조(시·도지사에 대한 이의신청)

① 수급자나 급여 또는 급여변경의 신청을 한 자는 그 결정의 통지를 받은 날부터 60일 이내에 시장·군수·구청장의 처분에 대하여 이의가 있는 경우에는 당해 보장기관을 거쳐 시·도지사에게 각각 서면 또는 구두로 이의를 신청할 수 있다. 이 경우 구두로 이의신청을 접수한 보장기관의 공무원은 이의신청서를 작성할 수 있도록 협조하여야 한다.

② 제1항의 규정에 의한 이의신청을 받은 시장·군수·구청장은 10일 이내에 의견서와 관계서류를 첨부하여 이를 시·도지사

에게 송부하여야 한다.

제39조(시·도지사의 처분 등)

① 시·도지사가 제38조제2항의 규정에 의하여 시장·군수·구청장으로부터 이의신청서를 송부받은 때에는 30일 이내에 필요한 심사를 하고 이의신청을 각하하거나 당해 처분을 변경 또는 취소하거나 기타 필요한 급여를 명하여야 한다.

② 시·도지사는 제1항의 규정에 의한 처분 등을 한 때에는 지체 없이 신청인과 당해 시장·군수·구청장에게 각각 서면으로 이를 통지하여야 한다.

제40조(보건복지부 장관에 대한 이의신청)

① 제39조의 규정에 의한 처분 등에 대하여 이의가 있는 자는 그 처분 등의 통지를 받은 날부터 60일 이내에 시·도지사를 거쳐 보건복지부 장관에게 서면 또는 구두로 이의를 신청할 수 있다. 이 경우 구두로 이의신청을 접수한 보장기관의 공무원은 이의신청서를 작성할 수 있도록 협조하여야 한다.

② 시·도지사는 제1항의 규정에 의한 이의신청이 있은 때에는 10일 이내에 의견서와 관계서류를 첨부하여 이를 보건복지부 장관에게 송부하여야 한다.

제41조(보건복지부 장관의 재결)

① 보건복지부 장관은 제40조제2항의 규정에 의하여 이의신청서를 송부받은 때에는 30일 이내에 필요한 심사를 하고 이의신청을 각하하거나 당해 처분의 변경 또는 취소의 재결을 하여야 한다.

② 보건복지부 장관은 제1항의 규정에 의한 재결을 한 때에는 지체 없이 당해 시·도지사와 신청인에게 각각 서면으로 재결내용을 통지하여야 한다.

제 8 장 보장비용

제42조(보장비용) 이 법에서 보장비용이라 함은 다음 각 호의 비용을 말한다.

1. 이 법에 의한 보장업무에 소요되는 인건비와 사무비
2. 제20조의 위원회 운영에 소요되는 비용
3. 제8조 내지 제18조의 규정에 의한 급여실시비용
4. 기타 이 법에 의한 보장업무에 소요되는 비용

제43조(보장비용의 부담구분)

① 제42조의 규정에 의한 보장비용의 부담은 다음 각 호의 구분에 의한다.

1. 국가 또는 시·도가 직접 행하는 보장업무에 소요되는 비용은 국가 또는 당해 시·도가 부담한다.
2. 제19조제2항의 규정에 의한 급여의 실시비용은 국가 또는 당해 시·도가 부담한다.
3. 시·군·구가 행하는 보장업무에 소요되는 비용 중 제42조제1호 및 제2호의 비용은 당해 시·군·구가 부담한다.
4. 시·군·구가 행하는 보장업무에 소요되는 비용 중 제42조제3호 및 제4호의 비용은 다음의 범위 내에서 보장기관 간에 협의하여 부담한다. 다만, 시·도 및 시·군·구의 수급자 분포 및 재정자립도 등을 고려하여 국가부담비율, 시·도 부담비율, 시·군·구 부담비율을 차등하여 적용할 수 있다.

   가. 특별시가 관할하는 자치구의 경우에는 그 총액의 100분의 50 이하를 국가가 부담하고, 국가부담 제외분의 100분의 50 이상을 특별시가, 그 100분의 50 이하를 당해

자치구가 부담한다.

　　나. 광역시 및 도가 관할하는 시·군·구의 경우에는 그 총
　　　　액의 100분의 80 이상을 국가가 부담하고, 국가부담 제
　　　　외분의 100분의 50 이상을 당해 광역시 및 도가, 100분
　　　　의 50 이하를 당해 시·군·구가 부담한다.

② 국가는 매년 이 법에 의한 보장비용 중 국가부담예정합계액을
　　각각 보조금으로 교부하고, 그 과부족은 정산에 의하여 추가로
　　교부하거나 반납하게 한다.

③ 시·도는 매년 시·군·구에 대하여 제2항의 규정에 의한 국가
　　의 보조금에, 제1항제4호의 규정에 의한 시·도의 부담예정액
　　을 합하여 보조금으로 교부하고 그 과부족은 정산에 의하여 추
　　가로 교부하거나 반납하게 한다.

④ 제2항 및 제3항의 규정에 의한 보조금의 산출 및 정산방법 기
　　타 필요한 사항에 관하여는 대통령령으로 정한다.

⑤ 지방자치단체의 조례에 의하여 이 법에 의한 급여범위 및 수준
　　을 초과하여 급여를 실시하는 경우 그 초과 보장비용은 당해
　　지방자치단체가 부담한다.

제44조(보장기금의 적립)

① 이 법에 의한 보장비용의 재원에 충당하기 위하여 보장기관은
　　일정한 금액과 연한을 정하여 보장기금을 적립할 수 있다.

② 제1항의 규정에 의한 보장기금의 적립에 관하여 필요한 사항은
　　대통령령으로 정한다.

제45조(유류금품의 처분)

　　제14조의 규정에 의한 장제급여를 행함에 있어 사망자에게 부양
의무자가 없는 때에는 시장·군수·구청장은 사망자가 유류한 금전
또는 유가증권으로 그 비용에 충당하고, 그 부족액에 대하여는 유류
물품의 매각대금으로 이를 충당할 수 있다.

제46조(비용의 징수)

① 수급자에게 부양능력을 가진 부양의무자가 있음이 확인된 경우에는 보장비용을 지급한 보장기관은 생활보장위원회의 심의·의결을 거쳐 그 비용의 전부 또는 일부를 그 부양의무자로부터 부양의무의 범위 안에서 징수할 수 있다.

② 사위 기타 부정한 방법에 의하여 급여를 받거나 타인으로 하여금 급여를 받게 한 경우에는 보장비용을 지급한 보장기관은 그 비용의 전부 또는 일부를 그 급여를 받은 자 또는 급여를 받게 한 자(이하 '부정수급자'라 한다)로부터 징수할 수 있다.

③ 제1항 및 제2항의 규정에 의하여 징수할 금액은 각각 부양의무자 또는 부정수급자에게 통지하여 이를 징수하고, 부양의무자 또는 부정수급자가 이에 응하지 아니하는 경우 국세 또는 지방세체납처분의 예에 의하여 이를 징수한다.

제47조(반환명령)

① 보장기관은 급여의 변경 또는 급여의 정지·중지에 따라 수급자에게 이미 지급한 수급품 중 과잉지급분이 발생한 경우에는 즉시 수급자에 대하여 그 전부 또는 일부의 반환을 명하여야 한다. 다만, 이미 이를 소비하였거나 기타 수급자에게 부득이한 사유가 있는 때에는 그 반환을 면제할 수 있다.

② 제27조제2항의 규정에 의하여 시장·군수·구청장이 긴급급여를 실시하였으나 조사결과에 따라 급여를 실시하지 아니하기로 결정한 경우 급여비용의 반환을 명할 수 있다.

제9장 벌 칙

제48조(벌칙)

제22조제6항의 규정에 위반한 자는 3년 이하의 징역 또는 1천만 원 이하의 벌금에 처한다.

제49조(벌칙)

사위 기타 부정한 방법에 의하여 급여를 받거나 또는 타인으로 하여금 급여를 받게 한 자는 1년 이하의 징역, 500만 원 이하의 벌금, 구류 또는 과료에 처한다.

제50조(벌칙)

제33조제1항 또는 제5항의 규정에 위반하여 수급자의 급여위탁을 정당한 사유 없이 거부한 자나 종교상의 행위를 강제한 자는 300만 원 이하의 벌금, 구류 또는 과료에 처한다.

제51조(양벌규정)

법인의 대표자나 법인 또는 개인의 대리인·사용인 기타 종업원이 그 법인 또는 개인의 업무에 관하여 제48조 또는 제49조의 위반행위를 한 때에는 행위자를 벌하는 외에 그 법인 또는 개인에 대하여 도 각각 본조의 벌금 또는 과료의 형을 과한다.

부 칙

제1조(시행일)

이 법은 2000년 10월 1일부터 시행한다. 다만, 제5조제1항의 규정은 2003년 1월 1일부터 시행한다.

제2조(다른 법률의 폐지)

생활보호법은 이를 폐지한다.

제3조(다른 법률의 개정)

① 영유아보육법 중 다음과 같이 개정한다.

제17조제1항 및 제21조 중 '생활보호법에 의한 생활보호대상자와'를 '국민기초생활보장법에 의한 수급자와'로 한다.

② 입양촉진및절차에관한특례법 중 다음과 같이 개정한다.

제4조제1호 중 "생활보호법에 의한 보호시설(이하 '보호시설'이라 한다)"을 "국민기초생활보장법에 의한 보장시설(이하 '보장시설'이라 한다)"로 하고, 제4조제2호 내지 제4호 및 제13조 중 '보호시설'을 각각 '보장시설'로 하며, 제23조제2항 중 '생활보호법에 의하여 지급되는 보호금품'을 '국민기초생활보장법에 의하여 지급되는 수급품'으로 한다.

③ 의사상자예우에관한법률 중 다음과 같이 개정한다.

제10조 중 '생활보호법이 정하는 교육보호'를 '국민기초생활보장법이 정하는 교육급여'로, 제12조 중 '생활보호법이 정하는 장제보호'를 '국민기초생활보장법이 정하는 장제급여'로 한다.

④ 모자복지법 중 다음과 같이 개정한다.

제12조 중 '생활보호법 등'을 '국민기초생활보장법 등'으로 한다.

⑤ 일제하일본군위안부에대한생활안정지원법 중 다음과 같이 개정한다.

제4조제1항제1호를 다음과 같이 하고, 동조제2항 중 '생활보호법 제3조'를 '국민기초생활보장법 제5조의 규정에 의한 수급권자'로, '생활보호법 제4조제2항'을 '국민기초생활보장법 제3조제2항'으로 한다.

1. 국민기초생활보장법에 의한 생계급여

⑥ 발명진흥법 중 다음과 같이 개정한다.

제20조제2항 중 '생활보호법 제3조의 규정에 의한 보호대상자'

를 '국민기초생활보장법 제5조의 규정에 의한 수급권자'로 한다.

⑦ 특허법 중 다음과 같이 개정한다.

제83조제2항 중 '생활보호법 제3조의 규정에 의한 보호대상자'를 '국민기초생활보장법 제5조의 규정에 의한 수급권자'로 한다.

⑧ 의장법 중 다음과 같이 개정한다.

제35조제2항 중 '생활보호법 제3조의 규정에 의한 보호대상자'를 '국민기초생활보장법 제5조의 규정에 의한 수급권자'로 한다.

⑨ 주민등록법 중 다음과 같이 개정한다.

제14조의2 중 '생활보호법'을 '국민기초생활보장법'으로 한다.

⑩ 의료보호법 중 다음과 같이 개정한다.

제4조제1항제1호를 다음과 같이 한다.

1. 국민기초생활보장법에 의한 수급자

⑪ 이 법 시행 당시 다른 법령에서 종전의 생활보호법을 인용한 경우에 이 법 중 그에 해당하는 조항이 있는 때에는 종전의 규정에 갈음하여 이 법의 해당 조항을 인용한 것으로 본다.

제4조(시범사업의 특례)

보건복지부 장관은 부칙 제1조 단서의 규정에 불구하고 이 법 시행일부터 2002년 12월 31일까지 제5조제1항의 규정에 의한 수급권자의 범위의 적정을 기하기 위하여 보건복지부 장관이 고시하는 지역에서 시범사업을 실시할 수 있다. 이 경우 부칙 제5조 및 제6조의 규정은 적용하지 아니한다.

제5조(수급권자의 범위에 관한 적용특례)

이 법 시행일부터 2002년 12월 31일까지 수급권자는 부양의무자가 없거나 부양의무자가 있어도 부양능력이 없거나 부양을 받을 수 없는 자로서 최저생계비를 감안하여 보건복지부 장관이 개별가구의 소득평가액과 재산을 기준으로 하여 매년 정하는 수급권자 선정기준에 해당하는 자로 한다.

제6조(소득인정액에 관한 적용특례)

이 법 시행일부터 2002년 12월 31일까지 제7조제2항 및 제9조제4항의 소득인정액은 제2조제8호의 개별가구의 소득평가액을 말한다.

제7조(법시행을 위한 준비행위)

① 보건복지부 장관은 법시행을 위하여 필요하다고 인정하는 경우에는 이 법 시행 전에 국가·지방자치단체와 공공단체 기타 관계인에 대하여 이 법 시행의 준비에 필요한 자료의 제출 등 협조를 요청할 수 있다.

② 제1항의 규정에 의한 협조의 요청을 받은 국가·지방자치단체와 공공단체 기타 관계인은 성실하게 이에 응하여야 한다.

제8조(자활후견기관 등에 관한 경과조치)

이 법 시행 당시 종전의 생활보호법에 의하여 지정 또는 설립된 자활후견기관과 자활공동체는 이 법에 의하여 각각 지정 또는 설립된 것으로 본다.

제9조(이의신청 등에 관한 경과조치)

이 법 시행 전에 종전의 생활보호법에 의하여 제기된 이의신청에 대하여는 종전의 생활보호법에 의한다.

제10조(보호기금에 관한 경과조치)

이 법 시행 당시 종전의 생활보호법에 의한 보호기금은 이 법에 의한 보장기금으로 본다.

제11조(행정처분 등에 관한 경과조치)

이 법 시행 전에 종전의 생활보호법에 의한 보호기관의 처분 기타 행위 또는 보호기관에 대하여 행한 신청 등의 행위는 이 법에 의한 보장기관의 처분 기타 행위 또는 보장기관에 대한 신청 등의 행위로 본다.

제12조(벌칙에 관한 경과조치)

이 법 시행 전의 종전의 생활보호법의 위반행위에 대한 벌칙의 적용에 있어서는 종전의 생활보호법에 의한다.

1) 복지시설 정책

한국사회복지의 중핵은 누가 무어라 해도 복지시설(welfare institution)이다. 사회복지시설은 전통적으로 사회복지를 대변하는 상징적인 실체였으며, 또한 사회복지서비스의 기반이자 기점이었다는 점을 부정할 수 없다.

그러나 이러한 사회복지시설은 지금까지 많은 변천과정을 거칠 수밖에 없었다. 서구에서는 이 시설이 애초에 징벌적 성격으로부터 출발하였으며, 이후 사회방위적인 차원에서 사회적 실패자들을 격리시키는 역할에 충실하기도 하였다. 그러나 20세기 들어 T. H. Marshall이 말한 바와 같이 사회권이 확대되면서 사회복지시설은 인권의 보루이자 후천적인 가정(家庭)이었으며, 사회구성원들의 사회적 봉사의 장소로도 발전하기에 이르렀다.

우리나라에서는 근대적 의미의 사회복지시설이 도입된 것은 그 역사가 짧지만 사회복지부문에서 차지하는 비중은 역시 작지 않다.

2) 시설 정책 변천상황

(1) 구한말 – 일제강점기: 근대시설 태동기[55)]

한국에서 서구적 의미의 복지시설은 구한말 가톨릭의 영해원을 시작으로 비롯되었다고 할 수 있다. 그 이전까지만 하더라도 겨우 절대군주의 애민정신(愛民精神)의 발로로서 가난한 백성들에게 발창

---

55) 이태수, 국민의 정부 이후 사회복지시설정책의 변화와 향후 과제, pp.1-15.

(發倉)제도를 통한 구휼미(救恤米)의 제공 정도에 이른 것이 고작이었고 기민(饑民)이나 유민(流民)에 대한 보호로서 불교 사원에서 행하는 행려자보호사업이나 급식소 경영 등이 있었다. 이조시대에 와서는 자휼전칙(字恤典則)이란 법령을 통해 부랑아를 관에서 보호하는 책임을 천명하고 이를 위해 진휼청(賑恤廳) 유접소(留接所)가 건립되기도 하였다.56)

구한말 서양신부에 의해 설립된 고아원 외에 1906년은 독지가 이필화가 경성고아원을 세운 것으로 명맥이 이어졌으며, 1919년에는 청주양로원이 그리고 1921년에는 우리나라 지역복지의 원조인 태화기독사회관이 설치되기에 이른다. 이와 같이 일제하에서도 꾸준히 시설의 숫자와 종류는 늘어나고 있었다.

(2) 해방 후-1950년대: 구호시설 폭증기57)

그러나 결국 사회복지시설의 본격적 등장은 해방 이후 급격한 사회변동과 한국전쟁으로 인한 전쟁고아나 미망인의 존재가 급격히 늘어나면서 이들에 대한 응급구호의 필요성이 인지되면서 생성되었다. 그런 가운데에서 시설이 우후죽순 격으로 생겨나게 되고 적산자산의 불하나 구호물자의 배분을 둘러싸고 이러한 경향은 더욱 드세어져 급기야 이를 통제·관리하기 위하여 미군정하 1947년 '후생시설의 운영강화에 관한 건'을 통해 증가하는 후생시설의 민간자원 조달 장려를 유도하기에 이른다.

건국 후인 1950년 「후생시설 설치기준」이 공포되면서 모든 시설에 대해 설비의 강화 및 기준의 준수를 요구하게 되었고, 이로 인해 사회복지시설에 관한 관권 개입의 역사가 시작되기도 하였다.

---

56) 구자헌, 『한국사회복지사』, 한국사회복지연구소, 1970, pp.90-121.
57) 이태수, 국민의 정부 이후 사회복지시설정책의 변화와 향후 과제, pp.1-15.

이러한 시설의 역사에 한국전쟁은 엄청난 충격적 요인으로 기능하기는 마찬가지였다. 1950년 초 153개소에 10,469명에 달했던 사회복지시설 수와 그 수용인원은 전쟁 직후인 1953년 440개, 53,964명으로 각기 폭증하였던 것이다. 특히 이들 시설들은 부족한 국가재정에 의해 제대로 지원받지 못하는 상태에서 외원단체에 의존도가 극심하였고 미군부대의 먹을거리를 조달받아 가며 연명되는 경향도 보였다.

이런 열악한 재정 가운데에서도 사회적 수요의 폭증과 시설운영을 통한 원조물자 확보라는 유인에 힘입어 시설 수는 계속 증가하여 1960년대 말에는 육아원 430여 개소, 모자원 63개소, 양로원 39개소 등 사회복지시설 수는 636개소로 늘어나게 되었다. 따라서 10년간 시설 수가 4배로 증가하는 가히 '폭증기'라 명할 수 있으며 주로 응급구호시설이었다는 점이 특징이 될 것이다.

(3) 1960년대: 시설 공식화기

5.16 이후 정권의 비정통성을 민생문제의 해결로 만회하려는 군사정권은 자연히 생활보호제도를 위시한 사회복지제도의 시행을 표방하였고 이는 우리나라 역사상 최초의 공식적이고 법률에 기초된 사회복지제도가 실시되는 의미를 배태하기도 하였지만, 이러한 정권의 안보유지라는 차원에서 사회복지제도를 이용하는 추세는 고착되었고, 이후 산업화의 부작용을 해소하기 위한 수단으로서 사회복지제도를 도입하는 것과 함께 한국에서 사회복지제도가 그나마 도입, 발전되는 두 가지 동인으로 남게 된다.

불행하게도 우리나라의 사회복지제도는 민간의 자생적이고 자발적인 욕구와 그에 대한 부응으로서의 국가복지 영역 확대라는 수순이 아닌, 국가주도에 의한 일방적이고 하향적인 복지제도가 유입되고 다시 이의 시행이 경직적으로 고수되는 경향성을 고착시킴으로써 자연스럽게도 사회복지계에는 민주적이고 자치적인 운용이란 본연의 특성이 요원한 것이 되어 버렸다.

이런 가운데 5·16 쿠데타세력에 의해 주도된 1961년 생활보호법은 나름대로 시설의 법정화라는 의미를 낳게 된다. 생활보호법 제25조에 의하면 '보호사업을 목적으로 하는' 사회복지시설로서, 양로시설, 양육시설, (장애인)보호시설, 재활시설, 의료시설 등을 열거하고 있어 나름대로 사회복지시설이란 용어를 법정개념으로 정립하게 되었으며 또한 시설의 체계적 분류에 대한 시도라 평가될 수 있다.

이 외에 아동복리법과 윤락행위 등 방지법에 의해서도 관련시설들이 규정되고 있는 가운데 1969년 말 현재 744개소로 아동관련시설은 점차 그 수가 줄어들면서 여타 시설은 현상을 유지하는 추세를 보이고 있었다.

(4) 1970년대: 전문성 지향기

이미 1952년 발표된 '후생시설 운영요령'에 의거하여 재단법인을 필한 후 사회복지시설을 설치·운영하도록 하면서 허가제를 도입하였던 적이 있었지만, 1971년 공포된 사회복지사업법은 시설운영에 있어 큰 획을 긋는 의미를 낳았다. 즉 이 법에 의하면 이제 사회복지시설은 사회복지사업을 위하여 설립된 사회복지법인에 의하여 운영되고 또한 사회복지 전문 인력인 사회복지사가 종사자의 5분의 2를 차지하도록 규정됨으로써 적어도 법규상으로는 사회복지의 전문성을 인정하고 이를 지향하는 형태를 띠게 되었다.

1970년대 말 영·육아시설은 감소경향이 뚜렷해지는 가운데 탁아시설은 뚜렷한 증가세를 보이면서 820여 개소의 사회복지시설이 존재하게 된다.

(5) 1980년대: 기능분화기

1980년대는 또 다른 군사정권이 등장하면서 역시 사회복지제도를 통한 민심 안정을 꾀하려는 전형적 통치방식을 보인다. 더군다나 국정지표로서 허구적인 의미이지만 '복지사회건설'을 표방할 정도로 당시 정권의 복지정책은 애절한 면을 갖고 있었다.

1981년도에 제정된 심신장애인복지법과 노인복지법 그리고 1982년도에 전문개정된 생활보호법을 통해 사회복지시설이 좀더 공식적으로 자리매김하게 되었으며 아울러 기능별로 분화되는 계기를 맞는다. 더군다나 1989년에 모자복지법이 제정되고 아울러 장애인복지법과 노인복지법의 전문개정을 통해 각기 전문화된 시설들을 규정하게 되었다. 예를 들어 장애인복지법에 의하면 장애인재활시설, 장애인요양시설, 장애인유료복지시설, 장애인이용시설, 장애인직업재활시설, 점자도서관, 점서 및 녹음서 출판시설 등이 규정되었고, 노인복지법에 의하면 종래의 양로시설, 노인요양시설에 각기 실비 및 유료시설들을 추가하고 노인복지사회관과 노인복지주택 등을 규정하게 되었다.

한편 1983년 사회복지사업법의 개정을 통해 사회복지시설의 종별 기준에서 사회복지관을 규정하는 것을 계기로 이 시기에 지역사회주민을 위한 이용시설로서의 사회복지관이 등장하게 되었으며 1989년 말에는 61개소에 이르게 되었다. 이 밖에 아동복지시설은 334개소로 완만한 감소현상을 보이는 한편 장애인시설은 비약적으로 증대하여 138개소까지 되었으며 노인시설은 87개소로 증가추세를 보였다.

(6) 1990년대: 시설의 전문화·개방화 확립기

1990년대는 사회복지시설에 있어 상대적으로 많은 발전이 있게 된다. 우선 사회복지시설생활자의 보호수준이 크게 개선되는 가운데, 복지관을 비롯하여 재가봉사센터 등 이용시설이 급증하였게 된다. 그러나 무엇보다도 중요한 변화는 1997년 공포된 전문개정 사회복지법에 의한 사회복지시설의 규제완화 조치일 것이다.

이 개정법은 사회복지사업을 종래의 7개 법률에서 13개 법률에 의해 규정된 사업으로 정의 내리고 있으므로 그 영역을 확대시켰다는 의의와 함께 사회복지시설의 운영 주체를 전 사회구성원으로 개방함과 동시에 시설 운영에 있어서도 투명성과 개방성을 제고시키는 방향으로 크게 방향전환을 하게 되었다.

그러나 다른 한편으로는 시설평가제의 도입과 사회복지사의 국가고시제 도입을 통한 전문성 제고를 지향하고 있다.

또한 장애인복지법, 노인복지법, 아동복지법 등의 각종 법률이 개정되고 정부시책을 통해 사회복지시설이 더 한층 분화되었으며 아울러 전문적인 기능을 수행하는 것으로 가닥을 잡아가고 있다.[58]

3) 입소자 중심 서비스 정책 변천

① 바우처(voucher)제도 도입

입소자에게 시설 선택권을 부여하는 바우처제도를 도입하여 정부의 재정지원방식을 시설별 지원에서 개인별 지원으로 변경하여, 서비스 공급자와 이용자가 대등한 관계를 유지할 수 있게 하는 시스템을 구축한다.

② 사회복지시설 운영자의 연간 행동지침 및 시설운영계획 공표

매년 사회복지시설의 장은 당해 연간의 시설운영을 위한 이념과

---

58) 이태수, 국민의 정부 이후 사회복지시설정책의 변화와 향후 과제, pp.1-15.

자세, 거주자를 위한 구체적인 프로그램에 대한 계획 등을 작성하여 관할 시·군·구청에 제출하게 한다.

③ 입소자 개인별 보호내용 통지 의무화

시설의 장은 매 분기마다 입소자 개인의 특성에 부합되는 서비스 제공계획과 지난 분기에 이미 제공된 서비스를 입소자 개인(또는 가족)에게 구두 또는 문서로 통지하는 것을 의무화한다.

④ 보호내용에 대한 불복 절차

입소자는 시설의 장이 제공한 보호내용이 계획된 보호내용과 차이를 보일 경우, 이를 시·도단위에 설치될 입·퇴소심사위원회에 그 불복사항을 신청하게 한다.

둘째, 시설운영의 효율성 제고 방안으로 아래와 같은 방법을 열거하고 있다.

① 예산지원방식 변경

현재의 입소자 인원비례로 예산을 지원하는 방식을 지양하여, 시설종류, 시설의 규모를 반영한 '표준시설운영경비산정표'를 마련, 이를 기준으로 시설별 차등지급한다. 또한 규모의 경제가 적용되므로 일정 규모 이상 시설에는 체감률을 적용하도록 한다.

② 예산지원 시 시설 종별 형평성 제고

정부보조금 내역 중 수용자 1인당 생계비는 생활보호법에 따라 모든 시설에 공통적으로 지원되고 있으나, 시설관리운영비(종사자인건비, 프로그램운영비 등)는 수용자 1인당 지원액에 시설별로 커다란 차이를 보이고 있어 정부지원방식의 형평성에 문제가 있으므로 시설 종별로 종사자 지원기준을 재검토하고 프로그램에 대한 지원을 강화함으로써 시설종별 예산지원 단가의 차이를 조정한다.

③ 시설평가제도 활용

시설운영의 전반적인 개선을 유도하기 위하여 시설 평가를 통해 우수시설에 대해서는 인센티브를 제공한다.

셋째, 시설운영의 투명성·개방성 확보를 위한 방안으로는 다음과 같다.

① 사회복지시설 관리재단(foundation) 설립

사회복지법인이 운영하는 시설의 장 퇴임 후 친인척 등에게 운영권을 상속하는 등 사유화되는 것을 방지하고 공공성을 확보하기 위하여 사회복지 관리재단(사회복지법인 또는 재단법인)을 설립한다.

② 시설 업무표준화를 통한 전산망 구축 및 정보 공개

시설의 일반사항(위치, 연락처, 규모 등), 시설장의 '행동지침 및 시설운영계획', 종사자현황, 입퇴소현황, 서비스내용, 회계처리 등에 대한 전산망을 구축하며 이를 통해 허위보고를 차단하고 시설운영의 투명성을 제고한다.

③ 시설옴부즈맨제도의 도입

인권침해소지가 있는 시설(부랑인시설, 정신요양시설, 선도·교호시설)을 중점관리대상 시설로 지정하여 지도감독을 강화한다.

④ 시설운영감독 강화

민간감독조직 설치 후 주기적 감사 실시. 사회복지법인 및 재단법인으로 사회복지법인 감독을 위한 조직을 설치하고, 감사에 능한 전문직원을 고용하여 주기적으로 감독을 실시한다.

넷째, 시설보호의 전문성을 확보하기 위해 다음을 제시한다.

① 시설장 및 종사자 정년제 도입

일정한 유예기간(5년 또는 10년)을 둔 시설장 및 종사자의 정년제를 도입하고, 퇴직자에 대한 퇴직금이나 연금을 제공한다.

② 종사자에 대한 교육훈련 강화

사회복지시설 종사자들의 전문성을 높이기 위하여 정기적인 보수교육을 실시함과 더불어 사회복지사 자격을 소지하지 않은 종사자들은 한시적인 유예기간 내에 자격을 반드시 갖추도록 유도한다.

③ 시설종사자 처우개선

'99년 현재 시설종사자 급여수준이 국·공립 시설 직원의 85% 수준에 불과하므로 이를 상향 조정하여 연차적으로 공립시설 종사자 급여수준까지 인상하도록 한다.

④ 법정 종사자 배치기준에 맞는 인력 확보

현재의 사회복지시설 직원 인건비 보조지침의 종사자 인건비 지원기준을 각 시설 관련법에서 규정하고 있는 법정 배치기준으로 상향 조정한다.

⑤ 사회복지사의 업무체계 재정립

현재 시설에서 근무하고 있는 사회복지사의 업무 내용이 혼재되어 있으므로 향후 시설에 근무하고 있는 사회복지사의 직무분석연구를 통한 사회복지사의 업무체계를 재정립하도록 한다.

⑥ 종사자 공동고용

개별시설마다 예산부담으로 인해 촉탁의의 형태로 의사를 고용하고 있어 적절한 의료서비스를 제공하지 못하고 있으므로 공동고용을 통하여 인력의 효율적 활용을 꾀한다.

다섯째, 지역사회 중심의 효율적 전달체계를 구축하기 위하여 다음을 제시한다.

① 거주자의 욕구에 맞는 다양한 보호

그룹홈, 주간 및 단기보호시설, 사회복지관 등 이용시설 확충과 가정방문 간호사업 등 재가복지서비스 이용 활성화를 통해 가능한 한 시설입소를 억제케 하고 거주자의 가정환경 및 개인 특성에 따라 전문적인 치료 및 재활서비스를 제공하여 조기에 가족 및 보호자의 가정으로 복귀를 유도한다. 이를 위해 단순 수용기능만 수행하는 시설은 축소해 나가되, 시설의 기능을 치료 위주의 전문적인 시설로 전환한다.

② 시·도단위에 입퇴소심사위원회 설치

보호대상자 발생 시 시설보호 필요여부, 시설보호 기간 및 제공 서비스 내용 등을 심사하여 판정함으로써 거주자에게 적합한 보호서비스를 제공하기 위한 입퇴소심사위원회를 시·도단위에 사무국을 둔 상설기구로 설치한다. 입퇴소심사위원회는 사회복지전문가, 상담전문가, 보건의료전문가(의료, 간호사, 각종 치료사, 재활전문가), 관련 공무원 등으로 구성한다.

③ 민간자원의 활용

▷ 자원봉사카드제 도입

  ; 일정 기간 동안 그리고 일정 시간 이상 지속적·정기적으로 봉사한 자원봉사자에게 자원봉사카드를 발급하여 사회복지시설 및 서비스 이용 시 할인혜택 및 우선권 등을 부여한다.

▷ 종교재단과의 결연 사업 확대

  ; 시설과 자질을 갖춘 신도나 종교재단에 아동위탁보호 또는 그룹홈의 설치 등 시설과 종교재단과의 연계를 유도한다.

여섯째, 지역 및 종별 시설 수급상의 불균형을 해소하기 위하여 다음 방안을 열거한다.

① 시도별 시설수급계획 수립 의무화

지방자치단체(시도)는 3년 또는 5년마다 정규적인 수요조사 실시를 통한 시설수급계획을 의무화한다. 이때 가족관계, 경제상황, 건강 및 의료, 사회참여, 대상별 희망하는 복지서비스, 시설입소희망률 등을 조사토록 한다.[59]

---

59) 이태수, 국민의 정부 이후 사회복지시설정책의 변화와 향후 과제, pp.1-15.

4) 정책에 대한 이해

행정복지의 이해를 위해서 정책에 대한 개념적 이해가 필요하다. 행정복지 정책이 국가적 실효성을 거두려면 정책노선의 파악이 중요한 것이 된다.

5) 정책론(public policy)

(1) 정책의 개념: 다의적

* Dye(다이): 정부가 하기로 혹은 하지 않기로 결정한 모든 것
* Dror(드로): 정부기관에 의해서 결정된 미래의 행동지침
* Easton(이스턴): 전체 사회를 위한 가치의 권위적 배분

정책이란 공공문제를 해결하거나 목표달성을 위해 정부에 의해 결정된 행동지침이다.

① 정책의 성격
가. 정책결정 및 집행의 주체는 '정부'다
나. '권위 있는 결정'의 산물
다. '행동방침'이다
라. 정책은 '공공문제해결이나 목표달성'과 관련이 있다
마. '미래 지향성'을 띤다.

(2) 정책과정과 참여자

① 정책과정(policy process)

정책의제설정과정 – 정책결정과정 – 정책집행과정 – 정책평가과정 – 정책변동과정

가. 정책의제설정의 단계: 이 단계는 사회문제가 정책문제로 전환되는 과정이나 행위. 사회에는 해결이 요구되는 많은 문제들이 있는데 이들 중 정부가 정책적으로 해결할 것을 심각하게 고려키로 결정하는 과정이나 행위(정책문제를 선정하는 단계).

나. 정책결정의 단계: 정부에서 정책적으로 해결하기로 결정한 사회문제. 즉 정책문제에 대한 해결책을 찾는 과정(정책대안을 선택하는 단계). 또한 이러한 정책과정을 통해 산출되는 결과를 정책이라 함.

다. 정책집행의 단계: 정책결정단계에서 결정된 정책을 구체화시켜 현실에 적용하고, 실현시키는 활동.

라. 정책평가 단계: 이 단계는 정책의 구체적 실현으로 어떠한 결과가 초래되었는가 하는 정책의 영향과 효과, 정책이 의도하였던 목표를 달성하였는가 하는 목표성취도 또는 정책의 집행과정이 본래 의도한 방향대로 이루어졌는가 등에 대해서도 살펴보는 단계이다.

마. 정책변동 단계(종결단계): 정책이 본래 의도한 목표를 달성하여 그 결과로 사회문제가 해결되어 정책이 종결되거나 또는 정책의 내용을 수정하는 단계

② 정책과정의 참여자

한편, 정책의 각 과정에는 이 과정을 주도적으로 이끌거나 또는 이 과정에 개입하여 직·간접적인 영향을 미치는 개인이나 집단이 있다. 이들을 정책과정의 참여자라 한다. 정책의 과정은 정치적 성격이 매우 강하다. 따라서 정책과정에 참여하여 영향력을 행사하는 참여자들은 국가의 권력구조, 정치문화 또는 정책의 내용, 종류에 따라 그 유형이 다양하다.

일반적으로

* 공식적 참여자: 정책과정에의 참여가 법적, 제도적으로 보장된 자. 예) 대통령, 행정부처, 입법부, 사법부, 자방자치단체장, 지방의회, 지방공무원 등.
* 비공식 참여자: 정책과정에의 참여가 법적, 제도적으로 보장되지는 않지만 어떠한 방식으로든 정책과정에 참여하여 영향력을 행사하는 자. 예) 정당, 이익집단, 일반국민, 전문가 및 학자, 언론기관 등.
* 정책의제설정 단계에서는 공식적인 참여자보다는 비공식적 참여자의 역할이 비교적 중요하게 나타나고 있다.
* 정책결정 단계에서는 이 과정의 특성상 전문성이 결여된 비공식적 참여자보다는 공식적 참여자의 역할이 더욱 중요하다.
* 정책집행 단계에서는 역시 공식적 참여자의 역할이 매우 중요하다.
* 정책평가 단계에서는 이 과정의 특성상 공식적 참여자보다는 전문가나 언론 등과 같은 비공식적 참여자의 역할이 중요시된다.

---

* 외부주도형: 사회문제 → 공중의제 → 정부의제
* 동원형: 사회문제 → 정부의제 → 공중의제
* 내부접근형: 사회문제 → 정부의제

③ 정책의제설정(agenda setting, agenda building)과정

가. 정책의제설정의 의미

정부가 정책적 해결을 위하여 사회문제를 정책문제로 채택하는 과정이나 행위

나. 주도집단과 정책의제설정 과정

사회문제가 정책의제화하는 과정은 의제설정의 주도집단이 누구인가에 따라서 차이가 난다. 다원화된 정치체제에서 주로 나타나는 국민이 주도하는 외부주도형과 후진국에서 흔히 나타나는 동원형 그리고 양자의 성격이 혼합된 또 하나의 유형을 내부접근형이라고 하는 등 정책의제설정 과정을 주도집단에 따라 3가지로 유형화하였다.

(3) 〈정책의제설정 과정의 3 모델〉

① 외부주도형:

이는 정부 바깥에 있는 집단이 자신들에게 피해를 주고 있는 사회문제를 정부가 해결해 줄 것을 요구하여 이를 사회쟁점화하고 공중의제로 전환시켜 결국 정부의제로 채택하도록 하는 의사결정과정

이 모형은 정부에 대하여 압력을 가할 수 있는 이익집단들이 발달하고 정부가 외부의 요구에 민감하게 반응하는 정치체제, 즉 다원화되고 민주화된 선진국 정치체제에서 많이 나타나는 유형.

② 동원형:

* 외부주도형과는 정반대로, 정부 내의 정책결정자들에 의해 주도되는 경우

* 주로 정치지도자들의 지시에 의하여 사회문제가 정부의제로 채

택되고, 일반대중의 지지를 얻어 정책의 집행을 성공적으로 이끌기 위해서 정부의 PR활동을 통해 공중의제가 된다.(정책집행의 성공을 위해 대중의 지지를 얻고 순응확보를 위해)

* 이 모형은 정부의 힘이 강하고 민간부문의 이익집단이 취약한 후진국에서 많이 나타나는 모형이다. 그러나 미국의 존슨 대통령시대의 빈곤퇴치운동(War on Povert)에서 보듯이 선진국에서도 흔히 나타나게 된다.

③ 내부접근형:

* 정부기관 내의 정책결정자에게 쉽게 접근할 수 있는 외부집단이 문제제기를 하면 정책결정자들이 자발적으로 그 문제를 정부의제화하는 경우가 내부접근형

* 쉽게 정부의제화한다는 점에서 동원형과 동일하지만 두 가지 면에서 큰 차이가 있음.

가. 동원형의 주도세력 — 최고통치자나 고위 정책결정자,
   내부접근형 주도세력 — 이들보다 낮은 지위에 있는 고위관료인 경우

나. 무엇보다도 중요한 것은 정부의제화가 되고 난 후에 동원형에서는 정부PR활동을 통해 공중의제화하는 데 비해서 내부접근형에서는 공중의제화하는 것을 오히려 막으려 한다는 점.

* 이 모형에서는 주도집단이 정책의 내용도 미리 결정하고, 이 결정된 내용을 그대로 또는 최소한의 수정만으로 집행하려고 시도한다. 그래서 자신들이 준비한 정책내용을 그대로 결정하거나, 집행하는 데 꼭 필요한 집단에게만 알리고 반대할 가능성이 있는 사람에게는 이를 숨기려고 한다.

* 일반대중에게 알리지 않으려 하므로 일종의 음모형에 속한다. 일반적으로 보면 부나 권력 등이 집중된 나라에서 가장 흔히 나타나는 유형이다.

- 선진국의 특수이익집단이 비밀리에 정부의 혜택을 보려는 경우
  예) 구기구입계약(美), 후진국의 경우에는 관료들이 주도하는 경
  제개발계획에서 흔히 나타난다.

(4) 정책의제설정이론

- 왜 일부의 사회문제만이 정책의제로 채택이 되며 또한 일부의 사
  회문제들 중에서 누가 정책문제를 선별하는 권한을 갖고 있는가?

① 사이먼(Simon)의 의사결정론

사물을 인지하는 능력의 한계로 한꺼번에 많은 문제에 대한 동시
적 주의집중이 어려우므로 여러 문제가 등장하면 그중에서 몇 가지
문제를 먼저 생각하게 된다. 따라서 일부의 문제만이 정책결정자에
의하여 정책문제로 채택됨.

② 이스턴(Easton)의 체계이론

* 정치체제의 과중한 부담을 피하기 위해 소수의 사회문제만을
  정책문제로 채택함
* 정치체제의 문지기가 선호하는 문제가 정책문제로 채택됨.

③ 엘리트이론

고전적 엘리트이론: 지배계급이 자신의 이익 고려
1950년대 엘리트이론: Mills ─ 권력엘리트(정부, 군, 기업체 지도자)
　　　　　　　　　　　Hunter ─ 지역사회 명성가

④ 다원론(pluralism)

소수의 권력자들은 일반시민의 요구에 민감하게 반응하므로, 시민
중 일부가 어떤 사회문제로 고통을 받고 있다면 이들의 지지를 얻기

위해 노력하는 누군가에 의해 (우연한 정치적 사건이나 사회적 사건
에 의해) 사회문제는 정책문제로 채택됨
　⑤ 신엘리트주의로서의 무의사결정론
　* 무의사결정의 개념과 발생원인
　개념: 사회문제에 대해 정책과정(policy process)이 진행되지 못하
　　　　도록 막는 행동.
　원인: 그 사회의 지배적인 가치, 이해에 대한 도전이 나타나고자
　　　　할 때나 어떤 문제에 대중의 관심이 집중되면 발생하게 될
　　　　어떤 사태를 두려워하거나 또는 발생할 사태가 그들에게 이
　　　　익이 되지 않을 것을 두려워하기 때문.

　* 무의사결정을 추진하기 위한 수단이나 방법
　① 폭력. 가장 직접적인 무의사결정의 수단. 기존 질서의 변화를
　　　주장하는 요구가 정치적 이슈가 되지 못하도록 테러(구타, 암
　　　살 등)행위를 자행하는 방법.
　② 권력을 행사하는 방법. 권력을 이용하여 기존질서의 변화를 요
　　　구하는 개인, 집단에게 기존의 혜택을 박탈하겠다고 위협하거
　　　나 새로운 이익을 주겠다고 유혹하는 방법.
　③ 정치체제 내의 지배적인 규범이나 절차를 강조하여 변화를 위
　　　한 주장을 꺾는 방법.
　④ 정치체계의 규범, 규칙, 절차 자체를 수정 보완하여 정책의 요
　　　구를 봉쇄하는 방법.
　⑤ 불만세력을 기득권 세력이 흡수하는 방법.

　* 무의사결정은 정책과정의 곳곳에서 일어난다.
　정책의제설정과정에서 기존 세력에 도전하는 요구는 정책문제화하
지 않고 억압당한다.(좁은 의미의 무의사결정)

정책결정과정에서도(위 과정에서 기존세력이 저지 못 했을 경우) 정책대안의 범위나 내용을 한정, 수정시켜서 내용이 없고 상징에 그치는 정책대안이 채택되도록 노력함.

여기에서도 실패하면 정책집행단계에서 반대집단은 정책집행에 필요한 인적, 물적 자원 등을 사용하지 못하도록 필요한 예산을 없애는 방법이나 집행자를 매수하여 집행을 실질적으로 막아 버리는 방법을 쓴다.

6) 사회복지의 조직문화가 직무성과에 미치는 영향

(1) 서 론

① 문제제기

최근 사회복지기관의 운영의 효율성과 투명성이 강조됨에 따라 정부에서는 1997년 8월 사회복지사업법의 개정을 통해 1999년부터 사회복지기관에 대한 평가제도를 법제화하였고, 사회복지인증관리사업, 사회복지회계프로그램 등을 통하여 사회복지의 업무에도 보다 효과적인 데이터베이스를 요구하고 있고 이와 관련하여 사회복지사업의 책임성과 사회복지서비스의 질 보장을 강조하고 있는가 하면 사회복지계에서도 사회복지서비스의 질을 높이고 환경을 개선하는 데 많은 관심과 노력을 보이고 있다. 이는 사회 전반적인 현상에 맞춰 사회복지계에서도 기관의 제반 환경과 서비스 질 향상에 보다 관심을 확대하고 있다는 것을 의미한다. 사회복지의 총체적인 질 향상의 관심에 비하여 사회복지현장에서 근무하고 있는 사회복지사의 근무환경 및 직무조건에는 등한시하며 조직 내의 사회복지사의 소양 및 능력

향상에 관심을 갖지 못하고 있어 사회복지사의 소진, 높은 이직률, 직무불만족 현상이 끊이지 않고 있으며 이것이 오히려 클라이언트에서 질 높은 서비스를 제공하지 못하고 있는 것이 현실이다. 이에 관련하여 사회복지의 조직문화유형을 분석하고 그 유형에 따른 사회복지사의 직무성과를 파악하여 직무성과를 향상시키는 조직운영의 체계를 제시하는 것이 필요하다. 사회복지조직은 일반조직이나 공공조직과는 달리 특별한 구조를 가지고 있다. 사회복지조직의 특성을 살펴보면 첫째, 사회복지조직은 서비스 전달과정에서 서비스 제공자와 서비스 수급자 간의 대면접촉이 중요시되므로 사회복지서비스를 제공하는 최일선의 실무자들의 역할이 매우 중요하다. 둘째, 사회복지조직에서 제공하는 서비스는 단순한 물질적인 원조를 제공하는 차원이 아니라 서비스 제공자와 서비스 수급자 간의 신뢰관계가 우선적으로 형성되어야 한다. 셋째, 사회복지조직에서 제공하는 서비스는 일회성으로 끝나는 것이 아니라 지속적으로 유지되는 속성을 지니고 있다. 넷째, 서비스 수급자의 다양한 욕구에 대응할 수 있는 다면적인 서비스가 제공되어야 한다. 이러한 사회복지조직의 특성을 감안하면, 결국 사회적 약자들을 대상으로 하는 사회복지 활동의 성과는 사회복지사의 전문성이 어떻게 발휘되느냐 하는 것에 달려 있다. 또한 이러한 특성들로 인해 사회복지조직이 일반조직이나 공공조직과는 다른 독특한 조직문화를 가지고 있으며, 그것이 조직구성원인 사회복지사의 직무수행에 영향을 미치게 된다.

사회복지사는 자신의 업무 수행에 대해 자신이 가지고 있는 성격유형 및 개인 특성에 의해 영향을 받겠지만, 자신이 근무하는 사회복지조직이 가지고 있는 조직문화에 의해 큰 영향을 받게 될 것이다. 결국 사회복지의 향상과 행정의 실효를 거두기 위해서는 사회복지 현장의 최일선에서 활동하고 있는 인력의 질과 양 및 사기가 매우 중요하고, 이를 위한 배려 및 효율적인 개선책이 절실히 모색되어야 한다.

행정학, 경영학 분야에서의 직무성과에 관한 연구들을 보면 조직 구성원의 직무성과는 그 개인에 관한 조직의 동기부여, 개인의 능력, 개인의 인성특성, 조직풍토, 조직구조 등과 관련이 있는 것으로 나타나고 있다. 또한 사회복지 행정에서도 사회복지사의 능력 발휘에 영향을 미치는 요인으로 동기부여이론을 제시하고 있으며 이 이론에는 고전이론, 메슬로의 욕구이론, 인간관계이론, 행동수정이론, X이론과 Y이론, 동기부여 - 위생이론 등이 뒷받침해 주고 있고 공통적인 요소는 개인적 관심, 시간 관리, 행정적 지지, 책임 및 권한의 명확화, 승인과 칭찬, 성취기회가 있다. 사회복지조직에서도 조직의 성과를 높이기 위해서는 사회복지사들이 가장 효과적으로 업무를 수행할 수 있도록 하는 적절한 환경조성이 필요하다. 이러한 환경은 조직문화와 관련되어 있다. 따라서 사회복지조직에 있어서 조직문화와 직무성과 간의 관계를 정확히 규명할 필요가 있고 이에 대한 연구가 필요하다. 따라서 사회복지기관의 조직문화유형을 분석하고, 조직문화유형이 사회복지사의 직무성과에 미치는 영향을 살펴보고자 한다. 이러한 연구는 사회복지기관의 효율적인 운영체계에 도움을 줄 수 있고 사회복지사의 정체성 확보에 도움을 줄 수 있을 것이다. 또한 전문직으로서의 위상이 미약한 사회복지사의 직무성과를 높여줄 수 있는 일정계기를 제공함으로써 그들의 정체성 확립에 일조할 것이다. 또한 사회복지조직에 대해 바람직한 조직문화를 형성하도록 도움을 줄 것이다. 바람직한 조직문화를 형성하여 사회복지사의 직무성과를 고양시킨다면 바로 조직이 목표하는 바를 달성하는 데 도움을 줄 수 있을 것이다.

② 연구문제

사회복지기관의 근무환경 및 조직운영실태를 파악하고 사회복지사의 직무성과 간의 관계 및 사회복지기관의 조직운영 방법이 사회복지사의 직무성과에 미치는 영향 정도를 규명하는 데 그 목적이 있다. 이러한 연구목적하에서 사회복지조직에는 어떠한 운영실태를 보이며, 운영실태별로 사회복지사의 직무만족도는 어떠한 차이가 있는지 그리고 사회복지조직에서 운영유형이 사회복지사의 직무성과에 어떤 영향을 미치는지 등을 규명하기 위하여 다음과 같은 구체적인 연구 문제를 가진다.

연구문제 1: 사회복지사의 근무환경 및 조직 운영 실태는 어떠한가?
연구문제 2: 사회복지사의 직무만족도 및 직무성과는 전반적으로
　　　　　　어떠한가?
연구문제 3: 조직문화와 직무성과는 어떠한 관계를 갖는가?

(2) 이론적 배경

① 조직문화

조직문화는 사람이 각기 다른 개성을 갖고 있듯이 조직도 다른 조직과 구분되는 자신만의 고유한 정체성과 특성, 능력과 자질을 갖고 있다고 인식하는 것이다. 조직문화란 한 조직의 구성원들이 공유하고 있는 가치관과 신념, 이념, 규범, 행동양식을 포함하는 종합적인 개념으로 조직의 구성원과 조직 전체의 행동에 영향을 미치는 기본요소를 말한다(강홍구, 2001).

가. 조직문화의 개념

조직은 끊임없이 변화하는 환경에 대처하여 그 조직을 유지·발전시키기 위한 일련의 적응과정이 필요하며, 이러한 과정에서 자연스럽

게 형성된 고유한 성격을 조직문화라 할 수 있다(이종두, 1996). Pettigrew는 조직문화를 "주어진 시기에 특정집단의 운영을 위해 공적이며 집합적으로 수용된 의미의 시스템으로 상징, 언어, 이념, 신념, 의식, 신화 등 조직의 총체적 개념의 원천"이라고 하였고, Ouchi는 "조직이 지니고 있는 전통과 분위기로서 한 조직의 문화는 그 조직의 가치관, 신조 그리고 행동양식을 규정하는 기준이 내포되어 있다"고 하였다. Denison은 "일련의 조직관리의 실행 및 행동뿐만 아니라 조직 관리 시스템의 기초가 되는 조직의 가치, 신념 및 원칙"이라고 하였고, Sathe는 조직문화를 "조직구성원들이 보편적으로 공유하고 있는 일련의 중요한 이해이며, 공유된 이해란 공유된 사상, 언어, 행위 및 감정 등으로 해석된다"고 하였고, Smircich은 "조직이 공유하는 사회적·규범적 접착제이며 그것은 조직구성원이 공유하게 되는 가치 혹은 사회 이상과 신념을 표현하는 것으로서 신화, 의례, 일화, 전석 및 특수언어와 같은 상징적 고안물로 나타난다"고 하였다. Schein은 조직문화란 "조직체 또는 조직 내 여러 집단들이 외부적응과 내부통합의 문제들에 대처함에 있어서 학습되도록 고안, 발견 혹은 개발된 기본 가정들로서 타당성 있다고 느껴질 정도로 충분히 잘 적용되며 새로운 조직구성원들에게 문제를 인식하고 사고하고 느끼는 데 올바른 방식이라고 가르쳐지는 것"이라고 하였고, Robbins는 "조직구성원들이 공유하는 조직에 대한 비교적 균일한 인식으로 다른 조직과 구별시켜 주는 공통적이고 안정된 특성"이라 하였다. Deal & Kenndy는 조직문화를 "다양한 조직체 상황하에서 구성원들이 어떻게 행동해야 할지를 명시해 주는 비공식적인 지침으로써 조직을 통합시켜 주는 응집요소"라고 하였으며, Gordon은 "행동규범을 산출해 내기 위해 공식적 구조와 상호작용을 하는 조직 내에서의 공유된 가치, 신념 그리고 관습의 체계"라고 하였다.

조직문화란 일정한 환경하에서 조직구성원들이 의식적 혹은 무의식적으로 상호작용하면서 형성된 가치체계이며, 학습·전달·축적 과정을 통해 공유되는 행동유형이라 할 수 있다. 또한 조직구성원들을 결합시키고 그들에게 행동방향을 제시해 주며 바람직한 행동을 유도하는 중요한 요소이다. 따라서 조직문화를 형성하는 데 영향을 미치는 요소는 조직 구성원의 행동이나, 태도, 조직 내 관리체계, 최고경영자의 경영마인드, 조직의 비전 등 매우 다양하다고 할 수 있다.

나. 조직문화의 유형

조직문화를 유형화하는 것은 조직의 공통적 특성과 문제점을 고찰하고 조직 유형 간 비교를 하며 보다 바람직한 조직문화를 정립하는 데 매우 유용하다. 이종두는 조직의 이념적 차원과 조직구성원의 행동유형을 두 개의 축으로 하여 적극적 문화, 저항적 문화, 소극적 문화, 동원적 문화로 구분하였다. 적극적 문화는 조직의 이념 차원은 진취적이면서 구성원의 행동에 있어서는 자율성이 높은 경우에 보이는 문화유형이며, 저항적 문화는 조직의 이념적 차원은 보수적이면서 구성원의 행동에 있어서는 자율성이 높아 서로 충돌하는 경우에 보이는 문화유형이라고 하였다. 그리고 소극적 문화는 조직의 이념적 차원은 보수적이면서 구성원의 행동에 있어서는 타율성이 높은 경우에 보이는 문화유형이며, 동원적 문화는 조직의 이념적 차원은 진취적이면서 구성원의 행동에 있어서는 타율성이 높은 경우에 보이는 문화유형이라고 하였다.

② 직무성과

가. 직무성과의 개념

직무성과란 실무자들이 조직의 목표나 과업을 달성하기 위해 보여준 노력의 결과를 말하며, 직무성과는 조직의 역할 수행에 있어서 실무자의 행동을 나타내는 역동적이고 다면적인 개념이다(이인재, 1993). Chaplin은 "성화란 결과를 가져오는 행위이며 특별히 환경에 변화를 주는 행위"라고 되어 있으며 Page & Thomas는 "개인이나 집단의 활동, 성취도 혹은 달성도"라고 하였다. Ripple은 "개인적 과업의 성취도를 사정하고, 개인과 조직 모두에게 유익하게 하기 위하여 제반 가치 판단을 하기 위한 관찰 과정"이라고 하였다. 조직구성원의 직무성과를 개인과 집단이 담당한 직무의 성취도 혹은 달성도라고 할 수 있으며, 조직의 목표나 과업을 달성하기 위해 보여준 노력의 과정이나 결과라고 할 수 있다. 인간에 대한 사회적 봉사활동을 기본으로 하는 사회복지사의 직무성과는 프로그램 시행이나 사회복지서비스 전달과정에서 사회복지 수요자들의 다양한 복지욕구를 충족시켜 주는 정도라고 할 수 있으며, 동시에 사회복지조직이 추구하는 목표와 과업을 달성하기 위해 사회복지사가 보여주는 노력이나 그 결과라고 할 수 있다.

나. 직무성과의 결정 요인

직무성과는 복합적인 개념으로서 다양하게 정의를 내리고 있는 만큼 직무성과의 결정요인도 매우 다양하다. 직무성과에 영향을 미치는 결정요인은 내적요인과 외적요인으로 구분하여 살펴볼 수 있고 내적요인은 조직에서 직무 자체와 관련해서 일어나는 사건을 말하며 직무 자체, 성취감, 비전욕구, 책임감, 인정, 승진 등이 있다. 외적요인은 ― 직무 자체와는 직접 관련 없는 직무 외부의 상황, 조건과 관련해서 일어나는 여러 사건들을 말하며 임금수준, 직무안정도, 작업조건, 상급자관계, 동료관계, 조직 등이 있다.

③ 조직문화와 직무성과 간의 관계

전문성과 특수성을 가지고 사회복지 활동을 하는 사회복지사의 직무성과는 자신이 가지고 있는 능력과 그 능력의 발휘 정도에 달려 있다. 사회복사의 직무성과는 주어진 능력을 최대한 발휘할 수 있도록 하는 요소가 바로 직무성과의 결정요인이 된다. 이러한 요인으로는 동기부여나 근무환경을 들 수 있으며, 이러한 근무환경 중의 중요한 하나가 조직문화라고 할 수 있다. 특히 직무성과에 영향을 미치는 동기부여에서도 직무 외 요인 중에는 상사와의 관계, 조직풍토, 동료와의 관계 등이 포함되어 있으며, 이들 변인은 조직문화와 상당히 밀접한 관계를 가지고 있다. 이러한 점을 감안하면 조직문화라는 것은 동기부여 요인 중 직무 외 요인에 해당한다고 볼 수 있으며 따라서 조직문화는 사회복지사의 동기부여 요인으로서 능력 발휘에 영향을 미쳐 직무성과에 영향을 미치고, 동시에 조직문화는 환경적 요인으로서 조직구성원의 능력 발휘에 영향을 미쳐 직무성과에 영향을 미치게 된다고 볼 수 있다.

사회복지 조직문화가 직무성과에 미치는 영향에 관한 설문지

안녕하십니까?
　본 설문조사는 사회복지조직에 있어서 조직문화가 사회복지사의 직무성과에 어떠한 영향을 미치고 있는지를 연구하기 위해 작성된 설문지입니다.
　본 설문조사를 통해 얻어진 자료는 학문적인 목적에만 사용될 것을 약속드립니다.
　모든 질문에는 정답이 없습니다. 귀하가 평소 느끼신 그대로 응답해 주시기 바랍니다.
　바쁘신 가운데 설문에 응해 주셔서 진심으로 감사드립니다.

2006. 11.

고구려대학교
홍 길 동

Ⅰ. 귀하가 재직하고 있는 복지시설의 분위기에 대한 귀하의 느낌에 관한 질문입니다. 귀하의 생각과 일치하는 번호에 √표 해 주십시오.

질문항목	전혀 그렇지 않다	그렇지 않은 편이다	보통 이다	그런 편이다	매우 그렇다
1. 우리 시설에서는 구성원 모두가 한가족이라는 공동체의식이 자리잡고 있다.	①	②	③	④	⑤
2. 우리 시설은 새로운 방법을 모색하는 것보다는 기존의 질서와 관행을 따르면서 실수 없이 업무수행을 강조한다.	①	②	③	④	⑤
3. 우리 시설은 직원들에게 인간적인 배려와 관심을 기울인다.	①	②	③	④	⑤
4. 우리 시설은 업무상의 어려움이나 개인적인 어려움을 동료와 자주 이야기할 수 있는 분위기이다.	①	②	③	④	⑤
5. 우리 시설은 업무처리절차와 규칙의 변경이 용이하지 않다.	①	②	③	④	⑤
6. 우리 시설에서 실시하는 직원교육은 각자의 업무와 밀접하게 관련되어 있다.	①	②	③	④	⑤
7. 우리 시설의 직원들에 대한 평가는 업무 수행 능력을 중심으로 이루어진다.	①	②	③	④	⑤
8. 우리 시설에서는 업무 처리에 관련된 절차 및 규정이 상세하게 정해져 있다.	①	②	③	④	⑤
9. 우리 시설에서는 무엇보다도 직원들 간의 인화, 단결, 팀워크을 중시한다.	①	②	③	④	⑤
10. 우리 시설에서는 업무 지시가 실무 담당자의 의견을 고려하지 않고 시설의 방침에 따라 일방적으로 이루어진다.	①	②	③	④	⑤
11. 우리 시설은 새로운 방법을 모색 실행하는 직원의 행동을 호의적으로 받아들이거나 포상한다.	①	②	③	④	⑤
12. 우리 시설은 사회복지 분야에서 선도적인 위치를 차지하려고 노력한다.	①	②	③	④	⑤
13. 우리 시설에서는 문제가 발생했을 때 직원들이 서로 감싸 주려고 한다.	①	②	③	④	⑤
14. 우리 시설에서는 직원 각자의 업무가 명확하게 정해져 있다.	①	②	③	④	⑤
15. 우리 시설의 모든 관리 활동은 효율적인 업무수행 위주로 이루어진다.	①	②	③	④	⑤

질문항목	전혀 그렇지 않다	그렇지 않은 편이다	보통 이다	그런 편이다	매우 그렇다
16. 우리 시설에서는 기존의 관리 관행을 유지하려고 한다.	①	②	③	④	⑤
17. 우리 시설에서는 상사와 부하 직원 간의 서열의식이 강하다.	①	②	③	④	⑤
18. 우리 시설은 시설 이용자의 민원이나 불편 사항을 적극적으로 수용한다.	①	②	③	④	⑤
19. 우리 시설에서는 업무 수행 능력보다 근무연한이나 서열 위주로 승진이나 직무 배치가 이루어진다.	①	②	③	④	⑤
20. 우리 시설은 좋은 성과가 기대되는 새로운 사업 활동에 과감하게 지원한다.	①	②	③	④	⑤
21. 우리 시설은 조직 변화 등을 통해 급변하는 환경에 잘 대응하고 있다.	①	②	③	④	⑤
22. 우리 시설은 새로운 시설 투자와 프로그램개발 등을 위한 활동을 적극 지원한다.	①	②	③	④	⑤
23. 우리 시설에서는 직원들의 창의적인 아이디어를 존중하고 이를 적극 반영한다.	①	②	③	④	⑤
24. 우리 시설은 시설의 이미지 쇄신을 위해 적극 노력한다.	①	②	③	④	⑤

Ⅱ. 다음은 귀하가 재직하고 있는 사회복지시설의 문화적 속성을 알기 위한 질문입니다. 귀하의 생각과 가장 일치하는 곳에 √표 해 주십시오.

질문항목	전혀 그렇지 않다	그렇지 않은 편이다	보통 이다	그런 편이다	매우 그렇다
1. 우리 시설은 새로운 아이디어를 강조하고 보다 창조적이다.	①	②	③	④	⑤
2. 우리 시설은 업무처리과정이 엄격하고 상사의 간섭이 많은 편이다.	①	②	③	④	⑤
3. 직원 간에는 직무 수행 과정에서 상호 강한 경쟁의식을 가지고 있다.	①	②	③	④	⑤
4. 직원들은 직장의 목표, 업무 방침 그리고 업무 계획에 대하여 많이 알고 있다.	①	②	③	④	⑤

질문항목	전혀 그렇지 않다	그렇지 않은 편이다	보통 이다	그런 편이다	매우 그렇다
5. 우리 시설에서의 회의 진행 방식은 정례화되어 있어서 시간이 절약되고 질서가 있다.	①	②	③	④	⑤
6. 직원들은 상급자의 의사결정이나 판단을 신뢰하고 있다.	①	②	③	④	⑤
7. 우리 시설의 책임자는 부하직원들이 업무를 잘 처리한다고 믿고 있다.	①	②	③	④	⑤
8. 직원들은 비공식석상에서 직급과 관계없이 연장자를 대우해 준다.	①	②	③	④	⑤
9. 직장의 동료들 간에는 서로의 비밀을 철저히 지켜 준다.	①	②	③	④	⑤
10. 우리 직원들의 업무처리 방식이나 결재방식은 거의 비슷하게 이루어진다.	①	②	③	④	⑤
11. 우리 시설에서는 제안제도나 창안제도가 잘 활용되고 있다.	①	②	③	④	⑤
12. 업무처리에 관련된 절차나 규정이 더 세밀하게 정해졌으면 좋겠다.	①	②	③	④	⑤
13. 우리 시설에서는 내가 맡은 직무에서 내 나름대로 창의성을 발휘할 수 있다.	①	②	③	④	⑤
14. 업무를 기획하거나 수행할 때 전임자가 만들어 놓은 기준이나 방법을 많이 참조한다.	①	②	③	④	⑤
15. 나는 업무처리 방법을 스스로 개선하려고 노력하며, 이에 대한 재량권도 충분히 주어진다.	①	②	③	④	⑤
16. 직원들은 상급자가 지시하기 전에 자신의 업무는 알아서 잘 처리한다.	①	②	③	④	⑤
17. 나의 책임 아래 처리하는 일이 비교적 많은 편이다.	①	②	③	④	⑤
18. 직장 동료들의 어려운 일이나 궂은일은 서로 앞장서서 처리한다.	①	②	③	④	⑤
19. 우리 시설에서는 업무처리절차, 규칙 등의 변경이 비교적 용이하다.	①	②	③	④	⑤
20. 본인 스스로 업무와 관련하여 실력이나 능력 향상을 위해 노력한다.	①	②	③	④	⑤
21. 우리 시설은 결과를 예측하기 힘든 새로운 프로그램의 추진에도 과감히 지원해 준다.	①	②	③	④	⑤
22. 우리 시설에서는 업무를 처리한 후에 칭찬은 고사하고 질책만 받지 않으면 다행이다.	①	②	③	④	⑤

질문항목	전혀 그렇지 않다	그렇지 않은 편이다	보통 이다	그런 편이다	매우 그렇다
23. 안정성이 있는 업무처리보다는 유통성 있고 신속한 업무처리를 강조한다.	①	②	③	④	⑤
24. 직원들은 시설에서의 각종 회의, 행사 등 의식이나 의례에 적극 참여한다.	①	②	③	④	⑤
25. 우리 시설의 간부들은 직원들의 회식이나 모임에 빠지지 않고 적극적으로 참석한다.	①	②	③	④	⑤
26. 나는 업무와 관련이 없는 회식, 야유회, 체육대회, 취미활동 등에도 기꺼이 참여한다.	①	②	③	④	⑤
27. 우리 시설에서는 업무방침의 결정이나 기타 의사결정에 직원들이 적극 참여하고 그들의 의견을 적극 반영한다.	①	②	③	④	⑤
28. 시설에서는 직무에 관한 법규나 내부지침의 준수를 강요하며 직원들은 이를 지키려고 노력한다.	①	②	③	④	⑤
29. 우리 시설의 업무방침이나 이념은 나의 가치관과 비슷하다.	①	②	③	④	⑤
30. 우리 시설의 상징물(배지, 심벌마크 등)이 의미하는 것과 직장 분위기가 일치하는 편이다.	①	②	③	④	⑤
31. 최고 책임자의 인품이 직장 분위기를 결정한다고 생각한다.	①	②	③	④	⑤
32. 최고 책임자의 개별적인 지시사항이 아닌 훈시나 연설도 잘 경청하고 이를 이행하려고 노력한다.	①	②	③	④	⑤
33. 우리 시설에서는 늘 새로운 것에 대한 도전을 강조한다.	①	②	③	④	⑤
34. 직원들의 업무에 관하여 상급자에게 보고하는 방법과 형식이 거의 비슷하다.	①	②	③	④	⑤
35. 나는 직장 선배들의 성공담이나 경험담을 비교적 따르는 편이다.	①	②	③	④	⑤
36. 관리자와 실무자 간에는 업무에 관한 의견 교환이 활발하게 이루어진다.	①	②	③	④	⑤
37. 우리 시설에서는 조직의 성장을 위한 급속한 변화보다는 오히려 안정성이 더 강조된다.	①	②	③	④	⑤
38. 관리자는 직권과 통제로서 조직을 이끌어 나간다.	①	②	③	④	⑤
39. 새로운 방법을 모색하는 것보다 규정을 철저히 따르면서 실수 없이 수행하는 것이 더 강조된다.	①	②	③	④	⑤
40. 직장 동료들 간에는 경쟁심보다는 협동심이 강하여 업무에 관한 정보교환이 잘 이루어진다.	①	②	③	④	⑤

질문항목	전혀 그렇지 않다	그렇지 않은 편이다	보통 이다	그런 편이다	매우 그렇다
41. 우리 직원들은 직장의 목표를 달성하겠다는 의욕이 높다.	①	②	③	④	⑤
42. 내가 맡은 업무에 대하여는 내 의견대로 처리하는 경우가 많은 편이다.	①	②	③	④	⑤
43. 나는 우리 직장의 상징물(조형물, 심벌마크 등)에 많은 관심을 갖고 있고 상징의 의미를 알려고 노력한다.	①	②	③	④	⑤

Ⅲ. 귀하가 사회복지사로서 수행한 업무 전반에 관한 질문입니다. 귀하의 생각과 일치하는 곳에 √표를 해 주십시오.

질문항목	전혀 그렇지 않다	그렇지 않은 편이다	보통 이다	그런 편이다	매우 그렇다
1. 나는 클라이언트가 당면한 문제의 중요한 측면에 초점을 잡고 개선시켜 나갈 수 있도록 도움을 주고 있다.	①	②	③	④	⑤
2. 나는 클라이언트와 전문적인 차원에서 관계를 유지하기 위해 노력하였다.	①	②	③	④	⑤
3. 나는 클라이언트 문제에 대해 적극적인 관심을 갖고 호의적인 태도를 보였다.	①	②	③	④	⑤
4. 나는 동료를 격려하며, 지지하며, 좋은 관계가 유지되도록 노력하였다.	①	②	③	④	⑤
5. 나는 동료들의 행동에 대해 지지적이며 상호 존중 입장에서 평가하고 있다.	①	②	③	④	⑤
6. 나는 시설의 목표달성이나 클라이언트의 욕구 충족을 위해 동료들과 협력하였다.	①	②	③	④	⑤
7. 나는 클라이언트에게 최적의 서비스를 제공하기 위해 유관기관과 협조하여 업무를 처리하고 있다.	①	②	③	④	⑤
8. 나는 유관기관의 사회복지사에게 건설적이고 도움이 되는 피드백을 제공하였다.	①	②	③	④	⑤
9. 나는 적절하며 공식적인 요청이 있는 경우 다른 기관의 실무자에게 관련 정보를 제공하였다.	①	②	③	④	⑤

질문항목	전혀 그렇지 않다	그렇지 않은 편이다	보통 이다	그런 편이다	매우 그렇다
10. 나는 클라이언트에 관해 총체적인 입장에서 정확하고 객관적인 평가를 하고 있다.	①	②	③	④	⑤
11. 나는 클라이언트와 관련된 자료를 체계적으로 잘 수집하였다.	①	②	③	④	⑤
12. 나는 수집된 자료를 체계적으로 분석하여 클라이언트의 욕구충족에 도움을 주었다.	①	②	③	④	⑤
13. 나는 클라이언트의 문제를 규정할 때 폭넓은 평가를 위한 노력을 하지 않으며 단순한 직관에 의존하여 문제를 처리하였다.	①	②	③	④	⑤
14. 나는 독창적이고 새로운 여러 대안적 행동 유형을 폭넓게 제시하였다.	①	②	③	④	⑤
15. 나는 여러 대안들을 제시하였으나 구체적인 계획안을 상정함에 있어서는 필요한 자원들을 고려하지 못하는 비현실적인 면도 있었다.	①	②	③	④	⑤
16. 나는 클라이언트에 대한 개입계획을 구체적으로 이해하고 개입계획을 실행하였다.	①	②	③	④	⑤
17. 나는 개입계획의 실행에 있어서 적절한 지식과 기술을 제시하였다.	①	②	③	④	⑤
18. 나는 클라이언트에 관한 서비스 제공의 종결과 서비스 효과성 평가에 관한 책임감을 인정하고 있다.	①	②	③	④	⑤
19. 나는 서비스 대상자의 특성, 관련 사회문제에 관한 광범위하고 유용한 지식을 제시하였다.	①	②	③	④	⑤
20. 나는 서비스 대상자의 특성, 관련 사회 문제에 관한 광범위하고 유용한 지식을 제시하는 새로운 프로그램을 제안하였다.	①	②	③	④	⑤
21. 나는 서비스 대상의 성장 발달 단계, 문화적, 종교적, 정신적 규범에 맞는 개입방법을 제시하였다.	①	②	③	④	⑤
22. 나는 새로운 정책, 서비스를 개발하기 위한 적절한 통로 개발과 토론을 위한 구체적인 행동을 지지하고 적극 참여하였다.	①	②	③	④	⑤
23. 나는 으로 프로그램을 수행하였다.	①	②	③	④	⑤
24. 나는 기관의 정책, 서비스에 관한 완전한 지식을 소유하고 있다.	①	②	③	④	⑤
25. 나는 클라이언트 의뢰 시 지역사회 자원, 자격기준에 관한 이해를 기반으로 하여 훌륭한 결정을 내린다.	①	②	③	④	⑤
26. 나는 클라이언트를 지도함에 있어서 책임감을 갖고 지도하였다.	①	②	③	④	⑤

질문항목	전혀 그렇지 않다	그렇지 않은 편이다	보통 이다	그런 편이다	매우 그렇다
27. 클라이언트가 의뢰 후에도 계속적으로 사후관리를 하였다.	①	②	③	④	⑤
28. 나는 업무에 있어서 모든 사람들의 가치와 존엄성을 증진시키기 위해 헌신하였다.	①	②	③	④	⑤
29. 나는 사회사업 윤리강령의 주요 내용을 숙지하고 있으며 구체적으로 실천의 장에 적용하는 방법을 설명할 수 있다.	①	②	③	④	⑤
30. 나는 전문적 실천 기술을 향상하기 위해 전문 교육 이수, 사례분석 회의 및 사례 발표회에 참여하고 있다.	①	②	③	④	⑤
31. 나는 전문적 실천 기술을 향상하기 위해 시간을 내여 전문서적을 읽거나 논문을 읽거나 강의나 강연에 참여하고 있다.	①	②	③	④	⑤
32. 나는 기관단체, 위원회 운영, 신문 편집 등과 같은 전문 조직체 활동에 적극 참여하고 있다.	①	②	③	④	⑤
33. 나는 전문 조직체 운영에 적극적인 활동가 내지는 지지자로서 정기집회, 총회 등에 자주 참여하고 있다.	①	②	③	④	⑤
34. 나는 시간 계획에 맞추어 사례를 관리하고 회의, 인터뷰, 사례분석 발표회 등 모든 행사를 사전에 준비한다.	①	②	③	④	⑤
35. 나는 주어진 시간 내에서 업무를 처리하지 못하기 때문에 항상 초과 시간이 필요하다.	①	②	③	④	⑤
36. 나는 약속 수행, 자료 기록, 자료 정리 등을 잘하지 못하며 준비상태도 미약한 편이다.	①	②	③	④	⑤
37. 나는 적절한 시기에 필요한 지도와 감독, 조언을 구하며 획득한 정보를 유용하게 그리고 비판적으로 활용하고 있다.	①	②	③	④	⑤
38. 나는 슈퍼비전에 관한 철저한 준비를 하고 토론을 위해 철저한 사전 준비와 공개적인 태도를 가지고 있다.	①	②	③	④	⑤

Ⅳ. 귀하가 근무하고 있는 사회복지시설의 정책결정에 관한 질문입니다. 귀하의 생각과 일치하는 곳에 √표를 해 주십시오.

질문항목	전혀 그렇지 않다	그렇지 않은 편이다	보통 이다	그런 편이다	매우 그렇다
1. 시설의 정책이나 사업결정에 참여할 수 있는 기회가 충분히 주어진다.	①	②	③	④	⑤
2. 시설의 정책이나 사업결정에 대한 충분한 의견수렴이 이루어지고 민주적인 의사결정이 이루어진다.	①	②	③	④	⑤
3. 업무수행에 대해 자율적인 권한이 부여된다.	①	②	③	④	⑤
4. 예산편성, 프로그램 도입 등에서 자신의 의견이 많이 반영된다.	①	②	③	④	⑤

Ⅴ. 다음은 귀하와 귀하가 재직하는 시설에 관한 질문입니다.

1. 귀하의 연령은? 만______세
2. 귀하의 성별은?

   ① 남자　　　　② 여자

3. 귀하의 학력은?

   ① 중졸 이하　② 고졸　　　③ 전문대 졸

   ④ 대학 중퇴　⑤ 대학 졸업　⑥ 대학원 재학

   ⑦ 대학원 졸업

4. 결혼여부는?

   ① 예　　　　　② 아니오

5. 사회복지계에서 근무한 총 경력 기간은? ______년______개월

6. 현 사회복지기관에서 근무 연수는? ______년______개월

7. 귀하의 총 연봉은 얼마입니까? ______만 원

8. 귀하가 현재 근무하고 있는 직장에서 어떠한 지위를 맡고 계십

니까?

　　① 사회복지사

　　② 하위관리자(주임, 대리, 계장)

　　③ 중간관리자(과장, 총무, 부장, 국장)

　　④ 상급관리자(관장, 원장, 소장)

　　⑤ 생활지도원, 교사

　　⑥ 기타

9. 귀하가 재직하는 사회복지시설의 유형은?

　　① 이용시설　　② 생활시설　　③ 기타

10. 귀하가 근무하고 있는 사회복지시설의 설립연도는 언제입니까?

11. 귀하가 근무하고 있는 사회복지시설의 총 직원의 수는?

　　______명

12. 총 직원 중 사회복지사는 몇 명입니까? ______명

13. 귀하가 재직하는 사회복지시설의 가장 주된 이용자는?

　　① 아동　　　② 청소년　　　③ 장애인

　　④ 노인　　　⑤ 여성　　　⑥ 기타

제 4 장
행정복지 전반 프레젠테이션
04

제 4 장

복지와 행정론 상호 연관성과 협조를 통해 벌전을 거듭할 수 있다. 즉 다원적이고 종합적으로 접근하여야 한다. 폐쇄성이나 편협성으로 이해하고자 한다면 잘못 이해하는 것이다. 이에 종합적 차원에서 프레젠테이션을 이해해 보고자 한다.

1. 경과

◎ 공적노인요양보장제도 배경

'01. 8. 15 경축사에서 「노인요양보험제도 도입」 제시

'02. 10. 노인보건복지종합대책에 '07. 이후 공적노인요양보호 체계 구축

'03. 4. 「보건복지부 대통령업무보고」, 공적요양보장제도 도입 추진

※ 대통령공약 : 노인요양보험제도 시범실시 후 공적노인요양보장제도 도입

◎ 공적노인요양보장 기획단('03. 3. 17) 구성

공적노인요양보장제도 실행모형 개발을 위해 기획단 구성(위원장 복지부 차관, 김용익 서울대 교수)

기획단 회의 : '03. 3. '04. 2.(총 10회 개최, 전문위원별 각 10 0회)

공청회 개최(2회) : 재원조달방식 및 인프라 확충방안

전문가 조사(1회) : 재원조달방식 등 제도 모형

○ 새로운 공적체계 구축의 필요성

차매, 중풍 등 요양보호 필요노인(14.8%)이 급속히 증가

- 2003년 59만명 → 2010년 79만명 → 2020년 114만명
- 요양비용(잠재): '03년 3.4조원 → '07년 4.1조원 → '20년 8.3조원 증가

요양시설 절대 부족(수요의 31%), 유료시설 비용부담 과중

※ 비용부담(월) : 요양시설 32~70만원, 유료요양 요양병원 100~ 250만원

노인의료비 급증

- '90년 2,391억원(10.8%) → '95년 7,281억원(12.2%) → '01년 3조 6,356억원(19.3%)

현행 의료 및 건강보험체제로는 효과적 대응 불가

- 사회적 입원(노인입원의 46.8%), 간병비 비급여

	일본	독일	영국	스웨덴
제도명	공적개호보험 ('00.4)	수발보험('95.1)	별도제도 없음 (국가보건서비스 일부)	별도제도 없음 (의료보장 일부)
관리체계	▪ 사회보험방식, 시정촌	▪사회보험방식, 질병금고	▪일반조세방식, 시군구	▪일반조세방식, 시군구
급여대상	▪ 65세 이상 노인(1호) ▪ 40~64세 : 15개 노인성 질환대상(2호)	▪6개월이상 요양이 필요한 전국민	▪남성은 65세 이상, 여성은 60세 이상	▪65세 이상 저소득 거동불편자
재원조달	▪ 보험료 : 45% ▪ 정부지원 : 45% – 중앙 22.5 – 지방 22.5 ▪ 본인부담 : 10%	▪보험료 :100% ▪본인부담 : 숙박비· 식비는 전액 본인부담	▪국가보건서비스 재원에서 부담 ※ 본인부담금 2%	▪정부보조금(지방세 등) 및 본인 부담금 ※ 대부분 정부보조
보험료 부과	▪ 근로자 : 0.9% – 노사 각 50% 분담 ▪ 자영자 : 정액 – 본인 100%	▪근로자 : 1.7% – 노사 각 50% 분담 ▪자영자 : 본인 100% ▪연금자 : – 본인과 연금 보험자 50%씩 분담	▪별도 보험료 없음	▪별도 보험료 없음
서비스 종류 · 급여형태	▪ 각종 재가서비스 ▪ 시설보호 – 특별양로노인홈, 노인보건시설, 요양병동 등 ▪ 현물방식(예외적으로 현금인정)	▪각종 재가서비스 ▪시설보호 – 노인집합 주택, 요양홈, 노인종합시설 등 ▪현물 및 현금방식 (현금 80%) 수준	▪각종 재가서비스 ▪시설보호 – 노인홈, 노인보호 주택, 요양원 등 ▪현물 및 현금 혼용	▪각종 재가서비스 ▪시설보호 – 양로원, 그룹홈, 요양원, 노인병원 등 ▪현물방식

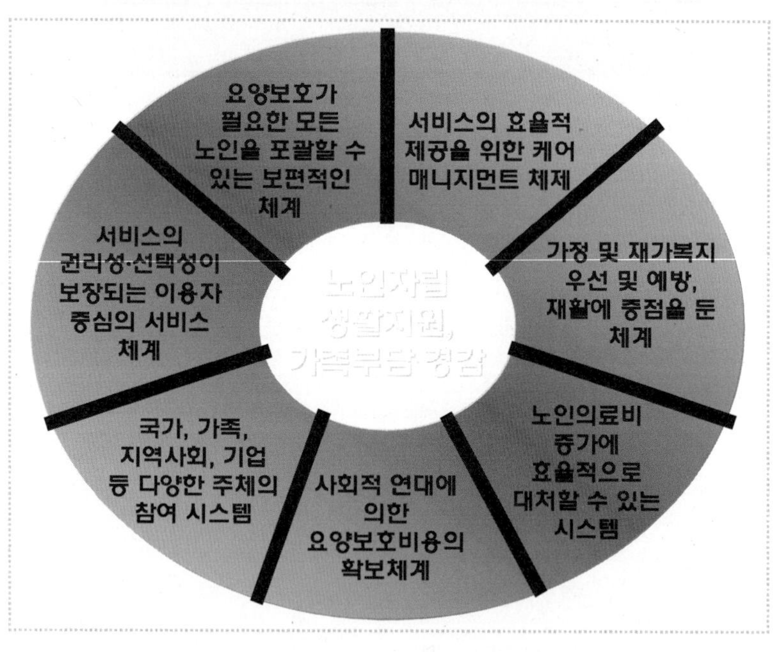

	사회보험방식	조세방식		강제저축방식	민간보험방식
		선별적 사회서비스방식	보편적 사회서비스방식		
재원	보험료 (일부 국고보조)	지방세 중심 (국고보조)	국세 중심 (지방세보조)	개인가족저축 (국고보조)	보험료
적용	전국민가입 (일부 제한가능)	취약계층	전국민가입 (일부 제한가능)	전국민가입 (일부 제한가능)	임의가입 임의급여
서비스 공급	민간공급자 + 공공투자	지자체(중앙정부) 공공투자 + 민간사업자	중앙정부(지자체) 공공투자 + 민간사업자	민간공급자 중심	민간공급자 중심
관리	보험공단 (지자체 연계)	자치단체	자치단체	시장자율원칙 (정부규제)	시장자율원칙 (정부규제)
국가 사례	독일, 일본 (네덜란드, 프랑스, 미국 등)	덴마크, 핀란드, 이태리, 뉴질랜드, 노르웨이, 스페인, 스웨덴 및 영국		싱가폴	미국, 프랑스, 독일, 벨기에 등

		사회보험방식	조세방식	
			선별적 사회서비스방식	보편적 사회서비스방식
효율성	비용통제	×	○	○
	소비자 선택	○	×	×
	재원조달 용이성	○	△	×
	인프라구축 용이성	○	△	×
	관리효율	○	△	△
형평성	사회적연대(보편성)	○	△	○
	권리성	○	△	○
	재원부담 형평	△	○	○
	이용자부담형평	○	△	△
효과성	서비스의 질	○	×	△
도입 가능성	기존제도와의 정합성	○	○	△

구분	대안 1	대안 2	대안 3
재정방식	조세방식 → 사회보험방식 이행	사회보험방식 (국고지원＋빈곤층 부조)	조세방식
적용 (급여수급자)	초기 취약층 → 보편적 확대	1종: 65세 이상 2종: 45～64세	초기 취약층 → 보편적 확대
적용 (비용부담자)	전국민, 사회보험 전환시 건보가입자	전국민(건보가입자)	전국민
재원	조세 → 보험료＋조세	보험료＋국고＋빈곤층 부조(국고지원)	조세(일반재정 또는 목적세)
관리	지자체 → 보험공단	보험공단 또는 지자체	지자체＋중앙정부
서비스공급	공공인프라 구축 → 민간사업자 확대	공공투자＋민간사업자	공공인프라
장점 단점	·인프라 수준에 따른 단계적 확대원만 ·저소득층 우선보호로 제도의 순응성 제고 ·제도변경에 대한 국민적 반대 예상 ·보편적 확대에 상당기간 소요	·보편적 확대 용이 ·재원의 안정적 조달용이 ·기존사회보장체제와의 정합성 ·사회보험제도 창설 및 보험료 부담 비판 ·적정 급여비 통제곤란	·관리비용, 지출통제 용이 ·지방자치체의 역할 제고 ·정부재정의 과다 소요 ·보편적 확대 상당기간 소요

재원조달방식	● 사회보험방식＋조세(공공부조)
급여대상자	● 65세 이상 노인부터 우선 적용하여 45세 이상으로 연장
재원분담	● 일반 : 보험료 50%, 조세 30%, 본인 20% ● 부조대상 : 조세 90% 수준, 본인 10% 수준 (수급자 무료)
보험료부담	● 건강보험가입자 100%
공적부조대상자	● 기초생활 및 차상위 가구, 농어촌가구(70%)
제도도입 및 확대일정	● 노인 : '07～'08(1단계: 30%) '09～'10(2단계: 50%) '11～ (3단계: 100%) ● 45세 이상 장애인 : 2013년부터 실시

- 사회보험+조세방식(공공부조)의 재원조달방식에 기본적으로 동의

- 정부의 조세부담 50%, 저소득층 본인부담은 10% 하향 필요
  (노동계, 시민단체)

- 수급대상자는 65세 이상의 연령이 아닌, 연령·기능상태 및 소득수준 등 종합적 고려

- 공공부조대상자 : 대체적으로 기획단안 찬성

- 인프라 수준·국민부담 수준 등을 감안, 전면적 확대 기간 연장

재원조달방식	● 사회보험방식+조세
대상자	● 45세 이상으로 하되, 65세 이상 노인부터 우선 적용
재원분담	● 일반 : 보험료 50%, 조세 30%, 본인 20% ● 부조대상 : 조세 90%, 이용시 본인부담 10% (수급자 무료)
보험료 부담	● 건강보험가입자(부조대상자 조세 지원)
공공부조 대상자	● 재가 : 기초생활수급자 및 차상위 가구 (21.5%)
제도도입 및 확대일정	● 1단계('07~'08) : 65세 이상 최중증 (단, 농어촌 및 부조 대상자는 중증 이상) ● 2단계('09~'10) : 65세 이상 중증 (단, 농어촌 및 부조대상자는 경증 이상) ● 3단계('11~'12) : 65세 이상 경증 ● 4단계('13~) : 65세 이상 경증 치매 이상 및 45세 이상 노인성 질환 대상자
관리운영주체 (보험자)	● 잠정적으로 건강보험공단으로 정함

- 노인기능평가항목 선정

- 현재 제공되고 있는 서비스 조사
- 요양보호 노인의 기능상태 조사

- 전문기능 평가, 서비스지표 분석
- 전문가 의견수렴

- 서비스 내용, 양, 노인기능 관계 분석

- 서비스별 기능평가 항목 선정

재가 및 요양시설 장기수요

	대상자수(천명)					비용 (억원, 2006년 현재가격기준)				
	사회보험		공공부조		합계	사회보험		공공부조		합계
	시설	재가	시설	재가		시설	재가	시설	재가	
2007	36	53	29	47	165	6,297	4,503	4,283	4,004	19,087
2009	68	182	31	131	412	9,994	13,686	4,575	9,208	37,463
2011	80	545	37	250	912	10,582	21,402	4,844	9,796	46,624
2013	102	704	47	322	1,175	11,882	33,662	5,439	15,409	66,392

재원구성과 월보험료

	재원의 분담(억원)				가입자당 월부담액(원)	
	본인부담	보험료	조세	합계	조세부담	보험료부담
2007	2,750	5,400	10,937	19,087	5,370	2,651
2009	5,719	11,840	19,904	37,463	9,634	5,731
2011	7,441	15,992	23,191	46,624	11,080	7,640
2013	10,595	22,773	33,024	66,392	15,676	10,810

MDK
(의사·간호사)
피보험자
피부양가족
요양금고
Social station
(방문간호사·홈헬퍼)
요양서비스사업자

일본의 개호인정 절차.

정기적
요개호 인정
갱신
정기적
요개호 인정
갱신
요개호 인정자(시정촌 실시)
심신 장애원인
질병, 부상관련
주치의 의견
일상활동관련
방문조사 결과
개호인정심사회의 합의
대상외
고령자
인정
요개호자, 요지원자 구분

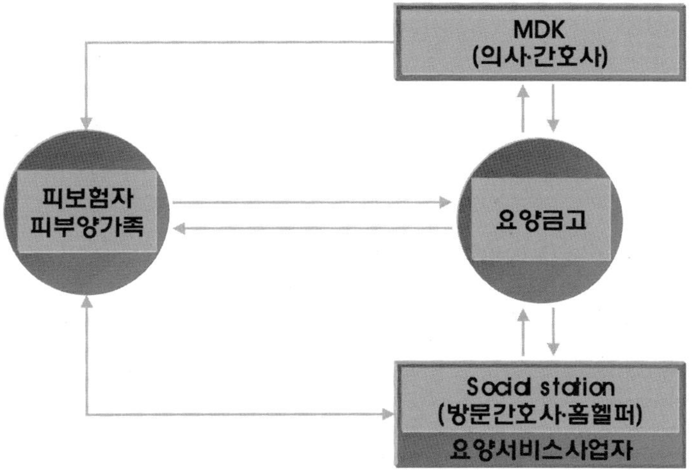

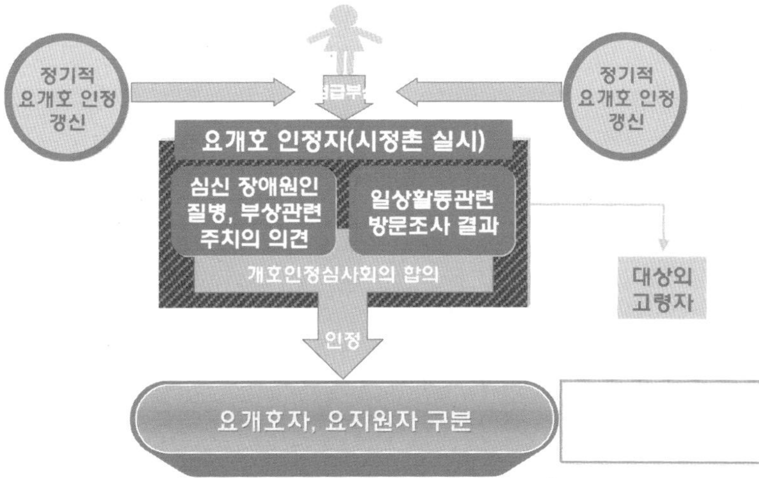

급여체계의 개발 기본방향	●노인의료비 증가 등을 고려, 요양병원을 급여범위에 포괄하는 방향으로 검토 ●가정 및 가족을 지원하기 위한 재가 및 시설서비스의 다양화 지향 ●현금급여, 현물급여 등 급여의 종류를 폭넓게 검토
수가체계의 개발 기본방향	●서비스별 특징과 서비스 이용량(자원소모량)에 따른 수가 개발 ●사회적 입원이나 시설입소의 선호 등 불필요한 비용지출 최소화 방향 ●서비스의 질적 수준 및 기술발전을 추구, 가능한 제도적인 시스템 지향

재가서비스
- 가정의 노인에 대해 행하는 케어
- 케어매니저에 의한 서비스 조정

시설서비스
- 24시간 시설에서 제공하는 케어
- 시설직원에 의한 정형적인 케어

서비스종류
- 방문 간병, 수발, 일상지원서비스
- 방문목욕서비스(차량)
- 방문간호, 방문재활
- 주간보호
- 단기보호
- 재가요양관리지도 및 지원
- 복지용구대여 및 구입지원
- 주택개조 지원
- 그룹홈 등

시설종류
- 요양시설
- 전문요양시설
- 요양병원, 요양병상

구분	수가개발 대상	수가개발 방향
재가 서비스	•방문서비스 •주간보호 •단기보호 •요양관리지도 •그룹홈 및 복지용구대여 등	•방문서비스당 정액제 •등급별 월 지급한도액 설정
	•복지용구 구입 •주택개수비 등	•실비상환제
시설 서비스	•요양시설 •전문요양시설 •요양병원 등	•등급별(기능상태별) 일당 또는 월당 정액제 •등급별 월상환액 설정

요양병원 포함 여부

–독일 : 질병금고, 일본 : 개호보험제도
–장점 : 의료·요양 등 연속적 서비스 제공, 건강보험재정 기여
–단점 : 요양보장제도 재정문제, 건강보험 재정적자 전가 비판

현금급여 인정 여부

–독일 : 현금급여 중심(80%), 일본 : 현물급여 원칙
–장점 : 가족지원, 초기 인프라 부족 보완, 장기적 재정 기여
–단점 : 여성사회참가 억제, 생활비에 유용, 공공인프라 확충 지장

- ➢재가보호 우선원칙 : 재가보호 80%, 시설 20% 수준 유지
- ➢공공, 민간, 비영리단체 등 공급주체의 다양화를 기하되, 공공시설 중심으로 구축
- ➢노인의 다양한 욕구에 대응, 보건·의료·요양·복지 등 통합서비스 제공
  - −공공의료체계를 적극 활용한 재가 및 요양시설체계 구축 병행
- ➢케어지식과 기술을 갖춘 전문인력의 양성, 확충으로 서비스의 전문화
- ➢무료, 실비 등의 경제적 조건이 아닌, 심신의 기능상태에 따른 서비스가 선택 제공될 수 있는 시설의 사회적 통합 지향

기본전제

- ▢요양시설추계는 중증도에 따라 요양병원 20%, 전문요양시설 40%, 요양시설 40% 수준 분담 원칙
- ▢재가서비스는 방문간호, 통원재활 등 추가

재가 및 요양시설 장기수요

년도	재가보호				시설보호			
	수발도우미 파견시설	방문간호 시설	주간보호 시설	단기보호 시설	요양시설 (A형)	요양시설 (B형)	요양병원	합계
2007	4,845	1,204	4,482	1,887	578	578	289	1,445
2010	5,360	1,332	4,958	2,088	629	629	315	1,573
2020	7,751	1,926	7,170	3,019	868	868	434	2,169

❖'노인의료복지시설확충 10개년 계획'에 의거 2011년 요양수요의 완전충족을 목표로 연차적으로 확충(공공 70% 목표)
  − 지역간 균형적 설치를 위해 시군구 시설확충 10개년 계획 필요

❖기존 공공보건의료체계에 병설로 서비스제공의 효율성 및 공공성 제고

❖양로시설 및 중소병원을 요양시설, 요양병원 등으로 기능전환

❖요양시설과 전문요양시설의 기능통합 등 시설기능 재정립

❖그룹홈(group home) 등 소규모 시설의 활성화를 위한 제도적 방안 적극 강구

구분	요양병원	요양시설(A형)	요양시설(B형)
목표	질병회복과 재활	상태악화속도 완화 및 기능상태 유지	
주대상자	조기퇴원자 중 회복치료 필요자	회복 불가능한 자 중 간호, 재활, 서비스 필요자	회복 불가능한 자 중 간호, 재활, 서비스 필요자 및 신체기능저하자
제공 서비스	의료서비스 강화, 전문간호, 재활, ADL 지원서비스 등을 제공	케어/사례관리, 의료적 치료, 전문간호, ADL 지원 서비스, 식사제공, 재활, 오락치료, 상담, 여가생활 지원, 노인호스피스, 치매노인 케어관리	케어/사례관리, 의료적 치료, 전문간호, ADL 지원서비스, 식사제공, 재활, 오락치료, 상담, 여가생활지원 등
재원	급성질환: 건강보험 요양서비스: 요양보장	요양보장	

● 노인전문간호사

년도	계	요양시설 수요	재가시설 수요	방문간호 수요
2007	14,316	4,335	6,369	3,612
2010	15,761	4,719	7,046	3,996
2020	22,474	6,507	10,189	5,778

❖ 노인전문간호사는 '03년 제도화, 요양병원·전문요양시설 등에서 연수 등을 거쳐 '06년부터 본격 배출

❖ 방문간호는 기존의 가정간호사와 노인전문간호사가 담당

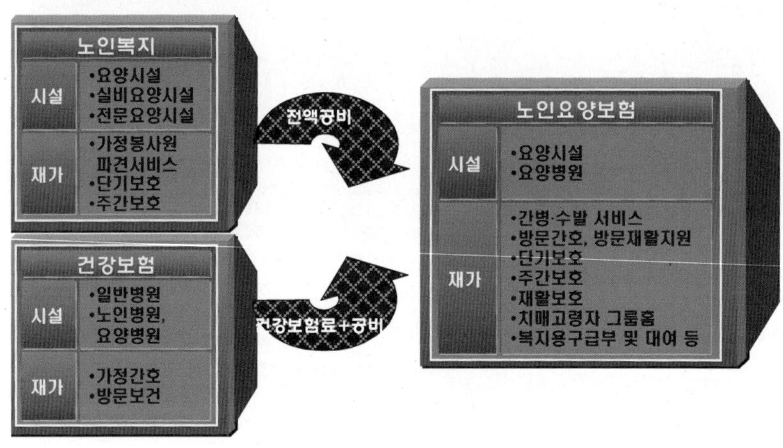

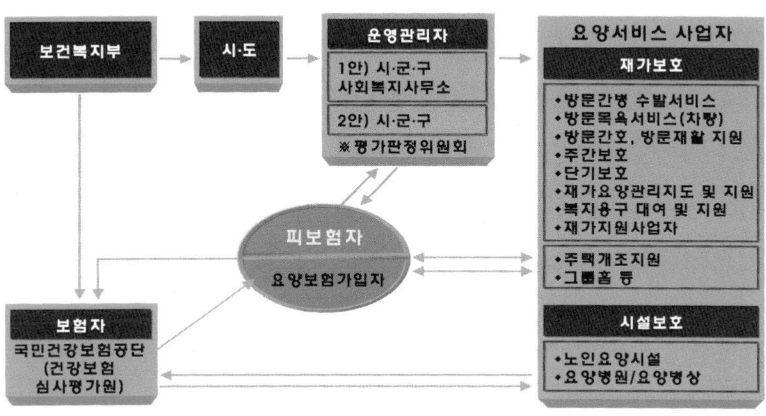
저소득 노인에 한정된 선별주의 체제에서 모든 노인대상의 보편주의 체제로 전환
행정기관에 의한 조치제도에서 이용자가 서비스기관 등을 선택하는 계약방식으로 전환
케어매니지먼트에 의한 노인의 욕구에 맞는 다양하고 전문적인 서비스 제공체계
이용자 중심의 새로운 요양보호 시스템 구축
보건복지부
시·도
운영관리자
1안) 시·군·구 사회복지사무소
2안) 시·군·구
※ 평가판정위원회
요양서비스 사업자
재가보호
◆방문간병 수발서비스
◆방문목욕서비스(차량)
◆방문간호, 방문재활 지원
◆주간보호
◆단기보호
◆재가요양관리지도 및 지원
◆복지용구 대여 및 지원
◆재가지원사업자
◆주택개조지원
◆그룹홈 등
시설보호
◆노인요양시설
◆요양병원/요양병상
피보험자
요양보험가입자
보험자
국민건강보험공단 (건강보험 심사평가원)

　사회가 발전하면 할수록 복지와 행정에 대한 관심은 높아간다. 다만 제도와 구조적인 측면이 따라와 주어야 하는데 이것을 위해 연구와 관심이 필요하나, 국민 한 사람 한 사람의 관심이 진정한 행정복지, 복지행정, 복지사회, 참여사회를 만드는 원동력이 된다.

【저 자 약 력】

⊙ 약 력 ⊙

1994. U.S.A. Midwest College (M.Div, Hon. D)

2002. 고려대학교 (교육정책학 석사 - 수석장학생)

2005. 성균관대학교 대학원 박사Candidate

      (교육행정학 전공)

한 만 봉

1991. 한국세무신문사 전문취재부 기자

1995. 한국어린이선교원신학교　캠퍼스 분교장

2002. 고려교육정책학회 상임회장(학진 학회검색가능)

2002. 고구려대학교 설립추진위원회 법인이사

2003. 한주신학 학술원 설립이사(교수)

2004. U.S.A. Cohen University 정책학과 cross-appointed professor

2005. U.S.A Holy People University Campus 유학담당 지도교수

2005. PHILIPPINE PRESBYTERIAN THEOLOGICAL COLLEGE 객원교수

2005. 혜전대학 adjunct professor 교수

2005. 지방분권신문사 사장 (대표 이사)

⊙ 주요논저 ⊙

우리나라의 복지행정제도에 관한 고찰 연구(1988)

Kal Barth 의 신관 연구(1988)

한국 민중문화와 민중 신학 연구(1992)

Rein hold Niebuhr & Marx에 대한 상관관계 연구(1993)

A CHRONOLOGICAL HARMONY OF THE RESURRECTION
APPEARANCES OF JESUS THE MESSIAH(1994)
북한종교의 변화 전망 연구(2002)
교육위원회와 지방의회간의 갈등 현상에 관한 연구(2001)
조선조 과거시험 방식의 정책적 분석(공동, 2005)
조선의 과거제도에 대한 정책적 연구(공동, 2005)
조선왕조 과거제도 인사정책 연구(공동, 2005)
조선왕조 과거시험주기 정책적 주장 분석연구(공동, 2005)
조선왕조 과거제도가 현대 정책에 주는 의미(공동, 2005)
과거제도 시험주기의 정책 분석연구(공동, 2005)
북한 종교지형 변천 정책 분석연구(공동, 2005)
『대학생활영어 ENGLISH LANGUAGE』(공저) 『행정경제교육』(저술)
『의원학』(저술) 『국회의원학』(저술) 『교육정책학』(저술)
『산학협동교육학』(저술) 『현대교육학실기론』(저술)
『현대환경행정론』(공저) 『행정사무관리론』(공저) 『영재교육심리』(저술)
『인사행정학』(저술) 『행정복지론』(저술) 『조직신학』(공저)
『아다르마 성공비법』(저술) 『교육학과 비서행정』(저술)
『동양환경행정』(저술) 『7만교인 교육론』(저술) 『직업과 경제』(저술)
『교육학개론』(저술) 『지방자치 발전론』(저술) 『행정정책 기획론』(저술)
『대학 생활영어』(공저) 『경영행정학』(저술)

⊙ 연락처 ⊙

doctor@skku.edu 010-4432-8561 041-633-8561,
633-5741, 631-2094

● 행정복지론

• 초판 인쇄	2007년 10월 15일
• 초판 발행	2007년 10월 15일
• 지 은 이	한만봉
• 펴 낸 이	채종준
• 펴 낸 곳	한국학술정보㈜
	경기도 파주시 교하읍 문발리 526-2
	파주출판문화정보산업단지
	전화 031) 908-3181(대표) · 팩스 031) 908-3189
	홈페이지 http://www.kstudy.com
	e-mail(출판사업팀사업부) publish@kstudy.com
• 등 록	제일산-115호(2000. 6. 19)
• 가 격	38,000원

ISBN 978-89-534-7683-7 93350 (Paper Book)
978-89-534-7684-4 98350 (e-Book)